中国农垦农场志丛

甘 肃
张掖农场志

中国农垦农场志丛编纂委员会 组编

甘肃张掖农场志编纂委员会 主编

中国农业出版社
北 京

图书在版编目（CIP）数据

甘肃张掖农场志／中国农垦农场志丛编纂委员会组编；甘肃张掖农场志编纂委员会主编. —北京：中国农业出版社，2022.12
（中国农垦农场志丛）
ISBN 978-7-109-30630-1

Ⅰ.①甘… Ⅱ.①中…②甘… Ⅲ.①国营农场－概况－张掖 Ⅳ.①F324.1

中国国家版本馆CIP数据核字(2023)第070519号

出 版 人：刘天金
出版策划：苑 荣 刘爱芳
丛书统筹：王庆宁 赵世元
审 稿 组：柯文武 干锦春 薛 波
编 辑 组：杨金妹 王庆宁 周 珊 刘昊阳 黄 曦 李 梅 吕 睿 赵世元 黎 岳
　　　　　刘佳玫 王玉水 李兴旺 蔡雪青 刘金华 陈思羽 张潇逸 喻瀚章 赵星华
工 艺 组：毛志强 王 宏 吴丽婷
设 计 组：姜 欣 关晓迪 王 晨 杨 婧
发行宣传：王贺春 蔡 鸣 李 晶 雷云钊 曹建丽
技术支持：王芳芳 赵晓红 张 瑶

甘肃张掖农场志
Gansu Zhangye Nongchang Zhi

中国农业出版社出版
地址：北京市朝阳区麦子店街18号楼
邮编：100125
责任编辑：刘昊阳 文字编辑：喻瀚章
责任校对：吴丽婷 责任印制：王 宏
印刷：北京通州皇家印刷厂
版次：2022年12月第1版
印次：2022年12月北京第1次印刷
发行：新华书店北京发行所
开本：889mm×1194mm 1/16
印张：46.5 插页：22
字数：1260千字
定价：289.00元

ISBN 978-7-109-30630-1

大众分社投稿邮箱：zgnywwsz@163.com

张掖农场全貌

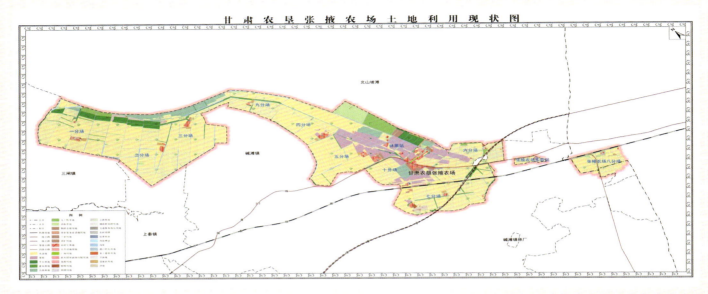

甘肃农垦张掖农场土地利用现状图

张掖农场区域图

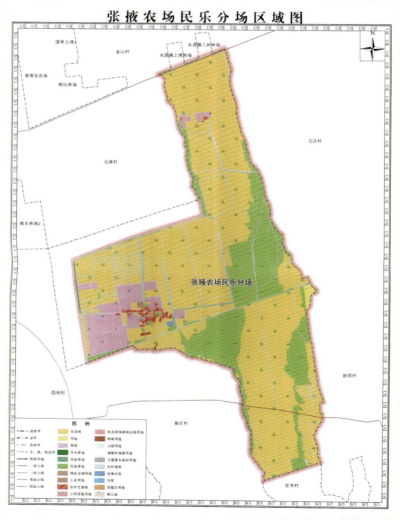

张掖农场民乐分场区域图

张掖农场民乐分场区域图

张掖农场影像图 ◼

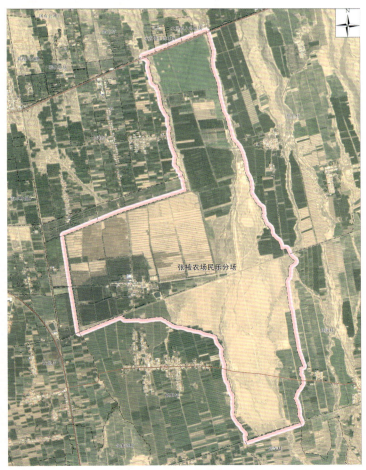

张掖农场民乐分场影像图 ◼

农垦人农垦情

（张掖农场场歌）*

多红诚 词
杨继文 曲

1=F 4/4
中速 坚毅地

```
3.23155  3.23155  | 2.22.222  2-5-  | 3.23155  3.2315 |
我们的双手把 千里 荒原   一锹一锹一锹 开垦，  我们的脚步把  沉 睡的戈壁
我们的奉献把 神州 大地   一片一片一片 装点，  我们的业绩把  共和国的旗帜

2.22.222  | 2-5.5  | 645 6.6  | 763-  | 265.4 |
一阵一阵一阵 唤醒。  把生  命和  希望  撒  进了
一次一次一次 染红。  把农  田和  工厂  献  给了

3123-  | 645 6.6  | 77763-  | 22325 6.  | 1-- |
热 土，  收 获那 金色的米粮  金色的前   程。
祖 国，  笑 看那 矗立的新城  矗立的农   垦。

5.5555553|13 15-  | 2.226244  | 322345-  | 5.55555 45 | 77765 6-|
四十年血与火的考 验，  四十年把一  生献给了农垦。  哪里艰苦我们就在哪 里安家，
四十年生与死的考 验，  四十年一代一代献给了农垦。  祖国 富强是 我们的理想。

3.3334|5-2-  | 6.66661 7  | 6-3-  | 3.3313  | 5.5566 |
血与火的考 验，  一生 献给了农垦。  哪里艰 苦 哪 里安家，
生与死的考 验，  一代一代献给了农垦。  祖国富强是 我们的追求，

2.22345 66  | 7.76665  | 1--‖  ①7.76665 2|  1---  | 1--0 |
哪里需要我们就高唱拼搏的歌 声。                我们历史的使  命。
中华腾飞是                                  我们历史的使  命。

256544  | 3.22 13  | 5--‖  ②5.56667|  1---  | 1--0 |
我们高唱拼搏的歌 声。                      我们历史的使  命。
中华腾飞是                                我们历史的使  命。
```

* 本歌曾获 1993年全国农场场歌征集大赛金奖。

张掖农场场歌

1991 年 9 月 18 日，中央顾问委员会委员、云南省原省委书记安平生来农场视察工作 ■

1992 年，农垦部原副部长赵凡（右）视察果园 ■

2003 年 6 月 12 日，甘肃省委书记宋照肃（中）、
张掖市委书记李希（左一）视察农场节水情况

1995 年，甘肃省原省长李登赢（右一）视察农场
老寺庙酒厂 ■

1995 年，甘肃省政协原主席王世泰（右二）及葛士英来场 ■
视察

1995 年，甘肃省委书记李子奇（中）、张掖地委书记马西林（左一）视察啤酒花生产基地

2007 年 6 月，甘肃省政法委书记罗笑虎检查指导工作

2008 年 8 月 18 日，甘肃省副省长洛桑灵智多杰视察农场番茄酱厂

1990 年，农业部农垦局局长曾毓莊（左二）来场检查工作

2009 年 9 月，农业部农垦局局长何子阳视察番茄酱厂

1980年7月9日，国家农牧局局长杨万义（左一），张掖地委书记谢占儒（左二）、地委副书记王林（左三）、专员汝春枫（左五）及李副专员（右三）来场检查指导工作，张掖农垦局副局长赵克俭（右二）、场长郑守格（左四）、副场长崔定一（右一）陪同

2008年6月29日，中共张掖市委书记陈克恭到场调研

2014年4月23日，张掖市市长、甘州区四套班子来张掖农场参加甘州区2014年项目建设

2014年4月，张掖市市长黄泽元参加在张掖农场举行的全市甘州区2014年项目集中开工奠基仪式

2017年6月6日，张掖市市长黄泽元来农场查看灾情

2021 年 10 月 31 日，张掖市委书记卢小亨检查
疫情防控工作　■

集团公司党委书记张进元（右三）检查工作　■

2017 年 10 月 23 日，甘肃农垦集团党委书记、
董事长谢天德来农场调研　■

2019 年 8 月 9 日，甘肃农垦集团公司总经理韩正明及张掖市、
甘州区领导来农场检查指导工作　■

2021 年 10 月 12 日，甘肃农垦集团公司总经理张懿笃来
农场检查指导工作　■

2021 年 7 月 22 日，甘肃农垦集团公司监事会主席吉建华来农场调研

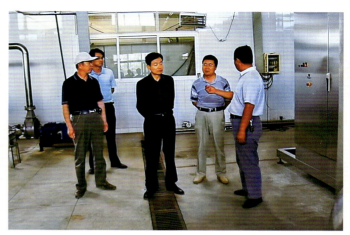
2011 年 6 月 21 日，张掖市副市长张平视察农场番茄酱厂

2016 年 6 月 13 日，张掖市副市长余峰来农场检查安全生产工作

2016 年 11 月 10 日，甘肃省、张掖市土地资源管理局领导来农场调研

2010 年 5 月 17 日，场长王希天（左一）、市水务局局长脱兴福（左二）、甘州区税务局书记苏学贤（右一）、甘州区副区长张鸿清（右二）检查农业节水工作

三、领导题字

依靠高科技
开发新产品
创建大产业

负小苏
一九九六年二月

甘肃省副省长负小苏题词 ■

开创未来

总结过去

黄植培
一九九六年二月

张掖行政公署专员黄植培题词 ■

艰苦奋斗创大业
开拓进取谱新篇

王银定
一九九八年二月九日

甘肃农垦集团公司经理王银定题词 ■

注：此为书法作品，为艺术美观，作者对字形进行了
艺术处理。其内容为：总结过去，开创未来。

鉴古为今

继往开来

一九九七年一月十日

曾毓荘

勃振农场建场五十周年

继往开来

再铸辉煌

马西林题

贺张掖农场五十华诞

五十年耕耘谋两化

半世纪创业铸一特

祝张掖农场立将色产业农业产业化标准化雄营中再铸辉煌

乙酉年九月廿八日 田宝忠题

建场初期场部——老寺庙

戈壁荒滩上安营扎寨

1995 年场部大门

场区生态环境（1996 年）

老寺庙社区党群服务中心

机关办公大楼 ■

原民乐分场会议室 ■

民乐分场办公楼 ■

平田整地 1 ■

平田整地 2 ■

分公司经理王经富（左一）及场长贾勇杰（右一）现场指导农业

土地规划

平整土地——客土改造荒坡地

开荒捡拾石头

土地整理

土地整理现场会

1976 年，小麦喜获丰收

1996 年，小麦喜获丰收

打机井（2007年11月）

用大苗植树机植树

春播小麦

整理路肩

整理道路

四分场道路建设

防 洪 ■

防洪蓄水（旧）■

农机配件盘点 ■

1980年，共青团甘肃省委表彰新长征突击手李仁武 ■

三分场道路建设 ■

水利建设 ■

防洪设施加固 ■

渠道建设 1 ■

渠道建设 2 ■

林果站渠道建设 ■

农场九分场蓄水池 ■

农业节水示范观摩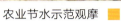

二支渠

污水处理站

收获小麦

职工自己制作小农具

战士执勤 ■

农场红沙窝第一眼自流井 ■

建场初期的职工住宅 ■

20世纪60年代初，"五好"工人秦德志 ■
在所居住的地窝子前与徐德年合影

20世纪60年代的职工住宅 ■

20世纪70年代的职工住宅 ■

1993 年，农场六站军营式的职工住宅 ■

1987 年，农场职工自建了第一栋小二楼住宅，
于 2006 年拆除

遗留职工住宅 ■

遗留职工住宅拆除（职工留念）■

三分场职工住宅 ■

职工新住宅 ■

农场集市 ■

职工住宅——老年电梯公寓楼 ■

甘肃农垦先进单位

2003年度农垦工作先进单位

先进基层党组织

中共张掖市委先进基层党组织

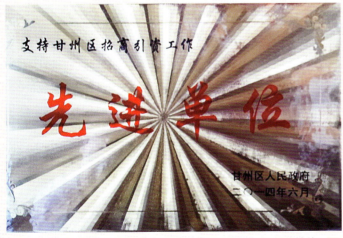

支持甘州区招商引资工作先进单位

全省精神文明建设工作先进单位

甘肃绿化模范单位

全国农业先进集体

甘肃农垦集团党史学习教育暨庆祝建党 100 周年党史
知识竞赛优秀组织奖

"十一五"农垦工作先进单位

2012 年农垦工作先进单位

无公害农产品示范基地农场

证 书

经中国绿色食品发展中心审核,该产品符合
绿色食品A级标准,被认定为绿色食品A级产品,
许可使用绿色食品标志,特颁此证。

产品名称:早酥梨
商标名称:龙首山+图形
产品编号:LB-18-1612277707A
生产商:甘肃农垦张掖农场
企业信息码:GF620702071910
核准产量:7100 吨
许可期限:2016年12月18日至2019年12月17日
颁证机构:
代表签字: 王远浩
颁证日期:2016年12月18日

中国绿色食品发展中心

绿色食品证书

99 中国国际农业博览会名牌产品

农业部优质产品奖

农业部优质产品证书

六、国际合作

与外商在果园研讨合作事宜 ▮

与外商洽谈招商引资业务 ▮

312 国道横穿农场小区 ▪

农场一角 1 ▪

农场一角 2 ▪

放学的路上 ▪

场区道路 ■

生产道路 ■

四分场道路 ■

牧草分场道路 ■

美丽农场一角——渠、路、林 ■

孜 然 ■

孜然套种玉米 ■

红豆套种葵花 ■

果园间作，实现以园养园 ■

机械采收番茄 ■

人工采收番茄 ■

喷灌苜蓿 ■

啤酒花采收 ■

— 29 —

西瓜铺膜、施肥机械化

三分场小拱棚西瓜

条田及农田防护林

现代设施农业油菜

甜叶菊

玉 米

玉米入库

小麦翻晒

2013 年 6 月，民乐分场甜菜 ■

金盏花 ■

紫花苜蓿 ■

西葫芦制种 ■

梨树人工传花授粉 ■

苹果梨 ■

早酥梨收获 ■

李宗国场长检查果品入库情况 ■

苹果梨丰收 █　　　　　　　　　　　　　　　　　　　　　　　　樱　桃 █

果品入库 █　　　　　　　　　　　　　　　　　　　　　　　　果蔬恒温库 █

肉牛养殖 █　　　　　　　　　　　　　　　　　　　　　　　　绵　羊 █

南果梨园建设 ■

南果梨嫁接检查 ■

木本油料文冠果开花 ■

木本油料文冠果 ■

植树造林 1 ■

植树造林 2 ■

植树造林 3 ■

六分场道路植树造林 ■

砖厂建窑（1980 年）

成品机制红砖

老寺庙酒厂

1996 年，老寺庙酒厂系列产品

张掖农场老寺庙酒厂系列产品

白酒贮存

酒厂化验室

酒厂系列产品

磷肥厂

待加工的番茄原料

番茄酱生产线

成品番茄酱

麦芽厂原料收购

金龙宾馆

十、精神文明建设

2020 年 3 月 13 日，集团公司总经理韩正明检查指导
基层党建阵地 ■

八分场党支部标准化建设 ■

党员活动 ■

农场干部大合唱 ■

党员代表到高台烈士陵园上党课 ■

庆祝建党 100 年、光荣在党 50 年大会 ■

中共甘肃亚盛张掖分公司第一次党代会 ■

农场职工积极踊跃向灾区捐款 ■

爱心捐助活动 ■

场庆 50 周年活动现场 ■

现场学习 ■

图书阅览室

2018年春节，场领导向全场职工拜年

2021年6月12日，张掖农场、山丹农场部分代表在张掖农场参加农业观摩现场会

全场干部大会

张掖农场参加张掖市组织的春节文化活动

庆新春、迎奥运健身长跑

参加张掖市新文化周活动 ■

六一儿童节 ■

学校教学大楼 ■

张掖农场学校移交甘州区签字仪式 ■

职工医院 ■

张掖农场医院 ■

田间考种 ■

广场放电影 ■

退休工人活动 ■

退休职工娱乐活动 ■

1985 年春节猜灯谜活动 ■

农场首届运动会 ■

第一届职工运动会（四队代表队）■

趣味体育比赛 ■

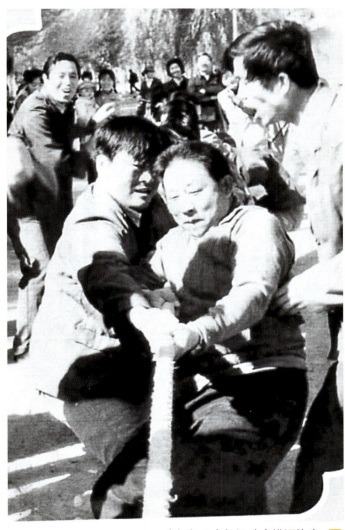

农场领导参加运动会拔河比赛 ■

职工参加运动会拔河比赛 ■

庆祝农垦建垦50周年，集团公司在张掖农场进行文艺表演 ■

农场参加庆祝中华人民共和国成立 70 周年集团公司文艺汇演 ■　　　　　　　　　　　　　　　　　　　　　　　　　广场舞 ■

春节文艺活动 ■　　　　　　　　　　2020 年 9 月 1 日，甘州区抗震、防洪救灾应急演练 ■

甘州区在农场举办防汛应急演练 ■

第一次党员代表大会 ■

职工代表合影 ■

军垦战士合影留念（原支边青年）■

农场宣传队战友合影留念 ■

四场合并前的（山羊堡农场）机务人员合影留念 ■

绵羊养殖培训班留念 ■

农机人员培训 ■

十三、场志培训

张掖市史志办来农场举办农场志培训会

中国农垦农场志丛编纂委员会

主 任

张兴旺

副主任

左常升　李尚兰　刘天金　彭剑良　程景民　王润雷

成 员（按垦区排序）

肖辉利　毕国生　苗冰松　茹栋梅　赵永华　杜　鑫

陈　亮　王守聪　许如庆　姜建友　唐冬寿　王良贵

郭宋玉　兰永清　马常春　张金龙　李胜强　马艳青

黄文沐　张安明　王明魁　徐　斌　田李文　张元鑫

余　繁　林　木　王　韬　张懿笃　杨毅青　段志强

武洪斌　熊　斌　冯天华　朱云生　常　芳

中国农垦农场志丛编纂委员会办公室

主 任

王润雷

副主任

王　生　刘爱芳　武新宇　明　星

成 员

胡从九　刘琢琬　干锦春　王庆宁

— 1 —

中国农垦农场志丛

甘肃张掖农场志编纂委员会

第一届编委会

主　　任　崔定一

副 主 任　李树堂　万　孝

委　　员　（以姓氏笔画为序）

万　孝　王万禄　王文源　王永治　王有亮　王道伟

刘胜林　张希林　张耀源　李树堂　李梦森　周文集

杨世耀　武志刚　崔定一　崔建勇　霍仲连　薛熔新

戴　坚

编　辑　部

主　　编　戴　坚

资料采集　戴　坚　周文集　张树成　王道伟　尹明钦　秦义民

王经富　王进保　张学东

摄　　影　张树成　王昌盛

绘　　图　吕耀强　王丽丽

工作人员　王文源　蒋　勇　范玉琴　党连霞　赵开会　李翠珍

李喜华

第二届编委会

主　　任　王经富　李宗国

副 主 任　雷根元　张向军　刘　建　蒋　勇　黄玉红

委　　员　霍荣林　秦义民　崔建忠　孙　凯　胡定树　刘照静

王军蓉　张宗玉　张红莉　刘　智　岁定道　王　刚

冶婧文　纳守杰

顾　　问　崔定一　王希天　贾勇杰　张鸿清　胡元肇　杜三宝

中国农垦农场志

甘肃张掖农场志编纂委员会办公室

第二届《张掖农场志（1955—2021 年）》编委会

主　　任　王经富　李宗国
副 主 任　雷根元　张向军　刘　建　蒋　勇　黄玉红
委　　员　霍荣林　秦义民　崔建忠　孙　凯　胡定树　刘照静
　　　　　王军蓉　张宗玉　张红莉　刘　智　岁定道　王　刚
　　　　　冶婧文　纳守杰
顾　　问　崔定一　王希天　贾勇杰　张鸿清　胡元肇　杜三宝

《张掖农场志（1955—2021 年）》编纂委员会办公室

主　　任　雷根元
副 主 任　霍荣林　胡定树　王进保
工作人员　王志梅　申啸飞　潘雲霞　王旭杰　张　燕　李　梁
　　　　　魏彩琴

《张掖农场志（1955—2021 年）》编辑部

主　　编　雷根元
副 主 编　霍荣林
执行主编　霍荣林
编　　辑　秦义民　胡定树　王进保
编　　审　傅积厚　汤兴贵
参编人员　张树成　孙　凯　刘照静　王军蓉　张宗玉　张红莉
　　　　　刘　智　岁定道　王　刚　冶婧文　纳守杰　李阳（机关）
　　　　　王旭杰　万志彬　王志梅　王婧怡　尹纳金　石韫莹
　　　　　申啸飞　孙上璎　杜韶辉　李玉霞　李运海　李　萍
　　　　　李　梁　杨　芸　张宗迪　张慧慧　张　燕　苗亚强
　　　　　赵丹平　赵　军　胡新萍　段秀娟　黄珊珊　潘雲霞
　　　　　魏胜利　魏彩琴　孔　怡　万益红
校　　对　霍荣林　王志梅　韩素娟
图片提供　张树成　霍荣林　申啸飞

总　序

中国农垦农场志丛自 2017 年开始酝酿，历经几度春秋寒暑，终于在建党 100 周年之际，陆续面世。在此，谨向所有为修此志作出贡献、付出心血的同志表示诚挚的敬意和由衷的感谢！

中国共产党领导开创的农垦事业，为中华人民共和国的诞生和发展立下汗马功劳。八十余年来，农垦事业的发展与共和国的命运紧密相连，在使命履行中，农场成长为国有农业经济的骨干和代表，成为国家在关键时刻抓得住、用得上的重要力量。

如果将农垦比作大厦，那么农场就是砖瓦，是基本单位。在全国 31 个省（自治区、直辖市，港澳台除外），分布着 1800 多个农垦农场。这些星罗棋布的农场如一颗颗玉珠，明暗随农垦的历史进程而起伏；当其融汇在一起，则又映射出农垦事业波澜壮阔的历史画卷，绽放着"艰苦奋斗、勇于开拓"的精神光芒。

（一）

"农垦"概念源于历史悠久的"屯田"。早在秦汉时期就有了移民垦荒，至汉武帝时创立军屯，用于保障军粮供应。之后，历代沿袭屯田这一做法，充实国库，供养军队。

中国共产党借鉴历代屯田经验，发动群众垦荒造田。1933 年 2 月，中华苏维埃共和国临时中央政府颁布《开垦荒地荒田办法》，规定"县区土地部、乡政府要马上调查统计本地所有荒田荒地，切实计划、发动群众去开荒"。到抗日战争时期，中国共产党大规模地发动军人进行农垦实践，肩负起支援抗战的特殊使命，农垦事业正式登上了历史舞台。

20 世纪 30 年代末至 40 年代初，抗日战争进入相持阶段，在日军扫荡和国民党军事包围、经济封锁等多重压力下，陕甘宁边区生活日益困难。"我们曾经弄到几乎没有衣穿，没有油吃，没有纸、没有菜，战士没有鞋袜，工作人员在冬天没有被盖。"毛泽东同志曾这样讲道。

面对艰难处境，中共中央决定开展"自己动手，丰衣足食"的生产自救。1939 年 2 月 2 日，毛泽东同志在延安生产动员大会上发出"自己动手"的号召。1940 年 2 月 10 日，中共中央、中央军委发出《关于开展生产运动的指示》，要求各部队"一面战斗、一面生产、一面学习"。于是，陕甘宁边区掀起了一场轰轰烈烈的大生产运动。

这个时期，抗日根据地的第一个农场——光华农场诞生了。1939 年冬，根据中共中央的决定，光华农场在延安筹办，生产牛奶、蔬菜等食物。同时，进行农业科学实验、技术推广，示范带动周边群众。这不同于古代屯田，开创了农垦示范带动的历史先河。

在大生产运动中，还有一面"旗帜"高高飘扬，让人肃然起敬，它就是举世闻名的南泥湾大生产运动。

1940 年 6—7 月，为了解陕甘宁边区自然状况、促进边区建设事业发展，在中共中央财政经济部的支持下，边区政府建设厅的农林科学家乐天宇等一行 6 人，历时 47 天，全面考察了边区的森林自然状况，并完成了《陕甘宁边区森林考察团报告书》，报告建议垦殖南泥洼（即南泥湾）。之后，朱德总司令亲自前往南泥洼考察，谋划南泥洼的开发建设。

1941 年春天，受中共中央的委托，王震将军率领三五九旅进驻南泥湾。那时，南泥湾俗称"烂泥湾","方圆百里山连山",战士们"只见梢林不见天",身边做伴的是满山窜的狼豹黄羊。在这种艰苦处境中,战士们攻坚克难,一手拿枪,一手拿镐,练兵开荒两不误,把"烂泥湾"变成了陕北的"好江南"。从1941年到1944年,仅仅几年时间,三五九旅的粮食产量由0.12万石猛增到3.7万石,上缴公粮1万石,达到了耕一余一。与此同时,工业、商业、运输业、畜牧业和建筑业也得到了迅速发展。

南泥湾大生产运动,作为中国共产党第一次大规模的军垦,被视为农垦事业的开端,南泥湾也成为农垦事业和农垦精神的发祥地。

进入解放战争时期,建立巩固的东北根据地成为中共中央全方位战略的重要组成部分。毛泽东同志在1945年12月28日为中共中央起草的《建立巩固的东北根据地》中,明确指出"我党现时在东北的任务,是建立根据地,是在东满、北满、西满建立巩固的军事政治的根据地",要求"除集中行动负有重大作战任务的野战兵团外,一切部队和机关,必须在战斗和工作之暇从事生产"。

紧接着,1947年,公营农场兴起的大幕拉开了。

这一年春天,中共中央东北局财经委员会召开会议,主持财经工作的陈云、李富春同志在分析时势后指出:东北行政委员会和各省都要"试办公营农场,进行机械化农业实验,以迎接解放后的农村建设"。

这一年夏天,在松江省政府的指导下,松江省省营第一农场(今宁安农场)创建。省政府主任秘书李在人为场长,他带领着一支18人的队伍,在今尚志市一面坡太平沟开犁生产,一身泥、一身汗地拉开了"北大荒第一犁"。

这一年冬天,原辽北军区司令部作训科科长周亚光带领人马,冒着严寒风雪,到通北县赵光区实地踏查,以日伪开拓团训练学校旧址为基础,建成了我国第一个公营机械化农场——通北机械农场。

之后,花园、永安、平阳等一批公营农场纷纷在战火的硝烟中诞生。与此同时,一部分身残志坚的荣誉军人和被解放的国民党军人,向东北荒原宣战,艰苦拓荒、艰辛创业,创建了一批荣军农场和解放团农场。

再将视线转向华北。这一时期，在河北省衡水湖的前身"千顷洼"所在地，华北人民政府农业部利用一批来自联合国善后救济总署的农业机械，建成了华北解放区第一个机械化公营农场——冀衡农场。

除了机械化农场，在那个主要靠人力耕种的年代，一些拖拉机站和机务人员培训班诞生在东北、华北大地上，推广农业机械化技术，成为新中国农机事业人才培养的"摇篮"。新中国的第一位女拖拉机手梁军正是优秀代表之一。

（二）

中华人民共和国成立后农垦事业步入了发展的"快车道"。

1949 年 10 月 1 日，新中国成立了，百废待兴。新的历史阶段提出了新课题、新任务：恢复和发展生产，医治战争创伤，安置转业官兵，巩固国防，稳定新生的人民政权。

这没有硝烟的"新战场"，更需要垦荒生产的支持。

1949 年 12 月 5 日，中央人民政府人民革命军事委员会发布《关于 1950 年军队参加生产建设工作的指示》，号召全军"除继续作战和服勤务者而外，应当负担一部分生产任务，使我人民解放军不仅是一支国防军，而且是一支生产军"。

1952 年 2 月 1 日，毛泽东主席发布《人民革命军事委员会命令》："你们现在可以把战斗的武器保存起来，拿起生产建设的武器。"批准中国人民解放军 31 个师转为建设师，其中有 15 个师参加农业生产建设。

垦荒战鼓已擂响，刚跨进和平年代的解放军官兵们，又背起行囊，扑向荒原，将"作战地图变成生产地图"，把"炮兵的瞄准仪变成建设者的水平仪"，让"战马变成耕马"，在戈壁荒漠、三江平原、南国边疆安营扎寨，攻坚克难，辛苦耕耘，创造了农垦事业的一个又一个奇迹。

1. 将戈壁荒漠变成绿洲

1950 年 1 月，王震将军向驻疆部队发布开展大生产运动的命令，动员 11 万余名官兵就地屯垦，创建军垦农场。

垦荒之战有多难，这些有着南泥湾精神的农垦战士就有多拼。

没有房子住，就搭草棚子、住地窝子；粮食不够吃，就用盐水煮麦粒；没有拖拉机和畜力，就多人拉犁开荒种地……

然而，戈壁滩缺水，缺"农业的命根子"，这是痛中之痛！

没有水，战士们就自己修渠，自伐木料，自制筐担，自搓绳索，自开块石。修渠中涌现了很多动人故事，据原新疆兵团农二师师长王德昌回忆，1951年冬天，一名来自湖南的女战士，面对磨断的绳子，情急之下，割下心爱的辫子，接上绳子背起了石头。

在战士们全力以赴的努力下，十八团渠、红星渠、和平渠、八一胜利渠等一条条大地的"新动脉"，奔涌在戈壁滩上。

1954年10月，经中共中央批准，新疆生产建设兵团成立，陶峙岳被任命为司令员，新疆维吾尔自治区党委书记王恩茂兼任第一政委，张仲瀚任第二政委。努力开荒生产的驻疆屯垦官兵终于有了正式的新身份，工作中心由武装斗争转为经济建设，新疆地区的屯垦进入了新的阶段。

之后，新疆生产建设兵团重点开发了北疆的准噶尔盆地、南疆的塔里木河流域及伊犁、博乐、塔城等边远地区。战士们鼓足干劲，兴修水利、垦荒造田、种粮种棉、修路架桥，一座座城市拔地而起，荒漠变绿洲。

2. 将荒原沼泽变成粮仓

在新疆屯垦热火朝天之时，北大荒也进入了波澜壮阔的开发阶段，三江平原成为"主战场"。

1954年8月，中共中央农村工作部同意并批转了农业部党组《关于开发东北荒地的农建二师移垦东北问题的报告》，同时上报中央军委批准。9月，第一批集体转业的"移民大军"——农建二师由山东开赴北大荒。这支8000多人的齐鲁官兵队伍以荒原为家，创建了二九〇、二九一和十一农场。

同年，王震将军视察黑龙江汤原后，萌发了开发北大荒的设想。领命的是第五师副师长余友清，他打头阵，率一支先遣队到密山、虎林一带踏查荒原，于1955年元旦，在虎林县（今虎林市）西岗创建了铁道兵第一个农场，以部队番号命名为"八五〇部农场"。

1955年，经中共中央同意，铁道兵9个师近两万人挺进北大荒，在密山、虎林、饶河一带开荒建场，拉开了向三江平原发起总攻的序幕，在八五〇部农场周围建起了一批八字头的农场。

1958年1月，中央军委发出《关于动员十万干部转业复员参加生产建设的指示》，要求全军复员转业官兵去开发北大荒。命令一下，十万转业官兵及家属，浩浩荡荡进军三江平原，支边青年、知识青年也前赴后继地进攻这片古老的荒原。

垦荒大军不惧苦、不畏难，鏖战多年，荒原变良田。1964年盛夏，国家副主席董必武来到北大荒视察，面对麦香千里即兴赋诗："斩棘披荆忆老兵，大荒已变大粮屯。"

3. 将荒郊野岭变成胶园

如果说农垦大军在戈壁滩、北大荒打赢了漂亮的要粮要棉战役，那么，在南国边疆，则打赢了一场在世界看来不可能胜利的翻身仗。

1950年，朝鲜战争爆发后，帝国主义对我国实行经济封锁，重要战略物资天然橡胶被禁运，我国国防和经济建设面临严重威胁。

当时世界公认天然橡胶的种植地域不能超过北纬17°，我国被国际上许多专家划为"植胶禁区"。

但命运应该掌握在自己手中，中共中央作出"一定要建立自己的橡胶基地"的战略决策。1951年8月，政务院通过《关于扩大培植橡胶树的决定》，由副总理兼财政经济委员会主任陈云亲自主持这项工作。同年11月，华南垦殖局成立，中共中央华南分局第一书记叶剑英兼任局长，开始探索橡胶种植。

1952年3月，两万名中国人民解放军临危受命，组建成林业工程第一师、第二师和一个独立团，开赴海南、湛江、合浦等地，住茅棚、战台风、斗猛兽，白手起家垦殖橡胶。

大规模垦殖橡胶，急需胶籽。"一粒胶籽，一两黄金"成为战斗口号，战士们不惜一切代价收集胶籽。有一位叫陈金照的小战士，运送胶籽时遇到山洪，被战友们找到时已没有了呼吸，而背上箩筐里的胶籽却一粒没丢……

正是有了千千万万个把橡胶看得重于生命的陈金照们，1957 年春天，华南垦殖局种植的第一批橡胶树，流出了第一滴胶乳。

1960 年以后，大批转业官兵加入海南岛植胶队伍，建成第一个橡胶生产基地，还大面积种植了剑麻、香茅、咖啡等多种热带作物。同时，又有数万名转业官兵和湖南移民汇聚云南边疆，用血汗浇灌出了我国第二个橡胶生产基地。

在新疆、东北和华南三大军垦战役打响之时，其他省份也开始试办农场。1952 年，在政务院关于"各县在可能范围内尽量地办起和办好一两个国营农场"的要求下，全国各地农场如雨后春笋般发展起来。1956 年，农垦部成立，王震将军被任命为部长，统一管理全国的军垦农场和地方农场。

随着农垦管理走向规范化，农垦事业也蓬勃发展起来。江西建成多个综合垦殖场，发展茶、果、桑、林等多种生产；北京市郊、天津市郊、上海崇明岛等地建起了主要为城市提供副食品的国营农场；陕西、安徽、河南、西藏等省区建立发展了农牧场群……

到 1966 年，全国建成国营农场 1958 个，拥有职工 292.77 万人，拥有耕地面积 345457 公顷，农垦成为我国农业战线一支引人瞩目的生力军。

（三）

前进的道路并不总是平坦的。"文化大革命"持续十年，使党、国家和各族人民遭到新中国成立以来时间最长、范围最广、损失最大的挫折，农垦系统也不能幸免。农场平均主义盛行，从 1967 年至 1978 年，农垦系统连续亏损 12 年。

"没有一个冬天不可逾越，没有一个春天不会来临。"1978 年，党的十一届三中全会召开，如同一声春雷，唤醒了沉睡的中华大地。手握改革开放这一法宝，全党全社会朝着社会主义现代化建设方向大步前进。

在这种大形势下，农垦人深知，国营农场作为社会主义全民所有制企业，应当而且有条件走在农业现代化的前列，继续发挥带头和示范作用。

于是，农垦人自觉承担起推进实现农业现代化的重大使命，乘着改革开放的春风，开始进行一系列的上下求索。

1978年9月，国务院召开了人民公社、国营农场试办农工商联合企业座谈会，决定在我国试办农工商联合企业，农垦系统积极响应。作为现代化大农业的尝试，机械化水平较高且具有一定工商业经验的农垦企业，在农工商综合经营改革中如鱼得水，打破了单一种粮的局面，开启了农垦一二三产业全面发展的大门。

农工商综合经营只是农垦改革的一部分，农垦改革的关键在于打破平均主义，调动生产积极性。

为调动企业积极性，1979年2月，国务院批转了财政部、国家农垦总局《关于农垦企业实行财务包干的暂行规定》。自此，农垦开始实行财务大包干，突破了"千家花钱，一家（中央）平衡"的统收统支方式，解决了农垦企业吃国家"大锅饭"的问题。

为调动企业职工的积极性，从1979年根据财务包干的要求恢复"包、定、奖"生产责任制，到1980年后一些农场实行以"大包干"到户为主要形式的家庭联产承包责任制，再到1983年借鉴农村改革经验，全面兴办家庭农场，逐渐建立大农场套小农场的双层经营体制，形成"家家有场长，户户搞核算"的蓬勃发展气象。

为调动企业经营者的积极性，1984年下半年，农垦系统在全国选择100多个企业试点推行场（厂）长、经理负责制，1988年全国农垦有60%以上的企业实行了这项改革，继而又借鉴城市国有企业改革经验，全面推行多种形式承包经营责任制，进一步明确主管部门与企业的权责利关系。

以上这些改革主要是在企业层面，以单项改革为主，虽然触及了国家、企业和职工的最直接、最根本的利益关系，但还没有完全解决传统体制下影响农垦经济发展的深层次矛盾和困难。

"历史总是在不断解决问题中前进的。"1992年，继邓小平南方谈话之后，党的十四大明确提出，要建立社会主义市场经济体制。市场经济为农垦改革进一步指明了方向，但农垦如何改革才能步入这个轨道，真正成为现代化农业的引领者？

关于国营大中型企业如何走向市场，早在1991年9月中共中央就召开工作会议，强调要转换企业经营机制。1992年7月，国务院发布《全民所有制工业企业转换经营机制条例》，明确提出企业转换经营机制的目标是："使企业适应市场的要求，成为依法自主经营、自负盈亏、自我发展、自我约束的商品生产和经营单位，成为独立享有民事权利和承担民事义务的企业法人。"

为转换农垦企业的经营机制，针对在干部制度上的"铁交椅"、用工制度上的"铁饭碗"和分配制度上的"大锅饭"问题，农垦实施了干部聘任制、全员劳动合同制以及劳动报酬与工效挂钩的三项制度改革，为农垦企业建立在用人、用工和收入分配上的竞争机制起到了重要促进作用。

1993年，十四届三中全会再次擂响战鼓，指出要进一步转换国有企业经营机制，建立适应市场经济要求，产权清晰、权责明确、政企分开、管理科学的现代企业制度。

农业部积极响应，1994年决定实施"三百工程"，即在全国农垦选择百家国有农场进行现代企业制度试点、组建发展百家企业集团、建设和做强百家良种企业，标志着农垦企业的改革开始深入到企业制度本身。

同年，针对有些农场仍为职工家庭农场，承包户垫付生产、生活费用这一问题，根据当年1月召开的全国农业工作会议要求，全国农垦系统开始实行"四到户"和"两自理"，即土地、核算、盈亏、风险到户，生产费、生活费由职工自理。这一举措彻底打破了"大锅饭"，开启了国有农场农业双层经营体制改革的新发展阶段。

然而，在推进市场经济进程中，以行政管理手段为主的垦区传统管理体制，逐渐成为束缚企业改革的桎梏。

垦区管理体制改革迫在眉睫。1995年，农业部在湖北省武汉市召开全国农垦经济体制改革工作会议，在总结各垦区实践的基础上，确立了农垦管理体制的改革思路：逐步弱化行政职能，加快实体化进程，积极向集团化、公司化过渡。以此会议为标志，垦区管理体制改革全面启动。北京、天津、黑龙江等17个垦区按照集团化方向推进。此时，出于实际需要，大部分垦区在推进集团化改革中仍保留了农垦管理部门牌子和部分行政管理职能。

"前途是光明的，道路是曲折的。"由于农垦自身存在的政企不分、产权不清、社会负担过重等深层次矛盾逐渐暴露，加之农产品价格低迷、激烈的市场竞争等外部因素叠加，从1997年开始，农垦企业开始步入长达5年的亏损徘徊期。

然而，农垦人不放弃、不妥协，终于在2002年"守得云开见月明"。这一年，中共十六大召开，农垦也在不断调整和改革中，告别"五连亏"，盈利13亿。

2002年后，集团化垦区按照"产业化、集团化、股份化"的要求，加快了对集团母公司、产业化专业公司的公司制改造和资源整合，逐步将国有优质资产集中到主导产业，进一步建立健全现代企业制度，形成了一批大公司、大集团，提升了农垦企业的核心竞争力。

与此同时，国有农场也在企业化、公司化改造方面进行了积极探索，综合考虑是否具备企业经营条件、能否剥离办社会职能等因素，因地制宜、分类指导。一是办社会职能可以移交的农场，按公司制等企业组织形式进行改革；办社会职能剥离需要过渡期的农场，逐步向公司制企业过渡。如广东、云南、上海、宁夏等集团化垦区，结合农场体制改革，打破传统农场界限，组建产业化专业公司，并以此为纽带，进一步将垦区内产业关联农场由子公司改为产业公司的生产基地（或基地分公司），建立了集团与加工企业、农场生产基地间新的运行体制。二是不具备企业经营条件的农场，改为乡、镇或行政区，向政权组织过渡。如2003年前后，一些垦区的部分农场连年严重亏损，有的甚至濒临破产。湖南、湖北、河北等垦区经省委、省政府批准，对农场管理体制进行革新，把农场管理权下放到市县，实行属地管理，一些农场建立农场管理区，赋予必要的政府职能，给予财税优惠政策。

这些改革离不开农垦职工的默默支持，农垦的改革也不会忽视职工的生活保障。

1986 年，根据《中共中央、国务院批转农牧渔业部〈关于农垦经济体制改革问题的报告〉的通知》要求，农垦系统突破职工住房由国家分配的制度，实行住房商品化，调动职工自己动手、改善住房的积极性。1992 年，农垦系统根据国务院关于企业职工养老保险制度改革的精神，开始改变职工养老保险金由企业独自承担的局面，此后逐步建立并完善国家、企业、职工三方共同承担的社会保障制度，减轻农场养老负担的同时，也减少了农场职工的后顾之忧，保障了农场改革的顺利推进。

从 1986 年至十八大前夕，从努力打破传统高度集中封闭管理的计划经济体制，到坚定社会主义市场经济体制方向；从在企业层面改革，以单项改革和放权让利为主，到深入管理体制，以制度建设为核心、多项改革综合配套协调推进为主：农垦企业一步一个脚印，走上符合自身实际的改革道路，管理体制更加适应市场经济，企业经营机制更加灵活高效。

这一阶段，农垦系统一手抓改革，一手抓开放，积极跳出"封闭"死胡同，走向开放的康庄大道。从利用外资在经营等领域涉足并深入合作，大力发展"三资"企业和"三来一补"项目；到注重"引进来"，引进资金、技术设备和管理理念等；再到积极实施"走出去"战略，与中东、东盟、日本等地区和国家进行经贸合作出口商品，甚至扎根境外建基地、办企业、搞加工、拓市场：农垦改革开放风生水起逐浪高，逐步形成"两个市场、两种资源"的对外开放格局。

（四）

党的十八大以来，以习近平同志为核心的党中央迎难而上，作出全面深化改革的决定，农垦改革也进入全面深化和进一步完善阶段。

2015 年 11 月，中共中央、国务院印发《关于进一步推进农垦改革发展的意见》（简称《意见》），吹响了新一轮农垦改革发展的号角。《意见》明确要求，新时期农垦改革发展要以推进垦区集团化、农场企业化改革为主线，努力把农垦建设成为保障国家粮食安全和重要农产品有效供给的国家队、中国特色新型农业现代化的示范区、农业对外合作的排头兵、安边固疆的稳定器。

2016 年 5 月 25 日，习近平总书记在黑龙江省考察时指出，要深化国有农垦体制改革，以垦区集团化、农场企业化为主线，推动资源资产整合、产业优化升级，建设现代农业大基地、大企业、大产业，努力形成农业领域的航母。

2018 年 9 月 25 日，习近平总书记再次来到黑龙江省进行考察，他强调，要深化农垦体制改革，全面增强农垦内生动力、发展活力、整体实力，更好发挥农垦在现代农业建设中的骨干作用。

农垦从来没有像今天这样更接近中华民族伟大复兴的梦想！农垦人更加振奋了，以壮士断腕的勇气、背水一战的决心继续农垦改革发展攻坚战。

1. 取得了累累硕果

——坚持集团化改革主导方向，形成和壮大了一批具有较强竞争力的现代农业企业集团。黑龙江北大荒去行政化改革、江苏农垦农业板块上市、北京首农食品资源整合……农垦深化体制机制改革多点开花、逐步深入。以资本为纽带的母子公司管理体制不断完善，现代公司治理体系进一步健全。市县管理农场的省份区域集团化改革稳步推进，已组建区域集团和产业公司超过 300 家，一大批农场注册成为公司制企业，成为真正的市场主体。

——创新和完善农垦农业双层经营体制，强化大农场的统一经营服务能力，提高适度规模经营水平。截至 2020 年，据不完全统计，全国农垦规模化经营土地面积 5500 多万亩，约占农垦耕地面积的 70.5%，现代农业之路越走越宽。

——改革国有农场办社会职能，让农垦企业政企分开、社企分开，彻底甩掉历史包袱。截至 2020 年，全国农垦有改革任务的 1500 多个农场完成办社会职能改革，松绑后的步伐更加矫健有力。

——推动农垦国有土地使用权确权登记发证，唤醒沉睡已久的农垦土地资源。截至 2020 年，土地确权登记发证率达到 96.3%，使土地也能变成金子注入农垦企业，为推进农垦土地资源资产化、资本化打下坚实基础。

——积极推进对外开放，农垦农业对外合作先行者和排头兵的地位更加突出。

合作领域从粮食、天然橡胶行业扩展到油料、糖业、果菜等多种产业，从单个环节向全产业链延伸，对外合作范围不断拓展。截至 2020 年，全国共有 15 个垦区在 45 个国家和地区投资设立了 84 家农业企业，累计投资超过 370 亿元。

2. 在发展中改革，在改革中发展

农垦企业不仅有改革的硕果，更以改革创新为动力，在扶贫开发、产业发展、打造农业领域航母方面交出了漂亮的成绩单。

——聚力农垦扶贫开发，打赢农垦脱贫攻坚战。从 20 世纪 90 年代起，农垦系统开始扶贫开发。"十三五"时期，农垦系统针对 304 个重点贫困农场，绘制扶贫作战图，逐个建立扶贫档案，坚持"一场一卡一评价"。坚持产业扶贫，组织开展技术培训、现场观摩、产销对接，增强贫困农场自我"造血"能力。甘肃农垦永昌农场建成高原夏菜示范园区，江西宜丰黄冈山垦殖场大力发展旅游产业，广东农垦新华农场打造绿色生态茶园……贫困农场产业发展蒸蒸日上，全部如期脱贫摘帽，相对落后农场、边境农场和生态脆弱区农场等农垦"三场"踏上全面振兴之路。

——推动产业高质量发展，现代农业产业体系、生产体系、经营体系不断完善。初步建成一批稳定可靠的大型生产基地，保障粮食、天然橡胶、牛奶、肉类等重要农产品的供给；推广一批环境友好型种养新技术、种养循环新模式，提升产品质量的同时促进节本增效；制定发布一系列生鲜乳、稻米等农产品的团体标准，守护"舌尖上的安全"；相继成立种业、乳业、节水农业等产业技术联盟，形成共商共建共享的合力；逐渐形成"以中国农垦公共品牌为核心、农垦系统品牌联合舰队为依托"的品牌矩阵，品牌美誉度、影响力进一步扩大。

——打造形成农业领域航母，向培育具有国际竞争力的现代农业企业集团迈出坚实步伐。黑龙江北大荒、北京首农、上海光明三个集团资产和营收双超千亿元，在发展中乘风破浪：黑龙江北大荒农垦集团实现机械化全覆盖，连续多年粮食产量稳定在 400 亿斤以上，推动产业高端化、智能化、绿色化，全力打造"北大荒绿色智慧厨房"；北京首农集团坚持科技和品牌双轮驱动，不断提升完善"从田间到餐桌"

的全产业链条；上海光明食品集团坚持品牌化经营、国际化发展道路，加快农业"走出去"步伐，进行国际化供应链、产业链建设，海外营收占集团总营收20％左右，极大地增强了对全世界优质资源的获取能力和配置能力。

千淘万漉虽辛苦，吹尽狂沙始到金。迈入"十四五"，农垦改革目标基本完成，正式开启了高质量发展的新篇章，正在加快建设现代农业的大基地、大企业、大产业，全力打造农业领域航母。

（五）

八十多年来，从人畜拉犁到无人机械作业，从一产独大到三产融合，从单项经营到全产业链，从垦区"小社会"到农业"集团军"，农垦发生了翻天覆地的变化。然而，无论农垦怎样变，变中都有不变。

——不变的是一路始终听党话、跟党走的绝对忠诚。从抗战和解放战争时期垦荒供应军粮，到新中国成立初期发展生产、巩固国防，再到改革开放后逐步成为现代农业建设的"排头兵"，农垦始终坚持全面贯彻党的领导。而农垦从孕育诞生到发展壮大，更离不开党的坚强领导。毫不动摇地坚持贯彻党对农垦的领导，是农垦人奋力前行的坚强保障。

——不变的是服务国家核心利益的初心和使命。肩负历史赋予的保障供给、屯垦戍边、示范引领的使命，农垦系统始终站在讲政治的高度，把完成国家战略任务放在首位。在三年困难时期、"非典"肆虐、汶川大地震、新冠疫情突发等关键时刻，农垦系统都能"调得动、顶得上、应得急"，为国家大局稳定作出突出贡献。

——不变的是"艰苦奋斗、勇于开拓"的农垦精神。从抗日战争时一手拿枪、一手拿镐的南泥湾大生产，到新中国成立后新疆、东北和华南的三大军垦战役，再到改革开放后艰难但从未退缩的改革创新、坚定且铿锵有力的发展步伐，"艰苦奋斗、勇于开拓"始终是农垦人不变的本色，始终是农垦人攻坚克难的"传家宝"。

农垦精神和文化生于农垦沃土，在红色文化、军旅文化、知青文化等文化中孕育，也在一代代人的传承下，不断被注入新的时代内涵，成为农垦事业发展的不竭动力。

"大力弘扬'艰苦奋斗、勇于开拓'的农垦精神，推进农垦文化建设，汇聚起推动农垦改革发展的强大精神力量。"中央农垦改革发展文件这样要求。在新时代、新征程中，记录、传承农垦精神，弘扬农垦文化是农垦人的职责所在。

（六）

随着垦区集团化、农场企业化改革的深入，农垦的企业属性越来越突出，加之有些农场的历史资料、文献文物不同程度遗失和损坏，不少老一辈农垦人也已年至期颐，农垦历史、人文、社会、文化等方面的保护传承需求也越来越迫切。

传承农垦历史文化，志书是十分重要的载体。然而，目前只有少数农场编写出版过农场史志类书籍。因此，为弘扬农垦精神和文化，完整记录展示农场发展改革历程，保存农垦系统重要历史资料，在农业农村部党组的坚强领导下，农垦局主动作为，牵头组织开展中国农垦农场志丛编纂工作。

工欲善其事，必先利其器。2019年，借全国第二轮修志工作结束、第三轮修志工作启动的契机，农业农村部启动中国农垦农场志丛编纂工作，广泛收集地方志相关文献资料，实地走访调研、拜访专家、咨询座谈、征求意见等。在充足的前期准备工作基础上，制定了中国农垦农场志丛编纂工作方案，拟按照前期探索、总结经验、逐步推进的整体安排，统筹推进中国农垦农场志丛编纂工作，这一方案得到了农业农村部领导的高度认可和充分肯定。

编纂工作启动后，层层落实责任。农业农村部专门成立了中国农垦农场志丛编纂委员会，研究解决农场志编纂、出版工作中的重大事项；编纂委员会下设办公室，负责志书编纂的具体组织协调工作；各省级农垦管理部门成立农场志编纂工作机构，负责协调本区域农场志的组织编纂、质量审查等工作；参与编纂的农场成立了农场志编纂工作小组，明确专职人员，落实工作经费，建立配套机制，保证了编纂工作的顺利进行。

质量是志书的生命和价值所在。为保证志书质量，我们组织专家编写了《农场志编纂技术手册》，举办农场志编纂工作培训班，召开农场志编纂工作推进会和研讨会，到农场实地调研督导，尽全力把好志书编纂的史实关、政治关、体例关、文字关和出版关。我们本着"时间服从质量"的原则，将精品意识贯穿编纂工作始终。坚持分步实施、稳步推进，成熟一本出版一本，成熟一批出版一批。

中国农垦农场志丛是我国第一次较为系统地记录展示农场形成发展脉络、改革发展历程的志书。它是一扇窗口，让读者了解农场，理解农垦；它是一条纽带，让农垦人牢记历史，让农垦精神代代传承；它是一本教科书，为今后农垦继续深化改革开放、引领现代农业建设、服务乡村振兴战略指引道路。

修志为用。希望此志能够"尽其用"，对读者有所裨益。希望广大农垦人能够从此志汲取营养，不忘初心、牢记使命，一茬接着一茬干、一棒接着一棒跑，在新时代继续发挥农垦精神，续写农垦改革发展新辉煌，为实现中华民族伟大复兴的中国梦不懈努力！

中国农垦农场志丛编纂委员会

2021 年 7 月

甘肃张掖农场志

GANSU ZHANGYE NONGCHANG ZHI

序 一

习近平总书记指出："一切向前走，都不能忘记走过的路；走得再远、走到再光辉的未来，也不能忘记走过的过去，不能忘记为什么出发。"

一切向前走是历史发展的使然和必然，是社会发展的规律和趋势。过去、现在、未来构成我们的发展史。重视历史、研究历史、借鉴历史可以给人类带来把握今天、开创明天的智慧和力量。

岁月洗却历史铅华，和风咏叹发展颂歌。甘肃农垦张掖农场自1955年建场以来，已经走过67个春秋。回首往昔，岁月峥嵘，张掖农场的发展经历了筹建办场、初步建设、军垦体制、属地管理、农垦时期、入组亚盛六个历史阶段，走过了一条曲折坎坷、自强不息的发展之路。

1954年，荒无人烟的老寺庙滩迎来了第一批拓荒者，张掖农场就此诞生。在这之后，一批又一批复转军人、支边青年，从祖国的东北、华北、中原、华东等地走进张掖农场，他们与当地优秀青年一起冒严寒、战风沙、斗酷暑，以昂扬的斗志、超强的毅力和百倍的干劲，开荒造田，植树造林，铺路架桥，在亘古荒原上建设了一个集农、工、服、贸、加、销为一体的中型集团化企业，老一辈农垦人用青春和热血谱写了华美的时代乐章。

1964年，为了加快对河西土地的开发，中共中央决定组建生产建设兵团农业建设第十一师，张掖农场改为军垦体制，隶属农建第十一师。农垦职工们怀着对党、对国家、对人民的无限忠诚和热爱，贯彻落实中共中央"边开荒、边生产、边建设、边积累，边扩大"的方针，发扬"艰苦奋斗、勇于开拓"的农垦精神，在探索社会主义建设道路的实践中栉风沐雨、不懈奋斗、流血流汗、默默奉献，排除万难搞建设，一心一意谋发展，使农场一步步发展壮大。

党的十一届三中全会以来，甘肃农垦张掖农场在中国共产党的领导下，高举中国特色社会主义伟大旗帜，认真贯彻执行党的基本路线和各项方针政策，建立现代企业制度，紧紧围绕经济建设这个中心，坚持与改革同行、与时代同步，艰苦创业，负重奋进，促进"职工增收、企业增效"，形成了"团结自强，实干奉献"的企业精神，使农场经济及各项事业快速发展。特别是进入21世纪后，农场将改革与发展作为主题，全场上下开拓进取、奋勇争先，破解农场发展困境，解决农场发展难题，使农场经济发展稳中向好，群众生活显著改善，综合实力持续提升，绿色转型步伐加快，生态底色更加靓丽，农场面貌焕然一新，农场自身建设不断加强，向建成幸福美好新农场迈出坚实的步伐。

党的十八大以来，甘肃农垦张掖农场坚持深入学习贯彻习近平新时代中国特色社会主义思想，发挥国有经济主导作用，适应新常态、践行新理念、培育新动能，积极转变经济社会发展方式，完善国有农业经济实现形式，以农业生产经营为主，走规模化发展道路，构建现代农业经营体系，促进一二三产业融合发展，形成了组织化程度高、规模化特征突出、产业体系比较健全的独特优势，为保障国家粮食安全、保障重要农产品供给、发展现代农业作出了重大贡献，使农场迈入高质量发展的"快车道"。

万山众蘖，必有高峰耸立；江河奔流，必有磐石分流。甘肃农垦张掖农场67年的进步与发展，是在党的路线方针政策的指引下，在甘肃省农垦集团有限责任公司、地方各级政府的大力支持和关怀下，全场上下团结一心、抢抓机遇、奋力拼搏、开拓进取的结果。

盛世修志，承前启后，鉴古知今，惠今泽远。《甘肃张掖农场志》正式出版，这在张掖农场的发展历史上是一件大事。《甘肃张掖农场志》客观真实地记述了张掖农场67年来艰辛奋斗、锐意改革的光辉历程，讴歌了67年来几代农场人在农场发展中付出的艰辛探索和展现的时代精神，浓墨重彩地反映了张掖农场67年来取得的重大成绩和辉煌业绩，系统总结和概括了张掖农场在各个时期的经验教训，既有纵向的回顾，又有横向的剖析，追源溯流，脉络分明，言人叙事，质而不俚，记景状物，辨而不华，图文并茂，详略得当，尊重历史，数据翔实，不加雕饰，真正遵循了"史事求真，记述务实"的原则，具有较高的史料价值和现实意义，为进一步弘扬传统、振奋精神，推动张掖农场高质量发展提供了有益的历史借鉴。

"以史为镜，可以喻今"。历史、现实、未来是相通的。历史是过去的现实，现实是未来的历史。回顾历史，旨在开创未来；总结经验，重在指导实践。站在历史与现实的交汇点上，面对前人取得的成功经验，我们应该多一份尊重，多一份思考。我们要本着"择其善者而从之，其不善者而改之"的科学态度，牢记历史经验、牢记历史教训、牢记历史警示，坚持真理，总结经验，吸取教训，在建设社会主义现代化国家新征程中，以更加昂扬的精神状态、更加强烈的责任担当、更加务实的工作作风，开拓创新、锐意进取，砥砺奋进谱新篇，建功立业新时代，推动农垦事业高质量发展。

甘肃农垦集团党委书记、董事长 张懿笃

2022年10月

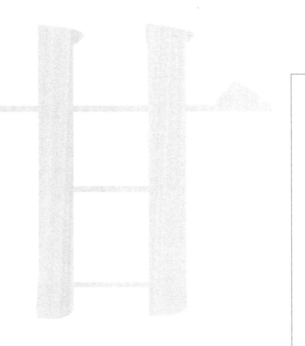

甘肃张掖农场志
GANSU ZHANGYE NONGCHANG ZHI

序二

　　农垦事业是为国为民的开拓者的事业。《甘肃张掖农场志》如实记载了农场拓荒者艰苦创业的史实，记述了农场诞生和发展的历史。它是张掖农场建设社会主义物质文明和精神文明的丰硕成果，它的出版是全农场可喜可贺的一大盛事。

　　张掖农场始建于1955年，67年间，在党和政府的领导下，一大批军队转业官兵、部分当地农民、支边青年、知识分子从祖国四面八方汇聚在老寺庙滩这片荒原上，他们扎根戈壁，团结一致，艰苦奋斗，战胜各种困难，从人拉犁开始，从一锹一镐起步，开拓创业，在茫茫戈壁滩上开荒造田、开渠引水、植树造林，战风沙、治盐碱，使张掖农场从无到有、从小到大，逐步发展成为农、工、商、建、运、服综合经营和农、林、牧、副全面发展的中型国有农业骨干企业。

　　回顾67年的发展历史，张掖农场从隶属关系上，先后经历了省、军垦、地方农垦、省农垦、亚盛五个建设时期。多变的管理体制、艰苦的自然条件，以及简陋和不完善的生产设施，使农场生产一度发展缓慢，形成低产、亏损和落后的局面。党的十一届三中全会以后，农场深化改革，强化管理，调整结构，促进发展。通过"六五"大调整、"七五"打基础、"八五"大发展战略，组织实施了"三、四、五"工程：一是因地制宜，建设以农场场部为中心的三环经济带（即二三产业经济带、劳动密集型高效益经济带、家庭农场种植业规模效益经济带）；二是以市场为导向，开发了老寺系列曲酒、苹果梨、啤酒花、黑瓜子四大产品；三是以"短"养"长"，增强后劲，建设了五大商品生产基地。"八五"期间，努力提高第一产业，突破性地发展二三产业，取得了可喜成绩。在不断改善生态环境条件的基础上，大力发展高产、优质、高效农业，开发了3种绿色食品，成立了甘肃省张掖绿色食品实业开发总公司，建设了绿色食品生产基地。为增强企业后劲，发展以农产品深加工为主的产业化经营，实施名牌战略和科技兴场战略，先后完成了酒厂扩建、黄酒生产线、果蔬恒温库、金龙宾馆、科技综合楼、教学楼、金龙麦芽厂等工程建设。党的十八大以来，农场坚持以习近平新时代中国特色社会主义思想为指导，逐步建立现代企业制度，不断完善"三项制度"，党的领导已逐步融入农场生产、治理各个环节，完成了企业办社会职能移交、土地确权登记、僵尸企业处置和退休人员移交等工作。农场实行统一管理、统一种植、统一销售，取得了较好的经济效益。

以改革促发展，以开发促开放，加强外引内联，发展外向型经济，张掖农场的经济发展步入了良性循环的轨道，企业经营效益和社会效益不断提高，经济实力不断增强，连续5年受到甘肃省农垦集团有限责任公司的表彰奖励，农场旧貌变新颜，成为甘肃农垦"八五"科技兴垦先进集体、优秀企业和骨干企业。"九五"期间，甘肃省农垦集团有限责任公司将张掖农场列入甘肃农垦9个销售收入上亿元、利税上800万元的骨干企业之一。在"九五"期间组织实施的"118"工程，即在"九五"末期力争年销售收入超亿元、利税超过1000万元、职工人均年收入超过8000元的目标提前实现。

《甘肃张掖农场志》以丰富翔实的资料，全面记载了张掖农场67年来的发展历史，总结了各项工作的成绩与经验，反映了各个发展阶段的得失利弊，有重要的借鉴、启迪、激励作用。

　　《甘肃张掖农场志》是一项重大的系统工程。志书编纂，前列垦区环境，综述农垦沿革，细陈企业发展，缀附大事记，蔚为大观，可谓"载体宏博"。参加编修这部志书的同志们，克服众多困难，细心搜集、整理材料，在有关专家的指导下，多次推敲易稿，在志书编写工作中付出了艰辛的劳动。这部志书具有重要的史料价值，是进行场情场史教育的好教材，对承上启下、继往开来，以及促进农场全面发展有着十分重要的意义。

　　盛世修志，鉴古为今。我们要继续发扬"艰苦奋斗、勇于开拓"的农垦精神和"团结自强、实干奉献"的企业精神，以志为鉴，开创未来，进一步加强农场的物质文明和精神文明建设，为张掖农场经济腾飞再创新业绩。

张掖农场原党委书记、场长

2022 年 10 月

甘肃张掖农场志
GANSU ZHANGYE NONGCHANG ZHI

存史以志，鉴古知今；奋发进取，再铸辉煌。《甘肃张掖农场志》以1955—2021年为时间断限，全面记述了张掖农场筹建成立、发展壮大、变革巩固、创新提升的发展历程，充分展现了67年来张掖农场在基础建设、综合经济、企业管理、科教文卫、社会事业等方面取得的辉煌成就，浓缩了张掖农场人"艰苦奋斗、勇于开拓"的奋斗精神，是一部质量上乘、真实记录了张掖农场发展全貌的企业志书。

逢时而生，成为共和国第一批农场

1954年8月，张掖农场筹建成立，绵亘千年的茫茫戈壁迎来了第一批拓荒者。他们迎风雨、战严寒，铸剑为犁，翻开了张掖农场创建的第一页。随后，在建设边疆、戍边固边的号召下，一批批复转军人和支边青年从祖国的四面八方走进张掖农场，与当地优秀青年和农民一起，冒严寒、战风沙、斗酷暑，以坚强的毅力和冲天的干劲，开荒造田，开沟造渠，植树造林，铺路架桥，屯垦戍边，谱写张掖农场建设新篇章。67年来，从基础农业走向高科技农业，从手工作坊走向现代化工业，张掖农场人栉风沐雨，砥砺前行，吃苦耐劳，无私奉献，在农场一步步发展壮大的同时，创造了农垦人"艰苦奋斗、勇于开拓"的农垦精神。

苗壮成长，成为农业"国家队"成员

改革开放的春风吹绿了祖国大地，以经济建设为中心的号角响彻大江南北，经济体制改革开启了张掖农场新的发展模式，以家庭农场联产承包责任制为主体，以农、工、商、建、运、服一体化发展为主要特征，农场人打破束缚，解放思想，勇于创新，开拓进取，使农场经济发展稳中向好，职工群众生活显著改善，综合实力持续提升，绿色转型步伐加快，生态底色更加靓丽，建设幸福美好新农场迈出了坚实的步伐，农场面貌焕然一新，发展活力显著增强，社会大局和谐稳定，发展前景光辉而灿烂。

与时俱进，始终立志引领农业发展方向

战略性变革、高水平调整，在发展中解决问题。遵照上级安排，张掖农场归入甘肃亚盛实业（集团）股份有限公司，成立张掖分公司。农场、分公司坚持不懈，重点解决疑难重症问题，主要做法有：一是丈量土地，摸清"家底"，执行了新的土地承包制度；二是加强农业基础工程建设，完善渠、路、林、田配套，推进节流灌溉和水肥一体化，融合企业发展，奠定农业可持续性发展的坚实基础；三是加强环境治理，整治场区生产及生活环境，生态环境发生重大变化；四是解决民生问题，解决"五七工"、家属工、1996—2006年来场务农人员养老问题，全体职工集体参加城镇职工医保，职工队伍稳定；五是经济稳定发展，从2010年起每年盈利超过百万元，职均收入逐年递增；六是锻炼了一支政治素质高、业务能力的干部队伍；七是适应新的运营体制，转变运行机制，项目化团队经营正在兴起。未来，将继续推进"三大一化""三统一化"。

开拓进取，不断谱写创新发展的新篇章

展望未来，发展可期。进入新时代，迈向新征程，农场将以国企改革三年行动作为主题，以建设绿色、和谐共同发展的生态农场为目标，始终牢记农垦事业的历史使命，紧跟时代前进步伐，解放思想，与时俱进，促进高质量发展。将以强化基地建设、产业带动示范作用为重点，用"四新一高"（培育新品种、引进新技术、发展新模式、形成新业态、实现高效益）引导农业发展，增强农场经济实力，扩大农场社会影响力。进一步加大产业结构调整力度，积极主动应对各种挑战，千方百计破解发展难题，努力规范经济运行方式，提高综合发展质量，突出特色优势，壮大主导产业，促进"职工增收、企业增效"，使农场经济及各项事业快速发展。以"团结自强，实干奉献"的企业精神，强管理、促发展、转机制、抓项目、带队伍，抢抓机遇，调整结构，提高效益，不断加大基础设施建设投资，使生产、生活、环境各方面得到改善，综合实力持续提升，绿色转型步伐加快。

回顾过去，荒原成绿洲、戈壁变良田，各项事业成就辉煌；展望未来，丹心如故、信心弥坚，奋进步伐坚强有力，前途无限！

亚盛张掖分公司党委书记

甘肃农垦张掖农场场长

中国农垦农场志

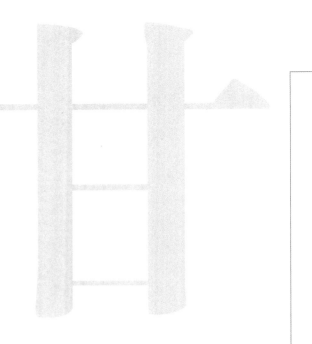

甘肃张掖农场志

GANSU ZHANGYE NONGCHANG ZHI

凡例

一、指导思想

本志坚持以马克思列宁主义、毛泽东思想、邓小平理论、"三个代表"重要思想、科学发展观、习近平新时代中国特色社会主义思想为指导，运用辩证唯物主义与历史唯物主义的立场、观点和方法，实事求是，努力做到思想性、科学性、资料性的统一。全面系统地记述张掖农场67年的历史与状况。

二、载事断限

本志上限为1955年，下限为2021年年底，个别事物酌情逾限。

三、记述范围

本志以2021年张掖农场行政区域为记述范围，对历史上划出的区域一般不作记述。为保持历史的连续性，有关事物视情略记。

四、结构体例

结构为编、章、节、目四个层次，个别事物视情增设子目或条目。横排门类，纵向记述。体例以述、记、志、传、图、表、录为主要载体。以志为主，辅以纪事本末体。

五、志书文体

叙事述物统用语体文、记述体。运用简明、朴实、流畅的文字秉笔直书，不虚构、不渲染、不溢美、不夸张。言简意赅，文约事丰。

六、资料采辑

入志资料源自文献档案、统计报表、报刊、专著及调查访问记录，编纂时一般不注明出处。各种资料经原始核对、反复考证，确保真实性与可靠性。

七、内容撰写

编与编、章与章、节与节、目与目之间，既分门别类，又相互照应；既保持独立，又相对联系。述事无交叉重复，无冗长累赘。内容撰写以"章"为主线，以"节"为主题，以丰富翔实的资料表述"节"含内容，涵盖周全，语言恰切，可读性强。

八、计量单位

本志所用计量单位执行《中华人民共和国国家标准出版物数字用法》，涉及长度、重量单位以及农耕土地的，使用现代表述方式，以"千米、千克、公顷"等为计量单位。

九、数字运用

统计数字采用历年政府统计部门发布的数据，未纳入统计库的数据以本单位统计年报或工作总结为准。凡统计意义的数字，皆用阿拉伯数字，属口语表达的数字用汉字小写。

十、地名书写

历史地名按各时期的古称书写，现代地名按 1982 年《地名普查资料》及现通用地名书写。

十一、记述地域

中华人民共和国成立以来专区迭变之期，皆按照县（区）行政区域记述，必要时注明原隶属关系。

十二、物种称谓

各种树木、植物、动物、昆虫等称谓，统一使用既定且规范的普通名称，必要时括注学名。

十三、荣誉收录

包括历年受国家部级以上和省委、省政府，省农垦厅局、地（市）委、市政府（行署）、地区各部门、地区农垦局（公司）、县（区）委、政府及农场党政表彰的先进集体及个人。

十四、人物收编

人物传为对农场建设做出突出贡献的已故人物。人物简介为受国家部、委（办、局）

和省委、省政府及市委、市政府表彰的先进人物；现任党政管理领导人；历任农场正、副职领导人；享受副县（处）级以上待遇的干部；副教授级以上的专家。人物表录为享受副县级以上待遇的其他领导干部；受国家部、委（办、局）级，省委、省政府，地（市、厅）级，地区各部门、农垦（公司）、县（区）委、政府级以及农场党政表彰者。

十五、附录文献

遴选有关农场建设发展的公告、布告、决定等珍贵的历史和现行文献入志，保持原文，文字数据校对无误。文言文断句标点，疑难之语酌加注释。

目 录

第四编　生产经营

第五编　企业管理

第六编　教科　卫健

第七编　党建和精神文明建设

第八编　先进单位　人物

概　述

　　甘肃农垦张掖农场（简称：张掖农场、农场）位于张掖市甘州区东南18千米处祁连山脉合黎山北麓的洪积扇上，颁证土地面积5253.3公顷，现有耕地2746.7公顷，总人口2676人。张掖农场分为老寺庙片区、山丹县山羊堡片区和民乐县头墩片区三个区域。老寺庙片区位于张掖市东南，甘州区境内，呈月牙形，地理坐标北纬38°52′—39°02′，东经100°31′—100°44′。东依龙首山、合黎山，西邻山丹河、张掖市碱滩镇古城、草湖、野水地和上秦镇缪家堡、安家庄等村，北靠张掖市三闸镇红沙窝村，南与张掖市甲子墩村和山丹县西屯村相接。南北长24千米，东西宽2～4千米，土地面积69.41平方千米，占全场总面积的80%，是张掖农场的主体部分。山羊堡片区位于老寺庙以东6千米、国道312线南1千米处，该区域北靠兰新铁路，南至甘州区碱滩镇永定村，以自然沟为界，东至山丹县东乐镇西屯村，以原灌溉渠系为界，西至甘州区碱滩镇甲子墩村，以双方田间道路为界。土地面积160公顷，耕种面积106公顷，现为农场第八分场，该分场东半部分近66.7公顷的土地在山丹县境内。民乐县头墩片区位于民乐县六坝镇东3千米处，该区域东至民乐县六坝镇赵岗村、五一村，以自然沟为界，西至新益民干渠下段十支段北，南至新益民干渠二十支渠，北至民乐县六坝镇五合村、县乡道路X021。该区域现为张掖农场民乐分场，现有土地面积1013.7公顷，实际耕作面积433.33公顷。

　　张掖农场地处西北干旱区绿洲—荒漠区，位于张掖盆地东南缘，在龙首山、合黎山南麓与山丹河之间，属丘陵地貌，海拔1470～1510米，地形由东北向西南倾斜。

　　张掖农场场区东部为洪积扇砂砾石带，坡降为2/100～15/100，表层有砾石散布，沙砾石层内中细沙约占60%，中小砾石约占40%，有少量冲沟分布，冲沟切割深度1～2米；场区西部为扇缘倾斜平原带，坡降1/100，以黏质土为主，稍有砂砾质夹黏土；红沙窝一带为冲积—湖沼平原带，坡降3/100～4/100，土质为砂壤土。张掖农场土壤为祁连山与合黎山的冲积沉积物，主要土壤为盐化草甸沼泽土。

　　张掖农场主要在平原水文地质区，主要指张掖盆地，地下水储存条件好，分为河（沟）谷第四系潜水和山前平原第四系潜水。

　　农场生物资源丰富，野生植物有白刺、芨芨草、冰草、芦苇等70多种，张掖农场主要树种有白杨、新疆杨、柳树、榆树、沙枣、松树、柏树、白蜡等。

农场地处我国西北内陆，属温带大陆性气候，受中高纬度地区西风带环流控制和极地冷气团的影响，冬季持续时间长且寒冷。张掖农场平均气温在 7～8℃，民乐分场在 3～6℃。全年无霜期 151 天，地面冰冻期 197 天，冻土深度最大 116 厘米，最小 70 厘米。平均年降水量为 148.1 毫米。雨量年际变化率大，最多年为 224.3 毫米，最少年仅有 76.1 毫米。年水面蒸发量平均为 1847.3 毫米左右，历年各月平均风速为 3 米/秒（2 级）。风速达 17 米/秒（7 级）以上为大风，年平均大风日数为 15 天。

灌溉用水主要利用地表水。老寺庙地区引黑河大满干渠渠水灌溉；山羊堡地区原引山丹河祁家店水库渠水灌溉，后期全部使用机井灌溉；头墩地区引洪水河双树寺水库渠水灌溉。张掖农场地处祁连山、合黎山之间的走廊——张掖盆地，有祁连山、合黎山谷沟潜流及河道、渠系、田间、雨、洪渗漏等补给，地下水源较为丰富。截至 2021 年，节水灌溉面积 1953.33 公顷，占耕地面积 71.1%。

根据第七次人口普查数据，截至 2020 年 11 月 1 日零时，张掖农场常住人口为 2676 人。其中：汉族 2662 人，占总人口的 99.4%；回族 7 人、藏族 3 人、满族 3 人、裕固族 1 人，少数民族占总人口的 0.6%。

1952 年甘肃省完成土地改革，农村建立互助组，开始走上集体化生产道路。为提高农业生产水平，张掖县建立县属示范小农场。中国人民解放军第三军在甘农所河西区农林实验场的基础上，在张掖县小满乡开荒造地 442.2 公顷，建立张掖马拉机农场，从事谷物和果树生产。

1952 年以后，农业部相继公布《国营机械农场建场程序暂行办法》《国营农场组织规程》《国营机械农场农业经营规章》。国营机械农场是社会主义性质的农业企业，由政府投资在国有大面积的土地上，采用最先进的科学农业技术及新的工作方式，利用机械耕作，进行集体劳动，提高产量，降低成本，完成国家的生产任务，并启发、引导个体的小农经营走向机械化、集体化的生产道路。

1954 年西北行政委员会农林局在《关于西北国营机械农场的工作总结》中提出："西北荒地很多，根据中央建场方针应积极创造条件，争取在五年内发展八场以上（增加黄羊河、张掖、宁夏金积三场）。"

1954 年 10 月，甘肃省农林厅组建临时性的国营张掖机械农场建场勘测设计队，由队长李秉谦率领农、林、牧、园艺、土建等专业技术人员来张掖详查荒地、水源、气候、交通、农牧业生产和社会风俗。当年完成毛吴家滩和老寺庙滩勘查工作，选定在老寺庙滩建场。1955 年 1 月完成《国营张掖机械农场老寺庙作业站初步设计书》，经甘肃省人民委员会批准，2 月在张掖老寺庙成立国营张掖机械农场筹建处。建场勘测队继续对秸侯堡滩、碱滩堡滩、太平堡滩进行详查，于 6 月完成《国营张掖机械农场设计任务书》，农场场地由老寺庙滩、太平堡滩、秸侯堡滩、碱滩堡滩、毛吴家滩 6 处互不相连的荒滩地组成，土地面积 8695 公顷，国营张掖机械农场隶属甘肃省农林厅国营农场管理局。以生产粮食为主，首任场长徐良谋。当年利用土改后收归国营的部分熟荒地播种粮食 139.47 公顷，总产粮食 17 万千克，盈利 0.66 万元，实现当年建场，当年生产，当年盈利。

1958 年 3 月，甘肃省人民委员会决定，将国营农场管理体制下放到所在地（县），农垦业务仍由甘肃省农林厅农垦局领导。张掖机械农场改由张掖县管理。6 月，改称国营老寺庙农场。

1962 年 10 月，甘肃省农垦局河西分局成立，农场改变隶属关系，归甘肃省农垦局河西分局管理。

1963 年 11 月，中共甘肃省委和甘肃省人民委员会发出关于成立生产建设兵团农业建设第十一师（简称农建十一师）的通知。12 月，甘肃省农垦局正式将河西地区 24 个甘肃国营农、牧场及武威拖拉机修配厂筹建处和河西农垦分局等单位移交农建十一师管理。1964 年，农建十一师党委决定将老寺庙、山羊堡、林荫、头墩四个位于张掖地区的国营农场合并为团级农场，番号为农建十一师农四团。

1969 年 3 月，兰州军区生产建设兵团成立，农建十一师归其建制。11 月 1 日，兰州军区生产建设兵团将农建十一师改编为两个师，即兰州军区生产建设兵团农业建设第一师和第二师。1970 年，农四团归农建二师建制，改番号为中国人民解放军兰州军区生产建设兵团农业建设第二师第十一团。

1967 年 3 月 18 日，人民解放军"支左"部队进驻农场，全团实行军管。1969 年 11 月 29 日，召开全团党员代表大会，恢复中共农建十一师农四团委员会。

1974 年，兰州军区生产建设兵团农建第二师撤销。

1975 年，根据甘肃省委决定农四团归张掖地区领导，改称甘肃省张掖地区国营张掖农场，成立农场党委会、革委会，取消团营连编制，改为农场、分场作业站、生产队。

1984 年，农场改变隶属关系，由地区管理改归甘肃省农垦总公司领导、张掖农垦分公司（1990 年改称张掖农垦公司）管理。

2006 年，甘肃省农垦集团公司决定将部分农场资产入组甘肃亚盛股份实业（集团）股份有限公司，甘肃农垦张掖农场也将部分资产入组亚盛，注册成立甘肃亚盛股份实业（集团）股份有限公司张掖分公司，具体工作仍由农场统一安排管理。

2013 年，甘肃亚盛股份实业（集团）股份有限公司决定定向增发股票，甘肃省农垦集团公司进一步将部分农场资产打包入组亚盛，至此，张掖农场大部分资产入组亚盛，省农垦集团公司按照《现代企业管理制度》的要求，决定未入组亚盛的农场资产由存续农场经营管理，并与分公司实行"三分开两独立"，即实行人员、资产、财务分开，机构、业务独立，各自独立核算、独立承担责任和风险。

2017年，甘肃省农垦集团公司决定，凡入组亚盛的各农场将存续农场资产委托各自所在地的亚盛旗下各分公司管理经营。

农场的管理体制随着政治经济环境的重大变化，也发生了阶段性的变化。

农场管理体制的第一个阶段是计划经济体制阶段。这个阶段自1955年开始，1984年结束，历时30年。1955年农场建场时实行生产、经营、内部事务全部由场长负责的"一长制"；1958年改由农场党委书记挂帅，代替"一长制"；1962年根据国务院下发的《国营农场工作条例》规定，实行党委领导下的场长负责制，并建立职工代表大会和有职工参与的农场管理委员会，实行民主管理。1964年农场改为军垦体制，实行团党委统一领导。1967年，农场一切权力归群众组织。当年3月，中国人民解放军军管小组进驻农四团，全团实行军管。1968年1月，农四团成立"三结合兵团文化革命委员会"，实行军管小组与兵团文化革命委员会共同领导。1969年11月，重新成立团党委，恢复对全团的行政、生产的领导权，基层连党组织也恢复了活动。1975年，撤销农建师，恢复农垦体制，农场划归张掖地区领导。农场成立党委会和革委会，党委书记兼任革委会主任，实行党的一元化领导，农场党委成为党务、行政、生产的领导和决策机构。1978年9月，撤销农场革委会，至此，农场党委、革委并行的领导体制宣告结束。1981年，贯彻新的《国营农场工作条例》，实行农场党委领导下的场长负责制，重大问题由农场党委集体讨论决定，生产经营等工作由场长负责组织实施。计划经济特征，一是种植计划由农场（团）统一制定，队（站、连）负责落实；二是产品统一收购，统一调拨；三是生产资料统一由农场提供，资金由农场垫付；四是农场职工与工业企业同等享受各项福利待遇。

农场管理体制的第二个阶段是承包经营责任制阶段。这个阶段从1985年开始，到2006年结束，历时11年。随着改革开放的不断深入，农场管理体制也随之发生重大变化。1985年，全面兴办职工家庭农场，实行大农场套小农场的双层经营体制。1986—1991年，农场按照上级精神，实行场长负责制，场党委领导下的职工代表大会和党的基层组织对企业生产经营活动进行保证监督。1988年，甘肃农垦企业实行承包责任制，承包人行使场长职责，具有法人代表资格，此阶段为农场第一轮承包。1992—1995年为第二轮承包；1996—1999年为第三轮承包；2000—2006年为第四轮承包。承包经营责任制的特征，一是生产资料费用家庭农场自理（水费、机井电费等数额较大的支出仍由农场垫付，秋季产品收获后从产品兑现款中扣除）；二是种植计划由职工自行决定；三是产品由农场统一销售；四是职工收入由上交产品款中扣除农场垫付的各项费用及土地承包费后全额兑付，上不封顶，下不保底，丰歉年自我调节。

农场管理的第三个阶段是现代企业制度改革阶段。这个阶段从 2007 年开始。2007 年 3 月 9 日，甘肃亚盛实业（集团）股份有限公司决定成立甘肃亚盛实业（集团）股份有限公司张掖分公司，将农场一部分耕地划归给分公司从事农产品种植、加工、销售。此时段农场机构与分公司机构并存，由农场统一管理，财务分设管理。2010 年 3 月，为规范亚盛企业管理，使企业更加符合上市公司的要求，凡与分公司并存的农场统一实行"三分开两独立"改革。2016 年，为满足亚盛实业（集团）股份有限公司定向增发的需要，甘肃省农垦集团统一安排将农场未划归分公司的无土地权属争议的耕地全部划归分公司入组上市企业（亚盛），至此，农场将剩余部分土地、第二产业和第三产业的小企业，打包整体委托分公司经营管理，农场收取一定租金后完成农垦集团下达的上交任务。2015 年 11 月，为发展壮大农垦事业，充分发挥农垦在农业现代化建设和经济社会发展全局中的重要作用，中共中央、国务院下发了《中共中央 国务院关于进一步推进农垦改革发展的意见》，农场与分公司按照集团公司和亚盛股份公司的统一部署，进行了坚持农垦改革四项基本原则基础上的现代企业制度改革。至 2021 年，农场公司化、社会职能分离、管理体制创新、新型用工制度建立、国资监管、土地管理方式创新等改革任务已经基本完成或接近尾声。

农场的内部管理随着时代的发展适应各个时期政治经济形势的变化。

农场的内部组织在 1955—1956 年按照《国营农场的组织规程》执行，场部、机关之下设队、作业站、机耕队、园林队、修理厂，实行场长负责、两级核算。1957—1961 年，在"政治挂帅"的思想指导下，农场由场长负责制转为"书记挂帅"。1963 年末，农建十一师成立，农场管理体制仿新疆生产建设兵团的团场组织模式实行军垦组织和管理，实行党委领导下的团长负责制。团机关设司令部和政治处。司令部设参谋长，下设办公室、生产股、机运股、计财股、供应股。政治处设政治处主任，下设组织股、宣传股、政法股。生产单位设营、连等。兰州军区生产建设兵团成立后，完全执行现役部队组织模式，农四团属于 3000 人以上的大团，设团长、政治委员，设司令部、政治、后勤三大部。司令部设参谋长，下设办公室、农业股、工业股、参谋股。政治处设主任，下设组织股、宣传股、武装保卫股。后勤处设主任，下设计财股、农机股、供应股。团长管司令部，参谋长管生产，政委管政治处，副团长管后勤。军垦撤销恢复农垦后，将农四团改为农场，撤销营级建制，连改为生产队、站等，机关司、政、后三大部拆分成组织、宣传、人事、生产、农机、计财、武保等科室。

甘肃农垦张掖农场的劳动管理包括劳动工资管理和劳动力的管理。劳动工资管理在建场初期为计时等级工资，"公社化"期间为评工计分工资，1961 年实行基本工资加奖励工资，1979 年实行"三定一奖"工资（即定产量、定成本、定工资、奖超产），1982 年开始实行联产计酬工资（工厂的计件工资与运输单位的包干工资类同），1986 年开始实行岗位效益工资（管理人员）加档案工资（承包职工），这种工资模式目前仍在沿用。

在劳动力的管理方面，张掖农场初建名为张掖机械化农场，属地方管理，劳动力来源是当地农民及公社化时期进入农场后不愿退出农场的农民、转业军人，以及一部分国家移民部门分配来的上海、河南、武威、兰州等地移民和省外盲流等，还有根据中央决定有计划有组织地调入国营农场的河南支援甘肃社会主义青年，简称"支边青年"；军垦时期，劳动力的来源是天津、青岛、西安、北京、淄博等地招募的"军垦战士"（多为城市知识青年）；兰州军区生产建设兵团时期为兰州分配给农场的知识青年、职工配偶、干部职工子女、长期在农场承包土地的职工亲友。1993 年实行全员劳动合同制，凡招录进农场的职工全部签订劳动合同。2006 年，按照甘肃省农垦集团公司规定，除省农垦集团、亚盛股份招录的大学生外，农场不再大量面向社会招录职工。

农场的管理制度制定始于 1955 年，当年即制定了《行政管理》《财务管理》等多项制度，后来随着生产实际逐年增加、修订。1995 年制度开始系统化，农场统一制定了包括家庭农场承包管理、干部管理、财务管理等 14 项管理制度，使农场的管理有章可循。2012 年，按照上市企业的要求，农场（分公司）制定了从组织架构、人力资源到行政管理共 16 个方面的内部控制制度，形成《内控制度汇编》，至 2021 年共制定修改完善形成 18 个板块 64 项制度，涵盖了农场政治、经济、文化、治安、劳动等所有方面。

农场土地开垦始于 1955 年。当时雇用大量民工在沿渠（大满干渠）、沿河（山丹河）较为平整的盐碱含量较低的滩地上进行围埂圈地式开荒，在老寺庙滩、太平堡滩、羊桥庙滩重点人力开荒。1956 年投入农业机械进行开荒。1955—1963 年共开荒 1504.6 公顷。1965—1969 年重点开发老寺庙滩、太平堡滩、稆侯堡滩及民乐头墩南滩、北滩等处，共开荒 1643.27 公顷。以后逐年在原有耕地及周边开垦，使农场耕地总面积达到了 2826.67 公顷。伴随着土地开发工作，土壤改良工作也在同步进行，全场广大干部职工通过平整土地、挖除碱包、灌水压碱、增施有机肥、生物改良等措施结合配套排碱渠系等工程改良措施，使农场耕地质量逐年提高。1987—1989 年，在甘肃省政府的大力支持下，甘肃省农垦集团公司主导实施的"河西五万亩盐渍化低产田改良"项目，对张掖农场 333.33 公顷的低产盐碱地采用工程措施、农业生物措施结合农业技术管理等综合治理的办法进行改良。2000—2007 年，省农业综合开发办公室和省农垦集团公司下达张掖农场中低产田改造项目 2826.67 公顷，总投资 1776 万元，采取水利、农业、林业、科技等措施对全场中低产田进行了改良。2006 年，"甘肃农垦张掖农场基本农田土地整理项目"在农场实施，总投资 2060 万元（中央财政资金）；2011 年，"甘肃农垦张掖农场五队基本农田土地整理项目"实施，总投资 350.2 万元（中央财政资金）；2012 年，"甘肃农垦张掖农场基本农田土地整理"项目实施，使用中央财政资金 228.11 万元。中央财政资金的支持使农场生产条件得到很大提升，农作物产量逐年提高。

张掖农场农业用水分属 3 个灌区，老寺庙片区引大满灌区渠水灌溉，头墩片区引益民灌区渠水灌溉，山羊堡片区初引祁家店水库渠水灌溉，后因来水不足改为井水灌溉。农场水利系统从无到有，经历了垄植沟灌、大水漫灌、低压管灌到膜下滴灌与机械喷灌共用等 4 个阶段。1955—1963 年，农场干部职工人工开挖各类渠系 107.4 千米，其中干渠 25 千米，支渠 16 千米，斗渠、毛渠 66.4 千米，至此农场灌溉渠系基本成型。1965—1967 年，农建十一师工程团和农场基建队新建干渠 11.37 千米，支渠 22.96 千米，混凝土浇筑或衬砌 14.74 千米，配套各类水工建筑 64 座，使农场可灌溉面积达到 2266.67 公顷，保灌 1466.67 公顷。针对部分耕地灌水困难、渠系破损、地势高引水难等问题，1970 年，农场组建打井队开发地下水资源，充分利用农场地下水资源丰富的优势，至 1995 年共打井 68 眼，保灌面积达到 1333.33 公顷。1992 年，由甘肃省农垦集团公司主导的"暗管灌溉"节水工程在农场实施，共铺设各类管道 7573.3 米，工程灌溉面积 100 公顷，投资 7.26 万元。这种新的输水模式避免了输水过程中的渗漏浪费，提高了水的利用率。2000 年，配合国家节水型社会建设，张掖市"黑河流域高效节水工程"项目开始实施，张掖市将农场酒花站部分酒花地纳入项目区，引进以色列耐特菲姆滴灌技术及设施对项目灌溉系统进行建设。2001 年 53.55 公顷项目区滴灌设施投入运行，在满足作物全生育期生长所需的基础上，节水 6000 立方米/公顷，节水效果非常明显。此后，"黑河流域高效节水二期工程"项目将农场部分耕地纳入实施范围，2006 年，民乐分场 133.33 公顷耕地实施滴灌工程改造，2013 年，"甘肃农垦张掖农场 2013 年度中央财政统筹从土地收益中计提的农田水利资金实施方案"获准实施，发展高效节水农田面积 666.67 公顷，其中大田作物滴灌 600 公顷、大田喷灌 66.67 公顷。项目完成投资 1253.8 万元。2015 年，"甘肃农垦张掖农场高效节水灌溉 2015 年建设方案"获准实施，完成高效节水建设 666.67 公顷，其中管灌 81.33 公顷、滴灌 474.47 公顷、喷灌 110.87 公顷。项目完成投资 908.82 万元。至此，农场除果园及部分重盐碱耕地未实施高新节水项目外，其余耕地全部完成了管灌、滴灌和喷灌技术覆盖。

农场建场后，用老寺庙、稆侯堡庙、龙王庙、太平堡庙、羊桥庙等五座庙宇大殿作为办公室，庙旁修建土木结构平房为职工宿舍，各农业队统一修建干打垒、土窑、土木结构平房安排职工居住。1965—1966 年，农场生产规模增加，职工人数激增，因来不及建房，农场组织职工挖地窝子 4307 平方米作为职工宿舍。1970 年以后，砖柱土木结构军营式住房代替了一部分干打垒和地窝子。1988 年后，农场出台了职工住房"自建公助"的规定，砖木结构、单独庭院式住房成了农场职工住宅的主流，农场每年筹集 10 万元作为职工自建房的补助，加速职工住宅改造。2000 年，农场一号楼继续采用自建公助的形式建设，一楼办公，二楼以上出售给职工居住，农场职工住宅没有楼房的历史至此终结。以后按照农场统一规划，二号楼、三号楼直到十三号楼陆续投入使用，农场近 80％的职工都搬进了楼房。2002 年农场沿国道 312 线开始批量兴建小二楼，采取职工自愿、农场补助、统一建设、统一分配的模式，到 2008 年共建成小二楼 105 套。农场成了一座美丽的小城镇。

建场之初，农场道路、林带按当时需要进行简单的建设。从 1976 年开始，农场实行渠、路、林、田统一规划和综合治理。经过 67 年坚持不懈的努力，至 2021 年末，农场道路全长 116.797 千米，其中混凝土和柏油路面 84 千米，占公路总里程的 72％；农场防护林 398.27 公顷，经济林 339.67 公顷，农场森林覆盖率达到 18％以上。

建场 67 年，农场经济经过了 4 个特色鲜明的发展阶段。

自给自足阶段（1955—1960 年）。1955 年甘肃省农林厅决定张掖农场是以生产小麦为主的谷物农场。1956 年贯彻"以粮为纲，农林牧并举，多种经营"方针。这个阶段农场的主要任务是建设、配套和完善，农场经济在使用上级拨款的基础上自给自足保稳定，量力而行搞建设。

计划经济阶段（1961—1982 年）。在农场基本建立、农场初步满足了生产生活必需条件以后，河西农垦局提出"以粮为纲，发展多种经营"的决定，要求各农场大办农业、大办粮食，确保粮食过关。1965 年贯彻"以农为主，农牧结合"，1971 年贯彻"以粮为纲，以工养农，全面发展"，1978 年贯彻"以粮为纲，全面发展，一业为主，多种经营"，这一系列方针政策的落实，使农场在计划经济时代生产力水平低下、生产基础薄弱的情况下，在供给农场干部职工基本生活所需外，还向社会输出一些农产品的阶段。报表显示，1978 年农场国民生产总值为 140.58 万元，其中：农业总产值 56.07 万元，工业总产值 84.51 万元。农场初步转型为国家粮食供应基地，承担了粮食供应任务。"以粮为纲，多种经营"的方针政策一直持续到 1982 年。

商品经济阶段（1983—1995 年）。农场开始实施"三个转变，四个突破"的经济转型，即由单一的农业经济结构转向多种经营，由自给经济转向商品经济，由国家长期亏损补贴转向盈利等三个转变，并要在完善生产责任制实现重大突破，在经济调整上新的突破，绿色食品作为提升第一产业的突破口，文教、卫生、生活福利等制度上大胆改革，突破旧模式。农场"七五"时期（1986—1990年）农场提出的经济发展目标是"合理调整生产结构，进一步办好家庭农场，增强企业活力，提高经营管理水平"。随着这一系列的结构性调整和改革措施的落实，农场经济结构的发展模式发生了转型。在农场的产业结构中，经济作物走上了农场经济发展的舞台，并逐步占据农场经济的主导地位。1957年，农场引进大麦种植，作为救济粮使用，在粮食足够时作为饲料调出或者出售。1984年引入啤酒大麦，每年种植100～400公顷不等，1996年农场麦芽厂建成投产后，大麦种植面积有所增加，2001年，农场啤酒大麦的种植面积达到了675.33公顷，年总产量277.1万千克。1980年引入啤酒花试种，1981年引入啤酒花新品种（青岛大花高架）定植，到2009年发展到117.7公顷。2007年总产啤酒花片花231吨，销售收入达到1781万元，利润超千万元。1958年引入籽瓜（黑瓜子）后每年都有小面积种植，1984年因黑瓜子收入上涨，农场开始大面积种植，到1994年，农场籽瓜面积达到了2126.33公顷。1956年引入向日葵种植，当年引种匈牙利向日葵种植，单产1650千克/公顷。1960—1979年，为保证粮食种植面积，农场压缩向日葵种植，1967—1978年基本停止种植。1980年农场恢复向日葵的种植，1986年面积产量都达到了高峰，种植面积548公顷，总产量达到110万千克。1994年，甘肃农垦总公司为了完成农业部、卫生部下达的麻醉药品生产计划，甘肃农垦集团扩大了特种药材种植规模，安排包括张掖农场在内的一部分农场开始种植。1994—2020年，除部分年份（1996年、1997年、2000年）因库存多的问题停止种植外，每年种植130～400公顷，在完成了国家下达的特种药材生产计划的同时也取得了很好的收益，成为农场的经济支柱之一。农场林果业起步较早，1956年农场成立了园艺队，当年从武威园艺场引进了苹果苗木进行定植建园。1960年4月从辽宁盘锦引进苹果苗木20000株，建园166.67公顷，1964年、1965年均有不同面积的建园。但因自然灾害的原因和管理技术等方面的因素，至1974年，农场仅保有果园25.8公顷。1976—1984年，农场果园规模有所增加，但仍以苹果为主，葡萄、杏、梨等果品为辅。1985年农场从吉林延边引入苹果梨（因果形似苹果而得名）后，因适应张掖本地自然条件、品质好、产量高，同时栽培管理技术日渐成熟而大力发展，至1995年，农场果园面积达到了286公顷，果品总产量也达到了174万千克。与此同时，农场加工业和服务业也从"小打小闹"向规模化方向迈进。白酒厂、粮油加工厂、农机修造厂、农机服务公司、农机服务队、农场宾馆、商业供销公司、农场综合商店等下属企业除满足农场生产生活需要外，也为社会提供商品和服务。1996年，农场当年完成主营业务收入4489万元，实现利润63万元，上缴税金 290 万元，职工人均收入 3977 元。

市场经济阶段（1996—2021 年）。20 世纪 90 年代，"无农不稳，无工不富"在全社会形成共识。在巩固农业稳定向市场经济转型的同时，农场把发展的重点放在工业上。在办好农场小型工业企业的同时，农场在 1995 年对老寺庙酒厂进行了较大规模的技术改造，采用了 12 项酿酒新工艺，并引进外资依托原来的老寺庙酒厂注册成立了"中美合资老寺庙酒厂"，同时招录农场表现优秀的青年工人进入酒厂工作，使酒厂职工人数由 1994 年的 95 人增加到 1996 年的 127 人，酒厂年主营业务收入由 1995 年以前的不足 600 万元增加到 1996 年的 1026.59 万元，上缴税金 162.41 万元，实现利润 101.3 万元。此后至 2008 年，酒厂主营业务收入均在 1000 万元左右。1996 年，由农场投资 275 万元、甘肃华龙农业开发河西公司投资 60 万元的金龙麦芽厂正式投产，标志着农场第一家较大规模的股份制企业诞生。1996—2015 年，金龙麦芽厂总产麦芽 7543.4 万千克，实现主营收入 2.13 亿元，实现利润 1407 万元。2006 年由农场集体和农场职工个人共同出资新建的年生产能力 1.2 万吨的张掖市老寺庙番茄制品有限公司（即老寺庙番茄酱厂）建成投产，实现当年投产，当年见效。2006—2017 年，总产番茄酱 4.53 万吨，实现主营收入 2.08 亿元。工农并重的农场产业结构的形成对农场的经济发展做出了巨大的贡献。这个阶段农场农业上果品、淀粉玉米、香料作物（孜然、茴香）、特种药材四类经济作物和工业上麦芽、番茄酱、白酒三大工业产品对农场经济发展起着举足轻重的作用。至 2021 年，农场主营收入达到 1.59 亿元，实现利润 1687 万元。

农场的教育事业起步于 1962 年，第一个农场职工子女小学在老寺庙创办，25 名预备班到 3 年级适龄儿童不再到附近村社就读。1963 年林荫农场一至五年级职工子女小学建立。1965 年老寺庙小学迁入停建的张掖地区农机学校（现校址）。1968 年农四团四、六、九、十三连、头墩农场成立小学教学点，全团小学教师增加到 22 名，学生 365 名。1971 年团职工子女学校增设初中，1973 年增设高中。1985 年农场中学部和小学部分设，成立农场中学和农场小学。此后，农场分三年撤销了四连、六连、九连、十三连、山羊堡小学和民乐分场中学部。1992 年农场不再招收普通高中生，改办职业高中。1995 年职业高中停办，中学、小学两校合并。至 2006 年，农场学校形成的 2.76 万平方米的土地、3835.42 平方米的房屋、169.12 万元的资产按照无偿划转的原则连同 32 名教师、520 名在校学生整体移交给甘州区。

1956 年，张掖农场设立医务室。1964 年老寺庙、山头堡、头墩、林荫四场合并后，老寺庙总场设卫生所。其他 3 个分场和 8 个生产队各设有保健站。1965 年 7 月，农场卫生所改为卫生队。1967 年 3 月增设各营医务所 3 处。1971 年医疗工作走"赤脚医生道路"，团卫生队增设住院部，全场共有医务人员 52 名。在一营、二营、三营和 16 个连队都建立了卫生室，各配备一名卫生员，全场形成了比较健全的医疗保健网。1972 年卫生队开展计划生育指导工作，并把"救死扶伤，全心全意为人民服务"作为神圣职责，医疗工作采取中西医结合的方式，对疑难病症实行中西医会诊制度，中医开展新诊疗法，用耳针疗法治疗职工急性腹膜炎等疾病，疗效显著。1976 年，农场划地 27 亩*，投资 10 万元新建职工医院，于 1977 年竣工投入使用，西医门诊部面积 480 平方米，住院部面积 737 平方米，药库、伙房等其他后勤用房面积 621.58 平方米。医院设有内科、外科、妇产科、中医科以及辅助科室 X 光室、B 超室、消毒室、化验室、注射室，并设有中西药房，全院有医务人员 53 名。基层医疗机构经过调整，在偏远生产队设 2 个卫生所，均配备了医师、卫生员。在各农业生产队和砖厂、园林站、试验站修造厂等 12 个单位建立医务室，各配备卫生员 1 名，在全场建立了初级卫生保健网。1977 年，在完善各项医疗工作制度的基础上，医院管理工作逐渐走向正规化。为提高医疗水平，选送医务人员到上级地方医院进修培训，增加医疗设备。外科开设普通外科、骨科、妇产科，计划生育手术、胃溃疡修补术及大部切除术、甲状腺手术、骨科截肢术等具有较高的成功率，内科、儿科对疑难重症病人的诊断、治疗、抢救等都有较高的水平。附近农民纷纷前来就医，为地方医疗事业做出了一定的贡献。1988 年医院实行院长负责制，以加强医疗管理，门诊增设口腔科。2004 年，农场职工医院有针对性地进行了内部改革，将现有的资源优化配置，人员志愿组合，先后成立 4 个门诊部，极大地方便了患者就医，同时又增加了医院职工的收入。2005 年，农场加大了医院的支持力度，对职工医院进行了修缮，投入资金 5.05 万元。2006 年 2 月 18 日，张掖农场职工医院在重新整合后正式营业。2008 年，对参加全区城镇居民医疗保险参保核定工作的相关人员进行培训，并就参保工作做出了安排部署。2014 年成立急救中心，农场自筹资金 47 万元、集团公司拨款 40 万元，对职工医院进行了提升改造，改建后的急诊室面积达 208.22 平方米，并配置急救呼吸机等多种设备。2015 年，甘肃农垦集团统一配备救护车 1 辆和随车急救设备。2019 年，农场医院移交甘州区碱滩镇卫生院管理。

科技推广工作一直是农场农业工作的重中之重，建场之初农场就设立了生产科、实验站、兽医站从事农场的科技工作。农场生产科主要工作之一就是全场的科技推广工作，生产科工作人员均由具有农业技术职称的技术人员担任，在生产实践中科研，在科技推广中生产，各农业基层单位也相应配备专业技术干部担任生产管理者，农场的专业技术干部均是调入或者组织部门分配来场的高校毕业生。在各个历史阶段，农场均足额保证了科技推

---

* 亩为非法定计量单位，1 亩≈666.7 平方米。——编者注

广项目的经费支出并列入当年农业生产成本，到 2020 年，科研经费按当年主营收入的 0.5％提取科研经费用于科技推广应用。建场 67 年来，农场广大科技工作人员对甜菜、向日葵、冬小麦、春小麦、啤酒大麦、胡麻、谷子、玉米、高粱、啤酒花、西瓜、甜瓜、白兰瓜、籽瓜、番茄、苹果、梨、苹果梨、葡萄、桃、李、杏、特种药材、毛苕子、箭舌豌豆等粮、油、果、菜、药 5 大类 30 多种作物，开展了引进新品种进行品比试验、适应性试验、抗逆性试验，选择了一大批适应农场自然气候条件的新作物、新品种进入农业大田生产，对提高农场的农业生产水平和经济效益、增加职工收入，起到了举足轻重的作用，部分农作物产业成为农场的支柱产业。淀粉玉米每年的播种面积在 2000 公顷左右，占农场播种面积的 70％，年生产淀粉玉米 25000 吨，年产值在 6000 万元左右。以早酥梨为主和苹果梨为辅的果品产业拥有生产基地 281.67 公顷，年生产果品 1 万吨，年销售收入 2500 万元。从 1995 年开始的以孜然、茴香等香料作物套种葵花或玉米为代表的带状种植每年面积 400～700 公顷，每年实现总产值在 2500 万元左右。特种药材每年种植面积在 100～400 公顷，年销售收入 800 万～1500 万元。这些作物是农场的经济支柱。粮食作物新品种的引进和示范推广，保证了职工生活和对社会商品粮的供应。经济作物的引进、示范和推广，向社会提供了多种适销对路的工业生产原料和社会消费品，满足了社会需求，也提高了农场的经济效益。农场科技人员在农业耕作制度方面也做了许多大胆的探索。农场的耕作制度由建场初期的原始简单粗放的畜力耕种、漫灌、人工收获模式转变到 80％的作物全程机械化作业模式。在有效地提高了农场各类作物生产水平的同时，农场科技工作者也获得了科研工作的累累硕果。有 1 项科技项目获农牧渔业部三等奖，1 项获农牧渔业部表扬奖，有 2 项科技成果被农业部授予科技进步三等奖，有 12 项科技成果被甘肃省农垦总公司授予科技进步二等奖、三等奖，《青贮饲料在奶牛上的应用经济效益显著》等 11 篇论文获甘肃省农垦总公司科技论文三等奖和优秀论文奖，部分论文还被收入行业性专著。在国家级、省级期刊发表的科技论文 19 篇。还有大量的科技工作者默默无闻地把自己的论文书写在辽阔的田野中，把自己的奖牌悬挂在广大职工的心中。

党的建设是甘肃农垦张掖农场 67 年来的精神支柱和力量源泉。党的政治建设是一切建设的灵魂。多年来，农场在各个历史时期都把坚持党的政治领导、夯实政治根基、涵养政治生态、防范政治风险、永葆政治本色、提高政治能力作为农场党委工作的重中之重。在加强党的政治建设的同时，农场始终把党的思想建设放在党的建设工作的首位，在各个历史阶段始终把马克思列宁主义、毛泽东思想、邓小平理论、"三个代表"重要思想、科学发展观和习近平新时代中国特色社会主义思想当成思想建设的主心骨。党的组织建设工作是党的建设的基础，是党的建设的基本保证。从 1955 农场建场，就设立了党支部。此后不管在地方管理时期、军垦时期、兰州军区生产建设兵团时期、农垦集团公司管理时期及上市企业管理时期，农场党的组织坚持发挥战斗堡垒作用和政治核心作用，确保党的建设在农场改革发展中的重要地位。党的作风建设是党的生命线。农场于 1965 年 7 月成立党的监察委员会，1981 年，农场党委成立了纪律检查委员会。农场纪律检查委员会切实履行党章规定的监督职能，协助党委制定并落实一系列的民主监督管理制度和各级干部廉洁自律的有关规定。纪委成立党风党纪领导小组，建立党支部党风党纪目标管理，为保证党的组织行政廉洁、风清气正起到了关键性的作用。尤其是十八大以来，农场纪委在严格执行中央八项规定的基础上出台了一系列廉政建设方面的规定，按照上级纪委的要求，严格履行党委领导班子一岗双责、党政同责，把企业领导干部不敢腐、不能腐、不想腐的一系列措施落到了实处。1960 年，张掖农场就贯彻落实了职工代表大会制度。在农场党委的领导下，职工代表大会贯彻执行党和国家的方针政策，正确处理国家、企业、职工三者利益关系，在法律规定的范围内，实施"维护、教育、参与、建设"四项职能，开展"团结自强，实干奉献"的企业精神教育，努力培养"四有"职工队伍。职工代表大会强化了职工的主人翁思想，增强了职工的参政议政意识，推进民主管理、民主监督，为促进农场改革和生产建设的发展发挥了应有的作用。工会和共青团的工作也是党的建设的重要内容。2014 年，成立工会委员会，工会委员会通过工会会员代表大会的形式，对职工进行思想政治教育，宣传学习党的理论知识、制度、法规和重大决策，把党的路线方针政策变成职工的自觉行动。1958 年，农场成立了团总支，1972 年成立了团工委，共青团组织高度注重培养青年人的思想觉悟业务技能，帮助他们树立共产主义世界观、抵制和克服错误思潮的诱惑，成为有理想、有道德、有文化、有纪律的接班人。

建场 67 年来，在中国共产党的领导下，农场广大干部职工发扬"艰苦奋斗，勇于开拓"的农垦精神和"团结自强，实干奉献"的农场精神，开发荒滩、改造荒滩、建设荒滩，从无到有，从小到大，取得了辉煌的成就。特别是党的十八大以来，坚持改革开放，转换经营机制，农场面貌发生了深刻的变化。张掖农场已建成农、工、商、建、服等多产业的集团化经济实体，并将在甘肃农垦事业走向更加辉煌的征程中做出更大的努力和更大的贡献。

大 事 记

● **1954 年**　8 月　甘肃省农林厅组建国营张掖机械农场建场勘测设计队，在毛吴家滩进行滩荒地勘查。

11 月 12 日　建场勘测设计队完成老寺庙滩勘查工作，提出《老寺庙滩勘查报告》。

● **1955 年**　1 月　建场勘测设计队完成《国营张掖机械农场老寺庙作业站初步设计书》。

2 月　经甘肃省人民委员会批准，成立国营张掖机械农场筹建处，场部设在太平堡，徐良谋任场长，隶属省农林厅国营农场管理局。

3 月　利用山丹河水灌溉老寺庙滩荒地，试种小麦 1700 亩。

5 月　甘肃省水利局完成《张掖机械农场灌溉工程设计书》。

同月　建场勘测设计队完成太平堡滩、碱滩堡滩、秔侯堡滩勘查工作，提出《勘查报告》。

6 月　建场勘测设计队提出《国营张掖机械农场设计任务书》。

同月　成立工会，有会员 40 多人，首任工会主席肖银辉。

9 月　第一期渠道建设工程完工，共完成干、支、斗、农渠 31 条，总长 65.94 千米。

12 月　宁夏农一师两个连队转业军人 205 人来农场参加建设。

当年　贯彻中央"边开荒、边生产、边建设、边积累、边扩大"方针，总产粮食 17.14 万千克，经营盈利 0.66 万元。

● **1956 年**　1 月　成立机耕队。

4 月　张掖行署水利局完成《太平堡滩渠道工程设计书》。

5 月　第二期渠道工程开工，干渠续建至红沙窝，干、支渠全长 15 千米。

11 月　建场后首次调整、评定工资，有 250 名职工参加评级、调资工作。

同月　农场场部由太平堡迁到老寺庙。

当年　贯彻"以粮为纲，全面发展"的方针，开始经营园艺业和畜牧业，成立面粉加工组，用畜力磨面。

● **1957 年**　8 月　召开职工大会，动员开展整风运动，进行大鸣、大放、大辩论。

当年　贯彻全省国营农场工作会议精神，为扭转亏损精简机构，脱产干部缩减到 1.5%。重新评定工资，降低工资标准，有 126 名军工自行离职。工会自行解散。

● **1958 年**　3 月　甘肃省人民委员会决定下放国营农场，由所在地、县管理，农垦业务仍由省农林厅农垦局领导。张掖机械农场由张掖县管理。

4 月　成立农场幼儿园和托儿所各 1 所。

5 月　接收成都军区退伍军人 374 人，安置到农场参加生产建设。

6 月　根据省农林厅指示，农场以所在地地名命名，改称国营老寺庙农场。

9 月 23 日　在人民公社化运动中，农场与邻近的碱滩公社、二十里堡公社合并，改称张掖县二十里堡公社前进农场大队，张继荣任农场大队队长。年底，农场和公社分家，农场恢复原名"国营老寺庙农场"。

当年　生产发展，粮油丰收，经营扭亏为盈，上交盈利 1000 元。用土法生产工艺，成功试制新产品：红糖、白糖、白酒。

● **1959 年**　7 月　实施全员劳动工资改革，推行以产定酬、超产奖励。对收割、拉运等单项作业实行定额包干、超产奖励，有效提高了劳动生产率和劳动积极性。

● **1960 年**　2 月　贯彻甘肃省农场、牧场会议精神，农场经营方针调整为"以副食品生产为主"。

3 月　安置河南支援边疆生产青年 1033 人。

5 月　安置上海移民 854 人，全场职工总数增至 2569 人。

冬　因严重自然灾害，粮食大幅度减产，口粮标准下降到每月每人 10 千克，以杂粮和甜菜为主。造成职工大批返乡或离场。工副业保留面粉加工和制醋，去除其他工业。

● **1961 年**　1960 年冬至 1961 年春　周边人民公社群众生活困难，社员来农场割甜菜叶、挖铲苜蓿根茎充饥，农场种植的 66.66 公顷甜菜和 33.33 公顷紫花苜蓿损失严重。农场把甜菜种子和制糖的甜菜渣分送给农民度饥荒；

在职工口粮极为困难的情况下，拿出 1.6 万千克小麦，无偿救济碱滩、幸福、古城大队社员群众。

3月　根据中央和甘肃省委指示，农场抽调青壮年职工 423 人去山西大同煤矿移工就食，以缓解粮食短缺，解决饥饿问题。

当年　因饥饿导致劳动力严重不足，生产能力下降。

● **1962 年**　1月　国家农垦部颁发《国营农场试行工作条例（草案）》，农场认真组织学习，落实推广。

2月27日　召开首次职工代表大会，大会通过生产大包干和工资制度改革提案，选举成立了农场管理委员会。

2月　成立职工子女小学，校长为罗蕴华。

3月9日　农场机耕队规范内部管理机械作业，制订实施《行政管理制度》《拖拉机、农业机械技术操作规程》。

10月1日　甘肃省农垦局河西分局成立，老寺庙农场改归甘肃省农垦局河西分局管理。

11月　因灾粮食歉收，口粮严重不足，农场精简职工和家属，202 人回乡生产。

12月　整顿职工队伍，按职工出勤率、劳动态度、身体状况重新评定正式工、临时工和家属工。使职工工资收入和待遇更加合理，有效调动职工的生产积极性，稳定了职工队伍。

● **1963 年**　1月　开展社会主义教育运动，对职工进行形势、社会主义、爱国主义、党的优良传统教育，2月底结束。

2月12日　农场党委下发《关于开展"五好"干部和"五好"工人运动的意见》，在全场开展三个"五好"活动。

2月26日　召开第二次职工代表大会，讨论通过《经营管理》《财务》《畜牧》《机务》等管理制度和《工资制度修改意见》等，提出加强经济核算、降低成本、增加收入、扭转亏损、扩大积累等工作目标。

4月7日—20日　张掖县水电局和农场共同组成干渠整修联合施工领导小组，对农场干渠进行彻底清淤疏通，增加保灌面积 120 公顷，下游 313.33 公顷耕地得到正常灌溉。

5—6月　贯彻河西分局国营农场会计座谈会精神，全场开展增产节约和群众性"五反"运动（反铺张浪费，反官僚主义，反贪污、盗窃，反分散主义，反投机倒把）。

秋　农场场部由老寺庙迁到在建的原张掖地区机校办公。

11月29日　甘肃省农垦局决定，河西地区国营农场自12月1日起归农建十一师领导。

● **1964年**　1月　农建十一师党委决定，老寺庙农场与山羊堡、头墩、林荫3个国营农场合并，场名定为"生产建设兵团农建十一师老寺庙农场"。

2月　全场开展"五好"生产队、"五好"小组、"五好"个人和比学赶帮运动。

4月8日　全场开展"四清"（清政治、清组织、清思想、清经济）社会主义教育运动。

6月13—25日　政委梁仲奎在场党委扩大会议上传达农建十一师首届党代会精神，要求做好基本建设、企业管理、社会青年安置，建立干部和知识分子劳动制度，结合社会主义教育运动建立各项管理制度，开展劳动竞赛和对口赛，加强农林牧机技术管理，发展工副业，实行多种经营等各项工作。

当月　农建十一师颁发《连队会计核算》及《条田核算方法》试行草案，农场全面组织推广落实。

● **1965年**　1月6日　全场召开干部、工人代表、社教工作组共95人参加的三级干部会议，开展社会主义教育运动部署。

2月　农建十一师勘测设计处就老寺庙、山羊堡地区扩建计划，制定《老寺庙农场建场设计任务书》。

5月　天津、青岛、济南等地支边社会知识青年1179人先后来农场参加农田、水利、房建等工程建设。

7月30日　老寺庙农场改编为生产建设兵团农业建设第十一师第四团，团党委正式组建。

12月　开展红旗竞赛突击月活动，对在农田基本建设大会战、大竞赛、大评比活动中，超额完成任务者分别授予一、二、三级突击手或突击排（连）称号，并给予奖励和羊肉等粮食补助。

当年　自办商业和饮食服务业。

● **1966年**　3月　农建十一师勘测设计处勘荒队完成了秕侯堡滩、碱滩堡滩、毛吴家滩的土壤、水文、地质详测。

春　第二批支边的天津、济宁、兰州等地知识青年 1132 人和复转军人 417 人参加农场生产建设。

6—7 月　农业遭受蚜虫危害，麦类作物普遍感染黄花毒素病，受灾区域广面积大，小麦减产 41%，糜子绝收。

● **1967 年**　3 月 18 日　中国人民解放军 3683 部队派军管小组进驻农四团，全团实行军管。

9 月 30 日　根据毛主席"在工人阶级内部没有根本的利益冲突"的指示，实现全团"革命大联合"，组成"团三结合文化革命委员会筹委会"。

10 月初至次年 1 月 25 日　先后举办 61 期毛泽东思想学习班，参加 1132 人次（其中干部 302 人次）。

● **1968 年**　1 月 25 日　"团三结合文化革命委员会"成立，李芳普任主任。

4 月　团军管组和"团文化革命委员会"作出开展创建"四好"连队运动的决定，定于 7 月进行初评。

● **1969 年**　3 月　兰州军区生产建设兵团成立，农建十一师归其管辖。举办各种类型的毛泽东思想学习班 27 期。

9 月 23 日　第二届活学活用毛泽东思想积极分子代表大会开幕。

9 月　开展整党建党教育。根据兰州军区生产建设兵团"八・二八"命令，组建武装值班部队，加强战备教育。团营建立防空领导小组，进行防空教育，制定防空方案，修筑防空工事，组织防空演习。

11 月 29 日　召开全团党员代表大会，恢复四团党委会。

12 月 16 日　团党委传达师党委精神，加强战备，以连为单位建立"战斗村"，在头墩、林荫建立"游击根据地"。组建 5 个武装值班连队和 1 个侦察排，加强地道维修，成立保密委员会，完成《兵要地志》编写工作。

12 月　总长 14 千米的西防洪渠竣工验收。

当年　兰州军区生产建设兵团加强军垦体制建设，"三结合"的"文化革命委员会"自然消失。

● **1970 年**　1 月　开展争创"四好"（爱护一切公物好、消灭事故好、生产节约好、锻炼身体好）连队运动。

3 月 14 日　团党委发出通知：农建十一师分为农建一师、二师两个师，农四团归兰州军区生产建设兵团农业建设第二师建制，改番号为兰州军区生产建设兵团农业建设第二师第十一团。

3月　根据师部命令，调八连、一连及三连部分人员组成二个连共200人去景泰县一条山。

5月16日　调二连3个班共34人去一条山，归农建十六团建制。

6月12日　抽调值班连队260人去井儿川执行看管犯人任务。

7月31日　根据兵团通知，全场加强经济核算，实行"三级管理，二级核算""实行超产奖励制度""允许连队经营一些工副业生产以增加收入""组织家属参加集体生产劳动"。

8月6日　抽调2个连队共300人，去酒泉钢铁厂帮工。

12月20日　团党委决定，自1971年建立团营连三级管理、团连二级核算管理制度，贯彻"党委当家，群众理财，财务统管，计划使用"的原则，连队建立军垦委员会，发动群众管理生产。

当年　贯彻北方地区农业会议精神，开展农业学大寨群众运动。

● 1971年　1月　团部制定出以"抓条田平整，根治板结土，消灭盐碱地，实行渠路林田配套，建成1333.33公顷稳产高产田"为内容的远景规划。

2月5—23日　召开场党委扩大会议，开展"反骄破满"的整风教育。

5月　传达中央文件，开展整风运动。

6月15日　传达师部抗旱紧急会议决定，全团掀起抗旱备荒救灾高潮。

6月以来，由于严重干旱，造成黑河总口出水量由70立方米下降到14立方米，全团受灾面积1066.66公顷，成灾面积达592.4公顷。

7月　农场新建成石棉矿，肃南红梁沟煤窑投产。

8月5日　组织66人前往新疆参观学习。提出"以战备为纲，学大寨、赶新疆，打一个翻身仗"的奋斗口号。

8月27日　成立打井整地指挥部，团政委杨建武任组长。

9月9日　煤矿工人侯培山在矿井下因抢救国家财产，瓦斯中毒，以身殉职。

9月26日　根据农建二师命令，农四团对外公函来往及私人通信一律使用"兰字九二一部队"代号。

10月11日　根据农建二师师部命令，二连调农建十二团。

10月　全场掀起农田建设高潮，开展平地整田大会战和开荒大会战。

● 1972年　2月　园林队改建为实验站。

4月14日　根据农建二师命令，三连2个女子排分别调归石英矿和一条山工程指挥部建制，男子排调归十二团建制，十二连调往一条山工程指挥部。

8月3—4日　连续暴雨，发生特大山洪，全场有11个农业单位受灾。

8月18日　改为"机农合一"体制，撤销机耕队，拖拉机分别交农业连队管理。

12月21日　共青团首届代表大会开幕，成立团工委。

当年　引进试种杂交高粱成功。

● **1973年**　5月13日　团部下发《劳动管理制度（草案）》《财务管理办法（草案）》，修改《机务管理暂行规定》等内部管理制度。

6月8日　召开党委扩大会议，全团深入开展整风运动。

6月23日　制定颁布《护林规定》。

7月3日　制定颁布《商业工作规章制度（试行办法）》，使行业核算管理趋于规范。

11月30日　团党委扩大会议传达师党委《关于兰州军区生产建设兵团移交地方》的决定。在全团开展学习《兵团交地方会议纪要》《移交教育提纲》《周总理讲话》等文件，统一认识，保证移交工作顺利进行。

12月　三连粮食总产36.5万千克，比上年增产80%，经营由亏损58000元转为盈利1434元，实现粮油肉菜四自给。全团开展"远学大寨，近学三连"的社会主义劳动竞赛。

当年　高粱、玉米全部推广杂交一代良种，制造推广使用"5406"抗生菌肥和"三合颗粒肥料"，开始大面积应用2，4-D丁酯消灭灰条等双子叶杂草，灭草效果达90%。

● **1974年**　1月8日　召开全团粮食计划会议，为促进农业增产，提出：改建复平土地346.6公顷，每个职工建立2亩纲要田；推行草田轮作制；发展养猪多积肥；各连成立三结合试验小组；加强种子工作等五项农业增产措施。

1月14日　团党委发出《关于开展向李仁武同志学习的决定》。

2月　职工子女学校增设初中班。

9月9日　组建工人宣传队进驻场子女学校，提出一切权力归工宣队领导。

9月10日　十一连调往一条山农建十六团。

9月11日　根据农建二师党委决定，撤销农业十六连（林荫点）建制，土地、房屋交归民乐县，人员调农建十六团。同日，团党委研究决定：家属种3亩田制度取消，职工食堂地收回，团机关不设司令部、政治处、后勤处及各股，改设2个办公室。

当年　全团大搞农田基本建设。建成初具"四好"条田面积近533.33公顷。

● **1975年**　1月　农建二师撤销，改为农垦体制，归张掖地区管理。场名改为甘肃省张掖地区国营张掖农场，成立中共张掖农场委员会和张掖农场革命委员会。

2月2—6日　召开全场四级干部会议，中共张掖地委书记兼革委会主任、军分区司令员王广义到会讲话，提出要更加广泛地开展农业学大寨的群众运动，为尽快建成商品粮基地而奋斗。

3月7日　张掖成立了张掖农垦局，张掖农场隶属张掖农垦局管理。

7月　天津支边青年慰问团到农场。

8月21日　场党委决定：近2年的工作重点是老农田改造，开荒重点在头墩。

8月　张掖地区农垦局土地勘测队来农场，对农场土地利用进行重新勘测。

8月　张掖地区路线教育工作队来场开展党的基本路线教育。

● **1976年**　1月26日　召开全场科学种田座谈会，会期6天，200人参加会议。

3月　农场基层农业单位改称"农业管理站"。成立农田水利基建专业队。工业连队改称"厂"的有农机修造厂和综合食品加工厂。

9月6日　成立技术革新领导小组、安全生产领导小组和招生领导小组。

10月17日　甘肃省委路线教育工作队进驻农场。

10月23日　召开路线教育动员大会，参会职工有1000多人，大会提出开展农场党委和基层党支部整风等工作。

10月26日　农场举行庆祝活动，热烈庆祝粉碎"四人帮"

11月　七站牛棚失火，烧伤役牛8头，烧死种牛1头、奶牛3头，烧毁棚圈5间，造成重大经济损失。

12月25日　为维修防洪渠和疏通二支渠，农场调集800名职工和全部轮式拖拉机进行 10 天水利大会战。

● **1977 年**　1 月 11 日　召开农场扭亏增盈誓师大会，安排部署各站扭亏增盈工作。

1 月 20 日　召开首届知识青年代表大会，有知识青年代表 78 人，老工人代表 14 人，领导干部 18 人，学生代表 5 人参加大会，鼓励有志青年扎根农场，建设农垦。

4 月 13—23 日　农场发生猪瘟，10 天内有 326 头猪死亡，占生猪存栏量的 25％。

5 月 22—25 日　召开向雷锋同志学习积极分子经验交流会，掀起向雷锋同志学习的高潮。

6 月　组织生产队长和老农工到酒泉下河清农场观摩，学习玉米高产栽培新技术，在农场广泛推广。

7 月 1 日　制定下发《粮食管理办法》，加强粮食管理和供应工作。

秋　四站、六站组织专人负责豆腐、粉丝、白酒等生产加工，开展综合利用，增加收入，促进养猪发展。

10 月 1 日　新建砖厂竣工试生产，设计生产能力年产红砖 1800 万块。

当年　肃南红梁沟煤矿投产，设计生产能力年产煤 1500 吨。

● **1978 年**　1 月 25 日　传达全国国营农场会议精神，要把国营农场办成商品粮、工业原料、外贸出口和城市工矿区农副食品生产 3 个基地。

当月　基层农业管理站改称生产队，序号不变，原站属各生产队改为生产组。

2 月 25 日　七队畜棚失火，烧毁畜棚 2 间，烧死马 2 匹，骡 4 头，直接经济损失 5000 元。

4 月　甘肃省革委会甘革发〔1978〕4 号文件决定：张掖农场第十农业生产队组建为国营头墩农场，归甘肃省农垦局管理，农业第九生产队（祁侯堡）划归张掖地区农垦局建制。

4 月 13 日　召开卫生工作会议，农场成立计划生育领导小组，恢复全场计划生育指导工作。开展爱国卫生工作，落实除"四害"和各种防疫措施。

9 月 5 日　撤销各级"革命委员会"。

● **1979 年**　3 月 1 日　转发国家农垦总局《关于国营农场工人实行技术考试和评定技术等级的通知》，决定从 11 月 17 日开始实行职工考工定级、升级制度。

春 开始出现城市支边青年"病退"回城风,3队有37名知青办理"病退",出现会计账没人记、机车没人开的现象,生产队工作陷于停顿状态。

9月19—23日 先后两次暴雨引发山洪,农场防洪渠、干渠、支渠、农田多处被冲毁。砖厂360多万块砖坯被冲毁,经济损失5万多元。

12月 1976年以来,农业3队粮食产量每年以44%的速度递增,当年粮食总产达到38万千克,平均单产226千克,在张掖地区农垦局农技会议上,作为典型材料推荐。

当年 贯彻中共十一届三中全会精神,以经济建设为中心,实行工作重点的转移。加强经济核算和经济责任制,促进生产发展,粮食自给有余。成为农场生产、经营和企业管理工作转折点。

● **1980年** 1月 加强粮食作物原种生产,试验站改为原种站,确定农业第5、第6两个生产队为良种繁育专业队。

3月 从新疆双塔农场引进啤酒花根苗1400株,试种0.42公顷,当年每株收鲜花0.5千克。

3月28日 各基层生产单位实行财务包干和定包奖制度,落实按劳分配政策。

6月13日 采用飞机喷药防治小麦、玉米等作物蚜虫1200公顷,灭蚜效果达95%。

当月 集中全农场50头奶牛,在第四生产队成立奶牛场,实行场队双重领导、以队为主的管理体制,解决部分职工对鲜奶的需求。

7月9日 油用向日葵试种成功。张掖地区农牧局局长杨万义,中共张掖地委书记谢占儒、副书记王林、行署专员汝春枫、副专员李祈令,张掖农垦局局长赵克俭来农场视察,并给予肯定和好评。

12月 第二生产队职工刘清潭一家承包养猪,仔猪繁殖成活率提高44.4%,生猪存栏增加70%,超额14%完成育肥任务,受到农场表彰。

当年 调整夏秋粮种植比例,扩大玉米种植面积,当年粮食总产216.8万千克,创建场以来最高产量。成立张掖农场农工商公司。

● **1981年** 2月29日 中共张掖地委同意成立国营张掖农场纪律检查委员会,首届纪委由王永治兼任书记,薛熔新兼任副书记。

3月 党委书记杨掌元离休,场长郑守格兼任党委书记。

同月　农场将六队 18.87 公顷农田划归水管所建设啤酒花园，定植品种主要为青岛大花。

4月8日　召开林业生产会议，农场下发《关于加快发展林业生产的有关规定》，加强林业生产和管理工作。

5月　全场开展安全生产检查评比竞赛活动。

1982 年　3月　改革机农合一体制，成立农机服务公司，下设二个机耕队，实行机车、油料统一管理。

5月11日　出现历史上罕见的大雪降温天气，积雪深达 8 厘米，对农业生产造成重大损失。

6月16日　召开恢复农垦体制后首届职工代表大会，会议中心议题是"着眼长远，狠抓当前，下决心扭亏为盈"。

7月1日　全场进行第三次全国人口普查。

8月28日—9月2日　连续降雨造成山洪暴发，场区干渠、防洪渠、林带、公路多处被冲毁，部分房屋、畜棚倒塌，直接经济损失 17.88 万元。

1983 年　4月　场部至红沙窝一队全长 17.78 千米的场内基干公路，经三年建设全部竣工通车，公路两旁防风林带同时完成。

6月　贯彻全省经济改革会议精神，制定 12 条放宽政策措施，调动职工自主经营积极性，促进家庭养殖业发展。

7月　全省农垦工作检查汇报会在张掖农场召开。

8月　罕见的连续大雨，造成 18.87 公顷啤酒花水泥高架架杆倒塌，倒塌严重的有 14.67 公顷。

11月　实行职工岗位技术考核升级，参加升级调资的职工有 1357 人。

12月31日　农场在连续经营亏损 23 年后第一次实现扭亏为盈。

当月　利用农业第四生产队所属的独七斗、独八斗渠灌范围内的土地、房屋，单独建制成立农业第九生产队。

1984 年　1月　农场改归甘肃省农垦总公司领导，甘肃省农垦总公司任命崔定一为国营张掖农场场长。同时撤销头墩农场，划归张掖农场，改为张掖农场民乐分场，原稗侯堡农场也交由张掖农场管理。

2月26日　根据甘肃省农垦总公司〔1984〕079 号文件，张掖农垦农科所和种子队归张掖农场管理，由张掖农垦分公司办理移交手续。

3—4月　抢时间重建啤酒花倒架，改高架为矮架，恢复啤酒花生产 14.7

公顷。

4月　农场响应关于"种草种树，发展畜牧，改造山河，治穷致富"的号召，完成造林 246.7 公顷，育苗 96.6 公顷。成为全省"种草种树"先进典型，受到省委、省政府嘉奖。

6月　试办职工家庭农场 448 个，参加职工 624 人。改并科室成立农机、工业、商业供销、生活服务等 4 个公司，实行大农场套小农场双层经营体制。

7月　甘肃省农垦总公司在张掖农场召开试办职工家庭农场经验交流座谈会，张掖农场代表进行经验交流、介绍发言。

10月31日　在农场职工子弟学校推行教师岗位责任制，恢复升留级制度。制定教研组、班主任、任课教师工作职责，建立教职工考勤制度。

11月16日　召开第二届第一次职工代表大会，场长崔定一做《锐意改革，开拓前进，努力把农场经济建设推向新高潮》的工作报告。

11月25日　甘肃省农垦总公司和张掖农垦分公司组成联合工作组，对张掖农场企业整顿工作进行检查验收。

● **1985 年**　1月　农场进行体制改革，实行场长负责制。

2月　召开全场首届劳动致富大会，对完成各项承包任务、超利 500 元和 1000 元以上的 31 名职工给予表彰和物质奖励。

3月　改革企业管理，实行简政放权，缩小指令性计划，扩大指导性计划，扩大基层生产单位经营自主权。改革人事劳动制度，干部实行聘用制，招收新工人实行劳动合同制，并进行上岗前培训。

同月　全面兴办职工家庭农场，家庭农场实行种、养、副综合经营，随着发展，职工收入增加。生产科先后举办果树修剪、嫁接、栽培和地膜籽瓜、甜菜、玉米、高粱、葵花、啤酒花、冬春小麦高产栽培以及农业气象等 11 个技术讲座。农场聘请下河清农场科技人员和青岛啤酒厂工程师来场讲授籽瓜栽培和酒花霜霉病防治等技术措施。

4月　开垦龙首山麓荒山坡，建成 15.53 公顷苹果梨大苗圃，用集约方式栽培苹果梨大苗 20 万株。

7月9日　召开首次知识分子座谈会，出席科技人员 36 名，会议就农场科研体制、发挥科技人员作用、国家有关知识分子政策、知识分子入党等问题进行座谈。

8月　农场汽车队开办定时班车客运业务，每日场部至张掖市区往返1次。

9月5日　国营民乐农场归并张掖农场。

11月　召开全场整风大会，首次开展民主评议党员工作。

12月　场办大野口煤矿因煤源枯竭且连年亏损关停。

当年　在改革搞活政策指导下，出现职工停薪留职、自谋职业或自办商业、加工、运输等多种经营。根据国家农牧渔业部《国营农场农机管理工作改革方案》，农场把部分农机具、汽车作价出售给职工经营，从此出现全民、集体、个人多种所有制和多种经营形式并存的农机经营新格局。

● **1986年**　1月29日　召开二届二次职代会，通过1986年经济建设计划和"七五"规划，审议修改《劳动人事》等10项规章制度。

4月　成立端正党风工作领导小组，王永治任组长。

5月18日　根据中央"巩固、消化、补充、改善"的改革方针，修改原有《经济体制改革方案》。对适合承包到户的生产服务行业，实行承包或租赁。

5月　改革劳动工资制度，工人先培训后招工，实行考核招聘制和劳动合同制。成立加强企业管理领导小组，崔定一任组长，在计财科设办公室，具体办理企业管理和各行业经济体制改革等有关事项。

6月2日　张掖市人民政府通知：由张掖农场砖厂管理的老寺庙戏台、正殿、过殿、厢房等古建筑物拆迁到木塔寺。

7月10日　受8级强东风和特强沙尘暴危害，农业经济损失达80多万元。

8月　对全场职工、家属等2645人进行全面普法教育。

12月24日　召开双文明代表大会，对评选出的11个双文明单位、9个双文明班组、32个文明户、87个双文明个人进行表彰奖励。

当年　土地由家庭农场承包经营后，大条田变成小块插花田，使机械作业成本提高、工作效率下降、机车经营亏损、农场机械化水平下滑。

● **1987年**　1月20日　召开农场三届一次职工代表大会，审议通过全面推行场（队、校、厂、院）长、经理负责制、并实行任期目标责任制，与经济效益挂钩的奖罚办法。

当月　根据《场长工作条例》规定，经农场三届一次职代会推选，由农场党政领导、三总师、团委书记、职工代表等 15 人组成农场管理委员会，场长崔定一任主任。

3 月 10 日　由职工租赁承包的粉丝厂和饲料加工厂因经营不善，亏损停产，无法履行租赁承包合同，农场管理委员会决定，根据合同终止租赁承包，按租赁合同规定进行清理。

4 月 1 日　成立离退休老干部党支部，建立老干部文化娱乐活动室，制定《离退休老干部支部工作暂行规定》，加强对离退休老干部的管理和服务。

8 月 24 日　成立张掖农场党校，王永治兼任校长，万孝兼任副校长，崔建勇兼任教导主任。

当月　成立安全生产检查小组，对全场 34 个单位、360 多户家庭农场进行全面安全生产检查。

9 月　根据《中等教育体制改革的规定》，农场中学开办二年制的会计、卫生 2 个职业高中班。

同月　农场成立职称改革工作领导小组，崔定一任组长。

10 月 12 日　成立张掖农场调解委员会，各基层单位成立调解小组，具体处理合同争议事件。场调解委员会由职工、行政、职代委员会三方代表组成，基层单位由职代小组长、副队长和职工代表组成。

12 月 22 日　农场成立承包经营考评委员会，对基层生产单位承包经营人选，进行考评、选用。

当年　农场保卫科对户口在场的 16 周岁以上的 2128 名职工及职工家属进行居民身份证颁发工作。

● **1988 年**　1 月 22 日　甘肃省农垦总公司决定聘任崔定一为 1988—1990 年国营张掖农场场长，企业法人代表，签订责任书，进行首轮承包经营，实行任期目标管理。

2 月 1 日　农场三届二次党代会讨论通过《政治体制改革方案》，实现党委工作重心的转移。

2 月 9 日　召开三届二次职代会，通过《1988 年经济体制改革方案》《1988—1990 年长远规划》和 14 项规章制度的修正案。场长崔定一与招标选聘的 26 个基层生产单位承包经营人签订为期 3 年的经济和目标管理合同。根据经营目标，建立分层承包，分权管理，分级核算的管理体制。

3月10日　碱滩乡刘庄村30名农民，为强占土地，破坏苹果梨苗圃地1320平方米。

6月9日　成立住房改革小组，进行职工住房改革。

7月11日　成立集体所有制的劳动服务公司，劳动服务公司实行"集体所有、自我经营、自筹资金、自我发展、自负盈亏"，3年内利润不上缴，作为公司发展基金，许根扣任经理。

10月19日　农场召开首届"老人节"庆祝大会。

12月　提前两年完成农场"七五"计划指标。

当年　甘肃省人民政府授予老寺庙酒厂为"甘肃省二级企业"称号，生产的54°老寺大曲被授予"甘肃省优质产品奖"。

● **1989年**　1月　对在岗职工实行全员抵押承包责任制。

2月　全面推行专业技术职务聘任制度，对具备专业技术职务任职资格的105名干部实行聘任上岗。

3月　集中闲散职工子女40人，组建青年生产队。主要从事开荒、农业生产，定期进行专业技能培训，为农场发展培养后备职工。

4月1日　召开全场党员大会，场党委书记王永治作题为《加强党的组织建设，妥善处理不合格党员，提高党组织的战斗力》的报告，决定自4月1日—6月20日分六个阶段，对全场267名党员进行民主评议、组织观察、检查评价工作，以推动清除腐败分子和处理不合格党员工作。

4月　用首批出圃的苹果梨大苗，新建苹果梨园56公顷。

6月　甘肃省农垦总公司副经理路祥，陪同中国农学会理事宋秉彝来农场，进行农业新科技推广培训。

同月　成立技师考评小组，崔定一任组长。

7月1日　农场三届二次党代会通过有关党的建设10项制度。

8月12日　场党委、场管委会决定，从领导干部做起，认真做好廉政建设五件事；深入清理整顿场办公司和其他流通领域的单位；发动全场职工对党政干部贪污、受贿、投机倒把等行为进行举报和监督；实行回避制度，坚决制止党政干部配偶或子女在同一单位搞经济工作；严禁请客送礼和公费旅游；大力提倡俭朴、求实、节约的风尚。

10月1日　为庆祝中华人民共和国成立40周年，由党委办公室主办"张掖农场成立34周年成果图表展览会"，在各单位作巡回展出，深受职工欢迎。

12 月 27 日　根据中央关于清理整顿各类公司的决定，对场属 6 个公司进行整顿。将不是纯经营性的农机服务公司、啤酒花公司更名为农机管理站、啤酒花管理站，经工商行政管理局审核，保留了商业公司、三河经贸公司，将农机服务站改为农机服务公司，撤销劳动服务公司。

当年　连续发生春旱、干热风、特大洪涝等自然灾害，造成经济损失 280 万元。因市场疲软，农场产品滞销，企业经济效益出现滑坡。完成 "河西五万亩盐渍化低产田"、张掖农场红沙窝 333.33 公顷盐碱弃耕地和低产田改良试验任务，同时，完成 40.6 公顷低产果园改造工作。

● 1990 年　3 月　成立专业技术人员考核复查小组，对任职的农林牧、会计、教师、卫生四系列 105 名专业技术人员进行考核。

4 月　建立 "党支部工作目标管理考核责任书" 制度。

5 月　全场广泛开展学雷锋活动，有 1800 多人次参加，做好人好事 1000 多件，涌现出商业公司、学校、职工医院等一批先进单位。

7 月 1 日　进行全国第四次人口普查。

7 月 31 日　农业部农垦司司长曾毓庄来农场检查指导工作。

9 月 29 日　在全体干部会议上传达省农垦总公司关于第二轮承包聘任问题和黄羊河农场现代化农业经验交流会精神。

12 月　农场与兰州冰川冻土研究所合作，共同对红沙窝地区盐渍土壤改良利用进行试验、研究。

同月　甘肃省农垦总公司聘任崔定一为国营张掖农场法人代表，继续第二轮经营承包。

当年　香港新敏投资有限公司总经理张启三来场考察投资环境。农场老寺庙酒厂生产的老寺牌大曲酒被中国绿色食品发展中心批准为 "首批绿色食品"，作为国货精品，在北京参加第十一届亚运会展销。

● 1991 年　1 月 12 日　农场办公会议和党委会研究决定，成立精神文明建设指导委员会，下设办公室。基层单位成立精神文明建设领导小组，以加强农场精神文明建设。

1 月 16 日　农场成立老龄委员会，委员 9 人，主任为王荫树，基层单位成立离退休职工小组。

1 月　根据第一轮承包的审计考核结果，调整充实 17 个基层单位承包班子。恢复实行机农合一体制。

2月4日 农场四届三次职代会选举成立国营张掖农场人民调解委员会，万孝任主任。大会期间，场长崔定一分别与各基层第一承包人签订第二轮承包经营合同责任书。

同月 为迅速改善农场办学条件，经农场党委、农场、职代委员会共同研究决定发动农场职工捐资办学。

3月10日—4月30日农场共捐集办学资金28万余元。

3月 农场开展"质量、品种、效益年"活动，提出"广开拓，抓质量，增效益"的各项措施。

4月 农场林果绿化面积达到770.27公顷，甘肃省人民政府授予"造林绿化先进单位"锦旗一面。

5月27日 在职工医院设立"计划生育服务站"，站长由医院院长朱荣兼任。

7月 农场组织队伍参加张掖市税务局、总工会、团委、妇联联合主办的全市税法知识竞赛获第一名。

8月4日 农业部农垦司教导处康玉山来农场检查指导工作。

9月18日 中顾委委员安平生（原云南省委书记）来农场视察工作。

11月5日 下发《深入开展法制宣传教育第二个五年规划》，把全场各项工作纳入依法管理轨道。

当年 因受干旱、霜冻、干热风、洪涝、冰雹等多种自然灾害，造成经济损失156.66万元。农场两次组织场、队级领导及部分职工代表到酒泉饮马、黄花、下河清三农场参观学习企业管理和农业生产先进经验。

1992年 3月2日 召开五届一次职工代表大会，场长崔定一作题为"转变观念，转换经营机制，强化管理，树立科教兴农思想，积极发展商品型、效益型农业"的分析报告。

3月8日 三届三次妇代会号召妇女职工解放思想，更新观念，树立商品经济思想，广泛开展"双学"（学文化、学科学）、"双比"（比成绩、比贡献）竞赛和巾帼建功活动，抓好计划生育工作，学好"二法一条例"（未成年人保护法、预防未成年人犯罪法、甘肃省未成年人保护条例），实现"四无"（无早婚、无私婚、无计划外怀孕、无计划外生育），开展学雷锋，树新风，争创"五好"（好榜样、好品质、好实事、好公民、好生活）家庭活动。

当月　成立林果站，对农场直接管理的林果业实行分级统一经营管理。农业全面实行大区轮作制，推行模式化栽培，改变以往家庭农场小而全的生产方式，实现商品生产专业化。根据省农垦总公司决定，将位于张掖市䅟侯堡的农业第 10 生产队移交甘肃省农垦科技培训中心管理。

9 月　农场成立社教领导小组，决定从 11 月 20 日到 1993 年 3 月 10 日农闲时间，全场普遍开展社会主义思想教育活动，以中共十四大精神和邓小平南方谈话为指导，提高对建立社会主义市场经济体制、把企业推向市场的认识，解放思想，更新观念，树立商品经济观念，转换经营机制，促进全场农、工、商全面发展。

当年　来场考察投资环境的有台湾农垦贸易有限公司总经理林垦、香港雅逸有限公司董事和总经理、香港永记公司董事长等。外国公司方面有比利时王国布鲁日市珠江有限公司经理耿勇、美国纽约市斯丹纳公司助理副总裁马丁·恩格维特、以色列耐特菲姆公司经理 Y. B. 约瑟夫（二次来场）。

● **1993 年**　1 月 1 日　制定职工养老金统筹办法，在场属各单位范内实行职工养老金统筹。

2 月 22 日　召开五届三次职代会，学习贯彻国务院颁发的《全民所有制工业企业转换经营机制条例》，为建立现代企业制度、深化改革统一思想。

3 月 24 日　农场下发《对达到土地规模经营标准者规定》，给予减免部分农场摊粮或给予补贴的优惠，以充分发挥土地规模经营优势，提高土地利用率，促进收复弃耕地。

3 月　场长崔定一参加农业部农垦出国考察团，去美国佛罗里达州等地考察农业。

4 月　农场与甘肃省华龙农业开发总公司、张掖地区农委合资成立股份制的"华龙农业开发河西公司"，董事长崔定一，经理王天祥。

5 月 22 日　农场副场长张财为抗旱光荣殉职，全场开展向张财学习的活动。

7 月 1 日　农场施行新的会计制度。

7 月 22 日　根据国务院颁发的《企业职工奖惩条例》及农场的《规章制

度》规定，对长期无组织、无视劳动纪律、放弃承包、擅自离职、不缴纳自谋职业管理费的 20 名职工给予除名处理。

8 月 13 日　以色列耐特菲姆公司经理 Y. B. 约瑟夫三次来场访问。场长崔定一与约赛夫经理商谈关于引进滴灌技术、设备等事宜。

8 月 22 日　农场老寺庙酒厂与美国"中国商联"合资经营"张掖绿色食品公司老寺庙酒厂"。

当月　农场中学参加张掖市初中毕业会考的 36 名学生，考试成绩优良，化学、物理二科名列全市第一名。

10 月　经甘肃省农垦总公司批准，张掖地区工商局核准注册，成立"甘肃省张掖绿色食品实业开发总公司"。

12 月 7 日　农场业余党校聘请中共张掖市委党校讲师，举办为期 15 天的市场经济理论培训班，参加培训党员干部共 210 人。

12 月 28 日　农场在张掖市中心区新建的金龙宾馆开业。

当年　受多种自然灾害影响，农业减产，职工减收。为扶持农业单位和职工家庭农场搞好生产，农场制定 10 项抗灾自救倾斜政策，给职工减免费用 80.7 万元，减轻农业单位和职工家庭农场负担。民乐分场园艺场积极发展职工庭院经济，收入 21.37 万元，职工人均收入 1425 元。贯彻国务院《关于发展高产优质高效农业的决定》，农场优化种植结构，开发绿色食品，申报的绿色食品有苹果梨、啤酒花，经国家绿色食品发展中心检测为合格。农场参加甘肃省农垦总公司组织的"科教兴农杯"有奖知识竞赛，获团体奖。

● **1994 年**　1 月 21 日　成立二分场，原第四、第五、第九农业生产队划归二分场管理，并新建特种药材生产队 1 个。

春　副场长李树堂赴澳大利亚考察畜牧业和啤酒大麦、啤酒花栽培技术。

5 月 1—4 日　出现历史上罕见的暴雪天气，积雪深达 5～11 厘米。正处在开花期的苹果梨、苹果等果树严重受冻，减产 80%，直接经济损失 90.5 万元。

6 月 18—22 日　农场与意大利英格阿罗西公司经理罗西通过商谈，签订以吸引外资返销补偿贸易之合作形式引进英格阿罗西公司一条日产 50 吨番茄酱生产线的总协议。

8 月　农场与华龙农业开发河西公司共同投资兴建的储量为 1000 吨的金

龙 1 号恒温库竣工，投入使用。

10 月 10 日—11 月 12 日　场长崔定一参加甘肃省农垦总公司组织的农垦考察团，出国考察以色列旱地农业生产、以色列耐特菲姆公司生产的滴灌系统和设备，并商谈引进滴灌设备等事宜；途经香港，三家公司洽谈销售农场自产水果和农副产品、引进果汁罐装线等商务事宜。

12 月 30 日　由农场自建的四层科技服务大楼竣工，并投入使用。

当年　先后来场考察投资环境的相关人员包括台湾的恒隆金融集团公司总裁助理肖梅；香港的美迪高有限公司总经理吴伟庭、建平公司董事长薛宝仁；澳大利亚的啤酒花管理局彼尔；美国的斯丹纳公司助理副总裁马丁·恩格维特（二次来场）、太平洋公司经理胡青州、弗雷斯诺市大都会博物馆执行长爱德文·授比博士、加州农业有限公司执行主任汤姆斯·弗兰森主任、洛杉矶中国商联总裁马克（二次来场）、洛杉矶金山果菜农产公司经理李发正、洛杉矶硅谷 KTC 经理汪台生。联合国中文处审校、哈佛大学史学博士、纽约《侨报》特约主笔、台湾《海峡评论》顾问龚忠武应国务院邀请来场考察。农场的苹果梨在全国水果鉴评会上被评为同品种第一名。农场老寺庙酒厂生产的老寺贡酒、老寺特曲荣获省优质产品证书，老寺牌系列曲酒获甘肃省轻工厅首批"产品质量可靠证书"。

1995 年　1 月 5 日　成立张掖农场职工思想政治工作研究会。研究会设理事会，由 16 人组成，会长崔定一，副会长崔建勇、李树堂、万孝、张树成。

5 月　在果树开花期间，因遭受低温、干旱、大风等多种自然灾害，果品减产 90%，造成经济损失 416 万元。

6 月 14—20 日　全场开展林木和果树普查工作。

当月　农场自筹资金 120 万元，面积 2407.47 平方米的农场学校教学大楼奠基开工。经农场申请，1996 年 5 月 30 日省农垦集团公司拨付建设资金 50 万元，当年 9 月建成交付使用。

6 月　农场"二五"普法自查考核验收。全场参加 2100 人次，普法教育普及率 99.5%。通过普法教育，增强职工学法、懂法、用法意识，使场内刑事案件和治安案件逐年下降，保证农场经济建设顺利进行。

7 月 1 日　成立农场工业普查领导小组，组长张耀源。领导小组成立后，按照国务院有关全国第三次工业普查内容和要求，全面开展场办工业普查工作。

8月 老寺庙酒厂新建千吨黄酒生产车间，年产260吨黄酒的一期工程竣工投产。

10月 农场苹果梨和早酥梨在农业部主办1995年全国第二届农业博览会上同获金奖。

同月 副场长张耀源赴泰国进行国际文化交流。

当年 根据国家产权制度改革精神，农场将大中型拖拉机、汽车队的货运汽车和面包车、商店柜台等转卖或出租给职工，鼓励职工进行规模经营和租赁承包经营。张掖农场与甘肃省华龙农业开发总公司、甘肃省华龙农业开发河西公司、甘肃省农机局综合服务公司以股份制方式注册成立"甘肃省张掖金龙实业有限责任公司"，董事长崔定一。经营范围包括啤酒大麦、大麦芽、啤酒花、番茄制品的生产、销售。公司所属的金龙麦芽厂一期工程于9月动工兴建，计划于次年8月建成投产。1996年扩建，2014年停产。甘肃省农垦总公司授予张掖农场为"八五期间优秀企业"称号。

● **1996年** 1月24日 农场全面推行劳动合同制。

2月5日 农场向甘肃省农垦总公司申请暂停种植特种药材。

2月9日 农场被评为张掖市内部单位社会治安综合治理工作"先进集体"、农场保卫科科长刘胜林被评为"先进保卫工作者"。

3月24日 成立农场电管所，统一管理全场用电。

4月30日 "九五"期间农业综合开发项目批准立项。共计完成开荒及设施配套712.27公顷，中低产田改造666.67公顷。

5月6—10日 各类农作物因低温冷冻受灾。

5月16日 经农场团代会选举，张掖农场第八届团委会由王昌盛、蒋勇、单永泰、黄英、肖新华、朵宝庆、孙玉萍、陈天华、李运海9人组成，王昌盛任团委副书记。

6月22日 张掖农场金龙麦芽厂扩建2万吨二期工程批准立项。

7月20日 为推广学习邯郸钢铁总厂管理经验，农场将老寺庙酒厂确定为试点企业。

11月7日 根据土地管理目标责任书，农场完成开发（复垦）土地20公顷，红沙窝一、二、三队完成开发（复垦）土地120公顷。

11月13日 农场自筹资金修建加油站。

11月21日　在甘肃省第二届名优特林果产品鉴评会上，张掖农场的雪花梨被评定为"金奖"，金冠苹果被评定为"铜奖"。

11月26日　甘肃省张掖市信用合作社联合社在金龙宾馆开办信用社。

11月　张掖农场被甘肃省农垦总公司评选为"综合统计工作先进单位""农机统计工作先进单位"。

12月23日　农场全年铁路运输量2245吨，其中啤酒花210吨，苹果梨600吨，啤酒大麦535吨，玉米850吨，葵花50吨；铁路调入量达1106吨，其中化肥804吨，其他货物302吨。

当年　深化人事制度改革，实行全员劳动合同制管理，分配上实行按岗位确定工资标准，收入与经济效益挂钩。1470名职工与农场签订劳动合同，占应签合同人数的94%，结束了固定工资、级别工资的局面。

● 1997年　1月9日　由甘肃省绿色食品办公室指导，农场按照绿色食品生产管理规范建设苹果梨、啤酒花生产基地。

1月12日　张掖市举行第三次工业普查总结表彰大会，农场被评为"先进集体"，老寺庙酒厂的霍荣林、农场的马春年被评为"先进个人"。

3月26日　农场将民乐园艺场、林果管理站、啤酒花管理站列入绿色食品基地重点建设单位。

5月23日　商业供销公司变更为甘肃省张掖绿色食品实业开发总公司农业供销站，聘任薛文俊为站长；农机服务公司变更为甘肃省张掖绿色食品实业开发总公司农机服务站，聘任周刚为站长（代）；老寺庙酒厂变更为甘肃省绿色食品实业开发总公司老寺庙酒厂，聘任郑士进为厂长；砖瓦厂变更为甘肃省张掖绿色食品实业开发总公司建材厂，聘任孙凯为厂长；金龙宾馆变更为甘肃省绿色食品实业开发总公司金龙宾馆，聘任崔建忠为经理；农场商业供销公司综合商店变更为甘肃省张掖绿色食品实业开发总公司综合经营部，聘任郑士进为经营部主任。

8月21日　"金龙麦芽厂"更名为"张掖金龙麦芽厂"。

9月18日　甘肃省农垦总公司恢复特种药材种植，种植面积400公顷。

12月18日　在甘肃省农垦总公司"农业科技推广年"活动中农场被评为"先进集体"，张希林、雷根元、程才、杨社清、张国平被评为"先进科技推广工作者"。

● 1998年　4月19日　遭受特大沙尘暴、大风、雨雪、低温天气，地表最低温度－4.5℃，果树受冻，花蕊、幼果变成黑褐色脱落。

5月13日　张掖农垦分公司批复，同意张掖农场修建农业科教中心大楼，大楼占地面积444.2平方米，总建筑面积1332.61平方米。

5月27日　调整饮用水收费标准，为住户安装水表。

10月7日　经甘肃省农垦国土资源局批复，"甘肃省国营张掖农场土地管理所"成立，印章启用，聘任王玉芳为甘肃省国营张掖农场土地管理员，负责全场土地管理工作，并与省、区、市土地部门对接，开展工作。

10月14日　农场向省农垦总公司申请种植特种药材，种植区域安排在老寺庙山坡和民乐分场两个区域。

12月30日　农场被张掖市公安局评为"张掖市内部单位社会治安综合治理，安全保卫工作先进集体"。

当年　农场机关进行精简机构，有原来的12个职能科室合并为4个部门，工作人员从51人减少到32人

● **1999年**　2月26日　农场成立特药科，负责全场特种药材的种植指导和管理工作。

3月18日　根据甘肃省农垦总公司甘职改办〔1999〕01号文件精神，农场对194名具备各类专业技术任职资格的人员进行工作考核，参加考核人员中高级职称2人、中级职称38人、初级职称154人。

4月15日　农场成立干渠衬砌指挥部，自筹资金改造修造厂至四队桥头段干渠，由崔定一任总指挥，李树堂任副总指挥，王玉芳、王有亮、王永福、刘振礼、李梦山、魏金文为成员，当年建设完工，并投入使用。

7月10日　农场研究决定，农田基建专业队与农机修造厂合并，合并后的名称为"农机农田建设队"。

7月14日　场区突降暴雨，山洪暴发，东防洪渠决口8处，冲垮渠堤61.8米，冲毁涵洞4座，冲毁农田29.53公顷，7月17日、7月22日再次遭遇山洪，3次山洪共造成19.03公顷农田绝收。

8月10日　甘肃省农垦总公司分配25名金昌农垦技校99届毕业生到农场，要求做好这批学生的安置工作。

8月23日　张掖市政府批复，同意农场在土地使用权属界线范围内开发国有荒地26.8公顷，作为农业生产用地。

8月24日　张掖市政府批复，同意农场在土地使用权属界线范围内使用本场国有荒地1.20公顷、1.08公顷，作为大满灌区张掖农场分支上、下段渠道改建工程用地。同意农场刘振礼等5户职工在本场土地使用权属界线范围内共占用国有荒滩和旧住宅0.22公顷，作为新建住宅用地。

10月7日　根据甘肃省农垦总公司党委〔1999〕30号文件精神，任命崔建勇为中共甘肃省国营张掖农场委员会书记、王希天为中共甘肃省国营张掖农场委员会副书记、张耀源为甘肃省张掖国营农场正县级调研员。

10月15日　开始推行场（站、队、厂）务公开制度。

10月18日　经甘肃省绿色食品办公室决定，将甘肃农垦张掖农场园艺场确定为甘肃省绿色食品试验示范场。

10月18日　甘肃省农垦总公司决定，聘任王希天为甘肃省国营张掖农场场长，聘任崔建勇为张掖农场副场长；解聘崔定一甘肃省国营张掖农场场长职务（退休），解聘张耀源张掖农场副场长职务。

11月23日　甘肃省农垦总公司同意张掖农场实施2000公顷中低产田改造项目，主要建设内容为：复平土地、增施有机肥、开挖排碱渠、拉沙改土、秸秆还田、埋设农田排水暗管、套种绿肥、修防渗渠。

12月14日　甘肃移动通信公司张掖分公司租用农场土地64平方米，建设移动电话基站1处。

2000年

1月1日　农场成立财务结算中心、营销中心，成立农业一分场、二分场，恢复原十队建制，撤销农业供销站、科技培训中心。

3月2日　农场将"甘肃省国营张掖农场民乐园艺场"更名为"甘肃省国营张掖农场民乐分场"。

4月28日　农场成立信息中心，配备人员4人。

5月23日　农场成立第五次人口普查领导小组，办公室设在保卫科，办公室主任由党委书记崔建勇担任，工作人员：李振东、王昌盛、薛永禄、王经富。

6月28日　甘肃省张掖绿色食品实业开发总公司老寺庙酒厂执行新的产品标准QJ/ZLJ01.02—2000（优级）。

8月10日　农场成立基建科，统一管理场区内基建项目的计划、预算、施工、验收、决算。

10月6日　农场133.33公顷啤酒花因干旱及棉铃虫危害，减产86吨。

11月22日　农场实施293.33公顷治沙造林造田项目，预算总投资500万元，其中申请农业贴息贷款300万元，自筹200万元（含职工集资100万元）。

12月25日　撤销农业一分场、农业二分场建制，将第九生产队并入第三生产队，第十生产队并入第六生产队，营销中心财务部及审计科并入农场财务结算中心，综合加工厂提升为科级单位。

● **2001年**　2月15日　向中国农业银行贷款100万元，用于种植666.67公顷啤酒大麦。

2月　《张掖农场报》创刊，每月一期。

3月1日　农场同意甘肃省张掖绿色食品实业开发总公司在原主经营范围内增加食品（果品）、葡萄酒、饮料的生产、加工和销售项目，原来经营的烟草、食盐、百货、针纺织品、五交化（不含进口摄录设备）、日用杂货的批发零售转为个体经营。

4月7—10日　大风、沙尘伴随着强降温，果树花芽遭受严重冻伤，花芽受冻率为100％，造成损失540万元。

4月10—15日　农场组织4000多人，动用部分机械对3号蓄洪池进行了加固和防渗处理。

8月15日　职工个人的储备金用于抵扣欠挂账，解决个人储备金的遗留问题。

8月20日　张掖市黑河流域节水改造工程开工建设，张掖农场15千米干渠和15千米田间配套工程列入该项目并开工建设。

9月2日　山洪导致2号蓄洪池蓄洪超过警戒水位，堤坝3处决口，致使6万多立方米洪水下泄，部分职工住宅进水，酒花颗粒加工厂围墙、果园地埂部分受损，造成经济损失0.8万元。

9月21日　农场举办产品质量认证培训班，邀请甘肃省质量认证审核员鲁金文授课。

9月27日　农场各居民区成立居民委员会。

11月12日　收回场属非核算单位公章，加强对单独核算单位的印章管理。

11月22日　撤销农机农田建设队，成立张掖农场建筑工程公司。张掖农场建筑公司于12月8日正式挂牌营业。

11月28日　恢复第九生产队建制，职责是搞好本队生产建设的同时全面负责九队蓄洪池的管理工作。

当年　张掖市电力部门对农场供电系统进行全面改造升级，建设35千伏变电站1座，改造、新建供电线路160千米，总投资1016万元。

● **2002年**　1月15日　农场林果站召开"两费（生产费、生活费）自理"租赁承包经营大会，农场各农业生产队"两费自理"同步开始全面推行。

3月15—16日　甘肃省人民政府参事室魏武峰一行10人来场，就农业综合开发、沿山防洪渠综合治理、4000公顷生态防风林建设、畜牧业、绿色食品综合发展进行调研。

3月18—19日　甘肃省农垦系统宣传工作会议召开，农场作了典型经验介绍，《张掖农场报》荣获一等奖。

6月3日　第一批城镇居民最低生活保障金发放，共114户、318人享受低保补助，发放补助金15295元。

7月27日　农场成立综合治理重点风沙区生态环境工程项目领导小组。组长王希天，副组长史宗理，成员王有亮、孔淑英、王玉芳、雷根元、秦义民、黄玉红。

8月1日　张掖市农委主任、党组书记、农口反腐败工作领导小组贾登龙一行8人来场，就农场执行党风廉政建设责任制和反腐败工作情况进行检查指导。

11月　33.33公顷酒花滴灌工程项目开始实施。

● **2003年**　4月17日　农场设立甘州区公安局碱滩派出所老寺庙治安室。

5月8日　经重新装修的金龙宾馆开始营业。

5月12日　农场节水工程项目——首期啤酒花滴灌工程在酒花2队、3队正式投入试运行。

5月　张掖市委书记李希、市长田宝忠来农场视察啤酒花滴灌工作。

6月5日　民乐县民政局人员到民乐分场现场办公，困难职工持户口本、低保证领取第二季度城镇居民最低生活保障金。民乐分场职工自1月开始享受城镇居民最低生活保障，第二季度享受最低生活保障的人口增至143人，领取低保金11835元。

6月12日　甘肃省委书记宋照肃来农场，视察黑河流域大满灌区节水工程项目运行状况。

9月23日　农场换发《土地使用证》，单位名称由"甘肃省国营张掖农场"更改为"甘肃省张掖绿色食品实业开发总公司"。

10月2日　农场党家台86.67公顷紫花苜蓿喷灌工程一次试运行成功。

12月24日　农场被甘肃省列为利用日元贷款重点治理风沙项目区。

● **2004年**　2月18日　农场被甘肃省农垦总公司授予"2003年度社会保险工作先进单位"和"2003年度农垦工作先进单位"荣誉称号。

4月22日　国家林业局、甘肃省林业厅，视察日元贷款重点风沙区环境综合治理工程张掖农场项目区。

4月28日　农场党政联席会议研究决定，将营销中心业务及部分人员归并到农场生产科，撤销营销中心编制。

5月8日　集运动与休闲为一体的农场中心广场正式开工建设。

5月16日　冻害造成损失87.2万元。

5月27日　甘州区宗教局到农场老寺庙旧址，对信教群众重建老寺庙获得批准表示祝贺，并就具体重建事项提出要求和建议。

7月18—20日　持续大风，最大风力8级，进入采摘期的早酥梨受灾，造成果园经济损失43.64万元。

8月4日　甘肃省农垦总公司、甘肃省绿色食品办公室、甘肃省农垦事业管理办公室进行"全国一百家无公害农产品示范基地"项目验收。

8月12日　甘州区100名离退休老干部来农场参观黑河流域综合治理节水项目——张掖农场千亩滴灌示范区。

9月30日　农场遭受低温冻害，133.33公顷金盏菊全部冻死，预计减产600吨，20公顷套种油葵减产50％，两项经济损失共40.8万元。

11月7日　甘肃省日元贷款重点区风沙综合治理项目办公室安爱平、甘肃省农垦总公司项目处检查和验收日元贷款风沙治理项目于张掖农场的年度任务完成情况和整改落实情况。

11月18日　农场办理工商注册登记，企业名称注册为"甘肃农垦张掖农场"。

12月10日　张掖市农办纪检组、张掖市农口党风廉政建设责任制考核组，对农场贯彻落实党风廉政建设责任制情况进行检查考核。

● **2005年**　1月27日　农场被甘肃省农垦总公司授予"农垦企业先进单位"称号。

5月25日　甘州区民政局拨付张掖农场2万元救灾款，救灾对象是"三缺户"和困难优抚对象，重点解决特困群众春荒期间的生产生活困难。

6月10日　新疆生产建设兵团十三师徐志新等一行21人，在省农垦总公司杨英才的陪同下来农场参观考察。

6月25日　农场赴港澳学习参观团一行31人，由王玉芳带队，开始为期10天的参观学习。

7月24日　张掖市委第四督导组对农场先进性教育活动进行了督导。

8月9日　张掖市委企业思想政治工作验收组，对农场近年来的思想政治工作进行考核，并召开各行业职工座谈会听取意见和建议。

8月19日　云南农垦总公司副总经理一行来场参观交流。

9月19日　国家黑河流域综合治理节水工程900公顷滴灌项目全面启动。

10月18日　在张掖市第二批先进性教育活动整改提高阶段工作部署会议上，农场党委作为先进单位介绍分析评议阶段的工作经验。

11月　农场被确定为"农业部无公害农产品示范基地农场"。

2006年　1月10日　甘肃省委先进性教育第十巡回检查组杨军等一行5人来场，对农场开展保持共产党员先进性教育活动，特别是对深入落实整改方案、巩固和扩大整改成果工作进行检查指导。

2月18日　农场职工医院在重新整合后正式营业。

3月4日　农场成立企业分离办社会职能领导小组。

3月9日　老寺庙番茄制品有限公司举行奠基仪式，工程建设正式启动。

3月25日　租赁经营后的惠民砖厂举行开窑仪式。

4月7日　经甘肃省农垦总公司党委会议研究决定，任命王希天为中共甘肃亚盛集团党委书记。

4月12日　农场退休干部万孝在张掖市举行《我的回忆》一书再版发行仪式。

5月16日　农场成立节水办公室，编制为3人。

5月26日　定西市政协代表来场，参观考察啤酒花滴灌工程技术。

6月初　民乐县遭遇干旱，洪水河流域流水量低于正常年份40%，高温缺水，导致民乐分场特种药材受灾严重，损失达80余万元。

6月16—22日　张掖市黑河流域综合治理节水工程——张掖农场900公顷滴灌项目通过联合验收。

6月28日　新疆屯河投资有限责任公司、甘肃屯河番茄制品有限责任公司高管来场，参观指导老寺庙番茄制品厂工程建设，并洽谈了具体合作事宜。

7月2日　张掖市人民政府批复，同意农场占用本场范围内的国有建设用地1.44公顷，修建老寺庙番茄制品厂。

7月28日　甘肃省农垦集团批复，同意在民乐分场建设特药生产基地。

8月12日　老寺庙番茄制品厂建成投产。

8月15日　国土资源部、甘肃省国土资源厅就农场报送的土地资源整理项目，来场进行实地勘测审核。

8月29日　民乐县水务局批复，同意民乐分场在六坝镇赵岗村以北、柴庄村以东农场耕地内新打灌溉机井3眼，保证特药生产用水。

9月28日　农场供电所移交给甘州区电力局，甘州区电力局老寺庙供电所正式挂牌运行。

10月12日　甘肃省农垦集团公司计划项目处，对国家农业综合开发项目进行检查验收。

12月28日　甘肃省农垦集团公司批准，农场改制，成立甘肃农垦张掖金龙实业有限责任公司，注册资本1000万元。其中：甘肃省农垦集团公司出资624万元，占62.4％；农场出资296万元，占29.6％；企业员工个人出资80万元，占8％。

● **2007年**　1月2日　张掖农场学校全部资产、人员移交张掖市甘州区教育局，更名为"甘州区张掖农场学校"。移交在职教师37人，退休人员42人。

1月18日　将物业所归并到建筑公司统一管理管理。

3月9日　甘肃亚盛实业（集团）股份有限公司决定成立甘肃亚盛实业（集团）股份有限公司张掖分公司。

4月3日　甘肃农垦集团任命王希天为甘肃农垦张掖金龙实业有限责任公司董事长、总经理、张掖农场场长，崔建勇任副董事长，周文集任监事会主席，史宗理、王培文任副经理，崔建勇、史宗理、王培文任张掖农场副场长。崔建勇任甘肃农垦张掖金龙实业有限责任公司党委书记，王希天为副书记，周文集任纪委书记，何维忠任职代会主任，史宗理、周文集、王培文、何维忠任党委委员。

4月18日　甘肃农垦系统日元贷款风沙治理项目工作会议在农场金龙宾

馆召开。

4月30日　甘肃省农垦集团公司决定将张掖农场改制方案中新设公司的投资人——甘肃省农垦集团有限责任公司变更为甘肃农垦特药集团有限公司。

7月1日　甘肃省农垦集团公司副经理张玉桥、杨英才率领省农垦现代工农业生产观摩团一行80人来场，参观农场黑河流域节水工程治理项目区、防洪蓄水项目区、农业大田滴灌项目区、优质果品生产基地、番茄制品厂、气调库，并听取农场的工作汇报。

7月22日　农场新建恒温库工程竣工。

7月26日　甘肃省日元贷款风沙治理项目办主任吉国荣，陪同日本协理银行北京代表处来场，检查日元贷款项目实施情况。

7月31日　张掖市、甘州区国土资源局召集会议，农场土地整理项目第一次会议在金龙宾馆召开。

7月　农场番茄制品厂二期扩建工程竣工。

8月8日　农场成立机械工程公司，下设小车队和农业机械队，原车队撤销。

8月15日　农业部、甘肃省农牧厅和新疆、宁夏、山东、陕西等省的有关领导、植保植检专家来场，检查苹果蠹蛾防治扑灭示范区工作。

9月3日　农场职工医院被张掖市甘州区医保局确定为定点医院。

11月26日　张掖市人民政府文件批复，同意农场占用本场范围内的国有建设用地0.29公顷修建果蔬恒温库。

11月27日　张掖市人民政府文件批复，同意张掖农场范围内的国有未利用土地7.24公顷，作为老寺庙肥料厂用地。

● **2008年**　1月8日　老寺庙肥料厂复合肥颗粒生产线试车生产。

1月中旬　持续性降雪，农场遭受雪灾冻害，造成直接经济损失212.97万元。

1月18日　农场成立发展养殖业办公室，场长王希天兼任办公室主任，副场长史宗理、王玉芳、梁金祖兼任办公室副主任，聘请李重平为顾问。

3月12日　甘肃省农垦集团公司批复，将山丹农场并入张掖农场管理。

4月1日　甘肃省农垦集团公司批复，同意对老寺庙番茄制品厂实施技改扩建，新增年生产能力5000吨，项目总投资1870万元，其中固定资产投资 951 万元，流动资金 919 万元。

4 月 8 日　意大利 CMDO 公司高管来农场考察，洽谈有关畜牧养殖及农产品加工等合作事宜。

4 月 23 日　气温骤降，最低温度达到－5℃，刚刚进入花期的果树遭受冻害，造成果品绝收，成灾面积 253.8 公顷，造成直接经济损失 1250 万元。

5 月 4 日　注册成立老寺庙养殖开发有限责任公司。

6 月　张掖市委书记陈克恭和市委常委、秘书长吴雄成同组织部部长卢琼华及副市长周双喜、崔义明还有市委副秘书长张稔农到农场啤酒花基地、畜牧养殖场、农业大田、番茄制品厂调研。

7 月 18 日，农场 4 号住宅楼动工修建，住宅楼设计为六层五单元 60 户型，总建筑面积 4958.76 平方米。

8 月 18 日　甘肃省人大常委会副主任、党组副书记洛桑·灵智多杰和省人大常委会委员、农业农村委员会主任委员程正明以及省农垦集团公司党委主要负责人、副总经理杨英才等领导就农垦系统农业经营体制改革进行调研。

10 月 15 日　老寺庙肥料厂在张掖市市场监督管理局登记注册。

11 月 20 日　甘肃省精神文明建设委员会考评小组，对农场创建省级文明单位工作现场考评验收。

12 月 8 日　张掖市纪委、监察局考核组张富春等 3 人对农场开展企业廉政建设示范点创建工作进行检查考核。

12 月 9 日　甘肃省农垦集团公司转发《甘肃省发展和改革委员会　甘肃省农牧厅关于张掖农场大型沼气工程项目建设可行性研究报告的批复》，同意张掖农场沼气项目建设。

12 月 17—19 日　农场国家投资基本农田土地整理项目通过省国土厅的竣工验收。

12 月 19 日　在甘肃垦区第二次农业普查工作中，农场被授予"先进集体"称号。

12 月 25 日　根据《全省新增农村沼气国债项目启动会议的紧急通知》的精神，农场决定成立沼气国债项目建设领导小组。

● **2009 年**　4 月　甘肃省农垦集团公司聘任毛录让为张掖农场场长、亚盛张掖分公司副经理。

4月3日　甘肃农垦集团公司批准农场成立甘肃农垦张掖金龙实业责任公司，王希天任董事长、崔建勇任副董事长、董事有史宗理、王培文；何维忠任监事会主席，王希天任总经理。

7月31日　农场养殖场大型沼气工程动工修建。

8月8日　张掖农场自建、运营的有线电视网络及用户整体移交到甘州区广播电影电视局，由甘州区广播电影电视局全权经营管理和维护服务。

8月9日　老寺庙番茄制品厂四期工程建设完工并投产试车。

8月17—18日　农场区域内遭受连续大雨，引发山洪，造成直接经济损失648.41万元。

11月4日　甘肃省畜牧技术推广总站赵国琳、张掖市畜牧局张永东等一行6人来场考察养殖公司基础建设、肉牛繁殖、繁育和疾病防疫等工作，并对弗莱维赫牛在张掖农场的定点示范养殖进行了考察和推广。

11月　农场被甘肃省农业产业化工作领导小组办公室认定为"甘肃省农业产业化重点龙头企业"。

2010年　1月9日　农场决定对农果业实行"四统一"办法（统一农资供应、统一生产品种、统一定价、统一销售），杜绝职工个人私自销售。

1月13日　甘肃省农垦集团公司批准民乐分场办公楼新建项目，总建筑面积1114.35平方米，占地400平方米，预计总投资100万元，资金由张掖农场自筹解决。

3月　企业资产重组，成立甘肃亚盛实业（集团）股份有限公司张掖分公司，保留"甘肃国营张掖农场"牌子（存续农场管理），企业实行"三分开两独立"。

4月23日　张掖市人民政府批准、同意将张掖农场内的2.31公顷国有未利用土地，划拨给张富根、张虎等92户职工修建住宅。

4月24日　特大强风暴造成农作物、果园直接经济损失180万元。

5月5日　农场党委组织干部职工召开动员大会，为4月14日青海玉树地震灾区捐款，有1041人捐款，共计捐款20572.70元。

5月17日　持续5个多小时的暴雪和强霜冻，使民乐分场番茄、早酥梨受害，经济损失484.3万元。

6月13日　部分天津知青回农场探访。

6月15日　农场6号职工住宅楼封顶。

6月23日　甘肃省农垦集团公司授予张掖农场"甘肃农垦信访工作先进单位"荣誉称号。

6月26日　甘肃省农村能源办专项检查组来张掖农场检查指导中央投资农村沼气项目和大型沼气工程项目建设情况。

7月23—24日　遭遇连续5—6级大风天气，造成早酥梨严重落果，经济损失77.5万元。

8月17日　甘肃省省级文明单位检查验收组对农场创建省级文明单位情况进行综合检查验收。

8月31日　张掖农场同意为国营小宛农场棉花公司在中国农业发展银行的5000万元棉花收购贷款提供无限连带责任保证担保。

12月2日　农场与中国建设银行举行小额贷款签字仪式，会后，农场领导陪同中国建设银行领导分别参观了麦芽厂、番茄制品厂、养殖公司、果蔬恒温库。

当年　开展第六次人口普查，由计生办负责，各单位具体负责填报。

● **2011年**　1月10日　农场被中共甘肃省委、甘肃省人民政府命名为甘肃省文明单位；农场党委书记、场长王希天被评为甘肃省精神文明建设工作"先进工作者"。

1月　甘肃省农垦集团公司聘任王经富为张掖农场场长。

3月11日　职工7号住宅楼的施工合同签订。

6月23日　农业部种植业管理司副司长周普国、农业部种植业管理司综合处处长胡亚光、甘肃省农牧厅副厅长杨祁峰、甘肃省植保植检站站长蒲崇建等一行8人来张掖农场，检查指导林果管理站苹果梨蠹蛾防控工作。

7月19日　农场投资建设的高新节水滴灌带厂投产。

9月3日　国家发改委、工信委稽查组，实地考察老寺庙番茄制品公司年产8000吨番茄酱技改项目，该项目为第一批中央投资扩大内需项目。

9月22日　国家保障性住房安居工程巡察组一行4人，检查危房改造项目实施情况。农场危房改造项目计划任务为335户，已开工335户。

11月2日　张掖市畜牧兽医局张和平、杨瑞基、孙学虎、宋福超，对农场肉牛养殖标准化示范场创建工作现场验收。

● **2012 年**　1 月　农场出资 40.1 万元，向甘州区人力资源和社会保障局一次性补缴 26 名"五七工、家属工"的养老保险金，接续了养老关系。

2 月 14 日　农场苹果梨蠹蛾综合防治技术项目获得甘肃农垦"科技进步三等奖"。

3 月 12 日　中国农垦经济发展中心专家组对农场早酥梨质量追溯系统建设项目进行检查验收。

5 月 30 日　农场惠民砖厂与三闸镇蒋兵年达成承包协议，每年上交农场租金 30 万元，租期 5 年。

6 月 4 日　甘肃亚盛实业（集团）股份有限公司张掖分公司、中国共产党甘肃亚盛实业（集团）股份有限公司张掖分公司委员会挂牌。

6 月 16 日　张掖市畜牧兽医局蒋世兴、朵应福、王天懿、牛正明、张和平、赵多宏、杨瑞基等来张掖农场考察养殖场肉牛养殖情况。

6 月 20 日　张掖市公安局、甘州区公安局、甘州区禁毒办公室、碱滩镇派出所检查特药安全生产工作，对特药生产基地和特药库房的电子围栏系统进行了现场测试，并对各种资料、记录等进行全面检查。

9 月 5—9 日　农场组织农业生产队队长及部分职工共 16 人，前往新疆阜康县土墩子农场和中粮屯河在玛纳斯的番茄种植基地，实地考察番茄机械采收情况。

9 月　新建老年公寓开工，设计为 10 层 60 户，户均面积 60 平方米，配备电梯 2 部，供 60 岁以上老职工居住。

12 月 3—8 日　农场四队土地开发整理项目、五队基本农田土地整理项目（面积 219.78 公顷）通过了张掖市国土局、省国土厅的现场验收。

● **2013 年**　4 月 8 日　甘肃省农垦集团党委任命雷根元、程才为张掖农场党委委员、亚盛集团公司聘任雷根元、程才为副经理。

4 月 15 日　张掖农场场容场貌治理工程启动。

10 月 24 日　农场 12 号职工住宅楼交工。

11 月 2 日　滴灌带厂通过场地租赁，设备、人员重组后，张掖市金脉节水有限公司挂牌，正式投产。

12 月 6 日　亚盛张掖奶牛场项目建设方案论证会在张掖农场举行。

12 月 15 日　90.67 公顷牧草基地指针式喷灌建设项目开工。

12 月　甘肃农垦集团任命贾勇杰为张掖农场党委委员。

● **2014 年**　1 月 3 日　甘州区副区长、畜牧局局长一行现场查看奶牛场选址。

1 月 6 日　张掖农场老年公寓 60 套住房分配使用。

1 月　亚盛股份有限公司聘任贾勇杰为张掖分公司副经理。

4 月 23 日　亚盛康益牧业张掖奶牛场奠基仪式举行。张掖市市长黄泽元、副市长王向机，甘州区区长张玉林及市、区属有关部门和企业 300 多人参加仪式。

5 月 20 日　康益牧业奶牛场第一支施工队进驻施工现场（农垦建筑公司）。

8 月 1 日　甘州区区长张玉林带领区农业、畜牧、国土局领导视察牛场建设进展情况。

9 月 12 日　农场调频广播系统安装调试成功，投入运行。

9 月 13 日　农场党委书记梁金祖随集团公司代表团赴天津参加"知青赴甘 50 年"庆祝活动。

9 月 17 日　甘肃农垦农业远程教育培训卫星基站在农场安装调试成功，投入运行。

9 月 20 日　张掖市老寺庙番茄制品厂，生产成品番茄酱突破 4000 吨，创酱厂产量最高纪录。

9 月 22 日　林果站早酥梨产量突破 700 万千克，创农场果品产量最高纪录。

同日　张掖分公司副经理王培文带队赴兰州参加省农垦集团公司举行的庆祝"知青赴甘肃农垦 50 年"活动，农场知青代表孔淑英、李仁武、徐得勇参加。

10 月 11 日　酒花站铁丝网拆除工作开始，啤酒花停止种植。

10 月 26 日　农场万吨恒温库奠基开工。

10 月 27 日　甘州区副区长张鸿清带领区畜牧局、工信局人员陪同恒大集团经理助理等参观奶牛场，并就建设、合作事宜召开了座谈会。

10 月 28 日　成立老寺庙社区，更名为"碱滩镇老寺庙社区居民委员会"，由甘州区碱滩镇管理。中国农业银行自动取款机投入使用。农场早酥梨质量追溯系统项目建设通过验收。

11 月 10 日　工会筹建动员大会召开。

● **2015 年**　1 月 22 日　危房改造项目审计工作开始。

2 月 3 日　甘州区区长张玉林陪同河北旗帜乳业、西安银桥乳业等考察团 20 余人到奶牛场考察。

3 月 3 日　甘肃省农垦集团公司"巾帼风采"优秀女职工表彰大会在兰州举行，钱凤英、周俊芳、王晓梅、齐红燕被授予"巾帼风采优秀女职工"称号。

4 月 23 日　甘州区电视台《今晚有约》栏目组报道农场梨园建设情况，探讨举办梨花节事宜。

5 月 25 日　分公司经理王经富参加省农垦集团公司奶业考察组，赴重庆农垦考察。

7 月 14 日　张掖市副市长成广平、甘州区副区长张成善、甘州区公安局副局长孟文斌检查特种药材收获、入库、储存、加工、运输等安全防护工作。

8 月 8 日　万吨恒温库竣工，举行开业典礼，早酥梨开始采收、入库。

8 月 9 日　东山寺区域雷雨引发山洪，冲毁防洪坝、道路林带，20 公顷特药被泥沙掩埋，部分农田积水严重。

9 月 18 日　亚盛股份公司成立 20 年庆祝活动在兰州举行。杨永勤、杨作朝、曹立志、张海霞被授予"先进个人"荣誉称号。

9 月 22 日　甘州区水务局在 1—3 队举行山洪灾害人员撤离应急演习。

● **2016 年**　3 月 29 日　甘肃省农垦集团公司党委决定：撤销"中共甘肃亚盛实业（集团）股份有限公司张掖分公司委员会"，成立"中共甘肃农垦张掖农场委员会"，任命王经富为党委书记，毛学科为党委副书记，杨永钧为纪委书记，王培文为工会主席，周文集为副调研员；免去、解聘原任的党委委员和张掖分公司副经理、工会主席职务。

3 月　甘肃省农垦集团公司聘任毛学科任张掖农场场长。

4 月 15 日　全体职工植树造林完成 46.67 公顷、35000 余株文冠果幼苗定植工作。

6 月 2 日　甘肃省交通运输厅厅长康军一行，到农场道路建设现场，就道路建设推进情况进行调研。

当年　农场共完成灌溉渠道建设 12.72 千米。

● **2017 年**　2 月 4 日　张掖农场获得"全国农业先进集体"称号。

2 月 25 日　甘肃省农垦集团公司党委决定毛学科任张掖农场党委委员、党委书记，贾勇杰任张掖农场党委委员、党委副书记、农场场长。

6月5日　连续两天的降雨引发山洪灾害，造成损失。

7月31日　甘肃省委老干部局徐维德、谢菲、耿正军一行对农场离退休老干部工作进行调研。

11月17日　召开职工代表大会，通过《职工、退休职工参加城镇职工医疗保险的实施方案》，将全部职工、离退休人员纳入张掖市职工医疗保险范围。

● 2018年 4月8日　因持续4天的强冷空气，果树花蕾遭受冻害，造成减产30％。

4月17日　在9队防洪坝举行山洪地质灾害防御预警演练，甘州区水务局和区防汛办、大满灌区、职工医院救护人员等，农场领导贾勇杰、张向军及部分干部、职工70余人参加演练。

4月21日　甘肃省农垦集团公司党委决定，撤销中共张掖农场党委，农场党委交亚盛股份公司党委管理。亚盛股份公司党委决定，成立中共亚盛股份张掖分公司委员会，分公司经理王经富兼任党委书记；贾勇杰任张掖分公司党委副书记、张掖农场场长，杨永钧任分公司纪委书记、工会主席，雷根元、程才、张向军任分公司党委委员、副经理，王刚任党委委员、财务总监。

5月24日　农场2014年的11.9千米和2015年的30.01千米的村村通道路通过张掖市交通局和甘州区交通局的现场验收。

10月27日　果园三队党支部标准化建设工作，通过了亚盛股份公司党委的验收。

12月　职工医院全部资产、人员移交给甘州区卫健委，移交医护人员4人。

● 2019年 4月9日　连续4天的低温天气，造成林果站减产60％，经济损失1300多万元。

6月13日　四队干部王延博等人在五队四支闸口奋力抢救落水者，受到职工的好评。

6月20日　甘州区应急管理局、甘州区水务局防汛办就九队至三闸新建村防洪设施建设情况进行督导。

7月7日　甘肃省农垦集团公司、亚盛股份公司党委决定：聘任连永清为张掖农场场长，免去其甘肃省鱼儿红牧场场长职务；免去贾勇杰甘肃省张掖农场场长、甘肃亚盛实业（集团）股份有限公司张掖分公司党委副书记、党委委员职务，任调研员（离岗退养）；免去程才的甘肃亚盛股份有限公司张掖分公司党委委员职务（职务调整）。

7月30日　农场举办首届"邮政杯"老寺庙瓜王争霸赛。

● **2020年**　4月25日　低温，农作物受灾面积190公顷。

5月8—11日　严重冻害，农作物受灾面积63.9公顷。

5月23日　农场发生洪水灾害，动用大型机械和82人次参加抗洪抢险。

11月11日　《甘肃农垦张掖农场"十四五"发展规划草案（2021—2025年）》上报。

12月　中共亚盛股份公司党委任命刘建为张掖分公司纪委书记、工会主席，免去杨永钧纪委书记、工会主席，任副调研员（离休退养）。农场989名退休人员，移交给张掖市甘州区碱滩镇老寺庙社区管理。

当年　开展第五次全国人口普查，普查领导小组办公室设在老寺庙社区，具体负责普查的组织实施，办公室主任由蒋勇、杨芸兼任，各单位负责开展基础普查工作。

● **2021年**　3月4日　张掖市旅游大道从农场占地穿过，农场成立旅游大通道工作协调领导小组；农场职工医院在场内选址新建，成立职工医院修建协调领导小组。具体负责工作对接。

6月21日　甘肃省农垦集团公司、中共亚盛股份公司党委决定：李宗国同志任亚盛张掖分公司党委副书记、张掖农场场长，连永清同志为亚盛张掖分公司调研员（离岗退养）。

6月29日　为扩大规模化经营，以林果站樱桃园为试点，进行整体承包经营。

7月18日　老寺庙酒厂承包人变更为程华东。

7月　亚盛张掖分公司党委由张掖市委组织部移交到亚盛股份党委管理。

8月15日　遭遇8级以上大风，林果站果园受灾，有损失。

10月19日　《张掖市甘州区三北防护林六期工程退化林分修复》项目实施，农场140公顷林地退化林分枯立木采伐清理开始（一、二、三队北部）。

12月17日　成立张掖农场志编纂委员会，王经富、李宗国为编纂委员会主任，雷根元为办公室主任，主编为雷根元，副主编张树成、霍荣林，编辑秦义民、胡定树、王进保。

中国农垦农场志

第一编

自然地理

中国农垦农场志

1. **洪积扇砾石带** 坡降约 3/100～30/100，大小砾石露头，有棱角，间隙中间夹有少量沙土。

2. **洪积扇砂砾石带** 坡降为 2/100～15/100，表层有砾石散布，砂砾层内中细沙约占 60%，中小砾石约占 40%，有少量冲沟分布，冲沟切割深度 1～2 米。

3. **扇缘倾斜平原带** 坡降 1/100，以黏质土为主，稍有砂质黏土。

4. **冲积—湖沼平原带** 主要在分布红沙窝一带，在山丹河北端与洪积扇沿地相汇处，坡降 3/100～4/100，主要为黏土。

域内属于走廊冲积细土绿洲平原，细土绿洲平原由河流冲积的Ⅰ～Ⅲ级河谷阶地组成。Ⅰ级阶地高出河床 0.5～1.5 米，Ⅱ级阶地高出河床 3～5 米，Ⅲ级阶地高出河床 15～30 米。地表物质由冲积和湖积的亚砂土、亚黏土和粉细砂组成。Ⅰ～Ⅱ级阶地分布于山丹河、黑河、梨园河河谷两岸，地势平坦，以 2‰～3‰ 的地势坡度向河槽方向倾斜，生长稀疏矮小的灌木丛。河床两侧地下水量溢出和河流变迁改道，形成较多面积不大的小型湖泊和沼泽，并生长有大量喜水和水生植物，如芦苇等。由于水源充足，适宜水稻生产。在地下浅埋区，形成许多湖泊和池塘，具有发展渔业的优越条件。Ⅲ级阶地分布在冲积细土绿洲平原广大地区，地势平坦，以 2‰～5‰ 的地势坡度向河床方向倾斜。地表物为冲积的亚砂土、亚黏土和粉细砂，并经长期耕作改良，土质肥沃，水源充足，引流灌溉条件优越，为主要商品粮生产基地。

二、山羊堡

海拔 1610～1580 米，坡降 1/100，属半沙漠草原钙土带，土壤含碳酸钙丰富，土壤水分不易保存。

三、头墩（民乐分场）

头墩片区位于祁连山山前冲积—洪积扇的末端，海拔 1800～1900 米。地势由南向北倾斜，平均坡降为 1/80～1/60，地面起伏较大，自然冲沟多，土地分割严重，尤以分场场部东南部更为突出。

北部绿洲边缘以北，大部分为荒漠戈壁。由于新构造运动所致，河谷阶地可达五级之多，河谷阶地在河流出口处两岸直立，河岸高度自南向北逐渐由 70 米下降到 30 米，最后消失不见。分布在境内五大河干支流及其重要沟溪的河谷两岸，皆由全新统冲（洪）积及冰水相堆积，呈条带状顺河分布。洪水、三堡、六坝、民联各镇的全部土地，属民乐县的主要耕地之一，地势较平坦，土层厚 2～4 米，土质较肥沃。

第三节 水 文

张掖农场主要在平原水文地质区，主要指张掖盆地，地下水储存条件好，分为河（沟）谷第四系潜水和山前平原第四系潜水。山前平原第四系地下水是分布在张掖盆地广大地区的潜水和承压水。潜水埋藏深度由南部的 150 米以上，向北逐渐降低，承压水分布在细土平原，含水层为砂、砂砾石，水位低于地面 1～3 米。

第四节 地 质

辖区地质构造复杂，所处大地构造位置重要，是青藏高原向内蒙古高原跌落过渡的分界处，也是地壳重力梯度的分界带。南部和北部地层岩性、地质构造、地壳厚度、成矿条件不同，自然环境差别较大。

一、地层分布

张掖农场地处张掖盆地中，沿线构造单一，主要地层由老至新如下：

（1）石炭纪中石炭统（C2）为黄色，深灰色粗砂岩，砂砾岩和灰白色石英粗砂岩、砾岩，仅局部出露。

（2）白垩系下白垩统（K1）主要为紫红色、黄绿色砂岩，灰黑色、黄绿色粉砂质泥岩和褐红色、绿灰色泥岩及砖红色细砂岩，出露范围较大。

（3）第四系上更新统（Q3）碎石，呈棱角状，分选性差，粒径一般 5～10 厘米，砂质充填，为冲（洪）积物。

（4）第四系全新统（Q4）大体可分为两类，一类为亚黏土或亚砂土，分布于阶地表层，另一类为砂砾石层，分布于河漫滩处。

远古地层张掖农场坐落于河西走廊平原中部，地层分布如下：

中生界下白垩统属河流相与山麓洪积相沉积，与上覆地层呈不整合接触。

下新生界上第三系中新统为河湖相沉积，与上覆第四系呈不整合接触。

新生界第四系上更新统岩性为洪积亚砂土、砂砾石等。

新生界第四系全新统由洪积、风积、坡积—洪积碎石、砾石、亚砂土以及河湖相堆积组成。

二、构造

农场地处酒泉—民乐槽地带，即河西走廊沉降带。南邻祁连山北缘大断层，沉积了巨厚的侏罗纪—白垩系山前带，渐次是中央拗陷带。河西系断裂线及新生代槽地以斜接关系穿插于东西向复杂构造带和祁吕弧形褶带之中，地表被第四系全新统堆积物覆盖。

河西系构造分布于祁连山北侧，是一顺时针的压扭性凹陷，现代地震与之关系密切。中部白垩系、第三系构造中，北北西向褶皱、压性—压扭性不连续构造也很发育，使地震有明显活动。东部的新构造运动也在发育。而河西系与东西向复杂构造带、祁吕弧形褶带复合地段，对地震具有明显的控制作用。场域地处这一复合地带。

按照甘肃地震区带划分，张掖农场地处青藏北部地震区祁连山地震带北祁连山地震亚带，根据《中国地震动参数区划图》（GB18306—2015）确定，地震动峰值加速度 0.20 伽，地震动反应谱特征周期 0.45 秒，相当于地震烈度Ⅷ度。

第五节　土　　壤

张掖农场（老寺庙地区）土壤为祁连山与合黎山的冲积沉积物，由于地形地势及受地表水、地下水运动与盐分变化的影响，土壤类型复杂，主要土壤为盐化草甸沼泽土。主要土壤类型及其分布顺序为：盐渍化草甸沼泽土、盐渍化浅色草甸土、草甸盐土、荒漠灰钙土。荒漠灰钙土多发育于靠近合黎山麓的黄土层上，地形坡度较大，甚至部分地形起伏。盐化草甸沼泽土、盐渍化浅色草甸土及草甸盐土为冲积母质，质地一般较轻，多为砂质壤土和砂土。建场初期盐土占 50.75%，荒漠钙土占 3.9%，棕钙土占 10.5%，沼泽土占 18.3%，其余 16.5% 为砂石等，地表大都具有白色盐霜和盐结皮，土质内多数含有盐类结晶和石灰结核，自然养分极缺。开垦后，土壤结构发生了很大变化。

耕地耕作土厚 60 厘米左右，盐碱地土层厚度 100 厘米以上。张掖农场采取秸秆还田、种植绿肥、增施有机肥、实行大区轮作等措施改良土壤，土壤养分含量可达到国家二级标准。

一、土壤类型和分布

地带性土壤是与气候、生物因素有直接关系并与自然地理地带相一致的土壤，由于地形地势及受地表水、地下水和盐分运动的影响，土壤类型相当复杂。农场有两类土类，一类是灰棕荒漠土土类，含耕灌灰棕漠土亚类和林地灰棕漠土亚类。耕灌灰棕漠土亚类、厚层土属、壤质厚层耕灌灰棕漠土土种，分布于张掖农场耕地中；灰棕荒漠土土类、林地灰棕漠土亚类、灌滩土属、灌滩林地灰棕漠土土种，分布在张掖农场林地中。另一类是盐土土类、草甸盐土亚类、草甸盐土土属的盐土，分布在张掖农场西部的旱地。

二、土壤养分

1. 1985 年土壤养分测定分析

（1）土壤有机质和全氮含量低。土壤有机质含量在 1%～1.71% 的有 173.18 公顷，占总耕地面积 8.7%，而有机质含量＜0.6% 的有 889.13 公顷，占耕地面积的 45%。全氮含量平均只有 0.046%，相当于全国养分含量分级标准的 5 级水平。由于有机质含量偏低，土壤理化状态不好，结构差的黏土耕性更差，水气不协调，对作物生长不利。

（2）速效磷缺乏。全场耕地平均速效磷含量只有 7.9 毫克/千克，相当于全国土壤养分分级标准的 4 级水平。速效磷含量＞25 毫克/千克，达到国家 2 级水平的仅有 42.11 公顷，占耕地面积的 2.1%；速效磷含量低于 5 毫克/千克的极缺水平有 776.03 公顷，占耕地面积的 40%。

（3）速效钾丰富。全场耕地平均速效钾含量有 218 毫克/千克，相当于全国土壤养分分级标准的 1 级水平。含速效钾不足 100 毫克/千克的仅有 65.8 公顷，占全部耕地面积的 2.3%（表 1-1）。

表 1-1　土壤养分统计表（1985 年测定）

名　称	项　目	平　均	最大值～最小值
耕　地	有机质（%）	0.71	1.71～0.24
	全氮（%）	0.046	0.1～0.016
	速效磷（毫克/千克）	7.9	33.4～0.6
	速效钾（毫克/千克）	218	480.6～69
	全磷（%）	1.64	1.86～1.64
	全钾（%）	0.043	0.11～0.007

（续）

名　称	项　目	平　均	最大值～最小值
荒　地	有机质（％）	0.62	1.13～0.19
	全氮（％）	0.039	0.064～0.018
	速效磷（毫克/千克）	5.1	11.9～1.3
	速效钾（毫克/千克）	245	541～88
	全磷（％）	0.034	0.062～0.011
	全钾（％）	1.66	2.14～1.32

民乐头墩土壤均属荒漠灰钙土。土层厚度在1米以上，土质为壤质土，不含盐、碱可直接种植，土壤内有机质含量0.65％～1.34％，含全氮0.04％～0.07％。

2. 2009年耕地土壤养分含量测定结果

（1）土壤有机质和全氮含量较低。全场耕地土壤有机质平均含量为1.56％，较1985年有机质含量提高0.85％，处于甘肃省土壤养分分级标准的4级水平，有机质含量较低。全氮平均含量为0.07％，较1985年提高0.024％，处于甘肃省土壤养分分级标准的5级水平，全氮含量低。由于有机质、全氮含量偏低，土壤理化状态较差，结构差的黏土耕性更差，水气不协调，对作物生长不利。

（2）速效养分含量。全场耕地速效磷平均含量为13毫克/千克，较1985年提高5.1毫克/千克，处于甘肃省土壤养分分级标准的4级水平，速效磷含量较低。速效钾平均含量为126毫克/千克，较1985年降低119毫克/千克，处于甘肃省土壤养分分级标准的4级水平，速效钾含量较低。碱解氮平均含量为78毫克/千克，含量较低。

（3）微量元素养分含量。全场耕地有效铁平均含量为8毫克/千克，处于甘肃省土壤养分分级标准的4级水平，有效铁含量较低。有效锰平均含量为9.98毫克/千克，处于甘肃省土壤养分分级标准的3级水平，有效锰含量中等。有效铜平均含量为1.43毫克/千克，处于甘肃省土壤养分分级标准的3级水平，有效铜含量中等。有效锌平均含量为0.75毫克/千克，处于甘肃省土壤养分分级标准的4级水平，有效锌含量较低。2009年对全场13个单位进行了土壤养分测定（表1-2）。

表1-2　土壤养分统计表（2009年测定）

项　目	平　均	最大值～最小值
pH	7.87	8.2～7.44
有机质（％）	1.56	3.17～0.3
全氮（％）	0.07	0.107～0.039
碱解氮（毫克/千克）	78	123.84～27

（续）

项　目	平　均	最大值～最小值
速效磷（毫克/千克）	13	49～3
速效钾（毫克/千克）	126	558～6
有效铁（毫克/千克）	8	15.93～3.5
有效锰（毫克/千克）	9.98	12.69～6.56
有效铜（毫克/千克）	1.43	2.73～0.65
有效锌（毫克/千克）	0.75	2.04～0.12

第二章 气 候

第一节 气候特点和四季变化

农场地处我国西北内陆，属温带大陆性气候，受中高纬度地区西北带环流控制和极地冷气团影响，冬季较寒冷，春季升温快，秋季降温急。

四季划分标准：平均气温<10℃为冬季，>22℃为春秋季。按照气候温度划分，夏季仅为 20 天左右，冬季漫长，为 190 天左右；民乐分场无夏季，春秋相连，冬季漫长。气象学上惯用的季节划分法是将一年等分为四季，通常以 12 月（前一年）、1 月、2 月为冬季，3 月、4 月、5 月为春季，6 月、7 月、8 月为夏季，9 月、10 月、11 月为秋季。在此按气象学划分标准对张掖农场进行分析。

1. **冬季** 受极地高压控制，寒冷漫长，晴朗干燥，降雪极少。

2. **春季** 大气环流正处在极地大陆性气团逐步减弱与副热带大陆性气团西进北跃交替过渡阶段，气温变化剧烈，多寒潮降温天气和晚霜冻，风沙频繁，降水稀少。当青藏高原上空有暖高压存在时，气流下沉，又常造成较长时期的晴热天气，形成春末夏初干旱，对农作物造成很大影响。季平均温度在 8～10℃，民乐分场平均气温在 0～5℃。

3. **夏季** 受高空副热带大陆性气团和印度洋上空湿润空气影响，天气炎热，太阳辐射强，雨量集中，经常发生阵性大风，干热风天气和山洪灾害。老寺庙平均气温在 20℃以上，日最高气温可达 39.8℃；民乐分场平均气温在 15℃左右。

4. **秋季** 上空受极地大陆性气团控制，天气晴朗少云，经常有较强冷空气入侵，造成强降温天气和早霜冻灾害发生。老寺庙平均气温为 7～8℃，民乐分场平均气温为 3～6℃。

张掖农场地处张掖市，深居大陆腹地，远离海洋，受青藏高原影响，属温带大陆性干旱气候，具有光能丰富、温差大，夏季短而酷热，冬季长而严寒，干旱少雨、分布不均等特点。年平均气温 7.6℃，气温年较差 26～32℃，平均日较差 14.4℃，极端最低气温－28.2℃，极端最高气温 38.2～39.1℃。7 月平均气温 21.6℃，1 月平均气温－8.9℃，7 月平均最高气温 28.5℃，1 月平均最低气温－15.5℃。年降水量 148.1 毫米，时空分布不均。降水年际变化大，6 月中旬至 9 月中旬降水量占全年总量的 80％。春末夏初常干旱，农作物依赖灌溉。

第二节　老寺庙片区气候

一、温度变化

1. **气温变化**　全年平均气温 7.6℃，各月平均以 7 月最高，1 月最低，冬季、夏季各月变化平稳，春季、秋季各月变化剧烈，历年最冷日为 −28.2℃，最热为 39.8℃，全年各月平均气温日较差为 14.4℃，最高月为 15.5℃，最低月为 12.9℃（图 1-1）。

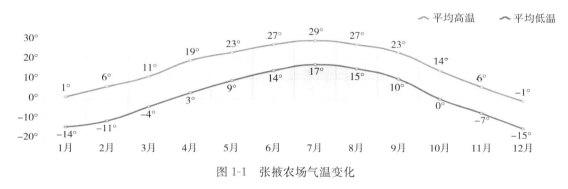

图 1-1　张掖农场气温变化

2. **气温月变化**　张掖农场全年平均气温 8.4℃，各月平均以 7 月最高，1 月最低，总体气温变化平稳，全年各月平均气温日较差为 14.4℃，历年最冷日为 −28.7℃，最热日为 39.8℃（表 1-3）。

表 1-3　张掖农场各月气温、气温日较差统计

单位：℃

月份	平均气温	最　高		最　低		气温日较差
		平均	极端	平均	极端	
1 月	−8.9	0	18.4	−15.5	−28.7	15.5
2 月	−5.1	3.4	24.2	−11.8	−27.5	15.2
3 月	1.7	9.6	27.2	−5.1	−21.2	14.7
4 月	5	17.5	33.1	2.1	−10.5	15.4
5 月	15.8	23.1	34.7	8.4	−4.5	14.7
6 月	20	26.8	38.1	12.9	1.3	13.9
7 月	21.6	28.5	39.8	15.6	5.8	12.9
8 月	20.8	27.7	39.3	14.4	4.4	13.3
9 月	15.6	23.1	34.5	9.4	−3.2	13.7
10 月	8	16.6	24.0	1.7	−12.7	14.9

（续）

月份	平均气温	最高		最低		气温日较差
		平均	极端	平均	极端	
11月	−0.8	7.3	24.0	−6.5	−26.3	13.8
12月	7.3	1.5	19.6	−13.1	−28.2	14.6
全年	8.4	15.4	39.8	1	−28.7	14.4

3. **主要界限温度和气温** 春季气温，从≥0℃初日到≥10℃初日，平均间隔51天，平均每隔5天升高1℃。秋季降温，从≥10℃终日到≥0℃终日，平均间隔39天，平均每隔4天降低1℃（表1-4）。

表1-4 张掖农场主要界限温度和气温统计

稳定通过各级界限温度	初日						终日						年活动积温			
	最早		最迟		平均		最早		最迟		平均		最多	最少	平均	80%保证率
	月	日	月	日	月	日	月	日	月	日	月	日				
≥0℃	3	2	4	1	3	7	10	27	11	18	11	12	3737.0	3230.9	3451.1	—
≥3.0℃	3	20	4	14	3	30	10	20	11	19	11	4	3709.9	3273.1	3449.9	—
≥5.0℃	3	25	4	11	4	6	10	6	11	7	10	25	3524.7	2756.4	3338.4	—
≥10.0℃	4	5	5	15	4	26	9	23	10	14	10	4	3260.5	2440.1	2979.2	2835.0
≥15.0℃	5	11	6	3	5	22	8	24	9	30	9	12	2449.2	1940.0	2300.7	

4. **地温** 地面温度年平均10.8℃。历年最热月是7月，平均为28.2℃，最冷月是1月，为−8.8℃。极端最高地面温度为72.9℃，极端最低地面温度为−30.8℃。12月至次年2月，5～20厘米深处的地温均在0℃以下（表1-5）。

表1-5 张掖农场地面及地中温度统计

单位:℃

月 份		1	2	3	4	5	6	7	8	9	10	11	12	全 年
平 均		−8.8	−3.7	4.8	14.1	21.8	27	28.2	25.8	19.3	9.7	−0.8	−7.4	10.8
最高	平均	13.8	21.2	31.8	42.5	49.8	53.5	54.6	51.7	45.1	34.9	21.8	13.6	36.2
	极端	25.1	40.2	50.7	61	67	71.5	72.9	70.7	62.6	51.7	40	32	53.8
最低	平均	−20.4	−16.7	−9.2	−1.3	5	10.3	12.2	9.9	6.2	−2.8	−11.9	−17.1	−3.0
	极端	−30.4	−27.7	−23.5	−16	−11.9	1.1	5.2	3.0	−5.0	−20.6	−24.6	−30.8	−15.1
地中温度	5厘米	−7.2	−4	3.6	11.2	17.7	22.9	24.5	23.8	18.3	10.6	0.6	−6.2	9.7
	10厘米	−6.4	−3.7	3.3	10.4	16.6	21.4	21.2	23.0	18.3	11	1.4	−5.4	9.3
	20厘米	−5.1	−3.1	2.8	9.7	15.4	20.4	22.6	22.0	18.2	11.6	3.1	−3.6	9.5

二、霜冻、冻土

全年无霜期151天，地面冰冻期197天，冻土深度最大116厘米，最小70厘米（表1-6）。

表 1-6 张掖农场霜冻、结冰日期表

			初霜日			终霜或解冻日期			年平均天数			
			最早（月/日）	最迟（月/日）	平均（月/日）	最早（月/日）	最迟（月/日）	平均（月/日）	有霜期	无霜期	冰冻期	无冰冻期
霜冻			9/6	10/17	9/28	4/21	5/20	5/11	214	151	—	—
结冰	地面		9/28	10/30	10/20	4/10	5/15	5/4	—	—	197	168
	地中	5厘米	10/26	11/24	11/9	2/27	3/13	3/3	—	—	115	250
		20厘米	11/18	12/2	11/23	2/16	3/15	3/5	—	—	99	266

三、日照

每月日照时数和日照百分率因季节而异，每月平均日照时数春、夏两季长，秋、冬两季短。日照百分率则成反比，即春、夏两季日照百分率低，秋、冬两季日照百分率高。老寺庙片区位于龙首山、合黎山西麓，受山的遮阴影响较大（表 1-7）。

表 1-7 张掖农场各月日照时数统计

月 份	1	2	3	4	5	6	7	8	9	10	12
平均日照时数（小时）	220	214	245	259	286	287	274	271	253	260	221
日照百分率（%）	72.5	71	67	66	66.8	65.4	64	67.4	68.5	75	74.5

四、降水

平均年降水量为 148.1 毫米。雨量年际变化率大，最多年为 224.3 毫米，最少年仅有 76.1 毫米。日最大降水量为 29.8 毫米。各月降水量分布不均匀，主要降水集中在 6 月中旬至 9 月中旬，占全年降水量的 80%（表 1-8）。

表 1-8 张掖农场降水量分布

单位：毫米

月 份	1	2	3	4	5	6	7	8	9	10	11	12	全年
平均降水量	1.3	1	3.3	3.8	12.6	27.5	31.7	34.5	25.8	3.4	2.2	1	148.1
最大日降水量	2.8	3.8	9.7	14	20.7	26.6	29.8	25	22.7	11.4	12.7	2.4	29.8

五、蒸发量

1. **年蒸发量** 年平均蒸发量为 2325.3 毫米，当年降水量的 15.7 倍，水面蒸发量平均为 1847.3 毫米左右。冬季是全年最冷的季节，也是全年蒸发量最小的季节；春季气温迅速上升，风速增大，蒸发量也迅速增大；夏季气温是全年最高季节，蒸发量最大；秋季由于气温下降，蒸发量迅速降低，约为夏季的一半（表 1-9）。

表 1-9　张掖农场蒸发量分布

单位：毫米

月　份	1	2	3	4	5	6	7	8	9	10	11	12	全　年
平均蒸发量	47.9	75	171.7	276.2	351.5	312.6	310.2	287.1	200	168.8	79	45.3	2326.6
日最大蒸发量	69.8	98.5	206.8	345	425.2	417.5	367.2	380.2	242.9	201.5	102.8	59.1	425.2
日最小蒸发量	33.3	54.9	153.2	230.9	294.4	197.8	221.7	199.1	161.6	1200	58.5	33.8	33.3

2. 大气湿度　气候干燥，各月平均相对湿度仅有 41%～58%，日最小相对湿度仅有 1%～7%（表 1-10）。

表 1-10　张掖农场平均相对湿度

月　份	1	2	3	4	5	6	7	8	9	10	11	12
平均相对湿度（%）	51	47	43	41	43	53	54	56	58	55	55	53
日最小湿度（%）	2	2	3	1	3	4	9	4	7	5	4	2

六、风速风向

从各季节分布来看，春季风速最大，平均为 3.2～4.2 米/秒。秋季最小，年平均在 2.3～2.7 米/秒。春季太阳高度角增大地面迅速增温，高空动量下传增多。春季是大气环流由冬季向夏季转换的季节，气旋活动比冬季明显增多，冷空气活动更加频繁。

历年各月平均风速为 3 米/秒（2 级）。风速达 17 米/秒（7 级）以上为大风，年平均大风日数为 15 天，瞬间风速最大可达 34 米/秒（12 级）。风向日变化，一般早晨、上午多东南风，下午、夜间多西北风，东南风是全年最多风向（表 1-11）。

表 1-11　张掖农场历年各月风向风速统计

月　份		1	2	3	4	5	6	7	8	9	10	11	12
最多风向	风向	SE	SE	NW	NW	NW	SE	SE	SE	SE	SE	SE	SE
	频率（%）	36	28	40	34	35	26	30	32	33	34	40	45
最大风速	风速（米/秒）	11	10	17	20	20	13	13	18	11	10	10	17
	风向	NW	NW	NW	NW	WNW	W	NW	NW	SE	NW	NW	NW
平均风速（米/秒）		2.6	2.5	3.2	4.1	4.2	3.4	3.2	2.9	2.3	2.5	2.7	2.4

注：SE 为东南风，NW 为西北风，WNW 为西北偏西南风，W 为西风；风力 2 级相当于风速 1.6～3.3 米/秒，3 级相当于风速 3.4～5.4 米/秒，5 级相当于风速 8.0～10.7 米/秒，6 级相当于风速 10.8～13.8 米/秒。

七、气压

年平均气压主要受海拔高度的影响，河川区气压高，山区气压低。气压年内变化从冬到夏逐月下降，从夏到冬逐月上升，最大值出现在 11 月，最小值出现在 7 月。变化幅度一般在山区较小，在河川区、盆地较大（表 1-12）。

表 1-12　张掖农场各季平均气压

单位：百帕

月份	1 月	4 月	7 月	10 月	年
张掖农场	855.7	850.6	845.2	856	851.9
民乐分场	825.4	822.1	818.2	827.4	823.3

第三节　民乐分场（头墩片区）气候

民乐分场位于祁连山山前冲积（洪）扇的末端，海拔 1902～1982 米，较寒冷，雨量稍多。年平均气温 6.0℃，≥10℃年活动积温为 2568℃；年平均日照时数 2932.7 小时，年日照百分率 66.1%；夏季降水多，平均降水为 189.6 毫米，冬季降水少，平均降水为 10.8 毫米，雨水季节分配不均匀，平均年降水量 343.1 毫米。年蒸发量 2270 毫米，平均无霜期 159 天，最大冻土 141 厘米。

第三章　自然资源

第一节　土地资源

一、土地面积

1954年建场时，甘肃省农林厅勘察规划土地总面积9180.6公顷，可耕地面积4437.4公顷。其中老寺庙滩1418.54公顷，可耕地1130.93公顷；碱滩堡滩1509.85公顷，秕侯堡滩1144.5公顷，可耕地1013.4公顷；太平堡滩3407.45公顷，可耕地1493.07公顷；毛吴家滩1700.27公顷，可耕地800公顷。

1964年，国营山羊堡、头墩、林荫三农场与老寺庙农场合并，土地总面积增加到25668.67公顷，其中可耕地面积有15271.87公顷。土地分布：老寺庙8595.66公顷，山羊堡4666.67公顷，头墩7343.07公顷，林荫4963.27公顷。

1965年，农建十一师勘测设计队在原农垦局移交的土地资料基础上，结合当时各荒滩土地情况，对老寺庙片区土地重新规划设计，土地总面积8695公顷，可耕地面积4437.4公顷，分布在5个荒滩上，其中老寺庙滩有土地1277.27公顷，可耕地1130.93公顷；太平堡滩有土地3307.33公顷，可耕地1493.07公顷；秕侯堡滩、碱滩堡滩共有土地2483.27公顷，可耕地1013.4公顷，毛吴家滩有土地1627.13公顷，可耕地800公顷。长期以来，由于种种原因，其中包括1974年林荫土地交归民乐县管理和场村边界纠纷等原因，造成农场土地面积减少，地域一再缩小。

1985年，甘肃省农垦勘测设计院张掖勘测队，对农场实有土地和利用情况进行详查，全场有土地总面积6368.67公顷（表1-13）。

表1-13　1985年张掖农场土地面积和利用现状

单位：公顷

地　区	土地总面积	耕　地	园　地	林　地	天然草地	居民点及工业用地	交通用地	水　域	未利用土地
合计	6368.67	1588.87	286	628	1151	203	129	506	1876.8
老寺庙	4664.87	1179.8	226	564	1151	181	78	362	923.07

（续）

地　区	土地总面积	耕　地	园　地	林　地	天然草地	居民点及工业用地	交通用地	水　域	未利用土地
山羊堡	176	28.27	4	2	—	7	14	26	94.73
民乐头墩	1275.27	273.33	56	38	—	7	27	80	793.94
杞侯堡	252.53	107.47		24	—	8	10	38	65.06

注：杞侯堡于1992年划归省农垦科技培训中心管理，但土地面积仍由张掖农场统计。

二、颁发土地证

1986年，张掖地区开展土地详查。1989年初次办理土地登记，老寺庙、头墩、山羊堡三个片区，颁证土地总面积5253.33公顷。

1997年，张掖、山丹、民乐3县（市）人民政府颁发《国有土地使用证》，三证合计土地面积5254.7公顷，耕地面积1895.54公顷。张国用〔1997〕字第0051号土地证，老寺庙证载土地面积4078.56公顷（耕地1572.83公顷、园地193.56公顷、林地100.27公顷、牧草地374.19公顷、居民点及工矿用地146.19公顷、交通用地137.87公顷、水域281.71公顷、未利用地1271.94公顷）。山国用〔山土〕字第96—061号土地证，山羊堡证载总面积139.65公顷（耕地63.94公顷、园地5.91公顷、牧草地1.22公顷、居民点及工矿用地3.96公顷、交通用地16.99公顷、水域13.39公顷、未利用地23.97公顷、田埂10.27公顷）。民农国用〔1997〕字第007号土地证，头墩证载面积1036.49公顷（耕地258.77公顷、园地34.68公顷、林地12.11公顷、牧草地166.61公顷、居民点及工矿用地19.97公顷、交通用地11.34公顷、水域7.22公顷、未利用地525.79公顷）。

2000年，根据企业改革需要，换为由甘肃省人民政府颁发的土地证，土地证号分别为甘国用〔2000〕字第64号（山羊堡）、甘国用〔2000〕字第65号（老寺庙）、甘国用〔2000〕字第66号和甘国用〔2000〕字第67号（头墩），证载面积分别为139.65公顷、4078.56公顷、1034.29公顷和2978.61平方米（与1997年土地证面积一致）。金龙宾馆用地为住宅用地，土地取得方式为划拨，证载土地总面积2979.70平方米。

2007年企业改革，成立甘肃亚盛实业（集团）股份有限公司张掖分公司，将甘国用〔2000〕字第64号69.81公顷、甘国用〔2000〕字第65号1766.38公顷耕地入组亚盛股份，2016年，将〔2000〕字第64号剩余69.84公顷、甘国用〔2000〕字第66号1034.29公顷耕地全部入组亚盛股份。至此甘肃亚盛实业（集团）公司在张掖农场拥有耕地2940.32公顷，张掖农场实际拥有耕地2314.38公顷和其他土地（表1-14）。

表 1-14　2021 年张掖农场土地面积和利用现状统计

单位：公顷

土地利用分类	合　计	老寺庙	八分场	民乐分场
土地总面积	5274.36	4091.67	168.99	1013.7
耕　地	3331.13	2533.93	129	668.2
园　地	350.78	278.85	—	71.93
林　地	333	331.82	0.52	0.66
人工牧草地	84.94	84.94	—	—
沟　渠	357.22	327.34	14.72	15.16
农村道路	147.55	113.35	6.91	27.29
其他农用地	23.61	20.95	1.15	1.51
农村宅基地	81.47	72.28	1.29	7.9
其他建设用地	69.9	66.58	0.3	3.02
未利用地	494.76	261.63	15.1	218.03

注：该面积为 2020 年测绘实际占用土地面积（含被外单位、个人占用土地面积）。

三、耕地等级

1985 年，按照甘肃省农垦总公司以多年小麦产量折算耕地等级标准（小麦亩产大于 200 千克为一级，100～200 千克为二级，小于 100 千克为三级）对全场各农业生产队耕地等级进行了划分。全场 1670.98 公顷耕地中，有一等地 270.71 公顷，占 16.2%，二等地 427.79 公顷，占 25.6%，三等地 972.48 公顷，占 58.2%。农场土地经过多次改良，农产品产量提高。

2012 年 2 月，农场制定《甘肃农垦张掖农场土地管理实施办法》和《甘肃农垦张掖农场 2012 年土地管理细化补充规定》，对耕地进行了三类 9 等细化管理。

2021 年底，拥有耕地 2746.67 公顷，较 2000 年土地证增加耕地 851.13 公顷。其中：一类地 1376.85 公顷，占 50.13%；二类地 1176.72 公顷，占 42.84%；三类地 193.1 公顷，占 7.03%。近年来，采取秸秆过腹还田、种植绿肥、秋翻晒垡、推广磷酸一铵、无覆膜种植技术等措施配合轮作制改良土壤，土壤养分明显提高，玉米亩产达到 850～1000 千克（表 1-15）。

表 1-15　张掖农场耕地地力等级对照表

单位：千克

国家等级	五等地	六等地	七等地	八等地	九等地
市级等级	一等地	二等地	三等地	四等地	五等地
亩产量	600～500	500～400	400～300	300～200	200～100

四、土壤类型

张掖农场（老寺庙地区）土壤为祁连山与合黎山的冲积沉积物，由于地形地势以及受地表水、地下水运动与盐分变化的影响，土壤类型复杂，主要土壤为盐化草甸沼泽土。开垦后，经过多年耕作，土壤结构发生了很大变化，主要属于稳域性的水成土，只有在北侧局部高地上才有地带性的荒漠灰钙土分布。水成型土壤具有盐渍化的特点，甚至发展成盐土。从低地到高地，因受潜水位及矿化度支配，主要土壤类型及其分布顺序为：盐渍化草甸沼泽土、盐渍化浅色草甸土、草甸盐土与荒漠灰钙土。荒漠灰钙土多发育于靠近合黎山麓的黄土层上，地形坡度较大，部分地形起伏。盐化草甸沼泽土，盐渍化浅色草甸土及草甸盐土主要属于冲积性母质，质地一般较轻，多为砂质壤土和砂土。建场初期盐土占50.75％，荒漠钙土占3.9％，棕钙土占10.5％，沼泽土占18.3％，其余17％为砂石等，地表大都具有白色盐霜和盐结皮，多数含有盐类结晶和石灰结核，自然养分极缺。开春后，土壤结构发生了很大变化。

耕地耕作土厚60厘米左右，盐碱地土层厚度100厘米以上。张掖农场采取秸秆还田、种植绿肥、增施有机肥、实行大区轮作等措施改良土壤，土壤养分含量可达到国家二级标准。

（一）土壤类型和分布

1985年，甘肃省农垦勘测设计院张掖勘测设计队对老寺庙地区土壤进行详查，农场土壤可分为5个土类，16个土属，13个土种，11个亚类（表1-16）。

表1-16　土壤类型和分布

土　类	亚　类	土　属	土　种	面积（亩）	占总面积（%）	占荒地（%）	占耕地（%）	主要分布地点
灰棕荒漠土	耕灌灰棕漠土	厚层	壤质厚层耕灌灰棕漠土	16386.1	16.31		55.27	分布各队，是农场主要农业用地
			底黏耕灌灰棕漠土	924.8	0.92		3.12	1队东北及6队前东端
			黏质耕灌灰棕漠土	366	0.36		1.23	6队西北及砖厂东北
			砂质耕灌灰棕漠土	3322.2	3.31		11.2	4队北，1队西北
			夹黏耕灌灰棕漠土	323.4	0.32		1.09	秪侯堡西北
			夹砂耕灌灰棕漠土	168.7	0.17		0.57	秪侯堡南

（续）

土 类	亚 类	土 属	土 种	面积（亩）	占总面积（%）	占荒地（%）	占耕地（%）	主要分布地点
	耕灌灰棕漠土	薄 层	漏砂薄层耕灌灰棕漠土	586.7	0.58		1.98	园林队及2队北
		盐 化	轻盐化耕灌灰棕漠土	1061.8	1.06		3.58	8队、7队南
	林地灰棕漠土	灌 溉	灌滩林地灰棕漠土	7317.3	7.29			1、3、4、9队
灰棕荒漠土			厚层灰棕漠土	20406.0	20.32	32.1		6队农田东南，7队南，8队和秅侯堡东北
			薄层灰棕漠土	2715.9	2.70	4.27		林业队东北，9队东南
	灰棕荒漠土		砂砾质灰棕漠土	9897.6	9.85	15.54		分布海拔1491～1528米沿防洪渠一线
			砾质灰棕漠土	11000.5	10.95	17.3		位于海拔1519米以上，防洪渠沿线以东
			夹黏灰棕漠土	550.6	0.55	0.87		秅侯堡东800米处
			砂质灰棕漠土	3541.2	3.53	5.57		秅侯堡东南北三处
	草甸型灰棕漠土	耕灌灰棕漠土	底砂耕灌草甸灰棕漠土	61.9	0.06		0.21	
			草甸型灰棕漠土	4237.9	4.22	6.67		秅侯堡东南北三处
潮 土	盐化潮土	盐化潮土	轻盐化潮土	3250.7	3.23		10.96	3、4、5队
			重盐化潮土	2066.3	2.06		6.97	1、3队
	潮 土	下潮土	壤质下潮土	1126.9	1.12		3.80	5队南西
盐 土	草甸盐土		草甸盐土	6036.7	6.01	9.27		2、3队南西
			结皮盐土	2675.5	2.66	4.21		1队西南
	旱盐土			140	0.14	0.22		
草甸土	盐土草甸土			2220.1	2.21	3.49		4队、秅侯堡
	残留镁质碱化土			114.4	0.12	0.18		秅侯堡东南
风砂土	流动风砂土			40.5	0.04	0.06		1队西南角与红沙窝灌水渠相接于场区外的流动沙丘

（二）土壤养分（根据1985年测定结果）

1. 土壤有机质和全氮含量低 土壤有机质含量在1%～1.71%的有2597.7亩，占总耕地面积8.7%，而有机质含量＜0.6%的有13336.9亩，占耕地面积的45%。与有机质含量相关的全氮含量平均只有0.046%，相当于全国养分含量分级标准的5级水平。由于有机质含量偏低，土壤理化状态不好，结构差的黏土耕性更差，水气不协调，对作物生长不利。

2. 速效磷缺乏　全场耕地平均速效磷含量只有 7.9 毫克/千克，相当于全国土壤养分分级标准的 4 级水平。速效磷含量＞25 毫克/千克，达到国家 2 级水平的仅有 631.7 亩，占耕地面积的 2.1％；速效磷含量低于 5 毫克/千克的极缺水平有 776.07 公顷，占耕地面积的 40％。

3. 速效钾丰富　全场耕地平均速效钾含量有 218 毫克/千克，相当于全国土壤养分分级标准的 1 级水平。含速效钾不足 100 毫克/千克的仅有 987 亩，占全部耕地面积的 2.3％。

民乐头墩土壤均属荒漠灰钙土。土层厚度在 1 米以上，土质为壤质土，不含盐碱可直接种植，土壤内有机质含量 0.65％～1.34％，全氮含量 0.04％～0.07％（表 1-17）。

表 1-17　土壤养分统计（1985 年测定）

名　称	项　目	平　均	最大值～最小值
耕　地	有机质（％）	0.71	1.71～0.24
	全氮（％）	0.046	0.1～0.016
	速效磷（毫克/千克）	7.9	33.4～0.6
	速效钾（毫克/千克）	218	480.6～69
	全磷（％）	1.64	1.86～1.64
	全钾（％）	0.043	0.11～0.007
荒　地	有机质（％）	0.62	1.13～0.19
	全氮（％）	0.039	0.064～0.018
	速效磷（毫克/千克）	5.1	11.9～1.3
	速效钾（毫克/千克）	245	541～88
	全磷（％）	0.034	0.062～0.011
	全钾（％）	1.66	2.14～1.32

（三）全场耕地土壤养分含量情况

1. 土壤有机质和全氮含量较低　全场耕地土壤有机质平均含量为 1.56％，较 1985 年有机质含量提高 0.85％，处于甘肃省土壤养分分级标准的 4 级水平，有机质含量较低。全氮平均含量为 0.07％，较 1985 年提高 0.024％，处于甘肃省土壤养分分级标准的 5 级水平，全氮含量低。由于有机质、全氮含量偏低，土壤理化状态较差，结构差的黏土耕性更差，水气不协调，对作物生长不利。

2. 速效养分含量　全场耕地速效磷平均含量为 13 毫克/千克，较 1985 年提高 5.1 毫克/千克，处于甘肃省土壤养分分级标准的 4 级水平，速效磷含量较低。速效钾平均含量为 126 毫克/千克，较 1985 年降低 119 毫克/千克，处于甘肃省土壤养分分级标准的 4 级水平，速效钾含量较低。碱解氮平均含量为 78 毫克/千克，含量较低。

3. **微量元素养分含量**　全场耕地有效铁平均含量为 8 毫克/千克，处于甘肃省土壤养分分级标准的 4 级水平，有效铁含量较低。有效锰平均含量为 9.98 毫克/千克，处于甘肃省土壤养分分级标准的 3 级水平，有效锰含量中等。有效铜平均含量为 1.43 毫克/千克，处于甘肃省土壤养分分级标准的 3 级水平，有效铜含量中等。有效锌平均含量为 0.75 毫克/千克，处于甘肃省土壤养分分级标准的 4 级水平，有效锌含量较低。2009 年对全场 13 个单位进行土壤养分测定（表 1-18）。

表 1-18　土壤养分统计（2009 年测定）

名　称	项　目	平　均	最大值～最小值
耕　地	pH	7.87	8.2～7.44
	有机质（%）	1.56	3.17～0.3
	全氮（%）	0.07	0.107～0.039
	碱解氮（毫克/千克）	78	123.84～27
	速效磷（毫克/千克）	13	49～3
	速效钾（毫克/千克）	126	558～6
	有效铁（毫克/千克）	8	15.93～3.5
	有效锰（毫克/千克）	9.98	12.69～6.56
	有效铜（毫克/千克）	1.43	2.73～0.65
	有效锌（毫克/千克）	0.75	2.04～0.12

五、地带性土壤

地带性土壤是与气候、生物因素有直接关系并与自然地理地带相一致的土壤，由于地形地势及受地表水、地下水运动与盐分变化的影响，土壤类型相当复杂。农场有两类土类，一类是灰棕荒漠土土类，含耕灌灰棕漠土亚类和林地灰棕漠土亚类。耕灌灰棕漠土亚类、厚层土属、壤质厚层耕灌灰棕漠土土种，分布于张掖农场耕地中；灰棕荒漠土土类、林地灰棕漠土亚类、灌滩土属、灌滩林地灰棕漠土土种，分布在张掖农场林地中；另一类是盐土土类、草甸盐土亚类、草甸盐土土属的盐土，分布在张掖农场西部的旱地（表 1-19）。

表 1-19　1985 年各队土壤养分测定

土壤养分	农场标准		国家标准		耕地面积											合　计	占耕地面积（%）
	级	量	级	量	1队	2队	3队	4队	5队	6队	7队	8队	9队	陀荒堡	场直单位		
有机质（%）	1	2—3	3	2—3	—											—	—
	2	1—2	4	1—2	—	—	—	336.5	226.1	1080.3	624.3	330.5	—	—	—	2597.7	8.8
	3	0.8—1.0	5	0.6—1.0	—	526.3	375.8	901.6	463.4	697.1	1373.8	1098.8				5436.8	18.3
	4	<0.6—0.8	5		—	—	—	969.9	2163.8	1410.1	726.97	—	156.5	1267.4	1579.2	8273.87	27.9
	5	<0.6	6	<0.6	3362.2	2291.7	2528.3	1171.1	614.6	468.7		698	344.1	1857.7		13336.4	45.0

（续）

土壤养分	农场标准		国家标准		耕地面积											合计	占耕地面积（%）
	级	量	级	量	1队	2队	3队	4队	5队	6队	7队	8队	9队	陀荒堡	场直单位		
全氮（%）	1	0.1—0.15	3	0.1—0.15	—											—	—
	2	0.075—0.1	4	0.075—0.1	—			—	226.1	331.6						557.7	1.9
	3	0.06—0.75	5	0.05—0.075				772.8	463.4	1445.8	1674.2					4306.2	14.6
	4	0.05—0.06	5		—	526.3		1485.3	1044.7		1053.1	1098.8		188.2		5396.4	18.2
	5	<0.05	6	<0.05	3362.2	2291.7	2904.6	1171.1	1731.4	1879.1	—	330.5	854.5	1423.3	3436.9	19385.3	65.3
速效磷（毫克/千克）	1	>25	2	20—40	—			—	631.7							631.7	2.1
	2	20—25	2	20—40				652.4		658.8			286.9	478.9		2077	7.0
	3	15—20	3	10—20				222.2	278.5	661.9						1162.6	3.9
	4	10—15	3	10—20			151.2		1400.2	808.3	—	130.5				2490.2	8.4
	5	7—10	4	5—10	1058.1	782.9	938.8	604.7	873.6	65.9		627.1		75.9		5027	17.0
	6	5—7	4		375.6	598.3	712.8	809.9	682.6	459.5	1699.4	360.7	143.3	486.5	206.9	6535.9	22.1
	7	3—5	5	3—5	1928.5	1436.8	1101.8	416.1		350	887.9	36.9	410.5	568.1	2057.5	9194.6	31.0
	8	<3	6	<3				673.1	230.7		140	274.1	300.5	194.1	693.8	2506.5	8.5
速效钾（毫克/千克）	1	>250	1	>200	392.7	578.6		625.3	2700.3	2355.6	1349.9	405.5			898.1	9306	31.4
	2	200—250	1		730	—		1422.9	543.8	684.1	1377.4	659.5	285.5	143.8	751.6	6598.6	22.3
	3	180—200	2	150—200	1270.3	751.9			221.5	281.6		211.3		989	587.4	4313	14.5
	4	150—180	2		583.8	602.51	1599.1	552.9	—	335.2		—	394.9		86.7	4155.11	140
	5	130—150	3	100—150	385.2	507.6	1207.2	478.8				174.1	399.6	420.3		3572.8	12.1
	6	100—130	3		—	377.4	98.3						79.1	458		1012.8	3.4
	7	80—100	4	50—100				299.2								299.2	10
	8	50—80	4		—	—		—				153		234.8		387.8	1.3

第二节　水　资　源

一、地表水

灌溉水主要利用地表水。老寺庙片区引黑河大满干渠渠水灌溉，山羊堡地区引山丹河祁家店水库渠水灌溉，头墩地区引红水河双树寺水库渠水灌溉。

1. **黑河**　是河西走廊最大的内陆河，发源于祁连山，自莺落峡出山流入张掖市，经临泽、高台流入内蒙古居延海，干流全长928千米，多年平均径流量18.3亿立方米。径流量分配，一般为冬春枯水季节（10月—次年3月），黑河径流量占年径流总量的19.73%，降水以固态形式蓄存，占年降水量的5%～10%；春末夏初（4—6月），随气温升高，地表径流量上升，占全年总流量的24.56%；雨季（7—9月）降水量增加，冰川融水量大，地表径流达 55.71％。黑河在张掖市境内流域面积 3663.8 平方千米，干流长 52 千米，年引灌溉用水 7 亿立方米，灌溉面积 373 万公顷。大满灌区是黑河中游最大自流灌区之一，灌区总面积 439 平方千米，大满干渠长 59.7 千米，农场处大满干渠末端，进入农场干渠流量丰水年最大可达 4.5 立方米/秒，枯水年只有 1.5 立方米/秒，平常年份用水量约 2040 万立方米，基本可以满足农林草业生产需求。

2. **山丹河** 是黑河水系中较大的支流，全长 160 千米，发源于祁连山冷龙岭中段北坡。上段叫马营河，在李桥水库霍城河汇入，山丹县城以下叫山丹河，年平均流量 59.2 米/秒。在县城西 6 千米处的祁家店建立水库后，拦蓄山丹河水，进行调节灌溉。祁家店水库，设计库容 200 万立方米，灌区总灌溉面积 2200 公顷。农场八队（山羊堡），属祁家店水库灌区，灌溉耕地 66.67 余公顷。由于水库水源逐年减少，灌溉无保障，1978 年以后开始打井，实行河井双灌。近年来，祁家店水库逐渐干涸，供水减少，大量耕地因旱弃耕，自 1992 年全部改用井灌。

3. **洪水河** 洪水河发源于祁连山九龙孔岭北坡，流经民乐县西郊、三堡、六坝及张掖，全长 300 千米。益民干渠处于洪水河流向五坝上段处，1971—1975 年，在益民干渠上游建双树寺水库拦蓄洪水河水，水库容量 2500 万立方米，同时衬砌加固益民干渠。民乐分场（头墩），在益民干渠下游，有十八、二十两条支渠引水入场，灌地 333.33 公顷。益民干渠流量最大 15 立方米/秒，正常流量 8 立方米/秒。2019 年民乐分场自建高水位蓄水池 1 座，采用地表水推广滴灌技术，库存容量 12 万立方米，2020 年再建高水位蓄水池 1 座，库容量 3 万立方米，通过节水灌溉措施推广应用，确保农业生产用水安全。

二、地下水

老寺庙片区地处祁连山、合黎山之间的走廊——张掖盆地，利用祁连山、合黎山谷沟潜流及河道、渠系、田间、雨、洪渗漏等补给，地下水源较为丰富。老寺庙地下水储量为 1.045 亿立方米/年，潜水含水层沙砾卵石，埋深 10～120 米，单井出水量 2000～2800 立方米/日，矿化度 0.5～0.9 克/升。地下水流向由东南向西北，潜水埋深由东向西南渐浅。山羊堡和老寺庙滩部分地区的水围埋深为 10～25 米，红沙窝为 5～10 米。

三、水资源评价

老寺庙地区河水年平均来水量约 2040 万立方米，若利用率提高到 90％，每年可进入田间灌水量为 1836 万立方米，灌地 4 万亩，每亩则可得净水量 459 立方米。现有机井 92 眼，平均每眼出水量为 90 立方米/小时，取水总数量为 1000.92 万立方米，当利用系数提高到 95％时，每年可进入田间的井水净水量是 950.87 万立方米。河水、井水总量为 3040.92 万立方米，每亩可得净水量 676 立方米。由此看来，只要提高利用率，在正常年份水资源是比较丰富的。2021 年，节水灌溉面积 1953.33 公顷，占耕地面积 71.1％，随着节水措施应用面积逐步扩大，种植业发展前景广阔。

第三节　生物资源

一、植物

农场生物资源丰富，主要天然植被是落叶旱生和盐生植物群落及零星的荒漠植物群落。

1. **野生植物**　有芦苇、冰草、白刺、芨芨草等 70 多种。其中有野生经济植物发菜、沙葱等 5 种，野生药用植物锁阳、麻黄、甘草、五灵脂、车前草、芦根、艾草等 17 种，防风固沙植物碱蓬、骆驼蓬等。

2. **栽培植物**　粮食作物有春小麦、冬小麦、糯玉米、大田玉米、马铃薯、青稞、谷子、高粱等 10 种，豆类作物有黄豆、蚕豆、扁豆、红豆、绿豆等 7 种，油料作物有文冠果（木本）、向日葵、油菜、胡麻、红豆籽等 8 种，瓜菜有西瓜、甜瓜、黄瓜、白菜、芹菜、韭菜、辣椒、茄子等 21 种，经济作物有金盏菊、甜菜、孜然、葵花、啤酒花、籽瓜、百合等 8 种，绿肥作物有紫花苜蓿、山厘子、碱茅草等 6 种，药材作物有百号、甘草、黄芪、板蓝根、红花等 5 种。

3. **花卉植物**　花卉有金盏菊、牡丹、大丽花、芍药、月季、玫瑰、九月菊、夹竹桃、迎春、丁香等 30 多种，树种有杨、榆、槐、柳、沙枣、松柏、白蜡等 20 多种，果树有苹果、梨、桃、杏、葡萄等 10 多种。

二、动物

1. **野生动物**　有狼、狐狸、黄羊、青羊、野兔等 20 多种；鸟禽类有麻雀、喜鹊、乌鸦、山鹰、金翅雀等 14 种。

2. **家畜家禽**　有马、牛、羊、驴、骡、鸡、鸭、鹅、猪、兔子、狗等 10 余种。

第四节　能　　源

一、电力

2021年张掖市有火力发电厂3所，水电站74所，风力发电厂2所，光伏发电场3所，生物质发电厂4所，年总发电量617622万千瓦时，实行联网供电。1976年刘家峡水电站电力输送到张掖，与张掖电网联网供电。全市城乡电力输送由国家电网张掖供电公司安排。碱滩变电所（老寺庙所）是张掖市供电所下属单位，碱滩变电所主变压器容量为4980千伏安，有35千伏进线一回、10千伏出线四回，承担碱滩镇、三闸镇两个镇、张掖农场、九龙江林场和石岗墩滩的生产、照明用电，年供电659万千瓦时。1994年，农场生产、照明用电161万千瓦时（其中生产用电占83%），占碱滩变电所供电量的24.4%。2002年改造10千伏安线路40.125千米，0.4千伏安线路50.2千米，对高压线路进行了重新布设。2003年农场电管所积极完成了电网改造的收尾工程、户表工程，全年共安装户表1030户，至此已全部完成了电网工程的改造工作。2006年，根据省农垦集团公司关于深化农垦企业改革实施方案，农场电管所移交给甘州区供电公司管理。2008年架设输变电线路15.87千米，配套配电设施（指变压器）22套。2018年，国家电网张掖750千伏变电站工程在农场北山坡开始建设，2019年竣工，总建筑面积1595平方米，是目前国内规模较大的750千伏变电站。2021年，农场装备电力变压器117台，容量11098千伏安，生产、照明用电1223万千瓦时。

二、光能

张掖老寺庙片区日照时间长，太阳辐射能高。太阳总辐射量为103 246.6千瓦/平方米·年，是全国仅次于青藏高原和塔里木盆地的另一个高值区。在4—9月作物生长季节太阳总辐射量为63988.3千瓦/平方米·年，占年总辐射量的62%。在夏粮形成产量的重要时段和秋季作物生长旺盛时期（5—8月），是太阳辐射量最多的时期。太阳辐射能的99%集中在波长0.3～4.0微米的光谱区内，而波长在0.38～0.71微米的可见光部分称为生理辐射，直接促进作物生长发育，进行光合作用形成产量，这部分光能占辐射总量的47%～50%（表1-20）。

表 1-20　各月太阳总辐射量分布统计

月份	1	2	3	4	5	6	7	8	9	10	11	12	全年
太阳总辐射（千瓦/平方米·年）	5387.0	6412.8	8855.1	10320.5	11590.5	12009.1	11346.2	10404.2	8317.8	7543.2	5875.8	5184.7	103246.9
占全年（%）	5.2	6.2	8.6	10.0	11.2	11.6	11.0	10.1	8.1	7.3	5.7	5.0	100

三、沼气

沼气是多种气体的混合物，一般含甲烷 50%～70%，其余为二氧化碳和少量的氮、氢和硫化氢等。其特性与天然气相似。沼气可直接燃烧用于炊事、烘干农副产品、供暖、照明，经沼气装置发酵后排出的料液和沉渣，含有较丰富的营养物质，可用作肥料。2008年，根据省农村能源办公室《关于 2008 年新增农村沼气项目实施方案的批复》，农场组织实施农村户用沼气项目，项目于 2009 年全面完成，建成职工户用沼气 350 户，农村沼气项目乡村服务网点 1 处。沼气的利用有力地改善了畜禽养殖带来的环境污染；使用沼气灶做饭方便实惠，降低了家庭劳动强度和费用支出，提高了生活质量。2009 年，开展大型沼气项目建设，地点位于农场养殖场南侧，占地面积 5 亩，采用旋动式沼气发酵装置及其工艺技术。2010 年，建成 1000 立方米厌氧塔一座，300 立方米贮气柜一个，230 立方米沼液池一个，安装了 120 千瓦沼气发电机组及相关设施，预计年处理养殖场粪尿 2.2 万吨、年产沼气 36.5 万立方米、年产沼肥 1.7 万吨。由于后期种种原因，农场建设的户用沼气和大型沼气均已停止使用。

四、原煤

农场临近的山丹县多煤矿，是张掖市煤炭主产区，是农场冬季取暖、生活用煤的主要来源。国营山丹煤矿年产无硫原煤 45 万吨，符合工业用优质动力煤标准，工业生产用煤资源丰富。

第四章　自然灾害

危害农作物的自然灾害主要有干旱、洪涝、大风和沙尘暴、低温冻害、干热风、冰雹、农作物病虫害。几乎每年都有不同程度的发生，对农作物生产造成很大损失。

第一节　干　　旱

干旱发生频率高、持续时间长，影响范围广、影响大，严重影响作物的生长、产量及品质，造成减产或绝收。干旱还引起水库蓄水不足，干渠水流量减少，影响作物灌溉，尤其春末夏初干旱，对麦类生长和产量影响更大。随着节水措施和农业新科技的应用，干旱危害和经济损失有所减轻。

1960年，特大干旱。

1961年，大风、干旱。

1962年，大风、干旱、春寒、粮食严重减产，小麦亩产5.5～27.2千克。

1965年，干热风特大干旱、林墩地区受灾365.26公顷，成灾347.86公顷，减产粮食28.3万千克。老寺庙地区亩产仅有29.3千克，减产粮食27.76万千克。

1966年，干旱、干热风、大风，受灾小麦320.26公顷，冬麦亩产仅有33.5千克。干旱造成蚜虫泛滥，作物黄曲霉毒素大面积发生，糜子绝收。1967年，倒春寒使193.33公顷小麦死亡。

1968年，干旱，有469.6公顷小麦绝收。

1969年4月下旬—5月上旬，因干旱，粮食作物推迟到6月初才完成，春小麦头水推迟15～20天，有20公顷麦田没灌水，粮食严重减产。

1970年，渠水流量减少1/3，夏粮1186.66公顷只有333.33公顷灌水1～2次，333.33公顷秋粮地，只有66.66公顷灌水一次，小麦千粒重下降10%，造成粮食严重减产。

1971年春季，干渠流量仅有0.1～0.2米/秒，受灾592.4公顷。头墩地区作物配水面积占总播面积的14.6%，全场粮食减产90万千克。干旱使粮食严重减产。

1972年，干旱、干热风使粮食严重减产。

1973 年，干渠断水 1 个月，作物因浇不上水受旱减产。干旱使头墩地区 261.53 公顷颗粒无收。

1978 年，因干旱，小麦少灌水，灌水时间推迟 1 个月，使粮食大面积减产。

1984 年，干旱农作物受灾 80 公顷，作物补种 28.67 公顷，改种 14.47 公顷，歉收 64.47 公顷，绝收 25.4 公顷。

1985 年，干旱使小麦头水推迟 20 天，40 公顷新造林带未浇灌全部死亡，26.67 公顷杨树栽后 20 天才灌头水，成活率 40%，7 队小麦平均亩减产 27 千克，8 队籽瓜单产仅有 10～45 千克，民乐分场受旱严重减产。

1991 年，干旱，小麦受干旱 368.53 公顷，成灾 338.6 公顷，果树受灾 41.73 公顷。

1993 年 5 月，干旱，小麦受旱减产。

1994 年，干旱粮食减产 22%，果品减产 70%。

1995 年，干旱造成病虫害严重发生，粮食作物 73.33 公顷、经济作物 293.8 公顷减产，共减产粮食 5.5 万千克，油料 2.6 万千克。干渠流量仅有过去的 30%，且经常断流，安种水不能及时灌溉，使播种推后或改种。民乐分场苗期受旱，产量下降 16%。

2000 年，干旱致夏粮减产 45.6 千克/亩，啤酒花减产 86 吨，玉米、瓜菜不能正常出苗，直接经济损失 64.7 万元。

2006 年，民乐分场种植的特药旱死或灌水后高温蒸苗致死，损失 80 余万元。

2011 年 7 月，高温使玉米减产，损失 310 万元以上。

第二节 洪 涝

大暴雨造成龙首山山洪暴发，由于暴雨急而大，排水不畅易引起积水成涝，土壤孔隙被水充满，造成陆生植物根系缺氧，使根系生理活动由有氧呼吸转变为无氧呼吸，在消耗植物营养物质的同时产生有毒物质，导致作物受害减产。由暴雨引起的洪涝对作物产生危害，淹没时间越长，危害越严重。

1967 年 5 月，发生洪涝，大批农田被淹，改种农作物 151.87 公顷，重种 78 公顷，小麦大面积减产。

1972 年 8 月 3—4 日，特大山洪冲毁干渠、冲毁各类水工建筑物和桥梁 6 座、农田 56 公顷，房屋 81 间，大片麦田被淹，场上麦垛被冲走，有 11 个农业单位受灾，造成重大经济损失。

1974 年，洪涝，农场一连 133.33 公顷小麦被淹，粮食亩产减至 47.5 千克。

1975 年，农场东西防洪渠决口 25 处，洪水直冲甘新公路，影响铁路安全。洪水造成碱滩公社幸福、太平堡、野水地三个大队和三闸公社红沙窝大队等人畜农田严重受灾。

1979 年，7 月连阴雨，山洪暴发，9 队门前被山洪冲成深沟，实验站畜圈被淹。

1982 年 8 月 28 日—9 月 2 日，山洪冲毁农场干渠 5 处 2 千米，林带 3 千米，主干公路 0.9 千米，多所房屋畜棚倒塌，因灾损失 17.88 万元。

1987 年 6 月中旬，连阴雨和暴雨造成龙首山老寺庙区域山洪暴发，冲坏红沙窝地区部分防洪大坝、渠道、桥梁、涵洞、公路、林带和农田，淹没农田 46.33 公顷，造成直接经济损失 20 万元。

1989 年 6 月，因自然灾害直接、间接致使粮食减产 105 万千克，折合人民币 77.7 万元，酒花 7 万千克，折合人民币 56.6 万元，防洪水利等损失 43 万元。

1991 年，洪灾使红沙窝地区水利设施、林带、道路、农田遭受损失（损失未做统计）。

1992 年 6 月 1 日和 7 月 15 日，两次洪涝造成 90.42 公顷作物被淹，其中 12.93 公顷籽瓜绝收，其他减产 40%，部分公路、渠道、水利建筑物被冲毁，连阴雨、低温造成葵花锈病大面积蔓延，葵花减产 75%。

1993 年 7 月 19 日，发生暴雨、洪涝，籽瓜、酒花受高温高湿天气影响，病害蔓延，大幅度减产。特大暴雨引起的山洪暴发、河流泛滥，不仅危害农作物、果树、林业和渔业，而且还冲毁农舍和工农业设施，甚至造成人畜伤亡，经济损失严重。

1999 年 7 月，山洪使东防洪渠决口 8 处，冲垮渠堤 0.0618 千米，冲毁涵洞 4 座，19.03 公顷农田绝收，造成直接经济损失 44.7 万元、间接经济损失 14.1 万元。

2001 年 9 月，防洪坝决口，冲毁围墙、田埂，造成直接经济损失 8243 元。

2009 年 8 月 18 日，山洪淹没农田 109.63 公顷，毁坏道路 2.34 千米，作物受灾 36.1 公顷，渠道受损严重，共造成经济损失 648.41 万元。9 月突发山洪，106.67 公顷标准农田被冲毁，466.67 公顷已成熟农作物不同程度减产，造成经济损失 650 万元。

2011 年 8 月，连阴雨使 323.47 公顷番茄减产，损失在 570 万元以上。

2012 年 5 月 4 日，北山坡暴雨产生洪流，7.33 公顷农田被淹，造成直接经济损失 12.1 万元。

2015 年 5 月 27 日，中雨，发洪水。党家台蓄洪池、九分场蓄洪池进水。

2017 年 6 月，暴雨，408 公顷农作物不同程度受灾，其中绝收农作物 182.35 公顷，造成直接经济损失 331.88 万元。

第三节 大风、沙尘暴

张掖是一个风沙频发的地方，通常瞬间风速可达17米/秒以上，相当于8级以上的风，而且四季都可能出现。春季大风常造成吹断幼苗，吹走种子和粪肥，并伴有沙尘危害。夏秋季大风使作物倒伏、植株折断、籽粒或果实脱落、落花落果。大风还使土壤蒸发加剧、墒情锐减。

1977年4月22日，特大沙尘暴瞬时风速10级以上（能见度为0）。张掖地区六县因风灾死亡54人，伤9人，失踪25人，丢失羊1547只、大牲畜164头，大面积冬小麦被风沙压埋。

1983年5月18日，受风速31米/秒的特大沙尘暴（能见度为0米）袭击，秋粮、瓜菜、果品大部分被风沙打死，进行重播改种。

1986年5—6月，7级大风5天，瓜果、酒花、小麦、葵花受损失10％～20％。7月10日8级大风持续13小时，并发生瞬间风力为10级的特大沙尘暴，特大沙尘暴风头像一排冲击天空的昏暗黑沙壁滚滚而来，这是河西走廊独有的罕见天气现象。强沙尘暴发生期间，能见度极低，造成畜群吹散丢失、交通受阻，严重的时候大树被连根拔起、房屋倒塌，大风折断电杆引起失火、人畜伤亡，经济损失巨大。果园落果30％～75％，减产5万千克，40公顷啤酒花被刮断，减产4万千克，小麦落粒20％，损失20万千克，大麦断穗损失7％，瓜蔓被刮断，玉米、葵花大面积倒伏。

1998年，沙尘暴导致果树无法授粉，同时致65.6公顷制种玉米和5公顷籽瓜受灾，经济损失27万元。

1999年4月10日—4月11日，大风、沙尘暴成灾，最大风速21.3米/秒，平均风速14米/秒，最小能见度700米。

2000年，7级大风使啤酒花总产减少5万千克，直接经济损失45万元；持续高温使玉米、啤酒花授粉不良，造成虫灾频繁，直接经济损失49.5万元。

2004年7月，8级大风，使果园损失43.64万元。

2010年4月24日，9级大风，造成直接经济损失250余万元，间接损失350多万元，其中35座日光温室直接经济损失16.45万元、426座育苗棚直接损失40.4万元。小拱棚西瓜受灾面积100公顷，直接经济损失25万元；1200公顷玉米受灾，直接经济损失99.36万元；特种药材直接经济损失72万元。

2013年7月30日，雷阵雨、大风席卷甘州区老寺庙，瞬时风力超过8级，农作物受灾面积 293.8 公顷，其中果园受灾面积 253.8 公顷，果品损失 117.5 万千克，直接经济损失 352.5 万元；玉米损失 70 万元；刮倒树木 727 棵，损失 8.7 万元；掀掉彩钢屋顶，损失 6 万元；共造成损失 443.5 万元。

2014 年 4 月 23—24 日，6～7 级大风，阵风 8 级以上，使农场果园、西瓜、红豆等作物受灾严重，番茄育苗大棚被风掀掉，经济损失严重（经济价值未做统计，数据不详）。

2015 年 9 月 30 日，果园遭短时 7 级阵风危害，损失严重。

第四节　低温冻害

低温冻害包括春寒、春季晚霜冻、秋季霜冻等。

春寒是指春季气温低于 0℃ 以下的天气，常使冬小麦返青后死亡率增加，农作物不能按时播种，播在地里的种子受冻霉烂，幼苗冻死冻伤造成断垄缺苗、生长不良。

春季晚霜冻主要危害农作物幼苗，使果树花芽、花蕾冻伤，不能形成幼果造成脱落。受危害的有粮食、蔬菜、瓜果等作物。晚霜冻出现越晚，危害越大。

秋季霜冻主要危害玉米、高粱、秋菜及荞麦、糜子等作物，使之不能成熟或腐烂。

1967 年，春寒致使 193.33 公顷小麦死亡。

1969 年 3 月下旬—4 月上旬，连降晚霜，200 公顷盐碱地受灾，造成小麦死亡。

1974 年，春寒冻死小麦 353.33 公顷。

1979 年 5 月中旬，强霜冻使农业损失严重。

1981 年 5 月初，一日强降温 9.5℃，地面温度降到 -11.9℃，有 466.67 公顷小麦、55.4 公顷玉米受冻，6.67 公顷高粱改种，果品无收。

1982 年 4 月中旬—5 月中旬，3 次降雪降温，播种的玉米、高粱种子霉烂，玉米减产 30%，高粱减产 16%。

1984 年，冬小麦返青后遭历时较长的强降温春霜冻危害，麦苗大量死亡，减产 15 万千克以上。

1985 年，春寒使 20% 小麦播期推后。

1991 年，果树霜冻受灾 41.73 公顷。

1993 年 5 月，低温霜冻，大量籽瓜苗被冻死。

1994 年 5 月 11 日，出现晚霜，玉米、黄豆、瓜果等作物受灾，减产 10%～15%。

1995 年持续低温，果树花序坐果率下降到 11.4%，水果减产 60%。

1996 年，低温冻害，85% 的苹果梨绝收，减产 368.5 万千克，直接经济损失 507.19

万元；156.2公顷籽瓜子叶、182.47公顷玉米幼叶、154.67公顷葵花子叶受冻干枯，损失50余万元。

1997年，雨雪低温冻害，大风雨雪天气迅速降温导致花朵受冻、幼果枯萎脱落，受灾面积557.73公顷，其中27.73公顷苹果、28公顷甜菜受冻，直接经济损失403.97万元。

2000年，低温冻害使果园减产131万千克，大麦减产32.5万千克，直接经济损失150.85万元。

2001年4月7日，低温冻害、大风沙尘伴随着强降温，全场苹果、苹果梨、早酥梨等花芽受冻率为100%，造成直接经济损失540万元。

2004年5月，冻害，造成果园和金盏菊经济损失87.2万元。9月遭受低温冻害，133.33公顷金盏菊，后期花全部冻死，减产近60万千克，20公顷套种油葵减产50%，两项经济损失40.8万元。

2008年，日元治沙工程遭受冰雪灾害影响，总损失288.99万元，其中啤酒花损失273.77万元，杂果损失15.22万元。2月严重冻害，26个日光温室蔬菜全部冻死，损失达23.4万元；冻死牛82头、羊873只、种牛53头、种羊312只，经济损失122.36万元。4月低温冻害，果园成灾面积253.8公顷，果品产量损失1142.1万千克，造成经济损失1250万元。

2010年5月17日，特大暴雪侵袭民乐地区，致280.87公顷番茄和82.34公顷早酥梨受灾严重，经济损失484.3万元。7月23日，遭遇连续5～6级大风，早酥梨亩损失440千克，总损失48.4万千克，直接经济损失达77.5万元。

2014年4月，强冷空气入侵，气温骤降，使农场果园、西瓜、红豆等作物受灾严重，经济损失1400万元。

2018年4月4—7日，受强冷空气影响，3003.16亩果园受灾，直接损失1922万元。

2019年4月9日，低温冻害，连续四天的低温天气将大部分未分蕾的梨花冻死，造成林果站减产60%，经济损失高达1300多万元。

2020年4月，低温天气，低温冻害使农作物受灾面积达到190公顷，直接经济损失600万元；5月，持续强冷空气，受灾面积63.9公顷，预计损失338.7万元，其中民乐分场受灾48.50公顷，损失320万元，老寺庙片区红豆受灾15.4公顷，损失18.7万元。

第五节　干　热　风

干热风是一种高温、干旱的灾害性天气，在干（旱）与热（高温）的综合作用下，引起作物叶片蒸腾量急剧增加，导致作物生理干旱。对小麦在开花、授粉、灌浆、乳熟期易受干热风危害，造成籽粒青秕，千粒重下降。

农场干热风最早在5月上旬出现，最迟在8月下旬，但6月中旬到7月中旬出现对麦类作物危害最大，一般减产10％～30％。

1972年，干热风使粮食严重减产10％～20％。

1973年7月，干热风使小麦千粒重下降10％，粮食因灾减收1/3。

1986年，干热风使小麦青秕，千粒重下降15％。综合灾情使农业减少收入50万元。

第六节　冰　　雹

农场冰雹一般发生在初夏时期，大粒冰雹造成大面积作物减产，严重绝收。冰雹不经常发生。

1991年5月，雹灾造成全场426.67公顷作物受灾。

第七节　农作物病虫害

农场作物虫害主要包括玉米螟、红蜘蛛、蚜虫、蓟马、双斑萤叶甲等；果园的虫害主要有梨小食心虫、梨木虱、苹果蠹蛾等；林带虫害主要有光肩星天牛。农作物主要病害：玉米有丝黑穗病、瘤黑粉、锈病等；向日葵有菌核病、锈病；红豆褐斑病；孜然根腐病。农场在全面开展综合防治的基础上，主要采取药剂防治，目前防治技术成熟，防控措施多样，病虫害可控。

2000年9月，棉铃虫爆发成灾，啤酒花是受灾最严重的作物之一，经抽样测产，比正常年份每亩减产68.8千克，全场83.3公顷啤酒花共减产86000千克。

2016年6—7月，由于受高温及连阴雨天气导致病虫害发生频率。葵花的病虫害有锈病、菌核病、红蜘蛛等；玉米有锈病、红蜘蛛、蚜虫、玉米螟等；番茄有早、晚疫病等；果园病虫害主要有食心虫、梨木虱、腐烂病等。

2017年6—7月，在极端天气影响下，向日葵螟、红蜘蛛等病虫害严重，食葵亩减产30千克，造成直接经济损失129万元；病虫害影响果品质量，造成损失达41万元。

2011—2019年，农场至红沙窝两边路林发生大面积的天牛，树木死亡，后逐年进行更新重种。

第二编

建制沿革

中国农垦农场志丛

第一章 历史沿革

第一节 筹建农场（1954—1955 年）

1954 年，西北行政委员会农林局在《关于西北国营机械农场的工作总结》中提出："西北荒地很多，根据中央建场方针应积极创造条件，争取在五年内发展八场以上（增加黄羊河、张掖、宁夏金积三场）。"当年 8 月，甘肃省农林厅组建国营张掖机械农场建场勘测设计队，由李秉谦任队长，率领农、林、牧、园艺、土建等专业技术人员来张掖对荒地、水源、气候、交通、农牧业生产和社会风俗等进行详查。同年 11 月，完成毛吴家滩和老寺庙滩勘查工作，提交了勘察报告，选定在老寺庙滩建场。

1955 年 1 月，勘测设计队完成《国营张掖机械农场老寺庙作业站初步设计书》。经甘肃省人民委员会批准，2 月在张掖老寺庙成立国营张掖机械农场筹建处。建场勘测队继续对秏侯堡滩、碱滩堡滩、太平堡滩进行详查，于 6 月完成《国营张掖机械农场设计任务书》，农场隶属于甘肃省农林厅国营农场管理局，农场土地由老寺庙滩、太平堡滩、秏侯堡滩、碱滩堡滩、毛吴家滩 5 处互不相连的荒滩地组成，土地面积 9180.6 公顷，可耕地4437.4 公顷。以生产粮食为主，首任场长徐良谋。建场当年有干部技术人员 20 多人，主要是省派和建场勘测队人员，也有张掖马拉机农场派调人员，有工人 30 多人，主要是经张掖县民政局批准由当地政府介绍来的农业社社员。主要机械设备由上级主管部门调配，有旧式大中型拖拉机 2 台，小型拖拉机 1 台，载重 3.5 吨柴油汽车 1 辆，农场购置 8 头役畜和一些马拉农具，为完成开荒、平地、挖渠、农业生产任务，大量雇用民工参与建设。

建场后贯彻中央"边开荒、边生产、边建设、边积累、边扩大"的方针，本着少花钱、多办事的精神，在毫无基础的荒滩上开始农业生产建设，勘测、水利工程建设、开荒、生产等工作齐头并进，条件艰苦，任务繁重。筹建处下设基建办公室，负责执行基建、开荒任务，灌溉工程由甘肃省水利局、张掖县人民委员会、张掖机械农场筹建处共同组成灌溉工程处，承担水利工程设计、施工任务。工程费 42 万元由甘肃省水利局列入国家预算。当年完成老寺庙干渠 1 条，长 34.4 千米（场外 25.23 千米，场内 9.17 千米），支渠 6 条，斗渠 24 条，总长 31.49 千米。农田基建完成开荒 186.33 公顷，平地 659.2 公顷。场区土地规划仿照苏联国营农场技术标准，配置了条田、林带、道路、渠系。

荒滩风沙大，野狼成群，环境恶劣。职工白天劳动，夜间荷枪值班。睡破庙，住帐篷，风餐露宿，以顽强的精神、惊人的毅力，艰苦创业。建场当年利用土改后收归国有的部分熟荒地播种粮食 139.47 公顷，总产粮食 17 万千克，经营盈利 0.66 万元，实现当年建场、当年生产、当年盈利，荒滩具有美好的开发前景。

第二节　初建时期（1956—1963 年）

1956 年，张掖专署水利局、张掖机械农场、张掖县人民委员会共同组成太平堡渠道工程委员会，国家投资 11.24 万元，相继完成太平堡干渠段 15 千米、支渠 5 条共 9.75 千米的水利施工建设任务。当年，宁夏农一师转业军人 205 人和分配来的机校毕业生 12 人加入，充实农场职工队伍。农场购置进口大中型拖拉机 4 台、推土机 1 台，收割机 2 台，成立机耕队，利用机器开荒、耕地、整地、播种、镇压、脱粒，机械化水平有了提高，当年用机械试收割小麦 13.33 公顷。1957 年，农场采取精简机构、下放干部、调低工资标准等措施。1958 年 3 月，甘肃省人民委员会决定：将国营农场管理体制下放到所在地、县管理，农垦业务仍由甘肃省农林厅农垦局领导。张掖机械农场改由张掖县管理，6 月，改称国营老寺庙农场，9 月 23 日，在全国公社化运动中，与临近的碱滩、二十里铺公社合并，改称张掖县二十里铺公社前进农场大队。年底场社分离，农场恢复原名。1958 年 4 月大面积种植甜菜，扩大向日葵种植面积。5 月，成都军区退伍军人 374 人来农场参加生产建设。农场用土法，先后办起面粉加工、制糖、酿酒、制醋、红砖、石灰、采煤并开办石膏矿以及开采金刚砂等，发展多种工业、副业。甜菜丰收，利用面粉、制糖、酿酒、制醋加工业的下脚料，推动了养猪业的发展，生猪饲养量增加 12 倍，达到 1005 头。1959 年，出栏肥猪 210 头，猪肉产量 18200 千克，其中有 10000 千克调拨出口；葵花籽也获得丰收，出口 6 万千克。农业生产欣欣向荣，经营效益提高，实现扭亏为盈。

1960 年，扩大土地种植面积 760 公顷，计划饲养生猪 1 万头。为补充劳力不足，于 3—6 月先后接收安置河南支边知识青年和上海移民 1887 人，全场职工增加到 2569 人。1960—1961 年，粮食大幅度减产，职工口粮供应标准下降到每人 10 千克/月。1962 年，农场贯彻中央"调整、巩固、充实、提高"的方针和《国营农场工作条例》，召开职工代表大会，整顿职工队伍，努力改善职工生活，但由于干旱等自然灾害的影响，粮食产量依然很低。1963 年，仅有职工 221 人。已建立起来的工业、副业仅保留面粉加工和制醋，其余全部停产，农场机构和生产规模一再缩小。生产不振，连年亏损，农场处于极度困难的局面。1962 年 10 月，甘肃省农垦局河西分局成立，农场改变隶属关系，归甘肃省农垦局河西分局管理。当年，农场贯彻"大办农业，大办粮食"的方针，努力增产粮食。粮食总产 21.4 万千克，粮食自给有余，并完成上交 4 万千克粮食的任务，经营亏损下降 32.1%，终于战胜困难、走出低谷。

第三节　军垦时期（1964—1974 年）

按照中共中央"甘肃省河西走廊以军垦形式进行开发"的指示，1963 年 11 月，中共甘肃省委和甘肃省人民委员会发出《关于成立生产建设兵团农业建设第十一师的通知》，12 月，甘肃省农垦局正式将河西地区 24 个国营农牧场及武威拖拉机修配厂筹建处和河西农垦分局等单位移交农建十一师管理。1964 年，农建十一师党委决定将老寺庙、山羊堡、林荫、头墩四个国营农场合并为团级建制，场部设在老寺庙，定名为老寺庙农场，任命梁仲奎为代理政治委员。1965 年，农建十一师将老寺庙农场改编为中国人民解放军生产建设兵团农业建设第十一师第四团，任命梁仲奎为政治委员，赵陵、杨掌元为副团长，赵陵行使团长职责。

山羊堡、头墩、林荫三个农场都是在 1958 年期间新建的国营农场，合并前各场基本情况如下。

1. **山羊堡农场**　山羊堡农场位于山丹县境内，其前身是 1957 年中共甘肃省委建立的"下放干部农场"。初建时在山羊堡滩开垦土地 26.67 公顷，安置下放干部 59 人。1958 年 3 月 18 日，中共张掖地委决定改为国营张掖农场，书记黄治屏，场长杜元穷。建场当年先后与西屯、刘家庄、张家庄等 7 个生产队实行场社合并，后在山羊堡滩及西屯滩开荒造田。山羊堡滩因灌溉水源不足，无法经营，仅在西屯滩扩大耕地 133.33 公顷并修建斗渠，用其中的 86.67 公顷耕地成立了山羊堡经济站。1962 年 7 月，农场整顿后开展退社工作，场社分离，将并入时的社队人口、土地、牲畜、农具全部退归社队，山羊堡经济站成为山羊堡农场的基础。

2. **头墩、林荫农场**　头墩及林荫农场位于民乐县境内。1956 年 3 月，由甘肃省民政厅主办的河南青年垦荒队，分别在民乐头墩滩和林荫寺滩建立集体所有制的共产主义青年农业社。1958 年 6 月 12 日，甘肃省人民委员会批准，将青年农业社集体所有制的农业社改制为全民所有制，头墩农业社改称国营头墩农场，林荫青年农业社改称国营林荫农场。头墩农场土地面积 7343 公顷，场长常锦建；林荫农场有土地 5040 公顷，场长王大明。林荫农场建立后，民乐县三八农场一部分职工并入。1958 年 11 月，实行国营农场人民公社化时，头墩农场与 4 个生产队——林荫农场、钱寨、穆寨、羊胡寨生产队实行场队合并。合并后农场劳力、财产被社队平调，使农场面临拆垮的状况。1961—1962 年，根据甘肃省人民委员会和甘肃省农垦局的指示，开展退队工作，场社分开。社队人口、土地、牲畜、农具等都按并入时的数量全部退归社队。

1959—1961 年，3 个农场均经历与老寺庙农场类似的艰苦困难时期。合并后，3 个农场分别改为头墩分场、林荫分场和山羊堡生产队（表 2-1）。

表 2-1　1964 年四场合并时各农场基本情况

场　名	建场时土地总面积（公顷）	历年开荒面积（公顷）	耕地面积（公顷）	生产队数（个）	总人口（人）	职工人数（人）	拖拉机		收割机（台）	车辆（辆）	大牲畜（头）	其中役畜（头）	羊（头）	自建场至1962年累计投资（万元）
							混合（台）	标准（台）						
合　计	25668	3032	1613	12	869	472	24	44.3	5	4	217	144	2076	319.23
老寺庙	8695	1604	533	6	437	221	8	15.1	2	1	112	49	433	126.06
山羊堡	4667	180	113	3	150	90	3	4.8	0	1	51	48	700	55.67
林　荫	4963	448	166	2	157	84	7	13.2	2	1	30	23	748	69.73
头　墩	7343	800	800	1	125	77	6	11.2	1	1	24	24	195	67.77

1965 年开始扩建，1970 年完成基本建设，1972 年开始正规生产。扩建完成后达到年总产粮食 560.4 万千克，甜菜 363.8 万千克，肉类 31.8 万千克。年生产总值 511.44 万元，盈利 164.15 万元。

大规模农田水利建设开始于 1965 年 5 月，天津、青岛、济南等地支边知识青年 1179 人先后到农场参加建设。农场投入基建劳力 1270 人，农田水利和房屋建设等基本建设全面展开。

1966 年春，第二批支边的天津、济宁、兰州等地的知识青年 1132 人和部队复员转业军人 417 人参加农场生产建设。

1969 年 3 月，成立兰州军区生产建设兵团，农建十一师归其建制。根据中共中央指示精神，兰州军区生产建设兵团是一支不脱产的人民武装部队，其主要任务是屯垦生产，以农为主，巩固和发展社会主义全民所有制经济，加强战备工作，配合部队、民兵，保卫祖国的战略后方和边防安全。在生产建设中，贯彻"以农业为基础，以工业为主导"的发展国民经济的总方针。以农为主，优先发展粮食，实行多种经营，农、林、牧、副、渔全面发展，兼办一些中小型工厂（矿），大力发展社会主义全民所有制经济。11 月 1 日，兰州军区生产建设兵团将农建十一师改编为 2 个师，即兰州军区生产建设兵团农业建设第一师和第二师。1970 年，农四团归农建二师建制，改番号为中国人民解放军兰州军区生产建设兵团农业建设第二师第十一团，兰州军区生产建设兵团任命现役军人担任团长、政委、政治处主任，组成以现役军人为主的领导班子。当年，贯彻中央北方地区农业会议精神，开展"农业学大寨"运动，提出"学大寨，赶新疆，一定要打翻身仗"的口号。1971年，根据兵团指示，加强经济核算，重新建立起团营连三级管理、团连二级核算管理体制。农业生产实行"三定一奖"（定任务、定人员、定费用、超产奖励），"四固定"（土地、劳力、耕畜、农具）管理措施，允许连队从事一些工副业生产。贯彻"党委当家，群众理财，财务统管，计划使用"的原则。连队建立军垦委员会，发动群众管理生产。1973年，重新制定财务、畜牧、机务等规章制度（图 2-1）。

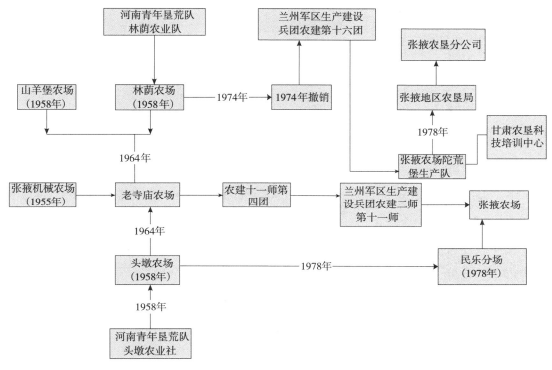

图 2-1　1955—1985 年历史沿革示意

第四节　张掖地区管理时期（1975—1983 年）

1974 年，兰州军区生产建设兵团农建第二师撤销。甘肃军垦结束，恢复农垦体制。1975 年，根据甘肃省委决定，农十一团归张掖地区领导，改称甘肃省张掖地区国营张掖农场，成立农场党委会、革委会，取消团营连编制，改为农场、分场作业站、生产队。1975—1976 年，甘肃省委和张掖地区路线教育工作队先后进驻张掖农场，开展党的基本路线教育，协助整风，帮助整顿场、队领导班子，总结分析农场发展缓慢的原因，在深入开展"农业学大寨"运动中联系实际进行整改。

中共十一届三中全会以后,农场贯彻中共中央"调整、改革、整顿、提高"的方针,落实政策,复查纠正各类冤假错案。实行党委领导下的场长负责制,整顿调整充实基层单位领导班子,以加强生产第一线,加强职工法制教育,整顿职工队伍,加强企业管理,恢复健全劳动、财务、机务、畜牧四项规章制度,加强经济核算,实行定员定编、任务到组、责任到人的岗位责任制,彻底改变"劳动无定员,消耗无定额,成本无核算"的混乱现象。农业在四固定(土地、劳力、工具、资金)、加强定额管理的基础上继续实行"三定一奖"(定任务、定成本、定盈亏指标、超盈节亏受奖)的生产责任制。分配上对承包小组实行超盈利、降亏、亏损,农场、生产队、承包组按 4∶2∶4 比例分成。1982 年,改为 4∶1∶5 分配,组内承包职工实行"奖二罚一"(受奖时按分成的 50%,受罚时按25%)兑现。1983 年,推行经营承包制责任制,在分配上改为"全奖全赔"。实行多种形式的生产经济责任制。对生产队实行"财务包干、节亏留用、超支不补"的办法,对节亏超盈单位实行提成奖励。开展"增产节约、增收节支"和提倡职工多做贡献活动。落实知识分子政策,重视人才的使用和培养。把有能力、懂生产、会经营的科技干部充实选拔到分场、队领导岗位上,以发挥知识分子在生产建设中的作用。

1980 年,甘肃省农垦局、甘肃省财政厅对全省农垦企业推行财务包干,对亏损企业实行亏损包干,一定三年不变,节余留用、超亏不补、期满后不再补亏的财务管理办法。1981 年,成立农工商公司,实现了农工贸结合,产供销一条龙格局。1983 年,实现建场以来第二次扭亏为盈,盈利 4.02 万元。

9 年中,工农业生产由下降到提升,开始由单一农业经济转向多种经营,由自给经济向商品经济发展,由国家长期亏损补贴转向初步盈利。

第五节　甘肃农垦时期 (1984—2005 年)

1984 年,农场隶属关系改变,由张掖地区管理改为甘肃省农垦总公司领导、张掖农垦分公司(1990 年改称张掖农垦公司)管理。1985 年,农场继续执行甘肃省农垦局、甘肃省财政厅规定,实行财务包干、对亏损企业实行亏损包干、一定三年不变、节余留用、超亏不补、期满后不再补亏的办法,执行国家对基本建设资金改拨款为贷款。这两项重大改革措施,结束了农场长期由国家统收统支、盈亏大包,依靠国家拨款、补亏过日子的局面。2002 年,根据甘肃省委、甘肃省政府决定,甘肃省农垦总公司更名为甘肃省农垦集团公司,标志着甘肃农垦由行政管理向企业职能的转化。

1984 年,在甘肃省农垦总公司、张掖农垦分公司领导下,全面完成企业整顿工作，实现领导班子年轻化和专业化，健全了各项管理制度。农场贯彻中共中央"改革、开放、搞活"的方针政策，试办职工家庭农场，总结了一定经验。1985 年，全面兴办职工家庭农场，改革生产经营体制，农场在生产经营中由管理职能向服务职能转化，建立为职工家庭农场服务的物资供应、农机、科技、水电、植保、产品购销等专业服务体系，实行产供销一条龙、农工商综合发展，形成大农场套小农场双层生产经营体制，职工家庭农场具有生产经营自主权，产品按土地面积完成上交后，剩余全部归家庭农场所有。

1986 年，农场推行场长负责制，场长为企业法人代表，是生产经营的中心。企业党委行使思想政治领导权力，发挥党组织的保证监督作用。建立职工代表大会制度，实行职工民主管理和监督，发挥职工当家作主的积极性。1988 年，甘肃省农垦总公司全面实行承包经营责任制，引入竞争机制。在社会主义公有制的基础上，按照所有权和经营权适当分开的原则，实行企业自主经营、自负盈亏，以契约形式确定国家、企业、承包者（农场场长）的责、权、利关系。年初农场场长同甘肃省农垦总公司签订责任书，然后将各项指标进行分解，在基层单位实行层层承包；年终进行考核、决定奖罚。1989 年，全面推行承包人风险抵押金制度，年终按完成指标情况进行结算。承包者为实现计划指标和管理目标想方设法改善生产经营条件，有效促进了生产发展。1998 年，以农业"两费自理"（生产资料费、职工生活费）为突破口的改革逐步推开，全场"两费自理"率达 40％，有 98 个家庭农场实现了租赁土地的"两费自理"，租赁土地面积 169.2 公顷。

1996 年，深化劳动人事制度改革，实行全员劳动合同制管理，分配上实行按岗位确定工资标准、收入与经济效益挂钩。1470 名职工与农场签订劳动合同，占应签合同人数的 94％，结束了建场以来固定工资、级别工资的局面。

1993 年，兴建场办工业，张掖农场与甘肃省华龙农业开发总公司、张掖地区农委合资成立华龙农业开发河西公司。公司成立后，投资 25 万元，新建 1000 吨果蔬恒温库，解决农场果品储存的难题。1995 年，张掖农场与华龙农业开发河西公司、甘肃省农机局综合服务公司合资注册成立甘肃省张掖金龙实业有限责任公司，开展啤酒大麦、麦芽、啤酒花、番茄制品等商品的生产和经营。投资 335 万元，新建年产 5 万吨的麦芽厂，一期工程（年产麦芽 1 万吨）当年动工，1996 年 10 月建成，次年投产试运行。2006 年投资 1359 万元，新建年产 3000 吨番茄酱制品厂。两厂被列入全省农业支柱产业发展项目，对农场种植业结构调整和场办工业发展起到了促进作用，提升了经济总量。

第六节　甘肃亚盛股份公司管理时期（2006—2021 年）

2006 年，根据甘肃农垦集团公司 7 月 13 日经理办公会议精神，将农场部分农业生产资产置换到亚盛股份集团，成立甘肃亚盛实业（集团）股份有限公司张掖分公司，剩余资产由张掖分公司租赁经营。甘肃亚盛实业（集团）股份有限公司是西北地区首家上市的农业企业，由甘肃省农垦集团公司控股。亚盛张掖分公司为亚盛集团股份公司的分公司（生产地点张掖农场）。亚盛张掖分公司成立后，张掖农场转为存续农场，与甘肃农垦张掖金龙实业有限责任公司形成并列平行注册单位，管理层为一套班子，但班子成员分工略有不同，农场作为农垦集团公司下属企业。

一、甘肃农垦张掖农场

农场保留继续运营，主要职责是管理二级工副业企业，剩余土地租赁给亚盛张掖分公司经营。2009 年 4 月，甘肃省农垦集团公司聘任毛录让任张掖农场场长、亚盛张掖分公司副经理。2011 年 1 月，甘肃省农垦集团公司聘任王经富任张掖农场场长。2016 年 3 月，甘肃省农垦集团公司聘任毛学科任张掖农场场长。2017 年 3 月，甘肃省农垦集团公司聘任贾勇杰为农场场长。2019 年 7 月，甘肃省农垦集团公司聘任连永清为张掖农场场长，免去贾勇杰甘肃农垦张掖农场场长职务。2021 年 3 月，甘肃省农垦集团公司聘任李宗国为农场场长。

二、亚盛张掖分公司

2006 年，甘肃农垦集团、亚盛股份公司决定，将部分农业资产置换亚盛集团不良资产，成立亚盛股份张掖分公司，2007 年 3 月经亚盛集团股份公司正式批准成立亚盛张掖分公司，并在张掖市工商管理局注册登记。6 月 4 日，甘肃亚盛股份实业（集团）股份有限公司张掖分公司挂牌成立。2009 年 4 月，亚盛股份公司聘任毛录让为亚盛张掖分公司副经理。2013 年 4 月 8 日，甘肃省农垦集团党委任命雷根元、程才任分公司党委委员，亚盛股份公司聘任雷根元、程才为副经理。2013 年 12 月，甘肃省农垦集团任命贾勇杰为张掖农场党委委员。2014 年 1 月，亚盛股份公司聘任贾勇杰为张掖分公司副经理。2016 年 3 月，甘肃省农垦集团公司党委决定撤销"中共甘肃亚盛股份实业（集团）股份有限公司张掖分公司委员会"，成立"中共甘肃农垦张掖农场委员会"。2018年4月，亚盛股份公司党委会议研究决定：撤销中共张掖农场委员会，成立中共亚盛股份张掖分公司委员会，分公司经理王经富兼任党委书记，贾勇杰任张掖分公司党委副书记、张掖农场场长，杨永钧任张掖分公司纪委书记、工会主席，张向军任张掖分公司党委委员、副经理，王刚任党委委员、财务总监。2019年7月，甘肃省农垦集团和亚盛股份党委决定：任命连永清为中共甘肃亚盛张掖分公司党委副书记、党委委员职务，免去程才张掖分公司党委委员、副经理职务（调下河清分公司工作）。2020年12月，中共亚盛股份公司党委任命刘建任纪委书记、工会主席，免去杨永钧纪委书记、工会主席职务，任副调研员（离岗退养）。2021年6月，中共亚盛股份公司党委任命李宗国为分公司党委委员、副书记，连永清任调研员（离岗退养）。

至2021年末，农场（张掖分公司）总人口2660人，在岗职工673人，女性职工229人，离退休人员989人。中共党员人数196人；经营管理人员总数为107人，女性管理人员22人；管理人员中中共党员81人，35岁以下管理人员32人；各类专业技术人员53人；家庭农场职工524人；本科以上学历40人，大专学历94人，中专学历52人，高中及以下学历487人。社区、医院、学校、供电、电信、银行等社会民生社会机构齐全，城镇化建设初具规模。职工个人拥有私家小汽车325辆，家庭农场存栏牛170头、存栏羊3783只。

第二章　组织机构

第一节　行政机构

一、张掖农场

（一）机构设置

1955 年，建场初期实行"一长制"，生产、经营、内部事务由场长负责。1958 年实行书记挂帅，代替"一长制"。1962 年，根据《国营农场工作条例》规定，实行党委领导的场长负责制。建立职工代表大会和职工参加的农场管理委员会，实行职工民主管理。农场的内部管理、生产经营、思想政治和群众工作等由场党委统一领导，一切重大问题由场党委讨论决定，场长组织实施。

建场初期，场名为甘肃省国营张掖机械农场，隶属甘肃省农林厅国营农场管理局（后改为农垦局）。场部设有办公室和生产、财务、基建等科室，基层设农业作业站，下设生产队。1956 年增设机耕队和修理组。1958 年下放张掖县管理，农垦业务仍由省农林厅农垦局领导，改名为国营老寺庙农场。当年，精简机构，场部撤销科室，仅设综合办公室；基层撤销农业作业站和生产队，改设 2 个生产组，直属农场管理；机耕队和修理组合并，成立机修队。1959 年，基层设 4 个农业生产队和家属队、畜牧队、基建队、机修队。一队作业地点：一、二、三轮作区、黄家羊庄子、淤泥滩、火车路沟。二队作业地点：四、五、六、七轮作区和罗家湖、沟家心。三队作业地点：八轮作区、龙王庙。四队作业地点：萝卜窖、太平堡滩。家属队、畜牧队、基建队、机修队都在老寺庙（现六队）。1960年，为适应职工大量增加和扩大规模，场部设党委办公室、行政办公室和财务、生产等科室。基层设农业作业站 3 个，一站设在秙侯堡，下辖农业生产队 5 个；二站设在老寺庙，下辖农业生产队 8 个；三站设在萝卜窖，下辖农业生产队 5 个，家属队、畜牧队、基建队和机修队所在地不变，成立副业队管理非农业生产单位。1959—1961 年，职工大量减少，农场生产规模逐渐缩小。1962 年，场部机构只设综合办公室，基层撤销农业作业站，设 6个生产队。同年 10 月，甘肃省农垦局河西分局成立，农场改变隶属关系，归甘肃省农垦局河西分局管理。当月撤销一、三、六三个生产队，原二、四、五生产队改称一、二、三生产队，增设园林队、保留畜牧队、机修队及面粉加工组、醋房、木工组，增设职工子女小学。1963 年，场部设财务科、生产办公室和党委办公室。年底，改为军垦农场，归农建十一师领导（图 2-2）。

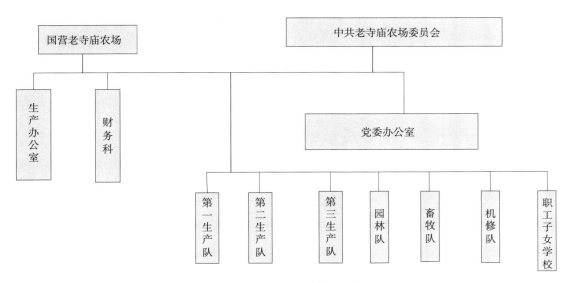

图 2-2　张掖农场 1963 年管理机构设置

1964 年，改为军垦体制，实行团党委统一领导。1967 年 1 月，"文化大革命"开始，一切权力归群众组织。3 月，中国人民解放军军管小组进驻农四团，全团实行军管。

1968 年 1 月，成立"三结合兵团文化革命委员会"，实行军管组与"兵团文化革命委员会"共同领导。当年，老寺庙、山羊堡、头墩、林荫四场合并。原山羊堡农场改为农业生产队，头墩、林荫改制为林墩分场，增设场属单位水管站、卫生队。

1965 年 7 月，农建十一师决定，将老寺庙农场易名为"中国人民解放军生产建设兵团农业建设第十一师第四团"，团党委正式组建。1966 年按部队体制序列编制，团部设司令部、政治处、后勤处。司令部设行政股、农林股、基建股、水管所；政治处设组织股、宣教股、政法股、青年股；后勤处设供应股、财务股、工商股、卫生队。团直属单位有保养间、面粉厂、木工排、果园排、服务社、汽车班、职工子女学校等。团设 3 个营，一营在红沙窝，下辖 5 个连队和一个机耕队。二营在老寺庙、山羊堡、稄侯堡，下辖 8 个连队和家属队、园林队、机耕队。三营在林荫头墩地区，下辖 3 个连队和一个机耕队。团部增设"文革办公室"。

1970 年 3 月，农建十一师分为农建一师、农建二师，农四团归兰州军区生产建设兵团农业建设第二师建制，本场为第十一团。1972 年，内部机构设置：司令部设参谋股、生产股、管理股，政治处设组织股、宣教股、保卫股，后勤处设供应财务股、机械股，团直属单位有机修连、园林排、砖厂、石棉矿、煤矿、面粉厂、木工排、服务社、职工子女学校、卫生队、汽车班。一营辖5个连队（1连、2连、3连、4连、5连）和营机耕队；二营辖9个连队（6连、7连、10连、11连、13连、14连、稻侯堡连、家属连、园林队）和营机耕队；三营辖4个连队（1连、12连、15连、16连）和营机耕队（图2-3）。

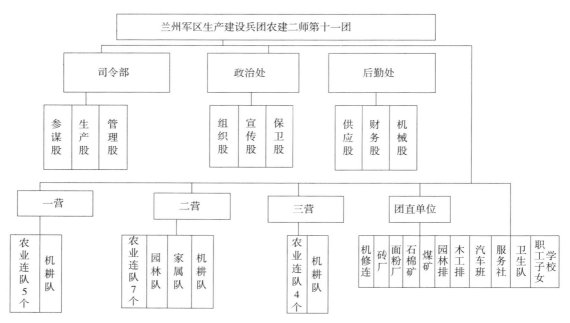

图2-3 张掖农场1971年管理机构设置

1975年撤销军垦，交张掖地区领导，更名为"甘肃省张掖地区国营张掖农场"，恢复农垦体制，建立农场革委会。1976年3月，农业连队改称农业管理站，序号不变。农业管理站所在地：一站在羊桥庙，二站在红沙窝，三站在萝卜窖，四站在龙王庙，五站在草湖，六站在老寺庙铁路北，七站在老寺庙铁路南，八站在山丹县山羊堡，九站在稻侯堡，十站在民乐县头墩。实验站改称种子站，园林队改称园林站。成立农田水利基本建设队。机修连改称农机修造厂，卫生队改称职工医院，服务社改称职工综合商店，成立综合加工厂和汽车运输队。农场机关设革委会办公室、政治处、生产科、武保科、计财科、供应科、共青团委员会。1977年场部增设劳资科。1978年1月，基层农业管理站改称为生产队，序号不变。原站属各生产队改为生产组，成立计划生育领导小组，下设计划生育办公室。3月，成立工副业办公室。4月，农业第九生产队划归张掖地区农垦局建制，农业第10生产队分出，组建省属国营头墩农场。9月，撤销国营张掖农场各级革命委员会名称。1997年成立场属电管站和农场人民武装部、武保科改称保卫科。1980年撤销场部供应科，改场物资供应库房为场属单位物资供应站，并成立场属单位农工商公司。1981年，贯彻新的《国营农场工作条例》（1979 年 8 月 1 日国务院颁布），实行党委领导下的场长分工负责制。重大问题由党委集体讨论决定，生产经营、财务、劳动人事、科技等日常工作由场长负责组织实施。

1981 年撤销工副业办公室，设立工业科。1983 年，农场机关设有计财科、生产科、农机科、经改办公室、行政管理科、劳资科、工业科、保卫科、组织科、宣传科、纪委、人民武装部等科室。当年，农业第四生产队所属独七斗、独八斗渠灌范围内的土地房屋单独设立建制，建立农业第九生产队。1984 年 1 月，农垦管理体制由张掖地区移交甘肃省农垦总公司统一领导。为适应管理经营体制的变化，调整场部机构，农机科、工商科分别改组为场属农机服务公司、工业公司，电管所改组成立生活服务公司，农工商公司改组为商业供销公司。成立啤酒花公司，下设 3 个酒花生产队。1985 年，全面兴办职工家庭农场，实行大农场套小农场双层经营体制。省属国营头墩农场撤销归并张掖农场，改为民乐分场（1992 年 4 月改称民乐园艺场），下设 2 个生产队。位于稆侯堡的张掖农垦分公司种子生产队和农科所移归张掖农场，合并改组为国营张掖农场第十生产队。煤矿因停产撤销。1986 年，根据中共中央颁发的《全民所有制工业企业厂长工作暂行条例》《中国共产党全民所有制工业企业基层组织工作暂行条例》和《全民所有制企业职工代表大会条例》的规定，实行场长负责制和党委领导下的职工代表大会制和基层党组织对企业生产经营活动的保证监督机制。撤销工业公司，恢复场机关工业科建制。成立农场加强企业管理领导小组，下设企业管理办公室，办公室设在计财科。撤销综合加工厂建制，原加工厂业务归供应站管理。1987 年，撤销农场人民武装部，人民武装工作归保卫科兼管，成立干部科和文教卫生科。同年，农场第四届职代会决定，成立农场管理委员会。

1988 年，甘肃省农垦企业实行承包经营责任制，承包人行使场长职责、具有法人代表资格。农场在兰州设立场属单位农垦三河经贸公司。1989 年，机构设置根据精简、效益的原则，机关科室调整为四科二室，设行政管理科、劳动人事科、保卫科、计财科、场长办公室、党委办公室。原生产科与基建勘测设计办公室、供应站合并，成立农业管理站，为场属单位。撤销生活服务公司，电管业务并入水管所，水管所改称为水电管理所。行政性农机服务公司、啤酒花公司，改称农机管理站、啤酒花管理站。原经济实体农机服务站改称农机服务公司。成立青年队，主要开垦二支渠和党家台附近荒地。1991 年，撤销场长办公室、党委办公室、劳动人事科，恢复劳资科、组织科、宣传科编制，增设秘书科、工商科、审计科、行政监察室。撤销农管站，恢复场机关生产科和场属单位供应站建制，基建勘测设计业务并入生产科。1992 年，位于稆侯堡的农业第十生产队交归省农垦科技培训中心经营管理。撤销农机管理站，成立农机科。成立林果站，统管原园林队、试验站、林业队和六队果园。青年队分为两个部分，一部分并入林果站，另一部分组建成立新的农业第十生产队；供应站并入商业供销公司。1994年，成立二分场，管理原农业第四、第五、第九生产队，并增设特种药材生产队1个。兰州三河经贸公司改称兰州公司，改归场商业供销公司管理。重建粮油综合加工厂，归商业供销公司领导。在张掖市区，成立金龙宾馆，为场属单位。1995年粮油综合加工厂改为场属单位，10月，金龙麦芽厂投资建设（图2-4）。

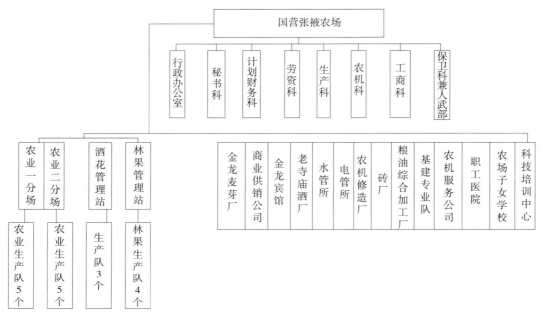

图2-4　张掖农场1995年管理机构设置

1996年，第三轮承包经营开始，继续推行承包经营责任制，承包人行使场长职责，具有法人代表资格。农场机关设行政办公室、秘书科、计划财务科、劳资科、生产科、农机科、工商科、审计科、保卫科兼人武部。下属单位有农业一分场、农业二分场、酒花管理站、林果管理站、商业供销公司、金龙宾馆、老寺庙酒厂、水电管理所、职工医院、农场子女小学、科技培训中心、农机修造厂、砖厂、粮油综合加工厂、基建专业队、农机服务公司等。1996年3月，水电管理所撤销，分别成立水管所、电管所。4月，汽车运输队并入农机服务公司。1997年10月，汽车运输队从农机服务公司分离，并入农机修造厂。1998年，农场机关带头精简机构，减员增效，由原来的12个科室合并为4个部门，工作人员由51人减少到32人。1999年5月，撤销了农业分场和农业第十生产队建制。原农业一分场更名为民乐园艺场，农业二分场分为3个农业生产队。7月，基建专业队与农机修造厂合并为农机农田建设队。2000年1月撤销计划财务科，成立财务结算中心，撤销商业供销公司，成立营销中心，成立农业一分场、农业二分场、恢复第十生产队建制。其中农业一分场下辖第一、第二、第三、第四、第九生产队；农业二分场下辖第五、第六、第七、第八、第十生产队。3月，民乐园艺场更名为民乐分场。4月，成立信息中心。8月，成立基建科。12月，撤销农业一分场、二分场、九队并入第三生产队、十队并入第六生产队。2001年11月撤销农机农田建设专业队，成立建筑工程公司。2003年10月，水管所并入基建科，成立基建水利科。12月，成立物业管理所。

2004年，农场机关设有行政办公室、行政监察室、计划项目办公室、财务科、生产科、基建水利科、劳资科、保卫兼人武部、审计科。下辖农业单位有生产队、酒花管理站、林果管理站、金龙宾馆、老寺庙酒厂、金龙麦芽厂、电管所、职工医院、农场中小学、砖厂、粮油加工厂、建筑公司、农机服务公司、物业所等二级单位（图2-5）。

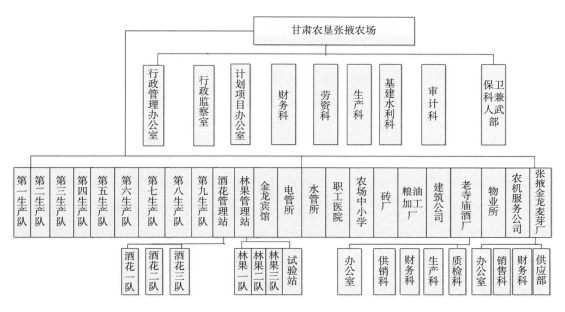

图 2-5 2004年张掖农场管理机构设置

2006年10月，为贯彻执行《甘肃省人民政府办公厅批转农垦集团公司关于深化农垦企业的改制实施方案的通知》精神，制定出台《甘肃农垦张掖农场改制方案》，经2006年10月农场第八届第五次职工代表大会讨论表决后，上报农垦集团公司。12月，成立甘肃农垦张掖金龙实业有限责任公司。

2007年3月，甘肃亚盛实业（集团）股份有限公司决定，成立甘肃亚盛实业（集团）股份有限公司张掖分公司，经营范围：农产品的种植、加工、销售。并任命史宗理为公司经理。

2008年3月，甘肃省农垦集团决定将山丹农场并入张掖农场，整合后，扩大企业经营规模，实现资源综合利用、产业优势互补、以强带弱，增强竞争力。后期因生产工作隶属关系未执行。

2010 年 3 月，企业资产重组，保留"甘肃省国营张掖农场"牌子（存续农场），成立甘肃亚盛实业（集团）股份有限公司张掖分公司，实行"三分开两独立"，即人、财、物分开，机构和业务独立经营，各自独立核算，独立承担责任和风险。

2012 年，农场机关设经理办公室、项目部、财务部、生产技术部、特药科、劳资科、保卫处兼人武部等部门。下辖农业单位 14 个，工副业单位有老寺庙酒厂、金龙麦芽厂、番茄酱厂、滴灌带厂、砖厂、肥料厂、建筑工程公司、机械工程公司、金龙宾馆、职工医院等 24 个二级单位。

2014 年，农场机关设经理办公室、项目部、财务部、生产技术部、特药科、劳资科、保卫处兼人武部等部门。下辖农业生产单位 14 个，工副业单位有老寺庙酒厂、金龙麦芽厂、番茄酱厂、滴灌带厂、砖厂、肥料厂、建筑工程公司、机械工程公司、金龙宾馆、职工医院等 24 个二级单位。

2017 年，农场机关设经理办公室、项目部、财务部、审计部、生产营销部、特药科、人力资源部、法律事务部、保卫处等部门。下辖农业单位 10 个，番茄酱厂、老寺庙酒厂、金龙麦芽厂、物业服务队、金龙宾馆、职工医院等 20 个二级单位。

2018 年甘垦集团党发〔2018〕23 号印发《〈关于理顺亚盛股份公司与持续农场管理体制和运行机制的实施方案〉的通知》，张掖农场所有人员及资产委托亚盛股份张掖分公司管理。4 月解聘张树成第一、二、三、九生产队负责人职务和张贵根第四、五、六、七、八生产队负责人职务。

2018 年 8 月，分公司（农场）机关实行大部制管理，大部（室）分别为企业管理部、生产营销部、项目部、财务审计部 4 个部室。下辖单位将生产队改为分场，分场有一分场、二分场、三分场、四分场、五分场、六分场、七分场、八分场、九分场、十分场（酒花站）、民乐分场、林果管理站、牧草分场、水管所、老寺庙酒厂、麦芽厂、番茄酱厂、物业服务队、职工医院、金龙宾馆共 20 个二级单位。2018 年底，麦芽厂、番茄酱厂注销。

2019 年，下辖二级单位 16 个，其中农业单位 14 个，场办工业单位 2 个：老寺庙酒厂、物业服务队。分公司（农场）机关设经理办公室、项目部、财务部、统计科、审计部、生产营销部、特药科、人力资源部、法律事务部、保卫处等部门。

2020 年 5 月，分公司（农场）机关优化部室设置及工作职责，农场设 7 个部：科技产业部、规划发展部、财务部、人力资源部、市场营销部、内控审计部、特药部。分公司下辖二级单位 16 个，其中农业单位 14 个，场办工业单位 2 个：老寺庙酒厂（租赁经营）、物业服务队。2020 年 2 月，成立新冠疫情防控领导小组，负责疫情防控组织、协调工作。

2010—2021 年，甘肃亚盛张掖分公司和甘肃农垦张掖农场体制并存。2012 年 4 月，中共甘肃农垦集团公司党委决定，撤销中共张掖农场委员会，成立中共甘肃亚盛实业（集团）股份有限公司张掖分公司委员会。2016 年 4 月，成立中共甘肃农垦张掖农场委员会，撤销甘肃亚盛实业（集团）股份有限公司张掖分公司党委。2018 年 3 月，成立中共甘肃亚盛实业（集团）股份有限公司张掖分公司委员会，撤销中共甘肃农垦张掖农场委员会。2021 年 2 月，新增设应急管理部，机关设有科技产业部、规划发展部、财务部、人力资源部、市场营销部、内控审计部、特药部。

2021 年 7 月，张掖市委组织部将张掖分公司党委组织关系归口移交给甘肃亚盛实业（集团）股份有限公司委员会，结束了农场、党委双重管理的体制。

亚盛股份公司管理以来，严格按照上市公司规程进行管理，进行体制改革，积极推进龙头企业、拳头产业培育，科学提升生产条件，努力推进"三大一化"（大条田、大产业、大农机和水肥一体化）建设，积极推广科学新技术，发展林果业，发展生态林建设，促进有机产品发展，关注民生，实现规模化生产经营，产值、效益翻番，促进了企业的发展（图 2-6）。

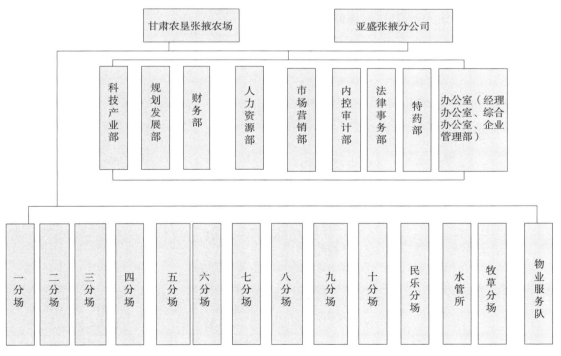

图 2-6　张掖农场 2021 年管理机构设置

（二）职能职责

实行场长负责制后，场长、职工代表大会、企业党组织各承其责。场长是企业法人代表，是企业最高行政领导，对企业负有全面责任，具有企业经营管理工作的决策权和生产指挥权，场长在任期内实行目标管理责任制（经营目标、管理目标和发展目标）。

在国家"八五"计划时期，农场深化改革，转换经营机制，积极推行产权制度改革，鼓励职工发展自营经济，搞规模经营和租赁承包。扩大对外开放，招商引资，与外单位实行股份合作经营，实行以国营资产为主体的多种经济元素、多种经营形式共存的经营体制。1992—1995年，第二轮承包经营结束，集团公司审计处完成了农场第二轮承包经营审计工作。

（三）负责人

张掖农场历任场级负责人见表2-2。

表2-2　张掖农场历任场级负责人名录

机构名称	姓名	籍贯	职务	任职时间
国营老寺庙农场 （1955—1963年）	徐良谋	山西省洪洞县	场长	1955.02—1960.04
	杨掌元	陕西省富县		1961.04—1965.02
	李秉谦	山西省	副场长	1955.02—1956.春
	李志有	河北省		1956.06—1958.05
	郭子钦	湖北省武汉市		1960.05—1960.12
	张富功	湖北省		1960.04—1961.03
	王大明	甘肃省民乐县		1964.03—1965.02
	车宗圣	甘肃省山丹县		1964.03—1965.02
农建十一师第四团 （1964—1974年）	李芳普	辽宁省海城市	团长	1967.01—1969.08
	王良义	河南省蔚民县		1969.08—1970.11
	张顺小			1970.11—1971.09
	王英鸿	山东省夏津县		1971.10—1975.01
	杨掌元	陕西省富县	副团长	1965.03—1975.01
	赵陵	北京市	第一副团长	1965.03—1969.10
	傅新中	河南省	副团长	1971.08—1974.05
	王英鸿	山东省夏津县		1970.09—1971.09
甘肃省国营张掖农场 （1975—1983年）	张世龙	甘肃省镇原县	革委会主任	1975.01—1978.03
	杨掌元	陕西省富县	革委会副主任	1975.01—1978.03
	郑守格	甘肃省民乐县	革委会副主任 场长	1975.01—1978.03 1978.03—1984.02
	王英鸿	山东省夏津县	革委会副主任	1978.03—1980.12
	徐长前	甘肃省华池县	革委会副主任 副场长	1975.11—1978.03 1978.03—1980.07
	徐红贞（女）	甘肃省兰州市	革委会副主任 场长	1975.11—1978.03 1978.03—1980.07
	王永治	甘肃省民乐县	副场长	1978.01—1979.12

（续）

机构名称	姓 名	籍 贯	职 务	任职时间
甘肃省国营张掖农场 （1975—1983 年）	崔定一	河南省南阳市	副场长	1980.06—1984.02
	彭宗贵	四川省广安市		1981.03—1984.09
	翟保金	河南省汝阳县		1981.03—1984.02
	于从连	山东省青岛市		1984.02—1987.06
	张 财	甘肃省张掖市		1981.12—1984.12
	王荫树	甘肃省肃南裕 固族自治县	督导员	1984.08—1989.12
甘肃农垦公司张掖农场 （1984—2005 年）	崔定一	河南省南阳市	场 长	1984.02—1999.10
	王希天	甘肃省永昌县		1999.10—2005.12
	张 财	甘肃省张掖市	副场长	1985.10—1993.05
	张耀源	甘肃省通渭县		1996.03—1999.10
	李树堂	四川省简阳市	副场长 总农艺师	1988.02—1995.12 1996.01—2004.11
	张希林	甘肃省民乐县	副场长	1996.02—1999.03
	李梦森	山东省高唐县	总经济师	1993.01—1995.06
	何立瑞	甘肃省民勤县	副场长	1996.02—2002.09
	崔建勇	宁夏回族自治区中卫市		1999.10—2005.12
	史宗理	甘肃省定西市		2000.10—2005.12
	王武义	山东省夏津县		2000.10—2005.12
	郑士进	河南省邓州市		2003.12—2005.12
	王培文	甘肃省张掖市		2003.12—2005.12
甘肃农垦张掖农场 （2006—2021 年）	王希天	甘肃省永昌县	场 长	2006—01—2009.04
	毛录让	陕西省宝鸡市		2009.04—2010.01
	王希天	甘肃省永昌县		2010.01—2011.01
	王经富	甘肃省张掖市		2011.01—2012.04
	王希天	甘肃省永昌县		2012.04—2013.04
	梁金祖	甘肃省张掖市	副场长 场 长	2007.09—2009.03 2013.04—2015.12
	毛学科	甘肃省民乐县	场 长	2016.03—2017.03
	贾勇杰	甘肃省平凉市		2017.03—2019.07
	连永清	甘肃省张掖市		2019.07—2021.04
	李宗国	甘肃省古浪县		2021.04—2021.12
	史宗理	甘肃省定西市	副场长	2006.01—2008.12
	崔建勇	宁夏回族自治区中卫市		2006.01—2008.12
	王武义	山东省诸城市		2006.01—2006.12
	郑士进	河南省邓州市		2006.01—2006.12
	王培文	甘肃省张掖市		2006.01—2006.12
	何维忠	四川省蓬溪县		2007.01—2010.12
	王玉芳（女）	甘肃省永昌县		2007.01—2010.12
	梁金祖	甘肃省张掖市		2007.01—2008.12

（续）

机构名称	姓　名	籍　贯	职　务	任职时间
甘肃农垦张掖农场 （2006—2021 年）	王经富	甘肃省张掖市	副场长	2009.01—2010.12
	杨永钧	天津市武清区		2009.01—2016.12
甘肃亚盛实业（集团） 股份有限公司 张掖分公司 （2006—2021 年）	王希天	甘肃省永昌县	经理	2006.01—2009.04
	毛录让	陕西省宝鸡市		2009.04—2010.01
	王经富	甘肃省张掖市		2012.04—2021.12
	王建伟	甘肃省天水市	副经理	2001.01—2013.03
	雷根元	甘肃省华亭市		2013.04—2021.12
	程　才	甘肃省古浪县		2013.04—2019.07
	王春培	安徽省灵璧县	财务总监	2009.01—2013.02
	贾勇杰	甘肃省平凉市	副经理	2013.12—2016.02
	王　刚	河南省驻马店市	财务总监	2014.03—2020.03
	周文集	甘肃省张掖市	副经理	2016.01—2016.12
	张向军	甘肃省静宁县		2016.04—2021.12
	黄玉红	甘肃省山丹县	财务总监	2020.05—2021.12
	蒋　勇	安徽省灵璧县	副经理	2020.12—2021.12

二、机关科室（部）

（一）科技产业部、市场营销部

1. 机构设置　建场初期，农场设生产办公室，1963 年，生产办公室负责第一生产队、第二生产队、第三生产队、园林队、畜牧队、机修队、职工子女小学的生产管理。1970年，生产建设兵团编制时期，司令部下设生产股，负责全场 3 个营和团属单位的生产技术指导和科研工作。1975 年，撤销军垦，农场设立生产科。1980 年实行"定、包、奖、罚"为主要内容的联产计奖经济责任制。1988 年实现承包经营责任制。2012 年设立生产技术部，部长 1 名，库管 1 名，科员 2 名，负责科研、生产指标制定、产品销售等工作，2017年设立生产营销部，部长 1 名，科长 2 名，库管 1 名，科员 2 名，负责科技推广、产品销售、农资供应、生产指标制定等工作。

2. 职能职责（生态环保、安全生产）

（1）职能。负责农业、林果业、工业和第三产业的生产经营、发展指导、提质增效、科技创新等工作。负责生态环保、安全生产、水资源、防汛抗旱、质量追溯、农机农电、农业生产用地管理及耕地地力保护补贴、生态保护、现代农业建设、产业 5 年发展规划、高质量发展、企业主业发展规划、年度经济指标下达、年度经营数据核算、农机水电农产品质量追溯、绿色食品品牌建设、科技工作、农业保险、统计工作、经济运行分析、动植物防疫、林业管理、"三化"工作、经营管理类目标责任书制定等。

（2）职责。编制企业5年发展规划；制定现代农业建设方案并组织实施，指导现代农业示范区和农业产业化体系建设；负责"三大一化""三统一化"现代农业建设重要举措的落实。编制农业、工业和第三产业的年度经营计划和业务预算；负责农业、工业、第三产业的生产经营及产业优化的指导和服务；承担提质增效、创新驱动、高质量发展等工作。研究国家、省及上级相关政策法规，负责制定并组织实施分公司科技发展规划；承办科技项目的管理、科技推广工作；督促科技成果的申报、认定、登记、统计工作；负责知识产权、新技术引进等工作。负责统计和经济运行分析工作，提出评估意见和预警方案。负责基层单位生产技术指导和服务，承担科技人员管理和培训等工作。负责产品质量安全工作，负责产品质量追溯体系建设工作。负责防汛抗旱等自然灾害防御、救灾和检查工作；负责重大动植物疫病的防控工作；负责农业保险工作。负责企业生产环节的节能、环保、标准化认证等相关服务工作；负责协调指导林业管理和造林绿化工作。负责农、林职工及农机驾驶人员技术培训，做好农机购置补贴工作。负责高标准农田建设及地力保护工作，负责安全生产管理工作。争取协调科技、安全生产、质量追溯等方面的政策支持。负责联系对接市、区对口部门，落实企地融合各项政策。

3. **负责人**　张掖农场科技产业部历任负责人见表2-3。

表2-3　张掖农场科技产业部历任负责人名录

机关名称	姓名	职务	任职时间
生产股	崔定一	股长	1964.01—1969.08
		副股长	1969.08—1974.12
生产科	崔定一	科长	1976.03—1980.06
	于丛莲	科长	1980.06—1984.02
	李树堂	科长	1984.02—1988.02
	张希林	科长	1988.02—1992.03
	巨效增	科长	1992.03—1999.12
	王培文	科长	1999.12—2002.02
	秦义民	副科长	2002.02—2004.04
	杨永钧	科长	2004.02—2008.10
	霍林科	科长	2007.01—2013.06
	雷根元	副科长	2009.01—2012.03
生产技术部	霍林科	部长	2012.01—2013.12
	张向军	部长	2014.01—2017.02
生产营销部	秦义民	部长	2017.02—2021.12

（二）规划发展部

1. 机构设置 1955 年成立基建科，1964 年设立基建股，1969 年归生产股管理，1970—1989 年，基建业务归生产科负责，1989 年基建归场长办公室管理，1990 年成立基建科，2020 年 5 月，成立规划发展部。

2. 职能职责

（1）职能。负责制定发展规划、土地管理、基建、场容场貌、环境治理、人居环境、土地流转、高标准农田建设、道路、房屋、农机补贴、5 年发展规划等。

（2）职责。研究国家、省及上级相关政策法规，制定分公司发展战略及中长期发展规划并组织实施；指导基层单位和机关部室战略规划的制定和实施。编制项目投资预算方案。负责项目的储备、论证、申报、资金争取和各类项目报告的编制、上报审批、项目建设管理、竣工验收及评价等工作。监管土地资源，制定并监督执行土地利用规划方案，承办土地的调查、申报、统计、确权发证工作，承办土地使用权转让、租赁、抵押、作价出资等审查、审批、管理工作。负责政府各项政策性项目、资金的争取和落实。负责各类项目建设的立项、报批工作。负责小型基建项目的审核、预算、施工。负责分公司范围内道路建设、管护、维修工作。负责所有公、私房产的登记管理。监管私房买卖，禁止私搭乱建。负责提供对外报告中涉及项目的口径、范围、数据等。

3. 负责人 张掖农场基建科历任负责人见表 2-4。

表 2-4 张掖农场基建科历任负责人名录

机关名称	姓名	职务	任职时间
基建科	张海祥	负责人	1955.03—1955.12
	刘振贤	负责人	1956.01—1964.04
基建股	杨贺禄	股 长	1964.04—1969.10
基建科	李梦森	负责人	1990 年前
	王春伟	科 长	1990 年前
	张希林	科 长	1990—1997 年
	王玉芳	副科长	1997—2000 年
	王玉芳	科 长	2000—2005 年
	李振东	科 长	2005—2008 年
	张宗玉	副科长	2009—2013 年
张掖农场项目部	马 鸿	主 任	2011.03—2012.05
	杨 轩	主 任	2012.05—2013.04
	王进保	主 任	2013.04—2014.12
亚盛张掖分公司规划发展部	蒋 勇	部 长	2020.05—2021.12

（三）财务部

1. 机构设置　建场初期，农场设总账会计、出纳、保管、采购各 1 人。1958 年以后增加副业会计 1 人，各基层生产队设专职会计统计员 1 人。

1965 年，后勤处成立计财股，设成本会计、资产和材料会计、出纳、计划统计、劳动工资助理、基建会计等财务人员；物资供应股，设会计、保管、供应助理员各 1 人，采购员 2 人。各连队设置专职会计统计员 1 人。1966 年计财股增设固定资产和往来结算会计、现金会计；供应股与工商股合并成立供商股，增设商业会计、供应会计和生产资料供应助理员、出纳、保管等财务人员。1970 年财务股与供应股合并成立计财供应股，另设工商股，同属后勤处领导。1971 年财务供应分设二股，分别负责财务和物资供应工作。1975 年财务股改称计财科。1993 年计财科有财会人员 6 人，负责全场计划、财务、经济责任制、经济合同、政策研究，编制生产财务计划，开展经济活动调查、研究、分析和成本、核算、企业经营等管理工作。基层单位设有财务股，配备会计、出纳、保管等人员；生产队设有会计员。全场建立健全财务管理核算体系。

1999 年，农场设财务科，财务科下设 28 个二级核算单位。2000 年 1 月，财务科改为财务结算中心，部分下属单位财务撤销，保留老寺庙酒厂、麦芽厂、建筑公司、职工医院、民乐分场 5 个下属财务单位，其他单位集中管理。2006 年 8 月建成老寺庙番茄酱厂，财务人员由农场会计兼任，当年农场设财务部 1 个，部长 1 人，会计 2 人，张掖分公司设财务部 1 个，部长 1 人，会计 8 人。2008 年 5 月建成老寺庙养殖场，配备财务人员 1 人。2009 年，设立财务总监管理岗，财务总监 1 名，成立内控部，结合企业具体情况进行制定相关制度，建立健全《内控管理制度》，在实际工作中起规范、指导作用。至 2021 年 12 月，财务人员人数由原来的 49 人减少到 17 人（退休、转岗分流）。根据《财务管理制度》《会计准则》等编制制定农场财务管理制度等，有效规范财务人员和管理人员的行为。

2. 职能职责

（1）职能。负责编制财务计划、财务预算、会计核算、资金管理、税务、资本运营、财务风险管控、资产移交处置、税务筹划、"僵尸""空壳"企业处置相关工作，5 年规划工作等。

（2）职责。监管实物资产（固定资产、存货等），监管实物资产价值，编制财务预算方案。监督、检查、指导财务预算编制工作，跟踪分析各项预算及财务指标的执行情况。负责正常的债权催收、债务预警工作。监督、指导会计核算与财务管理等业务工作。负责汇总、合并、编制、分析、报送各类月报、季度与年度财务报告，向股份公司提供决策依据。负责国有资产、产权管理工作。承办国有资产和产权转让、报废、处置等审核及报批工作。负责项目建设资金和生产流动资金的筹融资、审核、报批企业贷款及融资担保，承担向金融机构申请分公司授信额度等工作。负责资金管理，监管资金收支，承担日常资金结算工作。负责监督管理、考核评价会计工作。研究并落实国家各项税务政策，制定并组织实施分公司的税务筹划，负责税收解缴工作。承担各项财政专项资金的争取申报和财政专项资金使用跟踪监管等工作，负责政策性项目经费的支出与核算，负责"空壳""僵尸"企业处置工作。

3. 负责人 张掖农场历任财务科（部）负责人名录见表2-5。

表 2-5 张掖农场历任财务科（部）负责人名录

机构名称	姓 名	职 务	任职时间
财务科	李应科	负责人	1955.03—1961.10
计财股（1966.01—1974年）	朱献卿	股 长	1961.10—1975.12
计划财务科 （1975—1999年）	彭宗贵	科 长	1976.03—1978.12
	翟保金		1978.12—1980.12
	赵玉生		1981.01—1986.02
	李梦森		1986.03—1989.01
	张景元	副科长	1989.01—1996.03
	王有亮	科 长	1996.03—1999.02
财务结算中心 （2000—2006年）	薛永禄	科 长	1999.03—2000.04
	孔淑英		2000.04—2005.10
	王春培		2005.10—2009.04
农场财务部 （2015—2021年）	黄玉红	科 长	2009.04—2014.04
	孙 凯		2014.04—2015.07
	王军蓉	部 长	2015.07—2020.04
	孙 凯		2020.05—2021.12
亚盛张掖分公司财务科 （2006—2021年）	王春培	科 长	2006.3—2013.03
	黄玉红		2013.05—2014.03
	孙 凯		2013.06—2014.04
	孙 凯	部 长	2014.04—2020.05
	霍荣林		2020.05—2021.12

（四） 人力资源部

1. 机构设置 建场初期，按部队编制为参谋股，1979年按地方编制成立劳动人事科，1992年改为劳资科，2015年7月改为人力资源部。

2. 职能职责

（1）职能。负责企业薪酬、社会保险和福利、劳动用工、人员招录及遗留问题处理、绩效体系建设、职工培训、退休人员移交、与社区工作联系、农业经济类职称、人力资源系统建设维护、相关工作 5 年规划等。

（2）职责。研究人力资源管理相关政策法规，制定并组织实施人力资源管理战略规划；规范人力资源管理；负责编制职工招聘计划并组织实施；研究职工收入和社会保险等工作；建立并定期完善分公司绩效管理体系，指导、监督、检查基层单位绩效管理各项工作；负责填报编制劳动工资总额预算；负责专业技术职称评审及继续教育工作；负责分公司职工的劳动关系、薪酬福利、社会保险工作；负责职工培训计划的制定、实施、管理、监督、评估工作；负责退休人员手续办理工作；承办军转干部和退役士兵安置工作。负责配合做好享受政府特殊津贴干部的日常管理工作；负责绩效管理方案与制度的制定、考核与评价及个人绩效考核结果的应用；会同组织部、经理办公室拟定薪酬制度和激励办法并组织实施；负责企业办社会职能、"三供一业"分离及退休人员社会化管理移交工作。

3. **负责人**　张掖农场历任劳动人事科（部）负责人名录见表 2-6。

表 2-6　张掖农场历任劳动人事科（部）负责人名录

机构名称	姓 名	职 务	任职时间
参谋股	张巨仓	干 事	1976.01—1979.01
劳动人事科	霍仲连		1979.01—1989.03
	崔建勇	科 长	1989.03—1993.12
	王培文		1993.12—1998.11
	刘定云	副科长	1998.11—2002.05
劳资科	薛永禄	科 长	2000.05—2003.03
	何学斌	副科长	2003.03—2007.02
人力资源部	张红莉	干 事	2007.02—2009.04
		科 长	2009.04—2016.05
		部 长	2016.05—2021.12

注：1979 年以前未设劳资科，人事工资在参谋股管理，参谋股一名干事负责此项工作。

（五）　市场营销部

2020 年 5 月设立市场营销部，市场营销部由科技产业部管理，部长由科技产业部部长兼任，设副部长 1 名、库管 1 名。负责营销体系建设、农资采购、农产品销售、品牌建设、农产品展览、相关工作 5 年规划等。秦义民任部长。

（六）　审计内控部

1. **机构设置**　1988 年设置审计科，1992—1995 年审计科保留未配专职审计人员，从各单位临时抽调财务人员成立审计小组，开展审计业务。1996 年，配审计人员 2 人。2000 年，审计科划归财务结算中心管理，机构撤销。2009 年设立审计科，2020 年审计部

— 113 —

改为审计内控部。

2. 职能职责

（1）职能。负责制定内控制度、风控制度，建立审核实施、审计、相关工作5年规划等。

（2）职责。研究制定内部审计制度和实施办法，编制并组织实施年度审计工作计划。负责筹资活动监督工作。负责购销合同履行情况的监督。对财务收支和相关经济活动预算资金的管理及使用情况进行审计；对执行股份公司年度经营计划情况进行年度经营业绩审计；对分公司固定资产投资项目进行工程造价审核与工程决算审计；法律、法规规定和分公司主要负责人或者权力机构要求办理的其他审计事项。负责审计发现问题的责任认定、通报和整改评价。负责内控体系建设；制定并完善内部控制自我评价办法，组织完成内控年度自评工作，对内部控制制度的健全性和有效性以及风险管理进行检查评价；撰写年度内控运行情况的自我评价报告，向上级单位报告内控缺陷，提出改进建议。

3. 负责人 张掖农场审计部历任负责人名录见表2-7。

表2-7 张掖农场审计部历任负责人名录

机构名称	姓　名	职　务	任职时间
审计科	周忠义	科　长	1988.03—1992.05
	李梦森		1992.08—1996.01
	王春培		1996.01—2000.12
财务结算中心	孔淑英		2000.04—2004.11
财务科	王春培		2004.11—2009.04
审计科	王有亮		2009.04—2014.04
	王军蓉		2014.04—2015.07
审计部	孙　凯	部　长	2015.07—2016.06
	霍荣林		2016.06—2020.02
内控审计部	霍荣林		2020.03—2020.05
	王军蓉		2020.05—2021.12

（七） 特药管理部

1. 机构设置 1994年，农场开始种植百号，设立农场百号生产专干1名，2002年，农场成立特药科设科长1名，2009年，增设特药科副科长1名。2015年6月，分公司成立特药管理部，2016年，设特药管理部部长1名。2020年以后停种百号（特种药材），特药管理部负责百号库房安全管理和调运特药产品的工作。

2. 职能职责

（1）职能。负责特药安全生产管理、制定特药安全管理相关工作5年规划。

（2）职责。研究国家、政府及上级单位相关政策法规。负责制定并组织实施分公司特药发展规划。落实特药的种植、田间管理及各项种植技术。把关产品初级加工的质量，保证达到验收质量标准，根据上级部门调运计划及安排。全面负责货物调运期间的安全，做好保密工作。杜绝泄密事件发生，指导各单位加强生产管理及特药安全管理工作。

3. **负责人** 张掖农场特药历任负责人名录见表2-8。

表 2-8　张掖农场特药科历任负责人名录

机构名称	姓 名	职 务	任职时间
百号分场	雷根元	百号生产专干	1997.10—2002.01
农场特药科（2002—2016 年）	雷根元	科 长	2002.02—2016.05
亚盛张掖分公司特药管理部（2016—2021 年）	刘 智	部 长	2016.06—2021.12

（八）法律事务部

1. **机构设置** 1964 年成立保卫股，1976 年改为武装保卫科，1984 年武装部与保卫科职能分离，分离后成立保卫科，2013 年保卫科改为农场保卫处，2015 年 6 月，分公司设置法律事务部，保卫处、法律事务部合并办公，2020 年 3 月设部长 1 名，2021 年 8 月设副部长 1 名。

2. **职能职责**

（1）职能。负责企业法务事宜、合同审核、平安建设、综合治理、流动人口、相关工作 5 年规划等。负责审核企业生产经营承办部门合同的合法、合规性以及合同相关要件的齐全等各项工作，并衔接常年法律顾问对合同的审核，提出法律意见。配合平安建设的工作要求，搞好分公司综合治理、流动人口等各项工作。

（2）职责。承担法律事务；负责规章制度、重大决策、经济合同的合法性审核工作。负责处理重大或复杂债权债务的清理和追收工作，负责处置债权催收、债务预警工作中涉诉事项。负责协调处理各类诉讼、经济仲裁、行政复议、劳动争议仲裁等案件，办理非诉讼法律事务，负责普法教育工作。负责重大事项、重大疫情、突发事件、应急救援工作。

3. **负责人** 张掖农场保卫科（部）历任负责人名录见表2-9。

表 2-9　张掖农场保卫科（部）历任负责人名录

机构名称	姓 名	职 务	任职时间
保卫股	李增芳	股 长	1964.04—1969.12
	仁风林		1970.01—1975.12

(续)

机构名称	姓　名	职　务	任职时间
武装保卫科	薛维亮	副科长	1976.03—1983.12
	吴光汉		1983.12—1984.01
保卫科	张兴荣	副科长	1984.01—1985.12
	刘胜林	副科长	1986.01—1989.01
		科长	1992.03—1996.03
	李振东	科　长	1996.03—2001.12
	王经富		2001.12—2005.06
	崔建忠	负责人	2005.06—2006.10
	何学斌		2006.10—2008.12
	雷根元	科　长	2009.01—2012.03
法律事务部	刘照静	科长	2012.03—2020.05
		部　长	2020.06—2021.12

（九）场长办公室

1. **机构设置**　1955年建场初期，场部设办公室。1960年改为行政办公室，1962年改为综合办公室。1966年按部队体制序列编制，在司令部下设行政股。1975年农场机关改设革委会办公室。1989年调整为行政管理科。1996—2010年仍为行政办公室。2012年改设经理办公室。2018年公司（农场）实行大部制管理，将经理办公室改为"企业管理部"。2020年优化部室设置，仍设"综合办公室"。

2. **职能职责**　起草有关重要报告和文件、维护信息系统，负责改革、现代企业制度建设，负责公文处理、综合档案管理和保密工作，督促机关各部门做好本部门档案和保密工作，负责重要会务，承担各类会议管理工作，督查督办重大决策、重要工作、重点事项及相关会议决议、纪要和领导批示件的落实，承担政策研究、决策咨询服务等工作，负责机关实物资产（含办公用品）采购、管理工作，负责营业执照的年检和信息变更工作。承担分公司工商登记变更、年检等事项，负责所有业务合同的复核、编号、台账登记、盖章和归档管理工作，负责对外报告中涉及统计的口径、范围、数据等的审核工作，负责公务接待及机关内勤工作，承担机关各部室、各基层单位综合业务联系和协调工作。提出改革政策建议及方案；协调解决分公司改革中的重大问题；负责审核分公司改革工作方案。

3. **负责人**　张掖农场综合办公室历任负责人名录见表2-10。

表2-10　张掖农场综合办公室历任负责人名录

机构名称	姓　名	职　务	任职时间
后勤处	梁文泰	处　长	1971—1976.03

（续）

机构名称	姓　名	职　务	任职时间
办公室	王永治	主　任	1976.03—1978.06
	乔炳溪		1978.06—1981.06
行政管理科	薛熔新	主　任	1981.06—1984.01
	薛维亮	副主任	1984.01—1991.11
	霍仲连	科　长	1991.11—1993.11
	王文源		1993.12—2000.12
	张树成		2000.12—2002.01
办公室	赵玉华	主　任	2002.02—2002.05
	薛永禄		2002.05—2004.03
	赵玉华		2004.04—2006.12
	马　鸿		2006.12—2009.04
经理办公室	王有亮	主　任	2009.04—2014.12
	崔建忠		2014.12—2021.11
	秦义民		2021.11—2021.12

三、生产单位

1958年，军垦时期，按部队编制设置营、连、班。分场为营建制，队为连建制。1975年，连队改为农业管理站。1981年，改为农业生产队。2013年，改为农业分场。负责本单位安全生产、职工管理、防汛、河道巡查、生产经营目标的落实，负责种植结构的调整及生产管理措施的落实，负责林业、项目实施、劳动合同接续、家庭农场费用复核、水电及设施管理、土地工作、社会责任落实，负责土地界线和环境的绿化。主要职责：职工维稳、信访工作、安全生产排查、防汛巡查、河道巡查。

2021年底共有11个分场，林果站、水管所各1个，总户数429户，职工673人，总人口2660人。

（一）一分场

1. **机构设置**　一分场位于张掖市区西北15千米处，位于农场西北处，离场部（老寺庙）15千米。1964年，军垦时期单位名称为一营九连，1972年，连队改为农业一站，1981年，改为第一生产队，2013年，改为一分场。2021年，职工户数40户，职工人数44人，总人口134人。耕地面积270.8公顷，其中节水滴灌面积260公顷，灌溉渠系配套齐全。生产道路13千米，水泥路面7千米，砂石路面6千米，配套机井6眼。家庭农场自有农业机械54台（农机具配套齐全），其中大马力机械4台，有约翰迪尔 1654、1204、2004，小农机械 50 台。职工个人拥有小汽车 36 辆。牲畜存栏牛 70 头，羊 270 只。

2. **负责人** 一分场历任负责人名录见表 2-11。

表 2-11 一分场历任负责人名录

机构名称	姓 名	职 务	任职时间
	周克勤		1984—1987
	李楼山		1988—1989
第一管理站	姜金基		1990—1993
	文成生		1994—1996.05
	马岩斌	队 长	1996.05—1999.12
	武志强		1999.12—2002.12
	赵开会		2002.12—2004.11
第一生产队	申 英		2004.11—2007.12
	张怀新		2007.12—2008.12
	苗 涌		2008.12—2010.12
	赵开会		2010.12—2016.12
一分场	李建家	分场场长	2016.12—2020.03
	王艳文		2020.03—2121.12

（二）二分场

1. **机构设置** 二分场位于农场场部西北 13 千米处。军垦时期属一营二连，是当时营部所在地，有商店、机务队，连队 3 个。1968 年，先后打机井 4 眼，其中 2 眼为自流井。因土地盐碱性严重，1966—1968 年，老职工、知青在二斗、三斗、四斗挖排碱渠 9 条。1975 年，连队改为农业二站。1981 年，改为第二生产队。2013 年，改为二分场。2021 年，有职工户数 33 户，职工人数 42 人。管理人员 2 人，耕地面积 299.48 公顷，节水滴灌面积 135.33 公顷，灌溉渠系配套齐全。生产道路 6.4 千米，水泥路面 4.75 千米。机井 8 眼，家庭农场机械总量 29 辆，大马力拖拉机 2 台。职工拥有私家小汽车 18 辆，家庭农场养殖现有存栏牛 10 头，存栏羊 340 只。

2. **负责人** 二分场历任负责人名录见表 2-12。

表 2-12 二分场历任负责人名录

机构名称	姓 名	职 务	任职时间
二 营	王春伟	营 长	1970.01—1980.12

（续）

机构名称	姓　名	职　务	任职时间
二　连	韩维修	连　长	1981.01—1986.12
	李仁武		1986.12—1991.12
	汤从信		1991.12—1995.01
第二生产队	付　德	队　长	1995.01—1995.12
	武志强		1995.12—2000.12
	马岩斌		2001.01—2003.12
	李建家		2004.01—2005.12
	纳金荣		2006.01—2007.12
二分场	苗　涌	分场场长	2008.01—2013.12
	王艳文		2014.01—2020.01
	王延博		2020.04—2021.12

（三）三分场

1. 机构设置　三分场位于张掖市甘州区东郊老寺庙，距市区16千米。军垦时期为一营四连。1975年，连队改为农业三站。1981年，改为第三生产队。2013年，改为三分场。2021年，总人口120人，职工36户，职工42人。耕地面积303.25公顷，节水滴灌面积173.33公顷。机井3眼，生产道路9.85千米，水泥路面2.48千米，砂砾路面7.37千米。家庭农场自有农业机械32台（农机具配套齐全），其中大马力机械3台，玉米收割机3台，玉米脱粒机1台，30装载机1台。职工拥有小汽车27辆，家庭养殖存栏牛22头，存栏羊110头。

2. 负责人　三分场历任负责人名录见表2-13。

表2-13　三分场历任负责人名录

机构名称	姓　名	职　务	任职时间
第三生产队	茅克明	队　长	1977.03—1980.07
	王　舜		1980.07—1998.02
	陈月林		1998.03—2001.01
	杨永勤		2001.01—2007.04
	倪红涛		2007.05—2008.02
	武志强		2008.02—2008.10
	陈月林		2008.10—2012.01
三分场	陈月林	分场场长	2012.01—2021.09
	杨永勤		2021.09—2021.12

（四）四分场

1. 机构设置　四分场位于张掖市甘州区东北郊老寺庙，距市区15千米，距离农场约

— 119 —

5千米。1963—1964年，单位名称为三队。1964—1974年军垦时期为一营六连，后编为二营六连。1975年，连队改为农业四站（包括畜牧队）。1981年，改为第四生产队。2013年，改为四分场。2021年，有职工35人，职工29户，总人员98人。耕地面积313.33公顷，灌溉渠泵配套齐全，滴灌面积306.67公顷。生产道路12.3千米，水泥路面6.3千米，砂砾路面6千米。配套机井5眼，家庭农场拥有农业机械28台，大马力机械3台：东方红220、长发1504型（农机具配套齐全），还有大型玉米脱粒机2台，30装载机2台。职工拥有小汽车21辆，存栏牛5头，存栏羊450只。

2. **负责人**　四分场历任负责人名录见表2-14。

表2-14　四分场历任负责人名录

机构名称	姓　名	职　务	任职时间
第四生产队	史得玉	队　长	1984—1992.04
	宋世江		1992.04—1998.03
	刘照静		1998.03—2000.01
	乔　金		2000.01—2003.12
	苗　涌		2003.12—2007.05
	杨永勤		2007.05—2008.01
	申　英		2008.01—2010.01
	杨永勤		2010.01—2011.01
	赵开会		2011.01—2011.04
	苗　涌		2011.04—2012.01
四分场	苗　涌	分场场长	2012.01—2021.12

（五）五分场

1. **机构设置**　五分场位于场部西南1千米处。军垦时期为二营五连。1972年，连队改为农业五站。1981年，改为第五生产队。2013年，改为五分场。2021年，职工28户，职工36人，总人口85人；耕地面积172.08公顷，节水滴灌面积168.79公顷，灌溉渠道有三支渠、四支渠，渠系配套齐全；生产道路7.5千米，水泥路面3.56千米；机井4眼；家庭农场拥有农业机械27台（农机具配套齐全），其中大型拖拉机15台，30马力以下12台；职工拥有小汽车12辆；家庭农场养殖存栏牛26头，存栏羊318只。

2. **负责人**　五分场历任负责人名录见表2-15。

表2-15　五分场历任负责人名录

机构名称	姓　名	职　务	任职时间
第五生产队	王经富	队　长	1984.06—1987.09
	刘胜林		1987.09—1989.03

（续）

机构名称	姓　名	职　务	任职时间
第五生产队	赵凤兰	队　长	1989.03—1992.12
	贾振凯		1992.12—1994.01
	薛崇旺		1994.01—1997.12
	梁金祖		1998.01—1999.12
	薛崇旺		2000.01—2000.12
	付学德		2001.01—2007.03
	孙　凯		2007.04—2008.02
	杨永勤		2009.09—2010.01
五分场	乔　金	分场场长	2011.02—2020.03
	王永明		2020.04—2021.12

（六）六分场

1. 机构设置　六分场距离张掖市区 18 千米，与农场场部毗邻。耕地面积 266.68 公顷。在 20 世纪 60—70 年代为家属连，书记戴永福，连长姚志义。1975—1981 年为农业六站，下设有农业队、畜牧队、机耕队、副业队。2013 年，改为六分场。

20 世纪 70 年代为张掖农场砖瓦连，由于土质问题，80 年代将砖瓦连迁移到老寺庙，原土地种植苗木，成立苗圃站，土地面积 20 多公顷。1981 年，由于农场三环经济带的建设，将水塔西面"四农、六农"改种为啤酒花基地，引种成功后，1986—1987 年，陆续将"六一农"和水塔西面"一农、三农、五农、七农、八农"改种啤酒花，"二农"苹果园由林果站管理，1989 年，晒场南面、西面改为苹果梨基地，设林果二队，2002 年，"九农"改种高甲酸啤酒花，由啤酒花管理站管理。剩余三百七、三百三、二支、兰新铁路边的耕地 63.33 公顷，1981 年，改为第六生产队。1989 年，农场成立青年队，种植党家台"六斗"新开垦荒地 86.67 公顷，1995 年，改为第十生产队。

1998 年底，将第六生产队、第十生产队、苗圃站合并为第六生产队，耕地面积 100 公顷，在历任领导和职工的共同努力下，通过收复弃耕地、改良土壤，将耕地面积扩大到 2021 年的 165.73 公顷。2013 年，第六生产队改为六分场。

2021 年，职工 25 人，耕地面积 167.73 公顷，配套机井 6 眼，提灌泵站 2 处。滴灌面积 50 公顷，利用管道提灌，井灌 100 公顷。职工自有大马力机械约翰迪尔型拖拉机 1204 一台，小型农用机械 25 台。职工拥有小轿车 8 辆，牛存栏 22 头，羊存栏 320 只。

2. 负责人　六分场历任负责人名录见表 2-16。

表 2-16　六分场历任负责人名录

机构名称	姓　名	职　务	任职时间
第六生产队	苗生岐		1985.03—1992.12
	李自业		1992.12—1996.04
	王　疆		1996.04—1999.03
	游宪法	队　长	1999.3—2003.10
	杨社清		2003.10—2006.01
	赵开会		2006.01—2011.01
	杨社清		2011.01—2012.01
六分场	杨社清	分场场长	2012.01—2021.12

（七）七分场

1. 机构设置　七分场位于张掖市甘州区东郊老寺庙东1千米处。军垦时期为二营一连。1975年，连队改为农业七站。1981年，改为第七生产队。2013年，改为七分场。2014年，惠民砖厂并入七分场。2021年，有职工户数46户，职工人数53人，总人数123人。耕地面积252.93公顷，节水滴灌面积152.13公顷，灌溉渠系配套齐全。生产道路13.5千米，水泥路面4.6千米，砂砾路面6.6千米，土路2.3千米。配套机井4眼，家庭农场自有农业机械63台（农机具配套齐全），其中大马力机械1辆，有约翰迪尔1204、小农机械50台。职工个人拥有小汽车20辆，羊存栏360只。

2. 负责人　七分场历任负责人名录见表2-17。

表 2-17　七分场历任负责人名录

机构名称	姓　名	职　务	任职时间
第七生产队	王宪章		1991.01—1992.12
	李国忠		1996.01—1999.12
	晋兰臣		1999.01—2000.01
	王　疆	队　长	2000.01—2003.03
	孙　凯		2003.03—2007.04
	付学德		2007.04—2010.03
	乔　金		2010.03—2011.05
	杨永勤		2011.05—2012.12
七分场	杨永勤	分场场长	2013.01—2021.10
	陈月林	分场副场长	2021.10—2021.12

（八）八分场

1. 机构设置　1958年，场名为山羊堡农场，场长黄之屏。1964年，经农建十一师党委研究决定，将山羊堡农场合并为团级农场，场部设在老寺庙，定名为老寺庙农场，任命梁仲奎为代理政治委员。1965 年军垦时期，定名为山羊堡农场经济工作站；1975 年连队改为农业八站；1981 年改为第八生产队；2013 年改为八分场。2021 年，有职工 10 户，总人口 51 人，职工 18 人。土地面积 102.81 公顷，机井 4 眼。节水滴灌面积 98.86 公顷，井灌面积 3.97 公顷。生产道路 11.64 千米，水泥道路 0.64 千米。家庭农场自有农机 20 台，雷沃 1504、奥龙 1004、约翰迪尔型拖拉机 924、东方红型拖拉机 924 各 1 台，小农机 16 台，30 型装载机 2 台，玉米收割机 1 台。职工拥有小汽车 10 辆，家庭农场牛存栏 12 头，羊存栏 80 头。

2. **负责人**　八分场历任负责人名录见表 2-18。

表 2-18　八分场历任负责人名录

机构名称	姓　名	职　务	任职时间
第八生产队	严　明	队　长	1984.01—1988.12
	梁金祖		1989.01—1997.12
	申　英		1998.01—2004.05
	乔　金		2004.05—2010.12
	晋兰臣		2010.12—2012.12
八分场	晋兰臣	分场场长	2012.12—2014.11
	李建家		2014.11—2017.03
	王永明		2017.04—2020.04
	乔　金		2020.05—2021.12

（九）　九分场

1. **机构设置**　九分场位于张掖市甘州区东郊老寺庙西北，距张掖市区 18.5 千米，距农场场部 6.4 千米。军垦时期为一营六连，1975 年更名为农业四站十八队，独立成队。1981 年，更名为第九生产队。2013 年，改为九分场。2021 年，总人口 57 人，职工户数 18 户，职工人数 21 人。耕地面积 109.89 公顷，节水滴灌面积 40.47 公顷，河灌面积 69.4 公顷，渠系配套完整。生产道路 8.8 千米，水泥路面 0.8 千米，砂砾路面 8 千米，机井 2 眼，水塔 1 座。职工拥有农业机械 20 台，其中履带式拖拉机 2 台，轮式拖拉机 2 台，四缸四轮 6 台（型号 504），小四轮 10 台。职工自有小汽车 10 辆，家庭农场存栏羊 620 只。

2. **负责人**　九分场历任负责人名录见表 2-19。

表 2-19　九分场历任负责人名录

机构名称	姓　名	职　务	任职时间
第九生产队	严　明	队　长	1981—1984.01
	张永国		1984.01—1986.01
	王　舜		1989.01—1989.02
	晋兰臣		1989.02—1996.03

（续）

机构名称	姓　名	职　务	任职时间
第九生产队	陈月林		1996.03—1998.03
	李国忠		1998.03—2001.04
	赵志仁		2001.04—2003.12
	张怀欣	队　长	2003.12—2007.03
	武志强		2007.03—2007.11
	陈月林		2008.11—2011.11
	倪红涛		2011.11—2012.04
九分场	杜树生		2012.04—2012.12
	王艳文	分场场长	2012.12—2014.01
	杜树生		2014.01—2021.12

（十）十分场

1. **机构设置**　十分场距离张掖市 18 千米，与农场场部接壤。军垦时期为二营家属连，后更名为第六生产队。1986 年 11 月，农场成立啤酒花公司，种植啤酒花 18.8 公顷，职工 71 人。1993 年 3 月，酒花公司更名为啤酒花管理站，酒花面积 83.33 公顷，下辖 3 个队，2013 年更名为十分场，2017 年底将原来的三个队合并为两个队。2021 年有职工 28 人，职工户数 23 户，总人口 71 人。耕地面积 116.67 公顷，节水滴灌面积 100 公顷，井灌面积 16.67 公顷，渠、路、林、电配套完善。水泥路面 4.5 千米，砂砾路面 4.2 千米，机井 6 眼，水塔 1 座（未用），职工拥有轮式拖拉机 15 台，农机具配套完整。职工自有小汽车 9 辆，家庭农场存栏羊 181 只，存栏牛 3 头。

2. **负责人**　十分场历任负责人名录见表 2-20。

表 2-20　十分场历任负责人名录

机构名称	姓　名	职　务	任职时间
酒花管理站	贾振凯	经　理	1986.11—1992.12
	崔繁荣		1992.12—1996.09
	刘武业		1996.09—2002.10
	游宪法	站　长	2002.10—2005.10
	肖新华		2005.10—2013.05
十分场	肖新华	分场场长	2013.05—2021.12

（十一）民乐分场

1. **机构设置**　民乐分场位于张掖市民乐县城以北 25 千米处，距离张掖农场（老寺庙）46 千米，始建于 1955 年。1958 年 6 月，经甘肃省人民委员会批准，将甘肃省民政厅所办河南青年垦荒队头墩农业社，由集体所有制变为全民所有制，改为头墩农场。

1964 年，经农建十一师党委研究决定，将头墩农场合并为团级农场，场部设在老寺庙，定名为老寺庙农场，任命梁仲奎为代理政治委员。1976 年 5 月，经张掖地区革委会报请甘肃省革命委员会农林办公室，将国营张掖农场第十站（原民乐头墩农场）及其实际控制面积 1480 公顷（可耕地 1233.33 公顷）从张掖农场分离出来，组建为张掖地区国营民乐分场，实行单独核算。1978 年 7 月，该请示获甘肃省革命委员会批准。1985 年 9 月，甘肃省农垦集团公司撤销头墩农场，并与甘肃省国营张掖农场合并，更名为国营张掖农场民乐分场。1992 年，改称民乐园艺场。2013 年，改称民乐分场，下辖农业队、林业队两个队。

原有耕地面积 1034.27 公顷。1980—1990 年，受水资源等因素制约，耕地种植面积缩减为 200 公顷。农场大力推广节水滴灌技术，打机井 10 眼，改变过去传统的灌溉方式，调整种植结构，种植特种药材，连年增产、增收，提高了分场的经济效益，实现企业增效、职工增收，经济收入稳步增长。2015 年，实现扭亏为盈，职工人均收入由 0.65 万元增加到 5.6 万元。加强基础建设，对过去缺水少雨而弃耕的"田地"进行复耕，种植面积扩大到 400 公顷。2021 年，有职工 78 人，耕地种植面积 403.12 公顷，其中滴灌面积 313.33 公顷。农业作物主要以青贮玉米、果园、黄芪、板蓝根等药材种植为主。正常运转配套机井 8 眼，职工家庭农场农机具配套齐全，职工自有运输汽车 1 辆，小汽车 45 辆。牛存栏 2 头，羊存栏 290 只。2021 年，实现经营收入 1846.32 万元，利润 28.88 万元，职工人均收入 5.6 万元（图 2-7）。

图 2-7　2000 年民乐分场场部大门场景

2. **负责人** 民乐分场历任负责人名录见表2-21。

表 2-21 民乐分场历任负责人名录

机构名称	姓　名	职　务	任职时间
民乐园艺场	杨天配		1985.09—1986.11
	张希林		1986.12—1988.03
	周克勤		1988.04—1989.01
	李庆席		1989.02—1990.11
	王大源		1990.12—1993.12
	李振东		1994.01—1994.12
	贾振凯	场　长	1995.01—1998.01
	宋世江		1998.02—1999.12
	梁金祖		2000.01—2004.12
民乐分场	刘照静		2005.01—2007.08
	纳金荣		2007.09—2010.03
	何维忠		2010.04—2012.02
	王经富		2012.03—2013.12
	秦新安		2014.01—2021.12

（十二）林果站

1. **机构设置** 林果站前身是张掖农场园林队和实验站。1975年，园林队支部书记赵秀英，队长蔺俊业，技术员刘玉杰，种植面积53.33公顷，主要有苹果、苹果梨、葡萄及其他农作物；实验站支部书记李捌拾，队长巨效增，种植面积20公顷，主要有苹果、苹果梨、葡萄、枣树。1992年，试验站与园林队合并成立林果站，管理原园林队、试验站、林业队和6队果园，站长巨效增，副站长刘玉杰、郑传合、秦义民3人，总支书记藤好玺，下设园一队、园二队、园三队、园四队、试验站、林业队。全部种植面积133.33公顷，种植苹果、苹果梨、身不知梨、车头梨，新品种引进早酥梨。1993年，林果站新建地窖式恒温库（现老水管所东侧）。1994年，站长刘玉杰，总支书记纳金喜。1998年，站长张树成，总支书记刘玉杰。1999年，成立林果一队、林果二队、林果三队，六队果园划归林果三队管理，林业队从林果站分离。2000年种植面积186.67公顷，主要有早酥梨、苹果、苹果梨等。2004年，开始施行租赁承包、自负盈亏。当年发展新品种有南果梨、红早酥，引进11个品种。2019年7月，站长刘武业，总支书记申英，果园面积达206.67公顷，主导品种有早酥梨、苹果、苹果梨等。新品种有南果梨、红早酥。引进观察品种秋月梨等。管理人员10人，职工150人。当年果品产量创历史最高，总产量达1050万千克。2020年，早酥梨的价格达到历史新高，每千克3.1元。2020年，支部书记、站长刘武业，副书记申英，副站长杨其斌、陈军。2021年，林果站有职工153人，果园面积213.95公顷，果园水泥道路9.43千米，柏油路 3.33 千米，机井 12 眼，渠系配套完整。果品产量 998.17 万千克，实现收入 1738.96 万元，职工收入 4.8 万元。职工自有拖拉机 131 台，自有小汽车 81 辆，职工自有养殖存栏羊274 只。

2. 负责人　林果站历任负责人名单见表 2-22。

表 2-22　林果站历任负责人名录

机构名称	姓　名	职　务	任职时间
林果管理站	巨效增	站　长	1992.03—1994.12
	刘玉杰		1994.12—1998.01
	张树成		1998.01—1999.12
	刘玉杰		1999.12—2002.03
	程　才		2002.03—2019.06
	刘武业		2019.07—2021.12

（十三）水管所

1. 机构设置　建场后设立水利管理所，管理全场渠道和农田灌溉用水工作。1978 成立打井队。1980 年，南滩设观测点 1 处，观测人员孙洪荣，二支渠设观测点一处，观测人员赵文典，农场三站设观测点一处，观测人员张素金，管水人员 12 人，林业职工 36人，电力职工 4 人。1988 年，与农场电管所合并，改称水电管理所。在水利管理业务上接受张掖市大满水管处老寺庙水管站领导。1995 年，所长、副所长、书记各 1 人，财会人员 2 人，电工 2 人，管水人员 16 人。

1995 年，水电所实行所长负责制，电工、管水人员实行合同招聘制。水利管理以干渠独四斗为界，分设上下管水段，管水人员实行干渠分段承包，承包管水、测水、配水、水情汇报和承包段内的水渠养护，做到责任到人。水电所负责干渠养护及小型维修，支斗农渠由使用单位负责管护。全场机井技术上由水电所负责，并由使用单位负责管护。水电所以"收支平衡，略有结余"的原则管理。农田灌溉根据渠道来水情况，作物各生长期需水量，作物种植品种、土壤及渠道情况，由水管所统一编制配水计划，按作物需水定额以亩定方，由站长安排实施。根据种植亩数，统一分摊水费。

1997 年，机构改革，电管所从水管所分离。2003 年，水的管理由大满下段管理站管理，水管所负责协调。2006 年 9 月 28 日，张掖农场电管所资产、人员全部移交张掖市甘州区电力局，甘州区电力局老寺庙供电所正式挂牌成立，移交人员 5 名。

2018 年有职工 6 人，办公地点和张掖市大满水管处老寺庙水管站合并办公。

2. **负责人** 水管所历任负责人见表 2-23。

表 2-23 水管所历任负责人名录

机构名称	姓 名	职 务	任职时间
水电所	王大明		1978.07—1985.03
	李吉庆		1985.03—1993.01
	贾振凯		1993.01—1994.08
	史德玉	所 长	1994.09—1997.03
水管所	刘振礼		1998.01—2000.12
	孙邦仁		2001.01—2003.01
	李振东		2003.01—2014.06
	罗通平		2014.07—2018.08
	武志强		2018.08—2021.12

（十四）甘肃农垦张掖金龙实业有限责任公司

1. **机构设置** 2007 年 4 月，甘肃省农垦集团公司批准张掖农场改制方案，2007 年 4 月，甘肃农垦集团有限责任公司批准农场成立甘肃农垦张掖金龙实业有限责任公司。农场健全和落实企业董事会、监事会。王希天任董事长、崔建勇任副董事长、董事有史宗理、王培文；何维忠任监事会主席，王希天任总经理。9 月 10 日，王玉芳、梁金祖任董事，王玉芳、梁金祖任副经理。崔建勇任党委书记，王希天任党委副书记，周文集任纪委书记，何维忠任职代会主任，史宗理、周文集、王培文、何维忠任金龙实业有限公司党委委员。

2008 年 1 月，经张掖金鼎会计师事务所验资，注册资本为 1000 万元，甘肃农垦集团占股 62.4%，甘肃农垦张掖农场占股 29.6%，职工占股 8%，进行工商注册登记，甘肃农垦张掖金龙实业有限责任公司与张掖农场实行"一套班子，两块牌子"。2018 年 12 月，公司注销。

2. **经营范围** 啤酒大麦加工、销售，农作物（不含种子）种植、销售，啤酒花生产、销售。

3. **负责人** 甘肃农垦张掖金龙实业有限责任公司负责人名录见表 2-24。

表 2-24 甘肃农垦张掖金龙实业有限责任公司负责人名录

机构名称	姓 名	职 务	任职时间
甘肃农垦张掖金龙实业有限责任公司	王希天		2007.04—2009.04
	毛录让	董事长、经理	2009.04—2010.01
	王希天		2010.01—2011.01
	王经富	董事长	2011.01—2018.04
	王玉芳		2009.04—2010.12
	王经富	经 理	2010.12—2011.03
	雷根元		2011.04—2012.07

第二节　中共党组织

一、中共张掖农场（亚盛股份有限公司张掖分公司）委员会

1. 机构设置　建场初期，首次设立"中国共产党甘肃省张掖机械农场支部委员会"，徐良谋任党支部书记。1958年3月，农场管理体制下放，党的组织关系归属中共张掖县委。农场设立党总支，名为"中共张掖市老寺庙农场总支委员会"。1960年4月，成立中共老寺庙农场委员会，中共张掖市委任命贾忍为党委书记。1963年，农场党委会下设机关、3个农业生产队和畜牧队基层党支部，全场有党员40人。1964年，改为军垦体制后，场党委会隶属中共农建十一师党委会领导。1965年建团，改称农四团党委会。农建十一师党委任命梁仲奎为农四团政委、团党委书记。农场机关和林墩分场各设党总支1个，机关及基层生产队共设党支部8个。1966年上半年，团党委下设营党委会3个。"文化大革命"开始后，各级党组织受到冲击。1967年1月，党组织停止活动。1969年1月，成立整党建党领导小组，开展整党建党和党员登记工作。当年，兰州军区生产建设兵团成立，农建十一师归其管辖。11月29日，召开全团党员代表大会，恢复中共农建十一师四团党委会。

1970年，农建十一师分为农建一、二两个师，农四团归兰州军区生产建设兵团农业建设第二师建制，改番号为兰州军区生产建设兵团农业建设第二师第十一团。2月，恢复三个营党委会工作，成立机关党总支，下设党支部4个。1971年，恢复各基层单位党支部工作。团党委会下设党总支4个、党支部31个，有党员335人，当年发展新党员26人。此后，由于营部撤销和一些生产连队整连外调，基层单位减少，1974年，团党委会下设党总支1个，党支部21个，共有党员349人，其中新党员5人。

1974年，兰州军区生产建设兵团农建第二师撤销。军垦体制结束，恢复农垦体制。根据甘肃省委决定，1975年，农十一团归张掖市领导，改称甘肃省张掖地区国营张掖农场，党组织归属中共张掖地委领导。中共张掖地委批准成立中共张掖农场委员会，委员：张世龙、王英鸿、杨掌元、徐长前、徐宏贞、王明义、郑子和、郭永福、杨启三、霍仲连、周克勤。常委：张世龙、王英鸿、杨掌元、徐长前、徐宏贞。书记张世龙，副书记王英鸿、杨掌元。1976年3月，成立农场基层单位党支部14个。

1984年，农场由张掖地区管理改归甘肃省农垦总公司领导、张掖农垦分公司两级管理。成立中国共产党张掖农场委员会。1987年8月，中共张掖地委批准成立农场党校。

场党委书记王永治兼任校长。此后，农场机构多次撤并调整，基层党的组织也相应随之增减。1995年，全场设有党委会1个，总支5个，支部36个，共有党员360人，其中女性党员52人，占党员总数的14％。1999年10月，省农垦集团公司对农场党委领导班子进行调整，崔建勇任张掖农场党委书记、王希天任张掖农场党委副书记。2004年，农场党委增设4个党总支，9个基层党支部。

2012年4月，按照甘肃农垦集团公司整体改革部署，撤销中共张掖农场委员会，成立中共甘肃亚盛实业（集团）股份有限公司张掖分公司委员会。下设分场党委（民乐分场党委），党总支5个，党支部35个。2013年5月组织机构调整设立党群工作部，2015年，亚盛张掖分公司党委下设分场党委1个，党总支5个，党支部35个。共有党员420名。王经富任党委书记。2016年4月，成立中共甘肃农垦张掖农场委员会，撤销甘肃亚盛实业（集团）股份有限公司张掖分公司党委，王经富任党委书记，下设分场党委1个，党总支5个，党支部33个，共有党员420名，4年中发展党员11名。2017年8月，撤销机关、十分场2个党总支，机关党办支部、财务支部、生产支部、国土支部整合为机关一支部、机关二支部，原十分场3个支部随之撤销，撤销机械公司党支部并入建筑公司党支部，成立十分场党支部。张掖分公司党委下设党总支3个，党支部28个，共有党员410名。

2018年3月，成立中共甘肃亚盛实业（集团）股份有限公司张掖分公司委员会，撤销中共甘肃农垦张掖农场委员会。中共甘肃亚盛实业（集团）股份有限公司张掖分公司委员会归属张掖市委组织部管理，张掖分公司党委下设党总支3个，党支部25个。共有党员406名。整合基层党支部2个，调整任命支部书记7名。2020年，张掖分公司党委下设14个党支部，共有党员280名。180名退休党员组织关系移交到甘州区碱滩镇党委。2021年，将14个党支部合并为13个党支部，撤销3个党总支，有196名党员。当年7月，中共甘肃亚盛实业（集团）股份有限公司张掖分公司委员会隶属关系从张掖市委组织部转至中共甘肃亚盛实业（集团）股份有限公司党委对口管理。当年12月，召开中共甘肃亚盛实业（集团）股份有限公司张掖分公司第一次党员代表大会，会议选举产生了中共甘肃亚盛实业（集团）股份有限公司张掖分公司第一届委员会，王经富、李宗国、刘建、雷根元、张向军、蒋勇、黄玉红担任党委委员，第一届委员会第一次全体会议选举产生了书记、副书记，王经富任书记，李宗国任副书记。

2. 职能职责

（1）按照干部管理权限和规定的程序，推荐、提名、任免干部。

（2）讨论、审批预备党员的发展和转正。

（3）讨论党员的表彰奖励，以及对党员的纪律处分。

（4）讨论通过党委领导人代表党委在重要会议上的报告和以党委名义发出的重要文件以及向上级党组织提出的重要请示报告。

（5）讨论上级党委规定应由党委集体讨论的问题、书记和党委人员认为需要提交党委讨论的其他重要问题。

（6）对于重大决策，应在党委会议讨论之前，进行必要的调研论证、充分听取各方面的意见，有关材料应提前送给党委成员，有关部室应作好准备，提请党委会议讨论决定。

（7）凡未经充分准备并提出必要汇报材料的、涉及几个方面事先未协调的、未经组织部门进行考察的干部任免、非突发性事件的临时动议，一般不列入党委会议议题。

（8）党委会议每月至少召开一次，遇重要情况可随时召开，会议由书记召集并主持。书记不在时，可委托一名副书记召集和主持。

（9）党委会议必须有半数以上党委委员出席方能举行。讨论干部问题时，应有三分之二以上党委委员出席方能举行。

（10）党委会议讨论的决定或决议，必须按照少数服从多数的原则，党委组成人员过半数通过，对突发性重大事件的处理决定，必须有到会党委委员的过半数通过，对决定重大问题及干部任免事项要逐个讨论，表决可根据讨论事项的不同内容，分别采取口头、举手、无记名投票或记名投票方式。

3. **负责人**　中共张掖农场（亚盛股份有限公司张掖分公司）党委负责人名录见表 2-25、图 2-8、图 2-9。

表 2-25　中共张掖农场（亚盛股份有限公司张掖分公司）党委负责人名录

姓　名		性　别	籍　贯	职　务	任职时间
中共国营老寺庙农场委员会（1955—1963 年）	徐良谋	男	山西省洪洞县	党支部书记	1955.02—1956.0
				党总支书记	1958.06—1958.12
	刘志有	男	河北省	党委书记	1956.06—1958.05
	杨掌元	男	陕西省富县	党委书记	1959.01—1960.03
	贾　忍	男	甘肃省庆阳市	党委书记	1960.04—1961.03
	郑　林	男	内蒙古自治区赤峰市	党委书记	1961.06—1964.03
中共农建十一师第四团委员会（1964—1974 年）	梁仲奎	男	陕西省清涧县	政　委	1964.04—1971.10
	杨建武	男	河南省洛宁县	政　委	1971.10—1974.10
	张世龙	男	甘肃省镇原县	代政委	1974.10—1974.12
				书　记	1975.01—1978.03
	杨掌元	男	陕西省富县	党委书记	1978.03—1981.03
	郑守格	男	甘肃省民乐县	党委书记	1981.03—1984.02

（续）

姓　名	性　别	籍　贯	职　务	任职时间
王永治	男	甘肃省民乐县	党委书记	1984.02—1990.09
崔定一	男	河南省南阳市	主持党委工作	1990.09—1991.03
			党委书记	1991.03—1999.10
崔建勇	男	宁夏回族自治区中卫市	党委书记	1999.10—2009.04
王希天	男	甘肃省永昌县	党委书记	2009.04—2013.04
梁金祖	男	甘肃省张掖市	党委书记	2013.04—2015.12
王经富	男	甘肃省张掖市	党委书记	2016.03—2017.03
毛学科	男	甘肃省民乐县	党委书记	2017.03—2018.04
王经富	男	甘肃省张掖市	党委书记	2018.04—2021.12
李传书	男	河南省睢县	副书记	1960.04—1961.03
张成武	男	甘肃省山丹县	副书记	1960.11—1962.03
郑　林	男	内蒙古自治区赤峰市	副政委	1964.04—1965.05
杨建武	男	河南省洛宁县	副政委	1969.10—1971.09
张世夫	男	山西省保德县	副政委	1970.09—1971.08
李玉堂	男	四川省绵阳市	副政委	1973.02—1974.09
杨掌元	男	陕西省富县	副书记	1971.11—1978.03
王英鸿	男	山东省夏津县	副书记	1971.11—1980.12
郑守格	男	甘肃省民乐县	副书记	1975.01—1981.03
张　财	男	甘肃省张掖市	副书记	1984.02—1985.10
王永治	男	甘肃省民乐县	副书记	1981.03—1984.02
崔建勇	男	宁夏回族自治区中卫市	副书记	1993.03—1999.10
王希天	男	甘肃省永昌县	副书记	1999.10—2008.12
王经富	男	甘肃省张掖市	副书记	2012.02—2014.12
周文集	男	甘肃省张掖市	副书记	2011.01—2014.12
梁金祖	男	甘肃省张掖市	副书记	2013.04—2014.12
毛学科	男	甘肃省民乐县	副书记	2016.03—2017.03
贾勇杰	男	甘肃省平凉市	副书记	2017.03—2019.06
连永清	男	甘肃省张掖市	副书记	2019.07—2021.03
李宗国	男	甘肃省古浪县	副书记	2021.03—2021.12

中共甘肃省国营张掖农场委员会（1984—2005年）

中共甘肃亚盛实业（集团）股份有限公司张掖分公司委员会（2006—2021年）

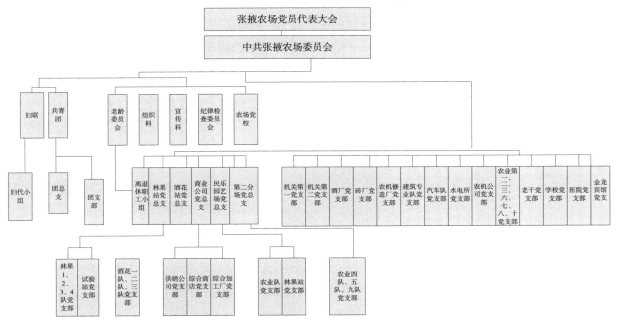

图 2-8　中共张掖农场基层委员会 1995 年机构设置示意

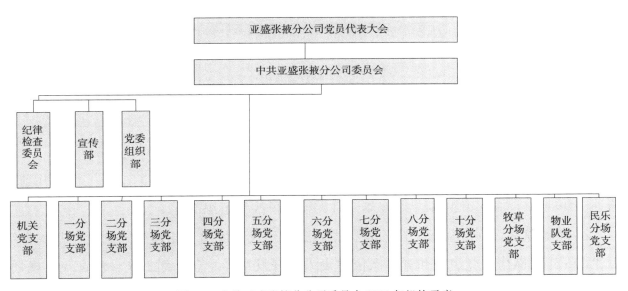

图 2-9　中共亚盛张掖分公司委员会 2021 年机构示意

二、中层管理机构

（一）党委办公室

1. **机构设置**　1964 年 4 月，四场合并，农场增设政治处，同时增设政治协理员。1976 年，政治处改为党委办公室。

2. **职能职责**　党委办公室（经理办公室、综合办公室、企业管理部）负责党委及经理、场长办公室日常事务，包括企业管理、改革及现代企业制度建设、基层年度考核、"三重一大"重点工作事项、激励机制建设、风险管控体系建设、企业综合性 5 年规划、会议会务、信息系统维护、疫情防控、政工职称、档案管理、合同管理、保密工作、会议记录、会议纪要、党建类目标责任书制定。

3. 负责人 党委办公室历任负责人名录见表 2-26。

表 2-26 党委办公室历任负责人名录

机构名称	姓 名	职 务	任职时间
政治处	赵生贵	主 任	1964.04—1969.08
	张世夫		1969.08—1974.06
	郑子和	副主任	1974.06—1976.03
党委办公室	王明义	主 任	1976.03—1978.05
	彭宗贵		1978.05—1989.03
	薛熔新		1989.03—1995.07
	张树成		1995.07—1998.01
	张贵根	主持工作	1998.01—2000.05
	张树成		2000.12—2001.12
	赵玉华	主 任	2001.12—2007.01
	马 鸿	主持工作	2007.01—2013.04
	张树成	主 任	2013.05—2020.08
	胡定树		2020.10—2021.12

（二）组织部

1. 机构设置 1966 年兵团时期增设组织股，1975 年国营农场时期组织工作合并到政治处。1984 年，成立组织科。2020 年 5 月，组织科改为组织部。

2. 职能职责 负责全面从严治党、党风廉政建设、反腐、党建规划制度、基层党组织建设、干部队伍、党组织和党员队伍建设人才开发培养、老干部工作，负责 5 年规划、干部档案管理、配合人力资源部落实相关工作等。

3. 负责人 组织部历任负责人名录见表 2-27。

表 2-27 组织部历任负责人名录

机构名称	姓 名	职 务	任职时间
组织股	张兆云	副股长	1969.08—1975.11
政治处	王明义	主 任	1975.11—1978.03
	彭宗贵	代理副主任	1978.03—1981.01

（续）

机构名称	姓 名	职 务	任职时间
组织科	崔建勇		1989.03—1993.08
	薛熔新	科 长	1993.08—1995.03
	纳金喜		1995.08—1997.05
	王经富	副科长	1996.04—2004.08
	赵玉华	副科长	2004.08—2006.12
	马 鸿	副科长	2006.12—2013.04
	张树成	部 长	2013.05—2020.08
	胡定树	部 长	2020.08—2021.12

（三）宣传部

1. 机构设置 1969 年，农场设置宣传股。1974 年，宣传股合并到政治处。1984 年，成立宣传科。2020 年 5 月，宣传科改为宣传部。

2. 职能职责 负责党委宣传、思想政治、意识形态、中心组学习、企业文化建设、统一战线、5 年规划等。

3. 负责人 宣传部历任负责人名录见表 2-28。

表 2-28 宣传部历任负责人名录

机构名称	姓 名	职 务	任职时间 备 注
宣传股	郑子和	副股长	1969.08—1974.06
政治处	王明义	主 任	1974.06—1984.03
宣传科	尹明钦	副科长	1984.03—1987.04
		科 长	1987.04—1992.12
	张树成	科 长	1992.12—1998.02
	王昌盛	科 长	1998.02—2000.12
	马 鸿	副科长	2000.12—2006.12
		科 长	2006.12—2013.05
宣传部	张树成	科 长	2013.05—2020.05
		部 长	2020.05—2020.08
	胡定树	部 长	2020.10—2021.12

三、基层党总支、支部委员会

1. **机构设置** 1955 年，建场初期农场设支部委员会。1958 年 3 月，农场支部委员会改成总支委员会。1960 年 4 月，成立"中共老寺庙农场委员会"。1963 年，农场党委下设机关、3 个农业生产队和畜牧队基层支部委员会。1972 年前，以连为单位成立连党支部。1980 年，连队党支部改为站党支部。2012 年，站党支部改为队党支部。2013 年，队党支部改为分场党支部。2020 年前，有机关党总支、民乐分场党总支、林果站党总支、老干总支以及各分场党支部。2008 年 12 月，将老干第一党支部、第二党支部合并为第一党支部，将老干第三党支部、第四党支部合并为第二党支部。撤销林果站退休工人党支部。2020 年 12 月，党员工作实行社区化管理。2020 年底，老干总支移交老寺庙社区党支部，同时撤销机关党总支、民乐分场党总支、林果站党总支，九分场党支部合并到四分场党支部。2021 年 10 月，牧草分场党支部合并到林果站党支部。合并后的党支部为机关党支部、一分场党支部、二分场党支部、三分场党支部、四分场党支部、五分场党支部、六分场党支部、七分场党支部、八分场党支部、九分场党支部、十分场党支部、林果站分场党支部、民乐分场党支部、物业服务队党支部、水管所党支部。

2. **基层支部委员会负责人** 基层支部委员会负责人名录见表 2-29。

表 2-29　基层各支部历任负责人名录

机构名称	姓　名	职　务	任职时间
民乐分场党委	解思邈	党委书记	1985.09—1986.11
	李庆席		1986.12—1990.11
	王大源		1990.12—1994.12
	贾振凯		1995.01—1998.01
	宋世江		1998.01—1999.12
	王大源		2000.01—2004.05
	雷根元		2004.06—2005.10
	梁金祖		2005.11—2007.08
	纳金荣		2007.09—2010.03
	何维忠		2010.04—2012.02
民乐分场党总支	武志强	总支副书记	2012.05—2013.12
	刘武业	总支书记	2014.01—2019.06
	张贵根		2019.07—2020.11
民乐分场党支部	秦新安	支部书记	2020.11—2021.12

（续）

机构名称	姓　名	职　务	任职时间
林果站支部	滕好玺	总支书记	1992.03—1994.12
	纳金喜		1994.12—1998.01
	刘玉杰		1998.01—1999.12
	孙邦仁		2000.01—2002.02
	罗通平		2002.03—2013.01
	李振东		2013.01—2015.12
	申　英		2016.01—2020.10
	刘武业	支部书记	2020.11—2021.12
机关党总支部	周文集	总支书记	2012.05—2016.03
	雷根元		2016.03—2017.03
	王培文		2017.03—2018.08
机关总支	赵开会（一支部）	支部书记	2017.03—2020.10
	崔建忠		2017.03—2020.10
	韩明博		2020.10—2021.04
	冶婧文		2021.04—2021.12
	周克勤		1984.01—1987.12
	汤从信		1988.01—1989.12
	姜金基		1990.01—1993.12
	文成生		1994.01—1996.12
	马岩斌		1997.01—1999.12
	武志强		2000.01—2002.12
	赵开会		2003.01—2004.12
	申　英		2005.01—2007.12
	张怀新		2007.12—2008.12
	苗　涌		2008.12—2011.12
一分场党支部	赵开会	支部书记	2012.01—2017.03
	李建家		2017.04—2020.03
	王艳文		2020.03—2021.12
二队党支部	霍仲连	指导员	1984.01—1987.12
	王保和	支部书记	1988.01—1989.12
	陈述民		1989.12—1991.12
	王德寿		1991.12—1994.12
	张全印		1994.12—1995.12
	付　德		1995.12—2000.12
	李国忠		2000.12—2003.12
	原志刚		2003.12—2005.12
	王昌军		2005.12—2007.12
	罗继红		2007.12—2013.12
	赵开会		2013.12—2014.03
二分场党支部	王艳文	支部书记	2014.04—2020.03
	王延博		2020.03—2021.12

（续）

机构名称	姓　名	职　务	任职时间
三分场党支部	茅克明	支部书记	1977.03—1980.07
	李自业		1980.07—1998.02
	李仁武		1998.03—2001.09
	孙　凯		2001.10—2003.01
	张怀新		2003.02—2005.02
	杨永勤		2005.03—2007.04
	倪红涛		2007.05—2008.02
	武志强		2008.03—2008.10
	张树成		2008.10—2010.04
	陈月林		2010.04—2012.01
	陈月林		2012.01—2021.09
	杨永勤		2021.09—2021.12
四队党支部	史得玉	支部书记	1984—1992.04
	张栓印		1992.04—2000.11
	秦新安		2000.11—2001.12
	赵开会		2001.12—2003.01
	乔　金		2003.01—2004.06
	申　英		2004.06—2004.12
	赵开会		2004.12—2005.12
	苗　涌		2006.01—2007.05
	杨永勤		2007.05—2008.11
	张贵根		2008.11—2010.04
	杨永勤		2010.04—2011.01
	赵开会		2011.01—2011.04
四分场党支部	苗　涌		2012.01—2021.12
五队党支部	程建茂	支部书记	1987.09—1989.04
	王化政		1989.04—1992.12
	王积生		1992.12—1994.10
	薛崇旺		1994.10—1997.12
	梁金祖		1998.01—1999.12
	薛崇旺		2000.01—2001.12
	付学德		2001.01—2007.03
	王进保		2007.04—2007.12
	张贵根		2008.11—2010.02
	申　英		2007.12—2009.08
	杨永勤		2009.09—2011.01
	乔　金		2011.01—2020.03
五分场党支部	王永明		2020.03—2021.12

（续）

机构名称	姓　名	职　务	任职时间
六队党支部	姚志义	支部书记	1982—1992.04
	李自业		1992.04—1996.12
	李长信		1996.12—1999.03
	薛崇旺		1999.03—2004.05
	张向军		2004.05—2006.01
	赵开会		2006.01—2011.01
六分场党支部	杨社清		2012.01—2021.12
七分场党支部	李世家	支部书记	1991.01—1999.01
	张宗玉		1999.01—2000.01
	张怀新		2000.01—2003.03
	孙　凯		2003.03—2007.04
	付学德		2007.04—2010.03
	孙　凯		2010.03—2011.03
	杨永勤		2011.03—2021.10
	史　岩	副书记	2021.10—2021.12
八队党支部	严　明	支部书记	1984.01—1988.12
	梁金祖		1989.01—1997.12
	申　英		1998.01—2004.05
	乔　金		2004.05—2010.12
	晋兰臣		2012.01—2014.10
八分场党支部	李建家		2014.11—2017.03
	王永明		2017.04—2020.03
	乔　金		2020.03—2021.12
九队党支部	严　明	支部书记	1981—1984.01
	温修德		1984.01—1989.02
	杨生堤		1989.02—1991.02
	杜风振		1993.02—1996.02
	汤从信		1993.02—1996.02
	晋兰臣		1996.02—1999.03
	李国忠		1999.03—2001.01
	赵志仁		2001.01—2003.12
	薛崇旺		2003.12—2007.05
	张怀欣		2007.05—2008.11
	张树成		2008.11—2010.04
	陈月林		2010.04—2012.12
	王艳文		2012.12—2013.12
九分场党支部	杜树生		2013.12—2021.08

（续）

机构名称	姓　名	职　务	任职时间
酒花管理站党总支	崔繁荣	总支书记	1988.11—1993.01
	张凤梅	总支副书记	1993.01—1996.09
		总支书记	1996.09—2002.10
十分场党支部	游宪法	支部书记	2002.10—2010.12
	肖新华		2010.12—2021.12
	李捌拾	支部书记	1976.06—1988.02
	李自业		1988.02—1979.10
	刘振礼		1979.10—1989.05
	王润卿		1989.05—2001.12
	王武义		2001.12—2004.07
	王润卿		2004.08—2012.12
	解纯华		2013.01—2018.12
	张贵根		2018.12—2019.06
	刘　勇		2019.06—2021.12
水管所党支部	王大明	支部书记	？—1985 年
	李吉庆		1985—1992.12
	贾振凯		1993.01—1994.08
	史得玉		1994.09—1997.03
	刘振礼		1997.03—1997.12
	孙邦仁		1998.01—2002.12
	李振东		2003.01—2014.06
	罗通平		2014.07—2018.08
	武志强		2018.09—2020.03

第三节　纪律检查委员会

一、机构设置

1965 年 7 月，中共农四团党委委员会研究决定成立党的监察委员会。1965 年 6 月，党的纪律检查工作由党的基层委员会统一管理。1981 年 2 月，中共张掖地委批准中共张掖农场委员会设立纪律检查委员会，农场党委副书记王永治兼任纪委书记，薛熔新任副书记，霍仲连、陈义任委员。1984 年 11 月，中共张掖农垦分公司党委同意并报中共张掖地委批准，改选纪律检查委员会，张财、陈义、霍仲连、薛熔新、李梦森 5 人担任委员，场党委副书记张财兼任纪委书记，陈义担任专职副书记，配备 1 名专职纪检干事。1988 年 2 月，中共甘肃国营张掖农场第三次代表大会第一次委员会议，选举新的纪律检查委员会，万孝、薛熔新、李梦森、霍仲连、崔建勇担任委员，万孝任纪委书记，配备1名专职纪检干事。1991年7月，农场第四次党代会选举产生了新的纪律检查委员会，万孝、王道伟、李梦森、薛熔新、崔建勇任委员，万孝任纪委书记，王道伟任纪委副书记。农场纪律检查委员会受中共甘肃国营张掖农场委员会和中共张掖地委纪律检查委员会双重领导。2000年1月，成立张掖农场党风建设廉政领导小组，组长由崔建勇担任，副组长由王希天、何立瑞、张耀源、李树堂担任，成员有周文集、张贵根、王经富、王春培、孔淑英。2001年3月，农场纪委聘任刘世新为党风党纪监察员，负责党员党风党纪监督工作，2007年12月，召开甘肃农垦张掖农场纪律检查委员会，选举周文集、王春培、雷根元、杨永钧、程才担任纪委委员，周文集任纪委书记。

2012年4月，农垦集团公司党委决定撤销甘肃农垦张掖农场纪律检查委员会，成立甘肃亚盛实业（集团）股份有限公司张掖分公司纪律检查委员会。11月，召开张掖分公司纪律检查委员会会议，会议选举周文集、王春培、张贵根、杨永钧、程才担任纪委委员，周文集任纪委书记。2016年3月，成立中共甘肃农垦张掖农场纪律检查委员会，撤销甘肃亚盛实业（集团）股份有限公司张掖分公司纪律检查委员会，杨永钧任纪委书记。2016年6月，张树成任纪委副书记。当年召开了甘肃农垦张掖农场纪律检查委员会会议，会议选举杨永钧、张向军、王刚、张树成、蒋勇担任纪委委员。杨永钧任纪委书记，张树成任纪委副书记。2018年3月，成立中共甘肃亚盛实业（集团）股份有限公司张掖分公司纪律检查委员会，撤销中共甘肃农垦张掖农场纪律检查委员会，张掖分公司纪律检查委员会归属亚盛股份纪委和张掖市纪委双层管理，杨永钧任纪委书记。2021年12月，中共甘肃亚盛张掖分公司第一次代表大会选举产生了中共甘肃亚盛张掖分公司第一届纪律检查委员会，举刘建、胡定树、霍荣林、纳守杰、王旭杰担任委员。刘建任纪委书记，胡定树任纪委副书记。2021年，纪委下设办公室（纪检监察室）、信访办公室。纪委办公室设主任1名，专职纪检干部1名；信访办公室设主任1名，专职信访工作人员1名。

二、职能职责

1. **纪委办公室职责** 负责检查党和国家的路线、方针、政策、法令、法规在农场、分公司的贯彻落实情况，负责对党员、干部和所辖单位进行党风党纪、反腐倡廉的教育工作；做好纪检信访工作，承办上级纪检监察机关交办的检举、控告、申诉的信访举报件；受理党员、群众的控告和申诉，认真查处所属党员和被监督对象的违法、违纪案件；监督检查党风廉政建设责任制的落实，制定相关廉政监督制度和措施，促进廉政勤政建设；开展行政监督检查工作，重点加强重大事项决策、重要干部任免、重要项目安排和大额度资金使用等"三重一大"方面的监察；负责监督各基层党组织落实党风廉政建设工作情况；抓好职务犯罪预防工作；做好纪检调研工作；完成上级纪委和分公司党委交办的其他任务。

2. 信访办公室职责　负责受理对党的组织、党员违反党纪行为和对行使公权力的公职人员职务违法、职务犯罪行为等的检举、控告；归口受理对分公司党委管理或者授权管辖的党的组织、党员干部违反党纪、职务违法和职务犯罪行为等的信访举报，统一接收下一级单位报送的相关信访举报，分类摘要后按规定进行分流处置；对上级纪检监察机关信访举报部门交办的要求调查并报送结果的信访件归口管理，督促催办信访举报问题；受理党员对作出的党纪处分或者其他处理不服的申诉和监察对象对作出的涉及本人的处理决定不服的复审申请；综合分析信访举报情况；接待群众来访，处理群众来信和电话网络举报事项等。

三、负责人

中共亚盛股份公司张掖分公司历任监委、纪委书记名录见表 2-30。

表 2-30　中共亚盛股份公司张掖分公司历任监委、纪委书记名录

机构名称	姓　名	籍　贯	职　务	任职时间
中共张掖农场纪律检查委员会	杨掌元	陕西省富县	监委书记	1965.07—?
	王永治	甘肃省民乐县	纪委书记	1981.02—1984.11
中共甘肃农垦张掖农场纪律检查委员会	张　财	甘肃省张掖市		1984.11—1985.10
	万　孝	甘肃省民乐县		1985.10—1999.10
	周文集	甘肃省张掖市	纪委书记	2000.01—2014.12
中共亚盛张掖分公司纪律检查委员会	杨永钧	天津市武清区		2016.03—2020.12
	刘　建	甘肃省定西市		2020.12—2021.12

纪委下设办公室、信访办公室，基层党委设纪检小组，办公室、信访设主任 1 人，专职纪检干部 1 人，基层党委设纪检小组组长 1 人（表 2-31）。

表 2-31　纪委办公室部门负责人名录

机构名称	姓　名	职　务	任　　期
纪委办公室	王道伟		1985—1993.10
	尹明钦		1993.10—2000.08
	张贵根	主　任	2000.08—2005.01
	张树成		2005.01—2005.12
	张贵根		2005.12—2011.02
	胡定树	干　事	2011.02—2020.10
	张树成	主　任	2013.05—2020.08
	胡定树		2020.10—2021.12

第四节　群团组织

一、职代会、工会组织

1. 机构设置　1962年和1963年，分别召开职工代表大会。1982年，农场由张掖地区管理，组织召开第一届职工代表大会。1982—1995年，先后换届选举6次，共召开职工代表大会12次。1987年，三届一次职代会通过成立11人组成的职代会常设主席团的决定，建立职代会办公室，承办职工代表大会闭会期间日常事务。同年10月，主席团第四次会议决定，撤销职代会常设主席团，成立职工代表委员会（简称职代委员会）。下设生产经营、规章制度、生活福利、评议监督干部、提案审查等5个专门小组。基层单位正式代表成立职工代表小组（3人以上），设小组长。职代小组接受所在单位党支部思想政治领导。2014年，成立工会组织，职代会在以后的年度里都以工代会的形式，由工会组织召开。

2. 职责职能　职代委员会、工会，是职工代表大会的常设机构。组织动员广大干部、职工协助完成各项生产任务；积极参与民主管理；加强工会组织建设；积极开展群众性的劳动竞赛；调查了解干部职工家庭生活，帮助职工消除后顾之忧，协调家庭纠纷，管理职工福利待遇，维护职工的合法权益，维护职工的切身利益；协调处理劳动纠纷；负责工会经费解缴工作。农场工会成立于2014年11月18日。2015年3月20日亚盛集团张掖分公司工会委员会召开第一次会员代表大会，会议选举产生一届一次工会委员会、工会经费审查委员会和女职工委员会，设工会主席1人，工会委员会委员10人；工会经费审查委员会4人，主任1人；女职工委员3人，主任1人；工会下设16个工会小组。专职工会主席1人，工会干部2人。

3. 负责人　张掖农场工会历任主席人员名录见表2-32。

表2-32　张掖农场工会历任主席人员名录

姓　名	籍　贯	职　务	任职时间
周文集	甘肃省张掖市	工会主席	2014.11—2016.04
王培文	甘肃省张掖市	工会主席	2016.04—2017.05
杨永钧	天津市武清区	工会主席	2017.05—2020.12
刘　建	甘肃省定西市	工会主席	2020.12—2021.12

二、共青团组织

1. 机构设置　1958 年，成立中国共产主义青年团张掖农场总支委员会。下设团支部 3 个，共有团员 91 名。1966 年，大批支边知识青年和部队复员转业军人参加农场建设，团员增加到 701 人。1967—1968 年"文化大革命"期间，共青团组织停止活动。1969 年，经过整团建团，恢复了团组织活动。1972 年 8 月，团总支 1 个，团支部 25 个，团员 488 人，其中女团员 290 人，团员占青年职工的 52.5％。当年 12 月，召开共青团首届代表大会，成立团工委。1975 年 4 月，召开场第六次团代会。1976 年，开展基层党、团支部整风整顿工作，对违纪团员进行严肃查处，其中 8 人受到警告处分，1 人留团察看，二人自动退团。1978 年以后，农场团组织建立健全了组织生活制度。1982 年 8 月，共青团张掖地区农垦首次工作会议在张掖农场召开，会议决定成立农场团委，下设团支部。1988 年，建立共青团团委委员民主生活会制度。实行团员证制度，为团员颁发团员证。1990 年共青团第六届代表大会通过《共青团国营张掖农场委员会工作条例》。1991 年，制定团支部三年建设规划，各团支部建立起团员活动室。新增设团支部 7 个，发展团员 86 人。1994 年，紧紧围绕党委中心工作，全力实施"跨世纪青年文明工程"和"跨世纪青年人才工程"两项重点工作，制定《1994 年全场共青团工作要点》。在新成立的 3 个单位组建团支部。至 1995 年，全场有基层团委 1 个，团总支 4 个，团支部 24 个，共青团团员 208 名，团员占青年总数 23.6％。2007 年，因学校移交甘州区教育局管理，团员多是学校学生，团委工作移交学校管理，农场不再设团委。2001 年后团员基本都是学生，农场没有在任团委书记。2010 年 4 月 12 日，共青团张掖农场委员会隶属共青团甘州区委管理。

2. 职责职能　贯彻党和国家的教育方针、法律法规和政策；宣传和贯彻上级共青团的决议和决定；按共青团章程、做好共青团换届选举工作；领导和组织团员教育活动，做好团组织发展工作，提高团员素质，做好"推优入党"工作；领导、督促、检查少先队工作，指导少先队强化组织建设，开展各项活动。

3. 负责人　共青团张掖农场委员会 1955—2010 年历任负责人员名录见表 2-33。

表 2-33　共青团张掖农场委员会 1955—2010 年历任负责人名录

机构名称	姓　名	职　务	任　期
共青团张掖农场委员会	王明义	书　记	1973.01—1973.03
	张台云		1973.03—1975.04

（续）

机构名称	姓　名	职　务	任　期
共青团张掖农场委员会	马秉智	副书记	1973.03—1980.12
	徐宏贞		1973.03—1980.12
	彭宗贵	书　记	1980.12—1981.05
	崔建勇	副书记	1981.12—1988.05
	张树成	书　记	1988.05—1990.03
	顾计华		1988.05—1990.03
	王培文	副书记	1988.05—1990.03
	王经富		1993.05—1996.06
	雷根元		1993.05—1996.06
	王昌盛	团委书记	1996.06—2001.05

三、妇代会组织

1. **机构设置**　1957 年以前只有调入的少数女干部、女工人。1958 年工人可以带家属，职工家属被吸收参加农场劳动，全场有女职工 96 人。1962 年女工占职工总数的 36.9%，场党委任命肖玉兰为妇女干事，负责妇女工作。1977 年，农场各单位成立妇女小组。1978 年选举妇女小组代表参加农场首届妇女代表大会。大会成立农场妇女联合委员会，每 3 年换届改选一次。至 1987 年全场已换届 3 次，召开妇女代表大会 11 次。1995 年，妇女联合委员会有妇女小组 28 个。2011 年，妇女工作在场党委的领导下，努力完成生产工作任务，为农场改革、发展和稳定做出了积极的贡献。各行各业涌现出了一批先进妇女，为表彰先进，树立典型，激发全场女职工的生产积极性和工作热情，在各单位评选推荐的基础上，经场党委研究决定：授予张玉珍等 23 名女职工"2011 年度先进妇女"荣誉称号。2021 年，亚盛张掖分公司工会在 3 月 8 日组织召开了"中国共产党成立 100 周年暨'三八'国际劳动妇女节表彰大会"。经各单位自下而上，好中选优，评选出 15 名先进代表，农场党委对她们授予"先进妇女代表"荣誉称号，颁发了荣誉证书和奖品。

2. **负责人**　张掖农场妇女委员会历任负责人名录见表 2-34。

表 2-34　张掖农场妇女委员会历任负责人名录

机构名称	姓　名	职　务	任　期
张掖农场妇女委员会	徐宏贞	主　任	1978.03—1986.03
	徐润兰		1986.03—1990.03
	赵秀英		1990.03—1993.03
	张秀云	副主任（主持工作）	1993.03—2000.02
	宋世琴	主　任	2000.02—2006.12
	张玉珍	副主任（主持工作）	2006.12—2012.12
	李菊英	科　员（主持工作）	2013.01—2014.10
	孙小梅		2014.11—2019.03

3. 职责职能 ①宣传贯彻党的路线、方针、政策，发挥好党联系妇女群众的桥梁和纽带作用。②团结、教育女职工，发扬自尊、自信、自立、自强精神，不断提高自身素质，充分发挥女职工在各项事业中的积极作用。③维护妇女的合法权益，参与本单位的民主管理和民主监督。关心女职工工作、学习和生活，了解她们的意愿和诉求，创建和谐温暖的妇女之家。努力促进男女平等，做好文明家庭的创建和评选表彰工作。④关心妇女的业余生活，因地制宜开展利于女职工身心健康的检查，开展各种教育和文化活动。⑤大力宣传表彰先进女性，积极向党委、行政和上级妇联组织推荐优秀妇女人才。⑥做好管理和服务工作。

四、老龄委员会

1. 机构设置　1987年4月成立离退休老干部党支部，制定《离退休老干部支部工作暂行规定》。按照国家规定，农场为一批参加生产建设多年的老同志先后办理了离退休手续。1991年1月成立老龄委员会。老龄委员会受农场党委领导，主任王荫树，副主任陈义，委员薛熔新、戴永福、崔建勇、尚金顺、张文斋、孙齐忠、徐润兰。基层单位成立离退休职工小组，离退休干部由组织科和老干支部管理，退休工人由职代会和劳资科管理。2020年12月，党员实行工作社区化管理，老干总支撤销移交老寺庙社区党支部。

老龄委员会和老干部党支部全面贯彻党和国家有关老龄工作的各项方针、政策，紧紧围绕离退休职工老有所养、老有所医、老有所学、老有所为、老有所乐、安度晚年开展工作。

2. 负责人　老干部党支部负责人名录见表2-35。

表2-35　老干部党总支历任负责人名录

机构名称	姓　名	职　务	任　期
离退休老干部党支部	王道伟	支部书记	1987.04—1993.04
老干部党总支	霍仲连	总支书记	1993.04—2005.03
	万　孝		2005.03—2009.06
	张贵根		2009.06—2011.01
	周文集		2011.03—2016.03
	王培文		2016.03—2019.07
	霍荣林		2019.07—2020.12

五、民兵组织

1. 机构设置　军垦时期，农场人武工作由农建十一师直接领导。番号为中国人民解放军兰字 921 部队。1969 年，团司令部设参谋股管理武装值班连队。1975 年，撤销参谋股，人武工作并入保卫科，称为武保科，人武工作由张掖县人民武装部领导。1979 年 5 月，农场成立人民武装部，管理农场民兵工作。1987 年，场人民武装部与保卫科合署办公，保卫科管理人武工作和保卫工作，1981 年武器装备移交张掖市武装部。

2. 职能职责　建场初期武器管理，负责本区域民兵、征兵，民兵组织建设、政治教育、军事训练、武器装备管理，组织民兵参加"四个文明"建设、国防教育，做好征兵宣传动员。

3. 负责人　武装部历任负责人名录见表 2-36。

表 2-36　武装部历任负责人名录

机构名称	姓　名	职　务	任　期
保卫股	李增芳	股　长	1964.04—1969.08
	任凤胜	股　长	1969.08—1970.10
参谋股	徐长前	参谋长	1970.10—1975.03
武装保卫科	王明义	科　长	1975.03—1976.03
武装保卫科	薛维亮	副科长	1976.03—1983.12
武装部	王　忠	副部长	1983.12—1986.05
民兵营	刘胜林	营　长	1986.05—1989.03
		副科长	1989.03—1995.06
保卫科	李振东	科　长	1995.06—2000.03
	王昌盛	副科长	2000.03—2000.12
	刘照静		2001.01—2005.10
	王经富		2002.02—2004.08
	雷根元	科　长	2005.10—2009.11
	刘照静		2009.11—2021.12

第三章　职工队伍

第一节　职工基本情况

张掖农场职工队伍结构相对比较复杂，来自祖国的四面八方，有甘肃或外省调入的，有转业、复员、退伍军人，有社会支边知识青年及上海移民，还有统一分配的大、中专院校毕业生等，主要有以下几个方面的来源。

1. **职工来源**　主要是建场初期上级调配来干部、专业技术员、大中专院校应届毕业生和从其他企事业单位调入的职工，主要从事筹建工作。

2. **复员转业军人**　1955年12月，由宁夏农一师调入的两个连队的转业官兵205人，其中70人于1957年调往黄羊河农场，大部分调往其他单位或回家务农，1958年时仅剩20人。1958年春，从成都军区退伍团调入复员退伍军人374人，后来调走30人，自行离场返乡200多人，到年末仅存109人。1964—1967年，先后从7985、8039、8048等部队调入复员退伍军人513名，其中有军官50名，后返回原籍194人，调出5人，到1967年6月实有313人。

3. **支边知识青年**　1960年3月，安置河南农村支边青年1033人（随迁干部3人），因农场生活艰苦，当年返回原籍740人。外调286人，其中240人于1961年3月到山西大同煤矿"移工就食"，到1961年11月仅有4人。1965—1968年，曾先后接收西安、天津、济南、青岛、济宁、兰州等城市支边知识青年2624名（女性1351名），1970—1972年，先后有5个知青连队外调到军垦系统农12团、农16团、石英矿等单位。1978—1979年，在全国性"下乡青年返城风"的影响下，以"病退""困退""顶替"等原因返回原籍421名，其他因升学、参军、招工、零星外调等原因又离开。至1980年底，全场尚有各地支边知识青年164人，其中长期离场42人（表2-37）。

表2-37　张掖农场1980年城市知青人数统计表

项目	安置人数（人）		知青减少情况（人）								1980年末知青数（人）		
	合计	女性	合计	病退、困退数	升学	参军	死亡	调往外单位人数	招工	其他	合计	其　中	
												女性	长期不归
合　计	2624	1351	2460	421	68	26	9	1855	38	43	164	91	42

（续）

项目	安置人数（人）		知青减少情况（人）								1980 年末知青数（人）		
	合计	女性	合计	病退、困退数	升学	参军	死亡	调往外单位人数	招工	其他	合计	其　中	
												女性	长期不归
天津市	1231	643	1186	232	38	8	7	862	15	24	45	28	7
山东省	1068	553	974	189	7	6	2	751	8	11	94	51	35
西安市	27	10	22	0	0	0	0	14	0	8	5	4	0
兰州市	298	145	278	0	23	12	0	228	15	0	20	8	0

支边知青中，部分分配在农场机务、文教、卫生、财会等部门工作，成为农场的骨干，1979 年的"知青返城风"一度造成农场春耕无人开拖拉机播种，学校无老师教课，财务账目无人记等情况，对当时农场的正常生产、工作造成极大影响。其中有少数知青与本场职工因婚配未离开。据 1994 年统计，全场尚有各地支边知识青年 28 人。

4. 上海移民　1960 年 5—6 月，先后从上海接收、安置城市移民 854 人，因水土、气候等不服和不习惯当地生活条件，导致有一些年老体弱者因疾病等原因死亡，当年其他人成批回流上海，1961 年春仅剩下 20 人，其中与河南支边青年一起"移工就食"3 名，后从大河农场（已撤销）调入一部分，1962 年尚有 26 人在农场坚持生产劳动。

5. 职工子女就业　1963 年 9 月，劳动部和农垦部联合发出（1963）中劳配 399 号和（1963）垦计真 172 号文件，规定"农场可以自行根据生产的需要安置满 16 岁不能升学有劳动能力的职工子女在农场工作"。1976 年农场以上山下乡形式首批安置高、初中毕业职工子女 37 人就业。1977—1986 年，每年根据上级及政府劳动部门审批名额安置高、初中毕业后未能升学的职工子女回农场就业。1987 年以后，根据《用工制度改革方案》，按照国家劳动部门下达的招工指标，从职工子女及其婚姻对象、配偶中通过招工考试，由农场择优录用，成为合同制工人。1969—1993 年农场先后安置职工子女及其配偶 1233 人，成为农场主要劳动力的来源。2017 年之后，每年都按当年退休职工总人数 10％的比例招收职工子女就业。

6. 社会招工　1970 年以后，部分职工的亲友、家属、子女（户籍在异地），以投靠亲友、务工等形式来场参加劳动，当时因招工指标、条件等限制，未能及时招工。这部分人员一直以临时工的身份参与农场各项生产建设。1976—1977 年，为缓解劳动力严重不足，共录用投靠亲友者 529 人为临时工，1979 年 5 月，张掖地区同意 340 人转为固定工。1980 年 2 月，张掖地区农垦局批转固定工 30 名，其余人员于 1987 年招收为合同制工人。2011 年，农场为 76 名长期临时工解决了临时工龄。

2012 年，解决长期临时工 141 人社保问题，其中 86 人已超龄，农场多次与甘州区社保局协商，补缴了社保费，2016 年将社保关系转入农场。

7. 大中专毕业学生 鉴于农场管理队伍老龄化，急需培养后备力量，2014—2021 年，农场根据实际情况，通过从社会公开招聘、职工子女中招聘等方式，招录 25 名大专以上人员以充实管理工作岗位。

2020 年 12 月，农场 989 名退休人员，移交给张掖市甘州区碱滩镇老寺庙社区管理（表 2-38）。

表 2-38 张掖农场职工人数与构成统计

单位：人

年份	年末职工人数	生产工人	农业				工业	运输	基建建筑	学徒及其他工人	管理及技术人员	服务人员	其他人员
			合计	农业(含农机工人)	林园业	牧业							
1955	69	32	30	30	—			2		—	37	—	—
1958	494	479	408	372	—	36	24	2	45	—	12	3	
1960	1012	956	913	873	—	40	13	2		28	51	5	—
1963	221	199	181	163	3	15	7	2	—	9	20	2	
1964	572	492	472	389	3	80	14	6			70	10	
1966	3314	2838	442	362	—	80	30	6	2360	—	225	251	
1969	3645	2651	2214	2019	48	147	72	31	120	214	242	348	404
1972	2272	1812	1366	1203	41	122	151	53		242	213	247	
1974	2053	1547	1149	974	58	117	112	38		248	228	241	37
1976	2483	2013	1673	1447	79	147	118	60		162	184	286	
1979	1881	1338	972	747	116	109	201	42	75	48	173	250	120
1983	2098	1508	993	747	164	82	289	18	147	61	235	199	156
1986	2137	1560	1031	912	107	12	216	20	98	195	201	177	199
1990	2310	1845	1483	1260	223	—	178	26	47	111	230	235	
1995	1563	1233	997	654	343		172	19	45	—	162	168	
2000	1261	1090	908	674	234		105		77		126	45	
2005	1082	916	753	581	172		110		53		128	38	
2010	1088	944	741	521	183	37	160		43		103	41	
2015	963	836	780	573	175	32	29		27	—	107	20	
2021	673	561	544	395	132	17	7		10	—	109	3	

第二节　干部队伍建设

一、干部来源

1955 年 2 月，甘肃省农林厅派来徐良谋等行政干部与甘肃省农林厅张掖机械农场勘测设计队行政技术干部，从张掖马拉机农场调入个别农技人员，组建了甘肃省国营张掖农场机械农场筹建处。之后，干部除由上级单位派遣外，主要来源：一是由张掖地委、县委调入；二是大中专毕业统一分配来场的毕业生；三是部队复员、转业干部；四是从农垦系统调入干部；五是从优秀工人中提拔，其中有属于少数经过地区干校或大中专技术学校培训后提拔的干部队伍。1970—1974 年，有 12 名现役军官调入领导班子。1984 年，在岗的工人（称"以工代干"）182 名，经甘肃省农垦总公司批准补办干部手续转为国家干部。1988 年改革干部人事制度，实行干部定期聘用制，基层主要行政领导干部通过招聘，经党委审议后由场长聘用。根据中共中央"尊重知识、尊重人才"的指示精神，落实知识分子政策，改善科技干部的生活和工作条件并按国家规定评定技术职称，发放职称，上调工资，从优秀专业技术人员中选拔或聘任场、科、队级领导干部。

20 世纪 90 年代，队干部由基层党组织推荐，经组织科考核，党委审议，由场长聘用。1991 年建立专业技术人员定期考核鉴定验收制度，对其中有突出贡献的给予奖励，对无学历但自学成才且经考核胜任技术工作的人员，在农场内部聘为技术人员并享受相应的待遇。1997 年 4 月，农场出台了《十四项规章制度》，进一步打破干部和工人界限，企业实行管理人员和技术人员聘任制、招聘制和选举制。按照干部"四化"要求，坚持德才兼备的干部标准，本着公开、竞争、择优的原则，以德、能、勤、绩为依据聘用干部。原有的国家干部和新进企业的统配干部，可以聘任其到技术岗位和管理岗位上工作，也可以保留干部身份安排到生产岗位上，其工资、福利待遇随岗位变动。干部实行与岗位相匹配的工资和福利待遇。同年，还制定了干部选拔任用基本条件。

二、干部管理

干部实行分级管理。场级干部由上级党委任免和管理，科级干部在 1980 年以前由上级党委任免，1980 年以后由农场党委任免和管理。一般干部在兵团时期都由上级机关任免，恢复农垦体制以后由农场党委任免和管理。1988 年，实行"政治体制改革"以后，行政干部的培养、选拔、使用一般都经场党委审查讨论同意后由行政领导干部聘用。1989 年，严格执行中层行政干部由场长提名或党委推荐，经党政领导集体讨论后由场长任免的程序。1990 年，根据甘肃省委（1990）13 号文件，培养、选拔、使用干部除广泛听取群众意见外，在管理上实行"党政共同负责，以党委为主的原则"。

（一）贯彻干部"四化"方针

根据中共中央关于实现干部队伍革命化、年轻化、知识化、专业化的要求，1984 年，对农场领导班子实行新老更替，进行调整。农场党委针对干部队伍年龄老化问题和适应市场经济新形势的需要，加强后备干部建设。场级后备干部按照民主推举、党委集体讨论、组织部门考核、上级党委审定的程序，按干部"四化"要求，培养既能坚持四项基本原则、政治素质好、德才兼备、具有商品经济观念、懂业务、会管理，又能密切联系群众的优秀女干部队伍。建立队级以上领导班子后备干部名单，由组织部门统一考核，党政共同审查使用，充实到基层领导岗位上去。1990—1996年，全场共选拔配备35岁以下的副场级后备干部7名、科级干部22名、队级干部42名。

（二）考核和民主评议

农场、队级干部实行目标管理、民主评议、民意测验。职代会参与对干部进行年度考核，对干部一年来德、能、勤、绩四个方面作出评价，作为干部调整、使用和奖罚的依据。

1. **干部试用**　对新提拔干部实行试用制度，坚持能者上、庸者下的原则，从制度上保证具有开拓精神的干部脱颖而出。

2. **定期聘用**　1988年实行承包经营后，基层核算单位第一承包人一律采取公开招标的办法产生，由场长按照规定条件和程序聘任，行政副职和业务技术干部由第一承包人报请场长审议、聘任，任期由第一承包人确定。原领导班子成员未聘入新领导班子者，其职务自行取消。落聘干部到生产第一线后，其待遇按甘肃省农垦总公司党委1985年3月下发的《关于改革干部管理制度几个问题的通知》精神执行。即凡1984年5月国务院〔1984〕67号文件下发前提拔任命的各级领导干部，原享受的待遇不变，以后从工人和一般干部中选拔的领导干部，仍回原来工作岗位，不保留领导干部或干部身份。

3. **严格管理职工子女**　在领导班子优化组合中，严禁第一承包人用自己的亲属作副职；各单位的干部不得把自己的亲属子女安排在自己直接领导下作财务、物资工作。

4. **基层兼职**　基层党支部的配置，改变过去全部设专职书记的做法，采取两种形式：科级单位和职工人数在60人以上的单位设专职书记；人数不满60人的非科级单位设兼职书记，由行政正职或行政副职兼任。

（三）干部管理规定

根据中共中央《党政领导干部选拔任用工作暂行条例》精神，1997年4月，结合农场干部管理的实际情况，制定了《干部管理规定》。

1. **打破干部和工人界限**　企业实行管理人员和技术人员聘任制、招聘制和选举制。按照干部"四化"要求，坚持德才兼备的干部标准，本着公开、竞争、择优的原则，以德、能、勤、绩为依据聘用干部。原有的国家干部和新进企业的统配干部，可以聘任到技术岗位和管理岗位上工作，也可以保留干部身份安排到生产岗位上，其工资、福利待遇随岗位变动。干部在什么岗位享受什么岗位的工资和福利待遇。

2. **干部的聘任和招聘**　由企业法人提名或党委推荐，经组织部门考察、党委讨论确定后，行政干部和技术人员由行政领导聘任；党务干部和共青、妇、职代组织的干部由党委任命。干部任聘与任职时间，应根据被任聘与任命干部本人的表现及工作能力，由企业法人党委研究确定。各基层单位的副职、技术人员和业务人员，由正职提名经场组织部门考查，由场行政领导聘任或党委任命。

3. **选拔任用的基本条件**

（1）具有履行职责所需要的理论政策水平和解决实际问题的能力，坚决执行党的基本路线和各项方针、政策，立志深化改革，在社会主义建设中艰苦创业，开拓创新，做出实绩。有强烈的革命事业心和政治责任感，有实践经验，有胜任领导工作的组织能力、文化水平和专业知识。清正廉洁、以身作则、艰苦朴素、密切联系群众，坚持党的群众路线，坚持和维护党的民主集中制，有民主作风，有全局观念，善于团结同志。

（2）任场级领导职务的，应具有五年以上的工龄和三年以上基层工作经历，并具有大专以上文化程度。

（3）任科级领导职务的，由副职提任正职，一般要在副职岗位上工作三年以上；由下级正职提任副科级的，一般要在下级正职岗位上工作三年以上，并具有大专以上文化程度。

（4）提任队级领导职务的，应具有四年以上的工龄，在下一级岗位上工作两年以上，并具有大专以上文化程度。

（5）提任副队级领导职务的，要在一般干部岗位上工作两年以上，并具有中专以上文化程度。

（6）聘任各类专业技术干部，必须是从大中专院校毕业后在专业技术岗位上工作一年以上，并取得有关专业技术职务任职资格后，经考核能够胜任本职工作，方可聘任。

（7）对成绩突出、具有特殊贡献、群众认可者，根据全面考核，经组织部门考察、党委审定，破格任用。

（8）任党内领导职务的，应符合《中国共产党章程》规定的党龄要求。

（9）全员劳动合同制1993年贯彻《企业转换经营机制条例》精神，深化劳动人事制度改革，干部和工人一样实行劳动合同制。对工作能力差、群众反映强烈，经考核完不成承包经营责任指标的干部，该降职的降职，该解聘的解聘，使干部能上能下。

干部聘用坚持双向选择原则，凡经农场聘任的大、中专生，均实行半年的试用期，试用期满后根据表现经考核决定去留。对已参加工作又取得规定学历后仍在工人岗位的大、中专生可根据生产和工作需要，择优聘用。对未招工且取得大、中专学历的人员，聘用前应在工人岗位上锻炼两年以上，根据生产和工作需要择优聘用。以上人员均有一年的试用期，在试用期不享受学历浮动工资。期满后，根据全面考核胜任本职工作的可享受国家规定的同等学历的有关待遇。先参加工作，取得国家认可学历的在职干部可享受同等学历待遇。从各类学院（校）毕业后，本人申请实习的人员，经单位同意，报组织科备案，方可实习。

4. 薪酬待遇方面　按照甘政发〔1993〕387号文件享受浮动工资的人员，依据省农垦总公司（甘垦发〔1992〕116号）文件精神，在本单位连续工作满五年的干部和技术人员，将其原浮动工资予以固定，并在此基础上，再向上浮动一级工资。调离农垦时取消浮动工资，固定和浮动的工资不影响正常升级。在农垦累计工作满三十年以上，并在此岗位退休，退休费按本人基本工资百分之百计发。为进一步调动广大科技人员的积极性、创造性，发挥科技人员的作用，把农场的经济尽快搞上去，农场规定，科技人员在做好和完成本职工作及本单位交给的各项任务的前提下，可以承包、领办创办企业，开展技术开发、示范、承包等有偿服务。

（四）干部管理情况

农场本着精简机构，缩小编制，减少非生产人员，在定岗位、定编制、定职责的前提下，坚持"高效、多能、精干"原则，择优聘任与任用干部。对精简和落聘以及未任用的干部，本着"公开、平等、择优、竞争"的原则，由组织部门向用人单位推荐，或参加其他劳动组合，或转岗到其他岗位工作。允许未聘人员辞职，自谋职业（按场有关规定缴纳场管费）或组合到工人岗位。

1987年以后，为适应经济改革的新形势，农场对干部人事制度进行深化改革，此项制度延续到2012年。2012年原《十四项规章制度》干部管理规定废止，亚盛张掖分公司制定了《内控管理制度》。制度规定干部的聘任和招聘由企业法人提名或党委推荐，经组织部门考查，党委讨论确定后，行政干部和技术人员由行政领导聘任；党务干部和共青、妇、职代组织的干部由党委任命；干部任聘与任职时间，应根据被任聘与任命干部本人的表现及工作能力，由企业法人、党委研究确定；各基层单位的副职、技术人员和业务人员，由正职提名经场组织部门考查，由农场行政领导聘任或党委任命。

1995年新聘用干部31名，其中有不包分配的大、中专毕业生2名，从农场优秀工人中聘用29名。年底，全场共有从非国家干部中选聘的干部145名，其中：专业技术职称105名（中级职称19名，初级职称86名），18名担任中层领导职务。至2021年，全场有领导班子成员7名，调研员2名，副调研员1名，中层正职28名，中层副职17名，一般管理人员 52 名，管理人员合计 107 名。

2021 年，农场有党员人数 196 人，经营管理人员总数为 107 人，女性管理人员 22 人，其中管理人员中党员人数 81 人，35 岁以下管理人员 32 人；各类专业技术人员 53 人，其中专业技术人才 20 人（农业、林业、工程类）；工人 42 人、家庭农场职工 524 人；本科以上学历 40 人，大专学历 94 人，中专学历 52 人，高中及以下学历 487 人。

三、干部教育培养

建立正规化政治理论教育制度。采用举办学习班、看录像自学与辅导相结合的办法，组织干部系统学习马克思主义经典著作和毛泽东、邓小平文选文集；学习世界和中国革命史；学习社会主义市场经济理论；学习党代会文件、中央党政领导同志重要讲话和各项有关时事政策等文件，不断提高干部的思想理论和时事政策水平。

在坚持正规化政治理论教育制度的同时，农场党委还建立干部定期参加劳动制度，常态化进行为政清廉、改进作风、提高效率、全心全意为人民服务的教育，提高干部的公仆意识，以继承和发扬党的艰苦奋斗、密切联系群众的优良传统，克服官僚主义、消除腐败现象。建立干部联系点制度，要求干部经常深入基层、深入群众作调查研究，每年组织干部进行场内外观摩评比、总结工作，年终进行鉴定考核。选送干部到大中专院校进行正规培训、深造，派遣干部到国外或省内外先进单位进行考察，学习先进的管理经验和业务技术。

自 1976 年以来，农场人员进入北京农垦管理干部学院培训 7 名，进入其他大专院校培训 23 名，进入中等专业学校培训 87 名，不脱产参加电大、函大学习和成人自学考试的 98 名。1991 年实行正规理论教育考试制度，有 175 名干部经考试取得甘肃省委讲师团颁发的干部正规化理论教育结业证书。进入 21 世纪，党组织建制历经几次调整，隶属关系也发生多次变化，但农场党委（甘肃亚盛分公司党委）一直高度重视干部的教育和培养工作，为农场（分公司）的发展培养了后备力量，提供了人才支撑和智力保障。

第三节　专业技术队伍建设

一、科技队伍

建场以来，农场的专业技术干部大多是调入的大、中专院校毕业生。1995 年 12 月，全场有从事农业技术推广的农技人员 34 名，比 1990 年增加 36％。"八五"期间，先后有

12名科技人员入党，15名被提拔到领导岗位，22名符合条件的被评聘并晋升高一级的技术职称。

1988年，农场实行专业技术职务聘任制，全场139名专业技术干部被聘任，聘任中级职称19名，初级职称120名（助理级67名）。1991年，建立专业技术人员定期考核鉴定制度，以提高技术干部岗位责任心和开拓创新意识。1995年，在岗的专业技术干部199名，其中：高级职称2名，中级职称25名，初级职称172名。2006年入组亚盛后，为保障激励专业技术人才队伍建设，制定出台《亚盛张掖分公司员工奖励与惩罚制度》。2018年，有在职专业技术职称人员55人，其中：中级职称15人、初级职称40人。

生产科技以农场的生产科牵头负责，技术项目、基层单位科研项目、试验课题报生产科，生产科报上级部门备案，生产科设技术员，技术员负责农业、畜牧的科技及研发、试验、畜牧的防疫等。

二、农机队伍

农场的机务人员来源，少数是外单位调入和分配来的农机学校毕业生，大部分是本场培训并从事农机工作的职工。1955年有机务人员7人，1956年分配到农场的农机学校毕业生有12人。机耕队成立后又从转业军人中选调12名职工随队培训。

1958年，采取以师带徒的方式，从四川复员军人中和农机手中选调12名随队培训。军垦时期农建师定点开办专业培训班，大大提高了农机人员的技术水平，机务人员主要从支边知识青年中选调培训，其中培训女拖拉机驾驶员25名。机务人员外流现象经常发生，1979年6月，举办机务人员培训班，抽调素质较好的农工70多人进行培训，充实机务队伍。1990年减至101人。1995年共有农机人员139名，其中：管理人员27名，生产工人112名。生产工人中有拖拉机驾驶员及助手76名，汽车驾驶员及助手18名，收割机驾驶员及助手3名，修理工15名。2018—2020年，培训农机人员61人。2019年1月，对农场157名农机驾驶员进行驾驶员科目考核，全部合格，通过率100％。

2019年4月，民乐分场15名驾驶员参加民乐县农机监理站举办的驾驶员培训，取得农机驾驶执照。

2021年，持证上岗农机驾驶员人数264人（有效）。2018年，参加培训考试发证人员69人。2019年1月，二期培训考试发证人员157人。民乐分场参加地方考试取得驾驶证15人。

三、财会队伍

建场初期农场设有总账会计，出纳、保管、采购员各 1 人。1958 年以后增设副业会计 1 人。各基层生产队设有专职会计统计员 1 人。1965 年，后勤处成立计财股，设有成本会计、资产和材料会计、出纳、计划统计、劳动工资助理，基建会计等财务人员，物资供应股设有会计、保管、供应助理员各 1 人，采购员 2 人。各连队设置专职会计统计员 1 人。1966 年，计财股增设固定资产和往来结算会计、现金会计，供应股与工商股合并成立供商股，增设商业会计、供应会计和生产资料供应助理员、出纳、保管等财会人员。1970 年，财务股与供应股合并成立计财供应股，另设工商股，同属后勤处领导。1971 年，财务、供应分设二股，分别负责财务和物资供应工作。1975 年，财务股改称计财科。1993 年，场部设有财务科，场属单位分场、各农林管理站、公司、工厂、医院等单位都设有财务股，配备会计、出纳、保管等人员，基层生产队设有会计员。2000 年，农场财务集中，成立财务结算中心。2006 年，实行"三分开、两独立"，财务中心改为财务科，设财务总监、财务科长、会计、出纳。张掖农场 1995 年及 2021 年财务人员情况见表 2-39。

表 2-39　张掖农场 1995 年及 2021 年财务人员情况统计

年份	总人数	性　别		职　称			文化程度				年龄结构			
		男	女	会计师	助理会计师	会计员	本科	大专	中专	高中	30岁以下	31岁～40岁	41岁～50岁	50岁以上
1995	41	22	19	1	9	31	1	4	24	12	10	25	5	1
2021	17	7	10	0	6	8	3	1	2	1	5	5	2	5

四、教育队伍

1962 年，农场在老寺庙场部创建第一所职工子女小学。1965 年，学校迁入新校址，全场有教师 22 名，学生 365 名。1971 年，增设初中班。1973 年，又增设高中班，建成小学到高中一贯制教学体系。1985 年，农场职工子女学校中学部和小学部分离

1986—1988 年，将各队小学并入农场中学，实行集中办学，实行住校就读，2006 年，学校资产、教师队伍移交甘州区教育局，移交教师 37 名，离退休人员 24 名。

学校师生历年变动情况见表 2-40。

表 2-40　张掖农场中、小学历年学校师生情况统计

单位：人

校　名	年份	教职员人数	其中：教师		在校人数		新招学生人数	当年毕业人数
			中学	小学	中学	小学		
张掖农场子女中学	1996	68	15	53	103	452	185	61
	1997	59	12	47	155	363	131	73
	1998	57	13	44	199	319	80	72
	1999	57	13	44	197	322	73	72
	2000	60	16	44	138	398	84	71
	2001	60	16	44	131	453	119	65
	2002	55	16	39	151	434	104	83
	2003	74	15	59	175	409	113	97
	2004	30	18	12	449	129	112	62
	2005	35	20	15	146	370	75	39
	2006	32	17	15	150	370	42	28

五、卫生队伍

1956 年，农场设医疗室，1964 年，四场合并后，老寺庙设卫生所，基层设 8 个保健站。1965 年 7 月，卫生所改为卫生队。1966 年，卫生队设中西医部，有医师 6 名、司药 2 名，化验员 1 名，护理员 10 名。1971 年，医疗工作走"赤脚医生"道路。1976 年，兴建职工医院，医院门诊部设有内科、外科、妇产科、中医科和辅助科室 X 光室、A 超室、消毒室、化验室、注射室，并设有中、西药房。住院部设有病床 30 张，主要设备有手术床 1 台、X 光线透视机 4 台（30 毫安 3 台、50 毫安 1 台）。全院有医务人员 53 名，其中有医生 8 名，医士 4 名。2004 年，医院实行内部改革，先后成立 4 家门诊部。2005 年，恢复职工医院。2018 年，职工医院移交甘州区卫健委，移交医护人员 7 名（表 2-41）。

表 2-41　张掖农场卫生事业发展概况

年　份	机构数	床位数	合计	其　中						经费支持总额（万元）
				西医（人）	中医（人）	护士（人）	司药（人）	其他卫生人员（人）	后勤人员（人）	
1955	1	—	1	1	—					
1965	4	—	6	6						
1966	6	—	29	8	1		2	15	3	—
1971	8	20	56	6	2	13	3	26	6	
1980	3	30	59	7	2	12	4	23	11	8.29
1981	3	30	57	8	2	15	4	18	10	8.72

（续）

年　份	机构数	床位数	合计	其　中						经费支持总额（万元）
				西医（人）	中医（人）	护士（人）	司药（人）	其他卫生人员（人）	后勤人员（人）	
1982	3	30	56	8	2	12	4	21	9	8.47
1983	3	30	51	7	2	11	4	20	7	8.67
1984	1	30	46	7	1	12	4	17	5	9.22
1985	7	30	38	5	1	9	4	13	6	8.84
1986	4	30	37	7	1	9	4	9	7	9.45
1987	4	30	35	7	1	8	4	8	7	9.97
1988	4	30	32	7	1	7	4	8	5	13.90
1989	4	30	32	6	1	7	4	8	6	15.38
1990	4	30	34	6	1	7	4	10	6	16.43
1991	3	30	30	6	1	6	4	8	5	22.00
1992	3	30	29	5	1	6	4	8	5	19.39
1993	3	30	29	5	1	6	4	8	5	26.96
1994	3	30	26	5	1	6	4	7	3	36.00
1995	8	30	25	5	1	6	4	6	3	35.00
1996	2	34	23	5	—	15			3	
1997	2	34	21	7	—	14	—	—		
1998	2	32	21	8	—	11			2	
1999	2	32	12	5	—	7	—	—		
2000	2	32	11	5	—	6				
2001	2	32	20	5		6	—	—	9	
2002	2	30	18	6	—	6			6	
2003	1	30	17	5	—	6			6	
2004	1	15	11	5	—	6				
2005	1	15	11	5	—	6		—		
2006	1	20	28	5		23				
2007	1	20	28	5	—	23		—	—	
2008	1	60	28	5	—	23		—	—	10.00
2009	1	60	28	5	—	23		—	—	75.30
2010	1	40	28	5	—	23				32.30
2011	1	40	29	5	—	24				7.93
2012	1	30	29	4		20	2	3		15.70
2013	1	30	29	4	—	20	2	3	—	54.84
2014	1	40	29	4		20	2	3		35.70
2015	1	40	29	4	—	20	2	3	—	96.69

（续）

| 年 份 | 机构数 | 床位数 | 合计 | 其 中 | | | | | | 经费支持总额（万元） |
				西医（人）	中医（人）	护士（人）	司药（人）	其他卫生人员（人）	后勤人员（人）	
2016	1	40	29	4	—	20	2	3	—	40.80
2017	1	40	29	4	—	20	2	3	—	40.80
2018	1	40	29	4	—	20	2	3	—	40.80
2019	1	40	29	4	—	20	2	3	—	—

第四节　职工培训

1975—1990 年，农场先后选送 100 多名优秀职工到甘肃农业大学、农垦干部学校、职业中专学院学习深造，鼓励职工参加成人高等、中等自学考试或参加电大、自学考试学习，走岗位成才的路子。"八五"期间在全场学习的 98 人取得大、中专毕业证书。加强职工岗位技能培训，全场有 90％的职工掌握了 1～2 门科技实用技术。1994 年，参加甘肃省农委、甘肃省农垦总公司组织的"科技兴农"和"两高一优"农业知识竞赛，有 8 人获奖，占全省农垦系统获奖人数的 40％。从中选拔录用干部 42 名。1995 年，全场有各类专业技术职称的 199 人，占在职职工总数 11.1％，其中：高级职称 2 人，中级职称 25 人，初级职称 172 人。在专业技术干部中，担任农场场级职务 2 人，担任中层领导职务 41 人，到 2005 年全场有各类专业技术职称 128 人，占在职职工总数 11.8％，其中：高级职称 2 人，中级职称 21 人，初级职称 105 人。在专业技术干部中，担任农场场级职务 6 人，担任中层领导职务 39 人，

一、岗前培训

新进人员报到当日起，在试用期内实施培训。培训内容为公司介绍、管理制度、质量知识、岗位要求及操作技能、安全生产等。机关职能部门新进人员入职培训由人力资源部和对应部门共同完成，各生产单位新进人员入职培训由各单位实施完成。新进员工的培训可分为公司入职培训和部门入职培训，公司入职培训由人力资源部负责组织，部门入职培训由试用部门负责对其进行部门职能、岗位职责、工作流程及专业技能方面的必要培训。特殊、关键岗位工作人员、重点设备操作人员必须具有所要求的能力和资格，持证上岗。2021 年 10 月，全体员工参加亚盛股份公司举办的线上通用素质提升培训，学习过程采用

活体检测、人脸抓拍或点名前应对学员进行提示，20 秒之内学员未作出回应，课时需重新学习。课时学习为每人 42 小时。12 月，管理层参加亚盛股份公司举办的线上冬季专项培训。

开展"双补"教育。1986—1992 年参加文化技术"双补"职工 804 名，其中文化补课 433 名，合格率 75%，技术补课 371 名，全部合格。

实施新招收工人上岗前文化技术培训制度。1984 年农场实行招收新工人在上岗前必须先参加农场开办的文化、农业基础知识和专业知识短期训练班培训，经考试合格录用的办法。

二、转岗培训

公司内部员工变动工作岗位或不能胜任现工作岗位时，由部门按照新岗位要求，对其进行岗位技能培训。部门内部之间转岗，由所在部门负责培训；跨部门转岗，由接收部门负责培训。

三、岗位技能培训

建场后，拖拉机驾驶员等机务人员实行以师带徒、跟班学习、随队培养的办法进行培训。1979 年，遵照国家农垦部《关于国营农场工人实行技术考试和评定技术等级的通知》，组织全场农、林、牧工人按技术等级标准，系统进行各自专业的技术学习，达到各等级项目"应知""应会"的要求。经过考核，作为定级、升级的依据。20 世纪 80—90 年代，为适应农场迅速发展新形势，加强农、林、牧、机务职工岗位技术培训，其主要形式：利用冬闲，分别开办各类作物高产栽培、果树修剪栽培管理、农机原理与检修保养、畜牧管理、先进科学技术推广和各项技术规章制度等为主要内容的技术业务短期培训（或轮训）班，由专业技术干部进行辅导，以提高职工业务水平。农忙和作物生长期，一般采取干什么学什么的原则。针对生产上存在的问题或需要推广的技术项目，采取举办田间管理或作物栽培座谈会、现场分析会、观摩检查会等形式，坚持理论联系实际、室内传授和现场指导相结合的办法，交流技术，提高技术水平。对急需提高的技术项目，经常采取请进来走出去的办法进行技术培训。1977 年，农场组织生产队干部、骨干工人三赴下河清农场观摩学习玉米栽培技术，使农场玉米种植面积迅速扩大，粮食总产大幅度增加。1985 年，邀请青岛啤酒厂工程师、下河清农场酒花、籽瓜生产能手来农场传授先进技术经验，对酒花霜霉病防治和酒花、籽瓜的生产起了很大的作用。1989 年，试验站聘请外单位果树技术人员来场进行技术指导和培训，冬闲时组织园艺骨干前往兰州、宁夏、条山、黄羊河农场等地学习，加快了低产果园的改造。选送优秀青年职工到大专院校进行定向深造，对技术性强的工种，如化验检测、电工、锅炉工、自动化操作、接待服务等，委托外单位代培。1988 年，农场对外单位代培干部、工人作了规定："凡在计划内培训的学员，其工资、路费、学费都由场负担，其生活费标准根据学业成绩发放""对考入大中专院校和农垦职工中专自费上学的职工减收管理费加以扶持"。鼓励自学成才。1988 年 6 月，农场制定下发《关于鼓励职工立足本职，学技术业务，自学成才的规定》。为鼓励职工，特别是青年职工走岗位成才之路，切实把企业建设和发展转到依靠科技进步和提高劳动者素质上，农场鼓励职工积极参加"电大""函大""中央广播学校"学习，鼓励参加成人中、高等自学考试，并采取措施，保证一定的自学时间。1977—1994 年，先后培养 100 多名职工取得大中专文凭，有 7 名工人被授予"技师"职称。

进入 21 世纪，农场以打造学习型公司为目标，进一步加强职工在岗培训，全面提升了干部、职工能力素质。

2020 年，按照甘肃省农垦集团公司《职工培训管理办法（试行）》要求，贯彻落实建设学习型公司、培育学习型员工的精神，深入实施人才兴农战略，以能力建设提升为主线，围绕提升综合素质、提高岗位技能两个方面，努力构建多层次、规范化、高效益的培训格局，不断加大员工理论知识和业务技能培训力度，着力提高管理人员及职工的整体素质和业务水平。选派职工共参加培训 61 次，其中政治思想培训项目占 15%，农业技术及安全生产培训项目占 34%，人力资源培训项目占 20%，财务及审计培训项目占 31%，参训人次达到 3196 人次。党委办公室组织及参加党务学习 9 次，培训 386 人次，占全年培训人次的 12.15%。科技产业部组织完成相关农业技术和安全生产培训 21 次，培训人次 1475 人，农业生产技术培训 14 期，培训 963 人次，安全生产培训 6 期，培训 512 人次，共计占全年培训人次的 46.15%。人力资源部组织及开展新员工入职培训 2 次，培训 30 人次；农垦远程教育专业技术培训 9 期，培训 675 人次；参加农垦集团金蝶 HR 人力资源管理系统及业务能力培训 1 次，培训 1 人次；股份公司冬季专项培训 1 次，培训 445 人次，占全年培训人次的 36%。审计部参加培训财务学习 9 次，培训 18 人次，占全年培训人次的 0.5%。财务部组织及参加财务学习 10 次，培训 166 人次，占全年培训人次的 5.2%。

2021 年开展冬季专项培训，包括农业种植技术培训以及法律实务类培训；根据甘肃省农垦集团有限责任公司《关于组织开展职工线上培训的通知》文件精神，2021 年 9 月中旬开展职工线上培训，利用职业培训平台，开展新员工岗前培训和通用素质提升培训，全场 671 名员工参加了此次培训，完成率达 100％；全年有 1200 余人次参加了 12 期"农科讲堂"课程以及 2 期的农垦远程培训。

1995—1996 年 10 人参加由甘肃省司法厅、甘肃省工商市行政管理局举办的市场经济法律法规培训，经考试合格，并取得结业证。

第五节　职称评定

为鼓励职工提高技术业务素质，农场规定：车辆驾驶员、锅炉工、电工等技术要求高的工种，必须经过有关业务部门技术考核合格并取得合格的操作证书，才能持证上岗。自 1990 年起，根据甘肃省农垦总公司和张掖农垦公司的规定，每年都对任职的"农、林、牧""会计""教师""卫生" 4 个系列获得专业技术职称的人员进行年终民主测评和定量考核工作，评价一年来被聘任的技术干部的工作能力、成绩和贡献，作为继续聘任和晋级的依据。

企业政工专业分为四个层级，职称名称依次是思想政治工作研究（正高级）、高级政工师（副高级）、政工师（中级）、助理政工师、政工员（初级）。企业政工专业职务晋升逐级申报的原则，破格晋升的按照破格条件执行。

经济师分中级经济师、助理经济师、初级经济师，参加全国专业技术资格考试获取资格证书。

农艺师分中级农艺师、助理农艺师、初级农艺师，参加全国专业技术资格考试获取资格证书。

会计师分中级会计师、初级会计师、会计员，参加全国专业技术资格考试获取资格证书。

1994 年，聘任张希林、刘武业为农艺师。1996 年 10 月，批准杨社会、刘定俊二人为技师任职资格，并发布了《关于批准王立家等一百二十六名同志技师任职资格》的通知（张地劳〔1996〕60 号）。1997 年 3 月，对全场 169 名专业技术职称人员进行年度考核。1997 年 5 月，对 35 名专业技术职称人员进行考核。1998 年，聘任雷根元为农艺师，聘任李洁等 8 名同志为小学高级教师。1999 年，聘任肖新华等 40 人为农业、工程中、初级职务资格。2000 年 1 月，调整职称管理领导小组成员，聘任崔建勇等为政工师。7 月，聘任李树堂等 129 名专业技术职务。2001 年 3 月，对 2000 年度专业技术人员考核情况进行通报。9 月，调整政工初级职务委员会。2002 年 5 月，聘任何立瑞等 10 名为专业技术职务任职资格。2003 年 12 月，调整中小学教师任职资格委员会成员。2013 年，省农垦对专业技术人员进行线上继续教育培训。2021 年人员职称情况见表 2-42。

表 2-42　2021 年人员职称情况

名　称	人数（人）	名　称	人数（人）	名　称	人数（人）
经济师	1	助理馆员	1	助理农机工程师	1
林业工程师	1	助理会计师	12	助理政工师	9
农艺师	5	助理农艺师	8	四级测量员	1
政工师	3	助理园艺师	1	经济员	1
助理工程师	1	助理经济师	1	政工员	2

第三编

基础设施建设

中国农垦农场志丛

第一章　基建投资

1955—2021 年，全场基本建设总投资 53574.47 万元，其中：1955—1995 年投资 3933.04 万元、1996—2021 年投资 49641.43 万元。基本建设投资主要用于农业、水利、林园、畜牧、工副业、电力、交通、通信、商业、非生产性房屋、科研及文教卫生、其他等 11 项建设。

第一节　资金来源

一、建场初期至"八五"期末

建场初期至"八五"期末（1955—1995 年），基本建设资金 3933.04 万元（不包括建场时国家直接向水利部门拨款修建的农场干、支渠和 1958—1963 年原林荫、头墩、山羊堡三农场合并前国家基本建设投资及历年无偿调入固定资产净值等）。1985 年以前，基本建设投资均由国家或省、地财政拨给，少数从农场更新改造资金中筹集。1980 年以后，农场从财务包干节亏和盈利留成中提取生产发展资金用于基本建设。1985 年，国家对计划内基建资金实行"拨改贷"，农场的基建资金逐渐转为银行贷款和自筹为主。基本建设投资主要有以下 7 个来源。①国家或省财政按批准的农场基建计划，按预算进行拨款。②国家或省财政专项拨款，主要有小农田水利经费、上山下乡知识青年安置费中的基建资金、简易建筑资金、"两西"建设资金、生产发展资金及其他专项基建拨款。③农场从固定资产折旧中提留的更新改造资金。④农场自筹的建设资金，其中有从财务包干节亏和利润留成中提取的生产发展资金，也有职工集资和招商引资的外资。⑤上级无偿调拨的固定资产，其中有各类农机、交通运输、机电器材、机修加工、科研、医疗等设备及优良畜种等。⑥各类贷款。其中有 1985 年以后由国家或省财政定期收回的"拨改贷"；有经省农垦总公司批准立项的基本建设项目，由农场直接向银行贷款，按期还本付息；也有由省财政支农、种植业、养殖业、多种经营、技改等短期贷款用于工业技术改造和农业啤酒花、苹果梨园等生产基地的建设投资等。⑦甘肃省农垦总公司及张掖农垦分公司曾用包干结余资金或更新改造资金投资用于农场建设。

1955—1995 年，国家及省财政累计各项基建拨款达 1680.62 万元，占总投资的 42.7％。农场用更新改造资金作为基建投资有 417.17 万元，占 10.6％，农场自筹及贷款用于基建项目达 1814.75 万元，占 46.15％，其他投资 20.5 万元，占 0.6％。

二、1996 至 2021 年

1996 年开始，农场进入快速发展时期，投资金额大幅度增加。26 年间累计基本建设投资达 49641.43 万元。农业基本建设投资 24557.32 万元，占基本建设总投资的 49.49％，投资内容为土地整理（开发）和农机具购置、林园、畜牧、其他农业。农业和水利建设始终是农业建设的主要内容，是农业的基础，一直是农场建设重点。非农业基本建设投资 25084.11 万元，占基本建设总投资的 50.51％。主要是工副业、电力、交通、非生产性房屋、科研及文教、卫生、其他建设等。投资中工副业投资所占比重较高，投资方向主要是亚麻厂、金盏菊厂、番茄酱厂、肥料厂、机械公司、房屋和基础配套设施建设。

1. **国家拨款**　1996—2021 年投资建设中拨款总额 13022.54 万元，占基本建设总投资的 26.23％。主要建设内容包括农业综合开发、土地整理、土地开发项目、大型沼气建设、退耕还林、退耕还草、肉牛养殖、8000 吨番茄酱技改、饮水安全工程、危房改造、公共租赁房建设、高效节水项目、农机购置补贴。

2. **省级拨款**　1996—2021 年投资建设中省级拨款总额 912.94 万元，占基本建设总投资的 15.94％。主要建设内容包括农业综合开发项目、大型沼气建设项目、退耕还林、肉牛养殖项目、饮水安全工程、危房改造项目、公共租赁房建设项目、高效节水项目、农机购置补贴等项目。

3. **银行贷款**　日元贷款风沙区治理项目，实施年限 2004—2009 年，共贷款人民币 1547.37 万元，主要用于生态林、经济林及配套设施建设，占项目总投资额 3.17％。

4. **自筹资金**　1996—2021 年，自筹资金 26129.94 万元，占基本建设总投资的 52.63％。主要用于农场基本建设项目配套，包括教学楼、加油站、麦芽厂、番茄酱厂、亚麻厂、肥料厂、金盏菊厂、滴灌带厂、机械公司农机具购置、农场蓄洪池、山坡百号地、平房、小二楼、楼房、冷库、养殖场、农业综合开发项目、大型沼气建设项目、退耕还林、肉牛养殖项目、饮水安全工程、危房改造项目、公共租赁房建设项目、高效节水项目、道路建设、农机具购置、环境建设等。

5. **"小农水"建设资金**　1996—2001 年，收到"小农水"资金 102.67 万元，占基本建设总投资的 0.21%，主要用于农场农田水利建设工程。

6. 税改资金 2006—2021 年，共收到税改资金 660 万元，占基本建设总投资的 1.33%，资金主要用于当年的农场基本建设支出。

7. 其他投资 1996—2021 年，基本建设投资中，其他投资 6288.2 万元，占基本建设总投资的 13.18%，资金来源主要是争取地方建设项目，包括村村通道路建设项目、渠道建设项目、自来水改造、污水处理项目、厕所革命、体育健身项目、笼式足球场建设项目等（表 3-1）。

表 3-1　张掖农场基本建设投资情况统计

项　目		1955—1995 年	1996—2005 年	2006—2021 年	合　计
投资来源（万元）	国家及省级拨款	1680.62	3775.85	9246.69	14703.16
	省级拨款	—	700	912.94	1612.91
	自筹资金	1168.46	4102.22	22027.72	27298.4
	贷　款	646.29	753.16	819.28	2218.73
	税改资金	—	—	660	660
	小农水	—	102.67	—	102.67
	更新改造	417.1	—	—	417.1
	其他来源	20.5	252.67	6288.2	6561.37
投资方向所占比率（%）	农　业	26.82	65.77	51.2	43.72
	非农业	73.18	34.24	48.8	56.28
投资方向（万元）	农　业	1055.22	6066.61	18490.71	25612.54
	非农业	2877.82	3619.96	21464.15	27961.93

第二节　投资项目

1955—2021 年，基本建设总投资 53574.47 万元。投资分别用于农业、水利、林园、畜牧、工副业、电力、交通电讯、商业、非生产性房屋、科研及文教卫生、其他等 11 个建设类型。1955—1995 年投资 3933.04 万元，占投资额 7.34%。1996—2020 年，投资 49046.09 万元，占投资额 91.55%。2021 年投资 595.34 万元，占投资额 1.11%。农业建设总投资 12026.18 万元，占总投资的 22.45%。主要用于开荒造田、机械平地、老农田改造、标准农田建设、开荒配套工程建设；洗盐费用支出；农业生产基地建设（如啤酒花生产基地建设）；农业综合开发；基本农田整理；基本农田开发；农机具、汽车、畜力、运输车等设备购置、更新；农业物料库、车库、机库、油库、大型沼气建设等。

一、水利建设

投资 10804.21 万元，占总投资的 20.17％。主要用于场内灌、排渠系建设及机井建设、提灌设备购置，防洪渠建设等。有些年份，张掖大满干渠和民乐双树寺水库等场外巨额水利工程摊派费也列入水利基建支出。

二、林园建设

投资 483.61 万元，占总投资的 0.9％。主要用于农田防护林、场界林、路林、片林、防风林等建设和各类果园建设。

三、畜牧业建设

投资 3201.95 万元，占总投资的 5.98％。主要用于畜牧建设畜群、良种畜禽购进；饲养室、畜棚、猪羊圈舍、鸡饲养房等建设；饲料加工设备、兽医站建设以及检疫、防疫化验设备购置、鸡群孵化、老寺庙养殖场建设。

四、交通电讯建设

投资 3130.52 万元，占总投资的 5.84％。主要用于场内道路建设、有线电话网络和程控电话、无线寻呼台、传真机、网络宽带建设等。

五、工副业建设

投资 7014.14 万元，占总投资的 13.09％。主要用于场办工副业生产车间、厂房、设备及煤矿矿井建设和生产加工、检验设备的购置。

六、电力建设

投资 1160.83 万元，占总投资的 2.17％。主要是由国家电网供电的农田线路及变压器等配套设备等建设。在国家电网未建成以前，农场购置的发电机组及配套线路等设备（主要用于场内机车维修、农具制造、工副业加工和照明等）列入电力建设；1996年以后购买的电力设备、线路改造支出和农网改造建设。

七、商业和物资供应建设

投资455.11万元，占总投资的0.85％。主要用于商业用营业房屋、设施、库房等建设。1992—1994年，在张掖市区建设的金龙宾馆大楼及场内新建的千吨恒温库建设资金列入商业建设支出。

八、科研文教卫生建设

投资547.96万元，占总投资的1.02％。主要用于包括场办中、小学校、职工医院、医疗室、试验室、急救中心和科技培训中心大楼等房屋建设和设备购置等。

九、非生产性房屋建设

投资6089.91万元，占总投资的11.37％。主要用于包括办公室、食堂、职工住房、大礼堂、招待所、危房改造、公共租赁房建设等非生产性各类房屋建设等。

十、其他建设

投资8660.05万元，占总投资的16.16％。主要用于未列入以上各项建设的其他建设，包括晒场、厕所、涝池、户用沼气、厕所革命、电炕改造、污水处理、自来水改造、危房改造、基础设施配套建设等（表3-2）。

表3-2　张掖农场基本建设投资分项统计

基本建设项目	合　计			各时期投资金额及项目投资百分比					
	投资额（万元）	项目投资比例（％）	位次	建场至"八五"期间（1955—1995）		"九五"至"十三五"期间（1996—2020）		"十四五"期间（2021至今）	
				投资额（万元）	占比（％）	投资额（万元）	占比（％）	投资额（万元）	占比（％）
合　计	53574.47	100		3933.04	100	49046.09	100	595.34	100

（续）

基本建设项目	合 计			各时期投资金额及项目投资百分比					
	投资额（万元）	项目投资比例（%）	位次	建场至"八五"期间（1955—1995）		"九五"至"十三五"期间（1996—2020）		"十四五"期间（2021至今）	
				投资额（万元）	占比（%）	投资额（万元）	占比（%）	投资额（万元）	占比（%）
1. 农业建设	12026.18	22.45	1	1055.22	26.83	10676.64	21.77	294.32	49.44
土地整理（开发）	7574.84	14.14	—	327.91	8.34	7233.05	14.75	13.88	2.33
农机具购置	4030.78	7.52		306.75	7.80	3443.59	7.02	280.44	47.11
2. 水利建设	10804.21	20.17	2	587.98	14.95	10180.16	20.75	36.07	6.06
3. 林园建设	483.61	0.90	10	251.48	6.39	228.84	0.47	3.29	0.55
4. 畜牧业建设	3201.95	5.98	6	63.95	1.63	3138	6.40	—	—
5. 工副业建设	7014.14	13.09	4	526.93	13.40	6487.21	13.23	—	—
6. 电力建设	1160.83	2.17	8	96.19	2.45	1064.64	2.17	—	—
7. 交通电讯建设	3130.52	5.84	7	72.53	1.84	2892.99	5.90	165	27.71
8. 商业和物资供应建设	455.11	0.85	11	455.11	11.57	—	0.00		
9. 非生产性房屋	6089.91	11.37	5	413.17	10.51	5676.74	11.57	—	—
10. 科研文教卫生建设	547.96	1.02	9	313.21	7.96	234.75	0.48	—	—
11. 其他建设	8660.05	16.16	3	97.27	2.47	8466.12	17.26	96.66	16.24

第三节 项目建设

至 2021 年，农场共实施各类项目 34 项，总投资 1.6173 亿元，其中国家投资 1.0343 亿元，农场自筹 4257.68 万元，贷款 1572.43 万元。

一、重点工农业及生态项目

1. **民乐分场亚麻厂建设项目** 2004 年，农场自筹资金 480 万元，建设亚麻厂。

2. **番茄酱厂建设项目** 2006 年，建成 1 条 3000 吨番茄酱生产线，完成投资 677 万元，职工个人入股 270.3 万元。实现当年建设、当年投产、当年见效。2009 年，新建日生产 1000 吨鲜番茄成套生产线 1 条，投资 1500 万元，连续 4 年扩建和改造，使番茄酱年加工生产能力达 1.6 万吨规模。2009 年，与小宛农场共同投资 1186.7 万元，在瓜州建成

1 条日处理鲜番茄 500 吨的生产线及配套设施，当年试产优质番茄酱 138 吨。

3. 日元贷款风沙治理项目 2004 年营造生态林 66 公顷，完成投资 51.86 万元，营造经济林草及作物 93.1 公顷，完成投资 101.5 万元，通过甘肃省项目办验收。2005 年，完成生态公益林建设 62 公顷、经济林草及作物 55 公顷、封育工程 400 公顷以及配套工程、农机采购和技术培训等，完成总投资 614.81 万元。2006 年，完成项目主体工程 243.2 公顷、配套工程 33.5 公顷，完成项目总投资 268.86 万元。2007 年，营造生态公益林 49.8 公顷、经济林 118.8 公顷，投资 535.4 万元，农场配套资金 193 万元。

4. 农业综合开发土地整理项目 2004 年，完成中低产田改造 233.33 公顷，投资 154.24 万元，其中：中央财政 70 万元，农场自筹 84.26 万元。2005 年，完成中低产田改造 320 公顷，投资 209 万元，其中：中央财政 95 万元，地方财政和农场自筹 114 万元。2006 年，完成中低产田改造 220 公顷，投资 190 万元，其中：中央财政 100 万元，农场自筹 90 万元。项目按计划实施全部完工。

5. 基本农田土地整理项目 项目为国家投资项目。2006 年，土地整理总面积 1553.9 公顷，总投资 2190.61 万元。2010 年，农场五队等 3 个队基本农田土地整理规模 1226.36 公顷，主要为土地平整、灌溉排水工程、田间道路、农田防护林等，总投资 2283.19 万元，其中国家投资 400 万元。2011 年 1 月，通过甘肃省国土资源厅组织的专家评审论证，3 月批准立项，11 月竣工。项目总规模 219.78 公顷，总投资 400 万元。主要建设内容：农田土地整理 219.78 公顷；改建斗渠 67 条，34936 米；改建田间道路 3 条，3425 米；新建防风林带 2 条，植树 6750 株。2012 年，四队土地开发项目建设规模 90 公顷，新增耕地 83.95 公顷，新增耕地比例为 93.3%。工程内容有土地平整工程、农田水利工程、道路工程、防护林工程，项目总投资 260 万元，全部争取市级切块资金投资。

6. 畜牧养殖项目 2009 年，新建圈舍 500 平方米，改扩建圈舍 1000 平方米，总投资 55 万元。收购饲草料投入 213 万元，新建青贮窖池 3 座，总库容 5616 立方米，投资 39.4 万元，项目合计总投资 307.4 万元。2010 年，对第一个养殖点进行完善，并对第二个养殖点进行规划建设，新购进玉米秸秆粉碎机 3 台、大型铡草机 2 台，保证了饲草供应，减轻职工劳动强度。

7. 创建省级畜禽标准化示范场 2011 年，按照畜禽良种化、养殖设施化、生产规模化、防疫制度化、粪便无害化要求，进行基础设施改造和管理措施规范，12 月获省级"肉牛标准化示范场"称号。

8. 奶牛场建设项目 该项目属亚盛集团投资的市级重点项目。2014 年，完成投资 2930 万元。

9. **农田水利节水灌溉项目** 2013 年，开始实施中央农田水利建设项目，项目工程概算总投资 1326.58 万元，发展高效节水 0.0667 万公顷，其中：大田作物滴灌面积 600 公顷，大田喷灌 666.67 公顷。2018 年，完成地表水滴灌蓄水池 2 个，投资 10 万元。

10. **甘肃农垦张掖农场果品储藏库建设项目** 2014 年，建成占地 1.75 公顷的单层果库 1 栋，配套选果平台。项目总投资 490 万元，当年完工并投入使用。可调节 200 吨果品的采收、销售时间，有效提高果品质量和果品价格。

11. **环境综合治理项目** 2017 年，农场建筑公司完成全场公共基础配套维修改造、场容场貌建设、环境综合整治、农业基础配套设施改造维护等工程 45 项，完成总投资 138.08 万元。

12. **北山坡新建果园项目** 2018 年，农场自筹资金 137.78 万元，在北山坡新建果园 31 公顷。2018 年，农场自筹资金 81 万元，采购防霜机 5 台。

13. **田间环境整治及高效节水项目** 2018 年，完成田间环境整治及高效节水设施维修工作，清理居住区生活垃圾和周边环境卫生计划任务，并取得实效。

14. **残膜捡拾机采购项目** 2019 年，为改善耕地土壤质量，结合人居环境整治，加大区域白色污染整治力度，农场自筹资金采购残膜捡拾机 22 台。购置总投资 5.17 万元。当年 3 月 18 日，由亚盛集团备案同意实施。

15. **人居环境整治项目** 2019 年，完成清理陈年垃圾 6982.22 吨、设置垃圾点 25 个、养殖点归集 1 处、拉运柴草 1068.15 吨、整理林带 109.88 公顷、栽植绿化苗木 93300 株、改建卫生厕所 127 座、电炕改造 76 户、林果站新建道路 316 米、拆除各类危旧房 21 间、整地建设 3 处，投入治理资金 181.25 万元。并按集团公司文件要求建立台账，形成月报制度，按期上报集团公司。2020 年，投资 44.7 万元，新增造林面积 46 公顷，共计栽植各类树木 3.5 万株。由老寺庙社区牵头落实，完成一分场、二分场、五分场等单位 46 户职工联建卫生厕所 13 个，争取政府补贴资金 11.5 万元。

16. **老寺庙社区污水处理站建设项目** 2020 年 4 月开工建设，由甘州区环保局统一组织实施。新建 400 立方米/日污水处理站 1 座，配套改扩建场部周边污水处理管道 5 千米，总投资 300 万元。

二、基础设施建设项目

1. **黑河流域节水工程** 2004 年开始，实施灌溉工程 93.33 公顷，滴灌 126 公顷，完成投资 390 万元；建设渠道 3.7 千米，投资 66.6 万元；建设晒场 1.43 万平方米，投资 10

万元。三项总投资 1566.5 万元。在总投资中，黑河项目 1046.62 万元，占 66.8%，农场自筹 519.98 万元，占 33.2%。2005 年，实施滴灌配套安装建设 900 公顷，投资 1595.9 万元，其中：黑河项目投资滴灌材料等 1207 万元，农场配套 388.9 万元。2015 年，完成高效节水项目 667 公顷，预算总投资 913.6 万元，当年投资 831 万元。

2. **职工住宅建设项目** 2006 年，农场统一规划设计修建二层住宅楼 9 幢，部分连队职工个人投资修建砖木结构平房，总建筑面积达 4042.8 平方米。2011 年，新建 6 层住宅楼 7 栋，新建平房 5 栋，使 335 户职工离开了危房。工程总投资 3518.12 万元，其中：中央财政补助资金 301.5 万元，省级财政配套资金 201 万元，农场和职工自筹 3015.62 万元。农场建成第一个住宅小区"康乐家园"。2012 年，新建 6 层住宅楼 4 栋 132 户，对 814 户危旧房进行改造，总面积 67391 平方米。2013 年，改造职工住宅危旧平房 200 户，建筑面积 9651 平方米，全部分配入住，危旧房改造项目全面完成。

3. **场区建设项目** 2006 年，农场购买原农行办公楼进行扩建，修建机关小车库、档案室、办公楼大门，对农场会议中心进行改造，增添成套会议桌椅。总投资 45.14 万元。2010 年，投资 100 万元为民乐分场修建 1 幢三层办公楼，投资 9.6 万元对场综合办公楼进行专修，在楼前安装大型电子显示屏，楼内挂企业宣传展板，改善办公条件，营造企业文化氛围，树立农场良好形象。2018 年，完成分场办公室修建 1 栋，投资 12 万元。2019 年，自筹资金 26.23 万元，完成张掖分公司二分场、五分场办公室建设项目，由项目建设部规划设计，每处占地 460 平方米，建筑面积 156 平方米，轻钢结构。由农场物业服务队组织施工建设。

4. **场区公路建设项目** 2009 年，完成农村主干公路建设 9.5 千米，投资 228.8 万元，其中：国家投资 96 万元，场内配套 132.8 万元。2012 年，完成道路建设 10.2 千米，总投资 350 万元，其中：中央财政投资 285 万元，自筹 65 万元。2015 年，投资 10 万元，完成田间道路硬化 10 千米。

5. **道路管理项目** 农场通村道路建设全面完成，建成农村道路 70 余千米。2019 年，完成破损路面维修 13 处，加宽存在安全隐患的交叉路口 400 平方米，增设道口桩、警示桩 116 个，移除标志牌 2 处，灌缝路面修补 358 处，补画主干道、朝阳路路面标线 17.2 千米，共计投资 4.82 万元。开展冬季道路养护活动，配合甘州区交通局完成"四好农村公路"省级验收。

6. **道路和农田水利建设项目** 2016 年，完成甘肃省交通运输厅下达的 30 千米水泥道路工程，农场组织招标并负责实施。项目预算总投资 1274.2 万元，实际完成投资 1206.2 万元，其中：中央投资 1200 万元，自筹 6.2 万元。至年末，场区水泥硬化路面 76.4 千米。完成甘州区水务局安排的 17 千米干支渠防渗衬砌及建筑物配套改造项目，由甘州区水务局组织招投标和施工，总投资 1125 万元，其中自筹 39.2 万元。同时衬砌农渠 980 米。2017 年，完成甘州区水务局农田水利灌溉渠系建设 3 条，共 4.4 千米，项目总投资 176 万元。农场机械公司完成全场防洪系统清淤加固、道路及土地平整、环境综合治理等零星工程 25 项，总投资 191.9 万元。2018 年，投资 19 万元，完成防洪工程维修和加固；投资 12.4 万元，维修灌溉渠系 576 米。民乐分场自筹资金 15 万元，修建 1 万立方米蓄水池 1 座。

7. **人畜饮水工程项目** 2012 年 4 月，开始实施张掖分公司场部饮水安全工程及张掖分公司 3 队饮水安全工程，共计投资 160.48 万元，其中：中央财政投资 118.4 万元，省级配套 15 万元，群众自筹 27.08 万元。当年 9 月初竣工。

8. **危旧房工作基础设施建设项目** 2014 年，建设内容包括道路、室外给排水管道、室外电气线路改造和室外绿化、改进场区环境和职工居住生活环境，项目总投资 326.9 万元。2015 年 11 月竣工。

9. **职工医院卫生急救体系建设项目** 2014 年开始实施，项目内容包括土建工程和设备配套。项目总投资 87 万元，其中房屋维修费 45 万元，设备购置 40 万元，其他费用 2 万元。资金来源为中央预算内投资 40 万元，农场自筹 47 万元。

10. **笼式足球场建设项目** 2017 年 5 月，完成项目总投资 40 万元，争取省级彩票公益金支持社会公益项目，补助资金配套设施和器材安装 30 万元。

11. **老寺庙社区体育健身中心建设项目** 2020 年，由甘州区体育局统一组织实施新建篮球场 2 处，羽毛球场 2 处，配套安装体育健身器材 16 套、乒乓球桌 4 张、儿童娱乐滑梯 1 套，总投资 40 万元，企业自筹 10 万元用于场地硬化。

三、能源建设项目

1. **沼气工程项目** 2009 年，新建大型沼气工程项目 1 个，安装 120 千瓦沼气发电机组，并建设相关配套设施，完成投资 500 万元，其中国家专项投资 200 万元，企业自筹 300 万元。

2. **危改基础配套项目** 亮化工程 2015 年，新架设太阳能路灯 70 盏。2017 年，安装太阳能路灯 180 盏，完成投资 64.85 万元。2018 年，自筹资金 6.1 万元，安装晒场高杆照明等 1 盏，成为亮化工程标志性工程。

第二章　农业建设

第一节　农田基本建设

一、开荒造田

1955年农场成立后，雇用大量民工开荒、围埂圈地。1956年，机械设备增多，开始利用机械进行平整造田。1955—1963年，共开荒1604.6公顷，主要开发老寺庙滩（现七队淤泥滩）、铁路边东中西段、老苜蓿地，现六队独二斗和独三、独四斗一部分，现四队居民区后面一片及太平堡滩现三队六支三、四斗等地。在红沙窝羊桥庙和秅侯堡滩、毛吴家滩也有一些零星开荒。1965—1969年，结合新建支、斗、农渠等水利工程，开荒1643.33公顷，重点开发老寺庙滩、太平堡滩、秅侯堡滩和民乐县头墩南、北滩等荒地。

1975—1983年，开荒518.93公顷，主要是场部附近插花地、干渠以东、防洪渠以西，由新北支渠灌溉的山麓地带和312国道以东党家台地区。

1984—1994年，开荒466.93公顷，主要开发老寺庙滩和太平堡滩的插花地及二支渠以东建立苹果梨生产基地的山坡地等。

1955—1996年，共开荒4687公顷，1995年实际种植面积1588.8公顷，林果面积913.93公顷。

1996年，鼓励职工收复弃耕地，五年内免交场管费、队管费、农业税，第六年起列入承包地承包，按全场平均数上缴利润和农场、队管理费。1996—2005年，农场先后投资9.63万元开荒、复平土地71.84公顷，投资1.84万元平整复垦土地14.61公顷。

2006—2012年，投资81.94万元开荒109.25公顷。

2013—2021年，投资385.84万元，牧草分场开荒复垦，新增耕地547.89公顷，其中：新开荒地255.87公顷，平整复垦292.02公顷。

2006—2012年，争取并实施土地开发整理项目3个，新增耕地近163.75公顷。

二、标准化农田建设

建场初期，根据设计的灌溉方式规划开荒，条田均依垂直等高线设计、建设，但在实际生产中却采用传统的格田灌溉方式，由于地块坡度大，灌水困难，冲刷严重。军垦时期，为提高灌水质量，对新建的条田采取了以下措施。

1. **平整条田** 条田按平行等高线走向布置，以缩减纵向高差，使地面坡降变缓，便于灌溉，减少水土流失。对新建条田标准提出四点要求。①呈矩形，长度按地势条件不限。②条宽按播种机作业宽度的公倍数设计，但不统一要求。③具有正规的灌（排）渠道和防护林带。④做好洗盐工作，要求在 1 米深土层以内的总盐量不超过 0.6%，氯的含量不超过 0.03%。

2. **规划设计**

（1）在坡度为 1/120 左右地形上，条田宽度 40.5 米，净宽 36 米，条田面积大于 2.23 公顷，修农渠 550 米。

（2）在坡度为 1/70～1/80 的地形上，条田宽度 26 米，净宽 21.6 米，条田面积大于 1 公顷，修农渠 400 米。

（3）在起伏更大的地形上，条田宽度 33 米，净宽 28.8 米，条面积 2 公顷，修农渠 600 米。

3. **主要措施** 20 世纪 70—80 年代，对不规格的老农田进行渠路林田全面规划。

（1）全部按平行等高线改建。

（2）将过宽、过窄的条田进行重建改造，使条田宽度一般在 50 米左右（地形坡度大的地条宽度可小于 50 米），以提高机械作业质量和效率。

（3）加强土地复平工作，贯彻机、畜、人力结合，以机为主，进行土地复平。

（4）实行渠路林田配套。

（5）加强碱地排水渠建设和清淤、挖深工作，以降低地下水位，改良盐碱地。

建设标准条田农场是农场治土工作的重点。先后利用 10 余年时间，对 666.67 公顷老农田改造重建。至 1995 年，建成渠路林田配套的标准条田 1553.33 公顷，制定管理办法和规章制度，为实现农业的稳产高产奠定基础。2002 年，根据甘肃省国土资源厅、财政厅《转发国土资源部、财政部关于加强编制和实施土地整治规划大力推进高标准基本农田建设的通知》的精神和各级国土资源部门的有关要求，紧密结合农场实际，特制定《甘肃农垦张掖农场高标准基本农田建设实施方案》。2007 年，在北山坡防洪坝附近开垦复平荒坡地 75.33 公顷，由老寺庙酒厂 40 多人承包管理，当年种植特种药材和绿化树种。2008—2009 年，全场 27 个单位，开垦种植特种药材 596.39 公顷，捡石头、撒种、滴灌浇水、除草、间苗、打药、采摘等工序，均由职工个人投工投资完成。经过 3 年的建设和种植管理，土地整理规范。完成集团公司下达的生产任务，并出台山坡特种药材地种植计划产量和管理奖罚方案。对农场的发展起到积极作用，同时在种植特种药材的每条地边种植榆树，起到绿化美化、改善生态环境的作用。2010 年，农场土地全部纳入地方土地利用总体规划，老寺庙片区土地由张掖市国土资源局甘州区分局组织单独编制"2010—2020年土地利用总体规划"。全场耕地总面积 2560.67 公顷，划定基本农田 1710.79 公顷，保护率达 67％。按照基本农田保护要求，落实"七有"措施（有政府文件或公告，有管护组织，有保护图件，有登记档案，有场规民约，有保护协议，有重点地块保护标志）。至2021 年，没有发生占用耕地或基本农田的情况。

第二节　农业综合开发

一、开发项目

2000—2007 年，甘肃省农业综合开发办和省农垦集团公司下达农场中低产田改造项目 2826.67 公顷，计划总投资 1772 万元，实际完成投资 1776 万元，占计划 100.2％，中央财政资金计划 745 万元，地方和农场配套资金计划 1027 万元，实际到位 1031 万元（含投工投劳折资），占计划 100.4％。

1. **水利建设**　计划投资 816.75 万元，实际完成投资 807.32 万元，完成计划的98.85％。完成打井和修复机电井 16 眼，占计划 100％。完成输变电线路配套 4 千米，占计划 100％。完成渠道衬砌 95 千米，占计划 100％。完成渠系建筑物 64 座，占计划100％。完成滴灌面积 46.67 公顷，占计划 100％。

2. **农业建设**　计划投资 87.9 万元，实际投资 87.94 万元，占计划的 100.05％。完成土壤改良 2826.67 公顷，占计划 2826.67 公顷的 100％。完成机耕道路建设 126 千米，占计划的 100％。

3. **林业建设**　营造农田防护林建设 140 公顷，占计划的 100％。

4. **科技开发**　总投资 75.97 万元。采取请进来教，送出去学等方法，完成职工技术培训 1.01 万人次，占计划的 100％。示范推广计划 153.33 公顷，实际完成 153.33 公顷，完成计划的 100％。

其他工作及措施，计划投资 8 万元，实际投资 8 万元，完成计划的 100%。

二、节水灌溉

2007—2008 年，为有效节约水资源，投资 700 多万元在民乐分场（头墩）和红砂窝（老寺庙）片区实施 466.67 公顷滴灌项目，埋设地下管道，安装滴灌设施，结束了大水漫灌的历史。

从 2014 年 8 月开始，实施中央财政统筹农田水利资金项目，当年 10 月底，完成批复建设任务。分别在三、六、七、九分场、牧草基地和特种药材基地实施，完成高效节水灌溉面积 666.67 公顷，其中：滴灌 600 公顷，喷灌 66.67 公顷。总投资 1254.34 万元，其中：中央资金 700 万元，自筹资金 554.34 万元。

从 2015 年 7 月开始，实施甘肃农垦张掖农场高效节水示范项目（第五批），2016 年 4 月完成全部建设任务。在五队、六队、八队等 8 个片区实施，高效节水工程面积 666.67 公顷，其中：管灌 81.33 公顷，滴灌 474.47 公顷，喷灌 110.87 公顷。完成投资 908.8 万元，其中：中央财政补助资金 500 万元，省级资金 200 万元，自筹资金 208.8 万元。

2014 年，完成危房改造基础配套道路、亮化工程，投资 200 万元，在场部中心广场、朝阳路新架设太阳能路灯 70 盏。中央造林补贴投资 31.6 万元，完成造林任务 100 公顷，定植新疆杨、白榆、杜梨 19.4 万株。

三、土地整理（开发）项目

2006 年，实施甘肃农垦张掖农场基本农田土地整理项目，由财政部、国土资源部批复立项。建设规模：土地整理面积 1553.9 公顷及配套农田水利工程和道路工程，计划总投资 2060 万元。张掖市国土资源局甘州区分局为项目建设单位，2007 年 9 月开工，2008 年 3 月完工，当年 12 月通过验收。全面完成土地整理计划任务，新增耕地 65.69 公顷，新增滴灌面积 666.67 公顷，配套设施 29 套，闸阀井、排水井 189 座，新打 120 米机井 8 眼，修复原有机井 21 眼，架设 10 千伏供电线路 15.87 千米。新建井房 29 座，修复排水沟 21 条 15.47 千米。新建田间道 8 条 8.82 千米，维修田间道 20 条 25.78 千米，新建桥涵 24 座，栽植渠路林带，植树 24290 株。

2011 年，实施甘肃农垦张掖农场五队基本农田土地整理。投资 350.2 万元（中央资金），完成土地平整 219.78 顷，土方总工程量 49.2 万立方米，新增耕地 14.11 公顷；布置渠道 67 条，其中衬砌预制 U 形渠道 24 条，整理土渠 43 条，设置配水闸 230 座；建设田间道 3 条 3425 米，生产路 44 条 24086 米；植树 6750 株（图 3-1）。

图 3-1　牧草分场土地整理项目

2012 年，实施甘肃农垦张掖农场四队土地开发计划。建设规模 90 公顷，新增耕地 83.951 公顷，新增耕地比例为 93.3%。土地平整 90 公顷，土方总工程量 55.79 万立方米；滴灌工程配套 90 公顷，新打机井 2 眼，首部配套设施 2 套，相关的排水井 42 个、检查井 41 个，变压器配套 2 座，管道安装 43.97 千米；修建田间道 1 条，1964 米，生产路 7 条，总长 3184 米；防护林植树 3184 株。该项目完成投资 228.11 万元（中央资金）。

第三节　循环经济示范区

一、规模养殖

从 2007 年开始，把扩大畜牧养殖业作为农场经济发展的重点，积极培育农、林、牧生态循环经济。先后投资 2113.27 万元，其中基础设施投资 559.72 万元，建成高标准牛舍 27 栋，21946 平方米，修建青贮池 3 座。打井、架设输电线路、办公设施、围栏、道路、购置饲料粉碎机等机械设备。至 2021 年，畜禽养殖规模达到 5400 余头（只）。

二、大型沼气

2009 年，大型沼气工程项目启动实施，安装 120 千瓦沼气发电机组 1 套，并建设相关配套设施，完成投资 500 万元，其中：国家专项投资 200 万元，企业自筹 300 万元。

三、生物有机肥

从 2009 年开始，启动废弃物循环利用项目，利用沼渣废物生产加工生物有机肥料，总投资 2379 万元。建设内容包括：1000 立方米（CSTR）沼气发酵装置，100 立方米集水沉砂池，100 立方米调节池，100 立方米固液分离池，500 立方米沼液池，1500 立方米生物氧化塘，300 立方米贮气柜，72 平方米原料处理间，243 平方米设施保温室，178 平方米沼肥干燥室，42 平方米沼气发电房，42 平方米管理房，280 平方米沼肥加工车间，280 平方米库房，50×2 千瓦沼气发电机组装置及管网系统，完成办公楼、彩钢库房、设备购置及部分厂房、扩建牛舍等后续工程建设。项目实施后，利用养殖场牛、羊排泄物 2.3 万吨，沼气发电产生的沼渣 1.7 万吨，废弃物秸秆等 0.8 万吨，年生产加工有机肥 1.7 万吨。

第三章 基础建设

第一节 房屋建设

一、公用房屋

1. **生产性用房** 生产性用房主要包括厂房、库房、油库、机具库、饲料加工库、凉棚、畜禽棚舍、商业用房、果品贮藏库等 8 类。

1963 年，全场共有生产性用房 10949 平方米，厂房 793 平方米，库房 2296 平方米，油、机具库房 389 平方米，饲料加工房 2683 平方米，畜禽棚舍 4607 平方米，其他用房 181 平方米。

1995 年，全场共有生产性用房 33454.34 平方米，其中厂房 10483.7 平方米；库房 1330.62 平方米；油、机具库房 677 平方米；商业用房 4985.6 平方米；果窖 1151.85 平方米，其他用房 139.63 平方米。1998 年，扩建麦芽厂库房 696.26 平方米。2002 年，新建特药库房、门房、油房，共 3398.55 平方米。2004 年，新建亚麻厂厂房、沤麻池、库房、锅炉房、宿舍，共 2410.8 平方米。2006 年，新建番茄酱厂厂房、锅炉房、地磅房、库房、洗料池，共 1901 平方米。

2007 年，番茄酱厂扩建生产线、锅炉房、洗料池、库房，共 2669 平方米。2007 年，新建砖结构肥料厂，高度 9 米、1565.5 平方米厂房 1 座，彩钢凉棚 855 平方米，三层砖混结构办公室 495.06 平方米；新建冷库钢结构彩板墙体，高 7.5 米，1764 平方米。2008 年，新建养殖场牛舍、羊舍、牛棚、门房、防疫室、办公室，共 24060.31 平方米。2009 年，新建养殖场 2000 立方米青贮池 3 座，300 立方米储水包 1 座；大型沼气开工，新建 1000 立方米发酵罐、100 立方米集水沉砂池、100 立方米调节池、100 立方米固液分离池、42 平方米发电房、280 平方米库房、300 立方米储气罐。

2012 年，新建滴灌带厂厂房 702 平方米、库房 288 平方米。2013 年，新建场部菜市场钢结构凉棚 379.5 平方米。2019 年，新建民乐分场特药库房 313.92 平方米。至 2021 年，全场共有生产性用房 45710.13 平方米，厂房 4624.31 平方米，库房 755.92 平方米，饲料加工及凉棚房 7966.5 平方米，畜禽棚舍 19452.87 平方米，果窖 11472 平方米，其他用房 1438.53 平方米。

2. 非生产性用房 非生产性办公用房包括办公会议室、医院学校、文化科技、兽医站和其他用房。其资金来源主要以企业自筹为主，项目投资或专项拨款为辅。至 1963 年，共有非生产性用房 3528 平方米，职工住房 2227 平方米，办公用房 620 平方米，职工食堂 444 平方米，医院、学校 137 平方米，其他用房 100 平方米。至 1995 年，共有非生产性用房 1.9 万平方米，职工住房 9170.62 平方米，办公用房 4548 万平方米，医院、学校 2727.6 平方米，文化科技用房 2522.47 平方米。

1996—2006 年，新建张掖农场教学楼 2407.47 平方米，建十队办公室 74.5 平方米，购买农业银行在农场的营业楼 1074 平方米为办公场所，并扩建 520.2 平方米。2021 年，全场共有非生产性用房 5.11 万平方米，职工住房 4.74 万平方米，办公用房 3684.99 平方米。

2007—2021 年，亚盛张掖分公司管理期间，新建民乐分场三层砖混结构办公楼 1 栋，建筑面积 1112.59 平方米；砖厂新建砖木结构办公室 100.4 平方米；新建一分场、二分场、三分场、五分场、七分场轻钢结构办公室 5 座，共 777.45 平方米；维修改建六分场、八分场、九分场砖木结构办公室，共 338.5 平方米；改建扩建分公司办公楼 537.2 平方米（表 3-3）。

表 3-3 张掖农场 1955—2021 年房屋建设情况统计

单位：平方米

建设阶段		初建时期（1955—1963 年）	农建十一师时期（1964—1969 年）	农建 2 师时期（1970—1974 年）	张掖地区（1975—1983 年）	省农垦总公司时期（1984—1995 年）	省农垦总公司时期（1996—2006 年）	亚盛张掖分公司时期（2007—2021 年）
合计		14477.00	38345.02	9235.13	45937.2	37743.09	35966.27	96828.63
生产性用房	小计	10949.00	12551.82	2957.85	19913.65	18774.40	13282.96	45710.13
	厂房	793.00	2244.10	—	5405.10	10483.70	3857.06	4624.31
	库房	2296.00	2405.80	808.00	1433.64	1330.62	3168.49	755.92
	油、机具库	389.00	661.00	887.85	1820.66	677.00	—	—
	饲料加工、凉棚	2683.00	—	—	1346.74	—	4683.20	7966.50
	畜禽棚舍	4607.00	6518.92	794.00	8614.05	—	—	19452.87
	商业用房	—	722.00	468.00	1293.46	4985.60	476.35	—
	果窖	—	—	—	—	1157.85	—	11472.00
	其他	181.00	—	—	—	139.63	1097.86	1438.53

（续）

建设阶段	初建时期（1955—1963年）	农建十一师时期（1964—1969年）	农建2师时期（1970—1974年）	张掖地区（1975—1983年）	省农垦总公司时期（1984—1995年）	省农垦总公司时期（1996—2006年）	亚盛张掖分公司时期（2007—2021年）
小计	3528.00	25793.20	6277.28	26023.55	18968.69	22683.31	51118.50
职工住房	2227.00	15448.90	4292.46	19628.70	9170.62	18607.14	47433.51
非生产性用房 办公会议室	620.00	418.00	501.00	1069.89	4548.00	4076.17	3684.99
食堂	444.00	4047.80	628.00	1758.24	—	—	—
医院学校	137.00	1683.00	348.00	3229.23	2727.60	—	—
文化科技用房	—	700.00	200.00	95.60	2522.47	—	—
兽医站	—	94.00	237.76	—	—	—	—
其他	100.00	3401.50	70.06	241.89	—	—	—

3. 职工住房建设 1965—1966年建成的地窝子4307平方米；1989—1995年自建公助房屋4516.46平方米（造价150～185元/平方米），职工私人自建房屋，2000—2010年，建设小二层楼17767.06平方米（造价800～950元/平方米）；2000—2013年建多层楼42103.68平方米（造价1000～1450元/平方米）。

4. 商业服务用房 1993年商业公司晾棚1373.93平方米，金龙宾馆3343.97平方米（造价656元/平方米）。

5. 文化科技用房 1994年建成的科技培训中心大楼2522.47平方米。

6. 其他 建场初期接收在建的张掖地区农机学校校舍1202平方米（后来农场用做机关办公房和学校），兽医站面积中含配种室100平方米，孵化室120平方米，1988年以后建造啤酒花加工烤房3212.4平方米（造价183元/平方米）和烤花房128.6平方米列入厂房建设。

二、职工住房

1. 建房标准 至2021年，历经5个发展阶段，分别制定不同的建房标准，并严格贯彻落实。

（1）建场初期。1956年起，根据中共中央"因陋就简""艰苦起家"的精神，在经济、简单、适用的基础上，参照当地一般房屋结构制定建房标准。职工住房有三类，干打垒、土块窑洞和土木结构平房。平房采用地基素土夯实，片石墙基加青砖三层，土坯墙、草泥屋面、低顶棚、木门、一面玻璃窗、墙面用白灰粉饰。至1963年，共有职工住房

2227 平方米。

（2）军垦管辖时期。1964 年，房屋建设发扬"干打垒"的精神，以"依靠群众自己动手，因地制宜，就地取材。造价低廉，坚固耐用"为原则，按照农建十一师勘测设计处定型设计图纸建房，房屋结构都是红砖基土木结构草泥屋顶。1965—1966 年，因人员数量猛增，来不及建房，挖地窝子 4307 平方米作为职工宿舍。至 1969 年，共有职工住房 15448.9 平方米。

（3）张掖地区管理时期。1975 年以后，建房重视质量，职工住房讲究明亮宽敞。住房结构主要是土木结构。采用浆砌石基、房屋基础加砖 3～5 层做墙基，立柱用红砖、土坯墙，屋面加瓦，室内铺砖，两面玻璃窗，并修建了一砖到顶的窑洞。新建的办公室和仓库，都是一砖到顶，屋面挂瓦，室内水泥地坪的砖木结构平房。为改善中级以上知识分子居住条件，修建带院子的砖木结构、现浇屋面平房 1 栋。至 1983 年，有职工住房 19628.7 平方米。

（4）甘肃省农垦管理时期。1984 年开始，职工住房结构都是砖木结构平房，屋面挂机制红瓦，室内铺砖，附有庭院，独家独户。1988 年，住房制度改革后，农场每年筹集 10 万元作为自建公助房屋的补助，以加速旧房改造。1990 年以后，实行自建公助住房质量标准，浆砌石基，一砖到顶、屋顶挂瓦或现浇屋面，室内水磨石地面、石膏板吊顶，白灰粉墙，油漆墙裙，上刷涂料、木门，设玻璃窗，水电设备俱全，独家独户。用地标准：农业单位 3 口之家，宅基地不超过 400 平方米；4 口以上之家，宅基地不超过 530 平方米；非农业单位宅基地不超过 330 平方米。农场对危房进行大面积翻修更新，建房的质量进一步提高。住房都是独院式的，注重居住条件明净美化。至 1995 年，共有职工住房 9170.62 平方米。

（5）亚盛股份公司管理时期。2006 年以后，随着国家住房制度改革，职工住房基本以现住房维修改造为主，或在原址新建，主要为砖木、砖混楼房结构。至 2021 年，职工住房总面积达 47433.51 平方米。

2. 住房建设 1956—1963 年，从无到有、居住条件极为简陋。将分散在荒滩上的老寺庙、稆侯堡庙、龙王庙、太平堡庙、羊桥庙等 5 座古老的庙宇，经过修理、改装作为职工住宿房舍。在老寺庙大殿旁修建的四栋干打垒土屋，是最早修建的职工住房。随着生产的发展和职工的增加，农场建立作业站和生产队，站内盖起简单的干打垒、土块窑洞和土木结构平房。1963 年，职工住房面积 2227 平方米。

1964 年，随着职工队伍增加，农场开始大量建房，并集中建立新的居住点。新建土木结构平房，建房质量有所提高，这批房屋建成后，职工不再住庙宇。1965—1966 年，建成地窝子 4307 平方米。至 1969 年，共有住房面积 15448.9 平方米。

1975 年开始，为改善职工居住条件，农场利用包干结余资金，对职工住房进行大面积翻新或新建，在 1 队、2 队、6 队、7 队、水管所、砖厂建立新的居民点，结束职工住地窝子的历史。1983 年，7 队职工首先在各自住房前修建围墙、形成庭院。这种独院式住宅很快在全场推广。职工在庭院内自建小伙房、贮藏室及鸡舍，有的种花卉或果树，既美化了居住环境，又发展了庭院经济。1983 年，职工住房 19628.7 平方米。

三、住房制度改革

1988 年，贯彻中共中央"职工住房制度改革"的精神，全场推行"公房转售"和"自建公助"的办法，实行住房制度改革后，农场每年投资 10 万元作为自建公助房屋补助，改造旧房，职工居住条件得到明显改善。

1. 公房转售　农场以住房净值的三分之一价格将住房出售给职工，其余三分之二为农场补贴，职工交清房款后拥有房屋的使用权。各类公房作价转售时规定折旧年限。凡在折旧年限内因工作调动需要转卖出售房屋时，本人不得私自转卖给场外人员，必须经基层领导协调解决，个人出资部分根据购房后的居住年限收取折旧费。

2. 公助建房　1992 年以后，农场自建公助建房补贴以工龄和岗位、职务确定。职工工龄在 10 年以下者，农场补助 2500 元作基数，以后每增加 1 年工龄增补 50 元。同时，对干部按岗位工龄再增加补贴。队、科级干部岗位工龄在 10 年以下，分别补贴 250 元、500 元，工龄每增加 1 年，再分别补贴 15 元、30 元，场级领导工龄在 20 年以下补贴 2000 元，以后工龄每增加 1 年增补 100 元。补贴按户享受，夫妻双方只能有一方享受。

离休后享受县级待遇的，按场级标准享受补贴，其他离休干部一律按科级标准执行。退休人员，退休时属那一级享受那一级补贴标准。自愿集资建楼的住户，农场补贴部分增加 1 倍。

住房面积标准规定：场级干部 65～70 平方米，科级干部 50～60 平方米，其他职工 35～45 平方米。为便于工作调整，农场保留一部分公有住房，凡是居住公有房屋的住户，按规定缴纳房费。

1984—1995 年，农场对危房进行大面积翻修更新，建房质量进一步提高。注重居住环境明净美美。建造都是独院式的住宅为主。1989—1995 年，自建公助房屋 4516.46 平方米，造价 150～185 元/平方米（不含职工私人自建房屋）。1995 年，全场职工居住房屋面积 54666 平方米，其中有职工购置的公房、自建和自建公助私人房屋面积 43763 平方米，占 87%，全场人均住房面积由 1978 年得 11.8 平方米提高到 16.5 平方米。

1996—2006 年，资金来源主要是职工自筹、政策性补贴（国家、企业）。职工自建公助住宅 83 户，6343.35 平方米；在 312 线两侧自建商铺房 17 户 476.75 平方米。修建二层楼 15 户 2239.26 平方米；2000 年 5 月，新建 1 号楼，砖混结构，五层两单元 16 户，一层为麦芽厂办公室，建筑面积 1740.48 平方米，农场以住户自建公助按工龄给予补助。2002 年 6 月，新建 2 号楼，砖混结构，6 层两单元 24 户 2422.56 平方米，农场以住户自建公助按工龄给予补助。2002—2006 年，在 312 线两侧新建住宅与商铺两用 2 层楼 34 户 6589.49 平方米。

2007—2021 年，是职工住房条件改善的转折期。2011—2014 年，国家实施棚户区改造和危房改造工程，甘肃省农垦集团向甘肃省政府争取危房改造项目在全垦区实施，农场紧抓机遇，在农场中心区新建住宅楼 11 栋、小二层 105 套，在分场修建平房，并对基层单位职工危房进行加固维修（740 户），完成基础设施配套相关工程，享受国家和省级补贴资金 5834.55 万元。

2007—2009 年，在 312 线两侧新建住宅与商铺两用 2 层楼 54 户 8938.31 平方米；2007 年 4 月新建 3 号楼，砖混结构，6 层 2 个单元 24 户 2655.96 平方米；2008 年 7 月新建 4 号楼，砖混结构，6 层 5 个单元 60 户 4997.88 平方米；2009 年 11 月新建 5 号楼，砖混结构，6 层 4 个单元 48 户 3893.76 平方米；11 月新建 6 号楼，砖混结构，6 层 2 单元 24 户 2853.84 平方米。

2011 年 4 月新建 7 号楼，砖混结构，6 层 3 个单元 36 户 2854.44 平方米；6 月新建 8 号楼，砖混结构，6 层 3 个单元 36 户 3107.52 平方米。6 月新建 9 号楼，砖混结构，6 层 3 个单元 36 户 3107.52 平方米；新建 11 号楼，砖混结构，6 层 2 个单元 24 户 2483.76 平方米；2012 年 5 月新建 10 号楼，砖混结构，6 层 3 个单元 36 户 3198.96 平方米。2013 年 5 月新建 12 号楼，框架结构，6 层 5 个单元 60 户 5336.4 平方米；5 月新建 13 号楼，剪力墙结构，10 层 2 个单元 60 户 3450.6 平方米，配套安装电梯 2 部（表 3-4）。

表 3-4　张掖农场不同时期职工住房情况统计

年 份	房屋结构	间 数	栋 数	户数（户）	建筑面积（平方米）	人均住房面积（平方米）
1963	干打垒土屋；土块窑洞；土木结构平房。	不详	不详	不详	2227	不详
1969	红砖基土木结构，草泥屋顶平房；地窝子。	不详	不详	不详	15448.9	3.05
1974	土木结构，基础加砖 3～5 层，立柱红砖、土坯墙，屋面加瓦；一砖到顶窑洞 1 栋；砖木结构平房 1 幢，带院子，现浇屋面，室内水磨石地面。	不详	不详	不详	4292.46	不详
1983	砖木结构平房，屋面挂机制红瓦，室内铺砖；浆砌石基，一砖到顶平房，屋顶挂瓦或现浇屋面。	不详	不详	不详	19628.7	5.75

（续）

年　份	房屋结构	间　数	栋　数	户数（户）	建筑面积（平方米）	人均住房面积（平方米）
1995	砖木结构平房，屋面挂机制红瓦，室内铺砖，附有庭院、独家独户；浆砌石基，一砖到顶平房，屋顶挂瓦或现浇屋面，室内水磨石地面，独家独户。	870	106	425	9170.62	8.63
2006	砖混结构平房；砖混结构二层楼房；砖混结构5层、6层楼房。	1576	197	788	18607.14	9.44
2021	砖混结构住、商两用2层楼房；砖混结构6层楼房；框架结构6层；剪力墙结构10层电梯房。	3487	201	1395	47433.51	17.8

第二节　办公设施

建场初期，农场办公条件差，设施十分简陋，文件处理方式基本为手工书写，纸张质量差，难以保存。20世纪60年代后期，逐步发展为钢板、蜡纸、人工手写，后又发展到用油墨人工油印和铅字人工打印、油印，效率和印刷质量有所提高。当时各单位都设有专职或兼职打字员工作岗位，稿件撰写完成经领导审查定稿后，批转打字员负责按规定时间和份数打印。随着科学技术的不断推广应用，实现办公设施向自动化和网络化的发展。

1. **硬件建设**　1993年农场购置第1台电脑，主要用于办公室文件打印。到1996年农场购买了第二台电脑，主要用于财务报表编制和汇总，到2004年以后电脑开始普及到机关各办公室，2018年，各分场办公室都陆续配置电脑，至2021年末，机关办公用台式电脑51台，笔记本电脑13台，扫描仪4个，打印机49台。

2. **软件建设**　1996年，农场财务科开始使用正版财务软件，是由北京久其公司为农垦企业开发的垦财财务软件，由于软件功能有限，转而使用正版的NC财务软件，分公司财务使用用友U8财务软件。至2019年，开始使用正版的Win7和Win10操作系统和WPS办公软件。

3. **网络建设**　2000年，农场成立信息中心，配备的电脑开始使用拨号上网，随着电脑的普及，软硬件的不断升级，到2012年，各办公室接入移动和电信宽带，2018年接入光纤，传输速度更快。

4. **办公自动化**　2000年以后随着计算机的普及，软硬件的不断升级，互联网的应用，开始陆续使用电子邮箱发送邮件，腾讯QQ、微信传送文件报表。通过2011年提升企业管理水平等项目的实施，硬件、软件的配备，机关各部室都使用了相应的行业软件和直报系统，到2021年底使用的专业软件有NC财务软件，用友U8财务软件。直报系统有农产品质量追溯系统、统计联网直报，办公公文处理采用OA系统、人力资源管理系统。办公自动化的应用使工作质量和效率提高显著提升。

2011—2021 年，为提升企业管理水平，累计投资 101.16 万元。其中 2011—2016 年购置电脑、网站建设、电子屏、投影仪、暖气改造等，支出 56.25 万元。2017—2021 年，全场共购置文件柜 57 个，办公桌椅 40 张（把），电脑 72 台件、彩色复印机、扫描仪 5 台，投资 74.90 万元。

第三节 道路建设

建场初期农场道路全部为土路，后有部分砂砾路，1976 年后，逐步铺砂（砾石），到 2021 年，全场道路交通网基本全部硬化。

一、概况

1956 年，建成 1 条 3 千米长的土路，是场部老寺庙通往甘新线与场外行车的唯一通道。建有 5 座桥、涵，经过 3 条支渠，1 条洪水沟，1 条斗渠。1965 年，续建场内道路 10 千米。1967—1968 年，续建场内简易道路 8 千米，连接新场部与附近一些农业生产队和工副业加工单位。场部偏边远生产队通过沿山坡便道连结各段的交通。1976 年，实行渠、路、林、田统一规划、综合治理。为改善场内交通，农场全面规划道路建设。新建主干道路要求路面宽度不小于 9.5 米，路面铺砂石，两侧栽植杨树。1977 年，新建主干道路 12 千米和钢筋混凝土桥，涵洞 10 座，对过窄的主干道路进行扩宽改造。

1981—1983 年，农场自筹资金建设了 1 条场部直达红沙窝 1 队 16 千米长的砂石路，各基层生产单位也都修建出队支路与场主干道路或 312 国连结，形成了以场部为中心的干支结合的场内主干道路网。1983 年，对学校经场部至甘新线进行了改造为柏油路面。1985 年，道路延伸到饲料加工厂，全长 1.7 千米。

2008—2009 年，投资 69.92 万元（甘肃省交通补助 46 万元，自筹 23.92 万元），在甘州区交通局的支持下完成农场主干道（4.6 千米柏油道路）施工。2009 年 7 月—10 月，投资 228.79 万元（甘肃省交通补助 102 万元，自筹 126.79 万元），完成主干道 9.6 千米柏油道路施工。2011 年，投资 33 万元，完成养殖场柏油道路 9299.77 平方米。2011 年为保障大型车辆拉运农产品，新建环场砂砾道路 20.575 千米。

2011—2021 年，争取国家、省、区、市交通、道路等政策项目支持，对田间生产道路 43.73 千米（其中民乐分场 9.22 千米）进行硬化。投资 2750.88 万元（车购税补助资金 2458.6 万元，企业自筹 292.28 万元），完成农场 84.282 千米道路硬化，其中：水泥路面 67.6 千米，沥青路面 11.273 千米。

2012—2013 年，民乐县投资完成民乐分场道路硬化 3.769 千米，柏油路 1.64 千米。

二、场区道路分布

1996 年以前，全场道路总长 56.30 千米，其中有油路 1.8 千米，砂石路面 27.5 千米。2021 年末，场内道路全长 116.799 千米，其中混凝土道路 71.369 千米，柏油路 12.91 千米，砂石路 32.52 千米。

1. **主干道路**　全场共有主干 6 条 34.08 千米，其中场部到红沙窝一分场 15.31 千米（2021 年甘州区旅游大通道占用 7.18 千米），场部到七分场砖厂桥 2.94 千米，老寺庙到国道 312 线 2.8 千米，G30 高速道路收费站路口到九分场干渠桥 7.892 千米（沥青路），国道 312 线到迎春亭（朝阳路）3.68 千米，国道 312 线到十分场 1.456 千米。

2. **支线道路**　全场共有支干道路 31 条，总长度 33.288 千米。各单位通往国道 312 线道路有 16 条，总长度 41.29 千米（表 3-5）。

表 3-5　张掖农场各单位通往国道 312 线道路统计

路　名	起　点	终　点	长　度（米）	宽　度（米）	路面结构	备　注	开通年份
安吉路	国道 312 线	五分场	630	4	沥青		2011
安福路	国道 312 线	加工厂	630	6	沥青		2011
安顺路	国道 312 线	樱桃园	1422	4	混凝土		2016
	国道 312 线	九支闸口	805	4	混凝土		2016
康乐路	国道 312 线	三家村	830	6	混凝土		2011
	国道 312 线	八支闸口	530	4	混凝土		2015
	国道 312 线	康乐家园后门	950	4	混凝土	生态园南北	2013
	国道 312 线	干渠路（试验站北面）	440	4	混凝土		2016
	国道 312 线	干渠路（试验站中间）	400	4	混凝土		2016
	国道 312 线	干渠路（试验站南面）	330	4	混凝土		2016
朝阳路	国道 312 线	大坝	3920	6～8	混凝土		2015
朝义路	国道 312 线	红沙窝	1531	5	混凝土		2013—2016
康裕路	国道 312 线	九农	1456	4	混凝土		2012
朝贤路	国道 312 线	砖厂	2800	6	混凝土		2011
康富路	国道 312 线	砖厂桥	2940	4	混凝土		2012
朝德路	国道 312 线	九队桥	7892	4	沥青		2011

各单位至主干道道路有 18 条 17.74 千米（表 3-6）。

表 3-6　张掖农场各单位主干道路统计

单　位	条　数	总长度（千米）	宽　度（米）	路面结构	建成年份	备　注
一分场	3	1.679	4	混凝土	2012—2016	
二分场	1	3.52	4	混凝土	2012—2016	
三分场	1	0.564	4	混凝土	2012	
四分场	3	2.16	4	混凝土	2014—2015	
五分场	1	2.32	4	沥青、混凝土	2011—2012	其中沥青路 0.871 千米
九分场	1	0.428	4	混凝土	2012	
林果一队	3	1.842	4	混凝土、沥青	2011—2016	其中沥青路面 0.649 千米
养殖场	1	0.8	6	沥青	2011	
牧草分场	4	4.428	4～6	混凝土	2015—2016	

民乐分场有场内主干道路 2 条 4.64 千米，其中沥青路面 1.64 千米，宽度 5 米。

3. 辅助道路　辅助道路有 53 条 47.048 千米（硬化 17.97 千米，砂夹石铺筑 28.135 千米）（表 3-7）。

表 3-7　张掖农场及各单位内部辅助道路统计

单　位	条　数（条）	总长度（千米）	宽　度（米）	路面结构	建成年份
一分场至二分场	1	3.09	4	混凝土	2014—2021
二分场	1	0.16	4	混凝土	2012
三分场	3	1.837	4	混凝土	2014—2016
四分场至五分场	1	1.36	4	混凝土	2012
四分场	2	0.33	4	混凝土	2012—2021
五分场	3	0.55	4	混凝土	2016
林果一队	3	1.575	4	混凝土	2016
修造厂居民点	4	0.56	4	混凝土	2016
林果三队	1	0.267	4	混凝土	2021
专业队居民点	2	0.658	4	混凝土	2012—2015
六队居民点	1	0.753	4	混凝土	2015
七分场	2	1.327	4	混凝土	2020—2021
八分场	6	0.643	4	混凝土	2015
牧草分场		2.002	4	混凝土	2016
酒　厂	1	0.22	4	混凝土	2015
冷　库	3	0.58	4	混凝土	2014—2016
场　部	6	0.922	4	混凝土	2014—2016
民乐分场连接主干道路	7	0.85	4	混凝土	2014

（续）

单 位	条 数（条）	总长度（千米）	宽 度（米）	路面结构	建成年份
国道 312 线至红沙窝（环场路）道路	1	0.46	4	混凝土	2016
一分场到边界	1	0.769	7	混凝土	2011 年至今
一分场到边界	1	25.685	6~8	砂夹石	2011 年至今
五分场到边界	1	0.96	6	砂夹石	2011 年至今
七分场到边界	1	0.79	6	砂夹石	2011 年至今
民乐分场	1	0.7	5	砂夹石	2011 年至今

三、道路管理

为加强场内道路（主要是主干道路）管理，1996 年以前，农场规定每年 4 月和 10 月中旬，由场属各单位自行组织职工，按路面质量标准要求进行分段维修养护。场部通往红沙窝主干道路的路面质量标准：路基顶宽 9.5 米，用 0.15~0.2 米卵石埋设路缘石，路面宽 5 米，铺筑 0.1 米厚砂石，确保行车畅通。

1996 以后，农场道路建设数量不断增加，道路的管理模式发生变化。为保证道路安全，先后在场区道路上安装限高、限宽装置 17 座（2020 年按照区交通局要求全部拆除），2010—2021 年，道路侧面安装钢制波形护栏 20 米，安全防护示警桩 1390 根，道口桩 62 根，标志牌 9 块，指路牌 26 块，震荡标线 230.4 平方米，减速带 6 道，凸面镜 3 块。2018 年，按照甘州区交通局要求，农场成立路长制办公室，根据各基层单位管辖区将道路划分到各单位，要求定期对路面、路肩进行卫生保洁。为保障交通安全，要求各单位在冬季各主要交通路口准备防滑沙，农场每年对道路进行集中维修（表 3-8）。

表 3-8 张掖农场 2013—2021 年田间道路建设、维修统计

年 份	道路名称	建设内容	建设规模	造 价（万元）	施工单位（负责人）
2013	环场道路	砂夹石路基、路面	20575 米	1.03	机械公司
	朝阳路	砂夹石路基、路面	4400 米	0.3	
	园一队道路平整、干渠边平整	园一队道路平整 2479 平方米，干渠边平整 2804.5 平方米	5283.5 平方米	0.53	
2014	肥料厂至九队环场道路	砂夹石路基、路面	4895 米	4.9	机械公司
	砖厂至六队干渠至 G312 道路	砂夹石路基、路面	4675 米	7.01	
	朝阳路北侧道路	砂夹石路基、路面	2210 米	2.21	张掖市老寺庙金脉节水有限责任公司
	环场道路	砂夹石路基、路面	4520 米	4.52	

（续）

年　份	道路名称	建设内容	建设规模	造　价（万元）	施工单位（负责人）
2015	十分场九农道路	道路平整	620 米	0.37	机械公司
	园三队道路	道路平整	500 米	0.3	
	园二队道路	砂夹石路基、路面	540 米	0.5	
	园一队观景点道路加宽	砂夹石路基、路面	2604 平方米	1.15	
	奶牛场南道路	砂夹石路基、路面	756 米	0.65	
	肥料厂东道路	砂夹石路基、路面	480 米	0.64	
	百号地道路平整		7110 平方米	1.26	
	朝阳路维修	回填、平整	280 米	0.34	
2017	大坝路维修	路肩加宽、平整、米粒石拉运	3904.56 立方米	3.59	机械公司
	环场路维修	道路平整		2.96	
	三分场道路	砂夹石路面、平整	290 立方米	0.4	
	场区道路修整	文冠果园路、路肩	1290 米	5.26	
	场区道路维修	九支渠路、朝义路、路肩	540 米	4.44	
2018	四分场道路	三洞 273.5 米、沙枣林 380 米，平整、砂夹石路面	653.5 米	2.03	机械公司
	一分场道路	平整、砂夹石路面	904.3 米	0.19	
	二分场道路	平整、砂夹石路面	5296 米	6.28	
	环场路改道	砂夹石路基、路面	4192.5 平方米	1.1	
	洪水冲毁、损坏场道路维修			0.75	
	道路维修			3.91	
	路肩维修		2 处	0.12	
	敬先路	砂夹石路基、路面	4447.2 平方米	1.61	
	养殖场林带路	砂夹石路基、路面	8575 平方米	0.37	
	园一队干渠路	砂夹石路基、路面	516 米	1.81	
	七分场道路	平整、砂夹石路面	2286 米	2.2	
	十分场道路	平整、砂夹石路面	1965 米	1.82	
2019	朝德路、路肩	平整、砂夹石路面	813 米	0.8	物业服务队
	道路维修	道路维修 13 处，400.06 平方米		3.59	
	民乐分场百号地道路	含涵桥 32 座	9217.5 米	22	甘肃亨泰源劳务有限公司
	场区道路安全桩安装	安全桩：116 个，维修补缝：358 处，道路标志牌拆除移位，修补沥青路面：78 平方米		2.51	物业服务队

（续）

年　份	道路名称	建设内容	建设规模	造　价（万元）	施工单位（负责人）
2020	民乐分场道路	平整、砂夹石路面	3288 米	4.48	民乐分场
	场区道路路面维修	沥青路面修补 78 平方米，水泥路伸缩缝修补 358 处		1.34	物业服务队
	七分场田间道路	铺垫砂夹石道路 1820 米，平整路面 6740 平方米		1.49	七分场
	四分场道路	新建道路两侧路肩加宽整理	1064 米	0.61	四分场
	九分场道路	营区西侧道路铺垫砂石料 140 立方米，田间道路铺垫砂石料 72 立方米，晒场铺垫砂石料 208 立方米		1.00	九分场
	樱桃园道路	整治道路 2205 米，φ600 涵桥 15 座		9.5	舒鸿霄
	公路废料铺筑田间道路	樱桃园铺筑田间道路 3485 米，公路废料拉运 1500 立方米，		3.64	柴佩智
	七分场损毁田间道路	砂夹石道路铺设 9 条		4.33	七分场
2021	场区道路维修	场区道路路缝修补（灌缝）647 处		1.19	物业务队
	朝阳路大坝处砼路肩修补及安装防护桩工作	砼路肩修补 16 平方米，路边防护桩安装 132 个		0.56	
	场区道路修补工作		591.84 平方米	4.45	甘肃盛邦建设工程有限公司
	三分场环境治理铺垫道路	砂夹石道路铺垫 230 米，林带清理 210 米。		0.83	三分场
	一分场新建路	新建道路铺垫砂夹石	450 米	0.4	一分场

第四节　通信设施

一、内部电话

1956 年，开始架设电话线。1963 年，全场建成电话线路 10 千米，场部与第一、第二农业生产队都安装了磁石电话机，可直接通话。1966 年，架设电话线 40 千米，一营营部设有电话总机，场部到一营营部、一营营部至营属各生产连队可直接通话。二营和营部和所属各连队与场部用简易线路直接相连。1969—1971 年，增设电话线路 27.5 千米，除地处民乐县的三营营部需通过地方总机与场部通话外，在老寺庙地区形成团—营—连、团—各工副业单位的通信网络。农场利用电话线路传输有线广播信号。1972 年，架设从小四号水闸到 2 支渠之间的水利专用电话 17 千米，各水管段也安装电话机，对掌握渠水流量、加强渠水管理开展灌水调度、提高灌水质量提供了便利条件。水利专用电话线与团部电话总机相连，形成团部—营部—连部、团部—各工副业单位、团部—水管所各管水段 4 条电话线组或的电话通信网络。1975—1977 年，因部分电话线路年久失修，有部分电话线和

台 40 千瓦，8 站 1 台 50 千瓦，10 站 1 台 10 千瓦，年发电量 65 万千瓦时。发电除用于照明和工副业生产外并用于机井抽水和农田灌溉。

二、国家电网

1977 年，张掖县建立碱滩变电所，农场用电归属碱滩变电所管理。1978 年，农场架设高压输电线路 9.07 千米，从碱滩变电所引入高压电源，使砖瓦厂、实验站（现果园二队）、五队、六队、七队、场部、园林队、水管所、农机修造厂等单位通电。同时，张掖地区电力局也从张掖县甲子墩公社架设高压线路 3 千米至农场八队通电。1997 年，续架高压线 10 千米至三队。1980—1981 年，碱滩变电所为农场设 1 个出线口，高压线路建成后，碱滩乡幸福村、草湖村从农场线路引线通电。农场线路的末端延伸到张掖市甘州区三闸乡红沙窝大队。续架 8 千米至红沙窝 1 队，实现全场通电。机井也并网抽水灌溉。至 1995 年，全场共架设输电线路 49.18 千米，10 千伏线路 33.63 千米，0.4 千伏线路 15.55 千米。共有变压器 34 台，总功率 1960 千伏安。各种用电设备 750 千瓦，年用电量 168.74 万千瓦时。农场水电管理所设专职管电副所长 1 名，电工 2 名，场属各单位都配有电工，管理本单位电气设备和供电事宜。

1996 年，老寺庙酒厂为保证停电时生产正常用电，购置 100 千瓦发电机组 1 台。1999 年，酒厂发电机组调入麦芽厂使用。1996—2006 年，架设 10 千伏输电线路 1.04 千米，架设生产用变压器 2 台。2007 年，农场电管所移交甘州区电力公司，2013 年，在老寺庙特药基地北侧，架设 10 千伏输电线路 5 千米。在农场场部东侧架设 10 千伏输电线路 4.1 千米，架设 200 千伏安变压器 2 台。2019 年，在六分场架设 100 千伏安变压器 2 台。牧草分场一区架设 200 千伏安变压器 2 台。在民乐分场架设 100 千伏安变压器 1 台。在八分场架设 100 千伏安变压器 1 台。在四分场改造 10 千伏输电线路 650 米。

至 2021 年，全场共有高压供电线路 68.34 千米，共有变压器 85 台，总功率 3605 千瓦，低压供电线路 12.98 千米，实现生产生活用电全覆盖（表 3-9、表 3-10）。

表 3-9　张掖农场 1988—1995 年用电量统计

年　份	合　计	用电量（千瓦时）			
		工　业	农　业	生　活	变压器损耗
1985	651871	182630	312541	90800	65900
1989	830753	213895	425658	100400	90800
1990	855141	224993	433848	133400	92900
1991	1009129	335864	425965	148600	98700

（续）

年 份	合 计	用电量（千瓦时）			
		工 业	农 业	生 活	变压器损耗
1992	1414206	654263	512643	150300	97000
1993	1328990	614846	481758	142386	90000
1994	1824500	846200	661013	193800	123487
1995	1687400	783042	604188	185900	114270

表 3-10　张掖农场 2018 年—2021 年用电量统计

年 份	老寺庙变电站	用电量（千瓦时）
2018	张掖农场	6151354
2019	张掖农场	9945165
2020	张掖农场	10643214
2021	张掖农场	12230547

三、场区照明设施

2007—2021 年，共架设路灯 426 盏，其中：15 米高杆灯 2 盏，用电路灯 103 盏，太阳能路灯 321 盏（表 3-11）。

表 3-11　张掖农场路灯安装统计

名 称	用电路灯（盏）	太阳能路灯（盏）	高杆灯（盏）
居民点	—	100	—
道 路	103	221	—
晒 场	—	—	2

第六节　生活设施

一、供水

1955 年建场后，职工生活用水在老寺庙片区主要靠打井，提取井水饮用，红沙窝片区的 1、2 队打自流井，用自流井水作为饮用水。在地下水位低的山羊堡、民乐头墩、林荫等地，打机井有困难，都建有涝池蓄水。20 世纪 70 年代，山羊堡打深井成功。此后，农场八队职工家庭共 200 多人，以井水作为饮用水。

1982 年，为改善职工生活用水质量，开始打井、建水塔，并架设管道进入职工家庭，

1996 年，全场建成水塔 7 座，储水池 2 个，全场职工全部由水塔和储水池提供自来水。张掖地区环境监测站曾多次对场部、四队、砖厂由水塔提供的饮用水进行水质测定，经检验水质完全符合国家饮用水标准。

1996—2006 年，在农场三队新建 20 立方米水塔 1 座，七、九队修建高 8 米，容积 20 立方米水塔 3 座，铺设供水管道 1963.7 米。

2007—2021 年，在场部修建 50 立方米 15 米高水塔 1 座，在养殖场 1 号井修建 300 立方米地埋式混凝土蓄水池 1 座。与原有饮水管网连接作为备用水源，在一、二分场修建 30 立方米地埋式混凝土蓄水池 2 座。

二、饮水安全

2012 年，为保证农场场部和四队 2 个居民点 1920 人的饮水安全，实施农村人饮工程，投资 155.52 万元（中央资金 118.4 万元，省级资金 15 万元，企业配套资金 22.12 万元），打机井 2 眼，修建水塔 2 座，配电管理房 52.54 平方米，铺设输水管道 20.19 千米，检查井 10 座，安装 30 千伏安变压器 2 套，低压控制设备 2 套，购置安装二氧化氯发生器 3 台。

2014 年，在七、八、九队 3 个居民区，投资 62.01 万元（中央资金 51.9 万元，省级资金 7 万元，企业配套资金 3.11 万元）。完成机井配套水泵 2 台，埋设供水主管网 8930 米，安装入户设施 284 套。安装二氧化氯消毒装置 5 套，埋设供水管道 22820 米。新建闸阀井 25 座。打 180 米机井 1 眼。

2019 年，农场居民供水移交碱滩镇老寺庙社区管理。社区对场部供水管网进行升级改造，改造管网 7559 米，并对多层楼房住户安装智能水表 484 块（表 3-12）。

表 3-12 张掖农场水塔建设一览表

地 点	建设时间	资金来源	水塔高度（米）	容量（立方米）	供水情况
场 部	1982	自筹	30	50	供应场部及附近机关、医院、学校工厂、商店、培训中心、建筑、运输、农林等 18 个单位生产用水和 2000 多职工家属生活饮用水
四 队	1983	自筹	7	40	担负四队 160 多职工的生活用水和牲畜饮水
民乐分场	1985	专用拨款	15	50	担负农副产品加工和 270 多职工家属的生活、生产用水。从此，人畜不再饮用涝池水
砖 厂	1992	自筹	10	20	除担负生产制砖用水外，并为全厂 300 多职工提供生活用水
一 队	1992	自筹	10	20	担负四队 160 多职工的生活用水和牲畜饮水
八 队	1995	自筹	6	20	八队 100 多职工的生活用水和牲畜饮水

（续）

地 点	建设时间	资金来源	水塔高度（米）	容量（立方米）	供水情况
七 队	1996	自筹	7	20	担负七队 180 多职工的生活用水和牲畜饮水
九 队	2007	自筹	7	20	担负九队 60 多职工的生活用水和牲畜饮水
三 队	2008	自筹	7	20	担负三队 150 多职工的生活用水和牲畜饮水
养殖场	2012	自筹	未统计	300	备用水源（地埋式储水池）
场 部	2002	自筹	15	50	备用水源

三、供暖

主要是依靠酒厂 2 吨锅炉和麦芽厂 4 吨锅炉进行供暖。1996—2006 年，为改善生产用气和生活用暖的矛盾，修建 280 平方米 4 吨锅炉房 1 座，安装供暖管道 1637 米，为办公楼、医院、二层楼住户供暖。2007—2021 年，实行分片区供暖，修建 8 座锅炉房，并安装生活用常压锅炉 8 台，安装暖气管道 3067.5 米。

四、排水（污）

1996—2006 年，张掖农场管理期间，1、2 号楼的排水直接从酒厂麦芽厂排污管道进入灌溉渠。2007—2021 年，楼房数量不断增加，原有排污系统已不能满足使用。2007 年，农场从 3 号楼开始沿 312 线至红沙窝干渠，修建直径 50 厘米水泥管排污管道 858.8 米，排入灌溉干渠。随着场部居民区新建楼房及二层楼数量增加，2020 年，甘州区环保局对农场（场部）排水管网进行升级改造，新建排污管网 4434.69 米。2021 年，甘州区环保局在农场排污管网末端新建日处理 400 吨的污水处理站 1 座。

第七节　农机具配置

在农场的发展历史中，农业机械的应用为提高农业劳动生产率、实现农业现代化进程发挥着重要作用。随着农机具数量不断增加和农业机械设备不断更新换代，也反映了农业机械化水平不断提高。

一、资金来源

1955—1983 年，全场大中型农机具多数都由国家或甘肃省财政拨款作为国有农场的基本建设投资，或由上级统一订购无偿分配给国有农场使用的。1985 年，国家对国有农场基本建设投资实行"拨改贷"制度，不再列农机具设备专项投资。农机具由企业自筹资金购置，自筹资金来源主要有农机具设备折旧留成、农机具大修留成结余、财务包干结余、利润留成和农机具作价处理收入等。2008 年农场开始享受国家农机具购置补贴政策，农机具投资来源主要为自筹加农机具购置补贴模式。2010 年以后，农场农机具购置投资减少，农机具购置投资主体转向从事农业生产的农场职工。1995—2001 年，农机具购置资金总额 4030.78 万元。

二、农机具购置

1955 年建场时，调入的链轨拖拉机有苏联制纳齐 2 台，轮胎拖拉机有美制卡斯威路（10 马力）1 台。以后，农场购置配备的拖拉机全部由苏联和东欧进口，型号繁多。链轨式拖拉机 5 台，有苏联造 AT3，匈牙利造 DT-413，德意志民主共和国造 KS-07（2 台），波兰造 D-50；轮胎拖拉机 4 台。谷物联合收割机有苏联造牵引式 C-6 型和匈牙利造自走式 AC-400 型、进口马铃薯挖掘机 1 台。机引农具有五铧犁 6 台、三铧犁和双铧犁各 1 台、48 行播种机 5 台、24 行播种机 5 台、41 片圆盘耙 2 台、28 片圆盘耙 3 台、V 形镇压器 4 台，钉齿耙 6 台。有精选机、脱谷机、拖车各一台（辆）。到 1962 年有拖拉机 9 台，机引农具 43 台。

1964 年以后，拖拉机增加到 18 台，国产东方红-54 拖拉机 3 台。农建二师调入的农机具均为国产，各项机械装备渐趋完善，大面积开荒造田实现机械化，田间作业综合机械化程度达 70％。1974 年淘汰 DT-413、Z-50、Z-35、Z-25K、UTOS 等进口机型 13 台，拖拉机全面实现国产化。1975—1983 年，上级调拨和农场购置、更新的农机具有大中型拖拉机 21 台，联合收割机 6 台，丰收-2 卧式玉米收割机 5 台，小麦、玉米收获实现机械化。农田机械化综合水平提高到 80％。1984—1995 年，农场先后购置 105 联合收割机 1 台，籽瓜铺膜机 5 台，悬挂式籽瓜脱粒机 22 台，大苗植树机 1 台，W4-60 型挖掘机 1 台，DT-75 型进口拖拉机 4 台，播种机 5 台，12 片悬挂圆盘耙 1 台。至 1995 年，全场共有大中型拖拉机 22 台，其中私营 17 台；小型拖拉机 44 台，其中私营 44 台；配套农具 132 台，其中私营 62 台。农场职工农机具拥有量逐渐上升。

1996—2006 年，农场农机具购置多数为从事农业生产的农场职工，共购置大中型拖拉机 16 台，小型拖拉机 49 台，收割机 4 台，购置配套农具 168 台。

2007 年，农场机械公司成立后，农场陆续购置大中型农业机械。至 2009 年，共购置大中型拖拉机 9 台、割草机 4 台、打捆机 3 台、播种机 4 台、旋耕机 4 台、翻转犁 8 台、耙 6 台、牧草回收机 3 台、拖斗 3 个。2008—2009 年，农场享受国家农机购置补贴政策，主要以补贴农场机械公司和农场滴灌设备为主。2010 年，随着职工购买力的增加，补贴资金主要对象为从事农场农业生产的职工。职工购置农机具，个人使用的以中小型为主，从事农机作业的农机户以购置大型农机具为主。因农场种植作物玉米面积较大，收割机的购置为自走式玉米收割机。到 2021 年底，拖拉机增加到 710 台，其中大型拖拉机 23 台、中型拖拉机 451 台、小型拖拉机 236 台，收割机增加到 17 台，配套农具增加到 769 台。

第四章　渠系建设

第一节　水源与灌区

张掖农场的农业生产，主要利用黑河水灌溉，其次是井水灌溉。因地域分布不同而水源各异，分属 3 个不同灌区。

老寺庙地区位于黑河大满灌区，由大满干渠引黑河水灌溉，场内干渠流量丰水年最大 4.03 立方米/秒，枯水年只有 0.3 立方米/秒，平均年引水量约 2040 万立方米。地下水储量为 1.043 亿立方米/年，水位埋深 3～5 米。打机井 36 眼，单井平均出水量 22 升/秒。春灌时期水量波动较大，场内干渠流量丰枯水期农灌无保证，采用河水、井水互补灌溉。

山羊堡地区（农场八分场）亦称稆侯堡滩。地下水位埋深 0.6～10 米。南半部机井提取地下水灌溉，单井出水量 20 升/秒，北半部引黑河水灌溉，属马营河（山丹河）祁家店水库灌区，1995 年以后，因水库蓄水量严重减少，农灌无保证，于是打井灌溉，现为重点井灌区。

头墩地区（民乐分场）头墩滩位于祁连山山前冲积、洪积扇的末端，海拔为 1820～1902 米。洪水河经民乐县城西直至石岗墩滩的干柴墩，与大小都麻、海潮坝等河汇流为九龙江，在太平堡汇入山丹河。全长 80 余千米，年径流量 1.39 亿立方米。双树寺水库益民灌区，益民干渠改善了民乐分场的灌溉条件。因水库蓄水量大大减少，灌溉水源严重不足，灌溉水源无法保障，采取河水、井水互补灌溉。

第二节　水利建设

农田水利建设，是农场农业生产的重中之重，始终坚持"地种到哪，渠就修到哪"的原则，被广大干部职工高度认同，专业队常年奋斗在建设一线，建场至 2021 年，先后投入水利建设的资金达 1.08 亿元。

一、老寺庙区域渠系建设

1. 建场初期　建场至 1963 年，农场共修建各类渠系 107.4 千米，干渠 1 条，场内长 25 千米，支渠 8 条长 16 千米，斗渠 11 条长 4.4 千米，毛渠 124 条长 62 千米。干渠自大满干渠下游四十里店村延伸至张民公路南小四号水闸处与碱滩乡分水，然后干渠沿等高线穿过秙侯堡北、古城南滩、跨越山丹河，灌溉老寺庙滩和太平堡滩。支渠、斗渠、农毛渠和排水渠与条田建设相配套。干渠上游比降小，水流缓慢，造成泥沙大量淤积。中下游比降大，水流湍急，冲刷严重。

2. 军垦时期　1965 年，农建十一师勘测设计处对原有渠系进行重新勘测设计，并编制设计方案。实施干渠改造工程，沿原干渠线衬砌 4.8 千米，并加固山丹河涵洞混凝土砌筑。干渠改造后降低比降，减少冲刷，通水量扩大为 3 立方米/秒。支渠和斗渠全面进行重建，部分渠段采用混凝土块衬砌以加强防渗。新的水利工程由农建十一师工程团和农场基建部队分别施工完成。

1965—1966 年，新建干渠 21.426 千米，新建支渠 15.456 千米，其中混凝土衬砌 13.252 千米。共建成各类水工建筑物 50 座，桥 9 座，闸 37 座，涵洞 4 座。灌溉面积达 2277.93 公顷，保灌面积达 1418.67 公顷。（表 3-13）。

表 3-13　农建十一师工程团 1965—1966 年新建灌渠统计

渠道名称	竣工年份	总长度（千米）	其　中			水工建筑物（座）		
			混凝土衬砌（千米）	草皮衬砌（千米）	土渠（千米）	桥	闸	涵洞
合　计		21.426	13.252	2.04	6.134	9	37	4
一、干渠		5.97	5.97	—	—	3	5	1
中段新建	1965	4.8	4.8	—	—	3	5	
山丹河涵洞上下段	1966	1.1	1.1	—	—	—	—	—
山丹河涵洞	1966	0.07	0.07	—	—	—	—	1
二、支渠		15.456	7.282	2.04	6.134	6	32	3
1 支渠	1966	2.515	2.515			1	16	
2 支渠	1966	4.379		—	4.379	2	4	—
3 支渠	1966	1.567	1.567			2	7	3
4 支渠	1966	4.44	1.2	2.04	1.2	1	3	—
5 支渠	1966	2.555	2.0		0.555		2	—

1965—1966 年，新建干渠 21.426 千米，新建支渠 15.456 千米，其中混凝土衬砌 13.252 千米。共建成各类水工建筑物 50 座，桥 9 座，闸 37 座，涵洞 4 座。灌溉面积达

2277.93 公顷，保灌面积达 1418.67 公顷（表 3-14）。

表 3-14　张掖农场 1965—1967 年基建连队新建渠道统计

渠道名称	条数	总长度（千米）	其中						水工建筑物（座）		
			混凝土衬砌（千米）	浆砌（千米）	石砌（千米）	土渠（千米）	草皮衬砌（千米）	草泥衬砌（千米）	桥	闸	涵洞
合计	209	120.936	1.22	3.07	0.2	110.76	5.57	0.2	—	14	—
一、干渠上段	1	5.4	—	0.4	—	—	5	—	—	—	—
二、支渠合计	3	7.45	0.38			7.07				7	
二支渠	1	2.2				2.2				5	
七支渠	1	2.35	0.38			1.97				2	
九支渠	1	2.9	—			2.9					
三、斗渠合计	28	22.936	0.84	2.67	0.2	18.46	0.57	0.2			
秅二支一、二、三四斗	4	3.62	—	—	—	3.62	—				
秅二支一、二斗	2	1.94				1.94					
秅南支三、四、六、七、八、九斗	6	4.77	—	—	—	4.766	—				
二支斗渠	4	1.59				1.59					
二支一斗	1	1.62				1.62					
四支一、二斗	2	1.55				1.55					
独二斗	1	1.8	—			1.80					
独三斗	1	0.90				0.90					
独四斗	1	1.11	0.84			0.27					
七支二、三、四斗	3	2.37	—	1.0	0.2	0.4	0.57	0.2			
九支斗渠	3	1.67		1.67							
四、农渠合计	177	85.15	—	—		85.15					

1969—1970 年，新建五支渠长 2.75 千米，八支渠长 1.58 千米。1971 年，延长二支渠 2.47 千米。1979—1983 年，为开发山坡荒地，新建北支渠总长 10.11 千米，其中混凝土浇筑 6.2 千米，新建北支斗渠总长 2.185 千米，全部混凝土浇筑。延伸六支渠二斗至八支渠二斗的 6 农渠，使独立斗渠与干渠相接，重新命名为七、八、九、十、十一、十二支渠（表 3-14）。

1995 年，老寺庙地区共有干、支、斗渠 44 条 81.53 千米（混凝土衬砌 35.84 千米）。

干渠 1 条 30.73 千米，支渠 14 条 36.6 千米，共有独立斗渠 29 条 14.20 千米（表 3-15）。

表 3-15　张掖农场 1995 年各类渠道长度及灌溉地区统计

渠道名称		条数	使用长度（千米）		灌溉地区
			全长	其中混凝土衬砌	
总　计		44	81.5308	33.75	
干渠		1	30.725	7.26	老寺庙
支渠合计		14	36.6048	18.96	
	一支	1	2.65	2.65	七队、砖厂
	二支	1	5.556		机关、试验站、果园一、四队
	三支	1	3.75	1.8	修造厂、五队、果园三队
	四支	1	1.68	1.68	五队
	五支	1	1.104	1.10	四队
	六支	1	1.1148	0.31	三队
	旧七支	1	0.47	0.47	三队
	新七支	1	1.34	1.34	二队
	八支	1	1.94	0.35	二队
	九支	1	1.85		二队
	十支	1	1.25		一队
	十一支	1	1.28	0.7	一队
	十二支	1	2.51	1.65	一队
	新北支	1	10.11	6.91	四队、九队、果园一队、果园四队
新北支北斗渠道合计		10	2.470	2.47	九队
新北支南斗渠道合计		9	2.48	2.28	果园四队、四队、九队
独斗渠合计		10	9.251	2.77	
	独一斗	1	1.165	1.00	七队
	独二斗	1	1.79		六队
	独三斗	1	1.125		六队、果园二队
	独四斗	1	1.091	1.09	六队、酒花队、果园二队
	独五斗	1	1.44		四队（未用）
	独六斗	1	0.45		四队（未用）
	独七斗	1	0.325		九队
	独八斗	1	0.925		九队
	新五斗	1	0.68	0.68	三队
	独九斗	1	0.26		二队

3. **军垦后期、农垦及亚盛时期**　1996 年 7 月，依据水利部上报国务院《黑河水资源问题及其对策》的总体规划，"以常规节水技术为主，渠系工程和田间工程并重"的思路，农场修建干渠 15 千米，支渠 5.6 千米，斗渠 0.98 千米，滴灌 200 公顷，田间配套 33.33 公顷，总投资 1689.75 万元，按照 8：2 的投资比率国家投资 1351.80 万元，农场自筹 337.95 万元。为解决 2 支渠渠道改建土方人工开挖、回填、人工摊垫层石、预

制块衬砌、路面平整共计需要 4.89 万工（日），全场职工平均每人义务劳动 41 工（日），保质保量完成任务。以后年度职工每人每年义务工作 30 日，用于农场的建设，体现职工主人翁意识。

1997 年，新建一队 12 支渠 0.504 千米，二队 3 斗、三斗涵洞 2 座，干渠节制闸四队 2 座，一、二、三队预制闸口 133 座。2001 年，新建干渠 2.84 千米、毛渠水闸 1824 座。2002 年，新建五队毛渠 5.94 千米，三队 2 斗渠道 1 千米，三队 3 斗渠道 1.4 千米（图 3-2）。

图 3-2　2001 年全场义务工开挖二支渠

2004 年，职工义务工参与东坡 150 公顷垦荒项目区建设，捡石头 1000 余立方米，搬运、安装、铺设节水管材 228 千米，机械公司拉运客土 4.1 万立方米，改良荒坡地 44.2 公顷。2007 年，新建 7 队独 1 支中段 U 形渠 0.44 千米，林果站渠道 0.51 千米，其中园一队 0.32 千米、312 线苹果园斗渠 0.19 千米。

2011 年，新建 5 队项目区斗渠道 0.54 千米、水闸 17 座，4 队山坡地闸口毛渠水闸 168 座、支渠水闸 9 座、斗渠水闸 1 座、干渠水闸 1 座。2014 年，6 队二支渠渠首加长 0.01 千米、涵洞 2 座。新建园一队毛渠道 0.05 千米、水闸 9 座、涵洞 1 座、桥 1 座，七队开荒地渠道水闸 24 座、渡槽 18 座、桥 6 座，园 3 队 U 形斗渠 0.03 千米、水闸 6 座。

2018 年，新建四分场 1、2、4 斗渠渠道 0.09 千米，三分场斗渠渠道 0.26 千米，九分场斗渠 0.73 千米，二分场斗渠 0.25 千米，林果站斗渠 1.34 千米。2019 年，新建林果站园一队斗渠 0.82 千米、园 2 队 0.32 千米、园 3 队 0.26 千米，三分场至一分场路边林带灌溉工程过水 133 座、水闸 8 座、涵桥 20 米、U 形渠 0.0153 千米，七分场 2 斗闸口改建桥涵 2 座、节制闸 1 座、进水口 0.0063 千米、出水口 0.01 千米、预制板衬砌渠道 0.085 千米、渠道加高 400 米。

2021 年，一分场 3 斗预制板渠道维修，渠道清淤加高 372 米。新建渠深 90 厘米预制板渠道 353 米，渠深 64 厘米预制板渠道 559 米、单开节制分水闸 23 座、双开节制分水闸 9 座、枕木桥 3 座，林果 3 队北支三洞渠道工程，北支三洞渠尾接长 11 米、单开闸 1 座、

φ600 水泥涵管 6 米宽，桥涵 4 座、φ600 水泥桥涵接长 2 米，四分场林带过水工程，新建 8 米、沙枣林北头渠道节制分水闸 1 座、路西林带过水 2 座，三分场节制分水闸 4 座。

1996—2021 年，共建设各类渠道 55 条 30.24 千米。其中干渠 4.70 千米，水闸 4 座、涵洞 1 座、桥 6 座。支渠 1.57 千米，水闸 142 座。斗渠 14.86 千米，水闸 272 座、涵洞 9 座、渡槽 19 座、桥 25 座。毛渠 9.11 千米，水闸 2011 座、桥 1 座。共维修各类渠道 11.54 千米。其中干渠 3.93 千米；支渠 6.54 千米，水闸 1 座、涵洞 2 座；斗渠 1.07 千米，水闸 6 座、涵洞 1 座；毛渠水闸 55 座（表 3-16）。

表 3-16　张掖农场 2021 年各类渠道长度及灌溉地区统计

渠道名称	条　数	使用长度（千米）				灌溉地区
		总长度	其　中			
			混凝土现浇	预制板衬砌	土　渠	
合　计	55	98.054	50.849	12.409	34.796	
干渠	1	17.967	17.967	—	—	张掖农场老寺庙辖区
支渠合计	25	56.285	26.691	5.874	23.72	
一支渠	1	1.88	—	0.5	1.38	七分场
二支渠	1	3.18	2.65		0.53	七分场
三支渠	1	0.796	—	0.28	0.516	七分场
四支渠	1	3.062	—		3.062	六分场
五支渠	1	2.176		0.888	1.288	六分场、十分场、林果二队
六支渠	1	0.147			0.147	六分场、林果试验站
七支渠	1	0.313			0.313	六分场、林果试验站
八支渠	1	0.609		0.216	0.393	十分场
九支渠	1	4.7	4.7	—	—	林果1队、林果三队、十分场、五分场、四分场
十支渠	1	0.841	—	0.64	0.201	林果一队、林果三队
十一支渠	1	3.11			3.11	九分场
十二支渠	1	4.877	—	0.12	4.757	九分场
十三支渠	1	0.433			0.433	九分场
十四支渠	1	0.86			0.86	九分场
十五支渠	1	2.376	—	0.85	1.526	三分场
十六支渠	1	2.571	1.9	—	0.671	三分场
十七支渠	1	3.911	2.167	—	1.744	三分场
十八支渠	1	2.146	2.05		0.096	二分场
十九支渠	1	2.452	1.2		1.252	二分场
二十支渠	1	1.959	1.3		0.659	二分场
二十一支渠	1	1.96	1.3		0.66	一分场

（续）

渠道名称	条 数	使用长度（千米）				灌溉地区
		总长度	其 中			
			混凝土现浇	预制板衬砌	土 渠	
二十二支渠	1	1.931	1.809		0.122	一分场
二十三支渠	1	2.38	—	2.38		一分场
北支渠	1	4.935	4.935	—	—	林果一队、林果三队、四分场、九分场
新六支	1	2.68	2.68	—	—	九分场
斗渠合计	29	23.802	6.191	6.535	11.076	
二支斗渠	7	3.934	—	—	3.934	七分场
三支斗渠	1	0.384			0.384	七分场
五支斗渠	2	2.287	—	1.412	0.875	林果二队
七支斗渠	2	0.992			0.992	林果试验站
九支斗渠	8	6.259	3.1	1.631	1.528	十分场、五分场、四分场、林果二队
十支斗渠	2	2.824	—	2.39	0.434	林果一队、林果二队
十三支斗渠	1	0.7			0.7	九分场
新六支斗渠	2	0.73		0.73	—	九分场
十五支斗渠	3	5.196	3.091		2.105	三分场
二十三支斗渠	1	0.496	—	0.372	0.124	一分场

二、地下水开发利用

老寺庙地区地下水资源丰富。1970年，农场组建打井队，打井（水泥管）开发地下水资源，实行河灌井灌双配套，以提高保灌面积。1975年，农场打井队和张掖地区农垦勘测处打井队共打机井13眼，井深50米以下。单井出水量20升/秒，保灌面积13～20公顷。至1995年，共打农用机井68眼（其中秺侯堡和南滩有9眼机井被当地农民抢占），对提高农业抗旱能力，促进农业丰收起到调节作用。机井使用久或成井后管理不善，有部分堵塞报废。1986—1994年，修复报废机井16眼。1995年底，全场有正常运行机井50眼，灌溉面积280公顷。严重缺水的八队、十队，井灌条件好的试验站、果园一队、果园三队等5个单位，都以井灌为主（表3-17）。

1996—2021年，共打机井47眼。至2021年，农场共有机井115眼，其中老寺庙片区有机井95眼。民乐分场有机井10眼。因国家对地下水资源进行严格管控措施，2016年全部办理取水许可证。2017年，完成95眼机井取水许可证换发工作。

表 3-17　张掖农场（老寺庙片区）1970—1995 年新打农用机井统计

年　份	打井数（眼）	年　份	打井数（眼）
1970	1	1980	5
1971	2	1983	8
1972	1	1984	3
1973	2	1985	1
1974	5	1986	1
1975	13	1990	1
1976	6	1991	4
1977	4	1995	1
1978	6	—	—
1979	4	合　计	68

三、农田排水（碱）渠

建场后新开垦的荒地盐土占 50.75%，开沟排盐，改良盐土，是农田建设的重要措施之一。1966—1967 年，经农建十一师勘测设计处全面规划，由农场基建连队和农建十一师工程团分别施工，在盐碱重、地下水位高的秸侯堡滩、太平堡滩、红沙窝和老寺庙滩部分地方挖建排碱渠 39 条，共 48.342 千米，干排渠 2 条 10.67 千米，支排渠 5 条 20.76 千米，斗排渠 6 条 4 千米，农排渠 26 条 12.912 千米。20 世纪 70 年代初，农民为开荒侵占一些排水渠，有的在排渠出口处开荒种田，造成排渠堵塞。有些排渠因年久失修淤积，排水不畅，造成大量耕地因严重次生盐渍化弃耕。1978 年，农场对干、支、斗排渠现状进行调查，全场有干、支、斗排渠道 10 条，42.34 千米，全部需挖深疏通。1978—1983 年，先后用人工挖排水渠 20.225 千米。1986 年，水利工程普查时，全场有排水渠 53.2 千米，干排渠 8.7 千米，支排渠 5 千米，斗排渠 12.6 千米，农排渠 26.9 千米。1989 年，农场自筹资金 20.4 万元，购置挖掘机 1 台，投入排渠清淤，至 1995 年，共挖排碱渠 18.3 千米，改良盐碱地、收复弃耕地 71.4 公顷，取得较好效果。1996 年以后，经过历年的土地改良，盐碱土地得到有效改良，大部分排碱渠已陆续进行复耕或填平，到 2021 年末，现存排碱渠分布在一、二、三分场，共计 8.75 千米。

四、防洪渠系建设

老寺庙地处龙首山、合黎山西麓，每年夏秋季因暴雨引发山洪，毁田、毁渠、毁林、毁路造成重大经济损失。

1. 东防洪渠和泄洪道　1967年，国家投资5.5万元，由农场和农建十一师工程团一营沿农首山修建5.2千米东防洪渠1条。建成后，洪水顺东防洪渠进入自然冲沟，过农场境内的干渠、公路、铁路涵洞，流经农业六队、原试验站（今果园二队），穿越草湖铁路涵洞，排入二坝水库。20世纪70年代，碱滩乡草湖大队为开荒造田，填平了部分泄洪道，洪水出路被堵。1972年大面积洪患，曾使农场遭受重大经济损失。1977年，原试验站畜厩也被淹没。洪水直接威胁兰新公路（今312国道）安全。当年农场组织职工将六队、原试验站段泄洪道深挖重修3.5千米，疏浚后泄洪能力增强。1983年，张掖公路段在公路491千米处增建一公路涵洞，迫使山洪穿越公路，流入5队排碱渠，排入太平堡滩。

2. 西防洪渠　1969年，国家投资17.24万元，组织职工1000多人，在东防洪渠西面加修西防洪渠1条14千米。在冬季突击完成。为防止山洪冲击，在西防洪渠一侧建拦洪大坝1条，山洪由西防洪渠流入农场干渠下游，排入山丹河。

第三节　高效节水工程

1992年，在井灌中采用"暗管灌溉"节水工程。工程由甘肃省农垦总公司基建处设计，共铺设管道7573.3米，其中主管道长3056.4米，支管道长4516.9米。工程灌溉总面积102公顷，工程总投资7.26万元，亩均投资47.45元。2000年以来，引进滴灌新技术，逐步发展为微喷、渗灌、指针式喷灌，在灌溉方式上遵循"高效、节水"的原则，积极探索现代农业发展之路。

一、小型农田水利工程建设

2013年，根据甘肃省财政厅、甘肃省水利厅《关于抓紧报送2013年中央财政小型农田水利工程建设方案和标准文本等申报材料的通知》精神，农场组织编制《甘肃农垦张掖农场2013年度中央财政统筹从土地收益中计提的农田水利资金实施方案》，2014年1月通过市级评审，报甘肃省水利厅、省财政厅审批。当年3月18日，通过《实施方案》合规性审查，审查结论为"合格"。甘肃省水利厅委托甘州区财政局、甘州区水务局批复实施。发展高效节水农田面积666.67公顷，其中：大田作物滴灌面积600公顷，大田喷灌66.67公顷。工程于2014年10月31日完工。完成投资1253.75万元，其中：中央财政补助资金 700 万元，企业自筹及投工投劳 553.75 万元。2015 年 8 月，完成竣工决算、财务决算专项审计。2017 年 1 月，张掖市水务局、甘州区水务局会同甘肃农垦集团有限责任公司，组成市级竣工验收小组，进行竣工验收，工程质量合格。至 2021 年，项目区设备设施运行良好，节水效果明显，生产成本下降，劳动强度大幅度降低。

二、高效节水示范区

2014 年，根据甘肃省财政厅、水利厅《关于抓紧报送第五、第六批中央财政小型农田水利工程 2015 年建设方案等申报材料的通知》。2015 年，高效节水灌溉示范区（第五批），完成节水灌溉面积 666.67 公顷，六分场党家台地下水管灌 81.33 公顷、滴灌 474.47 公顷，五分场地下水滴灌 124 公顷，五分场地表水滴灌 115 公顷，八分场地下水滴灌 159.47 公顷，新五区经济林地下水滴灌 27.33 公顷，新三区地表水滴灌 48.67 公顷，牧草基地新五区地下水喷灌 110.87 公顷。完成工程：①修建设备房 24 座，共 379 平方米；②安装首部系统设备 9 套，中心支轴式喷灌机 8 台；③铺设各类输配水管道 227.939 千米；④修建检查井、渗水井 39 座；安装多功能给水栓 87 个；修建进水井 3 座；⑤完成土方工程量 22.5557 万立方米，其中：土方开挖 11.2733 万立方米，土方回填 11.1458 万立方米，砌石 375 立方米，砖砌体 250 立方米，砼及钢筋砼 341 立方米，垫层铺筑 400 立方米。

项目总投资 908.82 万元，其中中央预算内投资 500 万元，省级资金 200 万元。农场自筹资金 208.82 万元。2015 年 9 月，通过省农垦集团公司竣工验收。目前，滴灌、喷灌设备运行正常，实现节水、省工、增产和水肥一体化的目标（表 3-18）。

表 3-18　张掖农场高效节水面积统计

序　号	单　位	项目名称	实施年份	实施地点	面积（公顷）
1	一分场	土地治理	2005	十支、园子、三斗一、三斗二、上三斗七、三斗八	36.95
				三斗三、三斗四、三斗九、三斗十	40.62
				三斗五、三斗六	21.07
				二斗一、二斗二、二斗三、二斗四	410.83
				一斗五	24.92
		自建	2016	二斗六（19.26）、一斗三、一斗四（19.47）	38.73
			2017	下三斗七	11.78
			2018	三斗十一（13.87）、三斗十二（8.57）	22.44
			2019	一斗一、一斗二	16.82
					合计：滴灌 624.16 公顷

（续）

序 号	单 位	项目名称	实施年份	实施地点	面积（公顷）
2	二分场	土地整理	2005		140
		自建	2013		30
					合计：滴灌 170 公顷
3	三分场	土地整理	2005		53.8
		2015 年高效节水	2017		13.28
		自建	2013		19.8
			2017		87.91
			2018		5.6
					合计：滴灌 180.39 公顷
4	四分场	土地整理	2005		117.93
		自建	2006—2012		20
			2017		12.8
					合计：滴灌 150.73 公顷
5	五分场	自建	2013	四支一至四支四	47.68
			2013	三支独四至三支一	44.35
			2017	二斗一至三角地	32.69
			2017	三支二至三支六	45.85
					合计：滴灌 170.57 公顷
6	六分场	黑节项目	2004		20.53
		2015 年高效节水	2015—2016		63.51
			2017		30.31
		自建	2019		6.69
					合计：滴灌 57.53 公顷、管灌 63.51 公顷
7	七分场	自建	2013	六农、十农、十三农、十四农、十五农，淤泥滩路西	42
			2015	台上、台下、淤泥滩	41.33
			2017	东段、中段、三斗一、三斗二、三斗三、苜蓿地、十五条、十五条荒地	63.34
					合计：滴灌 146.67 公顷
8	八分场	2015 年高效节水	2015		76.21
					合计：滴灌 76.21 公顷
9	九分场	自建	2014	二斗中段（4.2）北支三斗（10.58）果园（6.2）渠外（0.92）晒场北（2.65）十四斗（16.62）	39.13
		2015 年高效节水	2017	八斗（8.19）南九斗（36.61）七斗（10.72）七斗闸口以北（7.76）	33.29
					合计：滴灌 72.42 公顷（33.29 公顷未用）
10	十分场	黑节项目	2002—2004	四、六、八农（29.33）一、三、五、七、九农（61.33）一队（26.67）	117.33
					合计：滴灌 117.33 公顷

（续）

序 号	单 位	项目名称	实施年份	实施地点	面积（公顷）
		总场投资	2007—2008	东大头（64）东圈子（100）西圈子（50）	214
		改造	2015	西圈子	3.6
11	民乐分场	民乐水务局提供材料改造	2016	东圈子	9.53
		民乐水务局提供材料新建	2017	北大滩	172.73
				合计：滴灌 335.86 公顷（不含东大头 64 公顷）	
			2007	九分场至三分场山坡	80
12	新一区	农场自建	2008	三分场至一分场	300
			2009	九分场至三分场山坡	50.67
				合计：滴灌 430.67 公顷	
		土地项目	2012		90
13	四队山坡	自建	2012		43.33
				合计：滴灌 133.33 公顷	
		自建	2013	锦荣冷库北牧草喷灌	89
14	牧草分场	自建	2014—2016	奶牛场牧草喷灌	111.71
		自建	2016	文冠果园	27.33
				合计：滴灌 27.33 公顷，喷灌 200.71 公顷	

至 2021 年，完成高效节水面积 2957.42 公顷，其中：喷灌 200.71 公顷、管灌 63.51 公顷、滴灌 2693.2 公顷（不含民乐分场东大头滴灌 64 公顷）。

第四节 抗旱与防汛

一、抗旱

农场位于龙首山和合黎山西南部，距离山脚约 5 千米左右，山坡坡降大，地表土质疏松，随着东山口、大板道、小板道、牛角山口汛期来水量大，山洪裹挟着泥沙汹涌而下，每年都给农场造成较大损失，严重时还危害职工生命财产安全。

20 世纪 70 年代，全面开展打井提灌，截引潜流水，充分利用河水、井水等资源，提高防旱抗旱能力。改建衬干支渠，重点开展田间渠系配套和农田建设；改革配水制度，实行按方收费，节约用水，减轻干旱灾害。20 世纪 80 年代以后，防旱抗旱工作进入全面发展阶段，主要措施如下。一是 1986 年，及早清淤维修，由于清淤随修动手早，适时进行苗水灌溉，夺取抗旱主动权。二是狠抓当年见效快的新建工程，及早投入使用，每年既上国家投资新建的工程，又安排资金整修加固现有工程。对列入当年计划修建的农田水利工程，狠抓一个"早"字，早备料、早开工、早竣工、早受益。20世纪80年代以来，全场列入当年修建的农田水利工程，有60%以上在夏灌中竣工运行，发挥抗旱效益。三是切实抓好机井检修工作，充分发挥井灌作用，1980年以来，每年冬春进行机井检修、配套冲洗工作，灌溉季节开井68眼，至2021年有机井115眼，在抗旱中发挥显著效益。四是推广先进农业技术。1987年起，全场开展节水增产灌溉技术示范推广。至1994年，推广面积达0.67万公顷，完成大块改沟畦小块灌面积1333.33公顷，亩节水53立方米，亩增产21千克。20世纪80—90年代，在全场推广地膜覆盖1066.7公顷，应用保水剂面积667万余公顷，选择抗旱作物新品种10余种，取得良好效益。玉米覆膜比对照每亩增产150千克以上，增产17%。五是推广高效节水技术。2014年开始，实施高效节水项目，至2021年，农场建成高新节水面积1873.33公顷，占播种总面积的71%。滴灌面积1693.33公顷，喷灌180公顷，水肥一体化应用面积占高效节水面积的95%。

二、防汛

建场以来，多次发生大暴雨造成龙首山山洪暴发，渠道、农田、道路、房屋，遭受极大经济损失。1967年5月洪涝，大批农田被淹，改种农作物151.87公顷，重种78公顷，小麦大面积减产。1972年8月3—4日，特大山洪冲毁干渠、各类水工建筑物和桥梁6座、农田56公顷、房屋81间、大片麦田被淹，场上麦垛被冲走，有11个农业单位受灾，造成重大经济损失。

1975年洪涝，东西防洪渠决口25处，洪水直冲甘新公路，影响铁路安全。洪水造成碱滩公社幸福、太平堡、野水地3个大队和三闸公社红沙窝大队等人畜农田严重威胁。

1982年8月28日—9月2日，山洪冲毁农场干渠5处2千米，林带3千米，主干公路900米，多处房屋畜棚倒塌，因灾损失17.88万元。1989年因洪涝等自然灾害，直接、间接经济损失280万元，其中粮食减产105万千克，折合人民币77.7万元，酒花损失70吨（56.6万元），黑瓜子损失100万元，防洪水利等损失43万元。2001年9月，防洪坝决口，冲毁围墙、田埂，直接经济损失8243元。

2009年8月18日，山洪淹没农田109.63公顷，毁坏道路2.34千米，作物受灾36.1公顷，渠道受损严重，共造成经济损失648.41万元。2017年6月暴雨，408公顷农作物不同程度受灾，其中绝收农作物 182.35 公顷，造成直接经济损失 331.88 万元。

建场初期开始，农场组织职工从牛角山到东山寺修建防洪堤 1 处。历年对山洪进行围堵，但每年都被冲毁多次。20 世纪 90 年代以后，进一步加强防汛工作。一是强化蓄水设施建设。2000 年开始，利用原有防洪堤和天然河道修建蓄洪池，先后建成和扩建党家台蓄洪池、试验站蓄洪池、九队蓄洪池，蓄水量增加到 6 万立方米，形成科学安全的防洪体系。二是加强防汛机构建设。2012 年，设立防汛办，配置防汛专用办公用品（含电脑、传真机，打印机各 1 台）。在牛角山、大板道、小板道、东山寺山口新建 4 个雨量监测点，安装 7 个简易雨量监测站，由农场管护。2014 年，编制《张掖农场各分场山洪灾害防御预案》《张掖农场防汛抗旱灾害应急预案》《张掖农场山洪灾害防治预案》。2019 年，在农场水管所建立防汛预警信息视频平台。2020 年，在九分场举办甘州区 2020 年抗震救灾暨防汛抗洪应急演练。2021 年，配合区政府在九分场，成功举办甘州区 2021 年防汛、抗洪应急处无预案综合演练。三是防汛系统清淤加固。2013—2021 年，每年对北山坡沿山防洪系统进行 2～3 次清淤加固，总长 36.631 千米（含排洪沟道 8.184 千米）。总投资 290 多万元。

第五节　水利管理

一、水电管理所

建场后农场成立水利管理所。1988 年，水利管理所与农场电管所合并，成立水电管理所。电管所移交后，至 2021 年，业务上接受张掖市大满水管处老寺庙水管站领导，负责农场农业生产和干、支渠管理，协调解决农业生产用水等相关事宜。

二、河长制管理

全面推行河长制是落实绿色发展理念、推进生态文明建设的内在要求，解决复杂水问题、维护河湖健康有效举措，完善水治理体系、保障水安全的制度创新。根据中共甘州区委办公室、区政府办公室《关于印发甘州区全面推行河长制工作方案的通知》要求，张掖农场被列入甘州区全面推行河长制工作任务单位，农场主要负责北山坡牛角山口子农场段和大满干渠农场段流域区段的巡查及环境卫生。实现河道范围内污水无直排、水域无障碍、堤岸无损毁、河底无淤积、河面无垃圾、绿化无破坏、沿河无违章、河道无乱采、河道岸线周边增绿的"八无一增"目标。

2017 年 10 月，农场制定《甘肃农垦张掖农场全面推行河长制工作方案》《甘肃农垦张掖农场河道保护长效管理制度》《甘肃农垦张掖农场河长巡查制度》《甘肃农垦张掖农场河长责任制度》《甘肃农垦张掖农场河长制工作督查制度》《甘肃农垦张掖农场河长制工作会议制度》《甘肃农垦张掖农场河长制工作考核办法》《甘肃农垦张掖农场河长制信息报送制度》《甘肃农垦张掖农场河长制信息共享制度》等规章制度，积极与地方部门衔接。结合自然河系与行政区域，建立覆盖全场河、渠的场、队两级河长体系；建立党委、行政主要负责同志担任河长的"双河长"工作机制。各基层单位内各洪水沟道、渠道按所属水系分级分段设立河长，河长由各基层单位负责人担任。农场设立"张掖农场河长制办公室"。2018 年，设置河长制公示牌 1 处，全年河长巡查 449 次，上报甘州区河长办询报 30 次，清理渠道及环境卫生 24 次。2019 年，农场完成河长制公示牌更新 1 次，场级河长巡查 24 次、80 人次，队级河长巡查 415 次、964 人次，渠道清淤 17 次，河道清淤疏浚 2 次，配合完成各单位环境治理 328 次。6 月，甘州区委统战部部长汪晓瑞、甘州区碱滩镇党委书记华军、张掖农场场长贾勇杰、碱滩镇老寺庙社区书记王征检查张掖农场河长制工作。

2020 年，场级河长巡查 19 次、47 人次，队级河长巡查 434 次、989 人次，渠道清淤 31 次，河道清淤疏浚 1 次。农场积极落实上级河长办安排，完成各基层单位环境治理工作，完成市河长办督办环境整治工作 1 次。市、区、镇相关部门领导多次实地检查张掖农场河长制工作。2021 年，收到甘州区河长制办公室下发文件、通知等 15 份，上报报告、报表 39 份。整理收集分公司及各单位河长制巡查记录、并建立台账，全年场级河长巡查 25 次，队级河长巡查 431 次，渠道清淤 31 次，河道清淤疏浚 2 次，参加甘州区水务局河长办组织的业务培训 1 次，牛角山口子河总河长王晓瑞多次实地指导检查张掖农场河长制工作。

第四编

生产经营

第一章　产业结构

第一节　产业综述

　　1955年，甘肃省农林厅确定张掖农场是以生产小麦为主的谷物农场。当年农场农业总产值2.26万元。1956年开始，贯彻"以粮为纲，农林牧并举多种经营"的方针，农场开始植树造林和经营畜牧业。1959年，根据甘肃省委关于建立商品生产基地的指示精神，确定老寺庙农场为"城市副食品生产基地"，当年工农业总产值达22.33万元，比1955年增加20.07万元，工业产值5.36万元，占24%；农业产值16.97万元，占总产值的76%。1961年，根据河西农垦局提出的"以粮为纲，发展多种经营"，大办农业、大办粮食，确保粮食过关的要求，农场以农业为基础、农林牧副渔相结合多种经营。经营范围包括农业生产为基础的布局、人员口粮自给、提供商品饲料、油、甜菜、豆类、蔬菜、瓜果等等，发展工副业（农产品加工、生活必需品加工）、生产建设所需的水泥、机修加工等。即实行"农林牧副渔，工农商学兵"的经营方针。实行"以农为主、农牧结合"，大力发展以甜菜为主的经济作物。

　　1965年，农场工农业总产值30.03万元，其中农业产值13.65万元，工业产值16.38万元。1966年起，贯彻毛主席"五七"指示，以农为主，多种经营，亦农亦工、以小为主，以土为主，自力更生，积极发展为生产、生活服务的自给性加工副业，建立农牧业生产基地，实现"农闲办工业，农忙务农业"目标。1970年，工农业总产值56.51万元，其中工业产值22.53万元，占39.9%；农业产值33.98万元，占60.1%。在农业产值中，农作物产值占95.3%；畜牧业产值1.6万元，占4.7%。

　　1971年开始，贯彻"以粮为纲、以工养农、全面发展"和"在以农为主的基础上积极发展工业生产，在粮食自给的基础上发展经济作物"的方针，遵循大力开展农业学大寨的群众运动。实现农业水利化、肥料化、良种化、电气化、机械化以及"五好"农田化（好条田、好渠道、好林带、好道路、好居民点）的思路，力争到1975年粮食亩产超400千克，粮、油、肉、菜、生产经费"五自给"的要求，到1978年，全场工农业总产值140.58万元，其中工业产值84.51万元，占总产值60.1%；农业产值56.07万元，占总产值 39.9%。在农业产值中，农作物产值 44.54 万元，占农业产值的 79.4%；林果业产值 5.12 万元，占 9.2%；畜牧业产值 6.41 万元，占 11.4%。

党的十一届四中全会后，中共中央和各级政府制定了一系列支农、惠农政策，提高了粮食和农副产品收购价格，农场抓住机遇，调整作物布局，继续增加投入，开展科技兴农活动，走农工商综合发展的道路，面向市场、开拓市场。在集中力量抓好粮食生产的同时，妥善安排油料、甜菜、瓜菜等的生产，种好牧草，实行草田轮作。不断加强农业的基础地位，农业生产欣欣向荣。20 世纪 80 年代，农场加强农田水利基本建设，不断改善农业生产条件，依靠政策和科学，解决农业生产上存在的突出问题，推进农业的持续、稳定发展。1985 年，农场工农业总产值 418 万元，其中工业产值 167.25 万元，占 40.0%；农业产值 250.75 万元，占 60.0%。农业生产走上前所未有的快车道。

1986—1995 年，农场坚持改革，增强活力，敞开大门，开发致富，在不放松粮食生产的前提下，积极发展多种经营，努力发展商品生产，充分发挥农场优势，依靠科学技术，实行外引内联，农工商副综合发展。建成啤酒花、苹果梨、啤酒大麦、黑瓜子、粮油 5 个商品基地，按照因地制宜、扬长避短、合理配置资源的原则，发展高产、优质、高效农业。在工业方面挖掘现有设备潜力，增加产量，提高质量、争创优质名牌，增强市场竞争力，实现种养加相结合，广泛开拓市场、坚持以市场为导向，发展有计划的商品经济，并积极开拓非公有制经济。

1995 年，工农业总产值 1355.76 万元，其中工业产值 421.17 万元，占 31.1%；农业产值 934.59 万元，占 68.9%；在农业产值中，大田作物占 73.5%，林果业占 23.3%，畜牧业占 3.2%。非国有经济产值 70.19 万元，是国有经济产值的 4.8%。初步形成多元投资、多种经济成分、多种经营形式共存的经营机制增强了农场的活力。1996 年 12 月，全国农业普查和工业普查资料显示：农场当年完成主营业收入 4489 万元，实现利润 63 万元，上缴税金 290 万元，国有资产保值增值率 106%，职工人均收入 3977 元。

1999—2004 年，农场按照"理顺关系、调整政策、振奋精神、共渡难关"的治场理念，不断深化企业内部体制改革，加大农业基础建设投资，改善职工生活生产条件，促进企业由传统国有农场的模式发展成为集农、工、商、建、运、服务业综合发展的新型农场。坚持"实事求是、科学决策、自加压力、励精图治"的治场方略，在狠抓项目建设的同时，不断加大产业结构调整力度，大力推广以高效节水为主的农业生产技术，使农业经济呈上升态势，有效地增加企业效益和职工收入水平。2004 年，农场工、副、商、建、服务等单位共完成主营业务收入 6480 万元，实现利润 35 万元，上缴利润 15 万元，职工人均收入 8019 元，国有资产保值增值率 100.9%。

2006 年起，以农业产业化经营为重点，以结构调整为主线，以农垦体制改革为契机，积极推进企业改制工作，坚持以人为本，深化种植结构调整，把调整的重点放在"千元田"种植结构上，加大高效益作物种植比例，依托麦芽厂、酒厂、番茄酱场等场办工业发展订单农业。以推广农业技术为重点，积极进行农作物的引进和推广。引进啤酒大麦新品种垦啤 5 号、果树新品种新梨 7 号、啤酒花新品种、向日葵新品种康地 5 号等，并进行试验；重点推广玉米新品种郑单 958、番茄新品种立原 8 号、啤酒花高甲酸等新品种，共推广面积近 133.33 公顷，当年主营业收入达 3750 万元，亩效益过千元的作物有番茄、西瓜、特种药材、金盏菊、瓜果等，千元田面积达 1386.67 公顷，占全场总种植面积的 85％。完成主营业收入 7801 万元，实现利润 40.44 万元，上交管理费 15 万元，职工人均收入 8184 元。

2009 年，以"大调整、大交流、大提高，促进农场大发展；大企业、大产业，推进农场大繁荣"为兴企理念，全场干部职工积极努力，促进农场经济持续、快速、健康发展。全年实现营业收入 13641.12 万元，利润 808 万元，职工人均收入 15512 元。

2011 年，全场各级干部和职工发扬"艰苦奋斗、勇于开拓"的农垦精神和"团结自强，实干奉献"的企业精神，按照"建设大基地、培育大企业、形成大产业"的发展思路，突出特色产业，壮大主导产业，促进职工增收，使农场经济及各项事业快速发展。实现了"66123"（资产 6 亿元，耕地 4000 公顷，利税 1 千万元，主营业务收入 2 亿元，职工人均收入 3 万元）目标。向"77234"（资产 7 亿元、耕地 4666.67 公顷、利税 2 千万元、主营业收入 3 亿元、职工人均收入 4 万元）目标迈进。当年，国内生产总值 3401.48 万元，其中：第一产业 2850.24 万元，第二产业 212.36 万元，第三产业 338.88 万元，主营业务收入达 1.64 亿元，盈利 167.30 万元，上缴利润 80 万元。当年，农场被省委、省政府授予"省级文明单位"称号。

"十三五"期间，农场生产走"三大一化"（大条田、大农机服务、大产业、水肥一体化）的发展道路，实行土地整治整合，建立标准化农田示范区，强化产业兴农，大力推广膜下滴灌和高产高效农业新技术，走现代农业集团发展之路。引进示范推广金糯 1 号、白糯 5 号玉米等良种。农产品统一经营面积 2746.67 公顷，占播种面积 100％，玉米、果品、苜蓿草产品完全统一经营，套种作物孜然、红豆、葵花等产品纳入分公司统一经营管理，进行财务统一核算。大宗农资统一经营全面落实。果园面积 280 公顷，年产果品 1.2 万吨。建成南果梨基地 30.4 公顷，早酥红梨园基地 6.93 公顷，香梨基地 3.33 公顷，果品结构向多元化方向发展。玉米种植面积持续扩大，糯玉米、饲料玉米和青贮玉米共同发展。2021 年，全场种植面积 1733 公顷，年产量 1.8 万吨。生产总值 8152.64 万元，其中：

第一产业 7866.69 万元，第三产业 285.95 万元，主营业务收入 1.6 亿元，盈利 1687.17 万元，上缴利润 600 万元（表 4-1、表 4-2）。

表 4-1　张掖农场 1955—1995 年产值结构统计

年　份	工农业总产值（万元）	工业产值（万元）	农业产值（万元）					工农业产值比重（%）					
			合计	农作物产值	林果业产值	畜牧业产值	副业产值	工业	农业	在农业产值中			
										农作物业	林果业	畜牧业	副业
1955	2.26	—	2.26	2.26	—	—	—	—	100	100	—	—	—
1956	7.62	—	7.62	7.62	—	—	—	—	100	100	—	—	—
1958	12.76	3.73	9.03	7.43	—	1.6	—	29.2	70.8	82.3	—	17.7	
1959	22.33	5.36	16.97	15.59	—	1.38	—	24.0	76.0	91.9	—	8.1	—
1962	3.15	0.22	2.93	2.27	—	0.41	0.25	7.0	93.0	77.5	—	14.0	8.5
1963	7.80	2.10	5.7	4.5	—	0.39	0.81	26.9	73.1	78.9	—	6.8	14.2
1964	20.67	3.82	16.85	15.51	—	1.34	—	18.5	81.5	92.0	—	8.0	
1965	30.01	16.38	13.63	12.2	—	1.43	—	54.6	45.4	89.5	—	10.5	
1966	27.76	12.52	15.24	13.68	—	1.56	—	45.1	54.9	89.8	—	10.2	
1967	43.06	21.96	21.1	18.58	—	2.52	—	51.0	49.0	88.1	—	11.9	
1968	45.55	23.92	21.63	19.4	—	2.23	—	52.5	47.5	89.7	—	10.3	
1969	74.86	37.48	37.38	35.11	—	2.27	—	50.1	49.9	93.9	—	6.1	
1970	56.51	22.53	33.98	32.38	—	1.6	—	39.9	60.1	95.3	—	4.7	
1971	53.57	27.52	26.05	24.15	—	1.90	—	51.4	48.6	92.7	—	7.3	
1972	64.42	25.96	38.46	36.4	—	2.06	—	40.3	59.7	94.6	—	5.4	
1973	58.73	25.34	33.39	29.93	0.02	2.31	1.13	43.1	56.9	89.6	0.1	6.9	3.4
1974	62.62	24.48	38.14	26.46	0.13	3.07	8.48	39.1	60.9	69.4	0.3	8.0	22.2
1975	59.04	24.41	34.63	27.5	0.28	2.89	3.96	41.3	58.7	79.4	0.8	8.3	11.4
1976	76.19	39.84	36.35	33.53	0.71	1.93	0.18	52.3	47.7	92.2	2.0	5.3	0.5
1977	113.09	71.73	41.36	35.1	1.28	4.15	0.83	63.43	36.57	84.87	3.1	10.03	2
1978	140.58	84.51	56.07	44.54	5.12	6.41	—	60.1	39.9	79.4	9.2	11.4	—
1979	135.01	76.31	58.7	48.31	3.09	7.3	—	56.5	43.5	82.3	5.3	12.4	
1980	159.59	89.5	70.09	57.22	4.02	8.62	0.23	56.1	43.9	81.6	5.7	12.3	0.4
1981	166.12	89.33	76.79	65.64	3.28	7.09	0.78	53.8	46.2	85.5	4.3	9.2	1.0
1982	216.34	102.2	114.14	92.79	9.19	10.52	1.64	47.2	52.8	81.3	8.1	9.2	1.4
1983	241.54	120.49	121.05	90.28	20.37	10.4		49.9	50.1	74.6	16.8	8.6	—
1984	342.78	143.66	199.12	116.55	66.4	14.95	1.22	41.9	58.1	58.5	33.4	7.5	0.6
1985	418.0	167.25	250.75	191.88	30.32	26.53	2.02	40.0	60.0	76.5	12.1	10.6	0.8
1986	354.94	103.76	251.18	193.67	21.33	18.95	17.23	29.2	70.8	77.1	8.5	7.5	6.9
1987	426.64	121.69	304.95	267.51	17.83	14.51	5.1	28.5	71.5	87.7	5.8	4.8	1.7
1988	550.40	142.0	408.4	370.93	19.97	17.5	—	25.8	74.2	90.8	4.9	4.3	
1989	477.36	144.21	333.15	295.4	19.35	17.34	1.06	30.2	69.8	88.7	5.8	5.2	0.3
1990	900.79	251.77	649.02	517.2	64.33	63.47	3.97	27.9	72.1	79.7	9.9	9.8	0.6

（续）

年份	工农业总产值（万元）	工业产值（万元）	农业产值（万元）					工农业产值比重（%）					
			合计	农作物产值	林果业产值	畜牧业产值	副业产值	工业	农业	在农业产值中			
										农作物业	林果业	畜牧业	副业
1991	1108.11	328.06	780.05	623.55	88.19	63.93	4.38	29.6	70.4	79.9	11.3	8.2	0.6
1992	1152.97	331.8	821.17	652.09	122.19	43.3	3.59	28.8	71.2	79.4	14.9	5.3	0.4
1993	1285.30	482.67	802.63	579.4	175.93	37.38	9.92	37.6	62.4	72.2	21.9	4.7	1.2
1994	1228.21	461.17	767.04	637.49	94.94	34.61	—	37.5	62.5	83.1	12.4	4.5	—
1995	1355.76	421.17	934.59	687.97	217.42	29.20	—	31.1	68.9	73.6	23.3	3.1	—

表 4-2　张掖农场 1955—2021 年经营情况统计

单位：万元

年份	生产总值	第一产业	第二产业	第三产业	营业收入	盈利	税金	上缴利润
1996	1153.61	386.42	619.80	147.39	4489.00	63.00	290.0	20.79
1997	1082.95	408.38	595.76	78.81	3987.00	2.00	225.00	0.00
1998	1198.98	793.04	449.57	−43.63	3517.00	0.30	148.00	0.00
1999	790.27	400.89	301.58	87.80	3200.00	−202.00	126.00	0.00
2000	966.11	382.60	467.51	116.00	4501.00	−100.00	109.75	0.00
2001	1047.52	415.24	473.04	159.24	5180.00	31.54	107.56	0.00
2002	1132.49	497.79	501.70	133.00	5498.00	32.00	123.00	6.00
2003	1237.71	647.47	468.48	121.76	6050.00	35.00	115.00	15.00
2004	1305.00	732	461	112	6480	35	93	15
2005	1430.0	760	520	150	6876	44	38	15
2006	1633.31	1026.59	318.1	288.62	7801	40.44	46	15
2007	2123.13	1517.17	314.22	291.74	10214.2	103	91.16	40
2008	2559.81	1710.56	525.53	323.72	12063.2	121	60.9	65
2009	2636.00	2258.08	21.47	356.45	13641.12	808	147.52	45
2010	2958.00	2324.11	171.09	462.8	14733	120.13	46.13	65
2011	3401.48	2850.24	212.36	338.88	16408	167.3	10.68	80
2012	4610.42	4196.99	32.04	381.39	20000	2000	27.93	100
2013	3603.00	3927	−689	365	23129	3083	42	100
2014	5519.80	4667	506.10	346.70	18660	2142	30	600
2015	5932.81	5748.63	97.68	86.50	13295.77	264.92	30	600
2016	5485.31	5499.15	−118.24	104.40	12883.44	92.42	67.50	300
2017	5428.06	5527.70	−224.64	125	98234.89	47.12	31.37	408
2018	5308.92	5025.96	0.00	282.96	11642.00	345.08	18.67	600
2019	6828.26	6638.86	0.00	189.40	11642.00	345.08	0.00	600
2020	7411.49	7239.86	0.00	171.63	14107.23	759.82	0.00	600
2021	8152.64	7866.69	0.00	285.95	15958.86	1687.17	22.48	600

第二节 结构调整

建场以来，农场对经济结构进行多次调整，特别是中共十一届三中全会后，不断加大结构调整力度，为农场经济持续、稳定、快速发展提供有力支撑。1994 年，贯彻中央"抓住机遇，深化改革，扩大开放，促进发展，保持稳定"的方针，转换经营机制、用现代企业制度规范企业管理。深化经济体制改革，多次调整产业结构。坚持以农业种植为主，林果业为辅，适时发展场办工副业、服务业，鼓励倡导畜牧养殖业适度发展，采取农、林、工、牧、副综合发展，种植、加工、商贸、基建、服务多条"腿"支撑的发展之路。围绕种植产业办加工业，坚持不懈探索，科学布局产业，为农场发展提供有力的支撑。第一、二、三产业的比重为 41∶42∶17。与 1985 年比，第一产业增长164.1％，年平均增长 10.2％，第二产业增长 252.5％，年增长 13.4％，第三产业增长550.4％，年增长 20.6％，为促进二、三产业发展，吸引外资，进行多渠道集资，并鼓励发展集体股份制和私有经济。1995 年，非国有经济产值达 70.19 万元，占国有经济产值的 4.8％。初步形成多元投资、多种经济成分、多种经营形式共存的经营机制、极大增强了农场的活力。

一、种植业结构

建场以后，贯彻以粮为纲的方针，在作物布局上以生产粮食为主，粮食种植面积占总播种面积的 80％以上。以种植夏粮为主，重点生产小麦，但产量低而不稳，长期不能自给。为增产粮食，提高效益，农场对作物种植结构进行多次调整。

1978—1981 年，主要调整夏粮种植比例，压缩小麦及低产谷子面积，扩大玉米、高粱面积，实现粮食丰产，自给有余。1985 年，全面兴办职工家庭农场以后，为发展商品经济，在粮食增长的基础上，调整粮食作物和经济作物种植比例，其比例由原来的 80∶20 调整为 60∶40 或 50∶50。大面积引种经济效益较高的啤酒花、葵花、黑瓜子、啤酒大麦、甜菜等作物，在改善生产条件、科技进步等多种因素促进下，作物产量和经济效益不断提高，农场生产得到迅速发展。

2005 年，不断加大农业结构调整力度，大力推广以高效灌溉节水为主的农业生产技术，使农场农业经济状况呈上升态势，有效地增加企业效益和职工收入。其主要表现在：果园结构调整大见成效，农场果品销售保持供不应求的势头，全年果品总产 7128 吨，产值 474 万元；药材生产规模效益突出，全年药材总产值达到 785 万元；酱用番茄产量增幅较大，亩平均产量达 5140 千克，增产明显；金盏菊产量效益双赢，平均亩产 2000 千克，亩利润 400 元，最高达 1000 元。

2007 年，按照甘肃省农垦集团公司"三化促三增"的发展思路，对农场种植结构进行再调整，加强番茄、果品、酒花、特种药材、金盏菊为主的五大产业基地建设，全场落实总播种面积 1631.51 公顷，其中粮食作物 403.8 公顷，经济作物播种面积 1227.73 公顷；"千元田"面积 1427.6 公顷，发展订单作物面积 1200 公顷，实现农业总产值 6029 万元，比上年增加 2279 万元。

2008 年，在提高农业生产比较效益上下大功夫，加大高效益作物的种植比例，依托场办工业，发展订单农业，扩大产业规模，依托农场产业化龙头工业建设原料基地带动并辐射周边农村，共同增收致富。充分利用高新农业科技，抓好大田精耕细作，在"千元田"面积占总种植面积 85％ 的基础上，锁定发展亩纯收入上千元的"千元田"。

2013 年，加大种植结构调整力度，扩大高产高效作物种植面积。亩产值达 4000 元左右，亩效益 2000 元的作物有 865.67 公顷，其中西瓜套食葵 494.67 公顷，孜然套食葵 180 公顷，洋葱 191 公顷，占总播面积的 30％。果园采取花前水降低地温，推迟花期及喷施赤霉素和人工授粉等方法，并加强中后期管理，有效克服 4 月 4 日零下 8 摄氏度强低温冻害，果品产量和效益为历年最高，年生产果品 9332 吨，产值 1778 万元。

2014 年，为打造甘肃农垦百亿元企业集团和推动"三大一化"产业，开拓创新、赶超跨越，加快农业现代化的发展步伐，其中千元田面积为 1836.2 公顷，占总播面积的 100％，双千田面积为 1048.53 公顷，占总播面积的 57％。

2020 年，种植结构与上年持平，以订单农业为引领，优化种植结构，订单种植面积 1446.67 公顷，占播种面积 52.6％，较上年增加 526.67 公顷，增幅 57％。加快玉米种植结构调整，落实订单糯玉米 1066.67 公顷，较上年增加 266.67 公顷，糯玉米种植面积占玉米面积 84.6％，较上年增加 32.4％，立体农业增长 6.8％，其他作物面积基本持平。持续推进果园品种结构调整，新建果园 10 公顷，嫁接新品种 37.33 公顷（南果梨 30.4 公顷，红早酥 6.93 公顷）；落实套种面积 866.67 公顷。

2021 年，作物播种面积 2463.47 公顷，其中粮食作物 1648.8 公顷。"千元田"面积 2516.67 公顷，占总播种面积的 85.35％。农场有果园 253.8 公顷，年收获商品早酥梨 7097 万千克、苹果梨 812.94 万千克（表 4-3）。

表 4-3 张掖农场 1955—2021 年农作物种植布局统计

年 份	种植面积（亩）							种植比例（％）					
	总播面积	粮食作物			经济作物		其他作物	粮食作物			经济作物		其他作物占总播面积
		合计	其中		合计	其中油料经济作物		占总播面积	其中占粮食面积		占总播面积	油料经济作物面积	
			夏粮	秋粮					夏粮	秋粮			
1955	2092	2092	1979	113	—	—	—	100	95	5	—	—	—
1956	5330	4853	2362	2491	477	477	—	91	49	51	9	100	—
1957	5888	5151	3721	1430	639	639	98	87	72	28	11	100	2
1958	13294	7052	2851	4201	5053	2800	1189	53	40	60	38	55	9
1959	10430	5218	2589	2629	4057	2233	1155	50	50	50	39	55	11
1960	22805	18187	8398	9789	3940	461	678	80	46	54	17	12	3
1961	5166	4647	3297	1350	375	69	144	90	71	29	7	18	3
1962	4702	4313	3296	1017	301	147	88	92	76	24	6	49	2
1963	4788	4206	2947	1259	401	266	181	88	70	30	8	66	4
1964	15445	13255	7723	5532	1864	1680	326	86	58	42	12	90	2
1965	11796	9520	8660	860	991	917	1285	81	91	9	8	93	11
1966	83914	79264	76353	2911	2196	1028	2454	94	96	4	3	47	3
1967	15961	12831	8310	4521	1935	1102	1095	80	65	35	12	57	7
1968	21186	18418	14960	3458	734	310	2034	87	81	19	3	42	10
1969	25680	23191	19893	3298	1442	1312	1047	90	86	14	6	91	4
1970	26396	22893	18509	4384	2076	1491	1427	87	81	19	8	72	5
1971	24802	19951	16601	3350	3695	989	1156	80	83	17	15	27	5
1972	25469	21268	17758	3510	2992	1536	1209	84	83	17	12	51	5
1973	21055	17107	13875	3232	1944	1370	2004	81	81	19	9	70	10
1974	23319	19943	14182	5761	1969	1881	1407	86	71	29	8	96	6
1975	20937	17626	11923	5703	1432	1184	1879	84	68	32	7	83	9
1976	21881	17646	13140	4506	1767	1327	2468	81	74	26	8	75	11
1977	20890	16938	12638	4300	1941	1759	2011	81	75	25	9	91	10
1978	17362	13702	8770	4932	1253	1253	2407	79	64	36	7	100	14
1979	17337	14548	8275	6273	760	760	2029	84	57	43	4	100	12
1980	16550	13445	6828	6617	1534	1187	1571	81	51	49	9	77	9
1981	17149	12512	7946	4566	2829	2704	1808	73	67	36	16	96	11
1982	17757	12025	8759	3266	3297	2435	2435	68	73	27	19	74	14
1983	16894	10511	8234	2277	1547	795	4836	62	78	22	9	51	29
1984	16603	10565	7273	3292	2749	2214	3289	64	69	31	17	81	20
1985	19988	9487	7320	2167	9538	963	963	47	77	29	48	10	5
1986	19373	7813	6281	1532	10674	886	886	40	80	20	55	8	5
1987	20717	9313	5056	4257	9702	1702	1702	45	54	46	47	18	8
1988	20358	9503	6055	3448	9078	1777	1777	47	64	36	45	20	8
1989	23597	10253	8564	1689	8627	4717	4717	43	84	16	37	55	20

（续）

年 份	种植面积（亩）							种植比例（%）					
	总播面积	粮食作物			经济作物		其他作物	粮食作物			经济作物		其他作物占总播面积
		合计	其中		合计	其中油料经济作物		占总播面积	其中占粮食面积		占总播面积	油料经济作物面积	
			夏粮	秋粮					夏粮	秋粮			
1990	24192	13298	9424	3874	5987	4907	4907	55	71	29	25	82	20
1991	24364	11450	8418	3032	8102	3065	4812	47	74	26	33	38	20
1992	23632	7583	6227	1356	14173	3640	1876	32	82	18	60	26	8
1993	22245	10546	8205	2341	10683	1609	1016	47	78	22	48	15	5
1994	20999	12180	8911	3269	7093	928	1726	58	73	27	34	13	8
1995	21445	10873	5426	5447	7464	2262	3108	51	50	50	35	30	14
1996	24416	20806	15100	5706	3610	2360	0	85	73	27	15	65	—
1997	27114	22658	20181	2477	4456	3206	0	84	89	11	16	72	
1998	22079	7976	3131	4845	6780	5530	7323	36	39	61	31	82	33
1999	22079	8537	3497	5040	6311	3100	7231	39	41	59	29	49	33
2000	22079	9521	8010	1511	4686	3436	7872	43	84	16	21	73	36
2001	22079	14563	11430	3133	3267	1106	4249	66	78	22	15	34	19
2002	22079	12316	9024	3292	4457	1710	5306	56	73	27	20	38	24
2003	21475	11015	8510	2505	4685	1656	5775	51	77	23	22	35	27
2004	24480	8087	5019	3068	3267	854	13126	33	62	38	13	26	54
2005	24473	8460	4310	4150	2977	310	13036	35	51	49	12	10	53
2006	24473	6680	2510	4170	3822	820	13971	27	38	62	16	21	57
2007	24473	6057	2870	3187	5200	1020	13216	25	47	53	21	20	54
2008	24473	6096	2502	3594	10530	3672	7847	25	41	59	43	35	32
2009	35795	13075	3130	9945	9301	2192	13419	37	24	76	26	24	37
2010	41820	19210	3910	15300	14694	8530	7916	46	20	80	35	58	19
2011	41820	18234	3894	14340	8694	2940	14892	44	21	79	21	34	36
2012	51720	21213	3947	17266	12237	9900	18270	41	19	81	24	81	35
2013	53290	16880	2450	14430	13190	11218	23220	32	15	85	25	85	44
2014	50720	18338	1940	16398	11678	9300	20704	36	11	89	23	80	41
2015	28600	22979	—	22979	2400	—	3221	80	—	100	8	—	11
2016	28600	10602	—	10602	13122	12208	4876	37	—	100	46	93	17
2017	28194	19868	—	19868	4279	4166	4047	70	—	100	15	97	14
2018	28194	18010	—	18010	8978	7680	1206	64	—	100	32	86	4
2019	31978	22005	4204	17801	7075	7075	2898	69	19	81	22	100	9
2020	36952	19417	270	19147	2449	—	15086	53	1	99	7	—	41
2021	36952	24732	308	24424	—	—	12220	67	1	99	—	—	33

二、工副业结构

建场初期，农场以单一的农业经济为主，以为生产和职工生活服务的面粉加工业、农机维修保养业为辅。1958—1959 年，粮食生产和甜菜丰收，开始发展工副业生产。以农产品为原料的糖、酒、食醋等作坊和小砖窑、小煤窑等手工业相继建立。1958 年，工副业产值占工农业总产值 29%。1962 年，工业产值比重占工农业总产值的 7%。1962 年工业产值比重占工农业总产值的 7％。

1964—1974 年（军垦管辖时期），农场产业结构组成以第一产业为基础，发展第二产业，开始建立第三产业。采取亦工亦农、农闲办工、农忙务农的形式，新建的制砖、采煤、副食品加工和农机维修等手工业生产体系，以加强对场内生产、基建和职工生活服务。1965 年开始，自办以零售商品为主的商业，发展修鞋、理发等服务业。1971 年曾开采过石棉矿。

1975—1983 年（张掖地区管理时期），坚持"围绕农业办工业，抓好工业促农业"的方针，在合理调整农业内部结构的同时，加强以建材工业（砖、瓦生产）为主的场办副食品加工、农机维修、采煤等工业的发展，重视机械化生产和产品质量的提高，除满足农场需求外也向社会提供产品，第一和第二产业都得到迅速发展。工业在工农业总产值的比重，1976—1981 年超过 50％，其中 1977—1978 年超过 60％。工农业发展促进商业服务业的发展，逐渐形成农贸、工贸相结合的体制。1980 年建立农工商公司，实行农工商综合经营。农场还根据党的改革、开放、搞活政策，制定放宽政策、搞活经济的 12 条措施，贯彻实施后，农场所有制形式以全民所有制为主体，集体和个体经济开始萌芽。

1984—1995 年（甘肃农垦管理时期），农场着力调整产业结构，在大力发展第一产业的同时，加快发展第二产业，积极发展第三产业。逐步建成农、工、商、建、运、饮食、服务等多种产业组成的经济实体。产业结构更趋合理，经济发展步入良性循环轨道，有力地促进全场经济持续增长，经营效益明显提高。统计资料显示：1995 年第一、二、三产业的比重分别是 41：42：17，与 1985 年相比，第一产业增长 164.1％，年均增速为10.2％；第二产业增长 252.5％，年均增速 13.4％；第三产业增长 550.4％，年均增速达20.6％。为促进二、三产业发展，农场采取吸引外资、多渠道集资和鼓励发展非公有制经济等措施，增强了农场的活力。初步形成多元投资、多种经济成分、多种经营形式共存的经营机制。工业总产值 421.17 万元，占工农业总产值的 31.06％，销售收入 963.5 万元，税金 166.37 万元，实现利润 70.73 万元。非国有经济产值达 70.19 万元，占国有经济产值的 4.8％。

1996 年 12 月，农场成立第一次全国农业普查工作领导小组，按照非农村住户农业普查单位调查表对全场农业进行了普查，当年开展第三次全国工业普查工作，当年张掖农场完成主营业收入 4489 万元，实现利润 63 万元，农场上缴税金 290 万元，国有资产保值增值率 106％，职工人均收入 3977 元。

2003 年，农场营业收入 6050 万元，职工人均收入 7020 元，国有资产保值增值率100％，利润 35 万元，上交集团公司下达的管理费用 15 万元。应收款收回 1600 多万元，全场基础设施建设成效显著，喷灌、滴灌、电力等设施进一步得到优化。

2004年，工、副、商、建、服务等单位共完成主营业务收入4636万元，实现职均收入8000元。农业生产完成主营业收入达到6480万元，实现利润35万元，上缴利润15万元，职工人均收入8019元，国有资产保值增值率100.9%。

2005年，农场营业收入6876万元，营业利润44万元，上缴农垦集团公司管理费15万元，职工人均收入8700元，国有资产保值增值率100.2%。农场在狠抓项目建设的同时，于2006年开始进入亚盛股份时期，张掖市老寺庙番茄制品厂建成投产，农场大面积种植番茄，实现了种植加工双赢。农场完成主营业收入7801万元，实现利润40.44万元，上交管理费15万元，职工人均收入8184元，国有资产保值增值率100.21%。

2008—2009年，加强同周边村镇的双向联系，吸引农民来场务工，繁荣农场第三产业，加快农场小城镇建设步伐。农场认真贯彻落实农垦工作会议和农场九届三次职代会精神，以"促进大基地、大企业、大产业推动经济大发展"为契机，以经济建设为中心，以强化基地、产业的带动示范作用为重点，以增强农场经济实力、扩大农场社会影响力为突破口，进一步加大结构调整的力度，落实措施，基本保证了各项工作的顺利开展。

2010年，农场获惠农补贴4107.5万元；"银政投"贷款省财补贴30万元；农田综合整理219.78公顷（含土地整理、建渠、修路、植树），争取投资400万元；争取省级畜禽养殖标准化示范项目补助150万元；危房改造335户，争取中央财政补助301.5万元、省级配套补贴201万元；大型沼气（循环经济：畜禽养殖—废弃物资源化—沼气—发电）项目获资金支持500万元；有机肥生产线项目（秸秆、牛羊粪便、沼渣综合利用），获资金支持2500万元；早酥梨质量追溯系统建设，追溯面积333.33公顷、产品10000吨，国家财政支持资金25万元。全年播种面积2788公顷，其中粮食作物1257.6公顷，经济作物1530.4公顷。"千元田"面积2516.67公顷，占总播种面积的90.26%。农场有果园253.8公顷，年收获早酥梨589.5万千克，苹果梨333.4万千克，依托恒温库的调节作用，保证了果品营销的畅顺和价格的稳定。争取省级畜禽养殖标准化示范项目，养殖场存栏繁育母牛2139头、羊1600只，加强基础管理，促进畜牧养殖业的发展，走出了产业循环，经济发展之路。

2011年，农场被省农垦集团公司党委、集团公司授予"十一五农垦工作先进单位"称号和2010年度农垦集团公司所属企业综合考评优秀企业。

2012年，总播面积2788公顷，其中玉米1151.07公顷，番茄123.33公顷，小麦109.8公顷，大麦153.33公顷，西瓜套种葵花433.33公顷，孜然套种葵花226.67公顷，金盏菊33.33公顷，苜蓿280.27公顷，其他276.87公顷。其中千元田面积为2385.33公顷，占总播面积的 85.6％，双千田面积为 1858 公顷，占总播面积的 66.6％。各类农产品实现销售收入 9496.33 万元。

2013 年，生产麦芽 2281 吨，磷肥 621 吨。统一种植并收购番茄鲜果 2 万吨，生产番茄酱 2900 吨，营业收入 2200 万元。筹资 600 万元，储备化肥 2100 吨、地膜 100 吨、磷二铵 650 吨。

2014 年，生产番茄酱 4069 吨，营业收入 2800 万元。2015 年，生产番茄酱 4823 吨，销售 336 吨，实现销售收入 1801 万元。其中出口 520 吨，创汇 50 万元，利润 100 万元左右。

2015 年，场办工业有老寺庙酒厂，生产能力为年产 600 吨白酒（酿造）、260 吨黄酒；金龙麦芽厂，年产啤酒麦芽 1 万吨；亚麻加工厂；金盏菊加工厂；颗粒酒花厂。其他工商企业有建筑公司、金龙宾馆等均呈现出各自的经营特色，带动农场整体质量和效益的提升。

2016 年，企业受祁连山环境保护影响，农场麦芽厂、番茄酱厂关停，被列入僵尸企业清理阶段，工业企业只保留酒厂，服务行业保留金龙宾馆、物业服务队。2017 年，金龙宾馆由于张掖市城区改造停业，宾馆进入置换阶段。

2018 年，番茄酱厂、麦芽厂、酒厂租赁经营，年上交租金 30 万元。

2020 年，老寺庙酒厂实行承包经营，年上交承包费 5 万元。2021 年，老寺庙酒厂年产白酒 600 吨，品种有三个系列 20 多个品系。

当年总人口 2660 人，总资产 4.94 亿元。实现主营业收入 15958.86 万元，实现利润 1687.17 万元，实现职工人均收入 4.83 万元。

"十三五"期间，主营业务收入累计 6.1 亿元，利润总额累计 7090 万元，上交服务费 1938 万元，劳动生产总值 7896 万元，经济增加值累计 7090 万元，总资产报酬率 2.07％，营业利润率 10.2％，净资产收益率 6.2％，资产负债率 69％，国有资产保值增值率持平，职均年收入 4.65 万元。

"十三五"期间增加耕地 586 公顷，增长 27％；土地统一经营面积 1013 公顷，较"十二五"规划末增加 626.67 公顷，增长率为 29％；农产品统一经营面积 2746.67 公顷，占播种面积 100％，其中玉米、果品、苜蓿草产品完全统一经营，套种作物孜然、红豆、葵花等产品纳入分公司统一经营管理，进行财务统一核算。大宗农资统一经营全面落实。果园面积 280 公顷，年产果品 1.2 万吨。建成南果梨基地 30.4 公顷，早酥红梨园基地 6.93 公顷，香梨基地 3.33 公顷，果品结构向多元化方向发展。玉米种植面积持续扩大，糯玉米、饲料玉米和青贮玉米共同发展，至 2021 年，种植面积 1733 公顷，年产量 1.8 万吨，营业额 4800 万元左右。

2006—2021 年，累计生产粮食 19907.21 万千克，油料 2246.2 万千克，各种肉类 96.6 万千克，果品 13276.51 万千克。2012—2021 年共生产粮食 15519 万千克，水果占总产量的 65%，累计实现主营业收入 31.04 亿元。2021 年主营业务收入 1.59 亿元，是 2005 年 6876 万元的 2.26 倍（表 4-4、表 4-5）。

表 4-4　张掖农场 1955—2021 年粮食种植面积及产量统计

年　份	种植面积（亩）	平均亩产（千克）	总产量（万千克）	年　份	种植面积（亩）	平均亩产（千克）	总产量（万千克）
1955	2029	85	17.2	1989	10253	253	259.4
1956	4853	61	29.8	1990	13298	287	381.2
1957	5151	63	32.3	1991	11450	328	374.7
1958	7052	47	32.8	1992	7583	337	255.6
1959	5218	57	29.9	1993	10546	326	344.2
1960	18187	6	10.2	1994	12180	300	369.5
1961	4647	27	12.6	1995	10873	341	370.3
1962	4313	22	9.3	1996	10981	564	619.20
1963	4206	53	22.2	1997	10631	740	786.50
1964	13255	50	66.8	1998	7775	535	415.90
1965	9520	45	43.1	1999	7825	634	496.10
1966	10564	37	39.5	2000	9521	349	332.20
1967	12831	54	68.7	2001	14563	336	490.00
1968	18418	40	72.9	2002	12316	436	536.60
1969	23191	53	122.9	2003	11015	392	431.90
1970	23893	52	124.8	2004	7868	432	339.90
1971	19951	41	81.8	2005	8460	486	411.10
1972	21268	57	120.8	2006	6680	436	291.40
1973	17107	64	110.3	2007	6082	482	293.00
1974	19943	48	95.4	2008	6057	558	338.10
1975	17262	58	99.9	2009	6096	1455	886.91
1976	17646	71	124.6	2010	19210	684	1314.90
1977	16938	68	115.2	2011	18234	689	1255.90
1978	13702	117	160.3	2012	21213	690	1464.40
1979	14548	131	190.9	2013	18430	757	1395.60
1980	13445	161	216.8	2014	16398	800	1311.80
1981	12512	114	143.2	2015	22979	900	2068.00
1982	12025	144	173.2	2016	10602	800	848.10
1983	10511	145	152.3	2017	19868	839	1667.80
1984	10565	176	185.7	2018	18010	667	1200.70
1985	9487	166	157.2	2019	14911	1139	1698.00
1986	7813	175	136.6	2020	19147	935	1789.50
1987	9313	313	291.9	2021	24424	853	2083.10
1988	9503	296	281.2	合计	846346		30693.81

表 4-5 张掖农场 1996—2021 年主要农作物种植面积统计

单位：亩

年 份	大 麦	小 麦	玉 米	啤酒花	番 茄	果 园	药 材
1996	2053	3222	5706	1250	905	4498	—
1997	6688	1456	2477	1250	0.00	4512	—
1998	532	2398	4845	1250	0.00	4512	—
1999	582	2413	5040	1250	0.00	4425	1960.60
2000	5876	2134	1511	1250	0.00	4425	0.00
2001	10130	1300	3133	1250	0.00	3767	911.10
2002	7511	1513	3292	1350	0.00	3767	1396.70
2003	7010	1500	2505	1400	2800	3767	1628.60
2004	3700	1100	3068	381	3227	3767	2032.47
2005	3630	680	4150	660	3020	3767	2007.41
2006	2161	349	4170	980	5210	3767	2022.46
2007	1102	270	4980	1302	6795	3807	2759.90
2008	1206	460	4980	1302	6795	3807	5102.00
2009	1080	2050	9945	1765	6808	3807	5343.97
2010	2171	1739	15300	817	4879	3807	5346.80
2011	2073	1821	14340	0.00	5210	3807	5542.8
2012	2300	1647	17266	0.00	1400	3807	2337.39
2013	2450	1550	14430	0.00	2440	3807	1971.90
2014	0.00	0.00	16398	0.00	3180	3807	2378.30
2015	0.00	0.00	22979	0.00	0.00	3807	2400.30
2016	0.00	0.00	10602	0.00	0.00	3807	914.20
2017	0.00	0.00	19868	0.00	0.00	3807	112.80
2018	0.00	0.00	18010	0.00	0.00	3807	1298.50
2019	0.00	270.20	14944	0.00	0.00	3807	1856.00
2020	0.00	270.20	19147	0.00	0.00	3807	2449.19
2021	0.00	308.20	24424	0.00	0.00	3807	0.00

注：其他作物有蔬菜、西瓜、甜瓜、牧草绿肥等，牧草维肥不含混播套种面积。

第二章 种 植 业

第一节 土壤管理

一、轮作倒茬

作物轮作倒茬可平衡利用土地养分、改良土壤、增进地力并有利于减轻病虫害和杂草危害，是农业生产一项重要措施。1977 年以前，因连年重茬，没有实行全场性正规轮作制，一般是在生产队范围内机械倒茬，造成粮食产量低。主要形式如下。

小麦—小麦—谷子—胡麻—小麦

糜子—大麦—小麦—玉米（或高粱）

大麦—甜菜—向日葵—大麦

小麦—牧草—小麦—谷子—胡麻

1978 年以后，随着高产玉米、高粱面积扩大和葵花、甜菜、籽瓜、啤酒大麦等商品经济作物大面积种植，采用扩大混播绿肥面积和作物瘦、肥茬口交差调整的方式，提高用地养地效果，这时期主要轮作方式如下。

麦类作物（混播绿肥）—瓜类（或甜菜）—玉米（或高粱）—麦类作物（套种绿肥）

玉米（高粱）—葵花—瓜类（或甜菜）—麦类作物（套种绿肥）

麦类作物（混播绿肥）—瓜类—麦类作物（混播绿肥）

重盐碱地基本上以种向日葵为主，连茬葵花后套种绿肥。轻盐碱地实行葵花—甜菜—高粱轮作。

1991 年，全场实行以农渠为单位的大区轮作制，换茬的原则是：籽瓜——麦类作物（间作绿肥）或玉米麦类作物（间作绿肥）或玉米——籽瓜（或甜菜），盐碱较重的耕地主要种向日葵。

二、土壤耕作

农场属于一季一熟有余而二季不足的农业区，农作物以单种为主，只有绿肥，少量小麦和玉米、大豆、油菜、荞麦、糜子等作物实行间作套种或复种。土壤耕作推行夏收、伏耕一条龙作业（指没有实行套种的夏收田），深耕晒垡，消灭杂草，消灭根茬越冬。伏耕时间以8月最好，有"七金、八银、九钢、十铁"的说法（七、八、九、十指农历月份），显示出耕作时间与效果的关系。实行深耕，机耕深耕27厘米，畜力深耕16～18厘米。对已灌秋冬水地实行耙糖保墒，入冬前及开春时再进行镇压保墒。播前整地以保墒为中心，推行耙、耱、糖复式作业，使表土达到齐、平、松、碎，创造上虚下实的播种条件。实行播种、耙糖、镇压复式作业。玉米等中耕作物在播种时，要求打起落线、树标杆，达到播行笔直，便于中耕管理。甜菜播种要求带限深器，使种子播入土中深浅一致，提高出苗率。玉米等中耕作物严格实行间定苗和中耕松土除草作业，中耕按浅—深—浅方式，耕深8～16厘米，不少于3次。密植作物根据土壤板结和盐碱程度，推行苗期耙地（用钉齿耙横耙）措施，以消灭杂草，提高地温。

盐碱耕地推行"干煞地"。即秋耕、秋灌，结合治碱的整地方法，争取次年早播，以减轻泛浆危害，提高保苗率。

三、土壤改良

1955年，有可耕地面积5947.25公顷，分布在5个荒滩上。老寺庙滩1130.93公顷，太平堡滩1493.07公顷，碱滩堡滩1509.85公顷，桅侯堡滩1013.4公顷，毛吴家滩800公顷。1985年，甘肃省农垦勘测设计院张掖勘测队对农场土地和利用情况进行详查，全场有土地总面积6368.67公顷，其中耕地面积1588.8公顷。

建场以来，长期进行以治水改土为中心的稳产高产农田基本建设。至1995年底，全场已建成正规标准条田1533.33公顷，80%以上的盐碱地得到改良。治理盐碱、改良土壤主要采取平整土地、深耕改土、开沟排盐、精量灌溉、种植耐盐作物、草田轮作、合理倒茬、秸秆还田、增施有机肥料和磷肥，营造农田防护林网等工程措施。

1. **清除碱包** 在作物收获后，组织人力、机械挖除碱包，春播前对角耕地，使土地平整，以利于灌水均匀，提高压碱洗盐效果。

2. **健全灌排渠系** 实行按时、适量灌溉，严防跑水、漫灌、串灌、积水、漏水等现象发生，以降低地下水位。对排水沟进行清淤，使农田排水畅通，以排除土壤盐分。

3. **生物改良** 生物改良主要包括选种耐盐作物、种植豆科牧草和绿肥、实行秸秆还田、增施磷肥和有机肥料4个重要方面。

（1）选种耐盐作物。如向日葵、甜菜、高粱等。向日葵在土壤含盐量高达0.94%～

1.44%的重盐渍化耕地上也能正常生长。向日葵吸盐能力极强。据测定，每亩向日葵可带走土壤中盐分18～23千克，既是新开荒地的先锋作物，又是改良盐碱地的理想作物。1955—2021年，累计种植向日葵面积1.06万公顷，1995年以前种植3467公顷，1996—2021年，向日葵种植面积0.71万公顷，对盐碱地的改良起到重要作用。

（2）草田轮作。种植豆科牧草和绿肥，紫花苜蓿、草木樨在氯化物含量高达0.25%～0.3%的盐土中仍能正常生长。种过紫花苜蓿、草木樨的土地，一般能增加土壤有机质0.06%～0.2%，平均下降全盐量0.25%，是本场早期实行草田轮作，改良盐土的重要作物。20世纪70年代引进山黧豆和箭筈豌豆，80年代又大面积引种毛苕子，是优良的绿肥作物。箭筈豌豆和毛苕子不耐盐碱，但当年生长迅速，产草量高，适宜套种，是优良的绿肥作物。绿肥可覆盖地面，减少土壤水分蒸发，防止盐分上升。其根茬能改善土壤结构，使土壤变得疏松多孔，有利于加速淋洗土壤盐碱，巩固脱盐效果。据测定，种植绿肥后，在20—40厘米耕作层盐分平均下降0.0339%～0.0407%，下层盐分减少也很明显。绿肥翻入土中，大量增加有机质，促进土壤团粒结构的形成，使土壤变得疏松、耕性好，土壤水肥气热状态得到改善，有效提高土壤肥力。

（3）秸秆还田。1975年以后，麦类作物普遍实行机械收割，联合收割机上配置切碎散落秸秆的机械装置，对麦类作物和玉米实行边收割边将秸秆切碎，均匀洒落在地。未带切碎装置的机械，实行高茬收割，结合伏、秋深翻入土。据测定，秸秆还田能平均增加土壤有机质0.18%，碱解氮4.2毫克/千克，速效磷7.2毫克/千克。秸秆还田能改善土壤物理性状，起到培肥改土的作用。实行大面积秸秆还田已成为本场农业生产的一项常规的增产措施。至2021年，农场仍在广泛应用（表4-6）。

表4-6　张掖农场1996—2021年秸秆还田面积统计

单位：公顷

年　份	年均还田面积	年　份	年均还田面积
1996—2000	261.07	2011—2015	933.6
2001—2005	215.23	2016—2021	1226.53
2006—2010	482.6	合　计	3119.03

（4）增施磷肥和有机肥料。农场土壤养分状况是"高钾、低氮、极缺磷"。1979年以后，大量施用磷肥、牲畜粪肥和油渣，以提高土壤养分。牲畜粪肥和油渣又是重要的有机肥料，不仅有机质含量丰富，氮、磷、钾营养成分也很全面，增施磷肥和畜粪油渣，也是农场肥地改土的一项重要措施。

4. 盐渍化低产田改良　1987—1989年，甘肃省农业委员会在农垦系统启动实施

"河西 3333.3 公顷盐渍化低产田改良"项目，由甘肃省农垦勘测设计院牵头，河西地区各农垦分公司和国有农场配合实施。张掖农垦分公司勘测设计队紧密配合张掖农场，遵循水盐运动规律，对红沙窝 3 个农业生产队 333.33 公顷盐碱弃耕地和低产田，采用工程措施和农业生物措施相结合，结合农业技术管理等综合治理的办法进行改良。经过 3 年改良，在 0～30 厘米的土层内，土壤含盐由 0.5％～1.8％下降到平均 0.4％，达到非盐渍化标准，春小麦亩产比试验前增加 154.1 千克，增产 139％。1996 年，在红沙窝 3 个农业生产队埋设排碱管，浇水洗碱，进行排碱改良。2012 年，在红沙窝 2 队、3 队盐碱地开挖排碱渠 3.7 千米，大水漫灌之后，溶解土地中大量的盐碱，利用排碱渠进行排碱改良。

四、合理施肥

（一）有机肥料生产

有机肥料采用"种、养、积、制、购"并举的办法，增加肥源。

1. **牧草绿肥**　紫花苜蓿、草木樨、箭筈豌豆、毛苕子等牧草绿肥，养分齐全，鲜草含纯氮 0.52％～0.63％、纯磷 0.04％～0.18％、纯钾 0.19％～0.63％。种植绿肥后土壤肥力明显提高。1965 年，在前茬二年的苜蓿田上种大麦，增产 59％。1984 年以后，第四生产队年年坚持麦类作物混播间作毛苕子，秋后割草喂畜发展养殖业，根茬犁翻入土做肥料，土壤肥力连年提高，是全场粮食产量最高的生产队。1991 年，成为玉米千斤（500 千克）粮田队。受到甘肃省农垦总公司表彰奖励。

牧草绿肥的种植方式有直播、留生、复种、套种 4 种。套种省水、省工、省费用，生长期长，产草量高，见效快，是种植绿肥的主要方式。种植绿肥是改土肥田的一项根本制度。农场采用行政的和经济的手段，推进绿肥种植，对肥土改田起到重要作用。1965、1983、1984 年，种植绿肥（含套种）牧草绿肥面积占播种面积的 50％以上。张掖农场 1957—2021 年部分年份牧草绿肥种植面积见表 4-7。

2. **养畜积肥**　畜粪、厕肥和土杂肥是优良的农家肥。氮磷钾和有机质含量高，因肥效发挥慢，主要用作基肥。养畜积肥是农业生产的一项重要工作。建场初期，饲养量少，由饲养员监管积肥工作。1971 年以后，随着牲畜饲养量增加，连队建立常年积肥组，实行专业积肥。1976 年，实行专业积肥和群众业余积肥、常年积肥和季节性突击积肥相结合的积肥制度。20 世纪 80 年代建立职工家庭农场，养畜积肥成为职工家庭农场有机肥的主要来源。

表 4-7　张掖农场 1957—2021 年部分年份牧草绿肥种植面积统计

年　份	种植面积（亩）	占播种面积（%）	其　中		年　份	种植面积（亩）	占播种面积（%）	其　中	
			直播留生面积（亩）	间作套种面积（亩）				直播留生面积（亩）	间作套种面积（亩）
1957	84	1.4	84	—	1991	4619	19.0	6	4613
1958	1000	7.6	1000	—	1992	1681	7.1	8	1673
1959	1069	10.2	1069	—	1993	857	3.9	16	841
1960	234	1.0	234	—	1994	1578	7.5	16	1562
1964	3575	23.1	950	2625	1995	1834	8.6	35	1799
1965	6042	51.2	792	5250	1996	1854			
1966	5366	35.3	1810	3556	1997	—		—	—
1967	3808	23.9	1860	1948	1999	—		—	—
1968	3022	14.3	1704	1318	2000	—		—	—
1969	2959	11.5	853	2106	2001	—		—	—
1970	3059	11.6	1559	1500	2002	2000	8.0		2000
1971	3906	15.8	1054	2852	2003	1524	7.1		
1972	3335	13.1	1162	2173	2004	4025	16.4	75.1	3949.9
1973	2457	11.7	1967	490	2005	1880	7.7	1400	480
1974	3131	13.4	1404	1727	2006	2772	11.3	2600	172
1975	1568	7.5	1488	80	2007	0	—	—	—
1976	4236	19.4	2116	2120	2008	—		—	—
1977	1662	8.0	1562	100	2009	3049	8.5	—	—
1978	2075	12.0	2075	—	2010	—		—	—
1979	4366	25.2	1736	2630	2011	0	—	—	—
1980	4489	27.1	1319	3170	2012	4204	10.1	3988	216
1981	2355	13.7	1491	864	2013	4759	10.1	3417	1342
1982	6842	38.5	4867	1975	2014	7417	15.1	5412	2005
1983	9034	53.5	4534	4500	2015	7458	15.1	6690	768
1984	9422	56.7	4138	5284	2016	3427	10.4	3115	312
1985	1552	7.8	740	812	2017	3411	10.4	3411	—
1986	3410	17.6	890	2520	2018	2706	8.3	2706	—
1987	2562	12.4	1540	1022	2019	2718	7.7	2718	—
1988	2979	14.6	1407	1572	2020	3132	7.6	3132	—
1989	4503	19.1	709	3794	2021	2700	6.5	2700	—
1990	4866	20.1	249	4617	合计	178573	—	89808.1	82337.9

3. 制肥　20 世纪 70 年代，农场配置三合颗粒肥料和"5406"抗生菌肥。

（1）三合颗粒肥料。是由精畜粪、油渣、过磷酸钙 3 种肥料按 5∶2∶3 的比例配置后混合、碾细过筛后用自制肥料机滚搓制成。主要用作种肥，亩施 100 千克，有时也和

"5406"抗生菌肥混合后条施，作种肥以增加肥效。

（2）"5406"抗生菌肥。1971—1973年，农场成立"5406"抗生菌肥制造小组，专业制造"5406"抗生菌肥。"5406"抗生菌肥亩施100～150千克，主要用作种肥。"5406"抗生菌肥能抵抗病菌危害，减轻作物烂种、烂根，提高出苗率，并能刺激作物生长，促进早熟。"5406"抗生菌肥因制造工艺比较复杂，技术要求高，随着化肥供应量的增加，1974年停止制造。

（二）有机肥施用

有机肥是农场农作物必不可少的重要肥源。建场初期，由于厩肥来源少，经常在冬天拉山土当肥料。1962年，施厩肥47.5万千克、山土肥190万千克，施肥面积47.6公顷（盖冬麦42.6公顷，蔬菜5公顷），占总播种面积的15％。1965年以后，厩肥主要施在菜地、样板高产田内，亩施1500千克，因化肥缺乏，有时也作追肥撒施。20世纪70年代初，"刚要田"（亩产粮食2001千克以上地块）、丰产田亩施厩肥4000～5000千克，施肥面积保持在133.33公顷以上。以后随着磷肥（过磷酸钙）供应量增加，把过磷酸钙掺在厩肥内堆积发酵，提高肥效。1980年，全场共施有机肥862.13公顷，占播种面积的80％。其中施厩肥188.8公顷，占21.9％（亩施4000～5000千克），施三合肥113.33公顷，占13.1％（亩施50～80千克），翻压绿肥66.67公顷，占7.8％，秸秆还田493.33公顷，占57.2％。

20世纪80年代，进行啤酒花、籽瓜等经济作物以及果园的规模发展，对有机肥的需求量大增。农场及职工大量购入油渣、纯羊粪、鸡粪和磷肥，经混合发酵作基肥，以满足作物和高产优质的需要。

（三）化学肥料

建场以来，使用的氮素化肥主要有尿素、硝酸铵，其次是硫酸铵、碳酸氢铵、氨水、氯化铵等。使用的磷肥主要有过磷酸钙。1984年开始，大量使用优质高效复合磷肥磷酸二铵和磷一铵替代过磷酸钙，1995年以后，施用普通氮磷复合型化肥。

1. 施肥方式 施肥采用人工撒施、穴施、机械条深施和叶面喷施4种。1964年以前，化肥都是用人工撒施。1965年改用播种机条施、深施，不仅减少化肥浪费，也提高了肥效。这种先进施肥方法一直沿用至今。20世纪80年代以后，广泛采用叶面喷施，用1％～2％尿素和0.3％～0.5％磷酸二氢钾（或1％～2％过磷酸钙），混合稀释液在作物生育期、果树的果实膨大期进行叶面喷施，有效地促进增产，提高品质。20世纪90年代引进推广叶面喷施稀土肥和植物激素EF、Pix、田丰宝、高美施等，增产效果明显。

2. **化肥结构和施肥水平**　化肥施用结构，大体经历单施氮肥、氮磷结合和配方施肥 3 个阶段。

建场初期，磷肥极缺，氮肥也很少供应，一般为白籽下种，只有少数田追施硝铵。每亩氮肥施用量：小麦仅有 2.5～7.5 千克，玉米 10 千克，胡麻 4 千克。1965 年，化肥主要施在丰产样板田里，施肥量根据作物计划产量而定，小麦计划亩 150～200 千克，追施硝铵 7.5 千克，计划亩产 100 千克，追施硝铵 5 千克，一般田只施硝铵 2.5 千克。1965—1968 年，采用氨水作种肥，每亩条施 20 千克，施用氨水比未施的可增产 10%，每千克氨水平均可增产粮食 1.6 千克。氨水也作追肥，采用随水灌施的办法，效果也很好。20 世纪 70 年代以后，氮素化肥供应增加，作物施肥量也逐年提高，小麦追肥（硝铵）水平，1971 年为 10 千克/亩，1979 年增加到 17.5 千克/亩。80 年代以后实行氮磷结合，硝铵每亩增加到 30 千克/亩，1991 年增加到 40～50 千克/亩，小麦最高亩产也由 100 千克增加到 400 多千克。

建场初期，磷肥只施用在少数瘠薄农田或丰产田上。20 世纪 70 年代初，磷肥主要用于制作三合肥料，或与厩肥混用。70 年代末，磷肥供应逐年增多，一般田也能亩施过磷酸钙 25～30 千克（折纯磷 2.5～3 千克）。增施磷肥后，不仅满足作物对磷的需要，还能起到以磷促氮作用，使作物生长苗壮，千粒重增加，增产效果好。1985 年以后，用磷二铵、硝铵（或尿素）、油渣、纯羊粪混合发酸后作基肥，大量追施氮素化肥和叶面喷磷，使粮食及各类经济作物大幅度增产。张掖农场 1972—2021 年化肥施用量见表 4-8。

表 4-8　张掖农场 1972—2021 年化肥施用量统计

单位：吨

年　份	实物量					折　纯				
	合　计	氮肥	磷　肥	钾肥	复合肥	合　计	氮　肥	磷　肥	钾肥	复合肥
1972	182.6	49.1	133.5	—	—	—	—	—	—	—
1973	340.1	136.6	203.5	—	—	—	—	—	—	—
1974	404.4	208.9	195.5	—	—	—	—	—	—	—
1975	463.4	228.5	234.9	—	—	—	—	—	—	—
1976	483.6	303.8	179.8	—	—	—	—	—	—	—
1977	575.6	329.1	246.5	—	—	—	—	—	—	—
1978	781.5	397.9	383.6	—	—	—	—	—	—	—
1979	700.0	400.0	300.0	—	—	192.0	156.0	36.0	—	—
1980	681.0	423.7	248.0	—	9.3	206.4	172.3	29.8	—	4.3
1981	516.4	308.4	148.0	—	60.0	159.3	116.7	18.6	—	24.0

（续）

年 份	实物量					折 纯				
	合 计	氮 肥	磷 肥	钾 肥	复合肥	合 计	氮 肥	磷 肥	钾 肥	复合肥
1982	612.1	241.7	370.4	—	—	173.7	136.7	37.0	—	—
1983	682.7	289.7	293.6	—	99.4	217.4	118.2	29.6	—	69.6
1984	690.8	325.6	360.6	—	4.6	171.7	130.8	38.1	—	2.8
1985	534.2	319.2	155.0	—	60.0	178.2	118.8	17.4	—	42.0
1986	449.4	393.0	—	—	56.4	184.0	150.2	—	—	33.8
1987	593.0	447.0	46.0	—	100.0	240.0	169.9	10.1	—	60.0
1988	1137.3	772.0	68.0	80.5	216.8	370.2	244.4	9.5	46.7	69.6
1989	1132.8	574.0	101.0	95.0	362.8	393.9	252.1	14.1	55.1	72.6
1990	996.7	720.1	—	24.3	252.3	394.8	344.7	35.1	15.0	
1991	1190.9	782.6	—	—	408.3	442.3	357.6	81.6	3.1	—
1992	1143.0	625.0	371.0	31.0	116.0	516.6	290.3	188.7	37.6	—
1993	1136.8	750.8	284.0	25.0	77.0	569.5	411.9	142.2	15.4	—
1994	1444.2	819.6	336.8	2.8	285.0	635.5	344.3	161.6	1.3	128.3
1995	1254.6	762.6	296.1	4.0	191.9	538.2	343.0	135.8	1.8	57.6
1996	1257.2	768.2	296.2	18.6	174.2	542.6	346.0	135.9	8.4	52.3
1997	1265.4	786.0	268.4	24.8	186.2	544.3	354.1	123.1	11.2	55.9
1998	1305.9	776.8	312.4	20.4	196.3	561.3	349.9	143.3	9.2	58.9
1999	1307.7	784.8	310.6	26.1	186.2	563.7	353.5	142.5	11.8	55.9
2000	1294.9	780.3	308.2	24.0	182.4	558.5	351.5	141.4	10.8	54.8
2001	1311.6	774.4	312.4	22.0	202.8	562.9	348.8	143.3	9.9	60.9
2002	1321.5	776.6	330.5	26.0	188.4	569.7	349.8	151.6	11.7	56.6
2003	1351.0	782.2	318.6	18.0	232.2	576.2	352.3	146.1	8.1	69.7
2004	1360.4	786.4	266.6	23.2	284.2	572.3	354.2	122.3	10.5	85.3
2005	1359.8	814.2	340.2	24.6	180.8	588.3	366.8	156.1	11.1	54.3
2006	1408.6	816.4	348.2	—	244.0	600.7	367.7	159.7	—	73.3
2007	1383.9	796.2	289.1	34.3	264.3	586.1	358.6	132.6	15.5	79.4
2008	1349.0	802.2	306.4	36.8	203.6	579.7	361.4	140.6	16.6	61.1
2009	1403.5	799.6	318.4	40.2	245.3	598.1	360.2	146.1	18.1	73.7
2010	1448.4	806.4	308.9	46.8	286.3	612.0	363.2	141.7	21.1	86.0
2011	1434.3	808.9	316.5	40.2	268.7	608.4	364.4	145.2	18.1	80.7
2012	1464.1	800.2	308.2	54.6	301.1	616.9	360.5	141.4	24.6	90.4
2013	1465.6	818.1	296.5	40.2	310.8	615.9	368.5	136.0	18.1	93.3

（续）

年　份	实物量					折　纯				
	合计	氮肥	磷　肥	钾肥	复合肥	合计	氮　肥	磷　肥	钾　肥	复合肥
2014	1468.2	806.5	310.5	38.6	312.6	617	363.3	142.4	17.4	93.9
2015	1521.5	815.4	365.2	—	340.9	637.2	367.3	167.5	—	102.4
2016	1424.7	810.0	284.5	24.0	306.2	598.2	364.9	130.5	10.8	92.0
2017	1511.8	824.0	306.5	60.2	321.1	635.3	371.2	140.6	27.1	96.4
2018	2917.58	1296.28	972.21	162.04	487.05	1387.45	596.29	447.22	124.77	219.17
2019	2916.63	1296.28	972.21		648.14	1866.64	596.29	622.21		648.14
2020	1148	665	358	65	60	428.76	305.9	78.76	11.7	32.4
2021	1559.67	585	440.3	50.37	484	591.6	166	72.3	48.9	304.4
合计	57587.98	31985.26	14521.52	1183.61	9397.59	22803.45	13420.48	5335.59	651.47	3395.91

注：复合肥品种有磷酸一铵、磷酸二铵、普通氮磷复合肥、磷酸二氢钾等。

（四）配方施肥

配方施肥是以土壤测试和肥料田间试验为基础，根据作物需肥规律、土壤供肥性能和肥料效应，计算出氮、磷、钾及中微量元素等肥料的合理施用数量，选择适当的肥料品种和适宜施肥时期，用科学的施用方法进行施肥的技术体系，科学施肥技术的核心是调节和解决作物需肥、土壤供肥和人为施肥之间的矛盾。

1986年，在啤酒大麦丰产栽培试验田里曾试行配方施肥，基肥亩施磷二铵10.9千克，硝铵8.9千克，在作物生长期追施硝铵14.7千克。施肥总量中纯氮纯磷比例基本上达到2∶1，啤酒大麦亩产超过250千克，收到明显的增产效果。

1988年，全场推行初级阶段配方施肥，根据作物需肥规律和各地块土壤普查资料分析土壤供肥性能及化肥效应，计算出氮、磷、钾和微肥的适宜用量和比例，并采用相应的施肥技术。配方施肥能明显提高肥效，作物一般能增产10％～15％，高的可达20％。农场推行的是目标产量配方法中的养分平衡法。为了便于掌握，农场制定了配方施肥表，配方施肥表为作物规范化栽培提供施肥方案。

2008年，对农业部列项目——测土配方施肥项目进行了大面积的示范工作。按照甘肃农垦农业研究院对农场80个典型土壤类型所做的大量元素和微量元素的测定结果及施肥建议，结合农场土壤、气候、灌溉、作物等各因素的需求，农场自行制定出不同类型不同作物的施肥配方，在当年生产中进行大面积推广的同时，进行典型示范，取得较明显的示范效果。2009年，认真进行配方施肥，落实深施技术。坚持落实"减氮、增磷、补钾"技术，肥料供应上按氮∶磷∶钾＝1∶0.6∶0.3的标准进行配置分发，配方施肥面积 2139 公顷，占农场总播面积的 89.4％。2013 年，特种药材全面推广"水肥一体化"技术和专用肥，并进行精量和半精量播种技术的推广应用，有效地抵御自然灾害带来的影响。2015 年，农场高新节水技术应用面积达 1340 公顷，全部采用膜下滴灌灌溉模式，结合测土配方施肥实现水肥一体化。科学灌溉施肥，减少化肥使用量，确保粮食安全，减少化肥农药残留量。2016 年，新增滴、提灌面积 170.67 公顷，其中五分场新增滴灌面积 84 公顷，六分场、林果站新增提灌面积 86.67 公顷。完成水肥一体化面积 1406.7 公顷，占总播种面积的 65％。2020 年，农场高新节水技术应用面积达 1953.33 公顷，占播种面积 71.1％，推广配套糯淀粉玉米高产密植技术、"4R"施肥技术（肥料品种、肥料用量、施肥时间和施肥位置）、测土配方施肥、病虫害绿色防控、深松整地等技术（表 4-9）。

表 4-9　张掖农场各类作物配方施肥一览表

单位：千克/亩

名称作物项目	产量目标	氮磷需要量		配方一			配方二		
		纯 氮	纯 磷	氮 肥		磷 肥	氮肥磷肥		
				硝 铵	尿 素	磷一铵	硝 铵	尿 素	磷二铵
小麦（大麦）	≥400	12	6	29	22.5	14	28	21	13
	≥300	9	4.5	22	17.5	10.5	22.5	17	10
	≥200	6	3	15	12	7	14	10.5	6.5
籽瓜	≥150	18	14	36	27.5	30	42	32	30
	≥125	21	10.5	48	26.5	23	53	40	23
	≥100	14	7	32.5	24.5	15	32.5	24.8	15
玉米	≥700	21	10.5	50	40	25	48.5	37	22.5
	≥600	18	9	45	35	20	41.5	31.5	19.5
	≥500	15	7.5	34.5	26.5	16.5	37.5	28.5	16.5
高粱	≥500	12.5	6.5	28.5	22	14	31.5	24	14
	≥400	10	5	25	19	11	23.5	17.5	11
	≥300	7.5	4	18.5	13	9	18.5	14	9
葵花	≥200	12	6	30	22.5	14	27.5	21	13
	≥150	9	4.5	22.5	17.5	10	21	16	9.5
	≥100	6	3	15	11.5	7	12	10.5	6.5
甜菜	≥4000	16	16	27.5	21	35	34.5	26.5	35
	≥3000	12	12	21	16	26	26	20	26
	≥2000	8	3	14	10.5	17.5	17.5	23	17.5
啤酒花	≥150	21	10.5	50	40	25	48	26.5	23
	≥125	17.5	9	42.5	32.5	21	40	30.5	19.5
	≥100	14	7	35	27.5	16	32.5	24.5	15

第二节 农作物生产

一、粮食作物

1955 年以来，种植的主要作物有小麦、大麦、青稞、玉米、高粱、谷子、糜子、荞麦等。豆类作物有豌豆、蚕豆、黄豆、扁豆、豇小豆等，种植面积较小。1955 年，各类粮食种植面积 139.46 公顷，总产量 17.2 万千克，平均亩产 82 千克。

1980 年，各类粮食种植面积 13445 亩，总产量达 216.8 万千克，平均亩产达到 161 千克。与 1955 年相比，总产量和亩产量分别为 12.6 倍和 1.96 倍。1995 年，全场各类粮食种植面积达到 724.87 公顷，总产量达到 370.3 万千克，平均亩产量达 341 千克。1955—1995 年，全场粮食总产量达到 5927.4 万千克。

1996 年，种植的粮食作物增加糯玉米和红豆等作物，其他豆类作物停止种植。1996—2005 年，粮食总产量达 5120.25 万千克。

2011—2015 年，累计种植小麦面积 231.2 公顷，产量 138.72 万千克（2013 年以后停种）；大麦累计 454.87 公顷，产量 309.10 万千克（2014 年以后停种）；玉米累计 5694.2 公顷，产量累计 7047.9 万千克；高粱累计种植 1371.67 公顷，产品产量累计 103.69 万千克；豆类累计 120.33 公顷，累计产量 20.94 万千克。"十二五"末，粮食作物种植面积占农场总面积 46%

2021 年，种植小麦 15.27 公顷，产量 7.06 万千克；种植大麦累计 411.07 公顷，产量 110.01 万千克；玉米累计 1628.27 公顷，产量累计 2076 万千克；高粱累计种植 1371.67 公顷，产品累计 103.69 万千克。豆类累计 120.33 公顷，累计产量 20.94 万千克。粮食作物种植面积占农场总面积 67%。

（一）小麦

小麦是最主要的粮食作物，种植历史悠久，种植面积、产量居全场粮食作物之首，常年种植占粮食种植面积的 43.6% 以上，占总产量的 52.5% 以上。小麦有春小麦和冬小麦 2 种（图 4-1）。

1. **冬小麦** 建场初期主要种植的品种为太原冬麦，其次是鹅杂 707。20 世纪 70 年代以后，以甘农大 133 为主。80 年代增加自育品种垦冬 1 号，引种

图 4-1 五分场小麦

少量西北 134。1985 年后，冬小麦种植面积逐年减少，1990 年停止种植。

2. **春小麦** 建场初期种植的主要品种有喀什白皮、百大头，其次是阿勃、武功 774、张掖 1084 等。1955 年，种植面积 113.67 公顷，平均亩产 80 千克。1967 年，引种兰州红和甘麦 1 号。1973 年，种植的品种有甘麦 8 号、甘麦 10 号。喀什白皮较耐瘠薄、稳产，亩产 100 千克左右。同时种植农场自育的文 1 号、文 2 号、肯春 1 号。之后引进甘麦 23 号、墨巴 65 号、071-1-1 等新品种小面积试种。1979 年，种植的品种有金塔 7 号、张春 9 号、赛罗斯、1068 等。金塔 7 号杆较高，但较耐旱、耐盐碱瘠薄，口紧，晚熟，适应性广，亩产 150～250 千克。1982—1985 年，主栽品种为晋 2148，产量高，最高亩产 400 千克，较耐瘠薄，抗倒伏，但口松易落粒，种植多年与大麦严重混杂逐渐停种。1988—1990 年，主要种植品种有武春 121，该品种抗倒伏，亩产 300～400 千克，高产稳产性能好，增产潜力大。1991 年以后，大面积推广的品种还有永良 4 号，农艺性状好，亩产 300～400 千克，最高达 500 千克。1991 年，开始推行小麦规范化栽培。1992 年，平均亩产突破 300 千克，最高亩产达到 500 千克。2000 年后，种植主要品种以宁春 16 为主。1996—2005 年，小麦总产量达 972.8 万千克。2013—2019 年，春小麦种植面积减少。2020 年，开始在樱桃园套种春小麦，亩产 418 千克，2021 年，套种面积 308.02 亩，亩产 231 千克，总产量达 7.1 万千克。

1955—1995 年，小麦总产量达 2809.75 万千克，2006—2021 年，总产量达 351.53 万千克。张掖农场 1955—2021 年小麦种植面积及产量见表 4-10。

表 4-10 张掖农场 1955—2021 年小麦种植面积及产量统计

年 份	种植面积（亩）	平均亩产（千克）	总产量（万千克）	年 份	种植面积（亩）	平均亩产（千克）	总产量（万千克）
1955	1705	80	13.56	1970	11543	73	83.7
1956	2362	88	20.8	1971	12498	50	62.2
1957	2665	77	20.5	1972	13601	70	95.1
1958	1934	117	22.6	1973	12551	71	89.0
1959	1834	88	13.1	1974	11900	54	64.2
1960	5919	15	9.1	1975	9985	53	53.1
1961	2865	29	8.4	1976	10116	85	85.5
1962	3119	27	8.3	1977	10466	72	75.5
1963	2615	60	15.7	1978	7610	104	79.1
1964	6228	73	45.2	1979	7325	67	48.8
1965	8071	43	35.1	1980	6173	149	91.7
1966	6887	41	27.9	1981	7231	106	76.40
1967	6342	66	41.9	1982	8602	150	128.8
1968	10976	57	62.2	1983	7961	132	105.3
1969	16563	60	99.6	1984	7035	146	102.4

年　份	种植面积（亩）	平均亩产（千克）	总产量（万千克）	年　份	种植面积（亩）	平均亩产（千克）	总产量（万千克）
1985	6704	143	96.54	2004	1110	348	38.6
1986	5291	136	71.96	2005	680	354	24.1
1987	4477	217	96.70	2006	349	370	12.9
1988	4285	271	116.12	2007	270	426	11.5
1989	6965	227	158.11	2008	460	370	17.0
1990	7527	244	183.66	2009	2050	407	83.4
1991	7327	274	200.76	2010	1739	400	69.6
1992	1160	315	36.54	2011	1821	400	72.8
1993	1409	254	35.79	2012	1647	400	65.9
1994	1197	272	32.68	2013	—	—	—
1995	3451	271	93.52	2014	—	—	—
1996	12097	117	140.33	2015	—	—	—
1997	12581	321	404	2016	—	—	—
1998	2389	384	91.8	2017	—	—	—
1999	2413	251	60.6	2018	—	—	—
2000	2134	332	70.8	2019	—	—	—
2001	1300	248	32.2	2020	270.2	418	11.3
2002	1513	376	56.9	2021	308.02	231	7.1
2003	1500	350	52.5	合计	321106.22	—	4134.05

（二）大麦

1957 年开始种植大麦。长期以来，大麦作为饲料作物或倒茬作物不被重视，产量低而不稳。一般都在瘠薄的低产地上种植，少施肥或不施肥，亩产不足 50 千克。随着国内啤酒花产业的兴起，啤酒大麦作为啤酒主要加工原料备受市场青睐，1984 年开始，引种啤酒大麦早熟 3 号。1985 年，全部改为啤酒大麦，1985—1991 年，种植的啤酒大麦品种有蒙克尔、莫特 44、麦特 B-23、黑引瑞和匈 84-62。蒙克尔蛋白质含量低，品质差；莫特 44 田间分蘖力强，品质较优，但大麦条纹病发病率较高，都先后被淘汰。二棱大麦黑引瑞分蘖成穗率高，抗倒伏，品质优良，亩产 300 千克以上，成为主栽品种，其次种植的有麦特 B-23。二棱大麦匈 84-62 品质好，抗病害强，平均亩产 340 千克，最高亩产 550 千克。1990 年引进试种，1991 年示范推广 25.33 公顷。1992 年，替换黑引瑞和麦特 B-23 老品种，在全场推广种植 337.8 公顷，1992—1994 年，年产优质啤酒大麦 172 万千克～204

万千克，成为啤酒大麦唯一推广种植的品种（图 4-2）。

图 4-2　六分场啤酒大麦

1957—1995 年，全场大麦总产量达 888.1 万千克，其中啤酒大麦 750.6 万千克。1996—2013 年，大麦总产量达 2175.6 万千克。2014 年，停止大麦种植（表 4-11）。

表 4-11　张掖农场 1957—2013 年大麦种植面积及产量统计

年　份	播种面积（亩）	平均亩产（千克）	总产（万千克）	年　份	播种面积（亩）	平均亩产（千克）	总产（万千克）	年　份	播种面积（亩）	平均亩产（千克）	总产（万千克）
1957	622	21	1.3	1977	1570	45	7.1	1996	2053	282	57.9
1958	917	75	6.9	1978	899	71	6.4	1997	6688	311	207.4
1959	696	101	7.0	1979	950	46	4.4	1998	532	368	19.7
1960	2253	1	0.2	1980	565	112	6.3	1999	582	266	15.5
1961	420	26	1.1	1981	715	31	2.2	2000	5876	300	176.5
1962	177	7	0.1	1982	157	102	1.6	2001	10130	274	277.1
1963	332	27	0.9	1983	273	95	2.6	2002	7511	376	282.2
1964	769	66	5.1	1984	238	17	0.4	2003	7010	346	242.5
1966	258	70	1.8	1985	84	214	1.8	2004	3700	355	131.3
1967	1021	83	8.5	1986	788	185	14.6	2005	3630	356	129.2
1968	1396	27	3.8	1987	499	263	13.1	2006	2161	409	88.3
1969	1839	41	7.5	1988	889	282	25.1	2007	1102	385	42.4
1970	2286	64	14.6	1989	1052	230	24.2	2008	1206	432.0	52.1
1971	1876	37	6.9	1990	1458	246	35.9	2009	1080	432.0	46.7
1972	1907	40	7.6	1991	981	295	28.9	2010	2171	450.5	97.8
1973	596	65	3.9	1992	5067	340	172.2	2011	2073	519	107.5
1974	1251	26	3.2	1993	6788	301	204.1	2012	2300	450.0	103.5
1975	976	58	5.7	1994	7535	257	193.5	2013	2450	400.0	98.0
1976	1643	72	11.8	1995	1975	232	45.8	合计	115973	—	3064.2

（三）玉米

1957 年开始种植玉米（图 4-3）。建场初期种植的品种有金黄后。1960 年，亩产 14.3

千克。1964 年，农建十一师调入双交种维尔-42。1964—1972 年，亩产不足 100 千克。1973—1977 年，亩产在 65～170 千克之间徘徊。1977—1980 年，主栽品种为中熟张单 488。该品种亩产 200～250 千克，后因种子混杂，退化严重，造成玉米减产被淘汰。1981 年，引进晚熟品种玉单 6 号，因不能正常成熟，于次年停种。1982 年，大量引进杂交一代种 SC-704 代替张单 488。SC-704 抗寒性差，玉米花叶病发病率高，遇到不良气候条件大面积减

图 4-3　五分场孜然套种玉米

产，由于盲目引种造成重大经济损失，仅种 1 年即被淘汰。

1983 年开始，引种中晚熟品种中单 2 号，此品种抗逆性强，双棒率高，丰产性能好，作为主要品种大面积推广种植。1985 年，又引种中熟品种户单 1 号，该品种叶片上耸，适宜密植，产量高，比中单 2 号提早 10 天成熟，被作为主要品种推广种植。中单 2 号和户单 1 号，平均亩产 500～600 千克，最高亩产可达 800 千克。1991 年，开始推行玉米规范化栽培。1992 年，平均亩产 532 千克，最高亩产 850 千克。2009 年，引进种植郑单 958、沈单 16 新品种。2012 年后，推广先玉 335、正德 304、正德 305、正德 306。

2015 年，开始推广种植先玉 335、华西 2564、临单 211、江玉 608、大丰 30 等 5 个优良品种，均按照中核集团昆仑公司订单进行种植。2019 年，推广孜然套种玉米，无膜种植 100 公顷，地膜种植 6.67 公顷。通过对比分析，推广玉米无膜栽培和孜然套玉米种植模式，有效提升产量和效益，随后逐步减少铺膜面积，平均亩产 953 千克。2020—2021 年，推广糯淀粉玉米种植，引进西星白糯 2 号、郑黄糯 2 号、鲁新糯 1 号等玉米新品种 3 个。

1957—2021 年，张掖农场玉米种植面积及产量见表 4-12。

表 4-12　张掖农场 1957—2021 年玉米种植面积及产量统计

年　份	种植面积（亩）	平均亩产（千克）	总产量（万千克）	年　份	种植面积（亩）	平均亩产（千克）	总产量（万千克）
1957	23	—	—	1963	280	20	0.56
1960	42	14	0.06	1964	345	33	1.13
1961	11	—	—	1965	348	58	2.03
1962	35	40	0.14	1966	330	72	2.39

(续)

年 份	种植面积（亩）	平均亩产（千克）	总产量（万千克）	年 份	种植面积（亩）	平均亩产（千克）	总产量（万千克）
1967	1	200	0.02	1995	4010	485	194.5
1969	86	24	0.21	1996	5706	736	420.00
1970	1015	78	7.92	1997	2477	705	174.6
1971	945	33	3.12	1998	4845	628	304.5
1972	799	28	2.22	1999	5040	833	420.0
1973	301	170	5.12	2000	1511	563	85.00
1974	346	119	4.13	2001	3133	577.00	180.7
1975	573	65	3.74	2002	3292	600.00	197.5
1976	517	140	7.24	2003	2505	546.00	136.8
1977	587	139	8.15	2004	3068	554.00	170.0
1978	2149	211	45.25	2005	4150	621.00	257.8
1979	6097	222	135.24	2006	4170	456.00	190.2
1980	6330	183	115.56	2007	3187	750.00	239.1
1981	4274	143	61.22	2008	3594	748.00	269.0
1982	2399	129	30.84	2009	9945	761	756.81
1983	1458	230	33.48	2010	15300	750	1147.5
1984	2893	273	78.9	2011	14340	750	1075.5
1985	1777	280	49.81	2012	17266	750	1295.0
1986	1439	319	45.88	2013	14430	899	1297.6
1987	3334	458	152.57	2014	16398	800	1311.8
1988	1746	445	77.76	2015	22979	900	2068.0
1989	1663	425	70.63	2016	10602	800	848.1
1990	2852	457	130.24	2017	19868	839	1698.0
1991	2450	514	125.82	2018	18010	667	1200.7
1992	706	532	37.56	2019	17801.8	954	1698.0
1993	2333	447	104.29	2020	19147	929	1778.2
1994	2407	459	110.48	2021	24424	850	2076.0

（四）高粱

1957 年开始种植高粱，品种为马尾高粱，产量很低，亩产 24 千克。1970 年停止种植。1972 年种植 1.33 公顷，单产仅有 10 千克。1973 年，引进种植杂交高粱，1974—1978 年，种植面积扩大到 66.67 公顷以上，亩产 48～112 千克。

1979 年，改种桐杂 2 号高粱品种。1984 年，引进中熟品种晋杂 4 号和丰收 4 号。这 2

个杂交品种均具有发芽顶土力强，分蘖力强，适应性强的优点。晋杂 4 号抗蚜虫，亩产 400 千克。丰收 4 号不抗蚜虫，最高亩产可达 600 千克，是高粱的主栽品种。1979—1981 年，重点发展玉米生产，高粱种植面积相应压缩。老寺庙酒厂建成后，需要大量优质高粱 作原料，1988 年，高粱种植面积扩大到 112 公顷，亩产 320 千克，总产 53.77 万千克。 1998 年，高粱种植面积 115 公顷，亩产 403 千克，总产量达 69.5 万千克，是建场以来高 粱总产量最多的一年。2002 年，高粱种植面积 275 亩，平均亩产 600 千克，总产量 16.5 万千克。2003 年，停止高粱种植（表 4-13）。

表 4-13　张掖农场 1957—2002 年高粱种植面积及产量统计

年　份	播种面积（亩）	亩　产（千克）	总　产（万千克）	年　份	播种面积（亩）	亩　产（千克）	总　产（万千克）	年　份	播种面积（亩）	亩　产（千克）	总　产（万千克）
1957	20	25	0.05	1980	287	69	1.99	1990	1022	266	27.14
1971	套种		0.14	1981	191	160	3.05	1991	472	346	16.33
1972	20	10	0.02	1982	867	127	11.00	1992	6	150	0.09
1973	374	41	1.55	1983	808	131	10.60	1994	862	354	30.54
1974	1796	79	14.19	1984	399	100	4.00	1995	571	277	15.79
1975	1771	102	18.01	1985	390	168	6.56	1996	616	352	21.7
1976	1297	47	6.16	1986	70	221	1.55	1997	1513	425	64.3
1977	1117	113	12.57	1987	851	331	28.16	1998	1725	403	69.5
1978	1816	89	16.08	1988	1680	320	53.77	2001	10	400	0.4
1979	275	85	2.34	1989	26	319	0.83	2002	275	600	16.5

（五）谷子

谷子秸秆是马骡等大牲畜的重要饲料，1958 年开始种植，亩产 26 千克，年总产量 1.86 万千克。1978 年以前，谷子是主要的秋粮作物。多年种植面积在 133.33 公顷以 上，最多可达 301.33 公顷。谷子通常在瘠薄的低产田上种植，也是小麦的倒茬作物， 1979 年，农场调整作物布局，扩种高产秋粮玉米后暂时停止谷子种植。1983 年后，仅 有零星种植，1995 年，种植面积 40.2 公顷，亩产 300 千克，总产量 18.1 万千克，是 历史上产量最高的一年。20 世纪 50 年代推广"白谷子""气死驴""竹叶青""压塌车" 等；70 年代推广"张北大黄谷""大同黄谷""陇粟 1 号""张掖 288""张农 8 号"等； 90 年代推广"张谷 2 号""张农 10 号""陇谷 4 号"等。1958—1995 年，谷子总产量达 142.93 万千克。1996 年停止种植。2012 年机关在六分场（党架台）荒地种谷子 10 公 顷（表 4-14）。

表 4-14　张掖农场 1958—1995 年部分年份谷子种植面积及产量统计

年 份	播种面积（亩）	亩 产（千克）	总 产（万千克）	年 份	播种面积（亩）	亩 产（千克）	总 产（万千克）	年 份	播种面积（亩）	亩 产（千克）	总 产（万千克）
1958	716	26	1.86	1968	3029	13	3.94	1978	967	47	4.59
1959	608	51	3.10	1969	3157	24	7.58	1983	11	91	0.10
1960	311	5	0.16	1970	3362	20	6.57	1985	10	50	0.05
1961	789	22	1.74	1971	2387	17	4.10	1986	10	180	0.18
1962	893	2	0.15	1972	2611	25	6.58	1987	5	60	0.03
1963	919	53	4.87	1973	2557	21	5.37	1991	103	151	1.56
1964	4399	24	10.76	1974	3619	19	6.88	1992	624	4	0.23
1965	612	45	2.73	1975	3344	32	10.86	1993	8	50	0.04
1966	2484	19	4.75	1976	2632	21	5.52	1995	603	300	18.1
1967	4520	30	13.139	1977	2279	33	7.43	—	—	—	—

（六）青稞

1955 年，开始种植青稞，主要品种有白皮青稞、黑皮青稞，产量低，亩产 24～120 千克。1955—1970 年，9 年青稞总产量 8.74 万千克。1971 年停止种植。

（七）糜子

生育期短，肥料要求低。糜子有正茬、复种良种种植方式。主要在新开荒地上种植，或在小麦收割后抢墒复种，是建场初期常种的秋粮作物之一。1955—1957 年，亩产 47～112 千克，因易受蚜虫及黄花毒素病危害，产量不稳定。1958—1964 年，亩产仅 1～15 千克，1966 年绝收。主要品种有"红糜子""黄大糜子""青小糜子""青大糜子"等。1973 年停止种植。1955—1972 年总产糜子 21.4 万千克。

（八）荞麦

是传统的复种作物，通常小麦收割后复种荞麦，产量很低，生育期仅有 60 天。主要品种有大楞、小楞荞麦。1960 年，因受自然灾害的影响，小麦严重歉收，复种荞麦 389.53 公顷，总产仅有 2900 千克，平均亩产还不到 0.5 千克。1966—1969 年，每年都有零星种植，4 年荞麦总产量 5500 千克。1970 年停止种植。

（九）豌豆

1964 年，种植豌豆 32 公顷，亩产 59 千克，总产 2.81 万千克。1972 年，种植面积 133.13 公顷，平均亩产 35 千克，总产 6.93 万千克。以后种植面积逐年减少，1991 年，种植 5 公顷，亩产 100 千克，总产 7500 千克。20 世纪 70 年代以前，种植"大山豆""五月黄""麻豌豆"等品种；此后引进推广多纳夫豌豆、极早熟豌豆、英国豌豆、张家川豌豆等。1992 年停止种植。

（十）蚕豆

蚕豆营养丰富，用途广泛。蚕豆适应性强，分布较广，可单种或间作，是较好的养地作物。1959年种植面积3.93公顷，平均亩产81千克，总产4800千克。1975年种植面积48.13公顷，平均亩产92千克，总产6.61万千克，总产量创历史最高水平。1990年种植11.07公顷，平均亩产154千克，总产2.56万千克。1994年种植0.47公顷，亩产257千克，总产量0.18万千克。1970年以前，主要种植张掖蚕豆、高台蚕豆。此后引进推广青海蚕豆、临夏马牙蚕豆、临夏大蚕豆等；20世纪90年代主栽临夏大蚕豆，辅以青海3号蚕豆。1959—1994年，总产量32.7万千克。1995年停止种植。

（十一）大豆

古称"谓菽"，俗称"黄豆"。营养丰富，用作榨油、加工豆制品、生菜炒食等。1975年播种面积0.8公顷，亩产17千克，总产200千克。1981年，种植面积6.8公顷，平均亩产50千克，总产5100千克。以与玉米、小麦套种为主。20世纪70年代以前种植花腰、油籽。此后引进"晋豆83""吉林3号""黑河3号""丰收12号""长农4号"等。90年代以"吉原1号""长农4号"为主栽品种。1975—1993年，总产量1.7万千克。1994年停止种植。

（十二）红豆

可加工副食、制作豆沙、煮粥。多与玉米套种，主要品种有大红豆、小红豆、熊猫豆等。

（十三）扁豆

俗称"扁豆子"。1964—1965年，曾种扁豆17.4公顷，亩产12千克，总产3200千克。

1966年，种豇小豆1.27公顷，亩产仅3千克。1980年，曾试种鹰嘴豆（脑豆）少量。1994年，种杂豆11.45公顷，总产2.26万千克。1995年种杂豆8.8公顷，总产1.52万千克。历年豌豆、蚕豆、黄豆播种面积及产量见表4-15。

表4-15 张掖农场1959—1994年主要豆类作物种植面积及产量统计

年 份	豌 豆			蚕 豆			大 豆		
	播种面积（亩）	亩产（千克）	总产（万千克）	播种面积（亩）	亩产（千克）	总产（万千克）	播种面积（亩）	亩产（千克）	总产（万千克）
1959	—	—	—	59	81	0.48	39	8	0.03
1960	—	—	—	226	4	0.09	—	—	—
1961	—	—	—	12	8	0.01	—	—	—
1964	480	59	2.81	18	61	0.11	—	—	—
1965	387	53	2.05	17	35	0.06	76	21	0.16

（续）

年 份	豌 豆			蚕 豆			大 豆		
	播种面积（亩）	亩产（千克）	总产（万千克）	播种面积（亩）	亩产（千克）	总产（万千克）	播种面积（亩）	亩产（千克）	总产（万千克）
1966	456	34	1.57	52	85	0.44	97	43	0.19
1967	767	41	3.15	51	84	0.43	—	—	—
1968	608	22	1.30	45	56	0.25	129	6	0.08
1969	481	41	1.97	62	132	0.82	55	7	0.04
1970	1076	21	2.22	118	94	1.11	套种		0.24
1971	1061	16	1.75	299	37	1.11	18	17	0.03
1972	1997	35	6.93	363	59	2.14	—	—	—
1973	619	75	4.64	109	115	1.25	—	—	—
1974	908	11	0.99	124	149	1.85	—	—	—
1975	240	74	1.77	722	92	6.61	12	17	0.02
1976	500	59	2.93	881	62	5.46	60	13	0.08
1977	480	66	3.16	122	89	1.09	317	6	0.19
1978	58	29	0.17	153	77	1.18	—	—	—
1979	—	—	—	套种	—	0.11			
1980	—		—	套种	—	0.03	套种		0.16
1981				94	34	0.32	102	50	0.51
1985	532	55	2.93	—	—	—	33	9	0.03
1986	203	107	2.17	—	—	—	12	158	0.19
1987	50	116	0.58	81	48	0.39	18	100	0.18
1988	810	90	7.29	69	154	1.06	21	100	0.21
1989	418	65	2.7	129	229	2.96	—	—	—
1990	273	71	1.95	166	154	2.56			
1991	75	100	0.75	35	171	0.60	7	114	0.08
1992	—								
1993	—	—	—				5	100	0.05
1994	—	—	—	7	257	0.18	—	—	—

二、经济作物

经济作物主要有番茄、西瓜、特药、金盏菊、甜菜、籽瓜、孜然、啤酒花等。

（一）油料作物

农场在种植粮食作物的同时，也种植油菜、胡麻、向日葵等油料作物，既保证本场职工的食油供给，也作为商品销售，有一定的经济效益。

1. **亚麻** 亚麻俗称"胡麻"。胡麻籽是农场主要的食用油料，胡麻秆是麻纺工业的主要原料。1958年，种植面积6.6公顷，平均亩产29千克，总产2900千克。1985年，种植面积72.07公顷，平均亩产28千克，总产3万千克。1995年，种植面积5.87公顷，平均亩产50千克，总产量0.44万千克。头墩分场因自然条件适于种植胡麻，仍是胡麻集中产区。1996年停止种植。栽培品种在20世纪70年代以前沿用白胡麻、红胡麻等。此后选育"张亚1号"，引进"甘亚1号""雁农1号""雁杂10号""甘亚4号""天亚2号""天亚4号""宁亚6号""宁亚7号"等。

2. **油菜**　油菜俗称"菜籽"。种植历史悠久。菜籽含油率高，是主要的食用油料之一。1956年种植面积7.8公顷，平均亩产26千克，总产0.3万千克；1972年种植78.8公顷，平均亩产5千克，总产0.58万千克。1980年以后，油菜仍有零星种植，种植的是生育期短的小油菜，利用麦收后复种。1993年，种植1.13公顷，平均亩产53千克，总产900千克。1994年停止种植。油菜品种，80年代以前以"奥罗油菜""门源小油菜""山丹小油菜""民乐小油菜"为主，此后种植"门源3号""浩油5号""浩油11号""陇油1号"等品种。

3. **向日葵**　向日葵俗称"葵花"。20世纪50年代初引进种植，耐瘠、耐旱、耐盐碱，适应性强。1956年，引进匈牙利向日葵，在新开垦的黑油重碱地上种植成功。种植面积24公顷，平均亩产103千克，总产3.69万千克。1959年种植134.67公顷，总产7.85万千克。1960年以后，以生产粮食为主，向日葵种植面积大大压缩。1967—1978年基本停种。成为建场初期重要的商品，外销4万千克。1960年以后以生产粮食为主，向日葵种植面积大大压缩，1967—1978年基本停止种植。20世纪80年代以后，市场需求量增大，向日葵种植面积迅速扩大，成为主要经济作物之一。1985—1986年，是食用向日葵生产的高峰期，品种有三道眉。

1978年，引进油用向日葵，是张掖地区第一家引进油用向日葵的单位。油用向日葵耐瘠薄、耐盐碱，适应性强，成熟期早，生育期仅有90天，含油率40%，单产比油菜、胡麻高1倍以上。1980年，种植面积扩大到78.33公顷，总产油料8.5万千克，从此改变农场职工食用油结构，以葵花油为主。尔后，职工食用油全面自给有余，并作为商品销售。20世纪50年代种植"武威葵花""伊犁早

图4-4　四分场葵花

熟"，70年代推广"三道眉"及"罗马尼亚"等品种，20世纪80年代推广"内葵杂1号""内葵杂2号""食葵"等（图4-4）。

2002 年，随着孜然的引进种植，向日葵种植逐步改为套种。葵花主要是套种孜然、套种西瓜为主，种植效益显著提高。2012 年，推广 LD-5009H 和 TY-0409。2013 年，推广丰葵杂 1 号。2014 年，引进推广 SH601、SH363 等新品种。至 2021 年，食用向日葵种植面积依然很大，是农场重要商品之一。2021 年，向日葵种植面积 129.13 公顷，亩产 215 千克，总产 41.64 万千克（表 4-16）。

表 4-16 张掖农场 1956—2021 年油菜、亚麻、向日葵种植面积产量统计

年 份	油料总产（万千克）	油 菜			亚 麻			向日葵		
		播种面积（亩）	亩产（千克）	总产（万千克）	播种面积（亩）	亩产（千克）	总产（万千克）	播种面积（亩）	亩产（千克）	总产（万千克）
1956	3.99	117	26	0.30	—	—	—	360	103	3.69
1957	2.75	—	—	—	—	—	—	639	43	2.75
1958	1.42	305	8	0.23	99	29	0.29	384	23	0.90
1959	8.26	—	—	—	201	20	0.41	2020	39	7.85
1960	0.28	—	—	—	110	22	0.24	327	1	0.04
1961	0.08				18			51	16	0.08
1962	—				20			119		
1963	0.35				210	9	0.19	56	29	0.16
1964	3.97	1.5	133	0.02	1348	21	2.80	331	35	1.15
1965	1.37				454	22	0.98	463	8	0.39
1966	1.23	10	30	0.03	1001	12	1.18	16	13	0.02
1967	1.62	3	33	0.01	1099	15	1.61			
1968	0.40	—	—	—	310	13	0.40	—	—	—
1969	2.32	254	12	0.31	1048	19	2.01			
1970	2.23	159	13	0.21	1325	15	2.02			
1971	0.59	654	5	0.35	326	7	0.24			
1972	1.74	1182	5	0.58	354	33	1.16			
1973	1.34	1080	7	0.78	290	19	0.56			
1974	2.06	900	4	0.34	701	20	1.37	280	13	0.35
1975	5.22	475	25	1.19	709	28	1.97	零星	—	2.06
1976	2.98	754	10	0.79	573	38	2.19	—	—	—
1977	3.81	879	13	1.10	880	31	2.71	—	—	—
1978	2.47	290	26	0.76	963	18	1.71	—	—	—
1979	2.70	190	19	0.37	435	32	1.38	—		0.95
1980	16.53	套种	—	0.42	12	33	0.04	1523	106	16.07
1981	12.23	—								12.23
1982	16.13	20								16.13
1983	7.58	29		0.01	20	40	0.08	695	108	7.49
1984	20.41	—	—	—	94	6	0.06	2120	96	20.35
1985	90.13	—	—	—	1081	28	3.00	6960	125	87.13

（续）

年　份	油料总产（万千克）	油　菜			亚　麻			向日葵		
		播种面积（亩）	亩产（千克）	总产（万千克）	播种面积（亩）	亩产（千克）	总产（万千克）	播种面积（亩）	亩产（千克）	总产（万千克）
1986	118.44	10	80	0.08	838	77	6.49	8213	136	111.87
1987	88.37	80	51	0.41	2164	78	16.90	4924	144	71.06
1988	36.03	—	—	—	637	74	4.69	3562	88	31.34
1989	19.19	—	—	—	590	72	4.26	1821	82	14.93
1990	38.69	—	—	—	967	92	8.85	2476	121	29.84
1991	47.70	1	100	0.01	809	62	5.02	2255	189	42.67
1992	33.97	—	—	—	27	100	0.27	3613	93	33.70
1993	10.80	17	53	0.09	22	50	0.11	1570	68	10.60
1994	13.03	—	—	—	136	54	0.74	837	147	12.29
1995	29.80	—	—	—	88	50	0.44	2174	135	29.36
1996	13.3	—	—	—	—	—	—	2360	56	13.30
1997	21.9	—	—	—	—	—	—	3206	68	21.90
1998	24.54	—	—	—	—	—	—	5530	44	24.54
1999	36.2	—	—	—	—	—	—	3100	117	36.20
2000	46.81	—	—	—	—	—	—	3436	136	46.81
2001	14.54	—	—	—	—	—	—	1106	131	14.54
2002	27.3	—	—	—	—	—	—	1710	160	27.300
2003	16.6	—	—	—	—	—	—	1656	100	16.60
2004	8.5	—	—	—	—	—	—	854	100	8.50
2005	3.9	—	—	—	—	—	—	310	126	3.90
2006	12.3	—	—	—	—	—	—	820	150	12.30
2007	38.8	—	—	—	—	—	—	1020	380	38.80
2008	64	—	—	—	—	—	—	3672	174	64.00
2009	85	—	—	—	—	—	—	2192	388	85.00
2010	213.2	—	—	—	—	—	—	8530	250	213.20
2011	71.44	—	—	—	—	—	—	2940	243	71.44
2012	247.5	—	—	—	—	—	—	9900	250	247.50
2013	279.33	—	—	—	—	—	—	11218	249	279.33
2014	212.97	—	—	—	—	—	—	9300	229	212.97
2015	—	—	—	—	—	—	—	套种	未统计	
2016	183.12	—	—	—	—	—	—	12208	150	183.12
2017	120.7	—	—	—	—	—	—	4166	290	120.70
2018	120.02	—	—	—	—	—	—	7680	156	120.02
2019	88.68	—	—	—	—	—	—	7596	117	88.68
2020	90.16	—	—	—	—	—	—	4155	217	90.16
2021	41.64	—	—	—	—	—	—	1937	215	41.64

（二）啤酒花

原产美洲，是啤酒工业的重要材料（图 4-5）。1978 年，本场从酒泉下河清农场引进试种，栽植面积 33.33 公顷。1980 年，从新疆双塔农场引进啤酒花"根"1400 株，试种 0.42 公顷，每株收花 0.5 千克。1981 年，从青岛引进优良品种"青岛大花"，采用高架定植 8.37 公顷，1982 年发展到 25.53 公顷。1983 年，在酒花采收前连降大雨，造成架杆全部倒塌，酒花霜霉病蔓延，损失严重。1983 年冬天和 1984 年春季抢时重建，改高架为低架，恢复生产。1985 年开始，加强霜霉病防治和职工技术培训，按照啤酒花生产技术规范进行标准化管理，着力提高啤酒花采摘、晾花、烘烤、

图 4-5　啤酒花

回潮、打包等工序质量，并严格产品化验，产量和质量逐年提高。1988 年，建成啤酒花生产基地 83.33 公顷，酒花甲酸平均含量达 7% 以上，最高达 11%，一级花占 90%，产品出口美国和德国。1992 年，国家轻工部对 10 家出口销售的啤酒花质量抽测结果，本场生产的啤酒花品质位居前三名。1994 年，被国家绿色食品检测中心批准为"绿色食品"。成为农场拳头产品之一。

2006 年，结合日元贷款风沙治理项目，啤酒花种植规模扩大，种植面积达 65.33 公顷，在品种结构、栽植方式、土地综合利用等方面都进行较大改进。完成主营业收入 339 万元，完成上交及三金两费 37.87 万元，职工人均收入 8000 元。"十一五"（2006—2010 年）期间，啤酒花种植面积 449.23 公顷，总产量 115.65 万千克。

2007 年，采取双坡栽培技术，大幅度提高了产量。种植面积 94.67 公顷，总产量 6.09 万千克。因酒花市场价格暴涨，销售收入达 1781 万元，利润超过千万元，取得建园以来最好效益。

2008 年，农场将第 6 生产队的九农 20 公顷耕地栽植啤酒花，酒花栽植面积达到 117.07 公顷。2010 年，因酒花严重滞销，农场决定将原有的 63.17 公顷啤酒花全部挖除，剩余生长较旺盛的 54.5 公顷啤酒花。2011 年，根据啤酒花市场行情，栽植良种香型啤酒花 14 公顷，年生产干花 3.96 吨。对品质差的品种进行淘汰挖除，种植其他经济作物。2012—2014 年，挖除剩余酒花、拆除杆架、边杆、铁丝、网架等，全面恢复农作物种植。

1981—1995 年，啤酒花总产量 2403.3 吨，1996—2011 年，啤酒花总产量 240.51 万千克（表 4-17）。

表 4-17　张掖农场 1981—2011 年啤酒花种植面积产量统计

年　份	种植面积（亩）	亩产（千克）	总产（万千克）	年　份	种植面积（亩）	亩产（千克）	总产（万千克）
1978	500	—	—	1996	1250	232.00	29.0
1981	125.6	10.35	0.13	1997	1250	166.96	20.87
1982	383.0	44.13	1.69	1998	1250	232.80	29.1
1983	383.0	13.05	0.50	1999	1250	201.60	25.2
1984	220.0	85.00	1.87	2000	1250	184.80	23.1
1985	300.0	156.00	4.68	2001	1250	207.52	25.94
1986	600.0	73.00	4.38	2002	1350	160.00	21.6
1987	1050.0	100.00	10.5	2003	1400	207.50	29.05
1988	1250	204.00	25.5	2004	381	160.10	6.10
1989	1250	148.00	18.5	2005	660	129.24	8.53
1990	1250	213.04	26.63	2006	980	480.31	47.07
1991	1250	197.00	24.63	2007	1420	42.89	6.09
1992	1250	256.04	32.0	2008	1756	74.49	13.08
1993	1250	224.00	28.0	2009	1765	171.10	30.20
1994	1250	240.00	30.0	2010	817.5	234.98	19.21
1995	1250	252.00	31.5	2011	211.6	187.15	3.96

（三）甜菜

1958 年，引种波兰甜菜品种，种植面积 150.07 公顷，平均亩产 1929 千克，总产 434.3 万千克。1958—1959 年，甜菜总产量 1488.6 万千克，甜菜的种植促进了农场养猪事业和土法制糖业的发展。1960 年，因受灾几乎绝收。1966 年，为保证武威黄羊镇糖厂原料供应，扩大甜菜生产，种植面积发展到 77.87 公顷以上，但因病虫害严重，平均亩产仅 407 千克，总产 475 吨。以后因产量低而不稳，没能形成重要商品生产，因在狠抓粮食生产的形势下，甜菜种植面积下滑，1978 年停止种植。

1985 年 8 月，张掖糖厂动工兴建，1987 年 11 月建成投产，为大面积种植甜菜迎来良好机遇，甜菜成为农场重要经济作物之一。1986 年种植面积 10.06 公顷，亩产 3050 千克，总产 460.6 万千克。1997 年种植面积 234.07 公顷，亩产 2660 千克，总产 934 万千克，达到最高峰。1958—1995 年，甜菜总产量 16935.1 万千克。2006 年，因张掖糖厂拖欠甜菜款，无法收回，2007 年停止种植。甜菜品种，20 世纪 90 年代以前主栽"工农 2号"，此后推广"双丰 301""双丰 305""宁单 2019"等（表 4-18）。

表 4-18　张掖农场 1958—2006 年甜菜种植面积产量统计

年份	播种面积（亩）	亩产（千克）	总产（万千克）	年份	播种面积（亩）	亩产（千克）	总产（万千克）	年份	播种面积（亩）	亩产（千克）	总产（万千克）
1958	2251	1929	434.3	1971	2700	1526	412.0	1992	290	1807	524.0
1959	1764	5977	1054.3	1972	1143	678	77.5	1993	36	2222	8.0
1960	3160	5	1.5	1973	544	—	—	1994	43	1930	8.30
1961	306	1542	47.2	1974	80	—	—	1995	1090	1629	1776
1962	154	325	5.0	1975	125	48	6.0	1996	782	2878	225.1
1963	135	170	2.3	1976	430	26	11.1	1997	3511	2660	934.0
1964	184	136	2.5	1977	75	240	18.0	1998	485	2628	127.5
1965	74	5068	37.5	1986	151	3050	460.6	2000	195	3000	58.5
1966	1168	407	47.5	1987	472	2097	990.0	2001	197	3000	59.1
1967	810	710	56.8	1988	1084	2265	2455.3	2002	964	2649	255.4
1968	424	—	—	1989	39	2977	116.1	2004	128	3500	44.8
1969	130	1923	25.0	1990	480	2568	1232.6	2006	395	3000	118.5
1970	582	326	19.0	1991	2458	2891	7106.7	合计	29039	—	18758

（四）瓜类

农场种植的瓜类作物主要有西瓜、甜瓜、籽瓜、黄河蜜瓜等。

1. 西瓜　1958 年开始种植，一般占瓜类面积的 80%。地方品种有"张掖黑皮西瓜""张掖狸皮大瓜""高台黑绿皮西瓜"等。60 年代引进推广"太原西瓜""陕西大瓜""兰州大花皮""苏联 2 号"等品种（图 4-6）；20 世纪 70 年代引进推广"核桃纹""早花""汴梁 1 号""三白西瓜""3301"等品种。1985 年以后，一些职工家属农场种植商品西瓜增加收入，采用地膜栽培技术，增施高效磷肥和纯羊粪、油渣等有机精肥，引进红优、特大新红宝、泰国瓜、中育 6 号、郑州 3 号、P2 等有市场竞争力的优良西瓜品种，西瓜的产量和品质有

图 4-6　二分场陆地西瓜

很大提高，在场内外很受欢迎。1995 年，种植 48.8 公顷，平均亩产 2255 千克，总产 165.1 万千克，商品率 85%。2014 年，种植面积 326 公顷，亩产 3000 千克，总产 1467.00 万千克。"十一五"（2006—2010 年）期间，西瓜种植面积 824 公顷，总产量 5008.41 万千克，2015—2021 年，对套种西瓜的产量未计（表 4-19）。

表 4-19 张掖农场 1958—2021 年西瓜种植面积产量统计

年 份	播种面积（亩）	亩产（千克）	总产（万千克）	年 份	播种面积（亩）	亩产（千克）	总产（万千克）	年 份	播种面积（亩）	亩产（千克）	总产（万千克）
1958	60	—	—	1985	94	1921	18.06	2004	1033	2500	258.20
1960	351	—	—	1986	92	2502	23.02	2005	1410	3900	549.90
1964	53	242	1.28	1987	91	3832	34.87	2006	1620	4000	648.00
1965	150	334	5.01	1988	229	3323	76.09	2007	1026	5054	518.50
1966	99	378	3.74	1989	3	3367	1.01	2008	2170	4230	917.91
1967	77	151	1.16	1990	41	3566	14.62	2009	2665	5480	1460.30
1968	15	660	0.99	1991	44	2734	12.03	2010	4879	3000	1463.70
1969	30	683	2.05	1992	46	1750	8.05	2011	5662	3000	1698.60
1970	41	978	4.01	1993	40	2683	10.73	2012	6500	3000	1950.00
1972	7	371	0.26	1994	96	3229	31.00	2013	7420	3000	2226.00
1974	3	1500	0.45	1995	732	2255	165.10	2014	4890	3000	1467.00
1975	24	288	0.69	1996	625	2298	143.60	2015	套田	—	未统计
1976	24	667	1.6	1997	1140	2143	244.30	2016	套田	—	未统计
1977	27	241	0.65	1998	1065	1514	161.20	2017	套田	—	未统计
1979	45	500	2.25	1999	1400	3333	466.60	2018	套田	—	未统计
1980	10	400	0.40	2000	1525	2064	314.80	2019	套田	—	未统计
1982	12	1950	2.34	2001	2500	2360	590.00	2020	套田	—	未统计
1983	68	746	5.07	2002	1634	1958	320.00	2021	套田	—	未统计
1984	22	1091	2.4	2003	1008	3000	302.40	—	—	—	—

2. **籽瓜** 种子为黑瓜子（图 4-7）。农场的自然气候适宜籽瓜生长，生产的黑瓜子品质好。1958 年，农场引种籽瓜，但无产量记录。20 世纪 80 年代积极发展籽瓜生产。1983年引种 10.53 公顷，因缺乏栽培技术经验，亩产仅有 35 千克。1984 年，全部采用地膜栽培，产量有所提高。1986 年，黑瓜子平均亩产 115 千克，最高达 165 千克，经济效益较好。以后籽瓜种植面积迅速扩大，取代向日葵，成为种植面积较多的经济作物。1983—1999 年，籽瓜总产量 247.01 万千克。2000 年以后黑瓜子价格下滑，经济效益低，停止籽

图 4-7 黑瓜子

瓜种植。20 世纪 70 年代种植"兰州黑瓜子";90 年代主栽品种为地区选育的"88 中-316",及"靖远大板""834-5-6"等(表 4-20)。

表 4-20　张掖农场 1958—1999 年籽瓜种植面积产量统计

年　份	播种面积 (亩)	亩　产 (千克)	总　产 (万千克)	年　份	播种面积 (亩)	亩　产 (千克)	总　产 (万千克)
1958	32	—	—	1991	795	148	11.80
1983	158	35	0.55	1992	7807	75	58.70
1984	127	56	0.71	1993	6200	62	38.40
1985	914	92	8.37	1994	31895	7	21.97
1986	542	115	6.22	1995	1925	50	9.60
1987	1012	90	9.08	1996	2405	50	12.1
1988	2544	101	25.64	1997	546	60	3.3
1989	4651	78	36.44	1999	70	100	0.7
1990	283	121	3.43	合计	61906		247.01

3. 甜瓜

(1)厚皮甜瓜。原由新疆、敦煌传入,20 世纪 50 年代栽培品种有榆棒子、黄金豆、醉瓜等;60 年代引进铁蛋子、可可奇、白兰瓜、苏联 5 号等品种;80 年代推广黄河蜜瓜、绿肉、73-2、兰旁等优良品种。1982 年种植 5.33 公顷。1987 年种植 0.4 公顷,平均亩产450 千克,总产 0.27 万千克(表 4-21)。

表 4-21　张掖农场商品白兰瓜种植面积和产量统计表

年　份	种植面积(亩)	亩　产(千克)	总　产(万千克)
1982	80	279	2.23
1983	41	361	1.48
1987	6	450	0.27

(2)薄皮甜瓜。零星种植,地方品种有张掖脆瓜、金塔寺;引进品种有竹叶青、白脆瓜、甘黄金等品种,一般亩产 1500 千克。1986 年,由甘肃农大引进黄河蜜瓜,10 队种植0.4 公顷,单产 2400 千克。1990 年,1 队种植 1.73 公顷,单产 2500 千克。

(五)孜然

孜然又名安息茴香,来自维吾尔语,也叫阿拉伯茴香(图 4-8),原产于中亚、伊朗一带,在国内只产于新疆和甘肃河西走廊一带。孜然是除胡椒以外的世界第二大调味品,种植历史悠久。它主要用于调味、制作香料等,是烧烤食品必用的上等佐料,口感风味独特,富油性,气味芳香而浓烈,外皮呈青绿或黄绿色。孜然也是配制咖喱粉的主要原料之一。

孜然适应性强，喜温暖干燥的气候，耐寒、喜温、忌涝、盐碱和重茬，不宜多施农家肥和氮肥，以防引起倒伏。2002年五分场职工引进种植13.93公顷，亩产71.77千克，总产1.5万千克。以后逐步扩大种植面积。2011年，种植150.33公顷，亩产79.82千克，总产18万千克。2015年，停止种植。主要种植模式为孜然套种葵花、孜然套种玉米（表4-22）。

图4-8　五分场孜然

表4-22　张掖农场1994—2020年药材种植面积产量统计表

年　份	播种面积（亩）	亩产（千克）	总产（万千克）	年　份	播种面积（亩）	亩产（千克）	总产（万千克）
2002	209	71.77	1.5	2012	3400	80.0	27.2
2008	607	64.25	3.9	2013	2700	101.48	27.4
2009	1198	141.90	17.0	2014	720	78.0	5.6
2011	2255	79.82	18.0	—	—	—	—

（六）药材

药材包括莱菔子、紫苏、甘草、特种药材、红花等。1994年开始种植，播种面积83.33公顷，平均亩产12千克，总产1.5万千克。2020年，播种面积163.28公顷，平均单产74.8千克，总产18.31万千克（表4-23）。

表4-23　张掖农场1981—1986年红花种植面积产量统计表

年　份	播种面积（亩）	亩产（千克）	总产（万千克）	年　份	播种面积（亩）	亩产（千克）	总产（万千克）	年　份	播种面积（亩）	亩产（千克）	总产（万千克）
1994	1250	12	1.5	2003	1628.6	42.3	6.89	2012	2337.4	63.5	14.85
1995	934	1.6	0.147	2004	2032.4	84.1	17.09	2013	1971.9	64.0	12.63
1996	0	0	0	2005	2007.4	93.7	18.81	2014	2378.3	66.6	15.85
1997	0	0	0	2006	2022.5	62.1	12.56	2015	3833.1	62.1	23.82
1998	0	0	0	2007	2759.9	85.3	23.55	2016	914.2	60.9	5.57
1999	1960.6	40.8	8.0	2008	5102	37.1	18.92	2017	112.8	31.9	0.36
2000	0	0	0	2009	5344	53.1	28.35	2018	1298.5	76.5	9.94
2001	911.1	37.4	3.41	2010	5346.8	38.0	20.31	2019	1856	85.8	15.922
2002	1396.7	64.6	9.022	2011	5542.8	56.8	31.48	2020	2449.2	74.8	18.31

1. 莱菔子、紫苏　1985年，省农科所在砼侯堡种植中药莱菔子和紫苏各0.33公顷，平均亩产50千克，总产500千克，由张掖地区药材公司收购。

2. 甘草　1989年，利用红沙窝盐碱低产田将大麦与甘草套种，人工播种甘草36.73

公顷，实际出苗率仅有 34.8%，保苗面积 18.33 公顷，生长良好。1993 年采收，总产量 4.38 万千克，平均亩产 80.2 千克，按保苗面积计算，亩产 159.3 千克。

3. 特种药材 1994 年，经国家有关部门批准，在甘肃农垦部分农场种植特种药材，是张掖农场的特色产业。1994 年种植 83.33 公顷，总产 1.5 吨。1995 年种植 62.47 公顷，总产 1.47 吨。2001 年种植 60.74 公顷，总产 34.06 吨。2005 年种植 263 公顷，总产 188.06 吨。2007 年，农场开垦复平沿北山坡防洪坝附近荒坡地 75.33 公顷，种植特种药材，开辟开垦复垦地种植特种药材的历程，实行全场职工个人承包经营，青年队负责安全警戒值班。由于面积大，产量低，劳动量大，全场职工付出代价巨大。

2010 年种植 521.53 公顷，总产 203.06 吨。2015 年种植 255.54 公顷，总产 238.26 吨。2020 年种植 163.28 公顷，总产 176.6 吨。2021 年，根据甘肃农垦集团公司产业结构调整停止种植。

4. 红花 红花可作药用，红花籽是高级食用油。1960 年种植红花 1.6 公顷，无收成。1981 年，从北京植物园引进 AC—1B—54 油用红花良种，在实验站、园林队、八队试种 1.37 公顷，生产红花籽 522 千克，红花对田间管理要求较高，病虫害严重，缺苗面积大，1984 年停止种植。1985 年、1986 年，甘肃省农科所在秸侯堡采用地膜栽培，亩产籽 103 千克、干花 10.3 千克。1987 年停止种植（表 4-24）。

表 4-24　张掖农场 1981—1986 年红花种植面积产量统计

年 份	播种面积（亩）	亩产（千克）		总产（千克）		籽：花	种植地点	栽培方式
		籽	干花	籽	干花			
1981	20.5	25.5	—	522	—	—	老寺庙	露地栽培
1982	248	26.4	2.9	6548	721	9：1	老寺庙	露地栽培
1983	80	9.3	1.2	745	99	8：1	老寺庙	露地栽培
1985	43	102.9	10.2	4425	440	10：1	老寺庙	露地栽培
1986	22	103	10.3	2266	226	10：1	老寺庙	露地栽培
合计	413.5	—	—	14506	1486	—	—	—

（七）其他经济作物

1. 棉花 1958 年试种棉花 0.13 公顷，亩产皮棉 9.5 千克，总产 19 千克。

2. 大麻 1971—1975 年，农场为解决自制麻绳原料，种植大麻 4.73 公顷，产量不详。1976 年种植 0.67 公顷，亩产 4 千克，总产 40 千克。

3. 甜叶菊 1983 年，实验站采用塑料大棚育苗，试种甜叶菊 0.2 公顷（图 4-9），生产甜叶菊 35 千克；2015 年种植 9.07 公顷，总产量 2.23 万千克，亩产 162 千克。2016 年种植 17.67 公顷，总产甜叶菊 57191 千克，亩产 215.8 千克。2017 年种植 9.33 公顷，总产量 38158 千克，亩产 272 千克。2018 年种植 9.33 公顷，总产量 33720 千克，亩产 231 千克。2015—2018 年，农场一直与甘肃药物碱厂普华公司签订种植合同种植甜叶菊，因甜叶菊市场价格波动，产量不高，执行合同中存在问题，2018 年后再无种植。

图 4-9　十分场甜叶菊

4. **无壳瓜子**　1986 年由甘肃省农垦科技培训中心直接供种、收购并进行技术指导，在一、三、十生产队和实验站试种无壳瓜子 2.4 公顷，平均亩产 28 千克、总产 1010 千克。2009 年、2012 年，杨继东在第四生产队分别种植 20.67 公顷和 34.67 公顷，亩产量分别为 86 千克和 92 千克，产值 1800 元/亩，效益良好。

5. **小茴香、白皮蒜、白瓜子**　1982—1983 年，为开发出口商品，在外贸张掖分公司支持下曾试种小茴香、白皮蒜、白瓜子。1983 年共种小茴香 8.47 千克，有 4 公顷未出苗改种，收小茴香 203 千克。零星种植白皮蒜，产量 250 千克。1982—1983 年，种植白瓜子 12.4 公顷，亩产仅 17～40 千克。1984 年以后，零星种植白瓜子与玉米间作套种，平均亩产 10 千克。

三、蔬菜类作物

1956 年成立园艺组，种植蔬菜 13.33 公顷，采用温床育苗、收获 10 公顷，总产 1.13 万千克。1962 年，各农业生产队安排专人生产蔬菜，供应职工食堂和家庭。当年，农场执行《国有农场工作条例》，给每一职工划分 3 分自用菜地，由职工自种蔬菜等。军垦时期，按就餐人数给职工食堂划定每人 4 分集体菜地，由连队司务长组织专人生产、管理。食堂菜地生产的蔬菜品种单纯，白菜、包心菜占 80%，其次是萝卜，有少量茄子、辣椒和西红柿等。1976 年，将职工食堂菜地全部收回。以生产队为单位划给集体菜地，由单位组织职工业余生产，费用共摊，产品分给职工个人。20 世纪 50 年代末期至 70 年代时期，蔬菜种类有黄瓜、胡萝卜、大葱、芫荽、茄子、辣子、芹菜、菠菜、白菜、洋葱（图 4-10）、

图 4-10　新二区洋葱

萝卜、蔓菁、大蒜、韭菜、南瓜、葫芦、莴苣、红豆荚等 30 多种。80 年代以后，职工每人 2 分菜地基本由职工个人自种自吃。1980 年种植 15.73 公顷，亩产 1013 千克，总产 23.9 万千克。种植蔬菜主要是为满足本场职工生活需要。1995 年，农场试种无架西红柿 7.33 公顷，总产 282 万千克，作为酱用商品，为张掖番茄酱厂提供原料。2009 年，主要推广石番 27、28 两个番茄新品种，主要是给农场番茄酱厂提供原料。既调整了种植结构，促进了职工增收，又带动周边农场大面积种植。2017 年，播种各类蔬菜 277.33 公顷，平均亩产 6302 千克，总产 2621.8 万千克（表 4-25）。

表 4-25　张掖农场 1956—2017 年蔬菜种植面积产量统计

年 份	播种面积（亩）	亩 产（千克）	总 产（万千克）	年 份	播种面积（亩）	亩 产（千克）	总 产（万千克）	年 份	播种面积（亩）	亩 产（千克）	总 产（万千克）
1956	321	—	—	1997	2937	708	208	2007	11790	3684	4343.4
1964	115	461	5.3	1998	6442	1378	887.6	2008	17430	2406	4193.5
1965	343	359	12.3	1999	—	—	—	2009	13080	2650	3465.7
1969	164	1073	17.6	2000	6308	258	162.8	2010	1507	6841	1031
1975	367	730	26.8	2001	450	124	5.6	2011	7107	730	519
1980	236	1013	23.9	2002	1000	66	6.6	2012	6554	1343	880.4
1985	129	504	6.5	2003	4575	828	379	2013	10064	1881	1893.5
1990	158	652	10.3	2004	10989	1575	1730.7	2014	12410	945	1172.5
1995	110	2564	28.2	2005	10248	1889	1935.6	2015	3159	4923	1555.2
1996	997	3029	302	2006	10801	2680	2895.1	2016	4790	5478	2623.8
								2017	4160	6302	2621.8

（一）茄果类

1. **番茄**　蕃茄又名西红柿，20 世纪 50 年代末期引入，适应性强、产量高、营养丰富，可生食、做菜、加工制酱。60 年代主栽品种为"粉红甜肉""卡德大红"；70 年代引进推广"强力米寿""鸡心番茄""丰收黄"；80 年代后引进推广"丽春""早丰""陇番 5 号""中蔬 5 号"等鲜食品种及"87-5""87-10"等加工制酱品种，90 年代中期引进以色列番茄。"十一五"（2005—2010 年）期间，番茄累计种植面积 2233.8 公顷，产量 12677.2 万千克。"十二五"期间（2011—2015 年），番茄种植面积 815.33 公顷，产量 8597.84 万千克。2016 年，停止番茄种植。

2. **小辣椒**　20 世纪 80 年代以前主要种植"张掖线椒""高台辣椒""甘谷线椒"等品种；此后推广"猪大肠""线三辣椒""佳木斯辣椒"等，种植方式主要为家庭种植。

3. 色素甜椒 色素甜椒又名大辣椒。2009 年种植 66.67 公顷，品种有美国红、牛角王，2010 年种植 33.33 公顷，美国红亩产 5 吨，牛角王亩产 3.1 吨。

（二）绿叶菜类

1. 菠菜 以秋播为主，时有春播。主要品种有圆叶菠菜、尖叶菠菜、二转子菠菜，职工零星种植。

2. 芹菜 芹菜原为春播夏菜，20 世纪 80 年代实行芹菜小麦套种，生产秋菜。地方品种有空秆芹菜、实秆芹菜；80 年代以后，引进推广"铁杆芹""玻璃脆""西洋芹"等。

3. 芫荽 芫荽又名香菜。调味小菜，零星种植。

4. 小茴香 小茴香又名孜然，香辛调味蔬菜，其种子可作药用或香料。栽培面积不大，栽培品种沿用张掖小茴香。

5. 茼蒿 20 世纪 90 年代引进，有零星种植。

（三）瓜类蔬菜

1. 黄瓜 20 世纪 70 年代种植，地方品种有"张掖刺黄瓜""高台地黄瓜""黑油皮黄瓜"等；70 年代引进推广"北京小刺""宁阳刺瓜""津研"等品种；

2. 西葫芦 西葫芦又名番瓜。20 世纪 70 年代以前年栽培地方品种有"扯秧葫芦""籽葫芦"；70 年代引进推广"花叶葫芦""兰州一窝猪"等品种；80 年代以后，主栽品种为"阿×蓝白杂交葫芦""早青一代葫芦"。

3. 南瓜 多为零星种植。主要品种有"牛腿南瓜""十棱磨盘南瓜""印度南瓜"（俗称北瓜），及少量无种壳南瓜。

（四）豆类蔬菜

主要有"张掖刀豆""芸豆""棍儿菜豆""张掖青豇豆"等种类。80 年代以后引进推广"新疆豇豆""红嘴豆""豇 28-2""上海 33-47""四季豆""荷兰豆"等品种，零星种植。

（五）多年生蔬菜

黄花菜又名金针菜，20 世纪 60 年代由本省庆阳地区引进推广，栽培以家庭农场庭院经济种植，亩产干菜 100 千克（鲜菜 1000 千克）。

（六）食用菌

1988 年，专业队开始种植食用菌，推广半地下温室人工栽培技术，1989 年，郭永新承包经营，主要种类有"平菇""凤尾菇""香菇"等，年产量 4000 多千克。1990 年停种。

第三节　良种繁育和更新

一、良种繁育基地

建场后，小麦、甜菜、葵花等各类作物良种长期靠调入或换种解决。1964 年，结合培育丰产样板田开始建立小麦良种繁育基地。选择条件较好的第一生产队为良种繁育队，进行作物引种、鉴定、繁育。良种繁育队采用单穗选择、穗行比较、混系繁育的办法，对小麦、谷子、胡麻等品种进行比较试验，以确定耐瘠、耐旱、适宜本场条件种植的优良品种。各生产队也都建立留种田。良繁队和生产队留种田共有 222.33 公顷，占粮食作物种植面积的 30％。

1966 年，开展品种与土地对口工作，以充分发挥良种的增产潜力。为加强种子工作，建立一专（专人负责）、二先(各种栽培措施优先、适时)、三净(严格去杂去劣)、四防（防草、灭虫）、五单（单收单打严防混杂）的种子工作制度。生产队在各自的留种田内通过田间鉴定，采用单穗单株选择用在下年一级良种田的种子；片选各类作物种子为本队留种田自用。"文化大革命"初期，已建立起来的种子工作制度被废弃。之后，品种混杂退化严重。

二、种子工作方针

1970 年，恢复良种繁育工作和良种繁育基地建设。种子工作采用四个三结合形式：即：领导、群众、技术人员三结合；试验、示范、推广三结合；自繁、自选、引进三结合；块选、穗选、调剂兑换三结合。

1971 年，种子工作主要以自选、自留、自用为原则，种子选育贯彻自选、自翻、自留、自用辅以调剂的"四自一辅"方针，试验站承担培育、繁育良种、原种的任务。为广泛发动职工选种，由各队职工进行推广品种田间鉴定，确定在不同自然条件下的主要品种、辅助品种和接班品种，以克服良种推广中的盲目性。对当选地块实行块选和片选，组织去杂去劣、单收、单打、单藏，防止混杂。

麦类作物采用二级种子田制度。二级种子田面积占全场小麦播种面积的 10％，一级种子田面积占二级种子田面积的 10％。为保证杂交玉米张单 488 和杂交高粱晋杂二号等良种提纯复壮和制种工作，每年保持 20～27 公顷杂交制种田。这时期的种子工作存在的主要问题有：部分职工对良种提高农业生产力认识不足，品种复壮和系统繁育制度不健全，良种繁育率低。许多良种由于分散留存，混杂、退化严重，造成生产性能减退；以粮代种，以劣代优等多、乱、杂的现象造成种子的纯度、净度、发芽率、含水量等达不到质量标准，严重影响粮食、油料等作物高产。

三、种子体系

1981 年，实行种子生产专业化、品种布局区域化、加工机械化、质量标准化。并由场供应站统一组织供种，建立种子"四化一供"体系。

当年实验站改为原种站，建立种子田 8.53 公顷，承担原种生产和提纯复壮工作（玉米自交系，高粱不育系、保持系、恢复系的提纯复壮）。按照三圃制建立穗行圃、株系圃、原种圃，进行种子鉴定繁育。对经过区域试验鉴定的优良新品种进行引种、示范、推广，对良种生产进行技术指导。全场确定第四、第六两个农业生产队为良种繁育队，有种子良繁田各 133.333 公顷，种子良繁队承担全场夏秋粮和油料作物的良种繁育工作（配制玉米、高粱杂交种），为生产单位提供标准种子。在建立种子加工班以前，良种繁育队生产的种子的精选、烘干、分级、贮藏等加工处理工作由供应站承担。农场生产科设种子检验室，对良繁队及加工后的种子进行纯度、净度、千粒重和发芽率等检验。合乎种子标准的发给种子证明，按种子等级加价收购。根据各生产队区域特点确定当家品种，由场供应站统一供种调剂。实行种子工作"四化一供"以后，种子的适应性、纯度、净度、千粒重、发芽率等质量指标都有很大提高，基本满足了生产发展的需要。1985 年，兴办职工家庭农场以后，原有良种繁育体系不再存在。小麦良种由农场或家庭农场引种，田间鉴定。对高产优质的种子由家庭农场片选、加工、单打单藏。种子经场生产科检验符合种子标准的，由场供应站加价收购调剂，其他作物种子都以地方种子公司调剂为主。

四、良种选育

1. **小麦**　由农技人员张文斋在 20 世纪 70 年代选育成功的小麦良种有文 1 号、文 2 号、垦春 1 号、垦冬 1 号四个新品种。文 1 号、文 2 号都是由春小麦喀什白皮和欧柔 2 个品种杂交育成的，垦春 1 号是白大头和欧柔 2 个品种杂交育成的。这 3 个新品种的共同特点是抗逆性强、耐瘠薄、耐盐碱，产量高于父母亲本，在土地瘠薄、盐碱较重的条件下生长良好，亩产 100 千克左右。70 年代初、中期曾作为农场主要搭配品种，大面积推广种植。"垦冬 1 号"是从冬小麦"晋农 27"穗选中选育出来的新品种，经 1977—1979 年连续三年试验观测，产量较高而稳定，耐旱耐瘠，越冬率高，不易倒伏。1980 年推广种植，成为农场冬小麦当家品种之一，1984 年曾向外调剂 1.33 万千克。

2. **向日葵**　1982 年，实验站接受张掖地区科委"引种选育当地高产优质向日葵良种科研试验科目"，1982—1984 年，站长方正格从 22 个葵花品种中经过严格筛选、鉴定，选育出"三道眉"向日葵良种。"三道眉"良种的特点是籽大粒长，品质优良，商品性好，很有市场竞争力；产量高，平均亩产比其他品种高 46.7%～62.3%，经济效益高。1984 年通过有关专家鉴定，确认为推广良种。1985—1987 年作为葵花主栽品种在场内推广种植达 1333.3 多公顷，场外推广种植 6666.7 多公顷。

3. **籽瓜**　1989—1991 年，农场与张掖地区农委联合选育出籽瓜良种"88 中-316"新品系，通过专家鉴定验收。"88 中-316"良种具有丰产、优质、抗病等特点，长宽、千粒重、仁壳率等指标均超过甘肃省特级商品标准。农艺师王富海从甘肃省农垦科技中心引进"靖繁"黑瓜籽种子，经过连续单株选择，培育出"88 中-345"和"88 中-289" 2 个优良新品系，亩产 55～85 千克，较"靖远大板"增产。瓜子粒大，品质优良，10 粒横径长达 11.5 厘米（种子为 13 厘米），出仁率 42%，商品性好，1992 年以后，在场内全面推广种植。

五、良种更新

良种更新是促进作物不断提高产量的一项重要措施。1995 年，全场良种覆盖率达 90%以上。

1. **冬小麦**　建场初期种植的是太原冬麦，其次是鹅杂 07。20 世纪 70 年代以后以甘农大 133 为主，20 世纪 80 年代，增加自育品种垦冬 1 号，引种少量西北 134，1985 年后，冬小麦种植面积逐年减少，1990 年停止种植。

2. **春小麦**　建场初期，种植的主要品种有喀什白皮、白大头，其次是阿勃、武功 774、张掖 1084 等。1967 年引种兰州红和甘麦 1 号。1973 年，种植的品种有甘麦 8 号，甘麦 10 号。喀什白皮较耐瘠薄，比较稳产，亩产 100 千克左右，仍继续种植，同时开始推广种植农场自育新品种文 1 号、文 2 号、垦春 1 号。以后曾引入甘麦 23、墨巴 65、071-11 等新品种进行小面积试种。1979 年，种植的品种有金塔 7 号、张春 9 号、赛罗斯、1068 等。金塔 7 号秆较高，但较耐旱、耐盐碱瘠薄，口紧，晚熟，适应性广，亩产 150～250 千克，曾大面积推广种植。后因混杂，种植面积缩小，20 世纪 80 年代主要在干旱的红沙窝地区种植。张春 9 号亩产 300 千克，曾大面积推广种植，但因口松易落粒，小麦品质差，于 1982 年停种。赛罗斯秆矮，抗倒伏，但不耐盐碱、瘠薄和干旱，曾是水肥条件较好的 6 队主栽品种。1982—1985 年，主栽品种是晋 2148。晋 2148 产量高（最高亩产 400 千克）并较耐瘠薄，抗倒伏，但口松易落粒，种植多年与大麦严重混杂逐渐停种。1986—1988 年，主栽品种是从黄羊河农场引进的甘垦 1 号（即黄羊 2 号），甘垦 1 号株高 60～80 厘米，属多花多实品种，口紧不易落粒，抗倒伏，品质好，较耐盐碱瘠薄，适应性广，亩产 300～350 千克。搭配品种主要有 R3-3-3，该品种口松易掉粒，品质差，亩产 300 千克左右。1988—1990 年，主要种植品种有武春 121。武春 121 抗倒伏亩产 300～400 千克，高产稳产性能好，增产潜力大。1991 年以后，大面积作主栽品种推广种植的还有永良 4 号，永良 4 号农艺性状好，亩产 300～400 千克，最高达 500 千克。

3. 大麦 建场后长期种植饲料大麦，产量低而不稳定。1984 年开始引种啤酒大麦早熟 3 号。1985 年以后全部改种啤酒大麦，1985—1991 年，种植的啤酒大麦品种有蒙克尔、莫特 44、麦特 B-23、黑引瑞和匈 84-62。蒙克尔蛋白质含量低，品质差；莫特 44 田间分蘖力强，品质较优，但大麦条纹病发病率较高，都先后被淘汰。二棱大麦黑引瑞分蘖成穗率高，抗倒伏，品质优良，亩产 300 千克以上，成为主栽品种。其次种植的有麦特 B23。二棱大麦匈 84-62 品质好，抗病害强，最高亩产 550 千克，1990 年引入试种；1991 年，示范推广 25.33 公顷；1992 年，替换黑引瑞和麦特 B23 老品种，在全场范围内全面推广种植 337.8 公顷，现在是啤酒大麦唯一推广的种植品种。

4. 玉米 建场初期种植品种有金黄后。1964 年农建 11 师调入双交种维尔-42。1977—1979 年主栽品种是中熟张单 488。张单 488 亩产 200～250 千克，后因种子混杂退化被淘汰。1981 年曾引入晚熟品种丹玉 6 号，因不能正常成熟，次年就停种。1982 年大量引种杂交一代种 SC-704 代替张单 488，SC-704 抗寒性差，玉米花叶病发病率高，遇到不良气候条件大面积减产，由于盲目引种造成重大经济损失，仅种 1 年即被淘汰。1983 年开始引种中晚熟品种中单 2 号，中单 2 号抗逆性强，双棒率高，丰产性能好，很快推广种植成为当家品种。1985 年又引种中熟品种户单 1 号，户单 1 号叶片上耸，适宜密植，产量高，比中单 2 号提早 10 天成熟，很快推广种植。现在，中单 2 号和户单 1 号都是玉米主要种植品种，平均亩产 500～600 千克，最高亩产可达 800 千克。2012 年，引进推广先玉 335、正德 304、正德 305、正德 306 四个玉米品种。2021 年，引进推广垦玉 1608、豫单 1851 粮饲兼用玉米品种 380 公顷。

5. 高粱 建场初期种植的是马尾高粱，产量很低。1973 年，引种杂交高粱晋杂 2 号。1979 年，改种桐杂 2 号。1984 年，又引种中晚熟品种晋杂 4 号和丰收 4 号。这两个杂交品种都具有发芽顶土力强，分蘖力强，适应性强的优点。晋杂 4 号抗蚜虫，亩产 400 千克；丰收 4 号不抗蚜虫，最高亩产可达 600 千克，至 2002 年，这 2 个品种都是高粱主栽品种。

6. 谷子 20 世纪 60 年代曾种植的谷子品种有张 286、老来变、甘粟 1 号等。向日葵因含油量不同，分为食用和油用二类。

7. **油用向日葵** 1978 年开始引种试种，主要品种有先进工作者，这一品种对土壤要求不严，生育期 90 天，比较高产稳产，平均亩产可达 100 千克，1980 年大面积推广种植后，使职工食用油自给有余。1989 年从内蒙古引种中熟品种内杂 1 号。内杂 1 号适种性广，抗旱、抗盐碱、耐瘠薄，皮薄仁大，油质好，丰产性能高于先进工作者，最高亩产可达 150～200 千克，成为农场的主栽品种。2011 年开始，大面积种植油葵。

8. **食用向日葵** 建场初期最早引种的是匈牙利向日葵。1982 年以前，食用向日葵品种很混杂，产量低而不稳。1982—1984 年，实验站进行向日葵引种选育试验，优良品种三道眉得到大面积推广种植，成为农场的主栽品种。2012 年，引进 LD-5009H 和 TY-0409 两个食葵品种。

9. **胡麻** 1964 年，主要种植品种有张掖 15-17 和内蒙红、内蒙白。1965 年以后曾先后引种甘亚 1 号，宁亚等品种。1979 年，胡麻品种以雁杂 10 号、德国 4 号为主，张亚 1 号搭配，由于张亚 1 号的丰产性能抗逆性能较好，在 20 世纪 80 年代成为主栽品种。

六、种苗生产基地

1990 年以后，农场在良种更新的基础上，每年选定啤酒大麦（主要是匈 84-62 良种）40～47 公顷，小麦（主要是永良 4 号）13.33 公顷和籽瓜（主要是靖远大板）100 公顷作为良种地块，单收、单打、单藏严防混杂。1995 年，新种 2 号玉米制种田 100 公顷。在"八五"计划期间累计生产各类种子 133.08 万千克，各类果树苗木 23 万株。除本场自用外，先后向地方部门和兄弟农场调运种子 54.75 万千克，各类苗木 7 万株。1996 年以后采取市场采购。

第四节 作物栽培技术

一、粮食作物

（一）麦类作物

1. 春小麦栽培技术

（1）选用良种、精选种子。因地制宜选用良种，做好品种布局。每区域有 1～2 个主栽品种，2～3 个搭配品种。精选种子，做到干、净、饱、纯；播种前，用多菌灵或可湿性富美双等药剂处理种子，防治黑穗病、根腐病。

（2）深翻改土、轮作倒茬。前作收获后深耕晒垡、熟化土壤，做好秒耕、耙糖、整地、镇压、保墒工作。小麦一般连作1～2年倒茬。山区小麦常与豆类、洋芋、油料作物轮作；川区春小麦常与豆类、玉米、瓜菜等作物倒茬；川区带田实行小麦、玉米小倒茬。

（3）适时播种、合理密植。小麦适时播种能促进壮苗、早熟、丰产，小麦适宜播种期为地表5厘米地温达到3～4℃时，川区以惊蛰至春分、沿山冷凉地区以春分前后播种为宜，播种深度4～5厘米。农谚："麦收三件宝，穗多、穗大、籽粒饱。"小麦合理密植出穗多，有助于实现高产稳产。合理密植的指标是个体健壮、群体适宜，春小麦分蘖成穗率1.1%～1.2%，每亩播种量一般20～22千克，下种45～55万粒，成穗45～50万为宜。

（4）施足基肥、适时追肥。春小麦是喜肥作物，合理施肥能起到"以肥改土，以肥保水"的效果。基肥：小麦是"胎里富"作物，每亩施有机肥5000千克，过磷酸钙30千克（或磷二铵15千克），碳铵20千克，撒施浅耕或沟施，秋施肥效果更好。种肥：一般亩施硫铵5千克或硝铵4千克，复合肥适量，与种子同时播入。追肥：春小麦分蘖前追肥，对弱苗要重追促壮；对旺苗先控后促。根据麦苗长势每亩追施硝铵10～15千克。

（5）适时灌溉、科学用水。小麦二叶一心期浇头水（分蘖水），利于分蘖、成穗；二水以苗而论，弱苗地按"二水赶"原则，早灌水、早追肥，促使转壮；旺苗地按"二水勒"原则，晚浇拔节水，防止突长倒伏。

（6）中耕除草、防治病虫害。头水前后进行干耪湿锄，除草保墒，提高地温。苗期用50%的抗蚜威防治蚜虫。

2. 冬小麦栽培技术　冬小麦于秋分前后播种，立冬前后浇灌冬水，冬前镇压，做好越冬保苗工作。其他栽培技术原则上与春小麦相同。

3. 青稞、大麦栽培技术　原则上与春小麦栽培技术相同，略粗放。

（二）豆类作物栽培技术

1. 豌豆栽培技术

（1）合理倒茬。豌豆前作以春小麦、洋芋、油菜为好。

（2）整地施肥。豌豆顶土力弱，出苗吸水多，要求精细整地，亩施有机肥料3000千克、磷肥20千克。

（3）适时播种。春分前后播种，适时早播能促进根系发育。

（4）田间管理。豌豆苗期中耕除草，能保墒增温、促进生长，适时追肥灌水，追施适量的氮、磷、钾、钙及微量元素钼、硼等，生育期灌2～3次水。扁豆、鹰嘴豆栽培技术与豌豆基本相同。蚕豆栽培技术与豌豆基本相同。

2. **大豆栽培技术**　区内大豆单作较少。主要做法是与玉米套种，播种管理和玉米同时进行；在小麦灌二次水后行间套种，麦收后追肥、灌水、灭茬、促进生长，发育期灌水 3 次。

（三）**禾谷类作物栽培技术**

1. **玉米栽培技术**

（1）深耕整地合理轮作。玉米前作以小麦、洋芋、豆类、瓜菜为宜；前作收后深耕，熟化土壤，灌好秋冬水，春耱保墒，确保全苗壮苗。

（2）选用优良杂交种。杂交玉米比普通玉米品种产量高 20％～30％，20 世纪 80 年代实现玉米杂交种一代化，主栽品种为"中单 2 号"，搭配品种有"户单 1 号"。

（3）施足基肥适时播种。玉米基肥亩施有机肥 0.5 万千克，纯氮 12 千克，五氧化二磷 16 千克，硫酸锌 1 千克，撒施浅耕或沟施。在 5～10 厘米地温稳定在 10～12℃ 时播种。区内玉米适宜播种期为 4 月中旬至谷雨前后，适时早播利于根系发育，播种深度 5 厘米。20 世纪 90 年代以小麦玉米带田种植为主，单作较少。

（4）合理密植。晚熟玉米中单 2 号每亩保苗 4000～4500 株；中熟玉米"户单 1 号""张单 476"每亩保苗 4500～5500 株。

（5）灌水追肥。5 月浇灌头水，亩施苗肥折尿素 5 千克；6 月中旬，玉米喇叭口期追施拔节肥，每亩折尿素 10～15 千克；玉米抽雄前 10 天追施攻穗肥，每亩折尿素 20～25 千克，施后灌水；带田玉米在小麦收后及时追肥灌水、中耕、培根。

（6）田间管理。二叶期间苗，三叶期定苗；苗期干搂湿锄，喇叭口期培土；用 50％抗蚜威防治玉米蚜虫，用 40％水胺硫磷防治玉米红蜘蛛，播种前用"粉锈宁""拌种双"等药剂拌种，防治丝黑穗病。

（7）适时收获。苞叶变黄籽粒成熟后收获。

2. **谷子栽培技术**　谷子耐旱耐瘠，多在越冬茬地、春水地种植。谷雨前后播种，一般采用撒播浅犁或机具条播，每亩保苗 2.5 万～3 万株。施肥灌水因地而异。栽培管理比较粗放。

二、主要经济作物栽培技术

（一）**油料作物**

1. **亚麻栽培技术**

（1）轮作整地。亚麻轮作需 5 年以上，前茬以小麦、大麦、豆类等作物为宜。农谚："夏茬种胡麻，油籽一把抓；秋茬种胡麻，小树不坐花。"前作收获后及时伏耕，熟化土壤；灌好秋冬水，早春浅耕耙地，耱地保墒。

（2）施足基肥。秋施或春施基肥每亩农家肥0.3万千克，磷二铵15～20千克或磷肥40～50千克，硝铵8千克。

（3）选用良种。选用适应性强、抗病、丰产优良品种"天亚4号""宁亚6号"。

（4）适时播种。4月上旬播种最好，4月20日以后播种则会减产15％～20％。农谚："清明种胡麻，七股八丫杈；立夏种胡麻，头顶一枝花。"

（5）合理密植。胡麻植株矮小、株型紧凑，适宜密植，故有"针扎胡麻"之说，每亩播种5千克，保苗40万～45万株，以机播为好。

（6）田间管理。全苗后及时中耕，清除菟丝子等杂草；结合头水，于现蕾前每亩追施硝铵8地温，初花期浇灌二水，每亩追施硝铵5千克。适时浅灌三水、四水。

（7）防治病虫害。用"赛力散拌种"，喷"代森锌"防治立枯病、锈病；喷洒5％滴滴涕粉杀灭漏油虫。

2. 油菜栽培技术　原则上与亚麻相同。

（二）其他经济作物

1. 甜菜栽培技术

（1）轮作选地。前茬以小麦、玉米、瓜菜为宜。甜菜5年轮作1次，重茬栽培易发生丛根病、根腐病，生长差、产量低。

（2）整地施肥。甜菜块根粗大，前作收获后及时深耕，灌好冬水；早春或秋季施足基肥，每亩施农家肥0.5万千克、尿素15千克、磷二铵20千克，撒施浅耕，耱平地面。

（3）选用良种。20世纪90年代推广应用"双丰301""双丰305""宁单2019"等品种；播种前碾压种子，碾破蒴果，用甲拌磷、敌克松药剂闷种、拌种，防治象、立枯病。

（4）合理密植。一般每亩4000～4500株，有单作或套种两种形式。单作多为宽窄行，宽行60厘米，窄行40厘米，株距30～35厘米。也有和小麦、蚕豆套种的。

（5）适时播种。4月底至5月初播种最宜，播深3～4厘米。平作播后镇压，促进种子吸水发芽；垄作覆盖地膜，播前5天灌水，或播后盖沙灌水。

（6）追肥灌水。头水追施硝铵每亩15千克，二水追施尿素每亩15千克，全生育期灌水5～6次。

（7）田间管理。5月下旬间苗，6月上旬定苗；中耕除草，防治潜叶蝇、象虫、地老虎等虫害；用"多菌灵"等药剂防治立枯病、蛇眼病、白粉病等；用福硫合剂防治丛根病。

2. 孜然栽培技术

（1）选地与整地。孜然种植选择通风良好、土层深厚、土质疏松、肥力中等以上、盐碱含量低的砂壤土或壤土为宜，前茬以小麦、玉米、番茄为宜，忌胡麻和瓜类。前茬作物收后，深翻土地，秋季结合秋耕耙糖保墒，灌秋水或冬水。第二年早春解冻时整地，要求地块大小以1亩左右为宜，超过1.3亩的地块加活埂，成"田"字形；要求地面平整，土壤细绵、无土块。若水口和地块落差大，要沿水口开毛渠，让水在浇灌时沿毛渠多水口进地，以减缓水流速度，保证灌水均匀。在地角处备足粒小、无盐碱、无草籽的干净沙子（8～10立方米/亩）。

（2）科学施肥。结合秋翻整地，亩施农家肥3～4立方米。播种前结合春季整地，每亩一次性施入磷酸二铵10～20千克，或过磷酸钙40千克，耙地25厘米深。杂草多的地块，在播种前7～10天，每亩用48%乐胺乳油200克，加水30千克喷洒在地表，及时耙入土中，以杀灭杂草。为预防病害，可在播种前2～3天，每亩用绿亨1号50克加水30千克，喷施地表，深耙10～20厘米，进行土壤处理。土内施药也可以将药液喷在细沙上，制成药沙，沙的干湿以手捏撒开不结团为宜，均匀撒于地表并耙糖。切忌施药不匀或用药过量，以免造成药害伤苗。

（3）播种。川区一般在3月底播种，民乐头墩一般在4月上旬播种。播种有3种方法，根据条件任选一种即可。

（4）田间管理。适时适量灌水。

（5）适时收获。7月10日左右，待植株针叶发黄，茎秆转白，籽粒饱满，成熟良好时即可收获。收获时人工连根拔起整个植株，抖净泥土，扎成小捆，然后集中拉运到打碾处，晾晒1～2天至七八成干时，即可打碾收获。

三、蔬菜栽培技术

（一）茄果类蔬菜栽培技术

1. 番茄

（1）栽培方法。有露地栽培和塑料大棚、日光温室等保护地栽培；多数采取育苗移栽、高垄地膜栽培。

（2）施肥起垄。早春整地，施足基肥，每亩施农家肥0.6万千克，纯氮10千克，五氧化二磷10千克，浅耕耙糖，起塘培垄。水塘宽0.4米，旱塘宽0.6米，塘高0.15米，每塘2行，株距33～35厘米。

（3）育苗。春栽番茄一般2月于温室育苗，4月于拱棚内栽植，6月始收，亩产4000千克；冬茬番茄7月露地育苗，8月下旬移栽，11月始收。20世纪90年代主栽品种有"中蔬6号""中蔬4号""陇番5号"及加工制酱品种"87-5""87-10"等。

（4）整枝打杈。番茄苗高30厘米时设立支架，用细绳把主茎引缚在支架上，及时摘除斜生枝，主茎出现五层花以后，留五层花枝打顶，促使结果；花期用10～20毫克/千克"2，4-D丁酯"液蘸花，保花保果，生育期及时追肥灌水。

（5）防治病虫害。用"多菌灵""代森锌"防治番茄轮纹病、早疫病；果实成熟后及时采收。

2. 茄子 茄子栽培要点，原则上与番茄相同。

3. 辣椒

（1）育苗。阳畦或温室施足基肥，2月育苗。

（2）整地作垄。20世纪90年代推广起垄移栽，覆盖地膜；早春施足基肥，浅耕耙糖，开沟起垄，水沟宽0.35米，旱垄宽0.65米，每垄2行，双株定植，穴距0.4米；4月拱棚移栽，或5月中露地移栽。

（3）蹲苗。移栽后蹲苗促壮，开花结实期及时追肥灌水，生育期追施2～3次，每20天灌水1次。

（4）防治病害。伏天勤浇浅灌，防止淹垄；用"甲霜铜""甲霜灵"液灌根，防治辣椒疫病。

（5）适时收获。

4. 甜椒 与辣椒相同。

（二）葫芦科蔬菜栽培技术

1. 黄瓜

（1）栽培方式。20世纪80年代以前，采用旱塘栽培，旱塘宽1.2～1.4米，高0.15～0.20米，水塘宽0.50米，每塘2行，株距0.33米；4月下旬直播盖沙，播后灌水，5月上旬出苗，6月上旬团秧，7月份始收，亩产3000千克。80年代以来，采用温室育苗、地膜垄栽、立架管理方式；一般2月中旬育苗，3月下旬拱棚移栽，垄宽0.7～0.8米，高0.15～0.2米，水沟宽0.4米，株距0.3米，每垄2行，5月初始收。利用塑料日光温室，可冬季生产黄瓜。

（2）整地施肥。3月初平整土地，施足基肥，每亩施农家肥0.6万千克，尿素15千克，磷肥40千克，撒施浅耕，起垄建棚。

（3）选用良种。20世纪90年代推广"长春密刺"或"农城3号""津杂2号""津春

3 号"等品种，育苗移植。

（4）田间管理。移栽后进行缓苗蹲苗，抽蔓后及时设立支架，每隔 0.4 米绑蔓一道；坐瓜前注意控水、促使发育，始收后及时追肥灌水，生育期追肥 2～3 次，每 7 天灌水 1 次。

（5）防治病虫害。用"抗蚜威"等药防治蚜虫，用"波尔多液""多菌灵"防治白粉病、霜霉病、角斑病、立枯病等。

（6）嫁接育苗。砧木、接穗品种：砧木选用云南黑籽南瓜；接穗选用"新泰密刺"或"农城 3 号""津杂 2 号""津春 3 号"等品种。

（7）苗床整地。苗床用熟土和腐熟农家肥按 1∶1 混匀过筛，铺入苗床，厚度 10 厘米；移植 1 亩黄瓜，需接穗（黄瓜）苗床 6～7 平方米，砧木（云南黑籽南瓜）12～13 平方米；用 50％多菌灵 800 倍液喷洒床面，防止猝倒病发生。

（8）浸种催芽。每亩需黄瓜种子 0.15 千克，黑籽南瓜 1.5 千克。播前浸种催芽，先将种子放入盆中，再倒入 55℃ 的热水，用木棒搅动片刻，浸泡 8～10 小时，用湿毛巾包好，放在盆里，置炕上（28～30℃）催芽，每 6 小时用温水淘洗 1 次，经 24 小时即可发芽。黑籽南瓜催芽与黄瓜基本相同，只是浸种后在室温条件下（12～14℃）晾种 18 小时，再浸湿催芽。

（9）播种及管理。把催芽的黄瓜种子按 3.5 厘米×3.5 厘米的距离播种在温室苗床内，播后覆 1 厘米厚的营养土。黑籽南瓜于黄瓜播种后 5～7 天时，按 5 厘米×5 厘米距离播种，覆营养土 2 厘米厚。播后及时扣小拱棚，夜间温室加盖草帘，出苗后去掉小拱棚，防止突长；苗龄 11～13 天，黑籽南瓜苗第一片真叶半展开，黄瓜苗 2 片叶平展，心叶出现时，即可嫁接。

（10）嫁接。嫁接前一天，对幼苗喷 70％甲基托布津 1000 倍液或 50％多菌灵 800 倍液消毒；嫁接时先掘出砧木、接穗幼苗，去掉泥土，把南瓜苗真叶和生长点切除，用刀片在子叶下 1 厘米处向下斜切一刀，角度 35°～40°，切深为茎粗的一半，但切口不能与髓腔相通；然后在黄瓜苗子叶下 1.3～1.5 厘米处向上斜切一刀，角度 30°，深为茎粗的 3/5，把两苗切口对茬吻合，使黄瓜子叶压在南瓜子叶上面，用嫁接夹固定伤口，嫁接后立即栽于苗床或营养钵内；栽前苗床按 10 厘米行距开沟灌水，按 10 厘米株距摆放嫁接苗，并培土至接口下 2 厘米处，培土时注意把砧木、接穗苗根部分开，把黄瓜茎摆放在同一方向，以防断根失误。

（11）嫁接苗管理。嫁接栽植后即扣小拱棚，用草帘适度遮挡，白天温度保持在 25～30℃，夜间 17～20℃，相对湿度保持 95％以上；3 天后减少遮挡，去掉小拱棚，转入正常管理；嫁接苗 10 天以后，试断黄瓜胚茎，嫁接成活即可全部将黄瓜胚茎切断，断茎后

10～12 天、苗龄 35 天左右、苗高 10～15 厘米、具有 4～5 叶真叶时，进行移栽。以后转为普通管理。

2. 西葫芦　20 世纪 80 年代以前，采用旱塘栽培，旱塘宽 1.3～1.5 米，高 0.25 米，水塘宽 0.6～0.7 米；沿沟坡上部点播盖沙，株距 0.4 米，苗期扣泥碗或戴纸帽，防止早春霜冻。20 世纪 80 年代以来，西葫芦栽培采用地膜加拱棚双覆盖垄栽，旱塘宽 0.9～1.2 米，塘高 0.15 米；水塘宽 0.6 米，每塘栽植 2 行，株距 0.4 米；选用"阿×兰白""早青一代"等杂交种；一般 2 月温室育苗，3 月下旬拱棚移栽，4 月份始收上市，亩产 7000 千克。整地施肥、育苗移栽、肥水管理等，原则上与黄瓜栽培相同。

（三）叶菜类栽培技术

1. 大白菜　张掖大白菜大多采取麦茬复种。

（1）挖穴播种。小麦收后，于 7 月中旬按要求株行距挖穴（小包心 60 厘米×50 厘米，每亩 2200 棵；青麻叶 55 厘米×40 厘米，每亩 3000 株），每穴施农家肥一锹，磷、氮肥 25 克（或磷酸二铵 20 克）；覆土后拍实播种，盖沙灌水。

（2）田间管理。三叶期间苗，五叶期定苗，苗期中耕 2～3 次；莲座期每亩追施硝酸铵 30 千克，结球期追肥灌水，每半月灌水 1 次。

（3）防治病虫害。苗期用菊酯类农药防治蚜虫，莲座期用甲胺磷防治根蝇及软腐病，用 30％的霜霉净或 72％克抗灵防治霜霉病。

（4）适时采收。10 月中旬至 11 月初采收。

2. 菠菜　菠菜有春播和秋播两种形式。一般采取施足基肥、浅耕整地、适时撒播、盖沙灌水、苗期施肥灌水，苗龄二月左右采收。

3. 小油菜　与菠菜基本相同。

4. 芹菜　芹菜有春播和麦茬套种两种形式。

（1）春播芹菜。早春精细整地、施肥浅耕、耙平地表，清明前后撒播盖沙，播后灌水。芹菜种子小、幼苗弱、怕暴晒，大多混播适量小白菜（小油菜），可为芹菜幼苗遮阴，还可充分利用土地增加收入。芹菜苗期适时采收小白菜、追肥灌水，加强管理，分期打叶采收。

（2）套播芹菜。小麦抽穗前后结合灌水套种芹菜，麦收后及时追肥灌水、除草灭茬，加强管理，10 月中下旬一次采收。

5. 甘蓝

（1）早熟甘蓝。2 月中旬阳畦育苗，3 月底拱棚移植或 4 月上旬露地垄栽，覆盖地膜；垄宽 0.55 米，水沟宽 0.3 米，株距 0.3 米，每垄两行，每亩保苗 5000 株；4 月下旬垄上点种 1~2 行玉米，实现一地两收。

（2）晚熟甘蓝。"清明"后沙盖点播，行距 0.7 米，株距 0.6 米，每亩 1500 株；苗期中耕，追肥 2~3 次，防治病虫害；生育期灌水 5~6 次，9—10 月采收。

6. **菜花**　与甘蓝基本相同，近年还推广麦茬复栽秋菜花。

（四）葱蒜类蔬菜栽培技术

1. **大蒜**　蒜苗生产有春播、秋播两种形式，大蒜栽培则为春播。

（1）选地播种。前作选麦类、豆类、油料作物，不宜与葱蒜类重茬；精细整地，施足基肥，顶凌播种；播前剥去蒜皮，选用无病单瓣下种，行距 0.2 米，株距 0.15 米，开沟点播，沟深 4 厘米，每亩保苗 2.4 万株。

（2）田间管理。苗期及早松土，促进生长；三叶后一星期浇灌头水，二水每亩追施硝铵 10 千克，促进抽薹、鳞茎生长；薹长 0.2 米时抽取，追肥灌水，促进蒜头膨大；立秋后停止灌水，生育期灌水 4 次，秋分前采收。

2. **洋葱**　选好茬口，整地施肥，4 月上旬撒播、盖沙、浇水；每亩播种 1.5 千克，5 月下旬定苗，株距 0.15 米，每亩保苗 3 万株，生育期灌水 7~8 次；6—8 月，结合灌水追肥，及时除草松土，防治病虫害，9 月中旬采收。

3. **韭菜**　有春播、秋播和撒播、条播等形式，条播行距 0.35 米；精整土地、施足基肥，播后盖沙浇水，苗期松土除草；一般从第二年起开始收割，每年收 4~5 茬，追施农家肥 2 次，每次 0.7 万千克；年追施化肥 3~4 次，灌水 4~5 次。20 世纪 80 年代以来，韭菜生产除露地栽培外，多改为日光温室栽培，周年生产。

4. **大葱**

（1）葱秧。麦收后及时耕翻、整地、施足基肥，8 月上中旬撒播葱籽，每亩 1.5 千克，播后盖沙浇水，苗期及时除草、追肥、灌水，田间越冬。

（2）移栽。4 月中旬葱秧返青，及时追肥灌水，促进生长，6 月开始挖秧上市，部分秧苗麦茬移栽；麦收后及时耕地、平整，开沟栽植，垄宽 0.2 米，垄距 0.6 米；生长期分次培土成垄，加长葱白部分，10 月始收。

四、瓜类作物栽培技术

1. **西瓜栽培技术**

（1）前作以小麦、玉米、洋芋、蔬菜为宜，忌选豆茬种瓜；西瓜轮作年限为 5 年以上。

（2）前作收获后及时耕地，早春平整土地，按旱塘宽 2～2.2 米、水塘宽 0.5 米开沟；水沟两坡集中施肥，每亩施灰土粪 0.5 万千克，磷二铵 20 千克，硝铵 20 千克；施后起塘，水沟深 0.4 米，拍实塘坡。

（3）选用精良种子，播前用"多菌灵"拌种；塑料拱棚西瓜 4 月初播种，露地西瓜 4 月下旬播种，有播后盖沙灌水和先灌水后播种覆盖地膜两种方法，种子播在水塘坡中上部，株距 0.3～0.4 米，每穴 2～3 粒。

（4）出苗后如遇低温用扣泥碗或盖草的方式防霜保苗，晚霜结束后及时查苗、补苗、间苗；幼苗 2～3 片真叶时定苗，团秧期进行"小换土""大换土"，松土除草，提高地温。拱棚西瓜注意放风、保温，防止瓜苗突长。

（5）有单蔓整枝和双蔓整枝两种形式。单蔓整枝只留主蔓，不留侧蔓；双蔓整枝在瓜蔓 3～6 叶腋处再留一侧蔓，其余蔓全部除去；扯秧以后，及时理顺，使瓜蔓向旱塘对侧生长；瓜秧每 4～6 节压蔓 1 次，旺苗重压、弱苗轻压，以固定瓜蔓、促进坐瓜。

（6）一般留主蔓上第二朵雌花座瓜，早熟品种一般在 8～10 节、中熟品种一般在12～16 节处留瓜。幼瓜拳头大时结合整枝，把瓜脐转向北面，并用瓜叶遮盖，瓜下用细土垫高，防止浸水腐烂。

（7）团秧期结合灌头水进行追肥，在瓜苗两侧及下部三面挖成"马蹄形"施肥沟，深0.15 米，每亩施麻渣 100 千克、猪粪 1500 千克、硝铵 10 千克，施后覆土灌水；幼瓜拳头大时，结合灌水进行追肥；西瓜膨大期每 15 天左右灌水 1 次，连灌 2 次；西瓜成熟前 7天左右停止灌水，以免裂瓜。

（8）防治病虫害，用 800 倍甲胺磷液防治蚜虫，用多菌灵等药剂防治蔓枯病。

（9）当座瓜处卷须干枯，西瓜表面微凸，瓜皮光亮充分成熟时开始采收。

2. 甜瓜栽培技术

（1）甜瓜整地施肥基本与西瓜相同，旱塘宽 1.5～1.6 米，水塘宽 0.6～0.7 米，水沟深 0.4 米，盖沙或覆盖地膜。

（2）在旱塘下面 6 厘米的塘坡划水平线，按穴距 0.3～0.4 米点播；每塘 2 行，每穴 3粒，盖沙或覆盖地膜，及时灌水，灌水线距播种线 4～5 厘米。也有先灌水后覆膜播种的。

（3）2 叶期间苗，3～4 叶时定苗，苗期及时除草、松土，提高地温、晒根锻炼；团秧期、幼瓜膨大期追肥灌水，防治蚜虫。田间管理与西瓜大体相同。

（4）甜瓜一般为子蔓、孙蔓坐瓜，瓜苗及时摘心，促发子蔓、孙蔓；一般基部子蔓不易坐瓜，应及时摘除，选留第 3、4 条子蔓，压蔓留瓜。

（5）幼瓜鸡蛋大时，选留瓜形正、部位适宜的幼瓜，每株留 1～2 个；幼瓜膨大以后，及时摘心、压蔓。

（6）甜瓜皮色呈现出成熟后固有色泽时，开始采收。

3. 籽瓜栽培技术

（1）整地、施肥，与西瓜基本相同。

（2）起垄播种，旱塘宽 1.3～1.5 米，水塘宽 0.6 米，深 0.3 米；每塘 2 行，穴距 0.25 米，每穴 3 粒，播深 3～4 厘米，播后覆土；有播后盖沙灌水、先灌水后覆膜播种或先灌水播种再覆膜等形式。

（3）苗期除草松土、及时间苗定苗，防治蚜虫；团秧期、幼果膨大期追肥灌水。

（4）9 月中下旬籽瓜成熟后采收取籽，晾干贮存。

第五节　植物保护

植物保护是农业丰收的重要保证，安全有效的防治病虫草害可减轻经济损失，提高经济效益。

一、主要病虫鼠草害的防治

（一）小麦病虫害

小麦病虫害主要有腥黑穗病、线虫病、黄矮病、小麦根病；蚜虫、麦穗夜蛾、蝗虫等。

1. **小麦腥黑穗病**　1957 年以后，小麦全部实现药剂拌种，小麦腥黑穗发病率降到 1.5%。

2. **小麦线虫病**　20 世纪 50 年代用石砒拌种防治，时有药害发生；1966 年以后，推广内吸磷"3911"拌种，病害得到根治。

3. **春小麦根腐病**　小麦根腐病过去少有发生，20 世纪 80 年代以后在张掖地区蔓延。1990 年小麦苗期，发生面积占调查面积的 100%，平均发病率 33.9%，最高 84.2%；平均病情指数 11.7%，最高 38.4%。在成穗期发生白穗使麦苗枯死，个别田块有整片枯死现象。1989—1991 年组织开展春小麦根腐病综合防治试验示范，提出改变土壤微生物组成、降低土壤病原微生物数量，轮作倒茬、复种套种绿肥、深翻压青，精选良种、增强植株抗病、耐病能力，用"拌种双""粉锈宁"拌种等农业综合防治措施，白穗率比大田下降 80% 以上。

4. **麦蚜及黄矮病** 麦蚜传播黄矮病，是麦类作物的主要虫害。小麦出穗扬花期是蚜虫危害盛期，20世纪60年代先后5年发生蚜虫大流行，1961年，开始采用飞机喷洒药剂防治麦蚜，防治效果80％以上。喷洒3％乐果粉、6％六六六粉、2.5％乐果仲辛醇乳油等。用敌杀死5000倍液进行多次防治。1980年6月，用飞机喷洒仲辛醇乐果乳油1200公顷，防治麦芽、玉米等作物蚜虫，灭蚜效果达95％。小麦黄矮病发生最最严重的是1966年、1981年、1983年、1984年、1986年。20世纪60—70年代，使用六六六粉、DDT、乐果粉、乐果仲辛醇乳油、敌敌畏等防蚜药物；20世纪80年代推广甲胺磷、菊酯类农药。1982—1985年，使用甲胺磷防蚜，防效率98％以上，残效期15天，基本代替六六六粉、乐果粉等农药。1984年开始，推广高效低毒、低残留新杀虫剂——抗蚜威，防效95％以上。

（二）玉米病虫害

主要有玉米矮花叶病、玉米丝黑穗病、红蜘蛛等。

1. **玉米矮花叶病** 1976—1977年，由甘肃省农科院植保所和张掖、临泽、高台县农技站协作研究，采用抗病品种"张单488""486""郑单2号""370"等，适时早播、加强肥水管理，于玉米大喇叭口期防治蚜虫等措施，使玉米矮花叶病得到控制。

2. **玉米丝黑穗病** 玉米丝黑穗病是一种幼苗系统侵染性病害，病菌一般从胚芽和根部侵入，到玉米抽穗后才出现典型的黑粉症状。1980—1981年，玉米张单488品种发病率高达20％～30％，造成大面积减产。根据省、地农业部门研讨玉米丝黑穗病防治问题，制定"以抗病品种（中单2号）为主，拔除病株、合理轮作和用粉锈宁、拌种双等药剂拌种，注意粪肥管理"等综合防治措施，基本控制病害。1982年平均发病率降为1.8％。1984年调查，平均发病率下降至0.13％。玉米丝黑穗病发生后，在黑粉瘤未破裂时，及时摘除并携至田外深埋或焚烧，减少病菌在田间扩散和土壤中存留；发生瘤黑粉时，玉米抽雄前可选择以下药剂进行预防：12.5％烯唑醇可湿性粉剂800倍液，或25％丙环唑乳油600～1000倍液；玉米大喇叭口期，是锈病病害发生初期，田间病株率达6％时开始喷药防治，可选用以下药剂防治：25％三唑酮可湿性粉剂1500～2000倍液、50％多菌灵可湿性粉剂500～1000倍液、20％萎锈灵乳油400倍液喷雾，7～10天1次，连续防治2～3次。

3. **玉米花叶条纹病** 玉米花叶条纹病是因缺锌引起的，重茬土地、土壤贫瘠、植株瘦弱或播种后长期在低湿条件下，玉米花叶病的发病率都很高。1979年，农场1队有67％玉米面积发生。1982—1983年，全场因玉米花叶条纹病减产40％。2000年以后，随着国家育种产业发展，郑单958、先玉335等系列品种推广，玉米病害危害较小，未造成玉米减产现象。

4. 玉米红蜘蛛 20 世纪 80 年代中期以来,玉米红蜘蛛连年发生,危害逐年严重。每年发生 10 代左右,世代重叠,除越冬期外,田间各螨态均有。每代历时 16～32 天,成螨在土缝或杂草根际越冬;翌年 3 月下旬开始在土埂阳面杂草上取食、繁殖;5 月上旬扩散到离地埂 1 米处的玉米苗上产卵;6 月以后螨量大增,迅速扩散;9 月中旬出现橘红色越冬雌螨,收割秸秆时,大多螨虫留落田间;10 月下旬多数螨转入土缝或草根越冬。红蜘蛛天敌主要有深点食螨瓢虫、食螨瘿蚊。防治方法,抓好玉米 4～5 叶期田边地埂防治,把玉米红蜘蛛消灭在扩散、转移之前;7 月下旬带田小麦收割后进行挑治,用 40％水胺硫磷、73％克螨特、20％灭扫利、20％三氯杀螨醇防治,可有效地控制玉米红蜘蛛发生。也可用 2％阿维菌素乳油 1000～1500 倍喷雾防治,或用含有阿维菌素的复配剂防治。

5. 玉米螟 防治玉米螟最佳时间是心叶末期,可选用 25％喹硫磷乳油 150 毫升、1％甲维盐乳油 1500 倍液、5％氟氯氰菊酯乳油 1000 倍液兑水喷雾 1 次。种植大户防治要抢在玉米螟 3 龄前,以防止幼虫钻进茎秆,可选用的药剂有 5％高效氟氯氰菊酯水乳剂 750 倍液、5％甲维盐水分散粒剂 2000～3000 倍液、5％氟虫脲可分散粒剂 1000～2000 倍液、5％甲维·高氯氟水乳剂 8～12 克/亩、3％甲维·啶虫脒微乳剂 40～50 克/亩等药剂,进行喷雾防治。

(三) 向日葵病虫害

1. 向日葵褐斑病和锈病 向日葵褐斑病和锈病是由病菌孢子通过土壤或空气浸染植株发病,重茬葵花或在高温多雨季节发病率高。1982 年、1988 年,向日葵因褐斑病和锈病大流行减产 20％～40％,品质大大降低。向日葵菌核病主要土壤或空气浸染植株茎秆、花盘发病,造成茎秆折断、花盘腐烂,2000 年以后发病率 10％左右,减产 5％～15％。防治向日葵褐斑病,要在秋季采收时及时进行清洁田园,将病残叶清理干净,将其全部集中烧毁或沤肥;施用堆肥或者腐熟的有机肥;在感染病害的初期将病叶摘除干净,也可施用 50％可湿性粉剂多菌灵 1000 倍液或 50％甲基托布津 1500 倍喷雾。

2. 向日葵锈病 7 月中旬至 8 月中旬是发病盛期,喷施 15％三唑酮可湿性粉剂 1000～1500 倍液或 50％萎锈灵乳油 800 倍液、50％硫黄悬浮剂 300 倍液喷雾,隔 15 天左右喷 1 次,连喷 4～5 次,以控制病害。

3. 向日葵菌核病 喷雾 40％纹枯利可湿性粉剂 800～1200 倍液、50％腐霉利可湿性粉剂 1500～2000 倍液、56％嘧菌酯百菌清 800 倍液、70％甲基硫菌灵 1000 倍液,重点保护花盘背面。

4. 向日葵螟、红蜘蛛 2017 年,造成食葵亩减产 15％。向日葵螟的防治方法如下。

①选用抗虫品种，即硬壳形成快或含黑色素多的品种。②调节播期，使油葵开花期与成虫盛发期错开，减少成虫在葵盘上的产卵量。③实行秋翻冬灌，菊科杂草可消灭大部分越冬虫。④在油葵开花初期放置赤眼蜂卡，每公顷放置赤眼蜂卵12万粒，分3次放置。⑤油葵开花初期喷洒 Bt 乳油 300 倍液。⑥性诱剂诱杀，每公顷悬挂 30 枚性诱剂诱芯诱杀雄虫。⑦安装频振式杀虫灯诱杀向日葵螟成虫。⑧成虫盛发期，于夜间 8—9 时用 10％灭多威乳油 1000 倍液、40％毒死蜱乳油 800 倍液喷雾。常用 20％氰戊菊酯乳油或 2.5％溴氰菊酯乳油，用量为每公顷 300 毫升。在幼虫尚未蛀入籽粒里的关键时期进行药剂防治，用 90％敌百虫晶体 500 倍液、50％杀螟丹可溶性粉剂 500 倍液、20％氰戊菊酯乳油 1000 倍液、2.5％溴氰菊酯乳油 1000 倍液、4.5％高效氯氰菊酯乳油 800 倍液喷雾，隔 5 天再喷 1 次效果较好。红蜘蛛防治与玉米红蜘蛛相同。

（四） 甜菜病虫害

以根腐病、丛根病为害最重。20 世纪 60—70 年代，用六六六粉喷洒防治，1985 年以后，改用甲胺磷乳油 1000～1500 倍液，有效率达 91％。军垦时期，为防治甜菜象鼻虫，曾用挖沟法防治。当甜菜幼苗出土后，在甜菜地块四周挖防虫沟（深 80 厘米，宽 50 厘米），沟壁陡直，沟内撒六六六粉作封锁带，再辅以叶面喷药，治虫效果很好。

（五） 酒花病虫害

酒花霜霉病由病菌孢子传播，1984 年以前，酒花霜霉病发病面积高达 30％～70％，严重影响酒花产量和品质。采用以药剂防治为主的综合防治，结合立体播网、疏叶、清理残株落叶、清除渠埂杂草，并采用叶面喷磷和喷生长素、微肥，以增强植株抗病能力。药剂防治主要抓三防一压措施。三防：在酒花割芽期、苗期、茎蔓伸展期做好药剂防治工作；一压：在酒花摘花前的高温高湿的发病高峰期，加强药剂防治，把酒花霜霉病压下去。有效控制了酒花霜霉病的发生。

（六） 籽瓜病虫害

主要有炭疽病、枯萎病。在多雨、高湿条件下严重发病。1987 年、1989 年、1992 年、1993 年，籽瓜大面积死亡减产。

1. 合理轮作倒茬 前茬以小麦、玉米、油菜、红花、豆科作物为宜。

2. 处理土壤 前茬作物收获后，及时耕翻灭茬，可有效预防病害发生。病害多发地块播前可用五氯硝基苯、多菌灵、敌可松或 70％托布津、敌可松以 1∶100 配成毒土，施入播种穴内，用药量为 15 千克/公顷。

3. 精选种子 播种前精选种子，晒 2～3 天后，用 2.5％适乐时悬浮种衣剂包衣后播种；亦可选用 3％敌萎丹悬浮种衣剂或种衣剂 9 号、10 号进行种子包衣。

（七）蔬菜病虫害

主要有霜霉病、灰霉病、早疫病、辣椒疫病和蚜虫等 5 大类。

1. 霜霉病　黄瓜霜霉病一般发病率 90％～100％，减产 40％～60％；白菜霜霉病发病率平均 80％以上，减产 20％～30％。用 30％霜霉净、75％克抗灵防治霜霉病效果良好。

2. 灰霉病　西葫芦灰霉病在大棚、温室均有发生，发病率一般在 10％，严重的达50％以上。用 50％速克灵防治灰霉病，防效 80％以上。韭菜灰霉病也有发生。

3. 番茄早、晚疫病　发病率高达 100％，为害茎叶和果实，降低品质、影响产量。用"DTM"等药剂防治，防效 85％。2008 年、2016 年减产 10％左右。

4. 辣椒疫病　20 世纪 90 年代辣椒疫病平均发病率 20％，严重的达 60％以上，个别地块因病绝收，平均减产 30％～40％。用甲霜铜、甲霜灵等药剂于根部喷雾，结合高垄栽培、伏天浅灌、防止淹根等综合措施，能有效地控制病害。

5. 蚜虫　各种蔬菜普遍发生，多集中于幼茎和叶背，蚜虫吸食汁液，致使叶片发黄、卷曲，影响蔬菜产量和品质。用菊酯类农药、抗蚜威喷雾防效高、残毒少。

6. 其他虫害防治方法　防治蓟马用 25％噻虫嗪 800 倍叶面喷雾，同时可以和微乳剂类的阿维菌素复配使用。防治双斑萤叶甲用 20％氯虫苯甲酰胺悬浮剂 2000～4000 倍液，或 1.8％阿维菌素乳油 2000 倍液，或 2.5％高效氟氯氰菊酯乳油 1500 倍液喷雾防治。

（八）油料作物病虫害

油菜霜霉病发生普遍，间歇年份危害严重。采取轮作倒茬、防止大水漫灌和田间积水；发病期用 40％乙磷铝或 90％霜霉净 300 倍液或 25％瑞毒霉 1000 倍液喷雾，每 10～15 天喷 1 次，连喷 2～3 次，能有效控制病害发生、蔓延。油菜病毒病，主要由桃蚜、萝卜蚜、甘蓝蚜传播；推广抗病品种，用菊酯类农药、氧化乐果防治蚜虫，能遏制病毒病发生、蔓延。亚麻枯萎病各地均有发生，一般发病率 12％～32％，重者成片枯死；推广抗病品种、防止田间积水、实行合理轮作，用粉锈宁、多菌灵等药剂拌种等办法，能有效防治病害。黄条跳甲取食叶肉，对幼苗危害最重；用氧化乐果、甲胺磷等药剂防治成虫，用40％甲基异柳磷灌根防治幼虫为害根部，效果显著。

二、农药施用

20 世纪 50—60 年代，施用的农药主要为有机氯制剂，如 DDT、六六六粉等。有机磷农药为 1605、1059。杀菌剂西力生、赛力散等有机汞制剂。20 世纪 70 年代，田间施用的农药逐步换成乐果、氧化乐果、马拉松、三氯杀螨等。杀菌剂施用退菌特、西力生、赛力散和抗生素 401 等。20 世纪 80 年代，杀虫剂用乐果、毒杀芬、1605、久效磷、甲胺磷、亚胺硫磷、杀虫双、西维因、混灭威、敌杀死、氟氰菊酯、杀灭菊酯、来福灵、扑虱灵，杀菌剂用三环唑、粉锈宁抗生素 402 等。20 世纪 90 年代，杀虫剂用氧化乐果、甲胺磷、久效磷、辛硫磷、三唑磷、双甲脒、杀虫双、敌杀死、功夫、杀灭菊酯、氯氰菊酯、噻嗪酮等。1993 年开始禁用杀虫脒。1996 年开始用康福多、吡虫啉，杀菌剂用三环唑、井冈霉素、多菌灵、三唑酮等。2007 年 1 月 1 日起，甲胺磷、对硫磷（1605）、甲基对硫磷（甲基 1605）、久效磷和磷胺 5 种农药禁止在农业上施用，除上述品种及复配成分外，凡高毒农药及复配成分（如氧化乐果、3911 等）高、长残留农药均不得施用。2013 年 12 月 9 日，农业部发布第 2032 号公告，对佩磺降、胺苯磺降、甲磺隆、福美肿、福美甲肿、毒死蜱和三唑磷等 7 种农药采取进一步禁限用管理措施。2016 年 12 月 31 日起，禁止毒死蜱和三唑磷在蔬菜上使用（表 4-26）。

表 4-26 张掖农场 1981—2021 年农药施用量和有害生物防治面积统计

年 份	农药施用量（吨）	病虫害防治面积（亩）	化学灭草面积（亩）	年 份	农药施用量（吨）	病虫害防治面积（亩）	化学灭草面积（亩）
1981	0.87	11841	6201	2002	7.8	15470	6890
1982	6.43	15257	5354	2003	8.15	16435	7445
1983	9.22	11198	7009	2004	8.5	16850	7800
1984	3.49	10525	6131	2005	8.55	16500	8000
1985	1.65	9928	5847	2006	8.94	16800	8455
1986	0.29	8946	4182	2007	8.5	16520	8510
1987	0.78	11083	5772	2008	8.66	18955	8980
1988	3.71	12037	6053	2009	8.9	19230	9140
1989	5.77	17572	8546	2010	8.4	18467	7546
1990	5.53	13058	9424	2011	8.8	19184	8476
1991	7.75	15306	8418	2012	9	19880	9457
1992	6.83	19889	6226	2013	7.6	19752	9113
1993	10.17	21543	8196	2014	7.75	19441	8995
1994	12.59	16549	12876	2015	8.2	21560	9885
1995	6.34	13955	5426	2016	8.12	21796	9762
1996	7	14251	6120	2017	8.05	24780	9650
1997	6.8	14158	6244	2018	4.8	18200	28194
1998	7.4	15121	6345	2019	30.6	14530	38371
1999	7.4	14890	6500	2020	28.85	41200	36952
2000	8	15560	6211	2021	9.48	41200	36952
2001	7.65	15236	6744	合计	333.32	714653	422398

三、综合防治措施

农场在全面开展综合防治的基础上，主要采取药剂防治，主要防治措施如下。

（一）选种抗病品种

作物种子抗病性能差异很大，农场多年来引进多个品种，筛选长势、抗倒伏、抗病性表现突出的品种，主要推广玉米品种先玉335、大丰30、金张掖1706、西新黄糯958、先达糯001、垦玉1608、豫单1851等品种；食葵品种有LY363、SH361、SH601等；红豆品种英国红、紫芸等；西瓜品种有丰抗88、金城5号等。

（二）严格种子播前处理

种子在播前晒种2～3天，以消灭种子表面病菌。药剂拌种，小麦在播前半个月，1000千克种子先拌入1～3千克50％托布津可湿性粉剂防治黑穗病、根腐病等，临播前再用75％3911乳油2～3千克，兑水100千克拌种1000千克，闷种3～4小时晾干拌种，防治地下害虫和苗期蚜虫危害。玉米播前种子用0.2％赛力散或托布津拌种，防治黑粉病和丝黑穗病。种子用0.1％升汞溶液浸种10分钟后用清水洗净，消灭种子表面病菌。为预防地下害虫对种子和苗根的侵害，玉米、高粱、甜菜等作物在临种前，过去用"六六六"粉干拌种子，1984年，因国家停止生产"六六六"粉和DDT，改用3911乳油拌种。20世纪80年代后期，开始推广应用种子包衣技术。用种衣剂包过的种子播种后，能迅速吸水膨胀。随着种子内胚胎的逐渐发育以及幼苗的不断生长，种衣剂将各种有效成分缓慢地释放，被种子幼苗逐步吸收到体内，从而达到防治苗期病虫害、促进生长发育、提高作物产量的目的。

（三）土壤、底肥进行药剂处理

1985年，为防治籽瓜种蝇和地下害虫，在作底肥的油渣、纯羊粪、磷二铵混合肥料上喷洒75％3911乳油1500倍液，然后覆土，防治效果达99％。玉米在碱潮地播种时，亩施硫酸锌1千克作种肥，预防玉米条纹病发生。

（四）采取农业技术综合防治

为抑制、消灭中间寄生虫，农场开展多种农业技术防治工作，主要以清除杂草为中心的伏秋翻地晒垡、中耕灭草、大面积化学灭草、清理田间枯枝落叶、进行秋冬灌田、实行作物轮作倒茬、果园清园、刮老翘皮等。并在喷药防病、灭虫、灭草时结合灌水施用氮磷钾肥及微量元素肥料促进作物群体和植株生长苗壮，提高抗病虫能力。为提高药效，不断更新打药机械，2020年，推广风送式喷雾机80台，药效显著提高，农药施用量减少明显。

（五）开展绿色防控技术推广

果园普及糖醋液、迷向丝、粘虫板、频振式杀虫、无人机飞防等绿色防控措施。2017年，推广玉米、葵花等高秆作物病虫害无人机防治技术5154公顷。2019年，与甘肃省农科院植保研究所开展生物防治新技术试验示范，投放赤眼蜂43.33公顷，投放捕食螨25亩。

（六）普及植保知识

农场把普及植保知识作为植保工作的重要组成部分，农场科技人员在田间地头进行病虫害调查，以培训班、现场观摩会等形式及时对农场职工传授植保知识，提高职工防病防虫害的意识和能力。

四、植物检疫

（一）产地检疫及检疫对象调查

1963年地区组织人员对小麦腥黑穗病、小麦线虫病、豌豆象3种检疫对象进行调查。小麦腥黑穗病平均发病率1.9%，小麦线虫病被害率平均0.85%，豌豆象各点均未发现。1964年专区农牧局组织各县对豌豆象、蚕豆象进行普查，未发现豌豆象、蚕豆象。1980年7月地区植保站组织农技人员对小麦1号病进行普查，未发现小麦1号病。1981年6月，以小麦、玉米为主，进行产地检疫调查，未发现小麦1号病和小麦线虫病，小麦全蚀病平均发病率2.5%，玉米霜霉病发病率6.35%。1983年7月，按《植物检疫条例》所列检疫对象，地区组织人员对小麦1号病、小麦线虫病、小麦黑森瘿蚊、谷象、绿豆象、蚕豆象、水稻细菌性条斑病、水稻白叶枯病等进行调查，查看5个农业县的良种场、国营农场、农科所及种子部门良种繁殖重点乡、24个村，除在高台县黑泉乡定平3社地边发现零星小麦线虫病株外，其余7种检疫对象均未发现。

1984—1985年，地区植保站在玉米原种场进行玉米检疫操作规程试点，通过推广抗病品种、药剂拌种、轮作倒茬、拔除病株、种子检验等措施，控制病害效果显著。

1989—1990年，按省植保总站制定的调查方案，对国内植物检疫对象、甘肃省补充检疫对象及新发生的危险性病、虫、草害进行普查，调查结果未发现小麦1号病、小麦线虫病、小麦黑森瘿蚊、美国白蛾、毒麦、水稻白叶枯病、豌豆象、蚕豆象、谷象、苜蓿籽蜂。调查中发现个别地方小麦腥黑穗病仍有发生。

（二）调运检疫

1988年10月，根据全省统一部署，开展"植物检疫宣传月"活动，广泛宣传植物检疫基本知识、法规，加强调运检疫工作管理；1992年，开展《植物检疫条例》宣传活动，地区检疫部门主动与铁路、邮电、交通运输部门加强联系，联合把关，抓好调运检疫。1988—1994年，通过铁路、邮电部门托运邮寄的种子、苗木及时进行调运检疫。对传带危险性病、虫、杂草的种苗进行处理，对违章调运种子、苗木的单位或个人，按《植物检疫条例》规定进行处罚。

第六节　绿色农业

张掖农场历来重视农产品质量，把品牌建设作为提高农产品质量的突破口来抓。2010年开始，以"绿色环境""绿色技术""绿色产品"为主体，促使过分依赖化肥、农药的化学农业向主要依靠生物内在机制的生态农业转变，着力实施绿色田园工程。推行绿色生产方式，推进投入品减量化、生产清洁化、废弃物资源化等行动。

一、农业投入品减量增效行动

推动化肥、农药施用量零增长行动，加快有机肥、高效缓释肥料、水溶肥料、低毒低残留农药等推广应用，以化肥减量增效示范项目为引导，以水肥一体化等新技术为依托，至2021年，将建成的1973.3公顷节水农业示范区变成化肥减量增效示范区，每年完成深翻整地2333.3公顷，单位耕地面积化肥、农药施用量较2019年分别下降3％、10％，农田灌溉水有效利用系数达到0.6。

二、实施农业清洁化生产行动

2020年，开展地膜污染防治，试验玉米无膜露地栽培技术。2021年，推广可降解生态地膜栽培技术，开展农药包装废弃物回收，强化土壤盐碱地治理，实现畜禽粪污全面腐熟处理，玉米秸秆打捆收集面积2万亩以上，作物秸秆综合利用率达到85％以上。

三、强化农产品质量安全监管

加强农业投入品使用监管，完善农药使用监管，严格落实全域禁止使用高毒高残留农药制度，2021年起，实现农药使用监管全覆盖。试行农产品合格证管理制度，健全农资和农产品生产经营主体信用档案，严格执行农产品质量追溯制度，产地农产品检测合格率达 98.5％以上。

2018 年，全国农业工作会议上明确提出，建设农产品质量安全追溯体系，与农业项目和品牌认定挂钩，保障消费者的食品安全。2019 年，进一步完善农产品质量追溯体系建设，完成早酥梨产品质量追溯 268 批次，追溯产量 8048 吨，未发生消费者投诉事件。当年，分公司生产的早酥梨、香梨、红早酥等果品参加"第六届丝绸之路国际生态产业博览会暨现代丝路寒旱农业绿色有机产品（张掖）交易会"取得良好效果。7 月 30 日，联合甘州区邮政分公司、老寺庙社区举办甘肃农垦张掖农场首届"邮政杯"老寺庙瓜王大赛。9 月 23 日，参加甘州区组织的碱滩镇 2019 年"农民丰收节"，选送早酥梨、香梨、红早酥、糯玉米、葵花、文冠果、孜然、红豆等产品参展。展示产品得到央视新闻移动网、经济日报、每日甘肃网、张掖日报、张掖网、甘州电视台等多家媒体报道，获得良好的宣传效果。

第七节　现代农业

一、农业机械化

至 2021 年，农业机械化水平显著提高，机械总动力达 3.11 万千瓦，配套各类农机 689 台，配套农机具 750 台。100 马力以上拖拉机 27 台，玉米收获机 15 台，玉米脱粒机 10 台。农机服务主要以社会化购买为主。玉米、牧草等农作物综合机械化率达到 100％。果品、复合带状作物红豆、西瓜、葵花综合机械作业率 50％。

二、特色产业发展

特色主导产业规模不断扩大，综合产能稳中有升。至 2021 年，形成以果品、玉米为主导的产业结构，特色产业规模基本形成。"三统一经营"经营措施落实到位，年度经营指标保持稳定，企业经济实力保持稳健发展。重点农资统一经营总量占 80％以上，全部农产品实现了统一经营，土地统一经营规模逐步扩大，回收职工退休退回耕地统一经营 1000 公顷，重点农作物栽培规范得到积极落实。农业规模化经营、组织化程度得到相应提升。节水工程覆盖率达 72.3％，渠道硬化 96 千米，分公司拥有条田 2333.33 公顷，条田面积均大于 1.67 公顷，占播种面积 85％；水肥一体化应用面积 1973.33 公顷，占节水面积96％，实现了化肥、农药施用总量"零增长"；主要农作物良种覆盖率100％；农作物生产综合机械化水平达到80％，农机社会服务占总耕地面积的89％左右。玉米年种植面积稳定在2000公顷以上，占耕地面积72％。其中种植糯玉米733.33公顷，占玉米播种面积35％以上，青贮玉米333.33公顷，占玉米播种面积15％以上，商品玉米933.33公顷，占玉米播种面积50％左右，玉米产业从耕、种、防、收、脱粒实现全程机械化。果品种植面积283.2公顷，占耕地面积10.3％，以早酥梨为主，"十三五"期间发展了樱桃、新梨七号、红早酥、南国梨等果品新品种各33.33公顷，年产早酥、苹果梨等果品1.5万吨，发展新型木本油料作物——文冠果经济林33公顷，发展红枣153.3公顷，丰富林果产品品种，培育消费市场，缓解或降低经营风险。

三、高效节水

2002年3月，张掖市被确定为全国第一个节水型社会试点，全市严格实行"总量控制、定额管理"，全面推行"灌区＋协会＋水票"的用水管理模式，农场成立用水者协会1个，实行水票制；结合黑河流域治理，大力实施灌区节水改造工程，因地制宜推广喷灌、滴灌等高效节水技术，水资源利用效率和产出效益显著提高，单方水GDP产出由2001年的2.81元提高到17.5元。调整产业结构，实行"三禁三扩"政策（禁止开荒、移民、打井，扩大林草、秋粮、低耗水作物面积）。2014年8月开始，实施中央财政统筹农田水利资金项目，当年10月底，完成批复建设任务。分别在三、六、七、九分场、牧草基地和特种药材基地实施，完成高效节水灌溉面积666.67公顷，其中滴灌600公顷、喷灌66.67公顷。总投资1254.34万元，其中：中央资金700万元、自筹资金554.34万元。2015年7月开始，实施甘肃农垦张掖农场高效节水示范项目2015年（第五批），2016年4月完成全部建设任务。在五队、六队、八队等8个片区实施，项目完成高效节水工程面积666.67公顷，其中：管灌81.33公顷、滴灌474.47公顷、喷灌110.87公顷。完成投资908.8万元，其中：申请中央财政补助资金500万元、省级资金200万元，自筹资金208.8万元。至2021年，农场建成高新节水面积1973.33公顷，占播种总面积的71％。其中滴灌面积1693.33公顷，喷灌180公顷，水肥一体化应用面积占高效节水面积的95％。水肥一体化管理水平逐年提高并形成技术规程：按不同作物、不同生育期及不同土壤类型进行水肥管理。采取"少量多次"施肥原则，滴水量每亩每次10～30立方米，施肥量每亩每次3～5千克。确定滴水饱和指示标志，以膜间见干见湿为标准。

四、土地整治

2011 年 1 月，土地整理项目通过甘肃省国土资源厅组织的专家评审论证，3 月批准立项，11 月竣工。项目整理总规模 219.78 公顷，总投资 400 万元。主要建设内容：基本农田土地整理 219.78 公顷；改建斗渠 67 条 34936 米；改建田间道路 3 条 3425 米；新建防风林带 2 条，植树 6750 棵。2012 年，四队土地开发项目建设规模 90 公顷，新增耕地 83.95 公顷，新增耕地比例为 93.3％。工程内容有土地平整工程、农田水利工程、道路工程、防护林工程，项目总投资 260 万元，全部争取市级切块资金投资。

五、"互联网"发展

2015 年以来，农场根据《国务院关于积极推进"互联网＋"行动的指导意见》有关要求，大力推进互联网技术和互联网思维在农场工作中的应用，为提升农业生产、经营、管理和服务水平不断注入新的动力。互联网与农业的融合发展，推进现代要素在农业生产中的应用，不断拉近生产与市场的距离，在提高效率、降低成本等方面，农业发展空间不断拓展，在现代农业发展中起到重要作用。

第八节　农林灌溉

张掖农场的农业生产，主要利用黑河水灌溉，其次是井水灌溉。因地域分布不同而水源各异，划分为 3 个不同灌区。

1. **老寺庙地区**　老寺庙地区位于黑河大满灌区，由大满干渠引黑河水灌溉，场内干渠流量丰水年最大 4.03 立方米/秒，枯水年只有 0.3 立方米/秒，平均年引水量约 2040 万立方米。地下水动储量为 1.043 亿立方米/年，水位埋深 3～5 米。打机井 36 眼，单井平均出水量 22 公斤/秒。春灌时期水量波动较大，场内干渠流量丰枯水期农灌无保证，采用河水、井水互补灌溉。

2. **山羊堡地区（农场八分场）**　山羊堡地区亦称秸侯堡滩。地下水位 0.6～10 米。南半部机井提取地下水灌溉，单井出水量 0.02 立方米/秒，北半部引黑河水灌溉，属马营河（山丹河）祁家店水库灌区，1995 年以后，因水库蓄水量严重减少，农灌无保证，实行打井灌溉，现为重点井灌区。

3. **头墩地区（民乐分场）**　头墩滩位于祁连山山前冲积、洪积扇的末端，海拔1820～1902米。属洪水河，经民乐县城西直至石岗墩滩的干柴墩，与大小都麻、海潮坝等河汇流为九龙江，在太平堡汇入山丹河，全长80余千米，年径流量1.39亿立方米。双树寺水库益民灌区，益民干渠改善了民乐分场的灌溉条件。因水库蓄水量大大减少，灌溉水源严重不足，灌溉水源无法保障弃耕，所以采取河水、井水互补灌溉。

第三章 林　　业

林业生态建设是张掖农场生产建设的一个重要组成部分。为实现改善农场生态环境、防风固沙、涵养水源、调节气候、保障农业增产的目标，农场大力发展林业生产建设，对改善区域生态环境起到重要作用。

第一节　苗木培育

1956年，建立苗圃0.13公顷，采购山定子种子2.5千克，培育苹果砧木苗0.13公顷，其余为沙枣，因缺乏育苗经验，种子未进行催芽处理，造成育苗全部失败。1964年，育苗0.9公顷，沙枣0.8公顷，杏0.1公顷。沙枣没有出苗，改种杏树，保苗率也很低。1965年，在"育苗为纲"的原则下，按育苗技术操作规程进行整地和种子处理，共育苗2.3公顷，沙枣0.67公顷，白蜡树1公顷，杨树插条0.1公顷，槭树0.08公顷，桃树0.18公顷，杜梨0.09公顷，葡萄0.2公顷，以及少量水楸、洋槐、梓树、核桃、海棠、杏树、桑树、榆树等。1966年，育苗11.07公顷，成活68.83万余株，其中有杨树45.40万株、沙枣6.0万余株、柳9.15万株、白蜡树2.4万余株、榆树4.5万株、核桃树1826株、苹果树21株。洋槐树、白蜡树、枫树、梓树等树苗未能成活。1967年，出圃苗木60万株，基本满足本场植树造林需要。

1976—1978年，主要培育杨树苗。育苗工作贯彻"自采、自育、自选"的方针，实行"队队育、人人育、就地育、就地栽"。要求育苗地块平整，亩施500千克有机肥。杨树育苗技术措施：苗穗要选择健壮、无病、无伤裂、腋芽饱满、长势旺盛的一年生枝条，苗穗长18～20厘米，实行拉线插直，行距40厘米，株距10厘米，亩保苗1～1.1万株。插苗时倾斜度45度左右，地上露出部分不高于1～2厘米。插苗后连灌2次水，然后松土保墒，及时追肥、除草、抹芽、打杈、培育壮苗。1980年，除买一部分果树苗木外，杨树苗全部自给。出苗时做到随挖、随运、随栽、随灌水、随扶苗，成活率高。1983年育苗32.4公顷。1984年，开始发展商品苗，部分耕地改为苗圃，当年育苗96.6公顷。树种以杨树为主，并有少量白榆、枣、杜梨、臭椿、簸箕柳、白蜡等。部分育苗采用地膜覆盖新技术。地膜育苗生长迅速，当年杜梨苗可进行嫁接。1985年，开垦龙首山麓荒地13.53公顷，建立苹果梨大苗培育苗圃，为保证苹果梨基地建设用苗需要。1986年春，定植1～2年生杜梨苗22.69万株，株行距为0.5米×1.25米，初植1050株，秋季成活68.6％。为减少育苗过多，供大于求，造成积压的经济损失，先后于1987年、1989年将部分杨树苗圃实行退苗圃还农，扩大耕地面积，发展农业生产。

1987—1990年，补栽杜梨苗13.14万株。成活的杜梨苗，当年或次年芽接苹果梨，嫁接成活后修剪基本成型，3年后出圃时大苗株高达到1.5米，地茎粗2.5厘米、分生侧枝4个以上，根系发达。移栽后成活率高，生长整齐，建园成功率100％。建园后2～3年大量挂果，效益高。培育苹果梨大苗集中管理，省地、省水、省劳力、省费用。1989年，苹果梨大苗开始出圃，至1993年，用苹果梨大苗建园200公顷。苗圃收入44.17万元，支出28.16万元，纯利润16.01万元。2003年底开始，为完成《甘肃省重点风沙区生态环境综合治理工程》任务，农场每年给林业队职工下达一定数量的红柳、杨树、白榆等品种的育苗任务，工程造林任务所需苗木全部自给。2008年，农场大面积工程造林结束，防风林网更新改造所需苗木由当地林业局调剂解决，至2013年，苗圃地全部恢复为耕地，造林绿化苗木来自社会购买和林业部门供给（表4-27）。

表4-27　张掖农场1955—2012年育苗情况统计

单位：公顷

年 份	育苗面积		年 份	育苗面积	
	年末实有	当年新育		年末实有	当年新育
1955—1962	—	1.5	1979	237	21
1963	—	—	1980	167	30
1964	12	12	1981	115	46
1965	69	69	1982	182	134
1966	105	166	1983	617	486
1967	90	20	1984	1943	1449
1968	70	12	1985	1452	97
1969	5	5	1986	1085	113
1970	13	8	1987	607	—
1971	38	5	1988	609	2
1972	22	13	1989	452	4
1973	50	34	1990	238	4
1974	97	60	1991	218	5
1975	8	26	1992	245	34
1976	143	62	1993	240	10
1977	173	64	1994	240	25
1978	266	142	1995	245	10

（续）

年　份	育苗面积		年　份	育苗面积	
	年末实有	当年新育		年末实有	当年新育
1996	—	—	2005	50	50
1997	—	82	2006	100	30
1998	—	—	2007	50	30
1999	—	—	2008	50	—
2000	—	—	2009	50	20
2001	35	20	2010	50	20
2002	30	12	2011	55	5
2003	35	20	2012	42	8
2004	50	30			

第二节　植树造林

甘肃农垦张掖农场地处河西走廊的风沙区，自然灾害频发，植树造林改善生态环境显得尤为重要。1955—1962年，农场贯彻"农林牧并举"的方针，每年组织全场职工进行植树造林，在渠边、路旁、居民区栽植以沙枣树为主，以柳、杨树为辅的防风林带。至1962年，累计造林10.67公顷，由于大风干旱、人畜破坏，仅存活4公顷。1964—1974年，贯彻"以农为主，以农养林，以林护农，农林结合，多种经营"和"以苗圃为纲，积极开展造林兴园工作"的方针，在正规条田中配置防护林带。农田防护林以沙枣树和杨树、杨树和榆树、沙枣树混交林为主，以增强防风护田效果。造林树种以当地乡土树种为主以白蜡树、槭树、水楸、洋槐、梓树、桑树、枫树等引进树种为辅。为促进林业发展，农建十一师开办园林训练班，培养园林人员。团部农林股印发园林训练班讲义、教材，在生产中加以推广，并建立林带管护制度，加强幼林管护。1968年，提出"六不栽"的植树造林原则（地不平不栽，不治碱不栽，不翻耕不栽，不规划不栽，树种不全不栽，苗木不合格不栽）。但在"重农轻林""粮食没上纲，林业顾不上""植树造林效益慢，远水不解近渴"的观念的影响下，年年植树不见林，林业生产发展缓慢。至1974年，全场有林地面积30.07公顷，其中农田防护林27.49公顷，果园2.58公顷。因管护不善，很多林带遭到破坏，断行缺株现象严重。

1975—1983年，坚持实行渠路林田统一规划、综合治理的原则，编制"1976—1985年林业发展规划"，大力建设农田防护林的同时，搞好四旁绿化和果园建设，要求达到"四旁绿化树成荫，队队建有果树园，农田防护不成灾，农场大地春满园"的目标。农田林网开始发展起来，农田林网贯彻因地制宜、实事求是的原则，网格按农田防护林带和渠、路分布走向设置。本着先易后难、由近到远的原则，栽植一片、成活一片、巩固一片。农场成立植树造林指挥部，实行科学植树，重视造林质量。造林工作坚持"两早一标准"（早平整林地，早准备苗木插条，以成活为标准），严格把好规划、整地、栽植、灌水、管护五关。苗木栽植前组织职工岗位培训，树种搭配主要是杨树和沙枣树，使林带断面呈屋脊形，以利于树木生长和增强防风效果。大力推广二白杨、箭杆杨和新疆杨等速生树种。1981—1983年，在场部至红沙窝一队长达16千米的基干公路两旁各平整20米宽的林带，与路边新建渠道配套。每边植树10行（杨树9行、沙枣树1行的混交林），并在近处栽植大块片林，作为农场北部防风林的主林带。成活率达98%。至1983年，多数农业生产队渠、路、林、田已基本实现配套。全场已有林地面积266.67公顷（包括果园地7.47公顷）。林木覆盖率达到6%。随着造林面积的扩大和农田林网的初步形成，对抗御风沙，保护农田发挥了重要作用，农场荒凉的面貌初步得到改善。

1984年，贯彻落实中共中央总书记胡耀邦"种草种树，发展畜牧，改造山河，治穷致富"的讲话精神，加快林业生产建设。自3月下旬到4月中旬，每天出动推土机8~9台，最多时达14台，开荒平整林地。造林地点主要在新北支各斗渠附近和党家台、二支渠以东新开荒地。同时，把加宽北部防风林带、加强边界林、改良盐碱林、补栽林带、营区绿化林等作为造林重点。针对植树造林点多、线长、任务重、时间紧的特点，采取三项改进措施。

（1）林带株行距由（1~1.5）米×2米改为1米×5米，每亩植133株。行距扩大后有利于林木通风透光、速生丰产，又可在行间种植绿肥牧草，实行林草结合，培肥地力。也可实行林粮、林苗间作，增加收入。

（2）采用机械开沟造林，改平地栽植为沟植沟灌，实行井灌、河灌相结合，达到省工、省水、保成活的效果。

（3）改单一栽植杨树为适地适树，按壤土、砂砾土、盐碱土等不同土质，分别栽植杨树、白榆、毛柳、红柳等树种，建成乔木、灌木、牧草相结合的混交林。为加快植树造林，引进大苗植树机进行机械植树，每个班次可植树1.6万株，折合8公顷，成活率达85%。当年造林246.8公顷（机械植树116.13公顷，人工沟植130.67公顷），相当于1965—1983年19年间造林面积的总和。张掖农场被甘肃省委、省政府授予全省"种草种树先进典型"。

1987年开始，针对水资源短缺，影响林业发展的实际，农场调整造林布局，以林地迹地更新、新开荒地渠路林田配套、林带补栽、四旁植树、营区绿化为主，重点建设苹果梨生产基地，大力发展经济林。至 1995 年，全场有林地 913.94 公顷，防护林带 527.8 公顷，经济林 286.27 公顷，四旁零星植树面积 99.87 公顷，森林覆盖达到 14.4%，占耕地面积为 57%。老寺庙片区已全部实现农田林网化和营区的绿化、美化。

2000 年，在农场与碱滩镇草湖村（312 国道旁）交界处发现黄斑星天牛，被甘州区林业局列入天牛疫区，林木的更新采伐和销售受到一定的限制。自此过熟林网更新改造，以新疆杨作为主栽品种，替代原来二白杨、箭杆杨等乡土品种。

2013—2016 年，为预防天牛更大规模地蔓延，在甘州区林业局的支持下，提供抗虫杨种苗定植林带。抗虫杨具有抗天牛危害、速生丰产、枝条稀疏、树冠开展等优点，成为农田林网改造的首选优良品种，但该树种不能有效抵抗大青叶蝉的危害。2015 年春季，七分场晒场北水渠边抗虫杨林带春季全部抽干，截干后利用根蘖完成更新抚育而恢复，秋季全场新栽植林带。2～3 年内新栽植林带开始进行夏季林地除草和秋季防治大青叶蝉工作（9 月下旬，大青叶蝉上树产卵前），并持续应用，效果显著。

2018 年，更新红沙窝九队至三队桥头路林，总长 3 千米，苗木由甘州区林草局提供，主栽品种为新疆杨，搭配品种为二白杨，按 8∶1 比例混交，其中二白杨为天牛诱饵树种。道路两侧各定值杨树 2 行，沟植沟灌，设计密度 1.5 米×2.5 米，初植密度 170 株/亩。2019 年以来，更新 3 队桥头至一队路林，总长 5.6 千米，设计 1 行樟子松、2 行杨树混交。樟子松株距 4 米，杨树初植密度 1.5 米×2.5 米，杨树主栽品种为新疆杨，搭配品种为二白杨，按 8∶1 比例混交，其中二白杨为天牛诱饵树种。使场部至一队（朝义路）路最大的防风林网改造工程得到治理改造。2020 年，在原有林带基础上，道路两侧各增加杨树 2 行，初植密度 2 米×2 米，主栽品种为新疆杨，搭配品种为二白杨，按 8∶1 比例混交，其中二白杨为天牛诱饵树种（表 4-28、表 4-29）。

表 4-28 张掖农场 1955—2020 年林业生产统计

年 份	年末实有林地面积（公顷）			当年造林（公顷）			幼林抚育面积（公顷）	木材采伐（立方米）
	防护林带	经济林	零星植树面积	林带	经济林	零星（义务植树）		
1955—1962	4.00	—	—	10.67	—	—	—	—
1963	6.53	—	—	2.53	—	—	—	—
1964	5.13	1.47	—	1.07	0.03	0.30	0.00	—
1965	5.40	2.27	—	1.67	0.03	0.32	2.27	—
1966	22.40	15.60	—	17.00	18.80	0.17	13.33	—
1967	27.73	26.33	—	7.47	8.00	0.28	16.67	—
1968	39.27	21.00	—	11.53		0.29	26.67	—
1969	46.47	23.20	—	7.20	1.33		33.33	—

（续）

年　份	年末实有林地面积（公顷）			当年造林（公顷）			幼林抚育面积（公顷）	木材采伐（立方米）
	防护林带	经济林	零星植树面积	林带	经济林	零星（义务植树）		
1970	48.60	32.60	—	2.13	11.00	0.23	35.40	—
1971	51.73	33.60	—	3.13	1.00	0.28	28.00	—
1972	48.33	35.73	—	6.87	3.33	0.33	12.47	—
1973	52.73	26.40	—	14.53	2.00	0.40	17.87	—
1974	27.53	25.87	—	4.60		0.39	19.33	—
1975	38.80	27.67	—	9.33	2.00	0.32	21.80	
1976	53.93	28.60	—	28.47	1.33	0.22	26.13	
1977	74.33	36.80	—	49.33	13.53	0.35	33.13	
1978	82.07	48.80	—	12.73	20.93	0.31	34.33	
1979	100.93	69.40	—	18.87	21.33	0.93	63.20	100
1980	122.13	66.73	—	21.20	1.33	1.28	37.07	73
1981	103.60	66.40	—	25.40	1.33	0.05	60.00	6
1982	135.47	68.33	—	28.40	0.60	0.01	68.53	33.8
1983	168.33	74.60	—	37.80	6.13	0.11	88.53	99.3
1984	334.93	80.73	—	246.80	8.80	0.07	314.13	90
1985	469.13	121.93	—	197.07	39.60	0.09	435.13	100
1986	527.80	135.33	—	161.73	13.33		370.53	118
1987	527.80	134.87	—	80.00			208.40	
1988	527.80	99.80	—	54.47	2.20		224.93	—
1989	527.80	155.87	—		56.00	1.07	180.20	130
1990	527.80	209.20	—		54.67	0.45	180.20	26
1991	527.80	242.47	—	2.60	36.00	0.45	122.80	145
1992	527.80	266.93	—	5.87	37.67	0.15	128.67	230
1993	527.80	276.27	—	3.40	13.33	0.42	132.00	350
1994	527.80	276.27	—	0.73		0.30	132.73	140
1995	527.80	286.27	99.87	1.33	10.00	0.08	134.07	372
1996	627.67	293.20	—	2.80	—	0.11	136.87	—
1997	446.93	300.80	—		—	0.04	142.27	
1998	446.93	300.80	—		3.60	0.09	142.27	
1999	446.93	295.00	—		—	—	142.27	
2000	446.93	251.13	—	1.33	—	—	142.27	51.14
2001	446.93	251.13	—	6.67	—	—	142.27	
2002	474.47	251.13	—	27.53	—		169.80	
2003	474.47	251.13	—	66.67	—		169.80	—
2004	452.07	251.13	—	25.00	—		194.80	671.81
2005	451.13	251.13	—	62.00	—		256.80	28.74
2006	448.87	253.80	—	17.00	—		273.80	67.17

（续）

年份	年末实有林地面积（公顷）			当年造林（公顷）			幼林抚育面积（公顷）	木材采伐（立方米）
	防护林带	经济林	零星植树面积	林带	经济林	零星（义务植树）		
2007	448.87	253.80	—	49.80	118.80	—	273.80	—
2008	440.13	253.80	—	423.00	—	—	0.00	263.14
2009	413.33	253.80	—		—	—	273.80	802.88
2010	401.67	253.80	—		—	—	268.47	349.59
2011	383.73	253.80	—	3.80	—	—	272.27	538.62
2012	365.07	253.80	—	2.33	—	—	136.40	559.36
2013	360.20	253.80	—	1.80	—	—	136.40	147.61
2014	355.27	253.80	—	10.13	—	—	170.53	147.5
2015	396.47	253.80	—	19.53	—	—		118.96
2016	396.47	260.27	—	20.53	0.40	—	—	67.43
2017	396.47	263.07	—	17.20	18.40	—	—	74.18
2018	398.27	285.33	—	7.67	40.20	—	—	17.17
2019	398.27	313.20	—	15.07	55.60	—	—	109.86
2020	398.27	341.93	—	11.27	7.07	—	—	224.95
合计	18063.32	9715.72	99.87	1867.06	629.7	9.89	6646.74	6253.21

表 4-29　张掖农场 2004—2008 年造林林种统计

造林时间	林型	树、草种	混交比例	面积（公顷）
2004 年 4 月	乔木林	杨　树		5.03
2004 年 4 月	灌木林	红　柳		41.00
2004 年 4 月	经济林	啤酒花		18.00
2004 年 4 月	牧　草	紫花苜蓿		75.10
2005 年 4 月	乔木林	杨　树		10.00
2005 年 4 月	乔木林	杨　树		6.53
2005 年 4 月	乔灌混植	杨树、榆树、红柳	1∶1	17.47
2005 年 4 月	乔灌混植	杨树、榆树、红柳	1∶1	28.00
2005 年 4 月	经济林	啤酒花		26.00
2005 年 4 月	经济林	啤酒花		29.00
2006 年 4 月	乔木林	杨　树		0.67
2006 年 4 月	乔木林	杨　树		0.33
2006 年 4 月	乔灌混植	榆树、红柳	1∶1	1.00
2006 年 4 月	乔灌混植	榆树、红柳	1∶1	20.00
2006 年 4 月	乔灌混植	榆树、红柳	1∶1	65.70
2007 年 4 月	经济林	啤酒花		38.61
2007 年 4 月	乔灌混植	白榆、红柳	1∶1	23.33
2007 年 4 月	乔灌混植	白榆、红柳	1∶1	20.47
2007 年 4 月	乔灌混植	沙枣、红柳	1∶1	0.45

（续）

造林时间	林型	树、草种	混交比例	面积（公顷）
2007 年 4 月	乔灌混植	沙枣、红柳	1：1	0.60
2007 年 4 月	经济林	早酥梨		44.85
2007 年 4 月	经济林	早酥梨		25.40
2007 年 4 月	经济林	早酥梨		4.54
2007 年 4 月	经济林	啤酒花		15.07
2007 年 4 月	经济林	啤酒花		37.13
2008 年 4 月	经济林	早酥梨		32.00

第三节　林业重点工程

一、"三北"防护林工程

1979 年开始，实施"三北"防护林工程，1979—1984 年为一期工程，1985—1994 年为二期工程，1995—1999 年为三期工程，2000—2009 年为四期工程，2010—2019 年为五期工程。至 2021 年，共完成造林 4508.4 公顷，平均成活保存率达到 90%，森林覆盖率达 18.3%。

二、退耕还林工程

（一）荒山（滩）造林

2003 年，甘肃省农垦集团公司下达退耕还林工程项目计划，农场实施荒山造林 66.67 公顷。当年种植梭梭 66.67 公顷，后来因灌溉问题造林失败。项目于 2006 年开始整改，2007 年 9 月，调整造林设计变更上报，并组织实施。

（1）东防洪渠。2003 年营造生态林杨树 6.67 公顷。

（2）三队桥头。2006 年重造，营造杨树、榆树生态林 35.33 公顷。

（3）九队水库。2006 年重造，营造白榆、红柳生态林 24.67 公顷。

（二）退耕地造林

2000 年，实施甘州区退耕还林项目，面积 14.83 公顷（朝阳路大坝下 8 公顷、六队党家台 6.83 公顷）。朝阳路大坝下 8 公顷退耕还林地，设计林种为生态林，主栽品种为二白杨，按沟植沟灌定植。2020 年，经甘州区林业和草原局同意，进行了改造。改造后林种为经济林，主栽树种为杜梨，株行距 2 米×5 米，初植密度 66 株/亩，其中大坝下朝阳路东三角地 2 公顷。2017 年，将退耕还林遗留的杨树林进行伐除改造，按照省力化栽培园标准定植成杜梨，2018 年嫁接了红南果梨，2021 年进入初果期，生产早酥梨 1450 千克，南果梨 3750 千克，亩产 179 千克。党家台退耕还林地 6.83 公顷，设计林种为生态林，主栽品种为二白杨，2002 年变更造林地点，在三队桥头营造白榆生态林，生长良好。

2004 年，在 45 号线高速公路 G30 路口实施退耕还林工程面积为 11.93 公顷。由于造林地的管理和土质问题，自 312 线与 45 号线立交桥到党家台天桥段，造林成活率较低，现仅存立交桥以西到 45 号线与铁路立交桥段，保存面积为 4 公顷。当年申请进行异地重造，变更后的实施地点在农场新干渠以东、老防洪渠以西、造林面积 8 公顷。

三、新一轮退耕还林（草）项目

2017 年，农场实施新一轮退耕还林（草）项目，均被列入甘州区林草局规划范围内。省农垦集团公司支持资金 30 万元，农场与甘州区林业局签订《退耕还林合同》，实施退耕还林任务 26.67 公顷，栽培树种为樱桃，初栽密度 53 株/亩。当年秋季，甘州区林草局退耕办验收合格。由于樱桃树受冬季低温和初春大风影响，死亡和枝条抽干现象严重。当年，牧草一区实施耕地还草 191.67 公顷，主要种植紫花苜蓿，配套指针式喷灌。2018 年，新植杜梨 5.13 公顷（林果站 1 队 1.47 公顷、林果站 3 队 3.66 公顷），株行距 2 米×5 米，初植密度 66 株/亩。2019—2020 年，用早酥梨苗补植，形成樱桃、早酥梨混栽果园。当年嫁接早酥梨 3.66 公顷。

四、日元贷款风沙治理项目

1. **项目实施** 2004—2008 年组织实施。

（1）主体工程。共完成造林 1119.9 公顷，生态林 355.0 公顷（乔木林 124.3 公顷、灌木林 230.7 公顷），完成经济林草及作物种植 364.9 公顷（啤酒花 180.3 公顷、紫花苜蓿 75.1 公顷、杂果类 109.5 公顷），完成封滩育林 400.0 公顷。

（2）配套工程。完成渠道工程 20 千米、啤酒花滴灌 106.5 公顷、机耕道 5 千米、农用机械采购 7 台（辆）。办公及环境监测设备采购 10 台（件）、土建工程 120.0 平方米、购置车辆 3 辆。

2. **项目投资** 总投资 2324.55 万元。造林工程投资 1658.12 万元，经济林草及作物种植投资 1291.28 万元，封滩育林投资 90 万元。配套工程投资 645.39 万元，道路工程机耕道投资 15 万元，农用机械采购投资 46.12 万元。办公设备采购投资 7.18 万元，土建工程投资 6.0 万元，购置车辆投资 37.49 万元。环境监测及培训投资 21.04 万元。按照 88% 报账比例，收到回补报账资金 1547.37 万元人民币，占总投资额 76.33%，农场投入配套资金 479.91 万元人民币，占总投资额 23.67%。

五、甘州区木本油料及特色经济林基地—文冠果项目

2017 年 4 月，提出《甘州区木本油料及特色经济林基地 2017 年建设方案》，由张掖市林业调查规划院编制，甘州区发展和改革委员会批复建设。工程实行工程委托代建制，规划张掖农场实施文冠果建园面积 30 公顷，定植文冠果幼苗 3.5 万株。建设资金实行报账制。2017 年 4 月，完成施工建设内容。总投资为 96.75 万元，其中：苗木采购 29.7 万元，挖穴栽植 41.3 万元，灌水工程 17.87 万元，抚育管护 7.88 万元。采用滴灌方式：铺设 PVC 管材 2.27 千米，铺设 PE 软管 2.398 千米，铺设滴灌带 100 千米，建设阀门井、排水井 6 座。购置首部系统 1 套（配电盘 1 套、水泵自耦启动柜 1 台、离心＋网式过滤器 1 台、施肥罐 1 台）。完成土方量 5230.1 立方米，其中开挖 2733.5 立方米。

根据张掖市祁连山黑河流域山上林田湖草生态保护修复实施领导小组办公室《关于调整 2017、2018 年投资计划的通知》精神，调出、取消甘州区木本油料及特色经济林基地建设，调出、取消已下达专项资金，由县区负责收回。2018 年底，收到甘州区木本油料及特色经济林基地资金 33.86 万元，未到账资金 62.88 万元，已支付资金 33.84 万元。农场决定未到账资金 62.88 万元由农场自筹，资金从西气东输专项资金列支，核销该笔应收账款。已经收到的专账资金 33.86 万元，因涉及甘州区 6 个实施单位，若其他单位完成退款，则农场退款。至此，文冠果基地成为农场全额自筹资金建设项目。

六、东山坡宜林地恢复林地工程

2017 年 9 月，农场所属东山坡因种植农作物，被甘州区公安局森林分局认定农场非法占用农用地（宜林地）465.96 亩，林地范围内林地均改变原状种植牧草，林地范围内原有植被均遭破坏，要求农场将该片宜林地恢复为林地。农场委托甘州区林业局林业勘测设计队编制《甘肃农垦张掖农场 2018 年宜林地恢复林地作业设计》，2017 年 12 月，开始整改，2018 年 4 月定植杜梨，定植标准 8 米×1.25 米，初植密度 66 株/亩，2020 年，嫁

接南果梨，由牧草分场统一管理。

第四节　全民义务植树

1981年12月，全国人大常委会第四次会议《关于开展全民义务植树运动的决议》及《国务院关于开展全民义务植树运动的实施办法》颁布后，农场在每年春季造林前，召开各种会议，层层安排部署，广泛宣传动员，有计划、有组织、大规模地开展义务植树活动。1982年春，发动全场职工、家属、学生2700多人参加义务植树。甘肃省农垦局在《农垦情况反映》第五期专文刊登《张掖农场今春造林成绩显著》。"十五"以来，为切实推进义务植树工作，张掖市先后颁发《张掖市适龄公民义务植树绿化费收缴管理办法》《张掖市实施甘肃省全民义务植树条例办法》《张掖市造林质量事故行政责任追究办法》等，使义务植树工作趋于规范。结合重点生态工程建设和城镇园林绿化，开辟义务植树基地，并不断向基地化、规模化方向扩展。

2008年，张掖市绿化委员会发出《我为张掖植棵树活动倡议书》，农场组织广大干部职工积极参与。通过捐植、认养大树和捐款等形式，大力营建爱心纪念林，以实际行动投身于张掖绿化事业。本场有1000多名干部职工参与活动。2012—2021年，全场共完成义务植树44.85万株。造林合格率85%以上，保存率70%以上，义务植树尽责率90%以上。

第五节　营造经济林

一、发展历程

张掖农场经济林发展历经引进试植、起步探索、发展壮大、基地建设、巩固提升和提质增效6个发展阶段。

（一）引进试植阶段（1956—1964年）

1956年成立园艺队，从武威园艺场购进苹果苗200株定植建园，秋季成活17%。1959年定植桃杏8亩，但未能成活。1960年4月，从东北锦州果树研究所运回元帅系苹果苗木2万株，在老寺庙至黄家羊庄地段内定植66.67公顷，因自然灾害，成活率低，后集中移植于园林队（现林果站二队）内。1962年，定植苹果2.33公顷，也未能成活。1964年建园1.43公顷，其中定植杏树0.13公顷、葡萄1.3公顷，当年成活70%～80%。1965年，全场有果园2.27公顷，其中葡萄0.8公顷（老寺庙、山羊堡各0.4公顷），杏树

1.47 公顷（头墩 0.93 公顷，林荫 0.53 公顷）。

（二）起步探索阶段（1965—1974 年）

1965 年，农建十一师举办园林训练班，培训园林专业人员。苹果采用海棠果作砧木，挖坑 60 厘米×60 厘米，株行距 5 米×6 米。苹果园果树品种排布：1 行红玉、2 行元帅，1 行红玉、2 行国光，1 行矮锦、2 行金冠，如此重复。梨采用杜梨作砧木，以巴梨、鸭梨、香梨、苹果梨各 2～3 行轮列，互作授粉株，株行距为 6 米×7 米。桃采用桃砧建园，秋天每株砧木芽接 2～3 个芽。枣及枸杞株行距为 3 米×4 米。园林队成立果园班，人员实行分片包干，责任到人的"三定一奖"生产责任制。

1965 年，有果园 2.27 公顷，其中桃杏 1.47 公顷、葡萄 0.8 公顷，自新疆引入葡萄枝条繁殖苗木 0.2 公顷。1966 年，出圃定植建园 7.33 公顷，并定植苹果 1.4 公顷、红枣 3.4 公顷、桃杏 3.2 公顷，果园面积增至 17.6 公顷。

1974 年保存果园 25.8 公顷，但果树树形紊乱，缺株严重。

（三）发展壮大阶段（1975—1984 年）

1976—1980 年"五五"计划期间，果园面积由 21.33 公顷发展到 92 公顷。1977—1979 年，是建园高峰时期，每年以 13～21 公顷的速度新建果园，除 1 队外，实现队队有果园。对老果园进行缺株补栽，加强管理。园林队果园坚持秋施基肥、花前追肥、耕翻树盘，及时灭虫，科学修剪等措施，克服过去管理粗放现象。试验推广果树"环状倒贴皮"和嫁接改良等技术，使原来不易挂果的元帅系列苹果产量明显提高，株产量增加 15～30千克，最多达 50 千克以上。1983—1984 年，2 队、5 队、9 队共栽植苹果园 11.33 公顷，因受大青叶蝉危害，果树全部死亡，造成重大经济损失，退林还农。1984 年底，保存果园 80.73 公顷。

（四）基地建设阶段（1985—1995 年）

为大力发展林果业，农场制订万亩果园规划。1985 年，采用杜梨砧木建园方式，开始苹果梨生产基地建设。为提高建园成活率，建设苹果梨大苗苗圃。1989 年采用苹果梨大苗建园方案，至 1995 年，全场已建成商品果园基地 286.27 公顷（苹果梨园 239.07 公顷，占果园总面积的 83.5％）。

苹果梨大苗建园，采用生长 3～5 年已成型合格苹果梨大苗，实行深坑、大穴、浅栽、半密植园密度定植，株行距 3 米×5 米，亩栽 44 株，并以 43∶1 或 42∶2 的标准配置授粉树。为提高经济效益，实现以园养园，规定果树行间应大种绿肥，秋后翻压肥地。幼园果树行间可间作麦类作物、蚕豆、胡麻等夏收矮秆农作物，鼓励间作籽瓜。间作籽瓜采用地膜覆盖栽培，增施有机肥料，能起到保墒、提高土地肥力的作用，以促进果树生长。严禁间作高秆作物和晚秋作物。苹果梨大苗建园一次性成功率达100％，果树生长良好、结果整齐，建园3年就能大面积挂果，投资回收快，经济效益高。

为提高果园经营效益，农场规定果园承包人必须经过技术培训且考试合格。实行果园专业化、规范化、标准化管理。增加对果园的投入，增施有机肥、磷肥和高效微肥、植物激素等。加强果园职工岗位技术培训，积极改造低产果园。改革果园管理制度，结果果园实行家庭农场承包制，以株定产，核定产量和上交指标；新定植及未结果果园实行目标管理，成活率必须达到90％。未结果前费用包干，费用由队掌握使用，并实行措施落实、验收核发费用相结合的管理办法。果园管理体制改革，充分调动职工积极性。

至1995年，全场共有果园收获面积206.98公顷，占果园总面积的72.3％。收获面积中有苹果28.69公顷，占13.9％，苹果梨173.37公顷，占83.8％，葡萄3.72亩，占1.8％，桃杏1.05公顷，占0.5％，年水果总生产能力达到400万千克。

（五）巩固提升阶段（1995—2010年）

1994年开始，对苹果梨"纯品种园"的更新改造，按照8：1的配置标准，推广苹果梨大树高接换优技术，把早酥梨作为主栽品种进行高接，早酥梨替代了原有的苹果梨品种。并坚持推广鸡毛掸子人工辅助授粉技术，取得良好效果。在早酥梨经济效益的影响下，高接换头得到快速推进，至2010年，早酥梨占全园定植品种的70％，成为张掖市规模最大、管理水平较高、产品质量最优的早酥梨生产基

图4-11　客户现场查验果品质量

地，引领当地早酥梨市场平稳发展。高接换头使果园效益大幅提升，职工收益逐年提高（图4-11）。

（六）提质增效阶段（2011—2021年）

2011年，早酥梨产量首次突破500万千克，产值突破1000万元。此后，早酥梨产量逐年增加，到2019年达到最高峰，总产量1032万千克。

在农场早酥梨基地示范带动下，政府部门、专业组织大力支持，农场周边的各类专业合作社和其他经济组织大面积建设早酥梨基地，成为潜在的竞争对手，为适应市场需求，保持农场早酥梨在价格和质量上的优势，开展新品种的引进工作。引进的新品种，经过多

年的适应性观察、市场分析，决定将早酥红梨、南果梨、新梨 7 号（香梨）作为未来可替代的品种进行发展。至 2021 年底，新建早酥红梨园 6.8 公顷、南果梨 31 公顷，新梨 7 号年产量已达 14.7 万千克，形成多品种发展的林果业格局（表 4-30）。

表 4-30　张掖农场 1964—2021 年经济林面积产量统计

年 份	面 积（亩）	总 产（万千克）	苹 果		梨		其 他	
			面积（亩）	总产（万千克）	面积（亩）	总产（万千克）	面积（亩）	总产（万千克）
1964	1.47	—	—	—	—	—	1.47	—
1965	2.27	—	—	—	—	—	2.27	—
1966	17.60	—	1.40	—	—	—	16.20	—
1967	26.33	—	15.80	—	—	—	10.53	—
1968	21.00	—	15.80	—	—	—	5.20	—
1969	23.20	0.11	17.53	—	—	—	5.67	0.11
1970	32.60	0.10	26.40	—	1.07	—	5.13	0.10
1971	33.60	0.11	27.40	—	1.07	—	5.13	0.10
1972	35.74	0.20	29.20	0.01	2.47	—	4.07	0.19
1973	26.40	0.32	21.53	—	0.67	—	4.20	0.32
1974	25.87	0.64	21.40	0.07	0.67	—	3.80	0.57
1975	27.66	0.37	22.93	0.03	—	—	4.73	0.34
1976	28.59	0.74	24.13	0.17	0.33	—	4.13	0.57
1977	37.13	1.37	29.60	0.88	0.33	—	7.20	0.49
1978	51.47	1.40	44.60	0.75	—	—	6.87	0.65
1979	72.07	2.59	65.27	1.69	—	—	6.80	0.90
1980	73.40	4.29	66.93	3.36	—	—	6.47	0.93
1981	66.39	4.74	59.93	4.24	1.93	—	4.53	0.50
1982	68.33	5.53	62.07	4.60	1.93	0.08	4.33	0.85
1983	74.60	3.02	52.53	2.13	14.67	0.07	7.40	0.82
1984	80.73	9.71	51.40	8.76	21.93	0.41	7.40	0.54
1985	121.80	10.25	51.67	7.34	61.40	0.98	8.73	1.93
1986	135.34	10.85	51.67	8.37	75.60	0.76	8.07	1.72
1987	134.87	13.80	51.67	10.69	75.60	1.73	7.60	1.38
1988	99.80	21.11	27.73	13.59	65.47	6.0	6.60	1.52
1989	155.87	12.11	28.67	5.73	120.07	5.53	7.13	0.85
1990	209.20	35.15	28.67	16.45	173.40	17.37	7.13	1.33
1991	242.47	47.72	28.67	17.62	205.27	27.83	8.53	2.27
1992	266.93	74.95	28.67	16.12	229.73	56.44	8.53	2.39
1993	276.27	135.58	28.67	12.51	239.07	120.78	8.53	2.29
1994	276.27	65.10	28.67	10.29	239.07	53.08	8.53	1.73
1995	286.27	174.58	28.67	13.3	249.07	159.4	8.53	1.88
1996	293.20	11.13	28.69	5.01	257.87	5.32	6.64	0.8

（续）

年 份	面 积（亩）	总 产（万千克）	苹 果		梨		其 他	
			面积（亩）	总产（万千克）	面积（亩）	总产（万千克）	面积（亩）	总产（万千克）
1997	300.81	164.0	28.67	14.0	265.47	150.0	6.67	—
1998	300.81	75.40	28.67	12.6	269.07	61.0	3.07	1.8
1999	295.00	310.00	25.00	12.0	266.93	297.9	3.07	0.1
2000	295.00	202.30	25.00	12.0	266.93	190.0	3.07	0.3
2001	97.46	93.10	15.13	10.2	281.60	81.4	0.73	1.5
2002	251.13	826.90	15.13	218	235.27	607.9	0.73	1.0
2003	251.13	493.10	15.13	11.2	235.27	481.1	0.73	0.8
2004	251.13	444.04	15.13	13.2	235.27	430.4	0.73	0.44
2005	251.13	712.80	15.13	6.5	235.27	704.3	0.73	2.0
2006	251.13	706.80	15.13	9.4	235.27	695.8	0.73	1.6
2007	251.13	871.30	15.13	20.8	235.27	849.4	0.73	1.1
2008	251.13	347.30	15.13	2.8	235.27	343.1	0.73	1.4
2009	251.13	119.90	15.13	20.9	235.27	97.00	0.73	2.0
2010	253.79	782.80	15.13	12.0	237.93	769.1	0.73	1.7
2011	253.79	964.20	15.13	39.9	237.93	922.9	0.73	1.4
2012	253.80	436.0	—	—	253.07	434.6	0.73	1.4
2013	253.80	889.90	—	—	253.07	888.3	0.73	1.6
2014	253.80	842.10	—	—	253.80	842.1	—	—
2015	253.80	1021.80	—	—	253.80	1021.8	—	—
2016	253.80	965.50	—	—	253.80	965.5	—	—
2017	253.80	993.80	—	—	253.80	993.8	—	—
2018	253.80	628.10	—	—	253.80	628.1	—	—
2019	253.80	1218.20	—	—	253.80	1218.2	—	—
2020	253.80	734.0	—	—	253.80	734.0	—	—
2021	253.80	791.0	—	—	253.80	791.0	—	—
合计	9868.44	16281.91	1341.74	579.21	8283.25	15654.48	243.45	48.21

二、树种品种

（一）苹果

20世纪60年代，苹果品种有红香蕉、黄香蕉、青香蕉、国光、红玉、早生旭、倭锦、印度等。1981年，从张掖九龙江林场引进国庆、秋里蒙、夏里蒙，从甘肃省农科院张掖试验场引进红（黄）奎、胜利、葵花等新品种。1983年，从河南引进普通富士、秦冠。1986年从庆阳黄河水利水土保持站引进早金冠，从甘肃农业大学引进短枝红星，短枝新红星等8个品系。1987年，从民乐园艺场引进优良土品种颜果红。1988年，从辽宁前进果树场引进红富士。1991年，从郑州果树所引进华帅、华冠，从兰州引进乔纳金、王林、矮枝红富士。

为研究矮化密植栽培，1978年，从黄羊河农场引进M9。1986年，从甘肃农业大学和天水张家川回族自治州引进M7、M106、MM106，并从郑州引进M26等矮化中间砧进行适应性观察。主要商品品种有红元帅、黄元帅、国光、青香蕉、红玉、倭锦、早生旭等。苹果年生产能力为22万千克，占果品总产的5.5%。20世纪60年代苹果砧木主要是海棠果，1978年，从黄羊河农场引进抗逆性强的冰糖葫芦，20世纪80年代主要采用倒挂珍珠作砧木。

（二）梨

1960年，梨的品种有巴梨、鸭梨、香梨、苹果梨。1978年，从张掖林科所引进身不知梨、车头梨、日面红梨、菊水梨，法兰西梨、319梨等。1984年，从民乐园艺场引进早酥梨、明月梨，从九公里园艺场引进雪花梨。1985年从郑州引进锦丰梨。1989年，从甘肃条山农场引进太平梨。1995年，主要商品梨品种是苹果梨。20世纪80年代曾用酸梨和山梨作砧木嫁接苹果梨，果品品质低劣。梨园砧木以杜梨为主，嫁接后的梨品质优良。1985—1995年，新建苹果梨园以4∶1的比例配置锦丰梨、车头梨、身不知梨或早酥梨等作为授粉树。2014年香梨七号已经试栽成功。2015年，引进早酥红梨。2018年，引进红南果梨，利用嫁接技术改造朝阳路大坝下杜梨园2公顷。2021年起，引进秋月梨嫁接，进行适应性观察，并建立采穗圃。

（三）桃

1966年，引入的品种有大核桃、蜜桃三、川十郎、半水不旱、水蜜桃、肥城桃、深州桃等。1983年，从临泽和张掖引进罐头用的白肉桃。1988年，从兰州引入京红桃。

（四）杏

1966年，品种有大偏头、金妈妈、猪耳朵、猪岌杏、金黄子、园海东、大金黄子、特甜核、桃尖子、小红杏等。1988年，园林队有2.67公顷杏园，用优良品种敦煌李广杏换头改造。此后，职工自发引进大接杏、曹杏等优良品种，在房前屋后栽植，未形成规模。

（五）枣

1960—1970年，有小片栽植，因管理不善相继死亡。至2021年，职工住宅区有零星栽植，但未形成规模。

（六）葡萄

20世纪70年代以前葡萄品种较多，后保留的品种有新疆红、鸡心、玫瑰香、龙眼等。1983 年，从新疆引进无核白、马奶子。1986 年，从山东引进巨锋。1988 年，从甘肃农业大学引进乍娜、京早晶等优良品种，均为分散种植，未形成规模。

（七）枸杞

20 世纪 70 年代，引种枸杞，由于不善管理，处于野生状态。1988 年，园艺师郑传合将农场场部院内散生的枸杞进行修剪分株移栽，建立枸杞园 0.113 公顷，经过细心栽培并加强管理，1990 年，每公顷产干果 3 千克。

（八）草莓

1988 年，从甘肃农业大学引进草莓，现仅在部分果园内有零星间作。

（九）樱桃

2015 年，引进建立试验园 0.77 公顷，栽植 10 个品种 1040 株，主要有吉美 200 株、秦樱 3 号 200 株、艳阳 160 株、萨米脱 160 株、秦樱 1 号 140 株、早大果 140 株及雷尼尔、宾库、美早、拉宾斯各 10 株。前期苗木成活良好，当年成活率达到 90％以上。冬春季节苗木因碱、低温、抽干等问题部分死亡。2017 年，争取甘肃省农垦集团公司项目资金支持，农场与甘州区林业局签订《退耕还林合同》，实施退耕还林任务 26.67 公顷（含 2015 年已种植的试验地樱桃），从陕西杨凌引进品种共 11 个，分别是秦樱一号、早大果、吉美、秦樱三号、拉宾斯、宇宙、萨米脱、艳阳、勃兰特、S4、S9，进行建园定植。2019—2021 年，樱桃均有收获，但产量不高。

三、特色梨品种简介

（一）苹果梨

苹果梨原产于朝鲜，1921 年从朝鲜引入国内吉林延边地区，因果形似苹果而得名。在吉林、甘肃、内蒙古、青海、新疆等省（区）均有栽培，1968 年引入民乐县后，其品质明显优于原产地，具有果心小、酸甜适宜、极耐贮藏的特点。1977 年、1983 年、1985 年，在全省果品鉴评中均取得总分第一名。1986 年，民乐苹果梨基地被列为国家"星火计划"项目，张掖市被列为全国苹果梨商品基地。1985 年和 1989 年两年在全国优质农产品鉴评中名列梨类第一名，1994 年，在全国林业博览会上再次夺金，"苹果梨"因此而驰名全国，被誉为"中国一代梨王"。海拔 1500～1900 米的灌溉农业区是苹果梨栽培的最适宜区。张掖农场因自然条件优越，所产苹果梨品质优良，被中国绿色食品发展中心认定为"绿色食品"，先后 4 次被甘肃省农业部授予"优质产品奖"，并在第二届中国农业博览会上，与农场生产的早酥梨同获金奖。

（二）早酥红梨

早酥红梨是早酥梨芽变品种，早熟，幼树生长直立茁壮，单枝生长量大，枝条萌芽力强，短枝多发育好，易形成成串花芽。梨果实的色泽分为绿色、黄绿色、黄色、褐色和红色，其中红色梨品种外观艳丽，深受消费者喜爱。早酥红梨是2004年在陕西发现的早酥梨芽变，其花、幼叶、果呈红色，其他植物学性状、生长结果习性与早酥梨一致。经过多年观察鉴定、区域试验，果实红皮性状稳定。早酥红梨是通过种间杂交培育的脆肉、大果型、货架期长的早熟梨优良品种，也是目前国内培育的梨品种中栽培面积最大、分布区域最广的，因而其红色芽变，早酥红梨可以说是一个非常有特色和价值的品种。种植密度为株行距2米×3或3米×4米；早酥红梨虽可自花授粉，但也可按6∶1配置授粉树，授粉

图4-12　早酥红梨

品种有：酥梨、雪花梨等花期相近品种。早酥红梨适应性广，除寒地外，全国各省均有栽培，但在瘠薄地、粗砂地，果实常有缺素症，栽培时应改良土壤、培肥地力，使之壮树高产（图4-12）。

（三）早酥梨

早酥梨是中国农业科学院果树研究所育成的早熟新品种（图4-13）。母本为苹果梨，父本为身不知梨。1956年杂交，1969年命名。果实多呈卵圆形或长卵形，平均单果重约250克，大者可达700克；果皮黄绿或绿黄色，果面光滑，有光泽，并具棱状突起，果皮薄而脆；果点小，不明显；果心较小；果肉白色，质细，酥脆爽口，石细胞少，汁特多，味甜稍淡，含可溶性固形物11％～14％，可溶性

图4-13　早酥梨

糖7.23％，可滴定酸0.28％，每100克含维生素C 3.70毫克，品质上等。树势强，萌芽率84.84％，定植后3年即开始结果，以短果枝结果为主，占91％，中果枝6％，腋花芽3％。连续结果能力强，丰产、稳产。果实发育天数94天，营养生长天数为209天。早酥梨清心泻火，具有清热解毒的作用，特别适合容易上火的人群食用。早酥梨具有滋阴润肺的作用，能够养护喉咙，使呼吸更加舒畅。去除肺燥肺热，使人呼吸畅通舒适。味苦，能清心泻火，清热除烦，消除血液中的热毒。富含纤维素，具有饱食感，有利于减肥。进食后可刺激胃肠道，防治便秘、痔疮等疾病。富含碳水化合物，是构成机体的重要物质，可储存和提供热能，维持大脑功能，调节脂肪代谢，提供膳食纤维，同时，有蛋白质节约作

用，可增强肠道功能。生长环境全市除高寒山区外均可栽培。20世纪60年代，引进栽培。授粉品种有砀山酥梨、酥梨、八云、苹果梨、锦丰梨、茌梨、鸭梨和雪花梨等。注意硼肥使用。

（四）7号香梨

7号香梨原产于新疆梨乡库尔勒，位于新疆巴音郭楞蒙古自治州北部，天山南麓。引人垂涎的香梨，给库尔勒赢得了"梨乡"的美誉。库尔勒香梨，维吾尔语为"奶西姆提"，以皮薄、肉脆、汁多、味甜、酥香、爽口、耐贮藏、营养丰富等特点驰名中外，印度人称它是"中国的王子"。库尔勒香梨已有两千年的栽培历史。《西京杂记》中说："瀚海梨，出瀚海北，耐寒而不枯。""瀚海"即西域（疑今天的库尔勒），"瀚海梨"历代被作为贡品由帝王诸侯所享用。据说在《西游记》中，猪八戒偷吃的人参果就是香梨。香梨果实大小适中，形如纺锤，果皮黄绿，阳面有红晕，果味浓芬、肉酥脆爽口，清甜多汁，总含糖量为10％，含水量为86％以上，含有丰富的维生素C。香梨具有香气浓郁、皮薄肉细、酥脆爽口、汁多渣少、色泽鲜艳的

图4-14 7号香梨

特点，不但具有丰富的营养价值、而且可以药用。主要因为它性寒味甘，具有"润肺、凉心、消疾、解毒疮、驱毒、切片贴烫火伤止痛不烂"的功效。20世纪90年代，引进农场栽培，经济效益良好，市场前景广阔（图4-14）。

四、特色梨丰产措施

为稳定特色梨产业持续快速稳定发展，农场根据市场需求和果树生物学特性，进行更新换代。

（一）果园更新

20世纪90年代以来，有计划地对衰弱果园进行采伐，轮作2～3年后，重新营造适合市场需求的树种（品种），先后更新果园面积50.96公顷。

（二）土地整治

对果园周边的40公顷土地进行整治，按规划建设幼园，让零散的边角地集中连片。

（三）品种更新

2010年以来，先后引进定植早酥梨、早酥红梨8公顷、香梨7号4公顷、新品种秋月梨1.4公顷、南果梨31公顷，进行建园或推广高接换优技术，对品种进行更新。至2021

年，优质梨面积达到 253.8 公顷。

（四）管理方式

采取统一采购使用生产资料、统一生产技术措施、统一病虫害防治、统一浇水施肥、统一对外销售的"五统一"生产管理模式，确保各项生产技术措施落实到位。

（五）综合防治虫害

先后引进并推广紫光灯、频振式杀虫灯、糖食醋液、粘虫板等技术。2018 年，购进迷向丝 8.39 万余根，投入资金 30 余万元，防治梨小食心虫，结合化学防治、人工摘除虫果等措施，食心虫危害明显减轻，得到广泛应用。

（六）增施有机肥

坚持有机肥的正常投入，通过有机肥的使用改良土壤结构，提高了早酥梨的品质。2000 年以前，结果果园每亩果树施入有机肥（复熟精羊粪）2 立方米，2010 年以后，有机肥投入量增加到每亩果树 3 立方米。2018 年开始，按照每亩果树 4 立方米的标准严格落实（表 4-31）。

表 4-31　张掖农场 2011—2021 年经济林更新统计

更新年份	面　积（公顷）	品　种
2011	7.60	早酥梨
2012	4.88	早酥梨
2014	14.40	早酥梨
2015	0.25	早酥梨
2016	0.38	早酥梨
2017	2.81	早酥梨
2018	4.31	早酥梨
2019	5.22	早酥梨
2020	10.78	早酥梨
2021	0.33	早酥梨
累 计	50.96	早酥梨

第六节　果园经营

一、果园承包

果园一直沿用职工承包、自主经营、自负盈亏的管理模式运行，未按照"项目化团队"方式集体经营。1994—2001 年，连续 8 年遭自然灾害，造成巨大经济损失。2002 年开始，持续丰收和效益的增长，广大职工管理果园的积极性提升，果园无人承包的问题得到解决。2010 年 7 月开始，组织人员进行全方位的土地清查丈量，做到人名、地名、地块、面积四落实，制定下发《土地管理办法》和《土地承包经营管理办法》。2011 年，开始逐年推进"自养自"政策，明确规定"退休退地和土地不做二次分配"，退出的土地由企业组织，进行竞价承包经营。2015 年，随着退休的果园承包职工越来越多，果园的比较效益逐步下滑，开始对果园的竞拍承包政策进行调整，对林果站内部在岗且愿意扩大承包面积的职工，以正常的价格进行承包，不再进行竞拍租赁，其他人员进入林果站承包果园，仍然按照竞拍承包的方式执行。2018 年，农场制定鼓励林果职工规模经营的相关优惠措施，一方面是通过鼓励林果职工扩大规模经营面积、增加效益，另一方面是为防止职工退休退出的果园出现撂荒问题。

二、果品经营

果园由农场林果站统一管理，下设果园生产队，按地块、品种确定面积由职工承包管理，林果站适时制定管理措施，生产队督查职工定时按量完成。果品经营大体可分为林果管理站经营和农场统一经营。

（一）　林果管理站经营

2000 年前，果品由林果管理站组织销售，设有专职销售人员。受市场影响，1998—1999 年出现瓶颈，推行全员销售，效果不佳。1999 年，由林果管理站负责销售的 1 个火车皮的苹果梨在销售中被骗，造成直接经济损失几万元，2000 年经农场研究决定，所有参与人员按责任进行分摊，追回全部损失，此后，再无个人代销果品。

（二）　农场统一经营

2000 年，在总结以往销售工作的经验和教训的基础上，农场决定果品由农场统一销售。由面向市场转向与经销商合作，经过几年的培育，经销商数量增加、质量稳步提升，合作关系稳固可靠。2013 年，2000 吨恒温库建成，有效延长了果品销售时间，通过有计划地控制市场投入量，既掌控了市场又争取了主动。同年，推行果品预订金制度，缓解了果园生产的资金压力。

（三）　建立预订金制度

其主要做法是：前一年 12 月前，所有客户缴纳一定数量的早酥梨果品预订金，作为第二年早酥梨采收入库的依据；林果管理站根据缴纳预订金的数量、前后顺序安排职工进行果品采摘，完成客户采购果品的总量。落实甘肃省农垦集团公司《甘肃农垦集团市场营销指引》精神，加强企业营销团队建设，农场成立果品销售定价委员会。林果管理站成立了果品营销团队。经过运行实践和不断完善，2021年，形成《亚盛张掖分公司林果站果品销售决策制度》，对市场调研、客户准入条件、决策流程进行规范。

三、质量追溯体系建设

2010年开始，实施农产品质量追溯系统建设项目，农场坚持按照绿色食品的标准进行生产，重点推进对投入品的管理，杜绝一切可能导致产品质量安全问题的投入品的使用。2012年3月，中国农垦经济发展中心的专家组对甘肃农垦张掖农场早酥梨质量追溯系统建设期项目进行检查验收。2014年10月，质量追溯系统项目建设通过验收。年追溯面积266.67公顷、追溯产品8000吨、追溯深度二级，多年来未出现顾客投诉案件，保证了产品安全。2019年完成质量追溯2.0余流升级，2020年，完成质量追溯3.0余流升级。

四、林果产品荣誉

1995年，在第二届中国农业博览会上，早酥梨、苹果梨双获金奖。1997年，在甘肃省首届林果产品展览交易会上，早酥梨获得金奖。

1999年，在中国国际农业博览会上，早酥梨被认定为名牌产品。

2016年，农场参加在山东省举办的第八届全国梨产业科研、生产与产业化研讨会暨第二届"中华杯"全国优质梨评比会，农场早酥、早酥红梨、苹果梨获得优秀奖。

2017年，参加甘肃省农业博览会，获得"深受消费者喜爱"荣誉称号。

2018年8月，农场举办第一届"锦荣杯赛果会"，160余户职工积极参与，"甘肃中新网"对"赛果会"全程报道，甘州电视台、张掖网、经济日报、每日甘肃网、张掖日报等媒体都进行报道，"赛果会"社会反响良好，产品知名度在逐步扩大。

2020年8月，分公司早酥梨产品参加"2020年智慧农垦万里行"甘肃垦区活动，产品质量受到消费者肯定，早酥梨知名度进一步提升。

第七节　林业有害生物防治

一、梨小食心虫

防治食心虫主要用菊酯类农药，如20％杀灭菊酯、2.5％溴氰菊酯、10％氯氰菊酯、

2.5％高效氯氟氰菊酯喷雾防治。2015年以后，推广应用迷向丝、太阳能杀虫灯防治，效果显著。

二、梨木虱防治

早春刮树皮、清洁果园，并将刮下的树皮与枯枝落叶、杂草等集中烧毁或深埋，以消灭越冬成虫，压低虫口密度。梨树开花前是防治梨木虱的最佳时期，这是越冬成虫出蛰盛期，也是第1代卵出现初期，此时喷施1～2遍的波美5度石硫合剂。每年的3月20日左右是梨木虱发生高峰期，选择40％水胺硫磷1500倍加虱螨净2000倍或5％来福灵乳油2000～3000倍液等喷雾。梨木虱一般在干旱年份发生较重，可选择5％阿维·吡虫啉4000倍，1.8％阿维菌素乳油2000～3000倍，70％吡虫啉2000倍，45％毒死蜱乳油1000倍。

三、苹果蠹蛾

2003年，苹果蠹蛾传入张掖，发生范围不断扩大，危害日益严重，对果品产业造成重大损失，严重影响果品食用和外销。2007年，市上组织进行"拉网式"普查，农场也有发生，疫情发生区平均被害率45.06％，最高100％，平均蛀果率11.07％，最高82％。2008年，张掖市林业局制定《张掖市苹果蠹蛾预测预报办法》《张掖市苹果蠹蛾综合防治技术规程》《张掖市苹果蠹蛾应急封锁、扑灭、控制预案》，建立农林生态远程实时监控系统，监测覆盖率86％以上。防治苹果蠹蛾可使用的药剂有3％高渗苯氧威2000～3000倍液、25％阿维灭幼脲2000～3000倍液、胺甲萘、虫酰肼、毒死蜱、灭杀菊酯等。

第八节　果品贮藏

2007年9月，投资230万元建成库容2000吨恒温库1座，2008年开始投入运营。2009年，投资60万元修建彩钢大棚1座，为果品分拣、职工交售果品提供便利。2013年，租赁给张掖市锦荣果蔬有限责任公司（以下简称锦荣公司）经营。2015年，根据环保、安全部门的要求进行改造，由氨制冷改为氟制冷，完成投资120万元。2014—2015年，随着果品产业的发展需要，产量逐年增加，果品贮存矛盾突出。引进锦荣公司投资3000万元建成恒温库2座，库容为1.3万吨。实行"果库联订"，有效解决果品储存难题，提高商品率。

第九节　资源管护

一、护林防火

建场初期，植树造林重栽轻管，林木被砍伐和牲畜破坏现象经常发生，造成严重损失。

1966年春，农场制定《护林公约》，广泛开展护林宣传，深入进行护林教育，增强人们的护林意识。各生产连队组织专人管护林带和果园。1972年，制定《关于保护林木的规定》和《对损坏林木行为的具体处理办法》。1973年，经修改后重新颁发《护林规定》。

1978年，各农业管理站由1名领导分林业管理工作。成立林业管护小组，实行专人分段管理责任制，制定林业管理制度和奖惩办法，加强林木管护工作。1981年，实行定额管理，规定造林3年以下幼树每人管理1.33公顷，3年以上林带每人管理40～60亩。林带管理有修闸口、浇水、修剪、防虫、除草、管护等。严防偷盗破坏和牲畜糟蹋树林，要求保存率达到98％以上，达不到管理标准，造成林木死亡或丢失，按树木的大小，每棵罚款0.5～3元，椽材每棵罚款5元，檩条每棵罚款10元。凡是偷砍林木、破坏林木带者，按情节轻重，处以3～10元罚款。

根据国家林业经济政策，农场对林权作出规定：凡属国家投资栽植的，处理权和木材归农场；基层单位自栽自管、自有的零星植树，处理权归单位，成材后有计划地砍伐更新；班组集体利用闲散零星土地植树，国家只给树苗投资，林权归班组，产值收入按农场、队、班组4：2：4分成；职工房前屋后零星植树，谁栽谁有，产品、产值及处理权均归个人。1982年，农场制定《关于严禁乱砍滥伐树木的紧急通知》，坚决制止对林木乱砍滥伐、偷盗和牲畜乱啃破坏的现象。水管所成立林业队，主管场部绿化和全场主要护路林和片林。各农业生产队成立林业专业小组20个，实行"定包奖"责任制，加强生产队范围内农田防护林和渠路林管护。1984年，林业队改为农场直属单位，在林业小组承包的基础上，建立职工家庭林场12个，共有职工18人，另有专业承包林业职工90人。建立"栽、管、护"相结合的经济责任制，落实林木管护措施。1988年，农场制定《林业管理规定》，林业（不含果园）实行承包责任制，由林业队、农业生产队、职工家庭林场承包管理。林业队管理范围不变，分散在各农业生产队的防护林、渠边林、路林由各农业生产队管理。队内农田防护林实行林随田走，由职工家庭农场代管，受生产队领导监督；其余独立性强的林地由专人承包。规定林带各项管护标准和要求。管林工人必须确保林木成活率（死亡率不得超过1‰），对林木死亡承担直接经济责任，同时对各种损害破坏林木的行为给予经济制裁和行政处分直到追究法律责任。1992年成立林果管理站，对不属于农业生产队管理的林带和果园，由林果管理站统一管护。2003—2021年，农场林业资源划归水管所管理，各队境内的林木仍由各队负责管理。

二、退化林分修复

2021年6月23日，农场根据甘州区林业和草原局《工作提示函》，对农场一、二、九分场东山寺片林大面积死亡进行提示。农场立即召开场长办公会，研究《工作提示函》所列事项及要求。

（1）根据资料记载，该片树木是1970—1980年陆续建设的防风片林，自然生长年龄已达40多年，属过熟林，自然死亡属正常。

（2）片林主栽品种为二白杨，自1990年天牛传入本场，林地内因车辆无法进入，无法落实病虫害防治措施，而逐渐成为天牛疫情的重灾区。虽然每年进行2次统防统治，无法杜绝天牛危害，造成大面积林木死亡。

（3）从自然条件看，立地条件差，多为砾石地、漏沙地，蓄水能力差，而蒸发量大。河水渠管没有保障，地下水补充受限，灌溉轮次偏少。

（4）从经济方面看，自建场至今，企业已付出了大量人力、物力和财力。灌溉方式落后，大水漫灌耗水量极大，设施陈旧，管护费、水电费逐年增长。企业未享受国家政策补贴，而且井灌区无法享受水费及水资源费的减免。企业已无力负担高昂的费用，因此没有能力进行整改。

经过多次与市、区林草局协调，被列入《张掖市甘州区2021年三北防护林六期工程退化林分修复》实施改造，2022年组织实施，实施面积140公顷左右，实施地点及分布为一分场约33.33公顷，二分场约60公顷，九分场约40公顷。实施后，林种由生态林改造为经济林，树种由二白杨、白榆、红柳等变为枣。

三、采伐更新改造

2000年前，根据农场建筑施工需求，在各年度不同数量地采伐林木，但数量较少。2000年开始，采用招投票办法进行竞价，共销售酒花管理站林带3条，筹得资金30万元，此后，在不同年度分别进行采伐销售。2003—2008年，在实施《甘肃省重点风沙区生态环境综合治理工程》项目期间，防风林网的采伐更新与日元贷款风沙治理项目同步进行。

2018年春季，更新改造9队至3队桥头护路林，总长度3.6千米，设计在路两旁各栽植新疆杨2行，株行距2.0米×1.5米，初植密度222株/亩，并按8：1的比例设置诱饵树种二白杨。2020年，在路两侧各新植2行杨树，株行距2.5米×1.5米，初植密度178株/亩，并按8：1的比例设置诱饵树种二白杨。

2019年，更新改造3队桥头至1队护路林，总长度5.7千米，设计为1行樟子松与2行新疆杨混交林。杨树株行距2.5米×1.5米，初植密度178株/亩，并按8：1的比例设置诱饵树种二白杨。樟子松为单行，株距4.0米。

2000—2021年，累计更新改造林地195.74公顷，植树44.85万株。更新树种为新疆杨、抗虫杨、樟子松、白榆、垂柳、金叶榆、刺柏等。配合营区绿化、美化，种植连翘、银杏、丁香、榆叶梅、玫瑰等树种，生产生活区环境得到较大改善。

四、林长制管理

2021年1月，中共中央办公厅、国务院办公厅印发《关于全面推行林长制的意见》，要求各地区各部门结合实际认真贯彻落实。当年，甘州区碱滩镇镇政府编制印发《碱滩镇全面推行林长制的实施方案》，将张掖农场林地纳入碱滩镇管理，张掖农场场长任村级林长，分管林业副场长任村级副林长。

（一）主要职责

村级林长负责组织领导所负责的路段沿线、林场的管理、保护工作，实施林木资源保护、防止盗伐、虫害防治、林木生态修复等，协调解决林地管理保护中的重大问题。

（二）任务目标

1. **森林小镇创建**　通过全面推行林长制，全镇森林生态功能明显提升，达到"林中无垃圾、森林无火灾、林木无盗伐、生态无破坏"的目标，加快推进道路绿化、村庄绿化、景点绿化，增加绿量，落实森林小镇创建目标。

2. **高品质绿化**　对农场主要道路两侧一定范围内宜植林地块进行绿化，对损坏、死亡干枯树木进行更换、补植，栽植国槐、金叶白蜡、松树等高品质树种。

3. **全面保护森林资源**

（1）规范森林防火。全面落实森林防火责任制，加强森林防火宣传教育、野外火源管控、森林防火员队伍建设和森林防火物资储备，建立森林防火长效机制，实现全场无森林火灾发生。

（2）严格林地采伐审批。严格执行采伐限额管理制度和使用林地行政审批制度，维护林区森林资源总量稳定；健全林业普法体系，在全场深入开展林业普法宣传教育活动，加强森林防火以及毁林案件的打击力度；加强全场野生动植物保护管理，维护生物多样性。

（3）加强林业有害生物防控。坚持"预防为主、科学防控"的方针，突出做好对黄斑星天牛的病虫害防控。到2021年底，林业有害生物危害率控制在0.5％以内。

第四章　养殖业

第一节　管理体制

建场初期，职工可以私养畜禽以改善生活，1956年，建立畜牧队，受农场直接领导。畜牧队设有队长1人，饲养人员数人，开始马、骡、猪、羊的引入、饲养工作。1958年，场畜牧队饲养优良种畜，开展畜种杂交改良和畜病防治工作。各农业队建立畜牧组，饲养放牧大牲畜和猪、羊，结合积肥。1964年，四场合并后，畜牧队成为全场牲畜饲养管理、引进良种进行杂交改良和疫病防治的中心，各农业生产连队建立畜牧班负责本队牲畜饲养管理和积肥工作，由1名副连长主抓全队畜牧工作。1969年，畜牧队搬迁并入第三连（今四分场），改编为三连畜牧排，原畜牧队兽医部分分离。1971年，正式成立畜牧兽医工作站，负责全场牲畜疫病防治、饲养管理、杂交改良等技术指导工作。1970年以后，职工私养牲畜被取缔，大牲畜和羊只许公养，猪以公养或职工食堂、家属集体养，规定集体养猪，自食肉每人每年不超过12千克，多余上交。1977年，农场扩建猪场，大力发展集体养猪，对完成年终存栏和上交肥猪头数任务后多育的肥猪经批准后，可由饲养单位自行安排用于本单位职工生活，销售的款项上交。向场上交每头净重50千克的肥猪，奖售猪肉10％；超过50千克再按超过部分的40％奖售，每千克再补助饲料0.5千克，作为育肥猪的补助饲料。1983年开始，发展职工家庭饲养业，农场畜牧业体制逐渐向私养体制过渡。1988年，畜牧业全部由职工家庭农场和职工家庭分散经营，各农业队畜牧班随之解散。

第二节　畜牧业发展

建场以后，牲畜以购入建群为主。1955年，从本地农村购入役用骡马8匹。1956年，又购入骡11头、马20匹（含适龄繁育母马7匹），当年产驹3匹，从西北畜牧兽医学院购入巴克夏公猪2头，从农村购入土母猪6头，作为繁殖猪群的基础。1957年，发展驴、羊饲养，购入羊527只，驴10头。1958年，购入黄牛（母牛）12头、奶牛5头，并开始养鸡。1958—1959年，养猪业大发展时期。这两年新建饲料加工房2357平方米，猪圈

3093 平方米，棚 63.45 平方米，购进马驹 2 匹、种公牛 3 头、土母牛 5 头、驴 33 头、羊 220 只（其中种公羊 3 只）。1958 年，猪的饲养量达到 1005 头，生产猪肉 2.1 万千克，职工自食 2500 千克，向国家交售 1.85 万千克。生产皮张 150 张，畜牧业经营盈利 1309.94 元。1959 年，猪的饲养量达 1083 头，销售猪肉 1.9 万千克，其中 1 万千克用于国家调拨出口。

一、推行"三包一奖"

1959 年 12 月，根据全省农牧场会议精神，农场经营方针改为以副食品生产为主，重点发展生猪生产。1960—1962 年，由于猪饲料严重缺乏，生猪大量死亡。1962 年猪存栏仅有 19 头。为大力发展生猪养殖，对饲养人员实行"三包一奖"生产责任制，即包繁殖头数、包产值、包成本、超产奖励。1963 年，存栏猪 97 头，羊 509 只，有各类大牲畜 105 头（匹）。1964 年，四场合并后，全场有猪 253 头（含母猪 116 头），羊 2779 只，牛 130 头（含奶牛 6 头，犏牛 4 头），马 47 匹（含母马 13 匹），骡 46 头，驴 113 头（母驴 26 头）。

二、以农养牧，以牧促农

1965 年，贯彻"以农为主，农牧结合""以农养牧，以牧促农"的方针。组建、健全各农业连队畜牧专业队伍，并在三连（今四分场）建立猪、马、驴、骡繁殖基地，农场把发展畜牧业作为农业建设的一项重要任务。1964—1969 年，先后建设牲畜用房 65.19 万平方米，畜棚 63.23 万平方米，猪圈 196 平方米。1966 年，贯彻农建十一师《畜牧饲养管理制度》，制定大畜役繁殖制度，加强畜种改良工作，实行羊群剪毛、整群、防疫一条龙作业，以提高繁殖率和成活率。1968 年，把牲畜配种、防疫、产羔、育幼、抓膘、打草、越冬度春等畜牧工作列入场、队议事日程，全面考虑，通盘安排，并制定有效措施。畜牧业的发展，促进农业生产发展。1971 年，成立兽医站，加强牲畜改良和畜病防治。养猪实行分群饲养、定额管理。推广中曲发酵饲料喂猪，继续搞好羊种改良。建立孵化室发展良种鸡生产。1972 年以后，牲畜死亡事故发生频繁，畜牧生产下滑。据 1971—1976 年统计，6 年中二站牲畜多次被人戳伤；二站、七站畜棚失火，五间畜舍和饲养房被烧毁。因胀死、勒死、抵死、火车压死、烧死、中毒死、摔死、病死、冻死、饿死的牛、驴、马、骡、骆驼有 57 头（匹），羊有 279 只；被偷盗、丢失骡、马、骆驼 4 头（匹），羊132只。1974年全场存栏生猪222头（含公养猪53头，集体猪169头），羊1421只，黄牛80头，分别占1969年的32.9％、67.5％、47.3％。

三、发展生猪养殖业

1975年底，农场制定1976—1985年10年规划提出"认真执行公养猪为中心，全面发展畜牧业"的方针。1975—1980年，先后建成畜牧业用房9960.79平方米，饲料加工房1346.74平方米，畜棚3744.05平方米，猪圈4774平方米，鸡舍96平方米，同时加快生猪生产。1976—1977年，先后在各农业生产队、实验站、食品综合加工厂、农机修造厂、学校等单位建立较大型的猪场14个，引进优良种猪进行经济杂交，建立饲料基地，推广用跃曲、中曲、盐水糖化等发酵饲料喂猪。采用生料干喂和直线快速育肥等办法促进猪的生长发育。重新制订牲畜饲养管理规章制度，加强畜群饲养管理。1976年，猪肉年产量比1970年增加1.4倍，1979年达到29.1千克，职工每年人均占有猪肉15.5千克，达到基本自给。

四、调整畜群结构，推行承包经营

1979年，采取因地制宜、适当集中地调整畜群生产布局的办法，逐步对畜群实行专业化管理。红沙窝地区青草比较丰富，作为发展畜牧业的重点地区。把畜牧业基础较好的第四生产队建成驴骡繁殖基地、牲畜良繁基地和牛奶生产基地。撤销无力经营的学校、修造厂等养猪场。实行定包奖养殖责任制，通过个人承包、小组承包，分群核算，提高经济效益。开展畜牧业一家帮（一人承包全家帮忙，后正式定名家庭农场）承包模式，为专业承包树立典型范例。

五、发展家庭养殖业

1983年，农场根据上级指示精神，允许职工发展家庭养殖业，当年全场有312户养猪。最多一户养猪13头。兽医站孵化小鸡2万只，供不应求。年底全场存栏大牲畜229头（匹），生猪存栏1236头。其中：职工私人养猪1158头，占93.7％，职工出售猪肉2.97万千克，占全场猪肉总产的83％，全场羊存栏1679只，其中私养484只，占28％。鸡8797只全部私养，超过往年饲养量。

1984年，农场把公养大牲畜、羊群作价出售给职工经营。1986年，农场将杜洛克瘦肉猪场交由职工个人经营。1987年奶牛场解散，将奶牛整群出售给场外单位。从此，畜牧业由农场经营全部转为职工家庭农场经营。

1996—2006年，畜牧养殖业主要由职工家庭农场经营。养殖的品种主要有猪、羊（小尾寒羊）、牛（奶牛、肉牛）、鸡、兔、狐狸、鱼（鲤鱼、草鱼、鲫鱼、鲢鱼等，依托蓄洪池承包经营），以家庭为单位，主要供给个人，规模小、数量少。2009年，全场存栏大牲畜2274头（牛1925头、马5匹、驴317头、骡27头），存栏猪356头，存栏羊6520只，存栏鸡5019只。据统计，出栏畜禽9561头（只），其中牛26头、猪385头、羊3350只、鸡5800只。全年肉类总产量111.7万千克，牛奶产量35万千克，羊毛产量9.5万千克，鸡蛋产量5万千克。实现畜牧业产值160.5万元。

六、场办畜牧业

2007年底，农场决定实施牛羊养殖项目。当年12月，农场办公会确定成立畜牧发展筹建处，2008年5月，正式注册成立张掖市老寺庙养殖开发有限责任公司，购进牛、羊、驴进行养殖、繁育、育肥。2014年4月企业注销。2014年5月，甘肃亚盛股份公司依托亚盛张掖分公司建设康益牧业张掖奶牛场，6月开工建设，10月停止现场施工（表4-32）。

表4-32　张掖农场1955—2021年牲畜年末存栏统计

年份	大牲畜						马（匹）	骡（头）	驴（头）	骆驼（峰）	猪（头）	羊（只）	鸡、鸭（只）	蜂（箱）
	合计	牛（头）												
		合计	黄牛	奶牛	牦牛	犏牛								
1955	8	—	—	—	—	—	1	7	—	—	—	—	—	—
1956	39	—	—	—	—	—	21	18	—	—	113	—	—	—
1957	48	—	—	—	—	—	20	18	10	—	417	527	—	—
1958	55	17	12	5	—	—	6	17	15	—	1005	325	405	—
1959	95	27	22	5	—	—	5	17	46	—	689	404	479	—
1960	105	36	36	—	—	—	15	12	42	—	94	445	127	—
1961	103	38	33	5	—	—	14	12	39	—	56	472	22	—
1962	105	40	34	6	—	—	13	12	40	—	19	513	18	—
1963	111	46	40	6	—	—	14	12	39	—	97	509	22	—
1964	331	122	112	6	—	4	47	46	113	3	253	2779	—	—
1965	522	239	229	6	—	4	75	39	165	4	300	2303	191	—

（续）

年 份	大牲畜						马（匹）	骡（头）	驴（头）	骆驼（峰）	猪（头）	羊（只）	鸡、鸭（只）	蜂（箱）
	合 计	牛（头）												
		合计	黄牛	奶牛	牦牛	犏牛								
1966	534	254	215	35	—	4	70	38	169	3	308	2050	117	—
1967	418	184	140	40	—	4	78	37	116	3	498	2355	37	—
1968	501	207	162	41	—	4	109	36	147	2	736	2221	18	—
1969	563	236	169	61	2	4	128	36	161	2	675	2105	11	—
1970	627	260	187	49	2	22	135	34	168	30	712	2071	—	—
1971	698	297	203	70		24	153	46	171	31	674	2138	—	—
1972	710	279	202	64		13	167	61	172	31	395	1988	—	—
1973	622	163	103	57	—	3	176	75	178	30	317	1705	—	—
1974	550	150	80	70			174	69	157	—	222	1421	—	—
1975	550	135	49	78		8	172	92	151	—	469	1431	—	70
1976	491	115	44	70	—	1	145	98	133	—	1421	1365	200	62
1977	421	110	66	44		—	109	101	101	—	1339	1430	260	43
1978	365	95	49	46			86	84	100	—	1423	1212	600	50
1979	292	73	9	52	—	12	74	79	66	—	1200	1320	450	60
1980	246	48	10	38			68	73	57	—	993	1053	340	50
1981	159	58	8	50	—	—	40	31	30	—	856	1440	640	50
1982	221	48	8	40			55	54	64	—	805	1440	640	50
1983	229	58	7	51			54	50	67	—	1236	1679	8767	50
1984	195	47	7	40	—	—	34	48	66	—	669	2132	5000	40
1985	197	48	9	39			33	30	86	—	1526	2575	5300	40
1986	172	38	5	33			11	26	97	—	1307	1654	3960	40
1987	187	26	4	22	—	—	16	26	119	—	544	1041	4500	50
1988	161	4	2	2			11	30	114	2	885	2143	4713	40
1989	172	12	11	1			12	32	114	2	876	1941	2180	—
1990	174	9	8	1	—		12	36	117	—	667	2193	7200	—
1991	180	12	11	1			13	36	119	—	623	1793	8100	—
1992	180	11	10	1			14	36	119	—	575	1776	6949	—
1993	189	15	14	1	—	—	17	36	121	—	534	1521	5749	—
1994	182	20	17	3			15	28	119	—	271	1462	4025	—
1995	182	20	17	3		—	15	28	119	—	368	2907	3826	—
1996	181	44	41	3	—	—	9	37	91	—	267	2835	2280	—
1997	177	40	38	2			9	37	91	—	298	2825	3019	—
1998	174	35	33	2	—	—	9	37	93	—	196	3821	3801	—

（续）

年份	大牲畜						马（匹）	骡（头）	驴（头）	骆驼（峰）	猪（头）	羊（只）	鸡、鸭（只）	蜂（箱）
	合计	牛（头）												
		合计	黄牛	奶牛	牦牛	犏牛								
1999	169	19	19	—	—	—	9	37	104	—	179	1688	4053	—
2000	173	23	23	—	—	—	9	37	104	—	215	4066	4236	—
2001	198	99	99	—	—	—	5	27	67	—	172	3633	2769	—
2002	104	26	26	—	—	—	5	15	58	—	185	3132	3159	—
2003	141	63	63	—	—	—	5	15	58	—	190	4113	3742	—
2004	158	59	39	20	—	—	5	27	67	—	280	4603	4812	—
2005	284	185	185	—	—	—	5	27	67	—	28	4896	5157	—
2006	293	194	170	24	—	—	5	27	67	—	335	5390	6300	—
2007	279	180	180	—	—	—	5	27	67	—	356	4670	4780	—
2008	1779	1531	1531	—	—	—	5	27	216	—	356	6330	5019	—
2009	2274	1925	1925	—	—	—	5	27	317	—	356	6520	5019	—
2010	2144	2144	2144	—	—	—	—	—	—	—	386	6372	5019	—
2011	1792	1780	1780	—	—	—	—	—	—	12	201	4100	4020	—
2012	1657	1651	1651	—	—	—	—	—	6	—	152	2436	2567	—
2013	284	284	284	—	—	—	—	—	—	—	132	2160	2600	—
2014	284	284	284	—	—	—	—	—	—	—	1800	3113	2638	—
2015	284	284	284	—	—	—	—	—	—	—	860	1600	2400	—
2016	284	284	284	—	—	—	—	—	—	—	800	1300	1500	—
2017	284	284	284	—	—	—	—	—	—	—	830	1420	1085	—
2018	3000	3000	3000	—	—	—	—	—	—	—	500	1600	1000	—
2019	442	442	442	—	—	—	—	—	—	—	14	1159	1325	—
2020	73	73	73	—	—	—	—	—	—	—	15	1670	1600	—
2021	170	170	170	—	—	—	—	—	—	—	20	3783	1480	—

七、畜产品

场内畜产品种类，主要有猪肉、羊肉、羊毛、羊绒、皮张、蜂蜜等。许多产品是传统的出口换汇商品。建场以后，农场成为河西羊毛等畜产品的重要集散地（表4-33、表4-34）。

表 4-33　张掖农场 1956—1995 年主要畜产品生产量统计

年份	肉类			牛奶(万千克)	羊毛(万千克)	皮张(张)	蜂蜜(万千克)	年份	肉类			牛奶(万千克)	羊毛(万千克)	皮张(张)	蜂蜜(万千克)
	总产(万千克)	其中							总产(万千克)	其中					
		猪肉	羊肉							猪肉	羊肉				
1956	0.16	0.16	—	—	—	—	—	1976	0.92	0.54	0.38	0.25	0.18	238	0.20
1957	0.32	0.32	—	—	—	—	—	1977	1.91	1.55	0.36	0.22	0.16	191	0.75
1958	2.25	2.10	0.15	—	—	150	—	1978	2.78	2.41	0.37	1.47	0.232	164	0.10
1959	1.90	1.90	—	—	0.03	—	—	1979	3.32	2.91	0.41	0.57	0.22	213	0.10
1960	0.03	0.03	—	—	0.03	—	—	1980	4.58	3.36	1.22	0.87	0.29	290	0.10
1961	0.05	0.03	0.02	—	0.06	—	—	1981	2.96	2.5	0.46	1.28	0.25	261	0.10
1962	0.08	0.02	0.06	—	0.05	21	—	1982	3.34	2.70	0.64	3.08	0.28	412	0.10
1963	0.37	0.12	0.25	—	0.12		—	1983	4.01	3.57	0.44	3.35	0.25	250	0.10
1964	0.71	0.24	0.47	—	0.33			1984	4.14	3.69	0.45	3.43	0.23	258	0.10
1965	1.09	0.32	0.77	—	0.32	830	—	1985	7.64	7.02	0.62	2.50	0.44	408	0.10
1966	0.80	0.34	0.46	0.27	0.25	665	—	1986	5.41	4.98	0.43	2.50	0.37	501	0.15
1967	0.82	0.52	0.30	1.62	0.24	323	—	1987	4.97	4.22	0.75	2.93	0.29	351	0.15
1968	1.26	0.79	0.47	2.24	0.10	692	—	1988	5.09	4.98	0.11	0.75	0.41	58	—
1969	1.27	0.67	0.60	3.44	0.30	542	—	1989	6.94	5.51	1.43	0.01	0.53	337	—
1970	1.04	0.64	0.40	0.75	0.31	682	—	1990	7.29	6.22	1.07	—	0.63	336	—
1971	1.45	0.96	0.49	0.37	0.34	506	—	1991	7.20	5.95	1.25	—	0.63	716	—
1972	0.69	0.52	0.17	0.30	0.24	264	—	1992	7.56	5.97	1.59	—	0.44	711	—
1973	0.51	0.06	0.45	0.38	0.17	300	—	1993	7.03	5.31	1.72	—	0.34	914	—
1974	0.45	0.18	0.27	0.32	0.16	381	0.27	1994	5.19	3.53	1.66	—	0.31	964	—
1975	0.59	0.26	0.33	0.34	0.21	197	0.07	1995	3.55	1.91	1.64	0.42	0.42	966	—

表 4-34　张掖农场 1996—2021 年主要畜产品生产量统计

单位：万千克

年份	肉类			羊毛	年份	肉类			羊毛
	总产	其中				总产	其中		
		猪肉	羊肉				猪肉	羊肉	
1996	3.5	1.9	1.6	0.5	2009	9.5	4.3	5.2	1.0
1997	5.0	3.0	2.0	0.5	2010	9.1	3.9	5.2	1.3
1998	4.8	3.6	1.2	0.8	2011	4.9	1.8	3.1	0.2
1999	4.7	2.8	1.9	0.9	2012	3.6	0.9	2.7	1.6
2000	5.3	3.2	2.1	1.1	2013	4.2	1.0	3.2	1.2
2001	3.5	1.3	2.2	0.8	2014	4.1	0.9	3.2	1.1
2002	4.7	1.7	3.0	0.7	2015	8.6	6.1	2.5	1.0
2003	4.5	1.9	2.6	0.7	2016	5.1	3.2	1.9	0.5
2004	4.7	1.9	2.8	0.7	2017	9.3	6.6	2.7	0.5
2005	5.5	2.1	3.4	0.8	2018	7.1	4.7	2.4	0.3
2006	6.4	2.9	3.5	0.8	2019	6.7	5.2	1.5	0.2
2007	6.5	2.9	3.6	0.8	2020	3.3	0	3.3	0.2
2008	6.5	2.9	3.6	0.8	2021	3.5	0.1	3.4	0.1

第三节　饲养管理

一、饲料

饲草以青贮饲草为主，作物秸秆等为辅，但对役畜、奶牛、产畜、病弱畜和育肥猪都要用粮食进行补饲。精饲料补饲标准为：役用马、骡 720 千克/年，役用牛，驴 75 千克/年，羊 2.5 千克/年，生产奶牛 3.5～4 千克/天，育肥猪肉粮比 1：3；在种公畜配种期，母畜产后恢复期也要根据具体情况进补饲。为促进畜牧业发展，农场重视饲料基地建设。饲料作物（粮豆和多汁饲料）面积一般占总播面积的 20％左右，大量利用工副业下脚料（麸皮、米糠、糖渣、酒糟、醋糟等）作为猪的精饲料。1966 年，农建二师规定："对牲畜饲料要统筹兼顾，妥善安排饲料来源。推行打草和饲养员利用隙地自种自用制度，扩大饲料来源。推行农牧结合近田养畜。"1968 年，全场开展夏秋季节收工一把草活动，以准备足够的冬春补饲干草。1971 年，农场对公养猪按任务拨付饲料，同时发动各农业生产连队和饲养员充分利用地埂地角、林带等闲散土地种植饲料作物。1972 年，农场规定：公养猪饲料由农场按标准供应，食堂集体饲养猪饲料在划定的个人菜地内解决；家属集体养猪精粗饲料，由家属生产队自行解决。充分发动群众，在夏秋季节大量采集多种野生饲料，要充分利用农作物的藤、蔓茎、叶、秸秆，大搞综合利用和加工，扩大饲料来源。要从种、采、留、蓄等方面广开门路，挖掘潜力，解决牲畜的饲料问题。1976 年，试制推广跃曲、中曲、盐水糖化发酵饲料喂猪。1977 年，农场《养猪生产中几个问题试行办法》规定：建立饲料基地，安排统一拨付饲料外，按 1977 年种猪的计划存栏数，每头猪再划 0.5 亩饲料地，可种粮食和多种饲料，由畜牧人员统一生产管理，作为猪的补助饲料。1983 年，为鼓励私人养猪，农场决定将统一种植的牧草适当划给职工一些由养猪者自己管理使用。每交售 0.5 千克猪肉，由农场拨饲料粮 1.5 千克。1985 年，全面兴办职工家庭农场，家庭农场饲养牲畜的饲料，全部由自己解决。

1982—1984 年，第四生产队用玉米秆青贮饲料 55 万千克喂奶牛，节约购草费 4 万元，奶牛产奶量增加，发病率下降。

二、饲养管理

牲畜采用定额管理，自繁自养、分群饲养，定时饲喂，定期防疫，结合圈舍清洁搞好积肥工作。1977年《牲畜饲养管理规章》（试行草案）规定：各类畜饲养定额（每工定额，包括铡草、粉碎、加工等）为猪群30～40头，役用骡马6～8头，奶牛8～10头，役用牛、驴10～15头，羊群120～150只；并规定饲养放牧人员夏季要收集饲草，产羔季节要接羔育幼。养猪实行分群圈养，种公猪、临产母猪、哺乳母猪单圈饲养。为提高产仔成活率，便于防疫、采取季节性产仔。第一胎10—11月配种，2—3月产仔，第二胎4—5月配种，8—9月产仔，严禁乱配和近亲繁殖。产仔时有专人值班，初生仔要固定奶头及时喂奶。仔猪早期补饲，乳期去势，60天断奶。饲料进行粉碎发酵，青饲料打浆，多汁饲料洗净切碎。实行四定饲喂（定时、定业、定质、定温），冬春喂热食热水，夏秋喂凉食凉水。推广生料干喂和直线快速育肥。建立饲料消耗与阶段称重制度，加强成本核算，消灭亏损，开展纯种和改良杂交种猪的饲养管理资料登记积累工作。

羊群根据品种、公母、口齿进行合理整群。一般分为母羊群、羯羊群、当年羔羊群，口齿力求一致或接近。夏秋季节加强放牧抓膘，每天早出晚归放牧11小时，禁放苜蓿或霜草，冬春要补饲。每日出入圈时点清数目，检查羊只健康状况。牧工固定到羊群，不随意更换。羊的配种年龄1～2岁，利用优良种羊杂交改良。实行季节性配种，每年7～8月进行秋配。集中产羔以利管理放牧。加强母羊保胎措施，怀孕母羊做到"三稳"（放牧稳、出入圈稳、饮水稳）和"三防"（防潮、防越沟、防惊吓）。接羔时建立夜值班制度，并留有专人管理羊羔喂草、饮水、放牧等。羔羊乳期去势，4个月后断奶。杂种羔羊必须在产后3～7天内断尾。5月中旬剪夏毛，9月上旬剪秋毛，结合剪毛进行口齿和公、母、羯羊登记。剪夏毛后进行药浴以消灭羊体疥癣。及时淘汰老、弱、病、残羊只。

乳牛以舍饲为主，放牧为辅。以青绿多汁饲料为主，并用精料补饲。乳牛饮水加喂食盐。种公牛单圈单槽由专人饲喂。奶牛管理实行三定制度（固定挤奶员、固定挤奶顺序、固定挤奶时间和地点），每日挤奶2次。乳牛实行五净卫生制（畜体净、饮水净、草料净、饲槽净、圈舍净）。奶牛采取常年配种以保持鲜奶平衡供应。产前60天逐渐减少挤奶次数进行干奶，产前一周停挤。犊牛产后1.5～2小时喂初奶，10～15天单独饲养，产后10天内喂母奶，10天后喂混合奶。喂奶实行定量定温。犊牛提前补饲，按月称重。

马、牛、骡、驴的管理原则是按公母、大小、强弱分群。役畜舍饲，不使役牲畜采取夏秋放牧，冬春舍饲。饲草全部压软、铡短1～2寸，少给勤添、守槽细喂，分顿喂饱饮足。做到畜体、草、料、水、槽、圈六净。规定饲养员、使役员有四权（配种权、批评建议权、停止使役权、监督权）。规定马3岁、牛1.5～2岁进行初配繁殖，马和黄牛3—6月配种，积极开展人工授精，搞好畜种改良。妊娠母畜进行分槽喂养，防止牲畜互相咬、踢、抵，减少伤害。

第四节　畜种改良

1966年，引进河曲种公马2匹。1967年，引进河曲役驹14匹。1968年，引入马17匹，其中大马1匹，当年驹16匹。1970年，全场有河曲马27匹，分布在12个农业生产连队。

1970年，从农十三团（今黄羊河农场）引入纯种苏联公马驹1匹，用于改良马群和母驴人工配种产骡。

1966年，用荷兰牛及秦川牛改良黄牛40头。引入优良奶牛品种，当年有北京黑白花奶牛30头，1970年有东北三河牛8头。

1968年引进陕西米脂公驴2头，对毛驴进行改良。

1956—1975年，先后从甘肃农业大学、河南正阳猪场、甘肃农科院张掖试验场等单位引进巴克夏种公猪进行猪种杂交改良。1976—1978年，为配合选育"张掖黑猪"，先后从甘肃农业大学、甘肃省农科院张掖试验场、张掖地区农牧局和四川内江等地引进纯种内江、巴克夏、苏白等良种猪和杂交猪巴内、内巴土、土内巴、内巴武×巴内武等50头，全面进行猪的经济杂交。1984年4月从湖南三湖农场引进瘦肉型杜洛克种猪15头（公5头，母10头），进行纯种繁殖并开展经济杂交。1985年，重点推广杜洛克种公猪与当地土母猪进行经济杂交，杂交猪饲料要求低，增重快，日增重最多可达0.54千克，提前3个月出栏，瘦肉率57%。

1966年，以后多次引进高加索、新疆细毛种公羊对全场粗毛绵羊进行改良以提高羊毛品质。1990—1992年，引进小尾寒羊10只进行羊种改良。小尾寒羊具有产羔早、产羔多、体大育肥快的特点。小尾寒羊8月龄就可配种，每头母羊最多可产羔3只。成羊体重可达120千克，比一般羊只增重1倍以上，但羊毛产量低、质量差。

第五节　疫病防治

建场后，牲畜疫病防治工作由场畜牧队专职兽医人员负责。1971年，成立兽医站，全场牲畜防疫治病，畜禽改良，畜牧科学试验及牲畜饲养管理等都由兽医站统管。兽医站占地789平方米，其中办公室43平方米（2间），药房86平方米（4间），药库194平方米、宿舍43平方米，鸡舍423平方米，有兽医技术人员6人。设有牲畜门诊并进行分片防疫治疗。

一、防疫工作

贯彻"防重于治，预防和治疗相结合"的方针，每年春秋两季是猪瘟、猪丹毒、猪肺疫、仔猪副伤寒、羊三联苗、炭疽、鸡瘟易发期，在全场开展疫苗注射进行防疫，注射密度均达到95％以上，同时加强对"役畜"体内外寄生虫病防治，定期对各类厩舍，用具进行消毒。

1965年9月—1974年11月，抽调工人与兽医人员共同组成防疫队，曾3次对人畜共患的布氏杆菌、牛结核、马鼻疽3种传染病进行检疫。1966年，由兽医人员和经过兽医培训的饲养人员共同组成兽医防治网，年内消灭炭疽、猪瘟、猪肺疫、仔猪副伤寒、鸡瘟、猪囊虫等传染病。当年，按照农建十一师指示，牲畜全面注射牲畜口蹄疫苗，严防由苏联和蒙古人民共和国传入的牲畜口蹄疫的发生。1967年，防疫工作推行两包、两保证责任制。两包：注射后一周内发病，兽医人员包免费治疗，死亡包赔；两保证：饲养员保证生猪头头注射，保证交清防疫费，防疫注射密度明显提高。1983年，兽医站实行技术承包责任制，兽医人员分片承包疫病防治，与饲养员和养猪职工签订猪三大传染病（猪瘟、猪丹毒、猪肺疫）保险合同，每头猪收保险费1元，若因传染病死亡，由技术承包人负责赔偿经济损失的50％。保险合同受到养猪职工欢迎，猪普遍进行防疫注射，杜绝了猪的传染病发生。1990年，第一、第二、第四3个生产队有627只羊发生羊痘传染病，死亡42只，兽医人员进行紧急治疗。1991年，开展羊痘联防工作，对全场羊只全部进行羊痘疫苗接种注射，制止了羊痘传染病蔓延，172只羊接受治疗，对圈养设施进行消毒灭菌。

二、疫病防治

（一）传染病

主要有猪瘟、猪丹毒、仔猪副伤寒、猪传染性胃肠炎、仔猪黄痢病、牛羊布鲁氏菌病、羊痘、马炭疽、马鼻疽、牛结核、鸡瘟以及猪、羊流行性感冒等。

1. **猪瘟**　自建场以来未曾发生过流行性猪瘟，仅有个别年份零星发生。1977年4月，用批号为7678的猪瘟冻干疫苗进行防疫注射后引起猪瘟病大流行，10天内共死猪326头，占生猪饲养量的25％，给农场造成很大经济损失。

2. **猪、羊流行性感冒和猪传染性胃肠炎**　这是猪、羊常见的多发病，仔猪患病后不及时治疗，死亡率较高。1984年12月，瘦肉种猪杜洛克产仔两窝，存活16头，其中因仔猪黄痢病死亡 9 头，占 56.3%。

3. **牛、羊布鲁氏菌病**　1965 年，对牛、羊和放牧饲养人员进行布鲁氏菌病检疫和普查，检出阳性反应的牛、羊进行淘汰处理。放牧饲养人员全部进行防疫注射。

4. **羊痘**　1990 年发生羊痘，死亡羊只 42 只。1991 年，开展羊痘联防工作，控制疫病发生。

5. **炭疽病**　1956 年，马炭疽病导致 1 头马死亡。1977 年春，发现有炭疽病症状的病猪，死亡 10 头。

6. **马鼻疽病**　20 世纪 60 年代，发生马鼻疽病死亡多例。

7. **鸡瘟**　各年都有零星发生，主要原因是有些家庭养鸡户不重视防疫。

（二）寄生虫病

牲畜常见的主要寄生虫病有猪蛔虫病、羊肝蛭虫病、羊肺丝病、猪囊虫病、牛疥癣、羊疥癣等。猪囊虫病发病率较高，20 世纪 60 年代到 80 年代都有发生。1980 年，园林队宰杀 11 头肥猪，其中患囊虫病的猪有 6 头。1981 年，全场 10 个猪场有 8 个猪场有不同程度发病，平均患病率达 10%，经过防治并加强饲养管理，基本上不再发生。畜体疥癣病也造成严重危害。1970 年，3 头牛因患疥癣病死亡。1975 年，实行羊群剪毛后坚持药浴预防措施，全部消灭羊疥癣病。1979 年，发生猪疥癣病，死亡多例。

（三）普通疾病

常见的主要有消化系统疾病，其次是呼吸系统和生殖泌尿系统疾病。马、骡、驴结症是常见的多发病，医治不及时往往引起死亡。1970 年，4 匹马、3 头驴、1 头骡患此病死亡。1977 年曾发生马因肠扭转、肝化脓、胃破裂，牛因肠炎、牛胃化脓，驴因肺脓化等疾病死亡多例。1981 年，发生驴骡溶血症 2 例，治愈 1 例。1984 年，发生猪的尿血症 2 例，经治疗痊愈。坡行也是牲畜常见病，引入的 15 头杜洛克种猪有 8 头患坡行。其症状是四肢不能负重，有痛感，弓背，行走困难。母畜因流产、难产死亡的病例也不少。

（四）其他

牛、羊、驴在放牧时因误食拌过农药的粮食或喷过农药的青草引起中毒死亡。牛羊类反刍动物因食鲜苜蓿等豆科牧草或霜草引起瘤胃膨胀而死亡的事也经常发生。

第六节　养殖企业

一、张掖市老寺庙养殖开发有限责任公司

2008 年 5 月，张掖市老寺庙养殖开发有限责任公司在张掖市工商管理局注册登记，

法人代表王希天，2012 年法人变更为王经富，公司为有限责任公司，注册资本 500 万元，未有实收资本（虚拟注册资本），企业隶属于张掖农场管理。共有员工 37 人，其中管理人员 5 人，技术人员 3 人，员工 27 人。

（一）投资情况

2008—2013 年，养殖场总投资 3170.39 万元，收回投资 1101.07 万元（表 4-35）。

表 4-35　养殖场各年度投资情况

单位：万元

年　份	投资额	收　回	余　额
2008	1039.87	26.44	1013.43
2009	722.70	27.90	1708.23
2010	779.55	198.04	2289.74
2011	394.82	350.19	2334.37
2012	66.41	35.47	2365.32
2013	167.04	463.03	2069.32
合　计	3170.39	1101.07	2069.32

（二）发展历程

2008 年农场先后筹资 3170 万元，建设养殖场，养殖场命名为张掖市老寺庙养殖开发有限责任公司。养殖场成立后，农场利用国家修建 G30 高速公路契机，抓住需开挖大量土石的机遇，把养殖选址与土建开挖结合，土木建设由农场自己的施工队进行施工。先从外部（山东）购入黄牛，农场组建 1 个收购牛小组，再从张掖本地收购一批农户饲养的牛，进行以繁育母牛为主、向市场提供"犊牛"的养殖发展之路。随后，再通过几年完善发展，把农场畜牧业与农业紧密有机连接起来，形成生态循环经济链经济体。

在国家西部大开发政策的春风沐浴下，在上级的正确领导和当地政府的支持关怀下，贯彻落实国家发展畜牧养殖政策，老寺庙养殖开发有限公司由小变大，由弱变强，发展成具有一定规模的现代企业。目前占地总面积 28 公顷；有双侧式牛棚 17 栋，面积 1.02 万平方米；石头墙牛棚 50 间，1560 平方米；青贮池 3 座，可青贮饲料 3600 立方米；办公室、消毒室、值班室等 400 平方米；各种机械 17 台，大型铡草机 2 台，小型铡草机 3 台，小型拖拉机 5 台，装载机 1 台，小挖掘机 1 台。建成年处理粪污 2 万吨的粪肥沼气发电工程 1 座，年处理养殖场粪污 2 万吨、农作物秸秆 0.15 万吨，年产沼气 96.5 万立方米。粪肥沼气发电项目可实现年发电总量 43.0 万度的产能，可实现养殖场动力及生活用基本自给。通过几年的不懈努力，生态循环农业经济雏形基本形成。

2009 年，全年投资 1200 万元收购可繁育母牛 1500 头、可繁育母驴 150 匹、绵羊

1600 只（含部分山羊），新建圈舍 22000 平方米，全年收购牧草 8000 吨、饲用甜菜 2000 吨，饲用胡萝卜 500 吨、饲用番茄皮渣 5000 吨，为养殖畜禽越冬做好准备。畜牧养殖公司尚处于建设阶段，养殖工作以养殖、放牧、种群繁育为主，利用养殖公司畜禽养殖产生的粪便、草料渣等进行蚯蚓养殖，下脚料进入沼气池生产沼气，生产沼气后产生的废料用于农田有机肥投入，使农场现有资源能够得到综合循环利用，有效提高农场农业生产的经济效益。畜牧养殖公司的建设为农垦农业企业的产业化结构调整和循环经济建设奠定了良好的发展基础。全场畜牧业发展以养殖场为龙头，实施规模化集中养殖，带动全场养殖业的发展，养殖场以牛、羊、驴养殖扩繁为重点。

2010 年，效益保持平衡。同时向区域化、专业化延伸，存栏繁育母牛在当地养殖业可称是最大的一个养殖基地。利用直接经济效益每年付给职工的草款几百万元，并为周边养殖户提供优良犊牛 500 多头，起到"职工增收，企业增效"示范带动作用，对当地养殖发展也起到示范引领作用。

（三）科学养殖

畜牧养殖场养殖以母牛健康繁育关键技术为保障。改变传统的养殖方式，对养殖区域进行改造，实现牛群冬季进暖房，夏季出房进活动场，转换活动空间，减少和减轻不利于动物的应激反应，利于母牛怀孕。开展绿色建设，大力推进绿化养殖一体化，使周边林地覆盖面积达 55%，形成养殖区域生态化，场区道路硬化、美化、林荫化，以推进现代畜牧业又好又快发展。

在抓管理促效益上，农场先后派多名场级干部到养殖场工作，加强养殖场的管理，同时抽调大批基层管理人员到养殖场一线工作，提高生产水平，做到精细化养殖。2008 年冬季，从山东运过来的牛不适应当地饲养条件，部分死亡，本地牛在饲养过程中，进行人工授精（冻精）后，受技术、专业的饲养管理等因素制约，投入大于产出。尤其是 2010 年 7 月 23 日养殖场饲草自燃，致使 2200 吨草料被大火烧毁，给企业造成重大经济损失。灾情发生后，农场积极采取多种措施进行补救，动员全场广大干部职工每人提供 300 千克干草，重新购买饲草，及时抢修生产设施，顺利渡过难关，干部职工思想状况平稳。

2011—2012 年，张掖地区发生牛（口蹄疫）病，受到较严重的影响，死亡严重，至 2013 年累计亏损 1000 多万元，致使农场无力经营，加之当时建场厂房及设备落后，采用过去那种简陋的模式，防疫、配种又不过关，效益低迷，无法适应养殖业和市场发展变化。为防止资金投入使亏损扩大，2014 年，农场对现有的牛场整体出租给甘肃省益大丰农牧业发展有限责任公司并进行合同公证，资产盘点并造册登记，同时出租。过去每年投入 400 多万元，始终效益低迷，出租的 6 年时间农场减少投入 2000 多万元，化解了继续投入的资金风险。

（四）经营概况

农场投资管理的张掖市老寺庙养殖开发有限责任公司（简称养殖场），2008年5月，新建圈舍500平方米，改扩建圈舍1000平方米，总投资55万元；养殖场以牛、羊、驴养殖扩繁为重点。2009年12月，存栏大牲畜1851头（其中牛1674头，驴204头），占全场存栏大牲畜的81.4％；存栏羊2342只，占全场存栏羊的36％，全年出栏羊520只，实现产值20.8万元。在畜牧业发展方面，农场始终把动物的疫情防治作为首要工作来抓，加大宣传力度，加强防疫工作力度，完善防治服务网络，建立防疫制度，定期进行检查，按时对全场所有畜禽进行预防接种，覆盖率100％。

对牛舍、羊舍、青贮池进行了进一步完善配套，建成标准化牛舍27栋、连片改造了保暖羊舍、对3座青贮池及相关设施也进行了升级改造。2010年，养殖场存栏繁育母牛1500头、羊1600只，驴293头。各类牲畜状况良好，配种、防疫工作扎实有序，重大疫情无。2011年，处理了羊和驴，只养牛，整体生产经营工作不畅，养殖公司全年经营亏损40.3万元，未超过农场允许亏损50万元的计划指标。

2011年6月农场的肉牛标准化养殖示范场被甘肃省农牧厅授予省级畜禽标准示范场。

2008—2013年，经营收入1281.27万元；支出合计2508.96万元，亏损1221.69万元。

（五）租赁经营

2014年3月，农场决定终止经营养殖场。2014年3月12日，整体对外出租，出租给甘肃省益大丰农牧业发展有限责任公司，资产盘点造册登记租赁时有牛284头，作价190.77万元，约定年租金30万元，租赁押金70万元，租赁期限10年。租赁时，资产总额1156.39万元，负债总额2379.95万元，资产负债率205.8％。固定资产593.56万元，提取折旧116.96万元，净值476.6万元。2016年7月，在张掖市工商管理局注销登记。2020年冬季，因承包人未履行承租合同要将牛出售，农场领导组织全场管理人员及时制止了这一行为，经谈判，阻止销售牛，由农场销售，协议所欠资金全部收回，减少了企业财务风险。2021年6月，甘肃省益大丰农牧业发展有限责任公司法人张太保申请终止租赁，双方在协商的基础上终止了租赁经营合同。

二、牧草分场

2014年，亚盛股份公司投资在甘肃农垦张掖农场投资建设3万头奶牛场，一期建设规模 1 万头。奶牛场在兰州注册，名为甘肃亚盛康益牧业有限公司。为配合奶牛场的建设和投产后饲草料的供给，张掖农场围绕场区周边开垦土地种植树木和苜蓿。农场配合康益牧业面向社会招录牧场管理人员、技术人员和员工，当年招录 37 人。在建设期间，安排招录的一部分员工参与牧场基础建设，一部分员工管理种植区牧草和树木。

2013 年冬季，农场动员全场职工，动用义务工近 1000 人在东山坡坡地捡拾石头，开荒造田。2014 年春季，农场干部职工近 900 多人再次在新开的牧草一区捡拾石头，抢抓时间，于 4 月开始播种苜蓿，拉开种植牧草的序幕。

2014 年，成立牧草分场（图 4-15），安装自走式喷灌机 2 台，共 11 组设备。当年 5 月，牧草一区播种苜蓿 83.73 公顷；2015 年牧草二区安装自走式喷灌机 5 台 16 组，播种苜蓿面积 64 公顷，增加自走式喷灌机 3 台 10 组。2015 年 12 月，康益牧业停建，已建部分由亚盛股份拨付费用交由农场维护，原康益牧业招录的员工统一由农场进行分流安置，牧草分场从康益牧业分离出来，牧草分场现有职工 16 人，其中管理人员 1 人。2014—2015 年，牧草分场种植白杨树林 63.33 公顷。栽植松树林 23.33 公顷。

图 4-15　牧草分场

2016 年 4 月播种苜蓿 32.2 公顷，苜蓿总播面积 179.94 公顷。2017 年种植油用木本文冠果 31 公顷、2018 年栽植红早酥 8 公顷，栽植南果梨 31.07 公顷。作业机械有东方红 454 拖拉机 1 台，运输平板车 3 台、机井 7 眼（表 4-36）。

表 4-36　张掖农场牧草分场历年效益情况

年　份	职工人数（人）	面　积（亩）	亩　产（万千克）	总　产（万千克）	单　价（元）	总金额（万元）	备　注
2014	45	1250	—	—	—		当年没有生产
2015	45	1250	0.136	17.0	1414	2.4	
2016	25	2670	0.257	68.6	1252	8.59	
2017	19	2670	0.390	104.2	1011	105.3	
2018	19	2204	0.409	90.2	1240	11.17	
2019	12	2204	0.382	84.2	1360	11.46	
2020	7	2204	0.414	91.3	1380	12.59	
2021	16	2204	0.224	49.3	1380	6.8	
合　计	—	16656	—	504.5	—	127.06	

第五章 农业机械

　　建场初期，农场使用半机械化、机械化农机具。20世纪80年代以后，农业生产快速发展，农业机械化程度大幅度提高。1995年以后，农业机械化程度进入市场引导和政策扶持快速发展阶段。小麦、玉米等主要粮食作物基本实现机耕、机播、机械收获。2021年，全场农机总动力、拖拉机数量分别是1980年的8.27倍、17.5倍。农机安全生产、农机维修、作业管理等持续健康发展。

第一节 农机管理

一、管理体制

　　1956年，农场成立机耕队，由场长直接管理。机耕队设队长、书记、机务技术员、统计员和保管员。下设机车组，配有车长、驾驶员和农具手。机耕队统管全场机耕作业、机械开荒、农机保养维修、机务人员调配、培训和油材料供应。

　　1964年，四场合并后，老寺庙机耕队改为全场机耕队（山羊堡、林荫、头墩设机耕分队），由团司令部农林股和所在营部双层领导。10月，头墩、林荫2个机耕分队合并成林墩机耕队，山羊堡机耕分队并入老寺庙机耕队。1966年，成立3个营部，每营各设1个机耕队，由团司令部农林股和所在营部双层领导。各营机耕队下设机车组，按农林股下达的机务作业计划，为农业生产连队进行农事作业，从事农田基本建设。1970年，团司令部成立机械股统管全场农机工作。1972—1974年，改为"机农合一"体制。先后撤销各营机耕队，把农机具全部分给各农业生产连队直接管理使用。各农业连队增设机务副连长，下设若干机车组，按本连农业生产计划进行机务作业。"机农合一"体制，有利于机车所在生产单位按本队农时作业计划调车作业，使机车作业与农业生产能够紧密配合，但不利于农机专业化管理，不能提高机车"三率"（完好率、出勤率、时间利用率），因此也不能充分发挥机械效能，成本高，影响机务人员积极性。1975年，撤销机械科，农场生产科设专职机务副科长，在分管机务的副场长领导下统管全场农机工作。1982年夏季，恢复农机专业化管理体制和农机科编制，成立农机服务公司，集中各农业生产队的机车和农具设备，重新组建成 2 个机耕队，受新成立的农机服务公司统一管理，机车实行分片定点作业，对生产队土地实行代耕制。1984 年，农场农机科改组为农机服务公司，原农机服务公司改称农机服务站。2 个机耕队、农机服务站、汽车运输队和农机修造厂，均成为农机服务公司下属单位。1985 年，农场基建专业队机车组分离组建第三机耕队，归农场农机服务公司领导，民乐分场机组由分场管理。1986 年，第三机耕队撤销并入第二机耕队。全面兴办职工家庭农场后，土地由职工家庭农场承包经营，大条田被分割成小块田，不便于机械化作业，使农场统一经营的农业机械效率下降，成本上升，机耕业务下滑，机车经营出现亏损，机务人员收入减少。机耕队为摆脱场内任务不足的困境，实行"面向社会，服务全场"的方针，广开门路以增加收入。由于农机分散经营，削弱了对农机的维护保养，农机性能趋向恶化，作业质量下降。1989 年，农机服务公司改称农机管理站，农机服务站改称农机服务公司。名称改变后，原有隶属关系和业务范围不变。

1991 年 1 月，再度恢复"机农合一"体制，撤销机耕队，农机具固定到生产队，机车实行单车核算，受农机管理站和生产队双层领导，联合收割机和挖掘机由农机管理站直接管理。1992 年，撤销农机管理站，农场恢复农机科建制。全面负责全场农机规划、农机具使用管理，推广先进技术，培训农机人员，修理农机，承担公私营农机安全监理，分配计划用油，办理公有农机具的更新、配套、技术改造和农机设备报废处理等。1996 年 4 月 10 日，农场决定将农机公司和汽车队合并。1999 年 7 月 10 日，经农场研究决定：农田基建专业队与农机修造厂合并成立"农机农田建设队"。2001 年 3 月 6 日，农机经营部转为个体经营。2007 年 8 月，成立农业机械工程公司。至 2021 年，农机维修逐渐私有化，农机监督管理由农场农机科管理。职工张明德率先开办第一家修理铺，管兴政开办第一家个体农机配件门市部，周刚开展农机销售经营。

二、多种所有制经营

1985 年，根据农牧渔业部《国有农场农机管理工作改革方案》，为鼓励支持职工集体或个人经营农业机械、交通运输工具，农场把一些农机具、汽车等作价出售给职工或职工家庭农场经营。从此，改变了农业机械单一全民所有制和农场统一经营的格局。1993 年，生产队机车组集资购买拖拉机，实行集体经营，农场把农具以租赁方式租给机车组使用。机车组与生产队签订代耕合同，实行合同代耕制。农机开始形成农场、集体、个人三种所有制形式并存的农机经营格局。1996 年，农场逐渐将各类农机具作价出售给职工经营。农场只在农机作业时进行质量监督和调度服务。2007 年 8 月，农场成立机械工程公司，先后投资 500 多万元，累计购进大中型农业机械、工程机械和运输车辆 20台（辆）。在平抑机械作业收费标准、提高作业质量等方面作出了贡献，并取得良好经济效益。

第二节　农机装备

一、传统农具

1955 年建场初期，主要沿用旧式农具。

1. **耕地农具**　二牛抬杠犁是张掖地区古老的耕地农具，始于汉代。犁辕挺直，前面有套耕畜的木架，二牛牵引，犁与扶手为一体，犁铧宽大，直接套在犁头上。犁铧有大、小两种，大犁铧主要用于翻地，小犁铧用于播种。新式犁是 20 世纪 50 年代初期使用的一种新式畜力耕地农具。由犁辕、犁体、犁箭和犁柄组成。场内推广使用的有五吋[①]、六吋、七吋步犁，以六吋步犁最为普遍。新式步犁耕的深、沟底平、扶犁轻便、耕深稳定，沟壁整齐、翻土良好。双轮双铧犁：畜引耕地犁。由两个犁和两个行走轮组成；1～3 人操作，2～4 匹马牵引；每天耕地 10～12 亩，耕宽 40 厘米，耕深 16 厘米，适于深耕。

2. **整地播种农具**　有铁锹、锄铲、锄头、方耙、耱、石磙、耧。同时使用推广畜力播种机，由种子箱、排种器、开沟器、行走轮和传动轮组成，用于谷、麦、青稞类种子播种。

3. **植物保护机具**　使用铲、锄单管式喷雾器、手摇喷雾器。

4. **收割脱粒机具**　使用镰刀、摇臂收割机。

5. **清选农具**　主要使用木锹、簸箕、风车、扫把等。

6. **农副产品加工机具**　主要使用石磨、碾子等。

7. **运输工具**　主要有手推车、架子车、木轮大车、胶轮大车等

二、现代农机具配备

1. **资金来源**　1984 年前，大中型农机具都由国家或省财政拨款购置，国营农场的基

---

① 英寸旧时作吋，1 吋＝2.54 厘米。——编者注

本建设投资由上级统一订购并无偿分配使用。1985 年，国家对国营农场基本建设投资实行"拨改贷"制度，不再有农机具设备专项投资。农机具由企业自筹资金购置，自筹资金来源主要有农机具设备折旧留成、农机具大修留成结余、财务包干结余、利润留成和农机具作价处理收入等。

2. **农机配置标准** 1964 年，农建十一师规定，每 666.7 公顷耕地配备拖拉机 8～10 个标准台，166～200 公顷谷物配备联合收割机 1 台。1978 年，甘肃省农垦局参照农牧渔业部农机配备定额，规定省内国有农场每 666.7 公顷耕地配备大中型拖拉机 5～7 台。

三、农机具配备

1. **进口农机具** 1955 年建场时，调入的链轨拖拉机有苏联制纳齐 2 台、轮胎拖拉机美制卡斯威路（10 马力）1 台、汽车东德制依发 3.5 吨载重运货车 1 辆。之后，农场购置配备的拖拉机全部由苏联和东欧国家进口，型号繁多。链轨式拖拉机 5 台，有苏联造 AT3、匈牙利造 DT-413、东德造 KS-07 2 台、波兰造 D-50 轮胎拖拉机 4 台，有捷克造 2-50、2-352-25K 和罗马尼亚造 UTOS-2 谷物联合收割机，苏联造牵引式 C-6 型和匈牙利造自走式 AC-400 型，进口马铃薯挖掘机 1 台。机械牵引农具有 5 铧犁 6 台、三铧犁和双铧犁各 1 台；48 行播种机 5 台、24 行播种机 5 台；41 片圆盘耙 2 台、28 片圆盘耙 3 台、V 型镇压器 4 台、钉齿耙 6 台；精选机、脱谷机、拖车各 1 台（辆），均为苏联、波兰、捷克制造或仿制。由于机型多而杂，机引农具不配套，缺少维修零件，修理困难，加之管理人员和驾驶人员都是新手，机械完好率和出勤率都很低。

1962 年，共有拖拉机 9 台，机械技术状况很差，其中二类占 31％，三类占 54％，四类占 15％；机引农具 43 台，能用的 23 台，占 53％，马铃薯挖掘机不能用，汽车、拖车技术状态都是二类。

2. **国产农机具** 1964 年，四场合并后，拖拉机增加到 18 台，其中有 3 台是国产东方红-54。军垦时期农建十一师调入的农机具皆为国产。拖拉机型号有东方红-75、东-60、东-28、铁牛-55，平田机械有大型平地机、铲运机、推土机、开沟犁、复埂器、悬挂刮土板等，耕作整地机械有液压重型五铧犁、悬挂三铧犁、双铧犁、缺口重耙、圆盘耙、V 型、环型镇压器，悬挂钉齿耙，机引中耕器、畜力小铁犁、中耕器等，播种施肥机械和植保机械也配套齐全，收获机械有康拜因收割机和割捆机、集草车、场上脱谷机、扬场机配套；修理检测加工设备有齿轮车床、氧焊设备、连杆纠正仪、空气锤、喷油嘴试验台、空气压缩机等，大大提高了机修能力，还配置副业加工设备面粉机、碾米机；畜牧机械剪羊毛机、粉碎机、铡草机；基建机械搅拌机、振捣器和各种动力机械、发电机组、水利排灌机械、运输拖车等。当年，机修连大搞技术革新，试制成功氨水施肥机、三合颗粒肥料机、玉米脱粒机及多种平田、中耕、脱谷机械，还试制成功锯床、磨床、直流点焊机、筛砂机等修造机械。各项机械装备渐趋完善，大面积开荒造田实现机械化、机耕作业由6项增加到25项，田间作业综合机械化程度达到70%。

1974年，淘汰DT-413、Z-502-35、Z-25K、UTOS等进口机型13台，拖拉机全面实现国产化。1975—1983年，上级调拨和农场购置、更新的农机具有大中型拖拉机21台、联合收割机6台、丰收-2卧式玉米收割机5台，小麦、玉米收获实现机械化。农机修造厂研制成功玉米中耕除草施肥机、喷雾灭草器、小麦茎秆切割装置，畜牧机械青饲料打浆机、双滚筒粉碎机等，农田机械化综合水平提高到80%。1984—1995年，转换农机经营机制，农业机械投资主体逐渐由国家转向企业、集体、职工私人自筹，资金投向也由原来计划决定转向需要什么买什么，使机械化由国家推动变成以效益作动力。根据生产需要，农场先后购置1065联合收割机1台、籽瓜铺膜机5台、悬挂式籽瓜脱粒机22台、大苗植树机1台、W4-60型挖掘机1台、DT-75型进口拖拉机4台、播种机5台、12片悬挂圆盘耙1台，对部分机引农具进行更新。1993年，农机具新旧比由3:7上升到6:4。农机修造厂试制成功的农机具有籽瓜点播机、籽瓜开沟铺膜机、籽瓜脱粒机、种子包衣机，并与场农机科联合研制成功L-80型甘草挖收机，增强了农业后劲。1993年，全场有大中型拖拉机34台（公有16台，私营18台），链轨式23台，轮式11台，有私营小型拖拉机28台，农业机被总动力3821千瓦，其中公有888千瓦，私有933千瓦，机械化装备按公有拖拉机计算，每173亩耕地拥有1台拖拉机，平均6.17亩耕地拥有农业机械动力1千瓦，1995年，全场共有农机固定资产原值280.38万元，固定资产净值193.7万元。农场委托农机修造厂经营挖掘机和联合收割机。由砖厂、民乐园艺场、农业7队各自经营的有大中型拖拉机5台，其余农机具大多已作价卖给职工经营，未作价处理的场有配套机引农具，实行职工租赁使用。

1996—2004年，农场职工家庭中均购置有各类小型农机具，部分大、中型农机具也由职工独资或合资购买后自行经营，农场只在农机作业时进行质量监督和调度服务。2007年8月，农场成立机械工程公司，先后投资500多万元，购进大中型农业机械、工程机械和运输车辆20台（辆）。2006—2021年，随着农场职工收入逐渐增加和农机购置补贴的推行，部分大、中型农机具也由职工独资或合资购买后自行经营，农场只对作业质量、收费标准和进度进行监督（表4-37、表4-38、表4-39）。

表 4-37　张掖农场 1965—2021 年农业机械总动力统计

年份	农机总动力（千瓦）	年份	农机总动力（千瓦）	年份	农机总动力（千瓦）
1965	1154	1984	4751	2003	5863.00
1966	1298	1985	3506	2004	6154.51
1967	1341	1986	4943	2005	6745.83
1968	1396	1987	4510	2006	6745.83
1969	1466	1988	5289	2007	8903.00
1970	1185	1989	5540	2008	9899.00
1971	1413	1990	5171	2009	11654.00
1972	1285	1991	52963	2010	11801.00
1973	1085	1992	4470	2011	13217.00
1974	1294	1993	3821	2012	14201.00
1975	2602	1994	3389	2013	14722.85
1976	2001	1995	4588	2014	16333.85
1977	2303	1996	5913	2015	23828.54
1978	2254	1997	5915	2016	25392.95
1979	3967	1998	6123	2017	25880.32
1980	3880	1999	6240	2018	26679.25
1981	4523	2000	7151	2019	26679.25
1982	5073	2001	7481	2020	30499.41
1983	4883	2002	6596	2021	32098.70

表 4-38　张掖农场机械装备统计

年份		大中型拖拉机（台）		小型拖拉机（台）	机引配套农机具（台）	农田基建机械（台）	收获机械（台）	场上作业机械（台）	半机械化农具（台）	林业机械（台）	畜牧机械（台）	排管机械（台）	农副产品加工机械（台）	植保机械（台）	运输车辆（辆）	
		合计	链轨式	轮轮式											运输汽车	拖车
1963		9	5	4	—	35	—	3	2	3	—	2	14	1	—	1	1
1974		10	8	2	—	81	6	3	4	31	—	5	8	6	3	5	7
1982		27	14	13	7	89	20	11	39	13	1	20	44	10	6	12	23
1983	合计	34	23	11	28	129	32	3	30	1182	—	33	38	16	5	20	46
	公有	16	16	—	—	77	25	2	30	430	—	20	—	15	4	17	7
	私有	18	7	11	28	52	7	1	—	752	—	3	31	1	1	3	39
1995	合计	22	16	6	44	132	16	6	26	1346	—	8	31	30	5	22	46
	公有	5	5	—	—	70	9	1	26	—	—	—	31	12	4	10	6
	私有	17	11	6	44	62	7	5	—	1346	—	8	—	18	1	12	40

表 4-39　张掖农场 1996—2021 年主要农业机械一览

年 份	农机分类						
	农机总动力（千瓦）	大型拖拉机（台）	小型拖拉机（台）	收割机（台）	播种机（台）	铺膜机（台）	载重机车（台）
1996	5913.00	25	67	5	14	4	11
1997	5915.00	27	67	5	16	4	11
1998	6123.00	29	67	6	24	9	11
1999	6240.00	33	88	6	18	4	11
2000	7151.00	34	88	6	19	4	13
2001	7481.00	34	93	6	25	12	13
2002	6596.00	34	93	6	21	4	13
2003	5863.00	34	93	6	21	4	13
2004	6154.51	34	93	6	21	12	13
2005	6745.83	38	93	6	21	12	13
2006	6745.83	38	93	6	21	12	13
2007	8903.00	45	96	6	49	4	13
2008	9899.00	50	96	6	49	4	13
2009	11654.00	53	96	6	49	16	13
2010	11801.00	55	96	6	49	16	13
2011	13217.00	153	53	6	49	16	33
2012	14201.00	167	53	10	51	18	33
2013	14722.85	181	53	10	51	18	33
2014	16333.85	167	167	12	56	18	33
2015	23828.54	313	236	12	187	101	12
2016	25392.95	353	236	8	197	101	12
2017	25880.32	362	236	8	197	101	12
2018	26679.25	369	236	11	198	102	47
2019	26679.25	369	236	11	198	102	35
2020	30499.41	439	236	15	142	118	28
2021	32098.70	474	236	17	174	117	22

3. **机引农机具**　建场到 1996 年，机引农具总动力达 5913 千瓦，有大型拖拉机 25 台、小型拖拉机 67 台、收割机 5 台、播种机 14 台、铺膜机 11 台。按照第二次全国农业机械化会议要求，1971—1972 年，建设农机修造厂 1 个，区内使用的部分机引农具、农副产品加工机械由本区生产。至 2021 年，机引农具总动力达 32098 千瓦，有大型拖拉机 474 台、小型拖拉机 236 台、收割机 17 台、播种机 174 台、铺膜机 117 台。2021 年农机具总动力是 1996 年的 542 倍，大型拖拉机数量为 18.95 倍，小型拖拉机数量为 3.52 倍。

第三节　农机制度建设与管理

一、制度建设

1962 年，实行"四包一奖"生产承包责任制（包任务、包质量、包油耗、包费用，超产节支受奖）。1964 年，实行"双三定一核"责任制（定机车、定人员、定任务，对机务人员实行定岗位、定责任、定工作量，以加强单车核算），建立干部跟班、顶班劳动制度。1981 年，机车组实行"五定一奖"责任制（定机具、人员、任务、油料消耗、费用，超产节支受奖），加强单车核算，农业生产与机械作业挂钩，因机械作业不当造成减产者，以所占减产原因比重由车组负责赔偿损失。

1989 年，农机实行分片定点作业，全面实行代耕制和作业质量验收制度，对不合格作业实行返工或赔偿。1993 年，实行车组承包、定额上交、单车核算、自负盈亏的经济责任制。

二、定员、维修与配件管理

1. **机组定员配备规定**　链式拖拉机带液压的 4 人，不带液压的 5 人。轮式拖拉机东方红-50 和铁牛-55 为 3 人，东-28 为 2 人，手扶拖拉机 1 人，康拜因 2 人，载重汽车 2 人，座机 1～2 人，发电机组 1～3 人。

2. **拖拉机大修**　间距按耗油量、作业时间或作业量（标准亩）确定（表 4-40）。

表 4-40　大修间距时间规定

机　型	耗油量（千克）	工作时长（小时）	工作量（标准亩）
东-75	48000	5000	60000
东-54	38400	5000	48000
铁牛-55	32400	5400	46200
东-28	13500	5000	27000

3. **配件使用**　拖拉机配件使用年限作了规定，按时进行更换（表 4-41）。

表 4-41　张掖农场拖拉机主要配件使用年限规定

品　名	使用年限（年）	品　名	使用年限（年）	品　名	使用年限（年）	品　名	使用年限（年）
机　体	12	磁电机	9	各种轴承	3～5	大帆布输送带	3
曲　轴	10	缸　盖	6	轮　胎	3～5	蓄电池	2

（续）

品　名	使用年限（年）	品　名	使用年限（年）	品　名	使用年限（年）	品　名	使用年限（年）
大　梁	10	大　灯	6	各种齿轮	3～4	活　塞	2
后大轴	10	变速箱	6	元宝梁	5	链轨销	1
专用工具	10	后桥壳	6	引导轴轮	5	汽车轮胎（新）	—
高压油泵	9	交流发电机	6	普通工具	5	汽车轮胎(翻新)	—
引导轮	8	马　达	6	水箱芯子	5	—	—
连　杆	8	化油器	6	水温表	3		
链轨板	2	颗粒输送带	6	油压表	3		

4. **农机具**　由所在单位建立账簿、登记卡，固定使用责任到人。按机务规章，对机车、农具、设备进行操作、使用、保养、维修、保管，经常保持农机设备的完好状态。

5. **机械报废**　机械报废必须经相关人员研究后填写《申请报废表》报农场，经上级批准后生效。1993年《农机管理制度》规定：国营农机设备的更新、报废、调拨、转让、租赁由使用单位上报农机科统一办理，报废农机设备不经批准，任何单位和个人不得擅自处理。

三、技术保养

技术保养坚持"防重于修，养重于修"的原则。建立车组地头交班，双班定位分工保养责任制度。动力机械设备的每个部位，严格按保养周期和规程进行技术保养并勤检查，机具必须做到"五净"（油、水、空滤、机器、工具干净），"四不漏"（不漏油、水、气、电），"两不准"（不准对机器各部件乱拆乱卸，不准对有铅封的精密部件擅自拆卸调整，需要调整时由领导指定专人进行），"六封闭"（封闭柴油箱口、汽油箱口、机油加注口、机油检视口、汽化器、磁电机），"一完好"（技术状态良好）。农具做到"三灵活"（操作、转动、升降灵活），"五不"（不松动、不锈、不钝刃、不缺件、不变形），"一好"（技术状态好）（表4-42）。

表 4-42　张掖农场 1977 年拖拉机各型号技术保养周期

保养号	按主燃油消耗量（千克）			按工作时长（小时）	
	东-75	东-54	东-28	铁牛-55	手扶拖拉机
1 号	600～700	500～600	400～480	50	50
2 号	2400～2800	2000～2400	1200～1400	150	500
3 号	7200～8400	6000～72300	4000～4800	300	1500～1600
4 号	14400～16800	12000～14400	—	900	—

1993年，《机务管理规定》拖拉机按耗油量执行"四号五级"保养制度。历年来，以"三净"（油、水、空气）工作为中心，实行按时、按号、按技术状态进行保养，提高机车的出勤率和完好率，降低成本，对确保农时、适时耕种起到了一定的保证作用。

四、"三库一场"建设

在机务区加强三库（机具库、零配件库、油料库）一场（农具停放场）建设。三库面积：初建时为 280.5 平方米，军垦管辖时期为 1505 平方米，张掖地区管理时期为 1734.8 平方米，甘肃省农垦管理时期为 1472 平方米。根据农机标准化要求，三库皆为砖木水泥挂瓦结构。三库都有专人管理，防火安全设施齐全。油库严密防尘，四周绿化，油料净化，工具整洁，密封加油，无渗漏，定期清洗，计量准确，账物相符，废油回收，分类保管；零件、材料库干燥整洁、通风良好，零件有货架、分类保管、摆放整齐、不锈不腐、账物相符、货签清楚；农具停放场地势高，干燥平坦，冬无积雪，夏无杂草，四周绿化，有排水沟，有围墙，有农具安装平台，农具用后除尘涂油垫支，摆放整齐。

五、技术、作业指标

为充分发挥机械作用，调动机务人员积极性，制定机务技术管理指标作为考核和奖罚的依据。1971 年，规定拖拉机完好率 95％，出勤率 90％，时间利用率 95％，平均标准亩耗油 0.7～0.8 千克，平均标准亩成本 0.85 元以下，标准台小时工作量为 3 标准亩。1973 年，兰州军区生产建设兵团规定：东方红 54/75、铁牛-55 等 5 种拖拉机每标准台年作业定额为 9000 标准亩、东 28 每标准台工作定额为 8000 标准亩，联合收割机每台工作定额 2800～3000 亩。1977 年，农场对技术指标作了调整，拖拉机年出勤班次 460 个，作业时间 2000 小时，每标准台 7000 标准亩，耗油 0.65 千克/亩、成本 0.8 元/亩以下，出勤率 85％。车辆完好率 85％，工作效率 80％，日行 200 公里以上，完好日 310 天，工作日 250 天，空车回程 50％。1980 年，农业机械部要求全国拖拉机每马力完成 250 标准亩。1989 年，根据《甘肃省国有农场农业机械管理标准化》的精神，农场规定全年农业机械技术指标为：机车完好率大于 90％，出勤率轮式 300～400 班次，链轨 220～250 班次，班内时间利用率大于 85％。康拜因收割机在收割作业中，每天连续作业大于 12 小时，机车工作量为每标准台完成 8000～10000 标准亩。

六、安全生产和安全监理

安全生产列入《机务规章制度》，各车组设立安全员，加强安全宣传和农机监理，机务主管部门对所有机务人员进行安全教育，定期开展查思想、查纪律、查制度、查措施、查领导责任。开展群众性安全无事故活动，消除粗心大意、盲目蛮干、违犯操作规程等无组织无纪律和不负责任的现象。每个阶段作业前，对作业人员进行安全教育，抓住重点和关键点，深入检查、定期评比，发现隐患、立即处理。汽车、拖拉机严禁无照驾驶。严格执行"三不超"（超负荷、超高、超宽），"四查"（查刹车、查照明、查转向、查桥梁），"九慢"（倒车慢、会车慢、转弯慢、下坡慢、通过街道村镇慢、穿过公路铁路慢、道路不好慢、刮风下雨慢、视线不清慢），"十不准"（不准无照、休息不足、酗酒的人开车，不准乱拆乱卸，不准助手1人开车，不准开车中麻痹大意，不准寒冷季节不放水，不准带小孩工作，不准下坡时挂空挡滑行，不准不分情况开快车，不准驾驶室多坐人，不准把车给别人开）。如发生翻车、捣缸、烧瓦、断曲轴、冻裂缸体等机械损坏事故或火灾和人身伤亡，必须及时报告，采取措施进行防止，查明原因并进行处理。

20世纪80年代，在发展农机公有、集体、私有多种所有制的形势下，机车增多，无证驾驶、带病作业的现象突出。为预防发生机务事故，农场建立农机安全监理机构。加强农机安全监理工作。1985年，农机公司设专职安全监理员。在当地交通农机安全监理部门指导下，负责全场交通、农机安全监理，对车辆驾驶员严格技术考核和机具审验。1986年，农场对安全监理作出五项规定。

（1）为做好安全监理工作，每季度巡查1次，查安全、查技术、查作风、发现问题及时纠正。

（2）不断提高驾驶员的技术水平，保持车辆状态。

（3）参与上级部门的安全路检，协助处理交通事故。

（4）根据上级规定，结合农场具体情况进行驾驶人员的培训和考核，以提高操作水平和技术能力。

（5）对私营车以队为单位，3台以上者成立安全组，不够3台者和邻近队合并，推选安全组长1人，负责安全、宣传、教育、检查。

1992年，场内农机安全监理由农机科负责，农机科对全场所有农机设备定期进行检查、审验、考证，并进行培训及事故处理。

七、农机修理

1955年，有农机修理工1人；1956年，成立修理组，有修理工5人，设备只有锻工烘炉1座、手工工具数件。建场初期，农机都是进口，拖拉机牌号多而杂，使用、修理、零件配备困难。修理设备简陋而修理任务大，损坏的机车、农具必须到张掖农机厂等外单位承修，修理时间过长，费用增大，不能按时修好投入农业生产。

1965年，修理组扩建为保养间，1968年，保养间更名机修连。军垦时期加强了保养间和机修连厂房和农机检修设备建设。1969年，机修连已有调泵、喷漆、锻、铸、钳、车、刨、修理、焊、木模等工种，已具有拖拉机修理和一般农具制造能力，能较好地落实农机管理规章，对各农机具进行按时保养维修。

1970年，用国产设备改装进口拖拉机DT-413三台、UTOS-2一台、Z-35一台。

1971年，建立健全修理网点，以机修连为中心，在一、三营部建立保养间，以保养为主、保修结合。

恢复农垦体制以后，机修连改称农机修造厂，厂房和修造设备得到加强。上级调配齿轮车床、油电系统精密检测设备和精密搪床、磨床、铣床等设备。重要的检测维修设备有33台（件），成为多工种、检测手段较齐全的，达到拖拉机大修水平的农机修造单位。修造厂面向生产，加强"三线一队"（修理线、旧件修复线、配件生产线、田间巡逻修理队）建设，实行随到随修，努力提高修理维修质量，并为附近农民修理各类农机具。

1995年，全场共有农机具修理网点3处，其中一级点（能大修）1处，从业人员21人，二级点（能小修）1处，从业人员3人，三级点1处（能高保），从业人员2人。拥有主要修理设备19台（件），其中金属切削锻压设备6台，修理专用设备6台，修理试验设备3台，还有其他设备4台。1年内共修复农机具40台、内燃机2台、汽车15辆。

八、技术培训

机务人员培训主要采用办专业培训班和以师带徒、跟班培训两种方式。冬季由主管部门举办农机培训班，采用集中培训的方式，进行现场检修学习，在理论与实践的结合中提高农机人员素质。通过农机培训，要求农机人员必须满足"三懂"（懂机具构造、性能、原理）、"四会"（会操作、会维修、会保养、会排除故障）的要求，能够严格执行机务规章制度、规范操作农机具。

1995年前，先后培养驾驶人员250人次，用以师带徒的方式培养机务人员150人次。1994年冬，农机科举办机务人员培训班，集训机务人员66名，其中科级管理干部1名，拖拉机驾驶员32名，汽车司机17名，修理工16名。1989年，农场中学办二年制的职业高中班，培训农机人员17名。

农场存在农技机人员技术差、安全生产知识缺乏等问题。2018—2020 年，甘州区农机监理站、农场、社区联合组织对农场农机人员进行了二期培训。2018 年 11 月 13 日，培训农机人员 61 人，对农机驾驶员科目、农机安全生产知识等进行培训，并于 15 日在甘州区党校进行了考试，通过率 100%。2019 年 1 月 8 日，对农场 157 名农机驾驶员进行驾驶员科目、农机安全生产知识等培训，1 月 9 日—1 月 11 日对驾驶员进行了拖拉机驾驶培训，1 月 14—15 日通过 2 天考试，全部合格，通过率 100%。

2019 年 4 月，民乐分场 15 名驾驶员参加民乐县农机监理站举办的驾驶员培训，全部取得了驾驶执照。

2021 年，持证上岗农机驾驶员人数 264 人（有效）。2018 年，参加培训考试发证人员 69 人；2019 年 1 月，二期培训考试发证人员 157 人。民乐分场参加地方考试取得驾驶证 15 人。

九、档案和统计

农场规定：拖拉机、联合收割机、汽车、内燃机等动力机械，必须准确地填写班次及工作日记；各种农业机械及修理设备都建立技术档案及卡片；修理要有鉴定检测记录；技术档案有专人负责保管。农机统计资料必须做到及时、准确、全面、清楚，并按规定及时汇总上报。

第四节　农机作业

建场初期，机械作业只有春耕、伏秋翻地和播前耱、耙及机播等几项。1960 年，平均机械化程度为犁地 78%，耙地 112.7%，耱地 55.5%，播种 62.5%。联合收割机主要用于小麦脱粒。1963 年，农业机械化程度为耕地 98%，播种 90%，施肥 62%，小麦收获 2%，小麦脱谷 92%。1964 年，贯彻机务规章，以"农时第一、质量第一、产量第一"为基础，开始实施田间标准化作业。1965 年，实行机械开荒、平田、开沟、扶埂，小麦实行化肥条施、深施、苗期耙地等作业，玉米、甜菜推行机力中耕除草。全面推广犁后带耙、耙后带耱、播后带扶埂、实行种压耱等八项复式作业，提高了机械效率与作业质量，康拜因收割小麦 176.86 公顷，比上年增加 10 倍。1967 年，农场对基本建设和田间机械作业质量和折合系数作出规定（表 4-43）。

表 4-43 张掖农场基建机械作业质量和折合系数

顺序	作业项目		作业质量（厘米）	自然亩耗油（千克）	折合标准亩系数	备 注
1	耕一般荒地		23～25	1.12	1.40	碱地和荒地
			20～22	0.96	1.2	
			17～19	0.80	1.0	
2	耕老苜蓿地、重草生荒地		23.25	1.28	1.6	3 年以上苜蓿地
			20～22	1.12	1.10	
3	41 片圆盘轻耙、耙一遍		8～12	0.18	0.28	—
4	铁耱子平地		—	0.30	0.40	
5	平埂（每百米）		—	—	0.35	高 0.4 米老埂
6	反向犁打纵埂（每百米）		高 40	0.19	0.25	
	反向犁打横埂（每百米）		高 40	0.20	0.30	
	用开沟犁开沟（每百米）		—	0.22	0.30	
7	运输	3 千米以内按小时计算	—	—	—	每小时每标准台 3 个标准亩
		3～5 千米以内	—	—	0.40	
		5～10 千米以内	—	—	0.30	
		11 千米以上	—	—	0.18	载重汽车按吨公里计算

注：平地机、"东方红"或"TD-413"拖拉机牵引平地时，按普遍刮一遍按铁耱子平地计算，即每自然亩折 0.4 标准亩，若局部平整按小时计算，但必须刮高包填低处。

一、田间作业

非中耕作物按耕 2 次（深 22～27 厘米，按 2.4 标准亩折算），耙 2 次（折 0.56 标准亩），播种带筑埂器（折 0.36 标准亩），施肥 2 次（折 0.48 标准亩），镇压 2 次（折 0.28 标准亩）。苗耙 1 次（折 0.12 标准亩），收割 1 亩折 1 标准亩，共计 5.2 标准亩。

中耕除上述作业外，再增加中耕 2 次折 0.5 标准亩，中耕开沟 1 次（折 0.3 标准亩）、运输（折 2 个标准亩），共计 8 个标准亩。

二、农田机械作业质量要求

1. **耕地作业** 要求适时耕作、深浅一致、翻垡良好。作业时要区划地头线、采用合理的作业法，耕到地头地边。地面平整、无沟垅、不漏耕，开闭垅要少并逐步交替，覆盖严密，达到直、平、深、净、齐、碎、松的要求。

2. **整地作业** 要求达到适时、保墒、平整、松碎、不漏耙，无残株杂草，因地制宜实行对角作业。

3. **播种作业**　要求适时播种、播量准确、下籽均匀、深度适宜、播行要直、行距一致、播到地头地边、覆盖镇压良好、无浮籽碎籽、断条缺垄。中耕作物播前应先打起落线，插好标杆，播种时由熟练的机务人员驾驶，并安装划印器，播行笔直整齐。采用播种、施肥、镇压、耙耱复式作业。

4. **中耕作业**　要求适时适深、土壤松碎，干净无草，不伤苗，不压苗，不铲苗，不埋苗。

5. **收获作业**　要求适时、迅速、不掉穗、不漏粒、不漏割，脱粒干净，破碎率不得超过2%。谷物收获，要切碎秸秆还田。

三、农机作业的发展

1971年，贯彻农建十一师《机务规章》实现精耕细作，适时、优质、高效、低耗、安全作业。建立车组自检、互检和领导与群众相结合的作业质量评比验收制度。当年还在全场首次用农药2，4D-丁酯进行化学灭草的机械喷雾作业，灭草综合效果达86%。1977年，基本实现麦类作物收割机械化。1978年，玉米播种采用打起落线、树标杆，安装划印器等措施，使玉米播行笔直整齐，便于机械中耕作业。1979年，实现玉米机械收获和秸秆还田机械化。1984年，采用机械植树造林，每班次可植树16000株，成活率85%；实现了作物机收后秸秆粉碎还田机械化和籽瓜机械化铺膜种植。1989年，实行排碱渠清淤，以及籽瓜开沟、铺膜、播种、脱粒、种子包衣和甘草挖收等作业机械化。1995年，实现药材中耕施肥机械化（表4-44）。

表4-44　张掖农场拖拉机主要纯田间作业量统计

年　份	在册总面积（亩）	耕地			耙地		播种			中耕			收获			
		实际机耕总面积（亩）	占耕地面积（%）	机耙面积（亩）	占耙地面积（%）	实际总播面积（亩）	机播		中耕作物面积（亩）	机械中耕		总收获面积（亩）	机械收获			
							面积（亩）	占总播面积（%）		面积（亩）	占中耕作物面积（%）		面积（亩）	占总收获面积（%）	占麦类作物机械收获面积（%）
1956	5530	4832	87	5330	96	5330	7325	137	360	—	—	3242	—	—	—
1962	5616	4273	76	5500	98	5616	4278	76	308	—	—	3153	—	—	—
1973	25900	21055	81	21055	81	21055	20958	100	1219	300	25	19805	2458	12	19.1
1974	29755	23359	79	23589	79	24214	23859	99	2502	2117	85	23319	2370	10	18.0
1982	22759	16071	71	16071	71	16071	12321	77	5807	2995	52	17757	5794	33	66
1985	22563	9650	43	11476	51	18948	11198	59	9127	650	7	19988	4700	24	64
1986	22363	14091	63	11904	53	17883	11634	65	9863	200	2	19373	4939	25	79
1987	22363	17353	78	12712	57	18127	10611	59	9581	—	—	20717	3900	19	77

（续）

年份	在册总面积（亩）	耕地		耙地		播种			中耕			收获			
		实际机耕总面积（亩）	占耕地面积（%）	机耙面积（亩）	占耕地面积（%）	实际总播面积（亩）	机播		中耕作物面积（亩）	机械中耕		总收获面积（亩）	机械收获		
							面积（亩）	占总播面积（%）		面积（亩）	占中耕作物面积（%）		面积（亩）	占总收获面积（%）	占麦类作物机械收获面积（%）
1988	23984	19600	82	19107	80	19107	16894	88	8072	—	—	20358	6000	29	99
1991	23984	17500	73	17500	73	23108	17500	76	7635			24364	8418	35	100
1992	23984	18800	78	17500	73	22374	14400	64	4615			23632	6226	26	100
1993	23984	23530	98	20979	87	20979	13760	66	3939			22245	8200	37	100
1994	23984	18400	77	23224	97	20979	17639	84	4106			—	8580	—	100
1995	23984	21445	89	24424	102	21445	18337	86	7783	3100	40	20043	5426	27	100

第五节　农机修造厂

1976年，改名为农机修造厂。张掖农场农机修造厂前身是农场机耕队的保养车间。1969年，迁址扩建为机修连，占地1970平方米，有职工68人，厂房面积1236平方米。主要设备有车床3台、刨床1台、钻床2台、60千瓦发电机组1套、电焊机、空气压缩机、镗缸机、冷磨床、空气锤及机车检测设备等，设有锻工、铸工、钳工、车刨钻工、修理、电工、电焊、木模等车间，具有农机保养以及中、小修和制造一般机引农具的能力。

1979年，甘肃省农垦局和张掖地区农垦局决定由国家投资，增配设备，在农机修造厂基础上扩建成县级农机大修厂，承担农垦张掖地区各农牧场拖拉机、汽车大修任务。1980—1981年，农机修造厂另选厂址，占地25984平方米，新建厂房1568平方米，增加金刚镗床、万用铣床、曲轴磨床、油泵试验台等大修设备，具备农机大修能力。但张掖地区各农场自行安排农机大修，使农机大修厂机修规划难以落实。1985年以后，由于机车送修任务大量减少，修造厂紧缩机构、减少工种、裁减人员，大部分修理设备封存。在完成本场农机维修和各项农机具制造任务的同时，利用技术优势承揽场外酒花烘烤等机械加工、维修、安装工程，超额完成产值利润指标。1985—1995年，农机修造厂仿制、研制或联合研制并已投入生产的主要机械设备有：籽瓜开沟、铺膜、点播、脱粒的成套机械，有种子包衣机、甘草采收机、百号中耕施肥机等，为提高机械化生产水平，服务农业发挥了一定作用。1995年，农机修造厂共有职工21人，有固定资产原值52.3万元、流动资产共24.10万元。全年营业收入26.83万元，实现利税10.85万元（含税金0.13

万元），全员劳动生产率 12776 元/人，人均创利税 5167 元。1997 年 10 月，汽车运输队从农机服务公司分离，并入农机修造厂。1999 年 7 月，基建专业队与农机修造厂合并后为农机农田建设队。

第六节　农机服务公司

农机服务公司的前身是 1966 年成立的农场直属机务库房。1982 年，机务库房改组成农机零配件采购供应组，隶属于新成立的农机服务公司管理。1985 年，农机采购供应组扩建成立农机服务站，面向市场，实行商业性经营，独立核算、自负盈亏，农机服务站与洛阳拖拉机厂签订联营合同，代销"洛阳拖拉机"零配件及材料，年销售额达 39 万元。

1989 年贯彻《关于清理整顿各类公司的决定》精神，经张掖市工商行政管理局批准注册，主要与洛阳拖拉机厂联营销售零配件，兼营农场农机及燃油、拖拉机、农用三轮车、汽车零配件、二类机电产品、机械油料等，实行批零兼营，代购代销等商业业务。公司营业占地 1100 平方米（营业用房 560 平方米，仓库 540 平方米），在张掖市区设有 2 个机电门市部。

1991 年，在巩固与洛阳拖拉机厂联营关系的基础上，广泛开拓市场，经营"洛阳拖拉机"农机配件，南京"金蛙"农用三轮车和潍坊小四轮拖拉机率先在张掖电视台做宣传广告，组织宣传队伍赴各县区市宣传农用机械，销售覆盖内蒙古、青海、酒泉、靖远等省、市、县。

1995 年，有职工 12 人，固定资产 16.13 万元，流动资产 172.39 万元。经营收入237.98 万元，实现销售利润 3 万元。先后在张掖地区率先销售南京"金蛙"和安徽"飞彩"牌农用三轮车。

1997 年 5 月 23 日，农机服务公司更名为甘肃省张掖绿色食品实业开发总公司农机服务站，经理李荣耀、副经理周刚。之后，设立张掖城区销售中心，因农机市场萎缩，竞争加剧，生产厂家的营销策略不断调整，致使农机服务站效益严重下滑。

2000 年 9 月，在职职工 11 人，管理人员 4 人，职工 7 人，离退休人员 7 人，资产总计 177.22 万元，其中流动资产 176.31 万元，固定资产 9024 元；共有负债及所有者权益177.22 万元，流动负债 216.43 万元，所有者权益－39.22 万元，负债率为 122.13%。农机服务站在过去资金管理较乱，服务中心、一部、二部、场区各网点都进行现金的收支，致使资金管理漏洞百出，管理制度不健全，管理部门的指导、监督不力，人员安排随意，既开票又收款。库存配件积压严重，资金占用较大。由于缺乏对市场的调查和预测，盲目购入质量低价格高的配件，且淘汰机型配件较多，变现困难，企业流动资金短缺，制约了经济的发展。农机服务站成立专门的清欠小组，制定出具体的实施方案，抓紧对债权债务的催收，对于职工挂账和承包门店欠款由当事人写出书面还款计划，由服务站督促缴纳，对挂账户除发给必要的生活费外，其余一律扣抵欠款。2002年以后，农机公司留守人员，管好现有资产，积极回收欠款挂账，库存根据市场进行处理，盘活资金。

2015年8月在张掖市市场监督管理局注销登记，库存零配件封存。

第七节　机械公司

农机现代化有力支持农业现代化和农业新技术的推广应用，加快科技成果的转化、普及。2007年，农场投资500多万元，先后购进大中型农业机械、工程机械和运输车辆20台（辆）。公司下设小车队和农用机械队。聘任刘照静为经理、任命王宪章为书记，管理人员4人。职工23人，2007年8月至2012年3月，刘照静负责经营，2012年，宋世江负责经营，2013—2017年，李生福承包经营。

一、机械装备

主要装备有：50装载机2台、挖掘机、自卸车、福田拖拉机5台、新疆翻转犁5架、半挂牵引车2台、播种机4台，小型挖掘机4台、进口割草机1台、国产割草机2台、国产打草机3台、旋耕机5台、环形镇压器4台、41片圆盘耙4台等。

二、经济效益

2007年机械公司主要完成山坡药材基地的犁地和防洪设施的加固和场内少数工程。

2008—2012年，累计犁地26531.96亩，山坡地特药基地耙地18000亩，四队以东开荒390亩（外面雇车开荒1370亩），二队复平土地350亩，复垦土地5300亩，三队复平土地370亩、犁地740亩、耙地740亩、播肥料、播种740亩，秸秆还田、收割苜蓿7200亩，苜蓿、玉米秸秆打捆7200亩，拉运沙石料104944立方米，挖沟20多公里，平整林带128亩，平整道路5.5千米。累计经营收入1317.80万元，实现利润154.17万元。

2008年4月，购置两辆半挂车投入运营，主要承担运送农场番茄酱厂生产的番茄酱，当年效益显著。2009 年，全年实现营业收入 247 万元，实现利润 12.6 万元。2010
年，在农场畜牧场作业时，装载机驾驶员发生重大的事故，造成误压农民工 1 人死亡
事故。

三、机制改革

2011 年 5 月，农场研究决定，对 2 台欧曼牌半挂汽车进行处置。由原承包人陈政以
15 万元的价格购买 1 辆，另外 1 辆由农场职工购买。2012 年 12 月，农场决定将机械公司
租赁给个人经营，面向全场公开招标承包经营。2013 年 1 月，由原机械公司经理李生福
承包经营至 2017 年 12 月，上缴管理费，保证留用人员的企业养老金足额缴纳。2015 年，
机械公司账目并入农场。2018 年 1 月，农场决定将机械公司合并到物业服务队，有利用
价值的资产移交到物业服务队继续使用，大农机拖拉机等进行封存管理，人员同时移交到
物业服务队（表 4-45）。

表 4-45　张掖农场（机械公司）经营效益情况

单位：人、万元

年　份	年平均职工人数	年末固定资产原值	主营业务收入	实现利润	全员劳动生产率（%）	人均利税
2007	23	—	307.45	60.11	13.37	2.61
2008	23	358.00	314.15	96.03	13.66	4.18
2009	23	502.64	247.56	17.71	10.76	0.77
2010	21	497.53	300.94	12.54	14.33	0.60
2011	11	517.25	236.60	5.30	21.51	0.48
2012	10	514.25	149.48	−15.06	14.95	−1.51
2013	7	514.25	81.62	−22.49	11.66	−3.21

第八节　农机补贴

2008 年，国家对农机实行农机奖励政策，实行农机补贴，2008—2021 年享受国家农
机补贴 2008 年，国家对农机实行农机奖励政策，实行农机补贴，2008—2021 年享受国家
农机补贴改为 867 万元，省级补贴 70 万元，深耕补贴 30 万元。职工自己购置农机具 615
台（件），受益户数 472 户。提高了农业机械作业的水平，2021 年末玉米机械化程度达到
100%（表 4-46）。

表 4-46　张掖农场 2008—2021 年农机购置补贴使用情况

序号	年份	拨款合计（万元）	深耕深松补贴	补贴农机具（台、件）	受益农户（户）	受益单位（个）	备注
1	2008	60	—	23	—	—	轮式拖拉机 5 台、435 液压翻转双向犁 5 台、旋耕机 5 台、割草机 1 台、方捆打捆机 7 台
2	2009	60	—	21	—	—	软轴式剪羊毛机 3 台、拖拉机 16 台、435A 液压双向翻转犁 1 台、YZYX100 型榨油机 1 台
3	2010	60	—	20	15	—	铡草机 4 台、滴灌设备 11 台套、旋耕机 4 台套、时风 SF—300 四轮拖拉机 1 台
4	2011	60	—	43	36	—	轮式拖拉机 10 台、滴灌设备 21 台/套、联合整地机 2 台、微耕机 5 台、旋耕机 2 台、秸秆还田机 3 台
5	2012	30	—	29	28	—	拖拉机 7 台、旋耕机 16 台、穴播机 5 台、玉米收割机 1 台
6	2013	60	—	75	59	—	轮式拖拉机 27 台、翻转犁 9 台、穴播机 3 台、残膜回收机 2 台、旋耕机 30 台、秸秆还田机 1 台、联合整地机 1 台、激光平地机 1 台、青饲料收获机 1 台
7	2014	50	—	34	23	1	轮式拖拉机 4 台、穴播机 5 台、激光平地机 2 台、旋耕机 12 台、喷灌设备 11 跨
8	2015	30	30	43	12	1	轮式拖拉机 6 台、残膜回收机 2 台、穴播机 7 台、旋耕机 2 台、翻转犁 1 台、喷灌设备 25 跨
9	2016	80	—	75	67	1	轮式拖拉机 41 台、深松机 1 台、翻转犁 6 台、联合整地机 1 台、穴播机 15 台、撒肥机 2 台、旋耕机 7 台、平地机 1 台、饲料收获机械 1 台
10	2017	90	—	26	20	—	轮式拖拉机 9 台、玉米收割机 1 台，160 马力深松机 1 台、翻转犁 6 台、联合整地机 9 台
11	2018	0	—	17	16	—	轮式拖拉机 7 台、玉米收割机 3 台、穴播机 1 台、翻转犁 5 台、粮食精选机 1 台
12	2019	140	—	78	59	—	拖拉机 30 台、玉米收割机 4 台、平地机 1 台、旋耕机 9 台、铧式犁 2 台、撒肥机 1 台、喷雾机 5 台、穴播机 23 台、联合整地机 3 台
13	2020	50	—	111	75	—	拖拉机 48 台、穴播机 30 台、旋耕机 18 台、深松机 3 台、联合整地机 5 台、铧式犁 3 台、秸秆还田机 1 台、平地机 1 台、玉米脱粒机 2 台
14	2021	97	—	72	62	—	拖拉机 34 台、精量机 31 台、条播机 1 台、旋耕机 2 台、铧式犁 1 台、玉米收割机 3 台

第六章 工 业

　　20 世纪 70 年代，农场办工副业，贯彻"围绕农业办工业，办好工业促农业"的方针，为职工生活提供保障和服务，进行面粉加工、酿酒、制酱油、制食醋、榨油、采煤、制糕点、制粉丝等，还有皮毛、毛毡、被服加工，为生产服务的有木料加工、农机维修、制砖等，以达到自给自足。为扩大经营项目，提高经济效益，以工补农，开采石膏、金刚砂、石棉矿，但都是"土法"，规模很小，厂房、设备简陋，工艺落后，产品质量较低。采取亦工亦农方式生产，劳动生产率和经营效益很低，经常受粮食原料和经营亏损影响，有的时办时停，有的开办不久就停办，很不稳定。

　　1975 年，恢复农垦体制后，为实现"以工养农"，开始贯彻"围绕市场办工业"方针，注重生产规模、产品质量和经营效益。1977 年，新建年产 1800 万块红砖的砖瓦厂，年产 6000 吨的肃南红沟梁煤矿先后投产，产品除供场内消费还向场外销售。1981 年，改造面粉厂，对设备、工艺进行更新改造，提高面粉产量和质量。扩建农机修造厂，提高农机修造能力，实现拖拉机大修不出场。1982 年，在作坊式烧酒的基础上建设老寺庙酒厂。随着市场经济的发展，场办工业根据市场需求，实现以销定产进行生产经营，积极引进先进生产设备和生产技术，建立以技术标准为主体的标准化体系。树立"质量第一"思想，建立质量管理体系，全面推行质量目标管理。不断完善计量和质量检测设施和检测手段。开展企业内部挖潜改造，降低能耗，加强成本核算。麦芽厂、番茄酱厂的建设，使设备实现高产、优质、低耗的建设目标。

　　场办工业属农场二级企业，经营管理者享有一定的人财物、产供销自主权，实行独立核算、自主经营、定额上交、照章纳税、自负盈亏的经营机制，成为相对独立的经济实体。农场依据国家法律、政策对场办工业实行管理和监督，指导制定场办工业发展规划；按组织原则和既定程序任免、考核、奖惩厂长，为场办工业的经营决策提供咨询、信息；监督场办工业的财务活动以提高资金利用率，维护场办工业正常生产经营秩序。

第一节　老寺庙酒厂

一、生产规模

1982 年，农场以综合加工厂白酒生产组为基础择址筹建老寺庙酒厂，实行边建厂房边生产。1984 年完成第一期基建工程，占地 4482 平方米，有厂房 1016 平方米，年生产白酒能力为 5 万千克。1985—1986 年，投资 78 万元进行扩建，厂房面积增加到 4649.6 平方米，年生产白酒能力提高到 30 万千克。1992 年，投资 88.49 万元，进行第 2 次扩建，扩建后年生产曲酒能力达到 60 万千克。1995 年，为筹建千吨黄酒车间进行第 3 次扩建，当年基建投资 45.36 万元，8 月 26 日完成黄酒车间第一期工程，年产黄酒 260 吨。经过 3 次扩建，老寺庙酒厂现占地 233758 平方米，厂房面积 9351.44 平方米，拥有固定资产 350 万元，年产值 560 万元，初步形成规模。建厂后曾进行 2 次技术改造。1987 年，第一次技术改造重点是建立与生产相配套的检测系统，完善计量检测设备，健全计量管理制度，开展全面质量管理，实现标准化生产，提高了产品质量。1992 年，第二次技术改造，完善扩建后推行各项技改配套措施，发挥锅炉、化验、粉碎等设备的潜力，经济效益明显提高。1995 年，酒厂进行生产工艺改进和先进技术的应用，在制曲、发酵、蒸酒、储存、勾兑等方面采用新工艺 12 项，使酱香型和浓香型曲酒的出酒率分别高出同行业 2~3 个百分点。

1996 年 12 月，工商注册原法人企业变更为全民所有制分支机构（非法人）企业，解决避免重复上税的问题。1999 年 12 月，酒厂班子调整，聘任郑士进为酒厂厂长。2010 年 1 月—2015 年 12 月，酒厂租赁给张新军经营，年租金 30 万元，承担留用职工的企业社保费。2013 年 9 月，由郑士进承包经营，经营期限 6 年 9 个月，年租金 30 万元。2020 年 5 月郑士进租赁期满，农场与郑士进解除租赁经营合同。当年 7 月，酒厂租赁给原酒厂职工程华东生产经营，租赁期限 8 年，同时负责承担 7 人企业社保费。2020 年 8 月，酒厂负责人变更登记为程华东，职工 7 人，承担留用职工企业社保费的缴纳，经营范围不变。程华东租赁经营后对车间进行了改造升级，对厂区进行了治理，全部采用固态发酵蒸馏酿造。

二、曲酒品种

1982 年，用传统的酿酒方法生产小曲酒。1983 年，与甘肃省轻工业科学研究所进行技术合作，更新设备，共同研制开发 60°浓香型大曲酒，产品通过鉴定，投入批量生产，受到消费者欢迎。同时开发的有二曲酒。此后，老寺庙酒厂长期与甘肃省轻工科学研究所进行技术合作，聘请该所酿酒工程师魏汉儒、李让国、张淑贞长期进行技术指导，共同开发曲酒新品种。1987年，研制开发"54°降度大曲"。1989年，开发"54°老寺液"。为适应多层次消费者的需要和不同需求，1992—1993年，先后研制浓香型"老寺佳酿"、特制"老寺大曲52°""老寺特曲"和"兼香型48°老寺贡酒""48°老寺金龙王""48°老寺金龙皇""48°老寺沽酒""48°龙附仙缘""45°小康人家"等中高档系列曲酒，并大力改进包装设计。老寺系列曲酒有3种香型，分别是浓香型白酒、酱香型白酒、兼香型白酒，共22个品牌。

三、经营管理

老寺庙酒厂设有厂管理委员会，下设供销、财务、生产、质检、办公室5个科室。基层生产单位有浓香车间4个，酱香车间1个，动力、制曲粉料、白酒包装和黄酒包装车间各1个。

酒厂创业初期，生产设备差，技术管理落后，致使高投入、低产出，企业效率不高，主要依靠大量的物资消耗来获得微薄的经济效益。1986年，开展"抓管理、上等级、全面提高企业素质"活动，推行企业现代化管理。先后成立计量管理、标准化管理、全面质量管理、技术攻关、节约能源、开发新产品、安全生产、评酒等八个小组，贯彻《中华人民共和国计量法》《中华人民共和国产品质量法》《中华人民共和国标准法》，制定企业产品内控标准，建立完善计量、质量、标准化3大管理体系和各项技术经济定额指标。加强生产班组建设，不断完善以经济责任制为中心的各项规章制度，严格劳动、工艺纪律。大力进行职工技术培训，先后选派20多人次到专业技术学校深造，组织全厂技术骨干到省内各大中型酒厂观摩学习，全场有95％的职工经过专业技术培训。1989年，组织开展"质量、品种、效益年"活动，实现多品种、低投入、高质量、增效益，多次受到有关单位的肯定和高度评价。1993年，老寺庙酒厂与美国加利福尼亚州中国商联客商马克洽谈成功，成为全省白酒酿造行业中第一家中美合资企业。1996年，学习推广邯钢经验，以"学邯钢，抓改革，促管理，增效益"的活动，通过学习邯钢经验，切实加强财务管理为中心的成本、质量、资金三大管理，向管理要效益，突出"三改一加强"，达到"三提高一降低"，即把改革、改组、改造和加强企业管理有机结合起来，降低生产成本，提高经济效益，以现有企业技术改造为契机，酒厂当年实现利润100万元以上，被农场授予先进单位称号。

四、经营效益

1996 年 7 月 20 日，农场将酒厂作为推广学习邯郸钢铁总厂管理经验试点。当年，甘肃省轻工科学研究所质监站在"老寺沽酒"发布会上表扬酒厂"以不花金钱买金奖，全力以赴抓质量"赢得客户的信赖。酒厂采取成本倒算法，严控成本核算，产品畅销，供不应求，当年实现营业收入 1000 万元大关，实现利润 100 万元，上缴税金 258 万元。农场奖励酒厂北京吉普小汽车 1 辆，供酒厂使用。

1998 年，酒厂和张掖电视台联合举办"三情"（亲情、友情、爱情）电视歌唱大奖赛，通过产品宣传，拓宽销售市场，完成农场下达的各项生产指标任务，农场奖励酒厂尼桑汽车 1 辆，供酒厂使用。

2000—2003 年，在良好发展势头的基础上，酒厂作为农场的龙头企业，以优惠的政策、良好的信誉向省内外拓展延伸，制定了销售提成制度，省内各县均设置销售办事处。2000 年酒厂举办宣传活动，活动以喝"老寺美酒，当老寺拳王"（猜拳）争霸赛，划拳分"大拳""小拳"两种，采用三局两胜淘汰方式，只要是热心关注"老寺酒"的所有人士均可参加，并设立奖项，宣传效果十分明显。酒厂 2000 年 7 月赞助张掖市七一剧团演出的眉户剧《迟开的玫瑰》，受到了好评，"老寺牌酒"在本地家喻户晓。当年 12 月，酒厂举办了庆千禧迎元旦春节商品供货会，以特价、大赠送的形式，回报多年来对"老寺牌酒"厚爱的客户，订货会效果十分明显，银行网点机构来人负责现场收款，收到预订货款 100多万元。

2001 年 3 月，酒厂参加在成都举办的糖酒会，设置参展展位。酒厂在会上"以丝绸古道、老寺美酒"宣传为主题，和多家厂商达成合作协议。当年 8 月，酒厂在甘肃秦安县举办客户答谢会，邀请了众多商家洽谈销售事宜。当年 7—9 月，酒厂组织 40 人的宣传队伍，身着古装，手推制作古代白酒的宣传道具，打着大鼓赴天水、白银、永登、兰州、武威、庆阳、古浪、酒泉、嘉峪关、敦煌等地宣传"老寺牌"曲酒，提升"老寺牌"曲酒在甘肃的知名度。

2002 年，酒厂对原五车间（酱香车间）进行改造，改造为老寺庙娱乐城，2003 年受非典疫情的影响停业，后改为办公场所。当年，酒厂聘请天鹰艺术、武术队对"老寺牌"曲酒在省内外进行宣传。实现销售收入 1342 万元，较上年增长 2.1%，占计划的111.8%；清理陈欠货款 101 万元，占陈欠货款的 43%；实现利润 84.1 万元，占计划的105.1%。为改善酒厂的产品结构，更换窖池 36 个，培养人工窖泥 70 立方米；自行维修锅炉 2 台，节约维修费用 6 万元。全年生产曲酒 10.1 万千克，平均出酒率达到 30%。老寺庙酒厂在产能增加的同时，聘请专家指导，改进酿造工艺和勾兑工艺，提高产品的适口性，扩大品牌知名度，开发产品老寺牌第一窖、飞天御液等 11 个新品牌。调整营销策略，提高营销创新能力，实现一地一品，酒厂开发生产，商家专营策略，产品供不应求，收入迈上新台阶，各品牌的白酒在各地市场、本地区市场占有很大份额。

2004 年，实现收入 1519 万元，实现利润 80 万元，全年生产白酒 1432 吨，清理陈欠货款 80 万元。酒厂针对自身特点和历史条件，将大部分品牌买断经营，充分调动经销商的积极性，白酒市场占有率稳步提高，市场开拓速度明显加快。当年，开发白酒品牌 20 余个，积极进行市场调研，大幅进行成本控制，对包装物成本进行削减，平均降幅在 10% 左右。真正做到价格低廉，包装精美，被"中国质量万里行"活动评为会员单位，受到广大消费者的好评。酒厂在诸多市场不利因素影响下仍取得 1519 万元的收入，职工队伍稳定，情绪饱满。酒厂在历年陈欠货款 400 余万元的情况下，当年清理 300 万元。

2005 年，面对市场、资金、白酒销售模式转型的三重压力，加强了原料采购力度，狠抓产品质量，积极拓展产品销售渠道，以开展保持共产党员先进性教育为契机，稳定职工队伍。全年生产白酒 1500 吨，销售白酒 1500 吨，实现销售收入 1500 万元，完成上交及"三金一费"63.9 万元，完成计划的 46.12%，实现职工人均收入 9090 元，占计划的 113.3%。当年 7 月，在资金极度困难的情况下，维持正常的生产和经营，酒厂采取三项措施：①动员干部职工积极给酒厂借款 32 万元，缓解部分资金压力，生产经营工作得以正常进行，当年偿还酒厂历年欠款 150 万元，解决部分酒厂历史遗留问题。②调整产品结构，加强了质量管理和产品品牌研发，酒厂根据客户的需求和市场销售情况，保留一部分市场需求较大的品牌，淘汰一些不具有市场竞争力的品牌，加大高档白酒的研发工作，开发具有较强市场竞争能力的白酒品牌，下半年白酒产销工作迈入正常的轨道。新开发的"谷典黄酒"销售渠道通畅，提高了酒类销售利润。③结合保持共产党员先进性教育活动，教育广大职工正确认识酒厂面临的困难局面，加强政治思想工作，广大职工在欠发近一个季度工资的情况下，能够正确理解酒厂面临的困境，职工队伍稳定。

2006 年，农场对酒厂领导班子作了调整。酒厂转变经营管理理念，搬迁改善办公条件，制定和完善各项规章制度，加大各项管理制度的落实力度，重新树立老寺庙酒厂的形象和品牌意识，组建专业化营销公司，凝聚营销队伍。全年生产白酒、黄酒共 1500 吨，实现主营业收入 1500 万元，完成上交和职工的"三金、两费"67.7 万元，职工收入 9000 元，货款回收率 100%。

2008 年，老寺庙酒厂生产白酒 600 吨，销售 500 吨，实现主营业务收入 800 万元。积极筹措资金恢复酿造白酒的生产，开始拓展终端市场，重塑"老寺牌"曲酒品牌，当年未完成生产任务指标。

1996—2008年，酒厂累计实现主营业务收入14196.58万元，实现利润700.69万元，上缴税金1362.12万元。

2010年初，农场将酒厂租赁承包给原酒厂厂长张新军经营，受白酒市场疲软的影响，效益低迷，工人工资无法支付，生产的产品无市场，部分职工向农场肥料厂、青年队、养殖场分流。后期留管理人员看管厂房、库房，对债权债务进行清理，生产许可证到期，厂房设备等更新需要大量的投入，原负责人无力经营。

2013年9月，郑士进申请承租，农场决定对酒厂整体承租并进行合同公证，对所有资产盘点登记造册，郑士进承诺对酒厂以前年度所欠货款逐年进行偿付，合同约定对债务分期追索、抵还或偿还，化解债权债务的风险，农场和酒厂业务往来终止，并约定在《甘肃日报》《张掖日报》登报声明租赁期间发生的债权债务于农场无关。当年9月16日，老寺庙酒厂租赁经营，年收取租金30万元，解决11人就业，承担债权债务的纠纷处理。为鼓励租赁经营发展，农场为其减免了2013年的4个月租赁费。

2020年6月，程华东承包酒厂，以精工细作、纯粮酿造的生产工艺，酿造良心酒、让消费者喝上纯粮食酒、健康酒，抓质量，强品牌，稳市场，消费者口碑永留心中，强企业魂，创老寺酒魂，开发出3个品系6个品牌。2021年7月，老寺曲酒新产品上市，为纪念老一辈军垦人艰苦奋斗，勇于开拓的农垦精神，开发军垦系列酒，注重老寺军垦情、老寺军垦魂，寓意吃水不忘挖井人，脉脉相传农垦精神，产品上市后深受消费者的青睐（表4-47、表4-48）。

表4-47　老寺庙酒厂经营效益情况统计

年　份	年平均职工人数（人）	年末固定资产原值（万元）	曲酒产量（万公斤）	工业增加值（万元）	主营业务收入（万元）	实现利润（万元）	缴纳税金（万元）	全员劳动生产率（元/人）	人均利税（元/人）
1982	22	4.20	0.74	1.40	0.95	0.19	0.08	636	123
1983	24	4.20	1.63	3.09	0.71	—0.31	0.12	1288	—79
1984	24	4.20	3.96	11.67	3.79	0.28	0.30	4863	242
1985	29	4.88	4.97	16.10	21.20	0.60	5.80	5552	2207
1986	75	86.16	11.69	42.07	56.10	4.11	14.33	5609	2459
1987	81	86.16	28.00	95.20	170.70	14.76	39.52	11753	6701
1988	90	86.16	28.99	138.40	118.64	4.58	31.06	15378	3960
1989	96	86.35	24.57	123.80	76.90	7.92	20.46	12896	2956
1990	84	86.67	21.93	158.90	139.30	15.70	39.04	18917	6517
1991	82	101.51	30.95	203.80	282.57	17.19	75.68	24854	11326

（续）

年 份	年平均职工人数（人）	年末固定资产原值（万元）	曲酒产量（万公斤）	工业增加值（万元）	主营业务收入（万元）	实现利润（万元）	缴纳税金（万元）	全员劳动生产率（元/人）	人均利税（元/人）
1992	99	123.06	30.00	214.90	203.39	16.59	54.51	21707	7182
1993	95	230.00	46.27	397.90	380.00	23.46	102.39	41884	13247
1994	95	248.00	53.70	537.00	456.75	47.00	122.09	56526	17799
1995	115	350.00	47.50	560.00	607.28	34.99	161.11	48696	17052
1996	127	239.46	52.30	685.00	1026.59	101.03	162.41	53937	20743
1997	120	288.29	52.20	367.02	872.77	85.72	191.06	30585	23065
1998	110	291.54	50.10	271.11	732.95	1.51	181.91	24646	16675
1999	98	293.54	47.70	452.14	732.95	4.47	128.75	46137	13594
2000	50	290.04	18.17	196.04	565.32	−30.46	106.07	39208	15122
2001	61	294.63	120.00	298.36	1291.00	113.16	86.76	48911	32774
2002	64	306.74	130.00	310.71	1314.00	100.00	59.28	48548	24888
2003	66	319.80	101.00	321.22	1342.00	84.10	102.90	48670	28333
2004	55	319.80	143.20	319.80	1519.00	80.00	65.29	58145	26416
2005	43	319.80	150.00	392.84	1500.00	63.90	63.40	91358	29605
2006	121	382.30	220.00	315.00	1500.00	67.70	93.11	26033	13290
2007	114	382.30	120.00	210.00	1000.00	平衡	42.75	18421	—
2008	71	382.30	60.00	168.00	800.00	29.56	78.43	23662	15210
2009	71	389.99	—	—	—	−213.54	5.07		
2010	56	375.13	—	—	—	30.00			
2011	50	335.12	—	—	—	30.00			
2012	33	335.12	—	—	—	30.00			
2013	12	335.12	—	—	—	30.00			
2014	12	335.12	—	—	—	30.00			
2015	12	335.12	—	—	—	30.00			
合 计	2357	—	1599.57	6811.47	16714.86	854.21	2033.68	—	—

注：2010年后酒厂租赁，数据未做统计，按账面统计了固定资产，利润每年向农场上交30万元管理费。

表 4-48 老寺庙酒厂历任党政领导人名录

历任厂长、副厂长				历任党支部书记、副书记			
姓 名	职 务	任职时间	备 注	姓 名	职 务	任职时间	备 注
王世平	厂 长	1982.08—1987.01		袁德本	书 记	1982.08—1987.01	
李振华	厂 长	1987.01—1987.06	兼任	张 财	书 记	1987.01—1987.12	兼任
王文源	副厂长	1987.01—1987.06		刘振礼	书 记	1988.01—1988.12	
	厂 长	1987.07—1993.03		陈 义	书 记	1989.01—1990.12	
刘振礼	厂 长	1987.07—1987.12		周忠义	书 记	1991.01—1991.12	
郑士进	厂长助理	1988.05—1990.12		尹明钦	书 记	1992.01—1993.02	
	副厂长	1991.01—1993.02		张 财	书 记	1993.03—1993.05	兼任
	厂 长	1993.03—1998.02		崔建勇	书 记	1993.06—2000.07	兼任
		1999.12—2006.02			副书记	1993.06—2000.07	
王培文	厂 长	1998.03—1999.12		王武义	书 记	2000.08—2002.06	

（续）

历任厂长、副厂长				历任党支部书记、副书记			
姓　名	职　务	任职时间	备　注	姓　名	职　务	任职时间	备　注
张新军	厂　长	2006.02—2010.05		王树国	副书记	2000.04—2002.08	
周向东	副厂长	1993.01—1999.05		史宗理	书　记	2002.09—2004.02	
		2004.02—2007.08		刘定云	书　记	2004.03—2006.12	
陈天华	副厂长	1996.06—1999.04		何维忠	书　记	2007.01—2010.03	兼职
霍荣林	副厂长	2000.01—2001.11		张树成	书　记	2010.03—2013.05	
薛　文	副厂长	2004.02—2010.05		孙　凯	书　记	2014.01—2017.08	兼职
刘红伟	副厂长	2005.12—2006.12					
程华东	副厂长	2005.12—2006.12					

注：任职以任职文件统计，没有任职文件的未做统计，刘红伟、程华东二人农场便函通知任命。酒厂党支部2017年8月以后合并到物业服务队党支部。

五、荣誉

"老寺牌"浓香型系列曲酒特征"清澈透明、窖香浓郁、绵甜醇厚、尾净余长"，理化卫生指标都达到国家QB850—83和QB10781.1—89优级品标准。1987年，经张掖地区计量管理所考核评定，定为计量三级企业。1988年，甘肃省人民政府授予老寺庙酒厂"甘肃省二级企业"。1989年8月，经甘肃省质量管理局和甘肃省质量管理协会联合检查后，通过酒厂全面质量管理工作，发"TQC"验收合格证书。1990年，经国家技术监督局复查合格。当年5月，张掖地区质量管理站对酒厂标准化管理工作通过检查验收。经甘肃省环境监测站、甘肃省卫生防疫站、甘肃省轻工产品质量检验站、中国绿色食品检测中心联合检测，中国绿色食品发展中心严格审定后，被批准为国家首批"绿色食品"并获得了进京参加第十一届亚运会国货精品展销的殊荣。1988年、1991年先后两次获甘肃省优质产品奖，1991年获农业部优质产品奖。在甘肃省白酒行业评比中，1989年获质量进步奖，1990年获优质产品奖。1994年，甘肃省轻工产品质量监督检验站授予全省白酒行业首批"甘肃省轻工产品质量可靠证书"。当年，张掖地区工商管理局授予酒厂"重合同、守信用企业"荣誉称号，被甘肃省农垦总公司授予"依靠科技进步，经济效益显著"奖牌，甘肃省绿色食品办公室授予"绿色食品开发先进单位"锦旗。张掖卫生防疫站授予"食品卫生先进单位"称号。"52°老寺特曲酒"在1994年获甘肃省优质产品证书，同年获乌兰巴托国际金奖。"48°老寺贡酒"是兼香型高档酒，理化指标符合质量标准，1994年获甘肃省优质产品证书，1995年被当地青年评为"最受欢迎的张掖10大名产之一"。

2021 年，酒厂是唯一存活的场办企业，为农场的经济建设做出了贡献（图 4-16）。

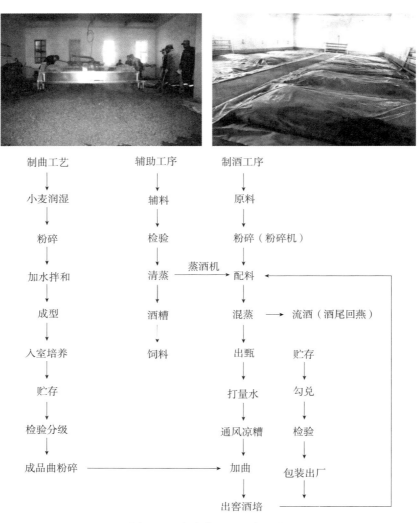

图 4-16　老寺庙酒厂生产工艺

第二节　金龙实业有限责任公司

2005 年 12 月，甘肃农垦张掖金龙实业有限责任公司（以下简称麦芽厂）在张掖市工商管理局注册登记，生产经营范围：啤酒大麦加工、销售，粮食（不含种子）种植、销售，啤酒花生产、销售。

根据甘肃省 1995 年农业支柱产业会议精神，经甘肃省农垦总公司，麦芽厂先按 5 万吨规划，3 万吨设计，1 万吨起步进行建设。1995 年 6 月，张掖农场出资 108.46 万元，占 32.38%；甘肃省华龙公司出资 106.62 万元，占 31.82%；甘肃省农业机械化综合服务公司出资 59.92 万元，占 17.88%；甘肃省华龙农业开发河西公司出资 60 万元，占

17.91%，以股份制形式成立了甘肃农垦张掖金龙实业有限责任公司，董事长由崔定一担任，当时没有向工商局备案，于1995年6月兴建开工。1995年11月麦芽厂全体股东在兰州召开的会议，股东构成实际为农场275万元、甘肃省华龙农业开发河西公司60万元，合计335万元。

1996年6月，麦芽厂扩建2万吨二期工程正式立项。8月6日，农场委托兰州市机械局锅炉安装公司安装6吨锅炉1台。此前，从农场各单位选调一批工作表现好的先进个人，有大、中专学历及分配来的技校毕业生，由农场派往酒泉饮马农场麦芽厂培训学习。1996年10月投产试运行。

1997年7月，张掖农场（甲方）与甘肃省华龙公司（乙方）、甘肃省农业机械化综合服务公司（丙方）、甘肃省华龙农业开发河西公司（丁方）四家共同签订股权转让协议。乙方将投入106.48万元股权转给甲方，丙方将投入60万元股权转让给甲方。同时乙方、丙方自动退出董事会。张掖农场将张掖金龙一号恒温库的产权归属四家拥有，分别为：甲方拥有20万元产权，乙方拥有106.48万元、丙方拥有60万元，丁方拥有3.69万元。张掖金龙一号恒温库流动资金由乙方负责。变更注册后，农场在金龙麦芽厂股份金额275.06万元，甘肃省华龙农业开发河西公司占有股份金额59.89万元，合计334.95万元。8月，麦芽厂更名为"金龙麦芽厂"，农场聘任张耀源为麦芽厂厂长，杨永钧为麦芽厂副厂长。

2000年6月，麦芽厂法人由崔定一变更为王希天，股本600万元修改股本为335万元。资产总额为1357.67万元，负债1466.04，所有者权益-108.37万元，经营期限2000年6月22日至2005年12月5日。2002年8月，股本修改为农场275万元，占总股本82.11%；甘肃省华龙农业开发河西公司一次性将股本60万元转给员工，占股本的17.89%，王武义为麦芽厂厂长。2004年8月，王经富为麦芽厂厂长。2006年2月26日，召开公司董事会将经营期限延长为20年，即1995年12月6日至2015年12月5日止。

2007年4月至2009年4月，王希天担任董事长、经理，崔建勇担任党支部书记。2009年4月至2010年1月，毛录让担任董事长。2009年4月至2012年12月，王玉芳担任经理。2009年2月至2013年3月，王希天担任党支部书记，具有独立的法人资格。

2008年1月前，金龙麦芽厂注册资本335万元，甘肃农垦张掖农场出资275万元，员工出资60万元。2008年1月23日增加注册资本665万元，增加后股本为1000万元，其中股权变更：农场296万元，占股权29.6%；员工60万元，占股权6%；集团公司624万元，占股权62.4%；员工20万元；占股权2%。经张掖金鼎会计师事务有限责任公司验资后出具验资报告。2011年3月21日商标注册，注册号7962412，注册公告期号1256。

5月，股东会议研究决定，将麦芽厂法人王希天变更为王经富。

2012年8月，麦芽厂厂长为李运海，负责经营。2013年，企业正式停产不再经营，以后年度处理生产库存产品。2015年7月，企业停止经营业务，注销了银行开户许可证。原登记持股股东因工作变动，2016年6月6日，股东注册资本20万元做了注册资本持有人的变更，其他不变（图4-17）。

图4-17 麦芽厂厂区

一、企业内控

1. 产品执行标准 注册商标：金龙，商标注册证第5144234号，啤酒酿造用麦芽，啤酒麦芽执行标准QB/T 1686—2008，啤酒大麦执行标准GB/T 7416—2008。

2. 生产规模与技术 麦芽厂于1995年建厂。建厂时以农场生产科、基建科、农机科组成筹建处，初建厂房基建设计以饮马农场与重庆啤酒厂改造新建二期2万吨厂房为蓝图，设备主要参考新乡啤酒厂设备。麦芽厂主要生产设备有6吨、2吨锅炉各1台，以及60吨地磅1台、90千瓦柴油发电1台、大麦提升机、浸麦罐、发芽箱、真空泵、麦芽翻麦机、复式清选机、烘箱散热器、水环式真空泵、轴流风机、精选机、关风机、成品罐、机筛设备、施风分离器、除根机设备等。采用的生产方式和工艺以复合劳斯曼和萨拉丁的独立箱式发芽和烘干法，便于投料，方便控制温湿度及质量。原料及成品以机械和真空输送为主，自动化、质量、卫生安全等在当时同行业中是可靠的、先进的。

3. 制度建立 麦芽厂始终秉承诚信经营、关注客户、勇于创新、持续经营的理念，2002年，获得中国方圆质量委员会质量管理体系认证，质量管理体系符合GB/T19001—2000标准。

建厂以来制定出台《卫生管理制度》《设备管理制度》《安全管理制度》《消防安全管

理制度》《生产现场管理制度》《产品质量管理制度》《产品检验制度》《工艺管理制度管理办法》《质量事故管理办法》《检验计划》《食品中铅、镉的测定》等 85 项质量管控办法。通过各项标准、制度的落实，产品产量、质量、成本、效益显著提高，产品畅销省内外，受到啤酒生产企业好评。

二、机构设置

麦芽厂设有董事会、监事会。董事长为公司法定代表人，监事会有 3 人组成，经营管理机构厂长（总经理）行使负责制，下设厂长办公室、销售部、财务科、供应部、生产车间、化验室、动力车间等（表 4-49）。

表 4-49　麦芽厂历任党政领导人名录

历任厂长、副厂长				历任党支部书记、副书记			
姓　名	职　务	任职时间	备　注	姓　名	职　务	任职时间	备　注
李振华	总经理	1996.06—1997.07		崔建勇	书　记	1996.10—2000.07	兼职
张耀源	厂　长	1997.08—1999.05	兼职	杨永钧	书　记	2000.08—2004.01	
何立瑞	厂　长	1999.12—2002.06	兼职	王武义	书　记	2004.08—2007.03	
王武义	厂　长	2002.07—2004.07		史宗理	书　记	2007.04—2011.08	兼职
王经富	厂　长	2004.08—2011.03		游宪法	书　记	2011.09—2014.01	
雷根元	厂　长	2011.04—2012.07		王树国	副书记	2004.02—2007.03	
李运海	副厂长	2011.04—2012.07					
	厂　长	2012.08—2015.12					
杨永钧	副经理	1996.06—2001.01					
于东海	副厂长	2013.08—2014.03					
王树国	副厂长	2004.02—2007.03					
纳金喜	副经理	1996.06—1997.07					
武志刚	副厂长	1997.12—2001.08					
王春培	副厂长	2001.11—2012.02					
崔　斌	副厂长	2011.04—2014.03					
武志刚	副厂长	2017.12—2001.08					
游宪法	副厂长	2006.11—2014.01					

三、经营效益

1996—1997 年，试运行阶段。2002 年，生产啤酒大麦芽 6952 吨，占计划 86.9%；2003 年生产麦芽 7936.15 吨，销售 7070 吨，实现销售收入 1500 万元，利润 88.23 万元，超利润 8.23 万元，货款回收率 94.7％，圆满完成各项计划指标。强化管理，对所有实物均建立管理卡，明确奖罚责任。2003 年，客户已发展到 5 省 10 家。提高了人力、物力和设备利用率，吨产品电耗由原来的 190 千瓦时下降到 166 千瓦时，全年节约电费 7.68 万元。实行工资制度改革，推行岗位技能工资、效益工资、工效工资、质量工资，提高了各方面的积极性。

2004 年，农产品价格涨幅较大，实现主营业收入 1707 万元，利润 81 万元，全年共收购大麦 11849 吨，生产麦芽 7682 吨，销售 8056 吨。货款回收率达 99％，完成上交任务 80 万元，偿还上年所欠上交款 60 万元。在原料涨价的同时，加强了经营管理，节约成本。在原煤价格上扬期间，以 175～190 元/吨购进原煤 1500 吨，节约成本 12 万元，对麦根进行公开竞价出售，每吨由 660 元涨至 800 元。

2005 年，麦芽厂实现主营业收入 1987 万元，上缴"三金一费"92 万元，完成计划的 100％，实现职工人均收入 8340 元，完成计划的 104.25％，为农场的经济建设作出应有的贡献。加大麦芽生产原料的收购，共收购原料 10000 吨，奠定满负荷生产的基础。加大基础设施建设。麦芽厂停工后自 6 月 1 日开始，利用设备检修空闲时间，选派职工骨干和技术人员到啤酒厂参观学习，了解如何保证原料的质量，对标学习，加强产品质量，组织全厂职工，自力更生，投资 32 万元，完成总面积为 4200 平方米的水泥地坪，投资 50 万元，建设面积为 4200 平方米的可贮存原料 15000 吨的全钢架原料棚，有效地降低了原料贮存损失。投资 14 万元新建 1 座贮水量 80 立方米的回水池，对生产设备进行技术改造和维修，并对除全钢架大棚外的基础设施建设资金 46 万元进行一次性摊销。抓管理，降成本。2005 年 9 月，新的生产周期开工后，严格操作要求，适时调整生产工艺，开工后 4 个月共投入原料 4540 吨，产出成品 3300 吨，月平均生产量 1100 吨，比上个周期提高 73 吨，提高产品的发芽率。对农场生产的大麦全部按照 1.64 元/千克兑现，对家庭农场让利 0.14 元/千克。

2006 年，实现主营业收入 1800 万元，完成上交和"三金两费"55.97 万元，职工均收入 8800 元。当年，为提升企业效益，采取多种措施，加强生产销售，收到良好的成效。

（1）多方筹集资金，收购生产原料。在生产原料收购季节，麦芽厂面临着库存成品 1500 吨，压库资金 400 万元，可用资金只有 100 万元，外欠客户原料（大麦）款 150 万元、银行利息 28.7 万元、外欠货款 50 万元的严峻局面，在农场注入资金 110 万元，全场干部借款 224 万元，麦芽厂职工借款 60 万元基础上，采取与客户签订垫资代购合同、赊欠原料合同、代加工合同、向啤酒厂家预借产品款、加大货款回笼力度等方法，共筹集资金 750 余万元，有效缓解当年度收购资金压力，渡过原料收购难关，收购原料 11000 吨。

（2）加大产品销售力度，积极回笼资金。遇到前所未有的良好机遇，没有出现往年的原料抢购狂潮，进入 11 月份，麦芽市场有了良好转机，麦芽厂抢抓市场机遇，加大产品销售力度，早签订销售合同、早发运货物、早回笼资金，仅 10—12 月，共签订销售合同 7500 吨，发运货物近 3000 吨，回笼资金 800 余万元。

图 4-18　客户查看麦芽原料

（3）严格产品质量管理，提高产品的市场竞争力。麦芽生产的每个环节管理，按照啤酒生产厂家的要求组织原料、指导生产，促进产品的销售，降低了货款回收难度。

（4）完善内部生产制度，加强生产环节衔接。改变以往的四班三运行，转为三班三运行，提高了生产效率，缩短了班次交接周期。

（5）加强设备检修和维护工作，保证生产的正常进行。

（6）建设生产基地，投入农场开发。麦芽厂投资近 20 多万元对农场 2000 亩弃耕地完成开垦、复平、灌水、耕翻作业，2007 年即可种植。同时对民乐分场 700 余亩土地进行了平整和耕翻作业，为今后建设原料基地打下良好的基础。

2007 年，总结上年度原料收购工作的同时，及时掌握市场信息，采取同啤酒厂家签订加工合同等方式，有效地解决了大麦原料涨价问题。当年共收购大麦原料 9500 吨，生产成品麦芽 7600 吨，销售 5264 吨，完成主营业务收入 2414 万元，上缴利润 300 万元。2008 年，生产麦芽 7800 吨，实现主营业务收入 2812 万元，上缴利润 400 万元。2009 年，麦芽厂作为农场的龙头企业，按"公司＋基地＋农户"的运营模式，实现共同发展、共同增效，其中大麦原料 80% 来自农村，产业化项目的辐射力进一步增强、带动能力逐渐提高、企业影响力稳步扩大。2010 年，在行业整体亏损严重的情况下，克服种种困难，积极开拓销售渠道，尽力压缩成本，保持了正常生产经营。全年共收购大麦 8155 吨，生产麦芽 5724.6 吨。2011—2012 年生产麦芽 10143 吨（表4-50）。

表 4-50　麦芽厂经营效益情况统计

年　份	职工（人）	年末固定资产原值（万元）	麦芽产量（万千克）	工业增加值（万元）	主营业务收入（万元）	实现利润（万元）	缴纳税金（万元）	全员劳动生产率（万元/人）	人均利税（元/人）
1996	52	—	—	—	—	—	—	—	—

（续）

年 份	职工（人）	年末固定资产原值（万元）	麦芽产量（万千克）	工业增加值（万元）	主营业务收入（万元）	实现利润（万元）	缴纳税金（万元）	全员劳动生产率（万元/人）	人均利税（元/人）
1997	52	22.09	22.09	3126.72	—	—140.77	—	—	—
1998	65	22.09	22.09	286.09	126.10	—152.17	0.37	60.13	—
1999	48	22.09	32.60	183.51	242.64	—147.35	0.00	4.40	—
2000	46	32.68	32.60	4.61	1354.08	5.31	29.56	3.82	7580
2001	45	32.68	32.60	405.67	782.33	1.17	11.25	0.10	2760
2002	55	113.48	695.20	426.25	1563.37	100.00	20.36	9.01	21884
2003	53	165.66	793.61	684.07	1318.29	80.00	28.65	7.75	20500
2004	82	227.13	76.82	893.11	1707.00	81.00	10.82	12.91	11198
2005	54	703.30	768.20	599.96	1987.00	平衡	9.57	10.89	1772
2006	60	1267.70	1267.70	359.73	2160.27	0.0592	6.17	11.11	1038
2007	61	1942.33	760.00	914.45	2414.38	300.00	17.70	6.00	52082
2008	52	3095.18	780.00	3030.23	2811.68	400.00	33.22	14.99	83312
2009	48	672.13	672.13	333.34	1248.47	平衡	27.03	58.27	5631
2010	46	672.46	572.46	512.47	1285.16	平衡	20.79	6.94	4520
2011	37	662.95	644.30	5801.27	988.40	平衡	4.81	11.14	1300
2012	24	591.46	370.00	13263.41	292.56	平衡	—	156.79	—
2013	23	646.55	—	242.83	1023.99	平衡	21.77	552.64	9465
2014	6	646.55	—	238.75	—	平衡	—	39.79	—
2015	4	646.55	—	238.025	—	平衡	—	59.51	—
累　计	—	—	7542.40	31544.50	21305.72	527.25	242.07	—	—

四、企业注销

受亚洲金融危机、祁连山环保问题的影响，麦芽厂经营、销售不畅。从麦芽行业内部竞争变化和自身原因分析停产原因，在麦芽行业中，是张掖地区八家麦芽厂中建厂最早、产能最小的麦芽厂。随着啤酒行业的整合，其产能、产量、经营业绩等情况连续下滑。2013年年初，加工生产完成后，企业待产。待产的主要原因是能耗高、产量低、销售市场萎缩到只能以委托加工让利的形式为一家啤酒厂供货，自己也失去原料基地的种植和价格优势，同时又无力改造或扩大生产，各方面也跟不上市场和行业的发展要求。啤酒厂家也完成了整合，成立了大集团，采取集团化、集约化的招标采购方式。当年3月7日，麦芽厂会议表决通过，决定公司正式停产。

2016 年，农场根据甘肃省农垦集团公司《关于处置僵尸企业的意见精神》的通知，麦芽厂列入僵尸企业。2019 年 1 月，注销税务登记许可证，麦芽厂所有税务事项均以结清，注销工商登记。清算后总资产 57.80 万元，负债 1661.13 元（带息负债银行二次剥离贷款），所有者权益－1603.33 万元。2020 年，根据甘肃省农垦集团《关于对甘肃农垦张掖农场"僵尸企业"闲置资产处置的批复》（甘垦集团财管便字〔2020〕62 号）文件精神，2021 年 1 月在甘肃省产权交易所挂牌交易成功，评估价 10.51 元，成交价 68.4 万元，当年 2 月 22 日，完成处置资产机械设备移交。成交价 68.4 万元，支付交易所 2％手续费 1.368 万元，支付 3％税金 2.052 万元，余款 64.98 万元，转入农场财务部作营业外收入。麦芽厂会计资料由张掖农场财务部保存管理，并做处置资产的登记工作。

第三节　张掖市老寺庙番茄制品有限责任公司

张掖市老寺庙番茄制品有限责任公司（以下简称酱厂），隶属于张掖农场。地处甘肃省张掖市区以东 18 千米，国道 312 线 2705 千米处，交通十分便利。2006 年 8 月，酱厂采取农场投资＋职工股份制形式，建设 1 条番茄酱生产线，项目总投资 1359 万元。当年完成投资 659 万元，其中职工个人入股 270.3 万元。建厂使用甘肃金龙实业开发有限公司的营业执照，实现当年建设、当年投产、当年见效。2008 年 3 月，在张掖市工商行政管理局注册登记，厂名张掖市老寺庙番茄制品有限责任公司，法人代表王希天，注册资本 1360 万元，企业类型为有限责任公司。2011 年，法人变更为王经富。2013 年，法人变更为杨永钧。生产经营范围：番茄制品（罐头）的生产、销售。2006—2009 年，先后 3 次扩建，拥有 4 条国产番茄酱生产线（2010 年 1 条生产线搬迁至金泉酱厂），规模达到年产 2 万吨番茄酱。2016 年底，公司固定资产原值 4288 万元（包括金泉酱厂设备），净值 1269 万元，资产负债率 139.65％，公司有管理、技术人员 14 人。酱厂占地面积 1.65 万平方米，其中生产车间面积 720 平方米，是一家集无公害农产品生产、加工、物流配送及相关进出口贸易于一体的农业产业化经营企业，是甘肃农垦农产品加工主要龙头企业。

一、生产品种

生产的产品有 220 开铁桶装 28％～30％，220 开铁桶装 36％～38％浓度的常规冷破番茄酱及制品。产品主要销往意大利、西班牙、俄罗斯等国家。

二、原料基地

公司原料基地主要分布在甘州区老寺庙片区，老寺庙地处河西走廊中部冷湿带干旱地区，平均海拔 1500 米，年平均气温 7.5℃，全年日照时数 2900～3000 小时，为典型大陆性干旱气候。日照时间长，昼夜温差大，有效积温高，水资源丰富，是众多农产品及水果的上佳生产地。日照充足，土地肥沃，具有生产优质农产品得天独厚的条件，尤其是适宜番茄生长，酱用番茄的种植与加工被称作"红色"产业。

三、生产组织

1. 生产用工　酱厂属于季节性生产加工企业。每年 8—10 月，生产加工番茄期间部分岗位实行三班倒工作制，农场抽调机关工作人员、部分分场管理人员 140 人投入生产加工工作。平时只是留有设备检修、产品营销人员。抽调参加生产工作人员进行原料质检、过磅、杀菌、无菌浓缩灌装，过磅标识人员两班，每班 12 个小时，浮洗、拣选三班制，抽调人员每人除农场付正常的工资外，每人再发放 10 元的补助，

图 4-19　番茄原料清洗

同时所有参加生产人员与每天产量挂钩，超产获取超产奖，超产奖当日公布。2015—2016年，参加生产抽调人员补助由原来每人 10 元增加到 20 元（图 4-19）。

2. 生产能力与设备　2006 年，农场采取职工入股形式新建了 1 条 3000 吨番茄酱生产线，全部采用国产设备，2008 年实际生产周期 60 天 2009 年，通过技术改造新建 10000 吨鲜番茄成套生产线 1 条，完成投资 1500 万元，连续 4 年扩建和改造，年加工生产能力达1.6 万吨（图 4-20）。

酱厂主要设备有无菌大包装生产线、欧式预装式变电站、锅炉、套式杀菌机无菌包装机、冷却塔、麻石除尘器、提升机、破碎机、浮洗机、废果输送机、废果输送机减速机、打浆出渣机、双道精致打浆机、冷凝器给水泵水环真空泵、冲料泵、前冲料泵、后冲料泵（图 4-21）。

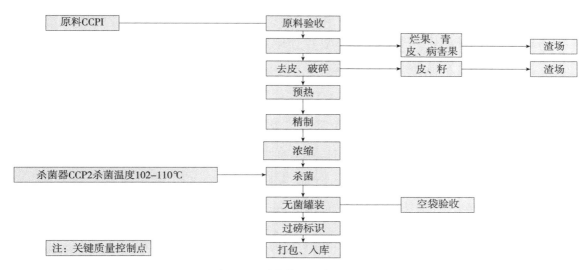

图 4-20　番茄酱厂生产工艺流程

图 4-21　酱厂生产设备

四、生产经营管理

2006—2017 年，杨永钧任总经理（厂长），2010 年成立酱厂党支部，张贵根任党支部书记兼副经理。设立维修车间、财务、生产、质检化验、办公室等 5 个科室。

建厂后开展抓管理、上等级、全面提高企业素质活动。积极推行现代企业现代化管理。先后在食品生产企业危害分析与关键控制点（HACCP）管理体系认证上下功夫，制定高于国家标准的企业内控制度，建立严格完善计量、质量、标准化管理体系和各项技术经济指标定额指标。

所有产品通过化验，留有小样。加强生产班组建设，不断完善以经济体制责任制为中心的各项规章制度，严格劳动、工艺流程，大力进行员工技术培训，建立《岗位职责》《工资分配方案》《安全用药制度》《病虫害预防防治规程》《产品栽培技术规程》《产品质量标准》《肥料使用规范》《农药残留制度》《田间疫情制度》《疫情疫病制度》《质量溯源制度》《农药采购管理制度》《设备配件型号登记》《员工健康制度》《植保员职责》《产品采收制度》《基地管理员制度》等制度。

酱厂在加强企业现代化管理中，多次受到有关单位的肯定和高度评价。2009 年、2010 年，被农场授予先进集体。2012 年 6 月，酱厂被甘肃省商务厅评为 2011 年度全省产业损害预警工作先进单位，2013 年 11 月，党支部被张掖市甘州区非公有制党工委授予优秀基层党组织荣誉称号，2013 年，企业已通过 HACCP 认证，并进行了卫生注册和基地备案，当年被甘肃省确定为现代农业产业化经营龙头企业，被工商局评为"重合同、守信用"企业。2016 年 7 月 1 日，被农场党委授予先进党支部荣誉称号。

五、经营效益

1. **经济效益**　2006 年 8 月，酱厂建成投产在保证与新疆屯河酱厂提供订单合同原料的情况下，生产番茄酱 2100 吨，产品质量符合出口标准。

2006—2016 年，累计收购番茄原料 37.05 万吨，生产番茄酱 5.02 万吨，累计销售番茄酱 5.02 万吨，累计工业增加值 1174.74 万元，累计实现主营业务收入 20771.17 万元，上缴税金 224.32 万元，利润－1991.40 万元，全员劳动生产率人均 166.26 万元/人。2008 年，出口创汇 78.67 万美元；2009 年，出口创汇 207.35 万美元；2010 年，出口创汇 103.02 万美元；2011 年，出口创汇 90.85 万美元；2012 年，出口创汇 35.93 万美元；2014 年，出口创汇 142.11 万美元；2015 年，出口创汇 49.97 万美元；2016 年，出口创汇 7.59 万美元，七年合计创汇 715.51 万美元。2007—2016 年，出口退税合计 560.75 万元，累计出口番茄酱 10535.11 吨（表 4-51）。

表 4-51　番茄酱厂历年经营效益统计

年　份	年平均职工人数（人）	年末固定资产原值（万元）	番茄酱产量（吨）	工业增加值（万元）	主营业务收入（万元）	实现利润（万元）	缴纳税金（万元）	全员劳动生产率（万元/人）	人均利税（元/人）
2006	0	677.10	2100.23	65.77	439.16	0.059	—	—	—
2007	0	1357.50	4916.51	137.29	769.40	7.47	—	—	—
2008	9	2497.98	8316.47	391.43	1465.25	158.22	—	43	175800.00
2009	10	3587.22	10565.36	399.17	4972.92	6.2	47.5	40	53700.00
2010	11	4121.51	4380.12	449.01	2353.23	77.4	21.47	41	89881.82
2011	12	4157.72	1317.33	228.51	2105.36	400.00	—	19	333333.33
2012	12	4163.16	2780.04	120.11	1131.12	309.55	12.44	10	26832.00

（续）

年　份	年平均职工人数（人）	年末固定资产原值（万元）	番茄酱产量（吨）	工业增加值（万元）	主营业务收入（万元）	实现利润（万元）	缴纳税金（万元）	全员劳动生产率（万元/人）	人均利税（元/人）
2013	14	4157.93	4069.03	−382.72	1285.93	−838.40	12.74	27	−587957.14
2014	13	4285.00	4859.68	434.98	1937.54	−103.55	30.99	33	−55815.38
2015	15	2867.34	2001.81	25.87	1801.68	−511.88	64.34	2	−298360.00
2016	16	2867.34	—	109.94	2125.44	−551.43	16.88	7	−334093.75
2017	16	2867.34	—	−584.74	384.14	−945.04	17.96	37	268325.00
累计	—		45306.58	1394.62	20771.17	—	224.32	—	—

2. **社会效益**　酱厂秉持"以质量求生存，以效益求发展"的宗旨，依靠科技，坚持无公害农产品的经营战略，以农场为主要原料基地，建立示范化原料基地11个，基地面积1333.33公顷，形成"企业＋基地＋农户"的产业化经营格局，加强农业基础设施建设，应用滴灌节水技术，使番茄的亩产量由3吨增至5吨以上，高可达12吨。原料种植采取统一优良品种、统一生产操作规程、统一投入品供应使用、统一田间管理、统一收获"五统一"管理模式，原料基地是农业部全国无公害示范基地农场之一，保证原料种植面积的基础上，较少喷施农药，所产番茄具有品质高、成熟好的特点，番茄可溶性固形物、番茄红素含量及单产都很高，且霉菌含量低、病虫害少，采用人工采摘，适宜加工优质番茄酱。每年带动周边的农户、务工等增收2000万元。

六、企业注销

2016年12月，张掖市甘州区环境保护局接到中央督察中心转来的群众投诉后，展开现场调查，提出酱厂违反《建设项目环境保护管理条例》第十六条，因环保原因停产，并接受处罚，罚款75979元。2016年12月，甘州区环保联合督查组正式对酱厂查封。2016年，国资委下发《对关于省属监管生产经营困难企业及"僵尸企业"进行摸底的通知》（甘国资委〔2016〕93号），酱厂被列为"僵尸企业"。至2017年12月资产总计500.18万元，固定资产净值500.18万元，负债1514.59万元，所有者权益−1014.42元。2018年1月，根据集团公司关于《加快推荐"僵尸企业"处置工作》的通知（甘垦集团资〔2018〕1号）精神，2018年12月，张掖市工商行政管理局注销。

2021年，根据甘肃省农垦集团《关于对甘肃农垦张掖农场所属张掖市老寺庙番茄制品有限责任公司资产处置的批复》（甘垦集团财管便字〔2021〕38号）精神，2021年9

月，经甘肃省产权交易所挂牌交易成功，评估价 309.77 万元，成交价 311.77 万元，当年 11 月，完成处置资产机械设备移交工作。资产处置机械设备所得款 311.77 万元。张掖农场支付费用包括：产权交易所交易手续费 2‰，计 6.24 万元；税金 3‰计 9.35 万元；核销老寺庙酱厂处置资产 431.17 万元。确定番茄酱厂再不发生业务，不再运行，厂房实行封存管理，原会计资料由张掖农场财务部保存管理。

第四节　瓜州县金泉番茄制品有限责任公司

2010 年，张掖市老寺庙番茄制品有限责任公司番茄酱项目与小宛农场共同投资 1186.7 万元，在瓜州建成 1 条日处理鲜番茄 500 吨的生产线及配套设施。2010 年 5 月 5 日，瓜州县市场监督管理局注册登记。厂名瓜州县金泉番茄制品有限责任公司，注册资本 760 万元，企业类型为 1 人有限责任公司，厂址甘肃省酒泉市瓜州县小宛农场十队，经营范围：番茄制品的加工、营销。瓜州县金泉番茄制品有限责任公司隶属张掖市老寺庙番茄制品有限责任公司。

2010 年 1 月 22 日，甘肃省农垦集团《关于调整小宛农场和亚盛股份酒泉公司管理主体的通知》（甘垦集团〔2010〕10 号）明确"为进一步加强管理，做大做强农垦优势产业，并发挥帮带作用，提升垦区企业经济实力、盈利能力和市场竞争力，结合企业实际，集团公司决定：将小宛农场交由张掖农场管理。即从 2010 年起，小宛农场交由张掖农场管理，原企业产权关系不变。"张掖农场班子研究制定"以人为本，产业带动，相互依存，共同发展"的小宛农场工作思路，将张掖农场的番茄产业引入小宛农场，同部署同安排，通过产业帮扶，带动小宛农场的整体发展。

2010 年 5 月，张掖农场向甘肃省农垦集团上报《甘肃农垦张掖农场 8.5 万吨番茄酱建设项目可行性研究报告》，2010 年 6 月，集团公司批复，同意"新增年处理番茄 55.25 万吨，年产 8.5 万吨番茄酱"项目，甘肃农垦张掖农场 6.5 万吨，甘肃省国营小宛农场 2 万吨，建设期两年。当年 5 月，在瓜州县工商登记注册，地址在瓜州县小宛农场十队。当年 6 月 14 日，农场第三届理事会第六次会议决定，金泉酱厂由双方共同投资，张掖农场占 70％，小宛农场占 30％。

2010 年 7 月，金泉酱厂建成投产，主要设备有无菌大包装线 1 条、智能水表、干燥箱、厂房、办公楼、机井 2 眼、欧式预装式变电站、锅炉房、地坪 1121.99 平方米。当年经营业务收入 41.80 万元，亏损 56.07 万元。因种植的番茄 7 月初遭受大风灾害，几乎绝收，造成原料不足，一个生产周期后停产歇业。

　　2016年，农场金泉酱厂被列入僵尸企业。2018年11月，由甘肃省国家税务局瓜州县税务局税务注销（瓜县税企清〔2018〕5649号），12月，瓜州县市场监督管理局注销，2020年12月，资产总计1143.96万元，负债569.47万元，所有者权益574.49万元。2021年，根据甘肃省农垦集团《关于对甘肃农垦张掖农场所属"僵尸企业"闲置资产处置的批复》（甘垦集团财管便字〔2020〕62号）精神和小宛农场转交的瓜州县人民政府《任务通知书》、酒泉市生态环境局瓜州分局《限期拆除整改通知书》要求，张掖农场2021年1—9月对金泉酱厂处置资产机械设备进行了二次评估和挂牌交易，最终评估价47万元，当年9月，甘肃省产权交易所挂牌交易成功，成交价89万元，当年10月，完成处置资产机械设备移交。厂房、办公楼等基建设施归小宛农场所有、管理、使用。机械设备、资产处置机械设备所得款89万元。农场支付的款项有：产权交易所交易手续费2%，计1.78万元；税金3%，计2.67万元；二次评估费1.3万元；因环保问题前期拆除锅炉房费用2.1万元；以及2020年涉诉建设期工程款30.41万元，五项合计38.26万元。其余款项50.74万元，全部划转小宛农场。

　　酱厂资产处置完成，双方出资涉及金泉番茄公司无法弥补的部分及其他账务予以核销，各自核减账务再不相互追究，金泉酱厂会计资料由小宛农场保存，并做处置资产的账务及登记工作。

第五节　综合加工厂

　　1976年，成立综合加工厂（图4-22），由机修连面粉车间和副业车间合并后组成。综合加工厂经历了初建、供应站管理、重建3个阶段。

　　1966年，农场成立工副业队，下设面粉、酱油、食醋3个加工组。1969年，撤销副业队，3个加工组归团工商股直接管理。1972年，改由机修连代管，机修连下设机修、面粉、副业（酱油、食醋、酿酒）3个车间。1976年，机修连改称农机修造厂，实行农机修造专业化经营，面粉、副业2个车间合并成立副业加工厂，直属农场领导。1977年，副业加工厂更名为综合加工厂，下设面粉车间和白酒、酱油、食醋3个生产小组，主要产品有面粉、酱

图4-22　加工厂

油、食醋，并少量生产白酒、粉面、粉条、挂面，产品主要供应场内职工。1981 年，提高面粉质量，投入资金 7.44 万元，对面粉车间进行技术改造，改建厂房，更新自动化程度较高的面粉生产线，安装吸尘器，面粉产量和质量有明显提高。1982 年，白酒生产小组迁出综合加工厂，筹建老寺庙酒厂。1984 年，综合加工厂有职工 44 人，年生产面粉 60 万千克，酱油 6 万千克，食醋 15 万千克。

1985 年，撤销综合加工厂编制，原综合加工厂面粉车间和酱油、食醋生产改由农场供应站管理，供应站提供生产原料，由职工承包生产，面粉销售由供应站管理，酱油、食醋由承包者自主经营，定额上交管理费。1986 年，农业第六生产队经营管理的榨油组并入供应站。酱油、食醋由承包者自主经营后，根据市场需求，迅速增加产量，进一步开拓市场，增加收入。

1992 年，供应站并入农场商业供销公司，面粉、酱油、食醋、榨油生产业务移交商业供销公司管理。为适应市场经济要求，使粮油产品走向市场、提高效益，1994 年，恢复综合加工厂编制，实行厂长负责制和目标管理责任制。综合加工厂下设面粉车间和酱油、食醋、榨油 3 个生产小组。面粉车间下设 2 个生产班组，实行定额管理。为便利职工购粮，在场部设门市部供应粮油产品。为改造旧的面粉生产线，提高面粉产量和质量投资 14.5 万元从青岛引进日产 20 吨的 61 千瓦新型面粉自动生产线 1 条，配件有磨面机 10 台，筛选机 2 台，水洗机、搅拌机、取皮机、封口机各 1 台。新的面粉生产线投产后，粮食杂质处理和面粉、麸皮分级，干净，成品面粉细白，产量、质量明显提高。

1995 年综合加工厂改为农场直属企业，共有职工 18 人（其中干部 4 人），共生产小麦面粉 87.8 万千克，玉米面 31 万千克，酱油 5.2 万千克、食用醋 8 万千克，榨油暂停，实现产值 200.27 万元，销售收入 242.23 万元，经营盈利 12.19 万元，全员劳动生产率 111269 元/人，人均利润 6772 元。1996 年，综合加工厂占地 2500 平方米，厂房、办公室、库房等建筑面积 1326 平方米。除新引入的自动化面粉生产线外，并有精选机、拉丝机、粉碎机和 10 千瓦榨油机及配套设备等，有固定资产原值 21.09 万元，流动资产 129.86 万元，年生产能力为面粉 120 万千克，食油 6 万千克，酱油 7.5 万千克。食醋 17.5 万千克。2000 年，随着国家改革开放步伐的加快，为顺应面粉市场竞争需要，吸引外部资金新建了面粉二车间。张掖地区制种业发展迅猛，小麦种植面积逐年减少，原料严重不足。2003 年，生产面粉 1826 吨，销售 1670 吨，兑换 156 吨，生产食用油 36 吨、食醋 4 吨，完成销售收入 287 万元。人均收入 5800 元。2004 年，共生产面粉 1822 吨，销售 1822 吨，主营业务收入 341 万元，职工人均收入 7500 元。2005 年，共生产面粉 1971 吨，销售 1941 吨，生产各类食用油 37 吨，实现主营业收入 388 万元，上缴"三金一费"

13.59 万元，完成计划的 100％，职工人均收入 8768 元，完成计划的 114.77％。2006 年实现主营业收入 310 万元，职工人均收入 9200 元，回收应收款 25770 元。2007 年，聘任霍荣林为综合加工厂厂长，省外面粉进入本地区，面粉行业受到很大的冲击，原料质量不过关，效益受到影响。

2007—2011 年，加工厂面临资金困难、产品质量、原料不足、价格下降等诸多不利因素，采取外调原料，抓管理，适应市场形势，提高产品质量和销售策略，稳定职工队伍，提高生产经营效益，保证农场职工生活供应。

2011 年 12 月，由于生产环境差，生产厂房破旧，生产条件不达标，被张掖市技术监督局查封，2012 年正式停止生产，人员转岗分流到养殖场（表 4-52）。

表 4-52　综合加工厂历年生产经营情况统计

年　份	年平均职工人数（人）	年末固定资产原值（万元）	面粉产量（万公斤）	主营业务收入（万元）	实现利润（万元）	上交管理费（万元）	全员劳动生产率（元/人）
1996	18	14.56	115.80	317.40	0.02	6.0	176333.33
1997	17	17.03	118.00	258.90	0.03	4.3	152294.12
1998	17	17.03	125.60	236.70	0.03	10.9	139235.29
1999	18	18.21	179.50	235.80	0.03	4.2	131000.00
2000	16	18.21	49.60	140.80	0	0	88000.00
2001	11	18.21	61.90	106.15	0.00	0	96500.00
2002	10	18.29	54.40	80.17	0.01	2.4	80170.00
2003	9	10.65	21.20	51.97	−10.36	0	57744.44
2004	8	11.24	29.30	74.72	0.00	0.02	93400.00
2005	8	11.24	21.20	60.77	0.00	0	75962.50
2006	5	11.24	5.10	22.49	10.80	1.9	44980.00
2007	8	11.24	27.80	124.95	0.00	2.4	156187.50
2008	8	30.58	8.70	114.60	0.02	2.4	143250.00
2009	5	33.10	4.96	135.41	0.08	2.4	270820.00
2010	8	30.27	5.30	203.00	0.05	2.4	253750.00
2011	7	30.27	5.70	125.80	0.01	2.4	179714.29
2012	6	30.27	5.29	20.53	0.02	2.4	34216.67
2013	7	30.27	2.37	11.35	−3.6	0	16214.29
合　计	—	—	841.72	2321.51	—	44.12	—

第六节　砖　　厂

一、砖厂建立

1958 年，创建砖厂，建场初期设备简陋。1958—1959 年，生产青砖 1923 万块，1960 年停产。1965 年，成立半农半工的砖瓦连，新建小砖窑 2 座，仍采用人工制坯、砖窑烧青砖的生产方式。坚持"以农促副，以副养农""农忙务农，农闲务工，亦工亦农"的经营方式，职工既从事砖厂生产，也从事农业生产。1965—1969年，累计生产青砖80万块。1970年共生产青砖50万块，粮食65万千克。1971年，扩大生产规模，为便于运输，农场决定将砖厂由老寺庙迁到西屯火车站附近的荒地上。在选址时对土质、水源、煤源等缺乏慎重周密的调查分析，急于建设。打深水井1眼，修建了1000平方米房屋用作办公室和职工宿舍，制砖机和发电机都安装在地窝子内。后因农建二师撤回对砖厂的投资，原建设24门轮窑的计划无法实现，改为建设3个容砖20多万块的土砖窑，实际仅完成1个。由于煤源无保证，致使生产不能正常。1972年下半年，紧缩人员，抽走机械，外调职工，领导班子只有1人临时负责，1个作业排长管理生产，工人工作纪律松懈，生产效率下降。1974年冬，一窑砖回炉重烧10多天，浪费原煤10多吨。1971—1976年，共生产青砖96.5万块，每块砖成本高达0.406元，亏损15.8万元。生产的砖远远不能满足农场建设需要。

1977年，厂址重新选定在老寺庙，建立年产1800万块红砖的机制砖瓦厂。当年2月动工兴建24门轮窑，8月建成，采用半机械化生产。老寺庙土质黏重，烧成的砖质量优良。经测定砖的抗压、抗折、抗冻性能全部达到国家JC149—73优质标准，市场非常畅销，产品远销玉门、嘉峪关、河西堡、武威南等地、经济效益明显提高。1983年投资9万元，在砖厂北侧增建第二车间。此后，又修建24门轮窑1座，盖职工住房和机车房、办公室共370平方米，1984年建成投产。因当地土质碱性大，所产红砖质量差，影响销售，投产1年半后停产。

1977—1985年，农场对砖厂累计投资113.7万元，建有厂房7742平方米，职工住宅3754平方米，拥有制砖机组3条，制瓦机组1条，24门轮窑2座，推土机4台、配电室1所，变压器5台、发电机组2台，并有离心泵、风机等机械。其间共生产红砖11914万块，实现利税累计112.8万元，成为农场的支柱产业。

1984年，砖厂附近社队兴起"砖厂热"，在两年内新建砖厂40多家，市场上红砖供大于求的现象严重，铁路运输紧张，红砖滞销造成大量积压。1984—1985年，滞销积压红砖达3000多万块，大量资金被占用。1986年，砖厂经营亏损，下半年被迫停产。

二、联合办厂

为发挥砖厂设备和技术优势，利用闲置设备并安排部分职工就业增加收入，采取走出去、异地联合办厂。

1. **与永登苦水乡大沙沟村联办砖厂**　1985 年 8 月，总投资 31.02 万元，与永登县苦水乡大沙沟村联合办砖厂。其中农场砖厂以砖机设备、物资、劳务等作价 22.21 万元投资，占总投资的 71.6%，大沙沟村投资 8.81 万元，占 28.4%。建成 22 门轮窑一座，职工住房、办公室、厂房等共 346 平方米，还有水电等配套设施，形成年产红砖 1500 万块的生产规模。整个经营分三个阶段。1986—1987 年，双方委派联办砖厂负责人，经董事会研究决定组成砖厂领导班子。经营利润 24 万多元。1988 年因土地纠纷，砖厂停产，造成直接经济损失 1.5 万多元。全年共产机制红砖 308 万块，经营亏损 5.118 万元。1989 年，实行招标抵押承包经营。1989—1990 年，由大沙沟村高贤承包，1989 年合同规定上交 11.97 万元，实际上交 5.44 万元，其中上交农场砖厂 1.08 万元。1991 年，由该村周孝忠承包，没有按合同规定缴纳任务。1992 年，鉴于抵押承包经营无效益，联合关系破裂，农场砖瓦厂人员撤回。农场砖厂与大沙沟村委会经过协商、决定委托承包，并签订《委托经营承包书》。1992 年 1 月到 1995 年 12 月，将联办砖厂委托大沙沟村管理并转包经营，在 4 年内分年度向农场砖瓦厂缴纳利润 12.8 万元。规定在每年开工前（4 月 15 日前）先交 1 万元抵押金，其余在 10 月底交清。如不按时交清，每月加收 2% 的滞纳金。

2. **与兰州红古区青土坡村联办砖厂**　1987 年 4 月，与兰州红古区青土坡村联办砖厂，总投资 44.41 万元，其中青土坡村占 40.9%，农场砖瓦厂设备资产折价占 59.1%。经公证双方签订联合办厂合同。约定联办期限为 7 年，1987 年 4 月 8 日至 1994 年 4 月 8 日。联办砖厂建设轮窑 1 座，红砖生产能力每年 1500 万块。

1988 年投产后经营亏损 6 万元。农场组成工作组，对经营和亏损进行调查，确认造成亏损的主要原因是：建厂前对联办砖厂的筹建条件没有进行详细调查考察和可行性论证以及选址位置不当，造成红砖销售、运输困难，经营效益低下；体制和管理不能协调统一，致使砖厂无法正常经营。经联办砖厂董事会决定，经营亏损和建厂时基建超支 1.185 万元按 4∶6 分摊，冲减双方投资，农场投资额减为 21.24 万元，青土坡村投资额减为 14.81 万元。

1989 年 6 月，王大源受农场工作组委托、代表张掖农场砖瓦厂和青土坡村委会代表郭有泰签订合同，合同内容：为支持乡镇企业，扶持乡镇经济，根据青土坡村的要求，张掖农场砖瓦厂从资产投资中让利 6 万余元，将股金 15 万元拍卖给青土坡村，另有联营砖厂欠张掖农场各单位借款、材料款、应付账款、银行贷款等共 8.35 万元。两款合计 23.35 万元，1990—1996 年，分期向张掖农场交清，每年 8 月前还款 4 万元，延期不还，加 5% 的滞纳金，合同于 1989 年 6 月在兰州市红古区公证处公证。之后，农场砖瓦厂从土坡村退出。

三、招标承包

1988年，张掖农场砖厂实行招标承包经营，恢复生产。砖厂占地384300平方米，有厂房等建筑面积7742平方米。主要设备有24门轮窑1个，配备水塔、推土机、砖机、风机、水泵等，年生产红砖能力为1800万块。砖厂占地38.43万平方米。1988年，生产红砖442万块，经营盈利1.14万元。1989年，红砖产量增加到730万块，因受全国性市场疲软影响，红砖滞销。1990年，减少红砖产量53%，亏损4.92万元。

1991年，调整厂领导班子，整顿职工队伍。提出"以质量求生存，以效益求发展"的办厂指导方针，全厂开展质量品种效益年活动，加强企业管理和产品质量管理。健全规章制度，完善内部责任制，加强劳动管理，改进生产设备，努力挖潜改造，减少能耗，降低成本，狠抓产品质量，红砖改按国家GB-51010-85标准生产，红砖一级品率达87.3%，合格率达97%。红砖质量提高，销售回升，扭亏为盈，并实现连年盈利。1995年，有固定资产原值39.77万元，有固定职工44人，产红砖750万块，实现产值70.88万元，利润13.83万元，缴纳税金5.13万元，全员劳动生产率16109元/人，人均创利税4309元。1996年，加强成本核算，降低生产成本，生产红砖800万块，主营收入71.28万元。2002年，在资金十分紧张的情况下，积极筹措资金，加强内部管理，节本降耗，完成农场下达的各项任务指标。

2003年，更名为甘州区惠民砖厂，实行租赁经营，产销两旺。加大成本核算力度，实行担保连带责任制，降低半成品的损耗。原煤消耗实行含量承包，降损耗近3.5万元。平均销售价增加，半成品、成品成本有所下降，利润稳中有升，全年共生产半成品土坯900万块，红砖840万块，创历史纪录。清理砖厂拖欠的养老金挂账，累计清缴18万余元。2004年，惠民砖厂在租赁经营中，产销两旺，产品价格上涨，全年共生产砖坯920万块，红砖565万块，实现收入41.16万元。2006年，砖厂进行改制，将原来的国有所有制企业进行租赁承包经营，从经营管理方式到生产管理、成本核算都有进步。强化职工思想教育，稳定了职工队伍，使砖厂生产迈上正常轨道。提高产品质量，加强销售工作。砖厂改制完成后一个时期，后因生产经营理念的差异，产品质量出现了大幅度下降，受到产品质量监督部门的处罚，产品销售工作一度遇到困难。为此，农场成立监管小组，组长史宗理，成员张贵根、霍荣林，监管小组不定期地对砖厂的生产、产品质量、职工工资兑现等方面进行监管，针对生产管理中存在的问题进行及时的整改，使砖厂产品质量恢复正常，销售转旺。2006—2007年，生产红砖765万块，销售765万块。2017年3月，承包人王云山退出租赁经营，资产进行盘点造册。2007 年 12 月，农场将砖厂财务进行整合，统一合并到农场财务科。2008 年，砖厂生产红砖 860 万块，销售 630 万块，实现主营业务收入 36.7 万元。2010 年，惠民砖厂生产半成品 1000 万块，成品 366 万块，实现营业收入 97.8 万元，实现利润 7444 元。2011 年 4 月，张掖农场砖厂购进新砖机正式开始试机，全年生产红砖 431 万块。2012 年 5 月，农场老寺庙惠民砖厂与三闸镇蒋兵年达成承包协议，承包方每年上交张掖农场 30 万元，租期 5 年（表 4-53、表 4-54）。

表 4-53　1980—1995 年砖厂经营效益统计

年　份	年末职工人数	年末固定资产原值（万元）	产　量		销售收入（万元）	实现利润（万元）	税金（万元）	全员劳动生产率（元/人·年）	人均利税（元）
			红砖（万块）	瓦（万片）					
1980	256	30.7	1150	—	50.6	16.83	0.78	1977	688
1981	253	30.7	1500	20	66.0	9.43	1.13	2609	417
1982	258	46.3	1260	21	60.7	18.0	2.28	2353	786
1983	190	46.0	1620	—	72.9	14.7	3.00	3837	931
1984	204	48.3	2070	4	91.5	8.47	1.07	4485	468
1985	199	45.97	2096	—	94.0	5.71	2.78	4724	427
1986	144	45.97	320	—	14.1	−4.94	1.44	979	−243
1987	89	46.20	—	—	—	−5.93	0.37	—	−625
1988	60	42.78	442	—	19.9	1.14	2.54	3317	613
1989	56	42.78	730	—	38.4	1.9	1.96	6857	689
1990	64	41.18	345	—	18.9	−4.92	1.80	2953	−488
1991	54	41.18	412	—	26.8	0.4	2.70	4963	574
1992	51	41.18	695	—	45.2	6.0	5.60	8863	2275
1993	52	39.77	904	—	85.9	12.43	6.55	16519	3650
1994	48	39.77	608	—	56.8	10.98	3.39	11833	2994
1995	44	39.77	750	—	70.88	13.83	5.13	16109	4309

表 4-54　1996—2013 年砖厂经营效益情况

年　份	职工（人）	年末固定资产原值（万元）	红砖产量（万块）	主营业务收入（万元）	实现利润（万元）	缴纳税金（万元）	全员劳动生产率（元/人·年）	人均利税（元）
1996	44	39.77	800	71.28	0.62	8.50	16200	2073
1997	44	39.77	720	79.65	平衡	—	18102	—
1998	44	39.77	618	64.06	0.39	—	14559	89
1999	44	39.77	650	41.27	1.78	1.07	9380	88

（续）

年 份	职工（人）	年末固定资产原值（万元）	红砖产量（万块）	主营业务收入（万元）	实现利润（万元）	缴纳税金（万元）	全员劳动生产率（元/人·年）	人均利税（元）
2000	40	39.77	430	72.22	平衡	0.40	18055	100
2001	34	39.77	513	39.86	平衡	0.51	11724	150
2002	33	39.77	768	41.66	平衡	0.32	12624	97
2003	34	10.86	840	35.5	0.64	2.11	10441	809
2004	31	10.86	565	41.16	0.19	3.69	13277	1252
2005	32	10.86	814	45.76	0.02	—	14300	1152
2006	28	57.01	980	45.70	−0.01		16321	—
2007	23	57.01	785	45.70	0.01	27.11	19870	11791
2008	24	57.01	860	36.70	0.01	2.09	15292	875
2009	27	57.01	629	53.79	−0.17		19922	−63
2010	26	57.01	366	94.84	0.74	3.33	36477	1565
2011	26	64.31	431	85.00	0.45		32692	173
2012	25	64.31	443	98.37	−19.08		39348	−1632
2013	25	64.31	72	7.67	22.90		3068	9160

四、企业注销

2015 年，根据张掖市国土资源局甘州区分局下发《关于注销张掖市老寺庙惠民砖厂采矿许可证》的通知，在依法划定的 0.0184 平方千米的矿区范围内，采集资源储量已经枯竭。张掖农场依法关闭，企业当年终止生产。2016 年 5 月，张掖日报刊登注销公告，2017 年 8 月，张掖市甘州区工商行政管理局办理注销登记（表 4-55）。

表 4-55　砖厂历任党政领导人名录

历任厂长、副厂长			历任党支部书记、副书记		
姓 名	职 务	任职时间	姓 名	职 务	任职时间
曾庆龙	厂 长	1977—1979 年 1988—1990 年	薛镕新	书 记	1977—1979 年
			李有斌	书 记	1980—1984 年
敬永芳	厂 长	1980—1984 年	杜风振	书 记	1985—1987 年
王大源	厂 长	1985—1987 年	温修德	书 记	1988—1990 年
杨永钧	厂 长	1991—1994 年	曾庆龙	书 记	1991—1999 年
孙 凯	厂 长	1995—1999 年	张 平	书 记	2000 年 11 月—2012 年 3 月
陈 勤	厂 长	2000 年 10 月—2000 年 11 月	李子文	书 记	2013 年 1 月—2016 年 12 月
杨社会	厂 长	2000 年 11 月—2005 年 03 月			
李生福	厂 长	2005 年 4 月—2008 年 3 月			
李子文	厂 长	2008 年 4 月—2016 年 12 月			

第七节　采　矿　业

一、开矿采煤

1959 年，农场在张掖县大野口建立小煤窑，人工挖煤背运，产量很低，主要供应职工生活用煤和场内工副业生产用煤。1970 年，为给西屯新迁砖厂提供煤源，未经慎重调查，向山丹煤矿要了一眼旧矿井，组织力量修复投产。1971 年，产煤 300 吨。因缺乏采煤设备，无资金配套，发生伤亡事故后停产。1976 年，筹建年产 6000 吨的肃南红梁沟煤矿。1977 年 1 月投产，后因原煤枯竭，于 1979 年迁入张掖县大野口继续开采。采用人工挖煤背运出巷道，不仅劳动强度大，且不安全。后亦因煤源枯竭，加之连年亏损，1985 年下马。1986—1987 年，与山丹煤矿联合开采小煤矿 1 个，共采煤 2500 吨（表 4-56）。

表 4-56　历年原煤产量统计

年　份	1971	1977	1978	1979	1980	1981	1982	1983	1984	1986	1987
产量（吨）	300	6848	7552	4000	2829	3239	2700	888	1839	1500	1000

二、建窑烧石灰

1959 年，开采石灰石，建窑产熟石灰 20 吨。1980—1982 年，在大野口煤矿建石灰窑，开采石灰石生产石灰。1980 年，生产生石灰 328.5 吨。1981 年。生产生石灰 21 吨。1982 年，生产生石灰 200 吨。

三、开采石棉矿

石棉矿位于离场部 363 千米，海拔 5000 米，空气稀薄，祁连山顶上常年积雪。1972 年，组织职工 40 人进行开采。采用炸药爆破、人工背运的原始方法采矿，工作和生活条件极为艰苦。先后投资 10 万元共开采石棉 40 吨。石棉吨价特级 1800 元、一级 1400 元、二级 1085 元。因亏损于 1974 年停产。

四、其他矿产

1958 年开采石膏 20 吨，1959 年开采金刚砂 5 吨。

第八节　张掖市老寺庙磷肥厂

2007年8月，老寺庙肥料厂建成投产，项目总投资98万元，可年产磷肥5000吨，复合肥10000吨。肥料厂完成固定投资88万元，流动资金投入267万元。当年未注册登记。2007年，生产磷肥3500吨，颗粒肥1600吨，复合肥370吨，销售肥料2100吨，实现主营业务收入190万元。2008年10月，在张掖市市场监督管理局登记注册，注册资本100万元，经营范围磷肥、复合肥生产销售，法人代表王培文。2008年，共生产磷肥5000吨，复合肥颗粒生产线开始调试生产。

2010年，磷肥厂安置老寺庙酒厂分流人员，劳动用工以场办工业分流人员为主。何维忠负责经营。后期因原材料涨价，生产成本高，生产工艺落后，本地磷肥滞销，2013年停产。2015年4月，在甘州区税务局注销纳税事项，在张掖市工商局注销登记。

第九节　亚　麻　厂

2003年，根据甘肃省农垦社会保险办公室通知，张掖农场被列入由甘肃省农垦社会保险资助的再就业项目建设范围。12月，向甘肃省农垦总公司上报《张掖农场关于再就业工程亚麻加工厂建设立项的请示》，2004年4月，给甘肃省农垦总公司土地局上报《关于张掖农场亚麻厂建设用地的报告》。2004年5月，收到甘肃省农垦总公司《关于同意张掖农场下岗再就业工程—亚麻加工厂项目建设的批复》。经甘肃省农垦社会保险办公室与张掖农场共同选址，决定在张掖农场民乐分场共同投资新建亚麻厂。

亚麻加工厂为股份制企业，由甘肃省农垦总公司、农场、职工三方面入股解决建设资金，其中：集团公司股份40％，投资288万元；农场股份30％，投资216万元，职工股份30％，投资216万元。

根据农场土地资源条件，拟定建设2000吨亚麻加工项目，利用现有闲置工房和库房加以改造和完善，总投资720万元。分两期实施：第一期工程投资380万元，年加工亚麻1000吨。第二期工程投资340万元，年加工亚麻1000吨的建设规模。

由甘肃省农垦社保办公室先后提供打麻机1套，价值65万元；4吨锅炉1台，价值36.8万元；地磅2个，价值9万元；投入资金35.2万元，共计投资146万元。农场负责进行土建部分工程：地磅及地磅房总造价4.41万元，1号宿舍造价5.94万元，2号宿舍造价6.18万元，厂房造价29.23万元，沤麻池造价11.18万元，锅炉房造价12.83万元，门房及围墙 10.73 万元，零星工程造价 4 万元，亚麻厂回潮间造价 5.3 万元，共计 89.8 万元。

2005 年，亚麻厂共落实亚麻生产基地 106.67 公顷，收获产品质量基本达到加工要求，为 2006 年进一步扩大生产基地建设，为亚麻厂顺利投产奠定了良好的基础。后因亚麻市场疲软、技术条件等原因试生产后停产。2019 年 8 月，亚麻厂账务合并到农场财务科，部分资产经过清产核资账务处理，其余资产经盘点后封存管理。

第七章 建筑服务业

第一节 建筑公司

1956 年成立基建队，1976 年更名为农田基建专业队，2001 年 11 月，更名为张掖农场建筑工程公司。2017 年 11 月更名为物业服务队。建筑公司是农场内部基建单位，不对外承包工程。

一、基建队

1956 年基建队有职工 40 人，从事房屋、畜棚等建设工作，基建队实行亦工亦农、无工时返队务农。

1965—1968 年，采用集中力量打歼灭战的办法，劳动力、机具、物资、基建技术力量等优先满足于大面积农田、水利工程的建设需要，同时加强房屋建设。团部成立基建股，按照农建十一师勘测设计处的建设图纸组织施工。基建施工队伍迅速扩大。1966 年，组建 12 个基建连队，投入基建劳力 2360 人。占全场职工总数的 71.2%。随着基建工程的完成，基建连队和基建工人也逐年减少，转入农业生产。

1969 年，基建连队全部改为农业生产连队。此后，农田水利、房屋建设工作采取农基结合的形式进行。农田建设以机耕队为主体，由农业连队组织实施。农业连队农忙时务农，农闲时搞基本建设。提出"基为农，农促基"的口号。抓住春播后麦收前和麦收后到上冻前的农闲时期，由生产连队或由农场组织农田水利大会战，突击来完成当年农田水利基建计划，房屋建设学习大寨人的精神，采取"白天治坡，晚上治窝"的办法，发动职工打土块、拉沙备料，利用农闲或业余时间，自己动手，集体兴建（表 4-57）。

表 4-57 张掖农场基建队 1965—1968 年人员统计

年 份	基建连队（个）	基建职工人数	
		合 计（人）	占职工人数（%）
1965	6	1270	67.4

（续）

年　份		基建连队（个）	基建职工人数	
			合　计（人）	占职工人数（%）
1966		12	2360	71.2
1967		9	1943	57.7
1968	上半年	3	715	20.0
	下半年	1	120	3.4

二、农田基建专业队

1. 施工项目　1976 年，改变基建资金外流状况并加快基建工程的建设进程。农场成立基建设计办公室，负责全场基本建设工程项目的勘测设计，同时成立农田基建专业队。设有房建组、农田基建组、木工组、机车组，共有职工 180 人，专业从事全场房屋、农田、渠道、林地、道路、桥、闸、涵洞等工程的施工，并承接少量外单位工程建设项目。1985 年 3 月，机车组从专业队分离，成立第三机耕队归属农机公司管理，农田基建专业队不再承担农田建设工作，主要承担房屋建设、渠道等水利工程建设。基建专业队的主要建房设备有：施工用架具、混凝土搅拌机、电焊机、打夯机、卷扬机、振动器、木工带锯总成、三用刨床、架子车等。

农田基建专业队成立初期，有房建工人 30 人，泥瓦工仅有 3 人，大都是没有盖房经验的新手。生产工具简陋，仅有 4 辆架子车、几把铁锨、几个水桶。建筑工人迎着困难边干边学，较快地掌握了建房技术。其中 1980 年由房建二组 18 名工人完成建筑面积 992 平方米、高达 9 米的农机修造厂修理工房。1982 年，用 50 天突击建成面积为 1000 平方米、高达 11 米的三层啤酒花烘烤房。1993—1994 年，建成钢筋混凝土结构的四层楼科技大楼，建筑面积 2522.47 平方米，由张掖市技术开发中心总体设计，是专业队建队以来承建的最高标准的工程项目，大楼由专业队房建 1 组 18 名工人承建。建造时严格按照设计图纸组织施工，并对外墙进行瓷砖贴面、内墙粉刷装饰、室内地坪研磨、暖气下水道及卫生设备安装。经验收，质量完全符合设计要求。

1976—1995 年，共完成各类房屋建设 4.52 万平方米，开荒 41.13 公顷，修建高标准防渗渠 32.11 千米，挖排水渠 10 千米，平整林地 50.68 公顷、修基干公路 15.14 千米，修建桥 11 座，涵洞 22 个，水泥晒场 18220 平方米，围墙 1 千米，并制造大量的各类水泥预制构件。1995 年 6 月，又承建学校教学大楼 2407.47 平方米，1996 年 9 月建成交付使用。

2. **经营管理** 基建专业队制定完善财务计划和技术指标、材料收发、劳动定额、机务、安全生产等各项制度。每单项工程都承包到组，制定预计工作量、派工计划，坚持三定额（定工时、定质量、定完工时间）。严格经济核算，努力提高劳动效率和施工质量。1988年，专业队实行承包经营，进一步健全岗位责任制，加强班组建设和经营管理，建立以队长为中心的行政、技术、生产指挥系统和以班组为中心的施工管理体系，建立队、班组、个人三位一体的质量保证体系。实行单项工程决算制度，加强成本核算，严格劳动纪律管理，对每一施工项目严格按工程施工方案、施工图纸、施工质量和安全生产等要求组织实施。贯彻按劳分配的原则，工人工资全部浮动，按班组考勤及施工记录，实行记分考核，凭分计酬。管理人员实行月标准工资加岗位考核记分计算工资，充分调动职工工作生产积极性（表4-58、表4-59）。

表 4-58 张掖农场农田基建专业队 1982—1995 年经营情况统计

| 年 份 | 职数（人） | | | 机构设置（个） | | | | 全年产值（万元） | 实现利润（万元） | 全员劳动生产率（元/人） | 人均创利润（元） |
	合计	管理人员	技术人员	房建组	修理组	木工组	机车组				
1982	185	10	2	10	1	1	7	43.58	0.05	2356	2.7
1983	196	5	2	7	1	1	8	55.21	4.92	2817	251.0
1984	208	8	1	8	1	1	9	67.87	3.40	3263	163.5
1985	164	6	1	4	1	1	3	62.22	3.59	3794	218.9
1986	119	7	1	3	1	1	—	55.08	6.18	4629	519.3
1987	78	5	1	2	1	1	—	40.24	1.54	5159	197.4
1988	37	4	1	2	1	1	—	19.81	3.00	5354	810.8
1989	36	3	1	2	1	1	—	35.98	3.34	9994	927.8
1990	35	4	1	2	1	1	—	26.49	4.66	7569	1331.4
1991	32	4	1	2	1	1	—	31.87	4.15	9959	1296.9
1992	44	5	1	2	1	1		79.62	8.45	18095	1920.5
1993	49	5	1	2	1	1		67.18	7.08	13710	1444.9
1994	48	5	1	2	1	1		246.52	12.92	51358	2691.7
1995	50	5	1	2	1	1		111.67	8.02	22334	1604.0

表 4-59 张掖农场农田基建专业队 1996—2001 年经营情况统计

| 年 份 | 职数（人） | | | 机构设置（个） | | | 全年产值（万元） | 实现利润（万元） | 全员劳动生产率（元/人） | 人均创利润（元） |
	合计	管理人员	技术人员	房建组	修理组	木工组				
1996	64	5	1	2	1	1	223.57	8.49	34933	1327
1997	64	5	1	2	1	1	135.28	8.63	21138	1348
1998	64	5	1	2	2	2	134.21	平衡	20970	—
1999	55	5	1	2	2	2	93.71	平衡	17038	—

（续）

年　份	职数（人）			机构设置（个）			全年产值（万元）	实现利润（万元）	全员劳动生产率（元/人）	人均创利润（元）
	合计	管理人员	技术人员	房建组	修理组	木工组				
2000	55	5	1	2	2	2	98.18	平衡	17851	—
2001	53	5	1	2	2	2	158.06	平衡	29823	—

三、建筑工程公司

2001 年 11 月，撤销农田建设专业队，成立建筑工程公司。经理张树成，副经理霍荣林、魏金文，书记王武义。2002 年，在防洪体系、水利工程、职工住宅建设中做了大量的工作，取得了较好的效益。2003 年，积极完成场内工程，承包场外工程，全年产值 200 万元。施工中推行"两个控制"，即质量控制和成本控制，收到很好的效果，施工质量大大提高。2004 年，经理魏金文和副经理霍荣林、王润卿以及书记张贵根，在无施工资质的条件下，内引外联积极承包场内外工程，加强施工安全、成本管理。大力提高施工质量，降低施工成本，当年实现收入 137 万元。2005 年，全年共完成农场中心区二层楼房 9 栋（职工住宅）、农场办公楼主体改造工程、私人楼房主体建设 2 栋、特种药材库房 1 栋、亚麻厂部分工程等 41 项。完成主营业收入 271 万元，完成上交及三金一费 14.32 万元，完成计划的 100%，职工人均收入 7500 元。2006 年，建筑公司共完成工程 41 项，完成主营业收入 302 万元，完成上交及三金两费 22.64 万元，职工人均收入 9250 元，为建筑公司历年最高的一次。2007 年，主要开展以修建养殖场棚、圈、场地为修建业务。2008 年，修建继续以养殖牛舍、羊舍，加油站对面的小二楼、农场学校办公室、宿舍及农场内部其他小型工程。产值达 860 万元左右。2010 年，全年完成建筑工程 13 个，主要有：养殖羊舍、牛舍工程，养殖场大型沼气池，全场居民 500 个家用沼气池，场内其他零星工程。实现产值 594 万元，上交农场利润 2.8 万元。2011 年，修建养殖场 3 个大型青贮池，民乐分场 4 栋小二楼，场内零星工程，养殖场零星工程。2012 年，以农场部分工程、各分场零星工程，危房改造，场区危房维修，居民小区车库修建（表 4-60）。

表 4-60　建筑工程公司 2002—2017 年经营情况统计

年　份	职数（人）			机构设置（个）			全年产值（万元）	实现利润（万元）	全员劳动生产率（元/人）	人均创利润（元）
	合计	管理人员	技术人员	房建组	修理组	木工组				
2002	53	5	2	2	1	1	187.72	18.21	35419	3436

（续）

| 年份 | 职数（人） | | | 机构设置（个） | | | 全年产值（万元） | 实现利润（万元） | 全员劳动生产率（元/人） | 人均创利润（元） |
	合计	管理人员	技术人员	房建组	修理组	木工组				
2003	52	5	2	2	1	1	193.02	平衡	37119	
2004	52	5	1	2	1	1	130.86	平衡	25165	
2005	49	5	1	2	1	1	270.96	平衡	55298	
2006	49	5	1	2	1	1	301.47	0.9	61524	183
2007	50	5	1	2	1	1	497.82	平衡	99564	
2008	50	5	1	2	1	1	868.38	平衡	173676	
2009	43	5	1	2	1	1	561.14	−1.45	1304978	−337
2010	43	5	1	2	1	1	593.77	3.01	138086	
2011	45	5	1	2	1	1	445.25	平衡	98944	
2012	43	5	1	2	1	1	183.13	平衡	42588	
2013	37	5	1	2	1	1	149.09	平衡	40295	
2014	30	5	1	2	1	1	136.88	平衡	45627	
2015	25	5	1	2	1	1	186.88	平衡	74752	
2016	25	5	1	2	1	1	215.67	平衡	86268	
2017	24	5	1	2	1	1	330.41	平衡	137671	

四、物业服务队

2017年12月，为适应农场的发展，农场决定撤销建筑工程公司、机械公司，成立张掖农场物业服务队，下设4个小组。主要承担农场物业服务管理及场内零星工程建设。2018年，为加强对场部中心区职工住宅区域供（排）水、供暖、环境卫生和物业管理，实现文明和谐小区建设目标，提高广大职工的生活质量，确保公共事业的健康发展，当年7月，制定了物业费收费的管理办法，服务项目以房屋管理、保洁服务（所有小区的卫生、各类垃圾点垃圾清运）、给排水的管理、供暖管理为主。物业服务队队长李生福，支部书记解纯华。2020年，物业服务队队长刘勇。2018—2021年，除完成正常的物业服务工作，完成农场零星大小工程113项，4年完成总产值551.5万元（表4-61、表4-62）。

表 4-61　物业服务队 2018—2021 年经营情况统计

| 年份 | 职工人数 | | | 全年产值（万元） | 实现利润（万元） | 全员劳动生产率（元/人） | 人均创利润（元） |
	合计	管理人员	职工				
2018	27	5	22	149.75	1.5	55463	556
2019	26	5	21	149.55	2.6	57519	1000

（续）

年　份	职工人数			全年产值（万元）	实现利润（万元）	全员劳动生产率（元/人）	人均创利润（元）
	合　计	管理人员	职　工				
2020	20	5	15	149.35	11.45	74675	5725
2021	13	5	6	102.85	−11.06	79115	−8508

表4-62　历任建筑公司负责人名录

机构名称	姓　名	职　务	任职时间
农田基建专业队	杜裕昌	队长	1976.06—1988.03
	黄卫亭	队长	1988.03—1989.12
	刘振礼	队长	1989.12—1997.03
	魏金文	队长	1997.03—2001.11
建筑公司	张树成	经理	2001.11—2004.04
	魏金文	经理	2004.04—2008.05
	刘武业	经理	2008.05—2014.01
物业服务队	解春华	经理	2014.01—2017.04
	李生福	经理	2018.04—2020.08
	刘　勇	经理	2020.08—2021.12

第二节　商业供销公司

1983年，成立张掖农场商业供销公司，前身是1980年成立的农工商公司。下设场区综合商店、兰州公司（1993年以前称农垦三河经贸公司）、张掖市区综合商店和接待站、农场供应站。商业供销公司设供应部、储运部、财务部，以场内农业生产队和职工家庭农场为主要服务对象，经营职工家庭农场生产的农产品的收购、调运、储藏、销售等业务，同时负责农场内部使用的种子、化肥、农药、农膜等农用生产资料的采购、销售。积极开展场外农产品商贸联营业务和代购代销业务。1992年以来，先后4次被张掖地区行政公署、甘肃省工商行政管理局等单位确定为"重合同，守信用"企业。1995年，商业公司有固定资产原值23.83万元，流动资产582.27万元，职工26人，销售收入1038.59万元，实现利税43.64万元（含税金3万元），人均创利税1.68万元。2000年，商业供销公司合并到农场市场营销中心。

一、场区综合商店

1964 年，实行军垦体制以后，农场开始办商店（军垦时期称服务社），自办商业。之前，场内商业由碱滩供销合作社设店经营。场办商业以社会商品零售为主，为职工生活服务。1978 年，成立场区综合商店，前身是由服务社改组的职工商店。场区综合商店设有百货布匹、家电五金、副食 3 个销售门市部，主要经营针纺织品、百货、服装、家电五金、日用杂品、民用建材、烟酒、糖茶、糕点、饮料、罐头、食盐、酱油、食醋等零售商品。1988 年，开办三级批发业务，实行批零兼营。场区综合商店还在农场砖厂、农业二队、八队、十队（头墩）建立商业零售网点 4 处。1978 年，十队改为省属民乐农场后，十队商业网点改由民乐农场管理。20 世纪 80 年代，由于砖厂、二队、八队各商业网点营业额明显下降，在网点调整时先后被撤销。1989—1990 年，农场汽车队和老寺庙酒厂自办的商店并入场区综合商店后增设副食二部。1993 年，场区综合商店开拓多渠道经营，增设农副产品购销业务。1994 年，将经营重点由批发转向零售。1995 年，实行租赁经营，拍卖商品，由职工租赁门店柜架、分店经营，实行进货自理、定额上交、自负盈亏。并使库存商品下降 66％。1995 年，全店有职工 9 人，营业收入 50.54 万元，实现利润 1.51 万元，缴纳税金 247 元，人均创利税 1711 元。

二、兰州经贸公司

1988 年 8 月，经甘肃省农垦总公司批准，在兰州设立跨县市商贸机构且独立核算、自负盈亏的场属商业企业，注册登记名称为甘肃农垦三河经贸公司，后并入农场商业供销公司，1994 年变更为甘肃省国营张掖农场兰州经贸公司。经营方式有供销结合、批零兼营、联销、代购代销等多种形式，下设商业零售网点 2 处，是农场驻兰州的商贸窗口。主要业务是为农场提供市场信息，疏通销售渠道，经销农场生产的各种农副产品，并采购农场需要的各类农用生产资料和生产物资，为农场的生产服务。公司有固定资产原值 6.69 万元，流动资产 190.63 万元，由于经营不善，曾连年亏损。1994 年 11 月，甘肃省国营张掖农场兰州经贸公司更名为兰州龙首公司，负责人武志刚，负责清理债权债务。1995 年，营业收入 99.06 万元，开始扭亏为盈，盈利 1229 元。1998 年 6 月，公司停止经营业务到 2000 年 1 月 15 日，在兰州市工商管理局城关分局注销。农场成立清算小组，对公司债权债务进行清算。

三、城区综合商店

1978 年，在张掖市区东大街开办综合商店，营业室面积 230 平方米，设有百货、五金家电、食品副食 3 个销售部。实行自主经营，独立核算，是农场商业供销公司二级商业经营单位。1992 年下半年，因张掖市东大街改造，营业房屋被拆除改建大楼，城区综合商店随之撤销，人员、财务、库存商品全部并入场区综合商店。

四、农场供应站

1980 年，农场供应仓库改组成立农场供应站，实行独立核算，站长孙齐忠。设有粮食、农药、生产资料等专用仓库。1985 年，兼营面粉、酱油、食醋等业务。主要负责种子、化肥、农药、薄膜等生产资料购销；收购农场自产粮食、油料产品并组织加工，按农场定价和职工定额标准，供应职工口粮、食油；生产资料按生产资料采购和供应计划，采购、供应各农业生产单位、职工家庭农场，是微利经营企业。向场外销售玉米和少量葵花籽等产品。1989 年，供应站与场部生产科、基建办公室合并成立农业管理站，其基本业务不变。1991 年，农业管理站撤销，恢复原来机构编制。1992 年，并入商业供销公司。

第三节　场办饮食服务业

1965 年，服务社（商店）开办饭馆，并发展理发、缝纫、修鞋等服务业。1983 年，成立场商业供销公司后，接管由商店兼营的服务业，先后增设小吃部、肉食部、浴池、挂面加工组、新华书店等饮食服务业。商业兼营的饮食服务业的财务收支、纳入、盈亏由商业单位统包。20 世纪 80 年代中期，实行承包责任制，其中一些经营亏损过多的项目逐渐停办。1987 年，仅保留浴池和新华书店，1992 年，浴池和新华书店先后停办。1991 年，场区综合商店为提高经营效益，在 312 国道沿线一侧开设"老寺酒家"，利用国道上过往车辆和行人频繁的有利地理位置，面向社会，经营酒菜饭食。老寺酒家内部实行职工承包经营，定额上交，自负盈亏。1993 年因拆房改建科技综合大楼停办。1995 年，场区综合商店为方便职工生活开办职工食堂，定时供应早点、面条、饭菜，并代办宴席，作为商店经营收入的又一来源。

一、张掖农场接待站

建场初期，为方便职工进城办事，在张掖城内租屋 1 间，内筑土炕，设 1 名服务员接待住宿职工并代做便餐。兵团时期迁址扩大规模，增设床位，成立接待站，由团部直接管理。接待站设站长、财会人员和服务人员。主要为场内职工住宿提供服务，收费较旅馆稍低。接待站内设有非经营性食堂，定时供应饭菜。1976 年以后，接待站扩大营业范围，面向社会，接待场外旅客住宿，实行商业性经营。农场商业供销公司成立后，受商业公司领导。1986—1992 年，接待站附设牛肉面馆，由农场职工韩明、石铭宝租赁承包经营。

接待站位于张掖市钟鼓楼东侧 200 米。1992—1993 年，为配合张掖东街扩建改造工程，拆除接待站大部分旧房，接待站撤销。

二、金龙宾馆

1992—1993 年，农场先后投资 220 万元在拆除的接待站原址上兴建高标准四层综合服务大楼，大楼内进行装饰，开办成立了金龙宾馆，以适应张掖市工商业和旅游业的发展。金龙宾馆建筑面积 3343.97 平方米，设有甲、乙、丙级客房 52 间，共124 张床位，有大小会议室 3 个，附设高档餐厅和停车场（图 4-23）。宾馆有职工29 人，服务人员全部经过专业培训。

图 4-23　金龙宾馆迎宾大厅

1995 年，金龙宾馆共接待顾客 3.23万人次，客房平均利用率 60%，营业收入 54.85 万元，缴纳税金 2.98 万元，实现利润 10.04 万元。

2002 年，金龙宾馆开始面临竞争激烈、设施陈旧老化、客源不足的局面。全年主营营业收入 36.54 万元，上缴 12.8 万元，职工人均收入 4230 元。

2003 年，采用集资与垫资相结合的办法，对客房进行装修改造，努力提高服务质量和水平，提高了客房入住率，效益回升，7—8 月收入达到 5 万元，9—11 月收入达 3 万元。2004 年，金龙宾馆通过内部集资 19.3 万元，对宾馆的客房进行了装修，同时努力提高服务质量，客房入住率有所回升，全年实现收入 38.51 万元（表 4-63）。

表 4-63　金龙宾馆 1996—2010 年经营效益情况

年　份	年平均职工（个）	年末固定资产原值（万元）	主营业务收入（万元）	实现利润（万元）	上缴管理费（万元）	备　注
1996	26	4.4	46.41	0	10	
1997	22	4.4	37	−20.43	10	
1998	23	7	27.38	−24.67	10	
1999	25	7	18.37	−7.1	10	
2000	23	7	27.42	−5.9	10	
2001	23	7	36.73	0.06	12.8	其中上缴管理费 6.8 万元，转折旧 6 万元
2002	20	4.4	36.54	−0.04	12.8	其中上缴管理费 6.8 万元，上缴折旧 6 万元
2003	20	5.7	32.17	0	12.8	其中上缴管理费 6 万元，上缴折旧 6.8 万元
2004	18	12.5	38.51	−12.26	12.8	其中上缴管理费 6 万元，上缴折旧 6.8 万元
2005	18	18.2	41.39	5.8	7.8	其中上缴管理费 1 万元，上缴折旧 6.8 万元
2006	19	13.5	24.8	0	7.1	其中上缴管理费 0.3 万元，上缴折旧 6.8 万元
2007	20	13.5	14.7	−6.1	0.3	
2008	14	13.5	21	−11.8	7.1	
2009	13	13.5	17.2	−1.2	7.2	上缴培训费 7.2 万元
2010	14	18.6	30.3	0.08	7.1	上缴折旧 7.1 万元

2011 年，农场与承包人顾计元（系张掖农场商业供销公司员工）签订金龙宾馆承包经营合同，承包经营的房间与场地为：金龙宾馆大厅、二楼、三楼、四楼、五楼的客房（标准间 28 间、普通客房 27 间），合同规定：承包方严格按照金龙宾馆营业执照核准的经营范围依法经营、依法纳税，承包期限为 10 年，承包方每年向张掖农场缴纳承包费 30 万元，并安排金龙宾馆 17 名在职职工的工作，按照国家规定负责缴纳企业部分的"五险一金"。2017 年，根据《张掖市人民政府市长办公会纪要》和张掖市甘州区人民政府《关于张掖市甘州区东大街金龙宾馆及院内老旧房屋棚户区改造的函》精神，金龙宾馆被列入东大街棚户区改造规划范围和新建旅游美食文化一条街项目。农场与甘州区政府相关部门、张掖市美联房地产开发有限责任公司多次协商洽谈，并征得承包人同意，决定提前终止 2011 年 6 月签订的《金龙宾馆承包经营合同》，就金龙宾馆全部资产、员工、承包人的补偿、安置等达成一致后，2019 年 5 月签订了相关合同、协议。将金龙宾馆不动产、土地交张掖市美联房地产开发公司进行开发改造，项目完成后临街等地交给农场，由农场继续开办宾馆。

第四节　培训中心（场部招待所）

场部招待所是为方便农场内外人员住宿、就餐设立的非营利性单位，由农场行政管理科管理。1988 年招待所实行承包经营、定额上交后，由单纯的服务机构向经营服务方向转变。招待所扩大经营范围，立足本场，面向社会，除经营一般食宿业务外，也承办职工婚丧宴席以增加收入。1994 年有职工 4 人，经营收入 24.64 万元，实现利润 0.53 万元。1994 年 12 月，场部科技综合大楼竣工，招待所迁入科技大楼东楼，设有甲、乙、丙级客房 14 间，共 40 张床位，有大小会议室 2 个和陈列室、大歌舞厅，并附设餐厅和停车场。招待所面临 312 国道，交通便利，招待所经常举办歌舞晚会，丰富职工文化生活。1995 年，招待所有职工 8 人，营业收入 50.76 万元，缴纳税金 1.12 万元，实现利润 4.21 万元。1996 年招待所撤销，其业务由农场科技培训中心兼管。1996 年，培训中心开展培训，负责人柯金莲，各农场酒花公司集中到张掖农场科技培训中心进行培训。2006 年，培训中心整体拍卖，由买家自主经营。

第八章 运 输 业

第一节 概 述

    1955 年 5 月，甘肃省农林厅调配 1 辆依发牌 3.5 吨柴油汽车，为生产、生活服务，也是农场唯一的远距离运输工具。场内货运主要由拖拉机牵引挂车和畜力车拉运。1963 年，全场有汽车 1 辆，拖拉机挂车 1 辆，马、骡套拉的胶轮大车 11 辆、牛拉大木轮车 3 辆，手推车和架子车 75 辆。军垦时期，运货汽车增加到 5 辆，共可载重 17 吨。为加强汽车运输管理，1966 年成立汽车运输班。1969 年有拖拉机拖车 11 辆。为实现短途运输骡马化，大力发展役畜饲养，胶轮大车增加到 31 辆，大木轮车达 18 辆。恢复农垦体制后，场内公路建设渐趋完善，为实现货物运输汽车化创造基本条件。1979 年，成立场属汽车运输队，加强运货汽车的专业化管理。1981 年，载重汽车增加到 13 辆，畜力胶轮大车和大木轮车逐渐被淘汰。随着对外开放和市场经济的发展，汽车队除承担场内货运任务外，积极开拓场外货运业务，以提高经营效益。1985 年，农场贯彻中共中央改革开放搞活政策，允许职工购置汽车、拖拉机参加货物运输。农场下属的一些生产经营单位，为满足本单位货运业务的需要，也都纷纷购置 5 吨载重汽车或 2.5 吨、1.5 吨客货两用汽车，全场形成全民、集体、个体并存的运输格局，增强了场内外货运力量。1994 年，有各类汽车 23 辆，其中有 5 吨运货汽车 10 辆、客货两用车 8 辆，总吨位 61.5 吨，17～19 座面包车 2 辆，小汽车 3 辆（轿车 1 辆、吉普 2 辆）。

    1995 年，新购入 6 吨东风农用载重柴油汽车 4 辆（1 辆为农场酒花站购入、3 辆为汽车队职工集资购入）。根据国家有关政策，将汽车队 8 辆汽车全部作价出售给农场职工个人经营。1995 年底，农场有各类汽车 16 辆，载货总吨位 32.5 吨。

第二节 张掖农场汽车运输队

    1979 年，成立张掖农场汽车运输队，前身是农场汽车运输班。汽车运输队占有土地面积 2500 平方米，建筑面积 696 平方米。车库 15 间，共 360 平方米，修理间 110 平方米，油库 64 平方米，库房及办公室 162 平方米。汽车队主要承担场内生产、建筑和职工生活等各类物资及场产商品的运输业务。

1985 年，购入南昌制 44 座位大型客车 1 辆，开展客运业务，每日从场部到张掖市区往返 1 次，按张掖市客运车标准收费。1986 年，与甘肃省农垦总公司对换 1 辆兰州造解放牌 32 座车用于客运。1994 年该车报废封存，新购入 19 座位驼铃面包车 1 辆，由职工承包经营，后作价出售给职工私营。1994 年，汽车队有职工 18 人，全年完成货运周转量 151.4 万吨，客运周转量 2.34 万人，营业总收入 60.6 万元，利润 6.18 万元。1995 年，农场根据国有企业产权流动和重组的政策，改变汽车队资产所有权，将载重汽车 7 辆、拖车和驼铃面包车各 1 辆，作价出售给职工。汽车队开设汽车二级保养维修点，开办汽车配件门市部，并与多方联系筹建加油站。汽车队有职工 15 名，经营收入 27.78 万元，并实现利润 2.29 万元。1996 年 4 月，农场决定将农机公司和汽车队合并。1997 年 10 月，汽车队从农机服务中分离出来，归并到农机修造厂。全场自谋职业驾驶员、老寺庙加油站人员及原汽车队经营业务和债权债务等，均由农机修造厂承接管理。

第九章　非公有制经济

20世纪80年代以来，非公有制经济发展成为农场经济最具活力的一部分，它不仅发展生产力，满足职工多样化需要，而且吸纳了大量社会闲散人员和农场自谋职业人员，对繁荣农场经济起到重要作用。

第一节　私有经济协会及其社会效益

一、私有经济协会简介

张掖农场非公有制经济隶属张掖市甘州区火车站工商管理局管理，1984年，成立张掖市甘州区火车站个体私营经济协会。

张掖市甘州区火车站个体私营经济协会（以下简称个私协会），是在当地党委、政府的领导下，由广大个体劳动者、私营企业自愿参与、联合组成的营利性社会团体。

个私协会遵守国家宪法，认真贯彻国家有关促进个体私营经济发展的法律、法规和政策。引导、培育个体私营经济发展，团结、教育、引导全体个体劳动者和私营企业及其从业人员诚信守法经营。履行"自我教育、自我管理、自我服务"的职责，发挥个私协会办事机构的"服务、教育、宣传、协调、监督"职能作用，维护个体劳动者、私营企业的合法权益，促进个体私营经济又好又快发展，为建设社会主义物质文明、精神文明、政治文明、生态文明服务。接受张掖市甘州区市场监督管理局的指导，以及张掖市甘州区民政局的监督管理。

张掖市甘州区火车站个私协会于1984年成立。协会会长由甘州区火车站工商所所长兼任，副会长由农场个体经营户、五分场职工王金山担任，1984—1996年担任理事，1996年担任甘州区火车站个私协会副会长，具体负责农场区域内全部个体经营者。

二、社会效益

（1）非公有制经济是农场经济发展的一个增长点，生产出大量的物质产品和劳务产品，在满足人民需要方面发挥了重要作用。

（2）增加了社会资本，依法纳税。

（3）吸纳了大量人员就业，为社会稳定、农场繁荣作出了贡献。

（4）促进了产业结构的调整和升级，加快了第三产业的发展。

（5）促进了公有制经济的改革，加快了社会主义市场经济体制的建立。

第二节　私有经济发展

1980 年起，职工李月林带头兴办养鸡场，王春道带头购买第一台大型农业机械，陈炳林、刘安平购买货运汽车自谋职业；王计合的小货郎担子，刘文祥、刘君的商店，刘胜利的酱油、食醋加工，周刚的农机销售商店，还有牛肉面馆和龙首餐厅，私有经济的兴起壮大，促进了农场经济的发展，改善了职工生活水平。至 2021 年农场有非公有制经营者 44 家，非公有制经济（个体经济、私营经济）每年销售收入达 2250 万元（含农机作业），是农场经济发展的重要组成部分，是推动农场市场经济体制不断完善的有力保障（表 4-64）。

表 4-64　私有经济名经营者录

企业名称	成立时间	经营者姓名	经营范围
张掖市锦荣果蔬有限责任公司	2014 年 4 月	杜光荣	蔬菜、果品种植、批发
宏发木材加工厂	2016 年 5 月	赵志忠	杨木木材加工
张掖市甘州区银铃农资经营部	2017 年 3 月	杨宝银	种子、化肥
张掖市甘州区绿林炒面店	2016 年 9 月	陈依改	餐饮服务
张掖市甘州区亨通超市	2000 年 8 月	姚尚军	五金交电
张掖市甘州区新龙餐厅	2012 年 4 月	杨丽君	中餐加工制作
张掖市甘州区徐德玲烟酒门市部	1998 年 3 月	许德玲	食品、日用百货
张掖市甘州区刘振玉葵花籽经营店	2014 年 1 月	刘正玉	农副产品收购
张掖市甘州区五丰粮油超市	2005 年 7 月	高倩	食品、日用百货
张掖市甘州区杨奋武饭馆	2015 年 1 月	杨奋武	餐饮
张掖市甘州区香缘麻辣烫店	2017 年 3 月	杜鹃	餐饮
张掖市甘州区杨奋进蔬菜水果店	2017 年 4 月	杨奋武	蔬菜水果零售
张掖市甘州区老沈素材调料经营部	2015 年 6 月	沈炳爱	食品、日用百货
张掖市甘州区小纳超市	2015 年 6 月	张学玲	食品、日用百货
张掖市甘州区秋兰超市	2013 年 1 月	陈秋兰	食品、日用百货
张掖市甘州区赵良兵瓜果蔬菜店	2015 年 6 月	赵良兵	食品、日用百货
张掖市甘州区王铁山蔬菜瓜果行	2011 年 1 月	王铁山	蔬菜水果零售
张掖市甘州区新星超市	2011 年 1 月	李素芳	食品、日用百货

（续）

企业名称	成立时间	经营者姓名	经营范围
张掖市甘州区王福成压面铺	2013 年 4 月	王福成	食品加工制作
张掖市甘州区杨凤娥五金铺	2015 年 6 月	杨凤娥	五金水暖
张掖市甘州区杨老八靖远回味羊羔肉店	2017 年 10 月	杨玉杰	餐饮
张掖市甘州区晨利和烤饼店	2015 年 6 月	张朝霞	食品加工制作
张掖市甘州区元彩超市	2015 年 5 月	周元彩	食品、日用百货
张掖市甘州区老寺庙万通修理铺		李进	机械修理
张掖市甘州区徽远农商服务部	2016 年 3 月	刘伟	化肥农膜
张掖市甘州区桃红面食店	2016 年 4 月	秦淑慧	食品加工制作
张掖市甘州区鑫海源排档店	2018 年 5 月	韩文默	餐饮
张掖市甘州区高永萍烤饼店	2018 年 4 月	高永萍	食品加工销售
张掖市甘州区优品铺子	2018 年 3 月	王婧怡	食品、日用百货
张掖市甘州区昌和副食商店		王昌军	摩托车修理
张掖市甘州区川府源麻辣烫店	2017 年 2 月	牛玉萍	餐饮
张掖市甘州区杨清日用百货经销部	2015 年 8 月	杨清	食品、日用百货
张掖市甘州区益意副食商行	2016 年 10 月	刘治	食品销售
张掖市甘州区老寺庙朗诗德净水机专卖店	2017 年 4 月	潘玉峻	健康饮水系列产品
潘玉峻	2012 年 8 月	潘玉峻	食品、日用百货
张掖市甘州区苏天平诊所	2016 年 1 月	苏天平	内科诊疗服务
张掖市甘州区万乘科技产品经营部	2017 年 4 月	李生鑫	电子产品零售
张掖市甘州区薪国超市	2000 年 4 月	王金山	食品销售
张掖市甘州区老寺庙修理铺	2015 年 1 月	张云	农机修理配件
吴海龙	2018 年 3 月	吴海龙	电信业务
张掖市甘州区赵龙娟理发铺	2015 年 5 月	赵龙娟	理发服务
张掖市甘州区张振江农资经营部	2018 年 7 月	付艳丽	化肥、农药
张掖市甘州区盛达汽修理部	2018 年 8 月	薛怀虎	汽车修理
张掖市甘州区东北辽沈饭店	2017 年 4 月	年勇	餐饮
张掖市甘州区老寺庙麻辣诱惑店	2016 年 5 运	张晓兰	餐饮
张掖市甘州区好兆头剪吧	2016 年 3 月	王利平	理发服务
张掖市甘州区鑫源农资经营部	2015 年 1 月	赵国评	农副产品收购

中国农垦农场志

第五编

企业管理

第一章　人事管理

根据《中华人民共和国劳动法》（以下简称《劳动法》）《中华人民共和国劳动合同法》（以下简称《劳动合同法》）及相关法律法规。结合农场实际，农场劳动用工坚持以人为本、依法执行、控制总量、合理储备、逐步提高人力资源利用效率的原则。

第一节　招工录用

1996年前，职工来源为系统内调整、接受复员转业军人、支边知识青年、社会青年，同时安排职工家属子女就业。由农场上报，当地劳动人事部门按相关程序办理招工手续。当年4月，农场与职工签订劳动合同，实行全员劳动合同制管理。职工招录采取社会招工的形式，由农场上报，甘肃省农垦总公司或亚盛股份公司备案，由农场录用。

1997年4月，农场制定用工管理制度，此后根据发展目标、产业规划和生产需要，本着立足实际、着眼发展、系统规划、统筹安排的原则，制定年度劳动用工计划，合理定编、定岗、定员，优化组织结构和岗位设置。根据年度劳动用工总规划和各生产单位人力资源需求，各生产单位对人力资源实行动态管理，随时掌握人员增减变动情况，及时补充。各生产单位因临时扩大生产规模或生产经营需要增加人员的，包括临时录用特殊专业技术人才和经营管理人员，在当年劳动用工需求计划中单列，根据年度劳动用工计划进行招聘录用，成立招聘小组，对应聘人员进行笔试、面试，确定录用人员。主要招录有资质的专业培训机构培训合格的人员和按国家政策安置的退役士兵和转业军人、大中专院校毕业生、技工学校毕业生以及职工子女及其配偶等。各生产单位严格履行劳动用工申报和备案手续，严禁计划外用工。所有新招录员工，办理劳动用工备案和社会保险手续。各生产单位及时加强对员工的培训和教育，做好员工岗前培训、安全培训和岗位操作规程等培训，教育引导员工遵纪守法、爱岗敬业、服从管理。对于按照规定只有取得相应职业资格才能上岗的岗位，经培训考试合格取得职业资格后方可安排上岗（表5-1）。

表 5-1　张掖农场 1977—2021 年招录职工情况统计

年　份	平均年龄（岁）	人　数（人）			年　份	平均年龄（岁）	人　数（人）		
		小计	男	女			小计	男	女
1977	20	175	55	120	2001	22	12	6	6
1978	20	90	25	65	2002	22	21	11	10
1979	23	402	241	161	2003	24	4	2	2
1980	21	100	65	35	2005	24	4	3	1
1981	17	52	19	33	2006	25	18	14	4
1982	21	44	11	33	2008	34	103	23	80
1983	18	56	28	28	2009	28	22	9	13
1984	18	77	43	34	2010	29	11	5	6
1985	17	107	60	47	2011	28	18	8	10
1986	31	6	—	6	2012	35	156	97	59
1987	24	511	182	329	2013	30	3	—	3
1988	22	178	51	127	2014	28	13	6	7
1989	21	87	32	55	2015	26	14	11	3
1990	21	71	17	54	2016	29	12	5	7
1991	22	90	32	58	2017	32	8	5	3
1992	22	141	74	67	2018	29	13	6	7
1993	23	105	54	51	2019	30	14	8	6
1994	20	115	59	56	2020	30	30	10	20
1997	21	23	9	14	2021	30	15	11	4
2000	23	20	12	8	合　计	—	2941	1309	1632

第二节　劳动用工

　　农场认真贯彻落实党和国家的相关政策规定，严格执行《劳动法》和《劳动合同法》及相关法律法规，不断完善职工养老、医疗、工伤、生育、失业保险制度，实现劳动红利共享，切实保护劳动者的合法权益，维护企业稳定，创造良好的发展环境。

一、干部

　　1956—1987 年，农场干部都由上级组织任命调配。1987 年，改革干部管理制度，对干部实行定期聘用制。1988 年，把竞争机制引入干部人事管理，对单位主要领导干部实行选聘任期制。

二、职工

建场以来，历年来工人用工的形式有固定工（也称正式工）、长期临时工、季节工 3 种。固定工一般是由上级或有关单位调配，主要是经政府劳动部门批准招收录用的人员，也有临时工转正的。用工制度的特点是：职工一旦被录用成为固定工，企业就无权辞退，形成"终身制"。1987 年，农场贯彻国务院 1986 年 9 月公布的《改革劳动制度》的四项规定，新招收工人实行劳动合同工制。即在上级和国家劳动部门批准核定招工人数的基础上，采用公开招工、自愿报名（户口必须在场内），组织上岗前培训，体检和考试合格者择优录用。录用后签订定期劳动合同，规定企业和劳动者双方各自承担的权利和义务。根据合同，新招收的工人成为企业成员，承担一定工种或一定职务的生产或工作，遵守农场内部劳动规则和各种工作制度。合同制工人与正式工一样，享受农场规定的职工权利和福利待遇。

1988 年对劳动用工制度作了进一步的改革。改职工调配制为劳动组合制，以提高职工的适用性、积极性和责任心。实行预备工制度（职工待业制度），对暂不录用的职工实行待业，根据农场的生产发展和本人条件，逐步解决上岗就业问题。技术岗位用人，必须是具备高中以上文化程度，并经 1～2 年劳动锻炼的农场建设者。1993 年，全场实行全员劳动合同制，实现干部能上能下、职工能进能出，彻底打破用人制度上的"终身制"，职工队伍素质和工作效率都有所提高。1996 年 4 月，根据甘肃省农垦总公司《转发省劳动厅甘劳发〔1996〕140 号文件》的通知（甘垦劳〔1996〕22 号）和《张掖农垦公司关于同意甘肃国营张掖农场关于全面实行劳动合同制实施方案》的批复（张垦司〔1996〕17 号）文件精神，全场职工与农场签订了劳动合同书。

第三节 劳动合同解除

实行全员劳动合同制以后，推进"企业选择员工、员工选择企业"的用人机制，在国家政策规定范围内，以劳动合同的形式确立双方的责权利关系。农场对员工患病或者非因工负伤，医疗期满后，不能从事原岗位工作也不能从事由用人单位另行安排的工作的，经过再培训，仍不能胜任工作的，经本人提出申请予以解除劳动合同。根据《劳动法》规定，解除劳动合同。职工解除劳动合同，经农场批准辞职的职工（包含长期临时工），迁往大中城市的，工龄在 6 年以上者，发给本人 6 个月标准工资作为生活补贴，迁往县级以下地区者，按 1 年工龄 1 个月标准工资发给，最多不超过 12 个月工资。

1996 年，制定《职工停薪留职管理办法》，当年 5 月，按照农场《十四项规章管理制度》及本人要求接受 3 名同志的辞职请求。1998 年 3 月 81 人解除劳动合同。5 月 30 人解除劳动合同。

2006 年 7 月，甘肃省人民政府下发《完善企业职工基本养老保险制度实施办法》第十九条第五款规定，退职条件为：达不到退休年龄，经劳动鉴定委员会确认完全丧失劳动能力的职工，按相关程序办理退出岗位手续。

第二章　劳动工资与社会保障

第一节　工资改革

建场以来，农场长期实行等级工资制，执行十一类工资区标准，干部按国家机关工作人员标准执行，工人执行八级工资制。

1956年11月，进行工资改革和调整。工人实行八级工资制，干部实行国家机关工作人员标准，在工资标准内增加本人工资4%的地区补贴。参加调资职工250人（干部37人，技术人员13人，工人175人，机务人员25人），调资后人均工资49.21元，增加10.3%。1957年，贯彻全国国营农牧场工作会议精神，调低工资标准，重新评定工资。新的农工工资标准：1级24元，2级27元，3级31元，4级35元，5级40元，6级45元，7级50元，8级56元。同时，对原宁夏农一师转业军人补办复员手续，工资由原来行政23～25级改为农工级，工资调低后引起职工思想波动。1963年12月，贯彻国家劳动部（63）中劳薪字540号规定，对40%的工人和18级以下干部进行调资。同时又根据省农垦局下发的新的《甘肃省国营农场农业工人工资标准》进行调资，《甘肃省国营农场农业工人工资标准》规定：1级18元，2级21元，3级24元，4级27元，5级31元，6级35元，7级40元，8级45元，9级50元，10级56元，11级62元（3级相当于原工资标准1级）。1965年，按新老职工划定工资标准，老职工仍按原来工资等级标准不变。社会支边青年初中毕业以下每月按26元发，高中按28元发。1972年，对1966年分配来农场工作的中专毕业生进行转正定级，并对干部工资进行调整。1974年，根据国务院〔1971〕90号文件规定，对1966年以前参加工作的职工调高一级工资，1960年以前参加工作的职工经过群众评议可以调高两级。全团共有职工2204名，参加调资的有1970人，其中调高两级的有266人，占总人数的13.5%，调资后人均增加8.58元。1978年，依据国务院国发〔1977〕89号文件和上级有关规定，按参加工作时间界限进行调资。全场参加调资1295人，每人工资增加幅度为0.1～7元。1979年，根据国务院国发〔1979〕251号文件规定，对1978年底以前参加工作的职工人数的40%进行调资，调资时按照劳动态度、技术高低和贡献大小实行考工考核，择优升级。干部按岗位不同分为行政级、技术级、中教级、小教级、卫生级，分类评定。1981年5月，对1979年5月录用的340名固定工和个别满2年以上的熟练工进行考核、转正定级。1982年，农场党委决定临时工实行奖励工资，在每月25元的基础上，分工种给予增发奖励工资（浮动）。录用的固定工按学徒第一年25元，第二年28元。满2年后按本岗位转正定级，1级为32元，2级为37元，原有奖励工资相应取消。

1985年，为简化工资标准，国家对企业工资进行改革。企业干部按《甘肃省新拟企业干部工资标准》套改，1986年又按《国营企业干部工资标准》套改，套改后的工资标准划分为17个等级33个序号，规定科级干部为最低等级，并对其他干部在原级别的基础上进行相应的高套。1985年，企业工人的工资也由原工资标准套改为《甘肃省新拟企业工人工资标准》。1986年3月，套改为《国营企业工人工资标准》，工资标准按8级15个序号划分。1985年，全场参加工资改革职工1604人，占75％，改革调资后人均增资10.91元。1986年，参加套改工资的职工共1713人，其中干部490人，工人1223人，工资调整后人均增资19.08元。为提高本企业计划内临时工与国家正式工享受同工龄、同岗位、同工资标准的待遇，有189名长期临时工执行甘肃省国营企业工人工资标准。当年，根据省人民政府甘政发〔1986〕206号，甘肃省劳动局甘劳〔1986〕69号文件精神，从10月起，劳动合同制工人每人每月增发给本人标准工资的15％作为工资性补贴，同时每月缴纳本人标准工资3％的养老统筹金。1988年，根据甘肃省农垦总公司《关于企业职工升级工作规定》文件精神，1987年9月起，凡1987年全面完成经济指标，先浮动后固定，浮动期为3年，每满一年结合年终总结对职工进行考核，符合条件可继续浮动，不具条件取消浮动。对生产（工作）中作出显著成绩者，其升级可一次性给予固定，但每年固定升级不超过企业升级职工5％，3年内浮动升级时期不得少于2/3，否则期满后不予固定。农场贯彻这一决定，按照甘肃省农垦总公司下达的有关增资升级和浮动升级名额等规定，对职工实行升级或浮动升级。1990年，根据国务院国发〔1990〕83号、甘肃省人民政府甘政发〔1990〕45号和甘薪发〔1990〕17号文件规定，对离退休干部增加一级工资。1991年，根据甘肃省劳动局甘劳薪〔1990〕176号和甘肃省农垦总公司甘垦劳〔1990〕14号文件规定，调整招收录用的学徒制工人（含劳动合同制工人）生活补贴标准，学徒第一年执行本岗位一级工月工资标准44元，第二年为48元，第三年为52元，第4年对符合条件者定级，工资执行本岗位三级序号5的工资标准62元。1992年，根据劳动部、甘肃省劳动局和甘肃省农垦总公司文件规定，干部、工人的工资标准改为"新国营企业干部工资标准"和"新国营企业工人工资标准"，工资调整后增加6～11元。当年，对全场242名离退休人员增加10％离退休金。1994年，根据国务院国发〔1994〕9号、甘肃省人民政府甘政发〔1994〕44 号、甘政办发〔1994〕26 号、甘劳薪〔1994〕84 号、甘劳社〔1994〕159 号和甘肃省农垦总公司甘垦劳〔1994〕23 号等文件规定，对 1115 名工人和 179 名管理人员调整提高工资标准，调资幅度工人为 40—116 元，管理人员为 40～197 元。对教职员工 50 人，按国家机关事业单位工作人员标准进行套改。全场 323 名离退休人员同时按以上文件规定，按不同离退休时间增发不同的离退休费，离休人员增加 60～80 元，退休人员增加 20～60 元。1995 年，全场干部执行岗位（职务）工资，干部岗位工资由档案工资总额和岗位（职务）津贴两部分组成，平时按此标准的 70％预借工资，另 30％按月交计财科作押金，年终进行考核，完成任务指标兑现全部工资，完不成任务指标减少收入，超额或超利完成任务，按考核结果进行奖励。当年继续提高离休人员生活待遇，每人增加离休费 80～100 元。1996 年，管理人员工资执行标准工资（档案工资）＋岗位津贴＋高原补贴＋知老补贴＋副食补贴＋物价补贴＋粮价补贴＋职称补贴＋书报费＋洗理费＋电话费。养老金按档案工资计算缴纳。当年 7 月 1 日，执行艰苦偏远地区津贴和物价补贴。根据甘肃省农垦集团公司《转发关于发放艰苦偏远地区津贴和物价补贴的通知》（甘垦劳〔1996〕29 号），刘依胜等 106 名同志开始享受知老补贴。1997 年 9 月，根据甘肃省农垦总公司《关于 1993 年、1994 年、1995 年农垦企业晋升工资级别工作安排的意见》（甘垦劳〔1996〕5 号），对 916 名同志工资进行了调整，执行时间 1995 年 7 月，承包职工升级工资作为养老金扣缴基数。2001 年，对企业经营管理者实行年薪制。制定实施《张掖农场企业经营（管理）人员年薪制试行办法》。10 月 16 日，调整张树成等 1236 名同志工资，执行日期 2001 年 1 月，调整后管理人员工资执行调整后的标准，承包职工工资标准作为扣缴养老金工资标准。2002 年 10 月，调整王有亮等 1153 名同志工资，执行日期 2002 年 10 月 31 日。2004—2006 年实行岗位工资，按档案工资进行计算缴纳社保费，2007—2021 年，按应发工资额计算缴纳社保费（表 5-2、表 5-3）。

表 5-2　张掖农场 2003—2021 年管理人员工资增长情况

年　份	科级工资（元）	副科工资（元）	队级工资（元）	副队工资（元）	一般人员工资（元）
2004	790	760	747	711	650
2005	790	760	747	711	650
2006	1473	1179	943	825	754
2007	1473	1179	943	825	754
2008	2032	1626	1463	1269	1015
2009	2032	1626	1463	1269	1015
2010	2032	1626	1463	1269	1015
2011	2432	2026	1669	1415	812

（续）

年　份	科级工资（元）	副科工资（元）	队级工资（元）	副队工资（元）	一般人员工资（元）
2012	2832	2426	2069	1815	1212
2013	3232	2826	2469	2215	1612
2014	3632	3226	2869	2615	2012
2015	4042	3626	3269	3015	2412
2016	4332	3926	3569	3315	2712
2017	4632	4226	3869	3615	3012
2018	4932	4526	4269	3915	3312
2019	5232	4826	4569	4215	3612
2020	5532	5126	4869	4515	3912
2021	5716	5310	5053	4699	4096

表 5-3　张掖农场中、初级管理人员工资等级标准对照表

中层管理人员（一档一至五级）			初级管理人员（二档一至五级）		
级　别	工资标准	备　注	级　别	工资标准	备　注
一级	5080.00		一级	3412	未含每年增长部分
二级	4632.00		二级	3212	
三级	4226.00		三级	3012	
四级	3869.00		四级	2800	
五级	3615.00		五级	1800	大专以上学历
—	—			1600	中专

注：工资标准不包含年终绩效和每月增加 300 元，每月增加 300 元根据任务完成情况。

2008—2013 年，企业管理人员实行个人缴纳 7% 住房公积金，预扣 30% 责任工资后，当月收入降低，由预扣 30% 责任工资减少到预扣 10% 责任工资。2013—2015 年，农场机关管理人员工资每人每月增长 400 元。2014—2020 年，企业管理人员不再缴纳住房公积金，只预扣 10% 的责任工资，年终进行考核，完成任务指标兑现全部工资，完不成任务指标按考核分数减少预扣责任工资，超额或超额完成任务，按考核结果进行奖励。2016—2020 年，农场机关管理人员工资每人每月工资增长 300 元。2018 年，根据《关于规范亚盛张掖分公司中初级管理人员工资等级标准的通知》，中初级管理人员工资实行岗位工资＋绩效薪酬，实行"两档十级"管理。中层管理岗位执行 5 个级别，初级管理岗位执行 5 个级别的工资标准体系，按二档十级的标准执行。2018—2020 年，农场机关管理人员每人每月增长 300 元的绩效工资，工资执行岗位工资。绩效工资按科级 8000 元、副科 6400 元、队级 5120 元、副队 4096 元、工作人员 3277 元的标准执行，列入年终考核，根据考核分数兑现。2020 年 8 月，修订《张掖分公司关于绩效考核实施方案》，此后依此方案执行。

第二节　工资分配形式

一、工资管理形式

职工工资在国家等级工资制度和劳动政策法规指导下，实行政府劳动部门、农场主管部门和农场劳资部门三级管理。农场在执行国家规定的等级工资制度的同时，还根据本场各岗位生产特点，贯彻按劳分配的原则，制定不同的工资形式，以调动职工劳动生产积极性。

1. **计时工资和浮动**　计时工资以职工的等级工资为基数，以实际出勤的工作时间计算月工资金额。这种工资制度并不反映职工在生产过程中劳动量的实际消耗和劳动成果。因此，在执行过程中，为贯彻按劳分配原则以调动职工生产积极性，采用以等级工资为基础和生产责任制相结合的形式。建场初期和 20 世纪 70 年代末至 80 年代初实行以等级工资为基础的评工记分、作业工资加奖励等。1982 年实行的"包定奖"，采用浮动工资的办法，即每月每人预扣等级工资额的 10%～20% 作抵押（称责任工资），实行评工记分，每月以分计酬，年终以分计奖。完成责任承包指标，预扣的责任工资退还，完不成任务者，从预扣的责任工资中按规定比例扣还直到扣完为止，超利润或节亏，发还全部责任工资并按比例分成受奖。对实行专业承包全奖全罚的组或个人，每月预借本人工资的 70%～80%，剩余部分作抵押，年终一次结清，超者全奖，欠者全罚。1993 年规定，对不具备实行计件和承包工资的单位和岗位，按本人工资额的 80% 预借生活费，年终完成任务，本人工资全发，超额按比例提成；完不成任务，按未完成比例扣罚。

2. **计件工资**　计件工资劳动定额和计件单价构成。1958 年在农业单项作业中推行计件工资，工效明显提高。1987 年农场对工副业单位计件工资作了 6 条规定：①生产任务必须饱满；②产品必须有销路；③计件标准应保持同行业的先进定额；④严格产品质量检查验收制度；⑤不突破原材料消耗；⑥不突破单位产品成本。实行计件工资的职工，年终再不受奖。

3. **各种承包工资形式**　农场建立奖励基金，实行奖金制度。在贯彻承包合同时，凡节亏、超产、超利或全面完成承包合同，按奖金发放办法发奖。1989 年引进风险机制，实行全员抵押承包，年终对不能完成承包的经济指标部分，从各自上交的抵押金中扣罚。1993 年，农场内部职工劳动分配形式：职工家庭农场实行定额上交，交够国家和农场规定的，余下的都是自己的；酒花承包工人按承包面积、产量计算含量工资，超产奖励、欠产全赔；林果承包工人按承包面积、承包产量指标、实行超产奖励、亏损自负；新植果园实行费用包干，包成活率；林业实行定额补助，经费包干，包成活率、生长量；农业机械实行标准亩含量工资；联合收割机实行收割量提成工资；汽车运输按每百元收入提成工资，机械加工、修理按收入每元提成工资；商业销售人员实行费用包干提成工资，工资提成即包"三无一挂"，"三无"是无工资津贴、无奖金、无差旅费，"一挂"是工资提成与实现的销售数量和资金回收额挂钩。商店实行销售含量工资，内部逐级承包，包销售、包费用、包库存。酒厂、砖厂、建筑、副食品加工等单位进行职工定编定员、定岗定责，本着工资分配向苦、脏、累、险第一线倾斜的原则，岗薪结合，实行岗位技能计件含量工资。承包单位各级干部和业务人员工资分配与上交任务完成情况、职工收入和工作量挂钩，分配方案经农场批准后执行，平时按工资总额的70%预借生活费。

1994年，进一步改革工资制度，建立以按劳分配为主体，效益优先、兼顾公平的收入分配制度。承包经营者的收入与管理资产的保值增值及上缴利润相联系，实行"三挂钩一奖励"的制度，即工资收入与职工收入、完成上交经济指标、双文明综合目标管理考核相挂钩，对超额完成任务者进行奖励。

实行承包工资后，等级工资制度依然实行，但作为档案工资保留，作为调资、外调、职工离退休时的工资依据。

4. 各类补贴 在实行计时等级工资制同时，享受国家各项政策性补贴。

（1）补偿职工特殊和额外劳动消耗的各项津贴。有加班和夜班工资和野外勘测作业津贴及干部、班组长、中小学班主任等岗位津贴等。

（2）技术性津贴。科研津贴和有职称的知识分子浮动一级工资等。

（3）保健性补贴。有冬季取暖、高原生活、洗澡理发等。

（4）物价补贴。有肉食、副食品、菜篮子、粮油差价等。

（5）知老补助。为提高知识分子和老职工生活待遇，甘肃省有关文件规定：对具有初级以上技术职称或具有大中专院校毕业学历并在场工作一定年限的知识分子、在场连续工作20年以上的其他正式职工（含合同制工人），发各种标准的知老补助。

（6）其他津贴。有干部书报费、离休人员交通费等。各类补贴占一定的工资总额。

二、计时工资

计时工资以职工的等级工资为基数，以实际出勤的工作时间计算月工资金额。这种工资制度并不反映职工在生产过程中劳动量的实际消耗和劳动成果。因此，在执行中，为贯彻按劳分配原则以调动职工生产积极性，采用以等级工资为基础和生产责任制相结合的形式。建场初期和 20 世纪 70 至 80 年代，实行以等级工资为基础的评工记分，作业工资加奖励等。1982 年，实行"包定奖"，采用浮动工资的办法，即每月每人预扣等级工资额的 10％～20％作抵押（称责任工资），实行评工记分，每月以工分计酬，年终以分计奖。完成责任承包指标，预留的责任工资退还。完不成任务者，从预留的责任工资中按规定比例扣减，直到扣完为止。超利润或节亏，发还全部责任工资并按比例分成受奖。对实行专业承包全奖全罚的组或个人，每月预借本人工资的 70％～80％，剩余部分作抵押，年终一次结清，超者全奖，欠者全罚（表 5-4）。

表 5-4　张掖农场 1956—2021 年职工收入统计表

年　份	职工人数		工资总额		职工人均年工资	
	平均人数	与1956年相比（+%）	金　额（万元）	与1956年相比（+%）	金　额（元）	与1956年相比（+%）
1956	250	100	14.77	100	590.76	100
1965	1130	352	38.99	164	345.04	−41.6
1970	3192	1176.8	120.08	713	376.19	−36.3
1975	2123	749.2	103.26	599.1	486.39	−17.7
1980	1874	649.6	114.11	672.6	608.91	3.1
1985	2218	787.2	165.38	1019.7	745.63	26.2
1990	2303	821.2	447.66	2930.9	1943.81	229
1995	1583	533.2	499.56	3282.3	3155.77	434.2
2000	1261	404.4	422.93	2763.4	3354	467.7
2005	1082	332.8	941.3	6273.1	8700	1372.7
2010	1088	335.2	1879.2	12623.1	17272	2823.7
2015	963	285.2	4075.1	27490.4	42317	7063.1
2020	696	178.4	3201.6	21576.4	46000	7686.6
2021	673	169.2	3128.45	21081.1	46500	7771.2

三、高管工资

2001 年之前，农场场级领导干部按个人工资级别领取工资，2001 年之后实行年薪制，依据甘肃省农垦总公司年初签订的责任书，经年度综合考核，决算、审计结果进行兑现。

四、协议工资

临时用工人员，执行协议工资制度，由用人单位、人力资源部考核考察后，提出协议工资标准，经办公会研究批准后在试用期执行。

五、大中专毕业生工资

新录用大中专毕业生试用期工资按初级管理人员五级标准执行（大专以上学历 1800 元/月、中专学历 1600 元/月），试用期满后按《大、中专毕业生定级工资标准》执行（表 5-5）。

表 5-5　张掖农场大、中专毕业生定级工资级别及标准

学　历	定级工资级别	工资标准（元）
第一学历为"985"高校的本科毕业生，并取得相对应的学位证	初级管理人员二级	3212.00
第一学历为"211"高校的本科毕业生，并取得相对应的学位证	初级管理人员三级	3012.00
第一学历为一本高校本科的毕业生，并取得相对应的学位证	—	2950.00
第一学历为二本的高校本科毕业生，并取得相对应的学位证	—	2900.00
第一学历为三本的高校本科毕业生，并取得相对应的学位证	—	2850.00

第三节　绩效工资与奖惩

1990—2021 年，为合理地评价各生产单位经营班子的经营管理能力，调动所属各生产经营单位的积极性，保证年度经营管理总目标的实现，农场党委研究决定，实行岗位职责与薪酬挂钩的工作改革，通过建立有效的考核评价体系，进一步增强责任意识和工作意识，为薪酬兑现、改进管理、调整经营班子及成员提供依据。

为鼓励职工提高技术业务素质，农场规定：车辆驾驶员、锅炉工、电工等技术要求高的工种，必须经过有关业务部门技术考核合格并取得合格的操作证书，才能持证上岗。自1990 年起，根据甘肃省农垦总公司和张掖农垦公司的规定，每年都对任职的农林牧、会计、教师、卫生 4 种获得专业技术职称的人员进行年终民主测评和定量考核工作，评价一年来被聘任的技术干部的工作能力、工作成绩和作出的贡献，并将考核结果作为继续聘任和晋级的依据（表 5-6）。

表 5-6　张掖农场 2000—2020 年岗位工资增长情况

级　别	2000 年（元）	2010 年（元）	平均年增长率（%）	2020 年	平均年增长率（%）	备　注
正科工资	800	2382	11.52	5532	10.15	2018—2020 年（包含每年 300 元）
副科工资	749	1986	10.24	5126	10.09	2018—2020 年（包含每年 300 元）

（续）

级　别	2000 年（元）	2010 年（元）	平均年增长率（%）	2020 年	平均年增长率（%）	备　注
队级工资	706	1669	8.98	4769	10.02	2018—2020 年（包含每年 300 元）
副队级工资	650	1415	8.10	4515	10.11	2018—2020 年（包含每年 300 元）
一般干部工资	534	1212	8.54	4312	11.01	2018—2020 年（包含每年 300 元）

根据《甘肃亚盛实业（集团）股份有限公司分（子）公司经营管理目标考核暂行办法（草案）》，结合实际情况，所属生产经营单位实行经营管理目标责任制。各子公司依法经营，独立核算，自负盈亏，完成公司下达的经营管理指标，承担相应的经营管理责任，生产经营单位与公司签订年度经营目标责任书，负责人的经营业绩按年度考核，考核结果与奖惩挂钩。考核机制中，经营目标占权重 60%、党建及精神文明建设占权重 30%、安全生产占权重 5%、综合治理占权重 5%。

为调动员工工作的积极性，实行绩效薪酬与奖惩制度。根据考评结果由单位内部讨论，决定分配比例并上报财务部、人力资源部、分管领导、财务总监审核，经理审批后执行。各单位正职、副职、工作人员绩效薪酬总和不得突破单位计提奖励基金总额。机关工作人员中，正科、副科、正队、副队、工作人员职务级别，按 80% 依次类推计算（表 5-7）。

表 5-7　张掖分公司绩效考评扣分细则（试行）

考核项目	考核内容	分　值	备　注
工作内容	工作完成情况	30	未按时完成分管领导、部门领导交办的工作，每发生 1 次扣 0.1 分；未按时上报上级要求的各类文件/材料/表格等，受到上级通报批评的，每发生 1 起减 0.5 分
	工作态度	10	消极应付领导交办工作，由部门负责人核实，发现 1 次扣 0.1 分
	工作责任心	10	因工作责任心缺失，造成工作失误，视情节减 0.2~0.5 分
组织纪律	迟到、早退	5	无故迟到、早退、上班时间擅离岗位，每发生 1 次扣 0.5 分
	旷工、缺勤	5	上班时间无故缺勤的，每发生 1 次扣 1 分
	会议纪律	5	无故不参加各类会议（含学习）的，每发生 1 次扣 0.2 分；会议期间，手机响铃的，每发生 1 次扣 0.3 分
	组织安排	5	不服从组织安排的，每发生 1 次扣 0.5 分
服务意识	服务下级单位	10	因工作不当受到职工投诉，经核实确为己方过失的，每发生 1 次扣 0.2 分
	沟通服务	5	与下级单位沟通不及时造成工作错失的，每发生 1 次扣 0.2 分
	挂钩包干单位	5	包干单位发生重大事故的，每发生 1 次扣 0.2 分
团队意识	部门协同办公	5	与其他部门协同办公沟通不及时导致工作过失的，双方责任人各减 0.5 分
	同事关系	5	同事之间发生重大矛盾，双方责任人各减 0.3 分

第四节　劳动保护

一、企业保障

1996 年以前，职工的养老、医疗、工伤、生育、失业等保障和福利待遇都是企业遵照国家、省和行业规定执行，由企业内部支付，随着国家经济实力的不断增强，劳动保障体制改革的不断完善，各项保障纳入社会化管理。

1. **退休**　1996 年之前，国家规定：男职工 60 周岁、女职工 50 周岁为正常退休年龄，农场按时为到离退休年龄的职工办理退休手续，并按国家规定发给退休费、各种补贴和生活补助。当国家决定对离退休人员增加离退休金时，农场也积极照办。工人由于身体条件差，确实不能参加生产时，统一组织到劳动能力鉴定委员会进行体检鉴定，对确实丧失劳动能力者，可批准提前退休。身体差不能参加重体力劳动，又不到退休年龄者，经农场医院鉴定，本人申请、单位签注意见，报农场批准后划给 3～5 亩生活地，一切费用自理，工龄连续计算，每年审批 1 次。不具备退休条件的在职职工，因患急、重病住院治疗或大病未愈的，不能参加当年承包，经医院确诊证明，发给生活费，标准为：工龄满 10 年未满 20 年的，发给本人标准工资的 40％，满 20 年未满 30 年的发 50％，满 30 年以上者发 60％，生活费不足 60 元的按 60 元发。对建场来农场工作的老干部和部队转业干部，以及 1984 年 5 月 7 日以前任用的干部，因体弱多病、年龄偏大，本人愿意提前退休，经检查鉴定，组织批准，可办理"内退"。1993 年 1 月，根据国务院《关于改革企业职工养老保险制度的通知》精神，农场推行内部养老金统筹，各单位承担本单位工资总额的 17％，在岗职工按本人月工资 2％缴纳基本养老保险金和 1％加 1 元待业保险金。养老统筹金本着"以支定收、略有结余，留有部分积累"的原则进行统筹，由农场劳资科、计财科共同办理职工养老金统筹的登记、建卡、建档、建账和核发业务。离休、退休干部由老干支部和组织科管理，退休退职工人由职代会、劳资科管理。

2. **医疗**　建场以后，农场成立医务机构，对职工实行公费医疗。户口在农场的职工、直系亲属享受半公费医疗待遇。1987 年，根据国家医疗制度改革精神，医疗费由企业、个人共同承担，实行定额包干，每人每年医疗费按本企业工龄分为四等：工龄 30 年以上为 30 元，工龄 20～29 年为 26.4 元，工龄 10～19 年为 18 元，工龄 10 年以下为 12 元，独生子女享受 30 元公费医疗，享受半公费医疗的职工直系亲属为 8 元。医疗费累计超支，超支部分职工自负 30％，其直系亲属自负 65％，当年结余可结转下年度使用。

1992 年，进一步改革医疗制度，在提高医疗费标准的基础上，实行"医疗费包干，超支全部自负"。享受人员为职工、离退休人员和户口在农场、承包土地 3 年以上的临时工：工龄 10 年以下每人每年 18 元，10～19 年 32 元，20～29 年 62 元，30 年以上 102 元，独生子女 60 元，家属小孩 12 元。离休干部及县团级干部根据国务院有关规定实报实销。危重病人住院费按 10 年以下、10～19 年、20～30 年区分：在农场医院住院分别按 60%、70%、80% 报销，农场以外按 50%、60%、70% 报销。

3. 假期

（1）节假日。国家规定假日按国家规定执行。1980 年以前实行大礼拜休息制，逢每月 10、20、30 日休息，农忙时不休息。1980 年改为每周日休息。1994 年实行每周工作 5.5 天，休息 1.5 天。1995 年开始，实行每周 5 天工作制。

（2）探亲假。凡职工与配偶、父母异地生活，节假日不能团聚的可享受探亲假。职工探望配偶、未婚子女探望父母为每年 1 次，假期 14 天，工资全发、报销路费，已婚职工每 4 年探望父母 1 次，工资全发，路费在本人标准工资 30% 以内由本人自理，超过部分由农场报销。

（3）产假。晚婚晚育的初婚妇女并领取《独生子女证》，产假为 5 个月，不够晚育条件的妇女，产假为 3 个月，二胎产假 56 天，难产增加 15 天，多胎生育的，每多生一个增加 15 天。

4. 丧葬与抚恤 职工因公或因病死亡后，根据国家和省有关文件规定，发给丧葬补助费、抚恤费，并对其供养的直系亲属按月发给生活困难补助费，1993 年执行标准如下。

（1）职工死亡后发给 300 元丧葬补助费，因公死亡的一次性发给抚恤费 1000 元，因病或非因公死亡的一次性发给抚恤费 500 元。

（2）职工因公死亡后，其供养的直系亲属生活困难补助每人每月按 25～45 元补助，孤身一人的每月补助 55～60 元；职工因病或非因公死亡后，其供养的直系亲属生活困难补助每人每月 40 元，孤身一人 45 元，生活困难补助发至失去供养条件为止。

二、社会保障

（一）养老保险

1996 年 5 月，甘肃省政府第三十二次常务会讨论审定《甘肃省城镇企业职工养老保险制度改革实施办法》发布实施，为贯彻实施《甘肃省农垦总公司关于印发实施〈甘肃省城镇企业职工养老保险制度改革实施办法〉及若干意见的补充规定的通知》精神，结合农垦实际制定《关于进行养老保险制度改革的相关规定》，在执行《改革实施办法》及若干意见时一并执行。

1. **养老保险内容** 包括国有企业、集体企业、股份制企业、港澳台及外商投资、独资、合资企业中的中方职工和与企业建立劳动关系的人员。核定缴费工资基数。

（1）新参加工作和重新就业的职工，从起薪之月起缴纳基本养老保险费，当年的缴费工资基数为职工第 1 个月领取的全月工资收入。从第 2 年起，按上一年实发工资的月平均数作为缴费工资基数。

（2）离岗退养的职工，在停止工作期间以上年本人月实际工资为缴费工资基数。

（3）对难以准确核定工资收入的企业职工，以上年全省职工月平均工资作为缴费工资基数。

（4）企业中比照执行事业单位工资标准的职工，按其事业工资总额缴纳养老保险费。

（5）农牧企业中的家庭农场职工，以上年度本人档案工资加津贴、补贴之和为当年缴费工资基数。以上人员的月平均缴费工资的上限和下限按照 300％和 60％规定执行。

（6）对学徒工、待岗、请长假等领取基本生活费的职工，其月缴费基数可以按当地职工最低工资标准计算。

（7）企业领导的一次性兑现奖，可按 12 个月平均作为个人缴费基数，月平均兑现奖加本人月缴费工资收入，如果超出上年全省职工月平均工资 300％以上的部分不作为缴费基数。

（8）机关、事业单位的职工调入企业工作，从进入企业工作之月起缴纳基本养老保险费，当年缴费基数按企业领取的第 1 个月的全月工资收入计算，其在机关，事业单位未实行养老保险制度改革之前的连续工龄视同缴费年限。

（9）企业的停薪留职和外借人员必须参加基本养老保险，原企业和个人要按时缴纳基本养老保险费。

职工个人账户当年记账额的利息，对按时足额缴纳者，按照个人年记账利息的 1/2 计算。《职工养老保险手册》中企业缴费一栏记载从企业缴费中划转记入个人账户的部分。

老办法规定的离、退、离休条件，老干部离休按照国发〔1980〕253 号文件和国发〔1982〕62 号文件规定的有关规定，按照干部管理权限，报任免机关批准。退休条件，按照国发〔1978〕104 号文件和甘政发〔1985〕235 号文件规定的有关条件执行。

2. **新办法规定享受养老保险的条件**

（1）企业和职工个人同时缴纳基本养老保险费累计满 15 年或新办法实施前参加工作的连续工龄（包括缴费年限满 10 年的职工）。

（2）符合上述老办法规定的离退休、退职条件。

（3）病退、因工致残退休必须有两个不同县级以上医院出具的病情证明，经劳动鉴定委员会鉴定确认病情或伤残程度达到《职工工伤与职业病致残程度鉴定标准（试行）》1—4级，即完全丧失劳动能力。

（4）按照劳险字〔1993〕3号文件和甘劳社〔1993〕第101号文件规定，农垦企业科级以下人员由企业申报，各垦区保险科审核，垦区劳资部门报总公司社会保险办公室备案；场（厂）级管理人员由企业申报。垦区保险科审查，报总公司社会保险办公室审核，总公司劳资处审批。凡未按规定程序报批的离退休人员，社会保险机构有权不予以支付其养老金及其他待遇。办理离退休、退职手续的人员，从批准之月起不列入企业职工调资范围。

2006年7月，甘肃省人民政府下发《完善企业职工基本养老保险制度实施办法》，明确规定：基本养老保险实行社会统筹与个人账户相结合，费用由企业和职工个人共同负担。

3. 缴费办法　1993—1995年底的基本养老保险费，未缴清的，按以下办法处理：

（1）企业和个人都未缴清。按年分段补缴本金和利息，缴清后计入新建立的个人账户。

（2）企业缴清个人未缴清。企业缴纳部分一次性记利息（10.98%），个人按年分段补缴本金和利息，缴清后，计入新建立的个人账户。

（3）企业未缴清，个人缴清。如个人是固定工，直接计入新建立的个人账户并一次性计利息（10.98%），如果个人是合同制职工、企业按年分段补缴本金和利息，个人部分一次性计息（10.98%）缴清后，记入新建立的个人账户。

1996年1月，建立个人账户。凡企业和个人足额缴纳基本养老保险费的，职工按本人缴费工资基数的3%缴费，企业按职工本人缴费工资基数的9%从企业缴费中划转；以后每两年个人缴费比例提高1%，企业划转计入比例相应降低1%；最终职工个人缴费比例达到8%，企业划转计入比例为4%。基本养老保险费按原计划征缴。未缴清的予以补缴，企业职工个人按2%缴纳基本养老保险费的补缴1%，企业和个人补缴清后计入职工个人账户。

《职工养老保险手册》上的基本养老保险费累计储存额，经保险机构核定，职工认可签字后，一次性结转计入新建立的个人账户，并一次性计息10.98%。

1997年1月1日起，按企业支付离退休费占职工缴费工资总额的平均比例，在20%以下的，按20%缴费；20.01%～25%的按25%缴费；25.01%～28%的按28%缴费；在28%以上的按实际比例缴费。

4. 职工个人缴费基数 职工按本人上一年度月平均工资为个人缴费工资基数。月平均工资应按国家统计局规定列入工资总额统计的项目计算，其中包括工资、奖金、津贴、补贴等。月平均工资超过本省上年度在岗职工月平均工资300％以上的部分，不计入个人缴费工资基数；低于本省上年度在岗职工月平均工资60％的，按60％计入。

5. 企业缴费比例 企业缴费基数原则上为本单位上一年度工资总额，如单位工资总额低于全部参保职工个人缴费工资之和的，以全部参保职工个人缴费工资之和作为缴费基数。2005年1月1日起，企业的缴费比例为20％。

6. 职工个人账户比例 2006年1月1日起，个人账户的规模统一由本人缴费工资的11％调整为8％，全部由个人缴费形成，单位缴费不再划入个人账户。

对其中原在国有企业工作且在2002年8月6日之前依法解除劳动关系且从事过特殊工种并工作满规定年限的职工，男年满55周岁以上，女年满45周岁以上，在生产操作岗位工作的女职工年满50周岁且缴费年限累计满15年以上的，参加基本养老保险的缴费基数为本省上年度在岗职工平均工资，缴费比例为20％，其中8％记入个人账户，12％记入社会统筹基金。

2011年前，对原国有企业下岗失业人员中的"4050"人员作为城镇个体工商户和灵活就业者参加基本养老保险的，仍按全省上年在岗职工平均工资60％作为缴费基数进行缴费办法的过渡。

对于企业破产后的退职人员，根据《国务院关于在若干城市试行国有企业兼并破产和职工再就业有关问题的补充通知》（国发〔1997〕10号）《国务院研究辽宁部分有色金属和煤炭企业关闭破产有关问题的会议纪要》〔国阅〔1999〕33号〕和《中共中央办公厅国务院办公厅关于进一步做好资源枯竭矿山关闭破产工作的通知》（中办发〔2000〕11号）的有关规定执行。关闭破产企业在清偿欠缴的基本养老保险费，足额预留离退休、退职人员的基本养老保险费后，劳动保障部门方可办理退休审批手续。

7. 职工退职条件 达不到退休年龄，经劳动鉴定委员会确认完全丧失劳动能力的职工。严格执行国家有关退休、退职政策，完善退休、退职审批程序，坚持到龄即退的原则。要强化对参保人及相关各方的行为监督，防范各种违规行为，严格控制提前退休。

职工在职期间死亡或离退休、退职人员死亡，其个人账户余额中个人缴费部分的本金和利息可以继承。应继承额一次性支付给死者的法定继承人或指定的受益人，个人账户的其余部分并入社会统筹基金。

8. 职工享受基本养老保险的条件

（1）正常退休条件为。凡男年满60周岁，女工人（生产操作岗位）年满50周岁，女干部（管理技术岗位）年满 55 周岁；缴费年限（含视同缴费年限，下同）累计满 15 年。

（2）女工人退休年龄。可以实行弹性退休年龄制度，即符合退休条件的女职工，如身体、工作需要，按照企业结合自身实际制定的相应操作办法，在到达法定退休年龄 1 个月之前，经本人申请，企业同意，劳动保障部门备案，其退休年龄可以适当延迟，延迟的年限最短不得少于 1 年，并应按整年操作，但最长不得超过 55 周岁。

（3）退休年龄的确认。实行居民身份证与本人档案相结合的办法。当本人身份证与档案记载的出生时间不一致时，以本人档案最先记载的出生时间为准。档案中填写的出生时间视为公历时间，不再进行农历和公历的换算。

（4）申报程序。职工由企业或从事养老保险业务的授权经办单位按规定程序申报，经社保经办机构审核、劳动保障行政部门批准后，办理退休、退职手续，享受基本养老待遇。

企业、授权经办单位须在参保人员到达法定退休年龄的前 1 个月内报送参保人员的退休材料，不得提前或自行延长参保人员的退休年龄。参保人员退休、退职的时间以劳动保障部门批准的日期为准。参保人员从批准退休、退职的次月起领取基本养老金。因企业或授权经办单位原因影响正常审批的，由企业和授权经办单位承担推迟办理时段的工资或生活费。参保人员办理了退休、退职手续后，由劳动保障部门统一编号发放退休证。

（二）失业保险

1998 年 12 月，国务院第十一次常务会议通过《失业保险条例》，1999 年 1 月 22 日发布，并自发布之日起施行。城镇企业事业单位职工依照《失业保险条例》的规定缴纳失业保险费，城镇企业是指国有企业、城镇集体企业、外商投资企业、城镇私营企业以及其他城镇企业。城镇企业事业单位失业人员可依照《失业保险条例》的规定，享受失业保险待遇。城镇企业事业单位按照本单位工资总额的 2% 缴纳失业保险费。城镇企业事业单位职工《失业保险条例》按照本人工资的 1% 缴纳失业保险费。2015 年，根据甘肃省人力资源和社会保障厅文件精神，从 7 月 1 日起，调整甘肃省失业保险费率。统一由 3% 调整为 2%，用人单位按照本单位工资总额的 1.5% 缴纳失业保险费，职工个人按照本人工资的 0.5% 缴纳失业保险费。2016 年 5 月，甘肃省失业保险费率统一由 2% 下调至 1.5%，用人单位按照本单位工资总额的 1.2% 缴纳失业保险费，职工个人按照本人工资的 0.3% 缴纳失业保险费。根据《关于阶段性调整失业保险费率有关问题的通知》文件精神，从 2017 年 1 月起，甘肃省失业保险费率统一由 1.5% 下调至 1%，用人单位按照本单位工资总额的 0.7% 缴纳失业保险费，职工个人按照本人工资的 0.3% 缴纳失业保险费。

（三）其他保险

1. **医疗保险** 2018 年 1 月，全场在职职工、退休人员全部纳入张掖市甘州区城镇职工医疗保险范围，享受张掖市职工医疗保险待遇。

2. **工伤保险** 2004 年 1 月，农场为全体员工办理了工伤保险，纳入张掖市统筹。

3. **生育保险** 2018 年 1 月，农场为育龄妇女办理了生育保险。

第五节 社会救助

一、最低生活保障

1999 年 9 月，国务院发布《城市居民最低生活保障条例》，1999 年 10 月起施行。按照条例精神，农场坚持国家保障与社会帮扶相结合、鼓励劳动自救的方针，积极开展对因病、因灾致困的职工救助。2002 年 5 月起，农场对申请享受城市居民最低生活保障待遇的人员，按规定流程给甘州区民政局上报申请材料，让农场辖区内的符合享受城镇最低生活保障条件的家庭享受到最低生活保障金。2014 年 10 月 28 日，甘州区碱滩镇老寺庙社区成立，城镇居民最低生活保障工作由甘州区碱滩镇老寺庙社区经办（表 5-8）。

表 5-8 张掖农场（含老寺庙社区）城镇居民最低生活保障金统计

年 份	享受户数（户）	享受人数（人）	享受总金额（元）
2002 年（5—12 月）	1277	3549	175105
2003	2367	6441	347110
2004	2920	7743	421950
2005	4013	10586	628510
2006	3544	9334	721225
2007	3477	9191	786890
2008	3461	9152	1126260
2009	3318	8761	1193470
2010	3219	8650	1267176
2011	3190	8639	1518165
2012	2537	6892	1376463
2013	2265	6043	1641814
2014	1392	3248	812359
2015	1188	2724	680707

（续）

年　份	享受户数（户）	享受人数（人）	享受总金额（元）
2016	1236	2724	732435
2017	768	1416	496740
2018	492	1200	331447
2019	456	1056	404145
2020	396	888	424988
2021	336	672	373722
合　计			15460681

二、医疗救助

根据《甘肃省城乡医疗救助试行办法》规定，农场为帮助因病致困群众渡过难关，自2012年起，每年向甘州区民政局为符合条件的病患人员申报医疗救助（表5-9）。

表5-9　张掖农场医疗救助享受情况统计

年　份	户　数（户）	人　数（人）	金额（元）
2012	14	14	80000
2013	13	13	46560
2014	7	7	30900
合　计	34	34	157460

注：2015年老寺庙社区管理，以后的数据不做统计。

三、受灾人员救助

对于因灾致困人员，农场按照国家临时救助制度对遭遇突发事件、意外伤害、重大疾病或其他特殊原因导致基本生活陷入困境的职工和家庭开展救助。对其他社会救助制度暂时无法覆盖，或救助之后基本生活暂时仍有严重困难的家庭或个人也给予应急性、过渡性的救助，切实解决职工群众的生活困难（表5-10）。

表5-10　张掖农场历年临时救助统计

年　份	户　数（户）	人　数（人）	金　额（元）
2011	13	34	10000
2014	5	12	3000

（续）

年　份	户　数（户）	人　数（人）	金　额（元）
2017	195	467	402000
2018	273	532	925500
2019	63	153	287693
2020	30	52	206813
2021	9	27	38659
合　计	588	1277	1873665

四、就业救助

根据《关于印发甘肃省失业保险支持企业稳定岗位实施意见的通知》（甘人社通〔2015〕103 号）和《关于甘肃省失业保险支持企业稳岗实施意见的补充通知》（甘人社通〔2015〕224 号）文件规定，2013 年开始，农场辖区内失业人员每年享受政府稳岗补贴，2013—2021 年度，共享受稳岗补贴资金 210.20 万元（表 5-11）。

表 5-11　张掖农场 2014—2021 年稳岗补贴统计情况

年　份	人　数（人）	补贴资金（元）
2014	992	378360.78
2015	963	419568.56
2016	969	319005.58
2017	904	281280.85
2018	848	168147.08
2019	781	169582.06
2020	731	300878.18
2021	696	66164.11
合　计	6884	2102987.20

第三章　行政管理

第一节　领导决策

一、议事原则

经理办公会是经理行使职权，审议公司经营管理中的重大事项，充分发挥班子成员集体智慧的议事制度。坚持经理负责制，经理主持公司的日常经营管理工作，班子成员按照分工各司其职，协助经理开展工作。坚持高效议事的原则，采取事先做好准备、分管领导提出意见，在充分讨论基础上迅速做出决策的议事方法。坚持实事求是议事的原则，研究决定生产经营中的重大问题和制定重要规章制度时，应当听取公司工会的意见和建议。审议有关员工工资、福利、安全生产以及劳动保护、劳动保险等涉及员工切身利益的议题，应事先听取公司工会的意见，视情况邀请员工代表列席会议。

二、经理的职权

经理对公司负责，行使下列职权：主持公司的经营管理；组织实施公司的年度经营计划和业务发展；拟定公司内部管理机构设计；拟定公司的管理制度；制定公司的具体规章。

三、议事范围

1. **生产计划**　讨论决定的公司年度生产计划、发展规划、新项目开发、资金投向、财务预算、利润分配、员工培训、员工工资分配、员工福利等方案；审定月生产经营计划及阶段性中心工作方案。

2. **制度修订**　制定、修改公司的基本管理制度；制定、调整公司内部管理机构设置方案。

3. **人事任免**　研究中层经营管理人员的选拔、考察、任免和奖惩意见。

4. **生产经营**　确定向上级汇报的重大问题，研究日常安全、生产、销售、经营管理等工作，及时解决工作中遇到的问题。

四、会议议题提出

经理办公会原则每月举行1次。遇特殊情况，经理可临时决定召开。经理办公会由经理或经理委托的副经理召集和主持。出席经理办公会的人员为：经理、副经理和办公室及相关部门负责人。必要时工会负责人列席经理办公会。其他需列席人员由经理根据会议议题确定。参加经理办公会的全体人员应按时参加会议，因病或其他特殊原因不能参加的，应事先向经理或会议主持人请假。办公室在经理办公会举行前进行下列准备工作。办公室应在经理办公会举行前一天，将开会日期、时间、地点和会议议题等主要事项通知全体与会人员。经理办公会议题由经理确定。副经理、各部门负责人提出的议题，须经经理同意后，方可列入经理办公会审议。各部门提出的议题，应在办公会召开前3个工作日，送办公室筛选汇总，报经理审定。列入经理办公会审议的议题，应事先准备好相关材料，在会议召开前送达参加会议人员，需会议现场宣读的材料由负责汇报的人员提前准备，保证宣读流程，提高会议效率。因特殊原因，经理可以根据情况，临时增加会议议题。

五、议题审议和督办

经理办公会应对列入会议的议题，逐个进行审议。出席经理办公会的人员在会上有权充分发表意见。列席会议的人员，经理或会议主持人同意，可以就会议议题作说明或发言。经理办公会对每个审议的议题，在充分听取各方面意见和建议后，由经理或会议主持人总结。办公室应当对会议所议事项作记录。参会人员应当在会议记录上签名。会议记录应包括下列内容：会议记录按档案管理要求进行整理后归档，并长期保存。根据会议做出的结论，办公室视需要整理会议纪要，由经理或会议主持人签发后，送有关领导和部门落实。办公室负责经理办公会决定事项的监督落实工作，并将落实情况及时报告经理和相关负责同志。

六、议事纪律

经理办公会遵守保密制度，保守公司机密，议事前不泄露会议内容，做出决策后，通过正常渠道传达贯彻。经理办公会实行回避制度，在讨论涉及与会人员本人相关事项时，需回避的人员应主动回避。

第二节 场务公开

根据党中央要求和中央纪委、省地（市）反腐败及党风廉政建设工作的安排部署以及有关文件精神，为进一步建立健全和加强农场民主管理、民主监督工作，推进基层民主政治建设，使全场从机关到各基层单位都尽快建立起公开、公平、公正和廉洁、务实、高效的工作机制，1999年10月，农场制定《场务公开加强民主管理的实施意见》，实行农场、分场（站、队、厂）场务公开，主动接受职工群众民主监督，从源头上预防腐败现象的发生。

一、工作原则

场务公开的基本原则：坚持"突出重点、实事求是、注重效果、持之以恒、推动发展"五大原则。

1. **突出重点** 涉及职工群众切身利益，职工群众最关心的热点问题；职工群众反映强烈，容易引发矛盾、滋生腐败的焦点问题；有关生产经营的重点问题。

2. **实事求是** 遵循国家法律、法规和党的方针政策，坚持从农场实际出发，凡公开的内容应真实全面，不回避热点、难点、焦点问题，不避重就轻，不弄虚作假。

3. **注重效果** 公开的内容有针对性、实效性，不走过场，不搞形式主义；公开的形式和程序要规范、公开的时间要及时，不能拖延，确保职工群众满意。持之以恒，要把场务公开作为企业一种基本的管理制度常抓不懈，作为加强企业民主政治建设、干部队伍建设和党风廉政建设的一项长期性工作认真抓好，做到年年有部署、有落实、有检查、有考核、有总结，使这项工作不断完善、巩固、提高。

4. **推动发展** 场务公开是一种让职工知情的手段，其目的是发动和组织职工群众参与企业的民主决策、民主管理和民主监督，促使企业不断加强管理、深化改革，推动企业持续健康快速发展。

二、公开内容

1. **重大决策** 中长期发展规划，生产经营重大决策、改革、改制方案，改组改造的资产重组方案，重大技术改造方案、职工轮岗、裁员、分流、安置方案，国有或集体产权转让方案。

2. **生产经营**　年度生产经营指标及完成情况，重要规章管理制度的制订与实施，安全生产责任制执行落实情况，基建工程项目的招投标，上级部门对本场财务审计和评价情况。

3. **物资采购**　凡是超过 2000 元的物资采购必须集中采购或招投标，实行购前购后全部规范公开。凡是超过 500 元的物资采购必须 2 个人同时去采购并进行发票公开。办公用品：办公桌椅、打印机、扫描仪、传真机，各种印刷品、纸张、簿册等；招待室用品：电视、电风扇、电取暖器等；奖品福利：各种活动所需奖品、职工每年福利用品等；安全生产投入：电缆、防尘防毒装备、防护设施、消防器材等；其他需要公开的项目。

4. **职工利益**　合同的签订履行情况，职工的提薪晋级、工资奖金分配、奖罚与福利，职工的社保、医保、工伤等缴纳情况，职工的招聘、征兵、计生，专业技术职称的评聘，评先评优的条件和结果。职工医疗卫生及保健防疫方案的制定和落实情况。职工培训计划、劳动争议的调解与处理情况。职工承包租赁土地、林地，职工集资建房、房改、租赁公房等，农场工会的经费支出、扶贫济困的财物发放、退休职工补贴、抚恤金、独生子女补贴等。

5. **党风廉政建设**　领导班子和领导干部的述职、领导干部廉洁自律规定执行情况，每年的民主评议领导干部、民主生活会情况，重要岗位的人员聘用、党员的发展。业务招待费、出国出境费用支出情况，领导干部的离任审计情况。

三、公开形式

1. **职工代表大会**　职工代表大会是场务公开的基本形式和主要载体，每年的 2—3 月召开 1 次职代会。凡经职代会审议通过的公开事项，于职代会闭幕后 7 日内公开。

2. **职工代表组长联席会**　在职代会闭会期间，审议属于职工代表大会职权范围内的一些重要问题。

3. **场情发布会**　不定期举行，向职工通报生产经营及相关场务公开内容。

4. **场务公开栏**　每月初定期公开，遇重要事项随时公开。

5. **全场干部大会**　职工群众关心的热点、难点问题以及办事过程、政策界限和办理结果，阶段性、年度性、综合性等重要工作事项随时召集干部大会公开。

四、公开、程序

1. **提出** 由各主办部、室按场务公开的规定要求，制定公开内容及具体方案。

2. **审查** 场务公开领导小组对公开内容和具体方案进行审查，确定公开的具体内容和形式。

3. **公开** 由各主办部、室按具体要求进行公开。

4. **反馈** 场务公开办公室要及时收集、整理职工群众的意见和建议，提出处置方案，并将情况反馈到场务公开领导小组。

5. **整改** 需要整改的项目，场务公开领导小组进行认真整改或督促整改，并把整改情况及时公开。

6. **监督** 场务公开监督检查小组，充分发挥监督作用，依法、依规要求有关部门及时、准确公开应当公开的内容。

7. **归档** 场务公开办公室将公开情况、处理意见、办理结果等材料统一归档、保存备查。

第三节 组织纪律

一、集中统一领导

1. **统一领导** 坚决铸牢"两个维护"的政治忠诚。学习贯彻《中共中央关于加强党的政治建设的意见》，引导基层党组织和广大党员干部牢固树立"四个意识"，增强"四个自信"，毫不动摇坚持和维护党的核心领导地位。

2. **深入学习** 学习贯彻习近平新时代中国特色社会主义思想，推动伟大思想往心里走、往深里悟、往实里做。解决突出矛盾问题，解决好领导班子和领导干部的思想问题、作风问题，密切党同职工群众的血肉联系，推行基层党组织负责人与党员"双向约谈"制度。

3. **严格党内政治生活** 把政治建设贯穿组织工作全过程，严格执行《新形势下党内政治生活若干准则》，落实《中国共产党重大事项请示报告条例》，增强党内政治生活政治性、时代性、原则性、战斗性。坚持和完善民主集中制各项制度，严格落实党委集体议事规则和"三重一大"决策制度。严肃认真开展"三会一课"、民主生活会和组织生活会等党内政治生活，遵守政治纪律和政治规矩。坚持党内重要活动佩戴党员徽章、重温入党誓词等政治仪式，提高党内政治生活吸引力和感染力。

二、组织活力建设

1. **党的组织生活** 贯彻落实《中国共产党支部工作条例（试行）》，推动基层党支部健全完善工作制度，明确党支部职责任务，规范党员大会、支部委员会、党小组会运行机制。坚持落实"三会一课"、组织生活会、主题党日、谈心谈话、民主评议等基本组织生活制度。

2. **日常管理监督** 严格党费收缴，按月提醒、督促基层党支部及时上缴党费。严格落实党支部按期换届制度，加强换届选举现场指导，及时调整充实基层党支部领导班子。全面实行省内组织关系网上接转，逐级签订党建工作目标责任书。

3. **组织活力** 围绕生产经营和党组织健康运行，搭建党组织和党员发挥作用的载体，开展党员亮身份、亮标准、亮承诺、比贡献、党员先锋模范创建、党员标兵评选等实践活动，展现党组织的政治功能。深化党群共建，发挥党组织联系职工群众、宣传职工群众、凝聚职工群众、服务职工群众的作用，做好群团"推优入党"工作。

三、事业为上、从严从实

1. **严守纪律** 把牢固树立"四个意识"和"四个自信"、坚决维护党中央权威、执行党的理论和路线方针政策、忠诚干净担当作为干部选拔任用的第一标准，坚持人事相宜，注重专业能力、专业精神，把想干事、能干事、干成事的同志及时选拔到领导岗位。

2. **健全机制** 定期走访基层，近距离了解干部，掌握基层领导班子的运行情况和基层干部的德才表现。深化年轻干部"启航计划"，为干部队伍接续发展储备力量。加强对干部适岗性的思考与分析，精准实施交流轮岗，合理使用不同年龄段的干部。

3. **考核监管** 落实机关人员绩效考核管理办法，建立分公司管理人员年度考核制度，考核结果与干部薪酬待遇、选拔任用相挂钩，实行奖优罚劣、能上能下。严格机关管理人员绩效管理，建立综合考评体系，崇尚实干与担当，比学赶超，推动各项事业高质量发展。建立干部常态化监管机制，加强个人有关重大事项报告和对干部"八小时外"生活圈、交往圈、休闲圈的监管，采取民主生活会、重大事项报告等形式，突出强化"一把手"监督，约束规范权力，推动形成用制度管权、按制度办事、靠制度管人的长效机制。

四、基础保障

1. **工作机制**　全面落实分公司党建工作责任制。督促基层党组织认真履行主体责任，定期研究推动党建工作。构建年初明确任务、年中强化落实、年末严格考核的闭环系统，落实基层党建巡查制度，发现问题严格督办、限期整改，每年分公司党委对基层党建工作督查2次。

2. **责任清单**　完善党建责任清单管理、党委议事报告、基层党建述职评议、领导挂钩重点党建项目、党委班子成员向本级党组织报告党建"一岗双责"、党建约谈提醒等工作机制。围绕企业改革发展和生产经营，深化党员责任区、党员示范岗、党员先锋队等有效载体，继续开展"三比三促"等形式多样的主题实践活动。

3. **作风督查**　纠正"四风"不止步。畅通监督渠道，常态化开展明察暗访行动，持续查处并关注"四风"隐形变异、改头换面等新动向，在反对形式主义、官僚主义上下更大功夫，严厉批评政治"慵懒散"，特别是不担当、不作为、不负责等表现。强化服务意识，锻造优良作风，不断提高基层党建工作水平。

第四节　设施管理

一、办公设施

建场初期，办公条件、设施十分简陋，文件基本为手工书写。用钢板、蜡纸人工手写和用油墨人工油印、铅字人工打印，效率低、印刷质量较差。当时各单位都设有打字员工作岗位。随着科学技术的不断推广应用，实现了办公设施向自动化和网络化的发展。

1. **硬件建设**　1993年农场购置第1台电脑，主要用于办公室文件打印。到1996年农场购买了第2台电脑，主要用于财务报表编制和汇总，到2004年，电脑开始普及到机关各办公室，2018年，各分场办公室都陆续配置了电脑，至2021年末，机关办公有台式电脑51台，笔记本电脑13台，扫描仪4个，打印机49台。

2. **软件建设**　1996年，农场财务科开始使用正版财务软件，是由北京久其公司为农垦企业开发的垦财财务软件，软件功能有限。之后使用正版的NC财务软件，分公司财务使用用友U8财务软件。2019年开始，使用正版的Win7和Win10操作系统和WPS办公软件。

3. **网络建设**　2000年，农场成立信息中心，配备的电脑联网，使用拨号上网。随着电脑的普及，软硬件的不断升级，到 2012 年，各办公室接入移动和电信宽带，2018 年，接入光纤，传输速度更快。

4. 办公自动化　2000 年以后，随着计算机的普及、软硬件的不断升级、互联网的应用，开始陆续使用电子邮箱发送邮件，使用腾讯 QQ、微信传送文件报表。2011 年，提升企业管理水平等项目实施配备，硬件、软件，机关各部室使用相应的行业软件和直报系统，2021 年底，使用的专业软件有 NC 财务软件，用友 U8 财务软件。直报系统有农产品质量追溯系统、统计联网直报，办公公文处理采用 OA 系统、人力资源管理系统。办公自动化的应用，提高工作质量和工作效率。

2011—2021 年，实施提升企业管理水平等项目，累计投资 101.16 万元。其中 2011—2016 年购置电脑、网站建设、购置电子屏、购置投影仪、暖气改造等支出 56.25 万元，2017—2021 年，购置文件柜、电脑、彩色复印机、会议桌等支出 74.90 万元。

5. 三供一业　2006 年 2 月，根据中共中央指示和省政府办公厅批转的甘肃省农垦总公司《关于深化农垦企业改革实施方案》《甘肃省人民政府办公厅关于进一步做好省属及下划工业企业分离办社会职能工作有关问题的通知》精神，对农垦企业内部的社会化职能进行分离，移交所在地政府管理。2016 年，根据农业部等部委《关于印发农垦国营农场办社会职能改革实施方案的通知》《中共甘肃省委甘肃省人民政府关于进一步推进农垦改革发展的实施意见》和甘肃省政府办公厅《甘肃农垦企业办社会职能改革实施方案的通知》等文件要求，对国营农场场办社会职能进行移交。

农场"三供一业"即职工住宅小区内的供水、供电、供暖、物业服务和市政设施，农场"三供一业"列入移交范围。

（1）供水。涉及户数 1314 户，资产总额 107.81 万元。2020 年 12 月，全部资产、设施移交给甘州区城建局。由碱滩镇老寺庙社区管理。

（2）供热。涉及户数 593 户，涉及面积 6.53 万平方米。2020 年 12 月，全部资产、设施移交给甘州区城建局。由碱滩镇老寺庙社区管理。

（3）物业（市政设施）。2020 年 12 月，全部资产、设施移交给甘州区城建局。由碱滩镇老寺庙社区管理。

二、房产管理

严格控制办公用房的标准配置及使用，办公用房使用面积不超过 45 平方米（含卫生间）。其他负责人办公用房使用面积不超过正职 80％（含卫生间）。配置使用一处办公用房，确因异地工作需要另行配置办公用房的，严格履行内部审核程序。不得长期租用宾馆、酒店房间作为办公用房。新配置办公用房严格执行配置标准。现有办公室超过规定面积标准的，采用调换或者合用方式解决，必须采取工程改造方式的，如受现有建筑结构布局、线路和消防等设施设备客观条件限制，待办公用房维修改造或者领导干部职务变动调换办公室时解决，减少造成新的浪费。办公用房因使用时间较长、设施设备老化、功能不全，不能满足办公需求的，进行维修改造。办公用房维修改造以消除安全隐患、恢复和完善适用功能、降低能源资源消耗为重点，严格执行维修改造标准。

第五节　公务接待

张掖分公司业务接待根据甘垦集团〔2018〕141 号《关于印发〈甘肃省农垦集团有限责任公司总部接待管理办法〉的通知》，业务接待遵循"诚恳热情，礼仪周到，勤俭节约，按章办事，保守秘密"的原则，以"外树形象，加强交流，强化合作，寻求支持"为目的。接待视具体情况，一般实行对等接待。办公室为接待的承办部门和接待工作的管理部门，负责各类接待工作的协调事宜。

一、接待

业务接待根据其接待对象、来人来访的不同目的，分别按照公务、商务、普通接待处置。

1. **公务接待**　公务接待指到访张掖分公司的当地政府领导、政府部门工作人员和上级主管单位领导、部门领导、工作人员及外宾、重要客人、重要客户、参观团、垦区相关单位等来访或开展检查督导、巡查巡视、调研、专家指导等相关业务活动而进行的业务接待活动。

2. **商务接待**　商务接待指到访张掖分公司所属单位或部门，并与对口单位或部门进行商务联系、合作洽谈、业务交流及工作拓展、调研、专家指导等活动，而进行的业务接待活动。

3. **普通接待**　普通接待指临时性、随机性、偶然性的来人来访进行工作洽谈或走访等。

二、接待准备

办公室在收到来人来访的文件、函件或电话后，要及时了解来人来访的目的、时间安排、人数等相关信息，及时报主管领导或经理，根据领导安排，协调做好接待工作。临时性来人来访根据领导安排，做好接待工作。根据来客的目的，充分准备。准备好汇报、交流材料。根据来客规格和人数合理安排接待人员和场所。备好接待物品，做好接待场所和沿途的环境卫生。经理、主管领导或受经理指派的专职接待负责人、业务对口部门负责人陪同完成接待工作。办公室后勤人员负责接待现场服务，保卫部门负责提供安全保障，相关部门具有协同完成接待工作的义务。

三、接待标准

1. **用车**　接待用车由办公室统一协调安排，由接待负责人管理和使用，确保接待工作任务完成。

2. **接待分类**　坚持非必要不安排接待用餐的原则。确需用餐的视需要，分别按商务、公务、工作餐等标准予以安排。

3. **用餐标准**　与本公司有重要业务往来的客户、相关业务领域的合作方，按 200 元/人次（不含酒水）标准安排商务接待。上级机关、当地政府部门、垦区单位等客人，在分公司开展工作视察、检查、指导、调查、联系业务等，按 150 元/人次（不含酒水）标准安排公务接待。上级机关、当地政府部门、垦区单位，因工作需要，临时来人开展相关业务活动，按 100 元/人次标准安排工作餐。司机是来访客人的随行人员，可就近安排独立用餐，用餐标准视当时的具体情况而定。企业工作人员因特殊工作任务，不能正常用餐时，经主管领导同意，可安排员工加班餐，用餐标准 20 元/人次。

4. **用餐陪同**　接待负责人应从紧控制陪同人员，来客在 10 人以内，陪同人员不超过 3 人。超过 10 人以上，陪同人员不超过接待对象的 1/3。

5. **用餐审批**　由对口接待的业务部门申请，分管领导、主管领导（纪委书记）审核、经理审批。办公室根据审批单（派餐单）安排用餐。

接待负责人不得超标准点餐，超额费用自理。

6. **生产经营单位**　根据业务需要，由对口部门负责办理相关手续，办公室安排就餐，费用自理。对口部门能够统一完成的业务接待，各生产经营单位不再单独接待。产品销售过程中，因工作需要安排对方客户用餐，由分管领导审核、主管领导审批，办公室安排工作餐，执行标准 40 元/人次，陪同人员 1～2 人。

7. **住宿**　根据来访客人需求，由办公室联系，安排在不同档次的宾馆住宿，费用自理。原则上安排在内部协议价的宾馆住宿比较适宜。因特殊工作、业务拓展需要，应邀来访的客商，视情况安排不同档次的宾馆住宿，费用由分公司统一结算。

8. **其他**　业务用餐不提供香烟，原则上不提供酒水。视情况经主管领导同意，可安排自产酒水。

四、费用报销及控制

业务招待派餐审批单和财务票据一起作为报销凭证，并接受审计检查，严禁"先斩后奏"。对事先未履行审批手续或事前未报告而发生的业务招待费不予报销，公司经理特批者例外。公务接待因特殊原因超出标准的，报主管领导或分公司经理批准后报销。各单位、部门本着"勤俭节约"的原则搞好接待，维护张掖分公司形象，要杜绝浪费。财务部、内控审计部、纪律办公室根据职责分工，加强对接待工作的监督、检查、管理工作。

第四章　生产经营责任制

第一节　农业生产经营责任制

一、"三包一奖"责任制

1958年，在定额管理的基础上推行"包工、包产、包成本，超产奖励"的"三包一奖"生产责任制，提高工作效率。1962年，遵循《国营农场工作条例》，实行"三包一奖"粮食大包干责任制，生产队在"四固定"（土地、耕畜、劳力、农具四固定）基础上，对农场总承包产量、产值、生产成本、工资总额计算盈亏（但不包盈亏）。在承包的粮食总产量中规定留下全队口粮、饲料、种子后剩余部分全部上交农场，粮食超产按四三三分成（40%交场，30%留队，30%按劳动工分分给个人），减产赔减产总额的50%（由队用计划外收入粮抵补，人的口粮标准从低安排，节余出粮食来抵补）。畜牧队在"四包"（包牲畜繁殖头数、产值、成本、工资总额）的基础上，包本单位人员的口粮、蔬菜和种子，多产多吃，少产少吃，产值的80%交场，20%留队。产值超额部分按三二五分成（30%上交场，20%留队，50%按劳动工分分给个人），完不成任务赔60%。对超产完成繁殖任务的饲养放牧人员奖励小家畜1头。机耕队实行四包（包任务、质量、耗油量、公杂费）。在完成任务后机耕队可与承包单位协作种植粮食作物，产品75%归队，25%归机耕队，产值的50%交农场，50%留在生产队和机耕队。机务人员按时或提前完成承包单位的任务可参加承包单位的分成，按该车在该队工作时间的长短，比承包单位劳力高1倍的工分参加分成。若机车未能完成任务，不能参加超额分成。节约油料按油料价的40%奖给个人，10%留队使用，50%上交场，对超支和浪费油料按浪费及超支价的20%赔偿。修理队（铁木工）根据包完工时间、包原材料消耗、包质量、包工具费，提前完工制作其他产品，按工件提前完工日数加发60%的工资作为奖金。机耕队和修理队在完成生产任务的同时，还可以包全队蔬菜，产值的50%交场，50%留队。实现粮食大包干责任制后，调动了职工积极性和创造性，人人献计献策，想办法挖掘生产潜力，节约物资和资金，真正做到多劳多得。1963年以后，在定额管理的基础上，实行按活定分、多劳多得的责任制

(1965 年在一些单位试行按原来级别工资定工分,按劳动工分发工资),以工分计酬的生产责任制和企业的经营成果脱节,农场收入多或少,对职工经济利益无多大影响,所以仍然不能促进生产,于 1967 年停止执行。1970—1973 年,生产建设兵团决定恢复"四固定和三定一奖"生产责任制。

二、联产计奖责任制

1980 年,农场实行"定、包、奖、罚"为主要内容的联产计奖经济责任制。农场对生产队定产品产量,定利润指标或降亏指标;生产队对班组、户或个人定土地(设备)、人员,定产品产量、定费用、定盈亏指标。各类指标年初一次定死,年中不变,承包到底,一般灾害不减,超产奖励,减产受罚。班组承包后对组内职工实行定额记分,以分计酬。如全面完成承包任务,其超产、增盈或节亏部分按四二四提奖,即 40% 交农场,20% 留队,40% 奖给个人。如承包产量完不成不能提奖。工副业、商业单位超利或节亏按85:10:5 分成,汽车队按 85:7:8 分成。机务、汽车还实行安全、革新 2 项单项奖;畜牧实行受胎率和仔畜成活率的超额奖,奖金限额按国家规定,一般不超过本企业职工1.5 月平均标准工资额,受罚比例一般不超过本人全年工资额的 8%。

1982 年,在"五统一"(统一计划,统一处理主要产品,统一供应主要物资,统一调配劳力,统一制定奖赔办法)的基础上,采用五种不同形式的联产计奖生产责任制。农林牧业实行小组承包,定额管理,责任到人。采用浮动工资 10~15 元,评工记分,每月以分计酬,年终以分计奖,每月预扣 10% 责任工资作为年终抵押,超利或节亏按国家、集体、个人以 4:1:5 分成,如果完不成任务,本着奖二罚一的原则,职工个人赔偿经济损失 25%;工副业实行五包一奖(包产品产量、质量、原材料消耗、单位产品成本、利润指标),超利润按 7:1:2 比例分成,完不成任务,处罚职工个人承担经济损失的 10%;专业承包实行全奖全罚,实行全奖全罚的组或个人,每月预借给本人工资 70%~80%,剩余作抵押;商业实行柜组承包二包一奖,即包零销额、包利润指数,超利润部分以5%~8% 提取个人奖金;机关干部建立岗位责任制,实行预扣 10% 的工资作为年终考核抵押金。

三、联产计酬大包干责任制

1983 年,农林牧业取消班组承包,实行个人承包。生产队将生产、经济指标承包给职工个人，定地块、定产品产量、定费用、定盈亏指标，实行全奖全赔大包干。职工全面完成承包的生产、经济指标，其超产、增盈或节亏部分全额奖给承包个人；如不能完成承包任务，其欠产、超支、增亏部分则由承包个人全额赔偿。

实行联产计奖经济责任制，基本上消除了"吃大锅饭"的弊端。但因经济指标完成情况由班组核算，仍然存在"吃二锅饭"的现象。实行联产计酬全奖全赔经济责任制则消除"吃二锅饭"的现象，进一步提高了职工的生产积极性。实行定包奖罚经济责任制后，国家、集体、个人三者利益紧紧联系在一起，极大地调动了职工生产积极性。出现事事讲核算、处处讲节约的风气，增强了成本观念，为扭亏转盈创造了条件。

四、职工家庭农场

中共中央在《关于 1984 年农村工作的通知》中指出："国有农场应继续进行改革，实行联产承包责任制，办好职工家庭农场。"1984 年下半年，农场根据企业整顿的要求，在农业联产承包全奖全赔大包干责任制的基础上，试办职工家庭农场 139 个，其中联户农场 12 个共 44 人，单户家庭农场 127 个共 271 人。1985 年，根据《甘肃省国营农场职工家庭农场工作条例》的精神，全面兴办职工家庭农场 324 户共 534 人。1986—1987 年，对职工家庭农场进行巩固、完善、提高，制订《关于进一步完善职工家庭农场的规定》，以后对职工家庭农场规定不断地修改完善。职工家庭农场实行"全民所有，家庭经营，独立核算，定额上交，自负盈亏，丰歉年自我调节"。

1. **隶属关系** 职工家庭农场是国有农场统一经营下的一个生产经营层次，同国有农场和生产队在行政上是隶属关系，在经济上是合同关系。其成员原属国家职工（包括合同制工人），其身份不变，原有工资级别保留，调资、离退休或调动工作仍然有效。

2. **计划指导** 国有农场和生产队通过经济合同对职工家庭农场在种植计划、产品管理、农机作业，技术服务、灌水、农贷等方面实行统一管理。农场农机、商业供销等服务单位面向职工家庭农场认真开展产前、产中和产后服务。坚持兽医人员防疫承包责任制，对家庭农场畜禽防疫治疗等进行有偿服务。在国有农场计划指导下，家庭农场可自主确定劳动时间、生产经营项目和各种增产措施，以提高经营效益。

3. **土地使用** 职工家庭农场对承包土地实行长期固定使用，但必须实行用地养地相结合，不断提高土地肥力和生产效益，农场对低效的种植面积实行控制。鼓励职工家庭农场自费开荒。自费开荒地 3 年内免交农业税和场管费。收复的低产田和弃耕地，3 年内只收农业税。

4. **生产费用**　职工家庭农场所需生产、生活资金由职工在农场担保下，自己向银行贷款解决。农场对职工家庭农场贷款实行总额控制，分户贷款，由生产队统一管理，计财科监督使用，以防农贷挪作他用。

5. **财务核算**　实行家庭农场个人承包，职工家庭农场在生产队会计协助下，自己建立财务收支账目，加强会计核算，努力降低成本。职工家庭农场上交场（队）管理费、土地占用费、福利费、养老保险费和农业税等。一般实行"场摊粮"形式进行实物定额上交。收益分配兼顾国家、农场和职工利益。交够国家和农场部分，剩余归己，上不封顶，下不保底。

6. **经营效益**　实行家庭农场制度以后，职工有一定的生产经营权，彻底解决"吃大锅饭"的平均主义弊端。职工的劳动成果和劳动报酬直接挂钩，其生产主动性和积极性得到充分发挥，促进了生产力发展，作物产量成倍增长。1988 年与 1983 年相比，小麦平均亩产由 132 千克增加到 271 千克，玉米平均亩产由 229 千克增加到 445 千克，其他经济作物也都有不同程度增产。全面兴办职工家庭农场，发展了商品经济，搞活了农场经济。

7. **经营费用**　农场鼓励职工家庭农场发展规模经营，1994 年农场规定：凡是家庭农场职均超过平均承包面积（大田 30 亩，果园 10 亩，啤酒花 5 亩）为规模经营，其超过部分减收场管费。为鼓励家庭农场以户为单位实行租赁经营。1995 年农场规定：根据家庭农场的财力情况，年初一次性交清租赁资金（租赁土地的场摊粮、款、利润款、个人应交的养老金等），由家庭农场自主经营，自负盈亏，包括自主决定种植计划和产品自主经营，在水电、机械作业、生产资料供应等方面享受与其他家庭农场相同的待遇。

8. **家庭农场规模**　1995 年，全场共有职工家庭农场 871 个（含农业 594 个，林果业 277 个），共有从业职工 1002 人，总人口 2060 人，共承包耕地 1429.67 公顷，林地 520 公顷，果园 286.67 公顷，拥有役畜 182 头，大中型拖拉机 17 台，小型拖拉机 44 台，共生产粮食 1393.04 吨，水果 1746 吨和大量黑瓜子等商品，生产肉类 39.26 吨，实现农业总产值 1522，39 万元，经营总收入 1504.2 万元，上交各项税费 274.7 万元，收益分配 342.88 万元，人均收入 1664 元。职工家庭农场中有规模经营户 104 户 118 人，其中 95 人承包大田 458.19 公顷，人均承包 4.82 公顷，17 人承包果园 28.19 公顷，人均承包 1.69 公顷，8 人承包酒花 4.86 公顷，人均承包 0.61 公顷。另有 7 户 10 人实行租赁承包，承包大田 19.61 公顷，产值达 19.116 万元，人均收入 1 万元。

五、承包经营责任制

1988 年，甘肃农垦系统全面实行承包经营责任制。承包经营责任制是在社会主义公有制的基础上按照所有权和经营权适当分开和企业自主经营、自负盈亏的原则，以契约形式确定国家、企业、承包者责权利关系的经营制度。当年 2 月 1 日，甘肃省农垦总公司〔1988〕03 号文件规定：实行承包经营必须把竞争机制引入干部制度改革，都要从本单位的实际出发积极推进内部的各项配套改革，对下属单位进行分级层层招标承包。通过公开招标、投标、答辩、群众评议，选聘企业承包经营者和公司（队）车间领导人，招标在本单位系统或本系统内进行。实行承包经营和任期目标责任制的企业都要认真贯彻 3 个条例，实行场（厂）长、经理负责制，同时对承包经营者和其他生产经营者、行政管理干部、各类专业技术干部实行聘任制、招聘制和任期制。

1. **承包经营基本单位** 农场基层生产单位是承包经营责任制的基本单位，根据场长分解的任期目标，实行"上交费、利润递增包干"和"坚持包死基数，确保上交，超收多留，歉收自补"的经济责任制。承包经营者对承包单位实行自主经营，有生产经营的决策权的指挥权，在党和国家政策法令和场规、场纪范围内享有承包单位内部机构设置、人员编制、资金使用、干部聘用、工人组合以及职工奖罚等自主权。同级副职由第一承包人提名报请场长批准后聘任。承包经营人把加强本单位文明建设、维护职工合法权益、逐步增加职工收入、重视安全生产和计划生育工作、保证国家资产的完整和固定资产增值等列入承包责任。

2. **承包期限** 1988—1990 年为第一轮承包期，承包经营的主要目标指标有经营效益、企业管理、企业改造和发展三方面。年终根据承包经营责任指标进行百分定量考核，按得分兑现奖罚。1991—1995 年为第二轮承包期，基层单位承包和目标管理责任指标以提高劳动生产率、经营效益，职工生活水平和加强企业后劲为重点，以促进农场的发展。

3. **基层农业单位承包经营管理指标**

（1）效益指标。总产值、上交指标、产量指标、全员劳动生产率、职工人均收入、应收款回收率、贷款归还率等 7 项。

（2）发展指标。耕地增加量（收复弃耕地、复垦新垦荒地），耕地利用与改善（种植面积、复平土地、套种绿肥、盐碱地改良），设备完好程度（支渠、斗渠、机电井、林木果树、机械设备设施等），渠路林田配套条田率，造林建园成活率，机械设备更新，机车配套比（件/台）等。

（3）管理指标。家庭农场盈利面、五统一规范化种植面积比、产品质量一级品、农产品交售量、农业技术落实、拖拉机马力工作量（标准亩/马力）、标准亩耗油量（千克/标准亩）、义务工完成率、安全文明生产（无伤亡事故）、职工培训、治安保卫、计划生育等12项。

4. 工商建运等单位承包管理指标

（1）效益指标。总产值、销售收入、实现利税、上交指标（包括场管费、利润、税金、折旧费等）、产品产量、全员劳动生产率（商业为销售额/人）、资金利润利税率、定额流动资金周转天数、结算资金占用、商品购进销售率、商品资金占用率、产成品资金率、产值销售率、应收款回收率、职工人均年收入等15项。

（2）发展指标。自有流动资金补充或超利、生产性固定资产增值（元），新产品开发（次），机械装备与运用（机械设备更新、机具配套比、其他设备完好率）等4项。

（3）管理指标。挤占挪用流动资金率、百元产值综合能耗（吨/标准煤）、车百公里耗油量（千克）、马力小时耗油量、产品（或工程量）成本降低率、双增双节（元）、义务工完成率、安全文明生产（无伤亡事故）、职工培训、治安保卫、计划生育、复垦新垦荒地等12项。

第二轮承包经营年终考核办法依据甘肃省农垦总公司《关于对企业承包经营者的奖罚办法实施细则》规定，以各核算单位的年终决算为依据和各单位与场长签订的责任书中的效益、发展、管理指标三大项为考核内容，坚持经营者收入与各单位的经营成果同职工平均收入双挂钩的原则进行全面考核，根据考核得分，经党委扩大会议研究作出奖罚决定。1994年对承包经营考核，销售收入占15%，实现利润占25%，上缴利润占25%，资金利税率占15%，职工人均收入占20%。

1988年以来，农业生产经过第一、二轮承包经营，使全场经济持续快速、健康发展，实现了速度、效益、职工收入的同步增长，先后被甘肃省农垦总公司授予承包经营三等奖一次（1992年），承包经营二等奖四次（1988年、1989年、1990年、1991年），承包经营一等奖三次（1993年、1994年、1995年），并被甘肃省农垦总公司授予"八五"期间"优秀企业"荣誉称号。家庭农场承包经营经过30多年的不断完善和发展，已成为农业生产的基本单位，此管理模式一直沿用至今，为农业经济发展做出了贡献。

1995年，全场共有职工家庭农场871个（含农业594个、林果业277个），共有从业职工1002人，总人口2060人，共承包耕地21445亩，林地7800亩，果园4294亩，拥有役畜182头，大中型拖拉机17台，小型拖拉机44台，共生产粮食1393.04吨，水果1746吨和大量黑瓜子等商品，生产肉类39.26吨，实现农业总产值1522.39万元，经营总收入

1504.2万元，上缴各项税费274.7万元，收益分配342.88万元，人均收入1664元。职工家庭农场中有规模经营户104户118人，其中95人承包大田6872，9亩，人均承包72.3亩，17人承包果园422.9亩，人均承包24.88亩，8人承包酒花72.84亩，人均承包9.1亩。另有7户10人实行租赁承包，承包大田294.2亩，产值达19.116万元，人均收入1万元。

第二节　工业生产经营责任制

最早开办面粉加工业，后来陆续开办了制醋、酱油、酿酒等酿造业和理发等服务业。经历从无到有、从小到大的发展历程。

1956—1983年，国家实行计划经济管理，农场职工实行集体劳动，按出勤执行等级工资。场办第二、三产业生产处于传统管理阶段，大师傅就是生产的指挥者，经营方式为自产自销，以收支平衡为经营目标，领导实行农场任命制，负责职工的日常管理和材料消耗的监督。1956年开始，由成立面粉组开始用畜力磨面，到综合加工厂、机修厂、老寺庙酒厂，再到市场经济体制下的金龙麦芽厂、番茄制品公司，农场工副业生产经历由面向职工自给自足到走向全国，再到出口创汇的发展历程。在企业生产经营的各个历史阶段，始终坚持以国有经济为主导，贯彻落实党的各项路线方针和政策，紧紧围绕农场产业结构调整，进行深加工，提高农产品附加值，为农场经济发展提供支撑。

在计划经济时期，生产经营实行计划管理，由农场下达生产经营计划，组织生产，围绕投入产出比例进行核算，调整生产工艺，劳动效率实行量化管理，注重产量管理，通过年终决算考核经营效益。在改革开放、市场经济时期，先后实行生产经营指标目标管理、厂长负责制、承包经营责任制、风险抵押承包等责任制管理，以经济效益为最终考核依据，兼顾产量、产值、税金、上交、职工人均收入、党组织建设等综合指标考核管理者的业绩。场办企业，在其生产经营过程中，农场赋予管理者一定的人财物支配权和产供销自主权，农场在政策、资金、科技等方面给予支持和帮助，使得企业在市场竞争中灵活高效，在农场经济发展进程中起到了举足轻重的作用。

第五章　财务管理

第一节　管理体系

一、核算体系

2000—2014 年财务集中统一核算。财务结算中心的职能主要是负责资金统一管理上收、下拨工作。农场对生产基层单位经营实行单独核算，自负盈亏，并采用"定额上交"或利润包干，"超额按比率分成"；对事业（医院、学校）单位实行"经费包干、超支不补、结余留用"等财务包干办法。2015 年—2021 年对生产经营单位下达指令性经营指标，超额部分采取五五分成的分配，即 50％上交农场作为经营利润，50％留给基层单位管理人员作为奖励。

二、预算管理

根据财政部《关于企业实行财务预算管理的指导意见》《企业内部控制应用指引第 15号—全面预算》和《全面预算管理制度》等有关规定，结合实际，公司制定制度，全面落实预算制度。全面预算的编制一般按照"上下结合、分级编制、逐级汇总"的程序进行，各预算执行部室及单位认真组织实施，将预算指标层层分解到各环节、各岗位，形成全方位的预算执行责任体系，保证企业发展战略和经营目标的实现，规范全面预算的编制、执行和考核。预算有《期间费用》《生产成本》《收入支出》《差旅费预算》《四项经费预算》《科研经费预算》《营业收支预算》《资金收支预算》《资产负债预算》《损益预算》《现金流预算》等管控制度。

三、项目资金

项目资金实行资金支付和项目建设进度相结合的办法，纳入预算管理，按项目建设进度核拨资金。重大项目设立专户专款专用，统一管理，项目资金实行报账制。单位建立、健全项目建设资金监管制度，严禁截留、挤占、挪用。如发现项目资金有截留、挤占、挪用等现象发生，视情节严重程度，依据签订的《项目建设责任书》的内容对项目负责人和财务负责人给予相应的处分。涉嫌犯罪的，移交司法机关处理。投资的零星工程项目，要求必须列入年度资金计划，按批复的建设计划下达资金使用计划。

2019年度，甘肃农垦集团各企业紧盯打造"百亿集团"目标，通过财务管理不断完善制度体系，优化工作流程，创新工作方法，财务工作质量和效率得到进一步提高，工作体系得到进一步完善，应用成果得到进一步深化。

第二节　银行借款

2014年，农场结束靠贷款搞生产的状况。2016年12月，企业银行一次剥离后贷款为3980.47万元，2016年9月，甘肃省农垦集团与中国农业银行甘肃省分行多次沟通达成债务重组的意向，对不良贷款进行二次剥离，签订《债务部分减免协议》偿还30%，为反映经济业务的实际情况，遵循实质重于形式原则，长期借款作为带息负债账务处理。2017年11月，农场一次性筹集资金867.39万元，偿还协议约定的带息负债及利息。张掖农场成为甘肃农垦唯一一家没有贷款的企业，2021年12月，财务决算报表统计企业银行存款为1.04亿元。

第三节　资产管理

一、固定资产

农场固定资产是指为生产商品、提供劳务、出租或经营管理而持有的，经济利益很可能流入企业，使用寿命超过一个会计期间，成本能够可靠计量的资产。固定资产的处置按照甘肃省农垦集团《关于印发甘肃省农垦集团有限公司固定资产处置办法的通知》（甘垦集团〔2017〕245号）执行。僵尸企业固定资产处理严格按照《甘肃省农垦集团有限公司关于进一步规范企业注销程序及妥善处理有关遗留问题的通知》（甘垦集团〔2020〕55号）处理。

（一）按经济用途分类

1. 生产用固定资产　生产用固定资产包括房屋、建造物、动力设备、传导设备、工作机器及设备、工具仪表及生产用具、运输设备、管理用具等。

2. **非生产用固定资产**　非生产用固定资产包括员工宿舍、食堂、专设的试验机械等单位使用的房屋、设备等固定资产。

3. **出租固定资产**　出租固定资产指租给外单位使用的固定资产。

4. **未使用的固定资产**　未使用的固定资产指尚未使用的固定资产，调入尚未安装的固定资产，进行改建、扩建的固定资产，以及停止使用的固定资产。

5. **不需用的固定资产**　不需用的固定资产指本企业不需要待处理的固定资产。

6. **封存固定资产**　封存固定资产指经审核批准不用的设备。

（二）　按生产性质分类

（1）房屋及其他建筑物。

（2）机器设备。

（3）电子设备（微机、复印机、传真机等）。

（4）运输工具。

（5）其他设备。

（三）　固定资产折旧

（1）房屋及建筑物 35 年。

（2）机器设备 10 年。

（3）电子设备 5 年。

（4）运输工具 10 年。

（5）其他设备 5 年。

固定资产以计留残值后提取折旧。固定资产提完折旧后仍可继续使用的，不再计提折旧，提前报废的固定资产要补提足折旧。

（四）　固定资产的作价与盘点

购入的固定资产，以进价加运输、装卸、包装、保险等费用作为原则。需安装的固定资产，还应包括安装费用。作为投资的固定资产应以投资协议约定的价格为原价。固定资产必须由财务部会同使用单位每年盘点一次，对盘盈、盘亏、报废及固定资产的计价，必须严格审查，按规定经批准后，于年度决算时处理完毕。

1. **盘盈的固定资产**　以重置完全价值作为原价，按新旧的程度估算累计折旧入账，原价累计折旧后的差额转入资本公积。

2. **盘亏的固定资产**　应冲减原价和累计折旧，原价减累计折旧后的差额作营业外支出处理。

3. **报废的固定资产**　报废的固定资产的变价收入（减除清理费用后的净额）与固定资产净值的差额，其收益转入资本公积，其损失作营业外支出处理。

4. **固定资产处置**　公司对固定资产的购入、出售、清理、报废都要办理会计手续，并设置固定资产明细账进行核算。农场的固定资产由财务部负责对资产、资金及费用开支的管理，防止损失，杜绝浪费，良好运用，提高效益（表 5-12）。

表 5-12　各个历史时期固定资产、无形资产统计

单位：万元

	1996 年		2005 年		2021 年	
	原值	净值	原值	净值	原值	净值
一、固定资产	1717	1717	10964.05	9909.13	11442.67	9890.16
其中：土地资产	—	—	—	—	7097.18	7097.18
房屋建筑物	1717	1717	10226.67	9499.21	3829.43	2616.79
机器设备	—	—	611.66	346.65	379.39	172.4
运输设备	—	—	125.72	63.27	135.72	2.85
农业设施	—	—	—	—	—	—
电子设备	—	—	—	—	0.95	0.94
二、无形资产	222	222	642.92	642.92	24815.14	18607.74

二、流动资产

（一）银行存款管理

（1）银行账户必须遵守银行的规定开设和使用。银行账户只供本单位经营业务收支结算使用，严禁借账户供外单位或个人使用，严禁为外单位或个人代收代支、转账套现。

（2）银行账户的账号必须保密，非业务需要不准外泄。

（3）银行账户印鉴的使用实行分管并用制，即财务章由财务部部长保管，法人代表和经办人私章由出纳保管，不准由一人统一保管使用。印鉴保管人临时出差由其委托他人代管。

（4）银行账户往来应逐笔登记入账，不准多笔汇总登记，也不准以收抵支记账。按月与银行对账单核对，未达账项，应作出银行余额调节表。

（5）正常的办公费用开支，必须有正式发票，印章齐全，经办人签名、部门负责人签批、财务部审核，经场长批准后方可报销付款。

（6）严格资金使用审批手续。会计人员对一切审批手续不完备的资金使用事项，都有权拒绝办理，否则按违章论处并对该资金的损失负连带赔偿责任。

（二）存货的管理

加强资产管理，各单位加强对原材料、燃料、辅助材料、包装物、低值易耗品、半成品、在产品和产成品的入出库及库存的管理，并做出相关规定。

1. 入库管理

（1）产品入库。生产收货后，由生产经营单位组织员工将产品运至指定收购地点，由生产营销部安排保管、办理验收入库，开具入库单，转入财务部由会计结算进行账务处理。

（2）外购入库。部门提出用料计划，由分管领导和委派会计审核，交财务部门纳入收支计划，并通过单位内部支付款项，再由供应部门负责实施采购。

（3）入库。由物资质检部门按质按量组织验收，按实际质量认真填写"入库单"，对无随货同行发票的货物金额应由交货人提供采购价，财务据此入账核算，待发票到后再按实际价格调整。

（4）费用结算。必须在运输发票后附有一次复写的"入库单"的"运费结算联"，如无运费，应将该联连同"入库单"的"财务联"一起附于购货发票后交财务入账。

（5）对外购物。物资数量短缺、品种质量不符合，由采购人负责更换，更换费用或因此而造成的损失由采购人个人承担。

2. 出库管理

（1）生产用物资由使用单位根据生产所需材料到生产营销部办理"出库单"手续，对非生产用物资领用人应持领用审批手续，办理"出库单"及相关手续，仓库保管员凭"出库单"据实发货。

（2）月末，已领用但尚未耗用的物资（包括残余料），应及时退回仓库，便于财务如实核算成本。

（3）大宗农产品出库时按生产营销部签订的销售合同，由仓库保管按实际出库过磅单数量汇总填制当天"出库单"，记录产品台账，于当天工作结束后转财务部会计汇总结算。

（4）材料会计在月底时，应将当月的存货出入库按部门分项目汇总，与仓库保管、生产部门核对一致后，报给成本会计。

3. 库存管理及盘点

（1）保管员应设置各种存货保管明细账，并根据出入库单进行账簿登记，经常与财务核对账目，实地盘点实物，保证账账相符，账实相符。物资要堆放整齐，标签清楚，存放安全，保管员对存货的安全和完整负责。

（2）对用量或金额较大，领用次数频繁的物资应每月盘点1次，对于所有存货至少要

1 年彻底清查 1 次。

（3）农场财务部会计编制存货盘点计划报财务部负责人进行审核。

（4）保管制作存货盘点表，组织相关人员进行盘点，现场记录盘点结果，参与盘点的人员全部在盘点表上签字。

（5）生产经营单位根据各单位存货盘点表结果与账面进行核对，账实核对相符的报财务部会计审核后盘点结束，账实核对不符的进行复盘，确认盘点结果后由保管编制存货盘盈盘亏处理报告。

（6）会计审核存货盘盈盘亏处理报告，报生产经营单位、财务部负责人审核，场长审批。

（7）财务部会计根据经审批后的存货盘盈盘亏处理报告及时进行账务处理，保管根据审批结果登记台账。

4. 存货的报废与处置

（1）保管进行存货日常管理，保管对发现报废、毁损及时进行处理并编制报废处理申请，分析报废、毁损原因并报会计和相关部门审核。

（2）经生产经营单位会计和相关部门审核后的报废处理申请报财务部、财务负责人和场长审批。

（3）保管根据审批后的报废处理申请开具出库单处理存货并登记台账，会计进行相关账务处理。

（4）各种出入库单据和存货资料于月度结束后装订成册；出、入库记录和保管账年度结束后，注明记录名称、归档存放。

三、往来账款

各往来账户每年核对 1 次，由经办人每年至少索取书面账单 1 份。查清拖欠原因，及时解决存在问题，督促有关部门及责任人抓紧催收，防止产生坏账。对应收款项的账龄进行分析监督，债权超过 1 年有发生坏账的可能，提醒、督促责任部门及时清理，对超过法律诉讼期限（3 年）的往来账款，未能及时清理的，单位负责人及经办人都应承担责任，造成重大损失者应加重惩罚。经批准后的坏账，要采用账销案存式处理，财务部门建立备查登记簿，并以每 1 户设置 1 个档案袋，将经济合同或协议书、民事诉讼和有关法律公正文件、催款处理往来书信、发生业务的单据和会计结算凭据、往来明细账页复印件以及坏账申报批准书等各项资料装入袋内，作为会计档案保存。1996 年 9 月，根据《关于对按时还清挂账职工给予减免的通知》（场字〔1996〕88 号），对及时还清欠挂账的 58 名同志给予挂账总额 10％减免，减免金额 7573.19 元。2019 年 7 月，根据《张掖分公司关于做好职工欠挂账回收工作的通知》，制定了《应收款回收管理办法》，其主要内容如下。

1. **往来账款核算管理**　包括应收票据、应收账款、其他应收款、预付账款、应付票据、应付账款、其他应付款、预收账款等。

2. **科目设置**　所有往来账均以每一往来单位或个人设置二级科目进行明细核算，正确使用会计科目，做到记账清楚、余额准确、账表相符，每季终了列出分户清单，并及时提供给有关部门组织清收或及时报账清算。同时对应收款项应设立备查登记簿，应详细记录单位全称、单位经营情况、业务发生时间、货款回收记录、经办人、合同编号等信息。

3. **清理核对**　往来账户至少每季核对 1 次，由经办人每年至少索取书面对账单 1 份。查清拖欠原因，及时解决存在问题，督促有关部门及责任人抓紧催收，防止产生坏账。

4. **分析监督**　企业对应收款项的账龄要进行分析监督，债权超过 1 年有发生坏账的可能，应提醒、督促责任部门及时清理，对超过法律诉讼期限（3 年）的往来账务，未能及时清理的，单位负责人及经办人都应承担责任，造成重大损失者应加重惩罚。

5. **坏账准备金**　农场下属单位按应收款项年末余额计提坏账准备金。计提比例为：1 年以内（含 1 年）0，1～2 年 10％，2～3 年 30％，3 年以上 50％，5 年以上 100％。

6. **坏账确认**　应收款项有以下情形之一者，可确认坏账：债务单位撤销或破产，依照诉讼法进行清偿后确实无法追回的部分；债务人死亡，既无遗产可供清偿，又无义务承担人确实无法追回的部分；债务人使其未履行义务超过 2 年，确实不能收回的应收款项。

7. **坏账申报**　发生坏账损失时，应由有关责任部门和财务部门共同提出书面报告，报经场长办公会审查同意后按有关规定申请报批手续。

8. **坏账处置**　经批准后的坏账，要采用账销案存式处理，财务部门要建立备查登记簿，每户设置 1 个档案袋，将经济合同或协议书、民事诉讼和有关法律公正文件、催款处理往来书信、发生业务的单据和会计结算凭证、往来明细账页复印件以及坏账申报批准书等各项资料装入袋内，作为会计档案保存。

四、专用基金

1993 年 7 月，新会计制度实行前，农场按当时会计制度规定设立专用基金会计科目、专用基金有更新改造基金、职工保险福利基金、企业基金、生产发展基金、储备基金、奖励基金、大修理基金等。更新改造基金主要来源于固定资产折旧和固定资产变价收入，用于固定资产更新、设备技术改造、零星固定资产购置和零星土建工程等方面。1963年以前，固定资产折旧全部上交，企业固定资产更新由国家重新投资1973年执行财政部财字〔337〕号文件规定："固定资产折旧和变价收入作为更新改造资金原则上留企业、主管部门也可集中30％（最多），在所属企业之间调剂使用。"1989年，农场《财务管理》制度规定："各单位固定资产每年必须提足折旧费以保证固定资产更新，凡不按国家规定提足折旧的固定资产在报废时，其剩余价值由使用单位负责，农场财务不予弥补。使用时必须编造计划并经场长批准。"

1. **职工福利基金** 按职工工资总额11％提取（1993年改为按14％提取），只能用于职工劳动保险、职工医疗、生活困难补助、集体福利设施等。1978年规定职工福利基金用于职工医疗支出6％～7％，职工生活困难补助1.5％、托儿所幼儿园等集体福利补贴和福利设施2.5％，费用项目之间可以调剂使用。

2. **企业基金** 主要用于举办职工集体福利和弥补职工福利基金不足。规定："企业在完成国家下达的主要产品产量、产品交售量、成本、利润和流动资金周转速度等五项年度计划时，可按全年工资总额5％提取。"1980年，国家实行财务包干后，企业基金不再提取。按国家规定，财务包干节余的50％作为生产发展基金用于生产技术措施、30％作为职工奖励基金和集体福利基金、20％作为储备基金用作以丰补歉。1980—1982年，财务包干期后，生产发展基金除上级拨给外，并从企业经营利润中提取。

3. **专用基金** 实行"先提后用、专款专用、量入为出"的原则，场属各单位提取的专用基金上交农场，由农场计财科统一管理使用。

1993年7月，根据财政部（93）财农字第〔344〕号《农业企业财务制度》规定："企业可从缴纳所得税后的利润，或完成上交包干利润后的利润中提取法定盈余公积金和公益金。"盈余公积金可用于转增资本金。公益金主要用于企业的职工集体福利设施支出。当年，会计制度修改后专用基金会计科目不再使用。

五、储备金

1993年起，张掖农场建立储备金制度。随着经济发展对资金的需求越来越大，农场贷款资金受银行贷款额度的限制，1992年开始，农场先后印发《关于筹集资金的安排意见》（场字〔1992〕15号）文件和《关于筹集资金的紧急通知》（场字〔1993〕126号），要求全场各单位紧缩开支，积极做好筹资工作。并动员全场职工，聚集闲散资金支持农场的发展建设。1993年5月，正式制定印发《关于建立储备金制度实施细则》。按该细则规定："凡拿工资的职工每月从工资收入中扣缴 20％作为储备金。不拿工资的职工，从每年超额劳动报酬中扣缴相当于全年工资收入的 20％作为储备资金。储备金农场有偿使用。扣交的 20％，按结算期银行贷款利率结算利息，每季度结息 1 次，自愿存入的储备金，1 年结算 1 次利息，按年息 10％结息。整存 3 年结 1 次息者，按 50％计息。"当时规定职工平均储备金要达到 2000 元，自愿多存入的不受限制。当时规定抵押金按工作岗位缴纳，缴纳标准：场级 1500 元；副场级 1200 元；正科级 1000 元；副科级 900 元；正队级 800 元；副队级 700 元；非农业岗工人 600 元，农业工人 500 元；文教卫生不分干部和工人，一律缴纳管理保证金 300 元，并按交场抵押金原则上按银行活期存款利率计息。此后，又规定每年从奖金中预留 30％增加抵押金。

储备金实行账折管理和基层财务设明细账。职工个人持存折，资金交场计财科统一使用。并规定职工在场内调动，储备金账折随同调转，职工调往场外的，凭存折领取储备金。凡职工个人借款且有储备金的，取得职工同意后可用储备金抵还欠款。根据农场字〔1993〕26 号文件精神，离退休人员从当年 5 月开始，预扣 20％的离退休工资上交场计财科，按储备金管理。根据农垦总公司关于实行"风险机制"的规定，1997 年 4 月，农场印发了十四项规章制度，制度涵盖《储备金制度》《全员抵押金制度》，并制定了具体实施细则。

农场实行抵押金制度和储备金制度是经农场职代委员会和职工代表大会通过的。1995 年 1 月—1997 年 1 月，召开场职工代表大会，进行修改完善。1995 年，储备金储存基数调整为：场级 7600 元，副场级 6000 元、科级 5000 元，副科级 4000 元，队级 3000 元，副队级 2500 元，其他职工 2000 元。后来，为便于管理，农场将抵押金和储备金合并统一按储备金进行管理。至 1999 年底，张掖农场职工储备金总额为 608 万元。

1997 年以来，张掖农场连年受自然灾害的影响造成经营亏损，经济状况逐年恶化，职工储备金本息不能按期偿付，储备金成为张掖农场的热点和难点问题。2000 年 1 月，召开的场职工代表大会上，提请职工代表讨论通过了修订后的《张掖农场储备金制度》，实施消肿措施，减少农场对职工资金的占用，缓解支付困难。2000 年 1 月起，1 年内停息挂账，转入欠发工资账户。在保证个人储备金基数的前提下，1999 年底以前，在农场建房购房的职工以自己或他人的储备金抵顶建房购房欠款；抵顶经营亏损挂账；抵顶自谋职业人员所欠的管理费、养老金、各类借款、欠款等；可以用储备金抵顶房改时剩余 60％的房屋产权。彻底解决储备金兑付问题。经农场党政联席会议研究，并提交 2000 年 12 月场七届一次职工代表大会讨论通过《关于储备金逐年兑付的实施方案》，2001 年起储备金保本停息，逐年兑付职工储备金。1999 年末，利息及储备金合计 346.53 万元，以前年度抵押金户转入 2000 年其他应付款—储备金户 304.89 万元，转入后储备金合计 651.42 万元，2000 年起，储备金停息挂账。同时，制定偿还方式：以现金偿还；职工抵顶购房建房款；抵顶亏损挂账。偿还的办法 2000—2001 年未兑付；2003 年，领取下浮 15％；2004—2005 年，领取下浮 18％；2006 年以后，领取下浮 30％，下浮的部分进入当年利润进行了，账务处理，有欠挂账的并与职工签订储备金抵顶还款协议，储备金存折收回。

2000—2013，困难职工及退休职工每年申请领取储备金，部分职工采取抵顶亏损挂账，合计领取储备金 637.2 万元，实际兑现 539.39 万元，下浮扣除 97.82 万元，扣除下浮部分计入当年的利润分配账务处理，至 2015 年末，未付储备金金额为 14.22 万元。2016 年以后剩余余额无变动。至 2021 年，在其他应付款储备金账户挂应付账。

六、清产核资

1984 年，农场隶属关系变动，在张掖地区向甘肃省农星总公司移交时未进行清产核资。1995 年，根据甘肃省农垦总公司《关于认真开展清产核资工作》的通知精神，场计财科组织全场各核算企业和单位，全面开展清产核资工作。清核内容：①彻底清查企业资产，清理债权债务，摸清"家底"；②明确国有资产产权界限，理顺产权关系；③对国有资产价值进行重估，对土地进行估价，促进资产账面价值与实际相符；④核定企业占用的国有资产总额，核定国有资本金，进行国有资产产权登记，确立产权关系。清产核资工作 4 月开始至 6 月 10 日结束。清产核资中对于属重估的固定资产，全部采用物价指数法按统一标准进行价值重估。经清产核资价值重估，固定资产增加 201 万元，固定资产折旧增加 77 万元。全场共有固定资产 1170 万元，流动资金 2380 万元，递延及其他资产 153 万元，金龙宾馆土地估价 68 万元。另有过去已经核销的耕地、干支渠道、输电线路设备、机井、果园、林带、酒花园、水泥晒场、公路、桥梁等基础设施等账外资产估计有 8000 万元，未列入清产核资范围内。清产核资加强了企业管理，并为深化改革，转换经营机制，建立现代企业制度奠定基础。清产核资工作受到省农垦总公司嘉奖，被授予"清产核资三等奖"。2006 年，开展专项清产核资审计，农场委托甘肃天行健会计师事务有限责任公司进行。2017 年，制定《甘肃农垦张掖农场清产核资工作实施方案》，2017 年，开展专项清产核资审计，农场委托甘肃广合会计师事务有限公司开展。

根据集团公司《关于处置"僵尸企业""空壳企业"的意见的通知》（甘垦集团工〔2016〕15 号）及《关于进一步规范企业工商注销程序及妥善处理有关遗留问题的通知》（甘垦集团〔2020〕55 号）精神，农场对甘肃农垦张掖金龙实业有限责任公司（以下简称金龙公司）、张掖市老寺庙番茄制品有限责任公司（以下简称老寺庙酱厂）、瓜州县金泉番茄制品有限责任公司（以下简称金泉酱厂）3户被列入"僵尸企业"的单位，2018—2019年，分别完成工商注销。另有3户企业张掖市老寺庙肥料厂（以下简称肥料厂）、张掖市老寺庙养殖开发有限责任公司（以下简称养殖场）、张掖市甘州区老寺庙惠民砖厂（以下简称惠民砖厂），因经营问题分别在2015—2017年完成工商注销，账务并入农场集中核算账户。

2020年10月，6户企业均完成经甘肃中信会计师事务有限公司清产核资专项财务审计。11月，3户"僵尸企业"——金龙公司、老寺庙酱厂、金泉酱厂在完成由甘肃省农垦集团委托的甘肃天健兴业资产评估有限公司处置资产机械设备的评估。2021年，分别在甘肃省产权交易所挂牌交易成功。当年11月。完成全部资产移交。3户注销企业——肥料厂、养殖场、惠民砖厂账务根据《关于加快推进"僵尸企业"处置工作的通知》文件要求，2021年3月从农场集中核算账户中分离退回。6户企业均无欠税、拖欠职工工资、人员已由农场安排分流、其他各类款项基本确定为再不发生业务，因此再不清理、再不运行，账务实行封存管理。

第四节　经济核算和成本管控

定额管理（包括劳力、物耗、费用、盈亏等）和各种形式的经济责任制是核算的基础。核算时采用实际价格或结算价格。农场实行分级管理、分级核算体制，场部计财科是全场组织核算工作的中心，是进行核算的综合部门。计财科参与各项定额的制定，组织编制生产财务计划开展经济活动审查分析，核算资金、成本和利润等工作。

建场初期实行场站队三级管理或场队二级管理，一级（场）核算。成本计算采用分类核算的方法。畜群采用分群核算，拖拉机采用限额领料、段落分摊法计算；基层农业单位实行"三包一奖"责任制，由农场统一核算后公布。1964年，实行场队二级管理、二级核算，生产队核算全部生产成本和产品成本。采用以计划为前提、定额为基础、指标为内容的综合平衡法核算生产经营活动的一切过程。农产品成本直接费用有：种子及种苗、肥料、人力作业费、机械作业费、畜力作业费、水费、田间运输费等。成本核算与"五好"（安全生产好、产品质量好、技术创新好、劳动关系协调好、选树典型宣传好）和劳动竞赛相结合，核算成果是竞赛评比的依据，核算指标是评比竞赛的内容。1965年，转为军垦体制后，实行团、营、连三级管理，团、连二级核算。"文化大革命"期间，定额管理和成本核算受到干扰，成本管理削弱。1978年，健全定额管理，加强成本管理。成本核算的原则是责任到哪里、核算到哪里，扩大成本核算范围，农业核算内容增加人畜机力使用效果、财产物增减变化、原材料燃料消耗、低值易耗品摊销使用情况等，严格控制间接费以降低成本。核算方法：农场对作业站实行"三定一奖"，作业站对班组实行四定（土地、劳力、任务、费用）。工具费、煤油、夜班补助、机车标准亩费、耗油等实行定额小包干，节约留用，超支不补。成本核算计价方法规定：农业的副产品、畜牧业的肥料在内部互相利用时互不计价，其他各项费用按实际发生的费用计算。1979年，建立与管理体制相适应的财务核算体制，实行统一领导、分级管理、分级核算的原则。以场部核算为中心，生产队、车间核算为基础、把专业核算、群众核算结合起来，搞好班组核算、单车核算、牧畜分群核算。实行成本计划管理、严格控制间接费用以降低成本。1982年，在成本管理上严禁违反国家规定的成本开支范围和费用开支标准，以免乱挤乱摊生产成本，不以估算成本代替实际成本，以计划价格或计划成本、定额成本计价、转账，用实际成本进行调整。在编制生产计划同时编制年度产品成本计划，节约费用支出的各项措施，如降低原材料、燃料、动力等消耗，提高劳动生产率和设备利用率；减少废品损失等落实到有关部门和车间，努力完成成本降低指标。20世纪80年代，进一步深化经营体制改革，实行分层承包、分权管理、分级核算，全面提高了生产效率（表5-13）。

表5-13 张掖农场1979—1995年主要产品单位成本核算表

单位：元

| 年份 | 农畜产品 | | | | | 工业产品 | | |
| | 小麦 | | 玉米 | | 猪肉 | 面粉 | 白酒 | 红砖 |
	亩成本	千克成本	亩成本	千克成本	千克成本	千克成本	千克成本	百块成本
1979	60.17	0.97	75.5	0.34	3.3	0.36	1.8	7.1
1980	87.39	0.61	86.64	0.47	2.66	0.37	2.5	3.0
1981	57.38	0.52	51.09	0.42	2.48	0.37	3.52	3.4
1982	55.81	0.38	52.17	0.44	3.22	0.38	1.98	3.3
1983	58.65	0.44	61.62	0.27	2.96	0.4	2.46	3.3
1984	59.36	0.40	57.55	0.28	2.1	0.47	2.54	3.46
1985	58.64	0.42	60.54	0.28	2.42	0.58	2.4	3.5
1986	59.66	0.54	87.26	0.24	2.45	0.65	3.32	6.72
1987	127.33	0.59	153.28	0.36	3.03	0.66	4.02	停产
1988	175.53	0.56	133.0	0.37	4.37	0.74	3.16	3.71
1989	176.0	0.78	179.03	0.37	4.1	0.85	4.71	4.82
1990	186.0	0.74	193.76	0.40	3.9	0.8	5.62	5.16
1991	164.5	0.64	173.1	0.35	3.91	0.82	5.7	4.97
1992	212.61	0.69	222.2	0.46	3.96	0.98	6.09	4.9
1993	240.0	0.72	300.0	0.67	7.2	1.05	6.12	5.7
1994	275.0	1.01	347.0	0.76	8.6	1.38	6.56	5.83
1995	382.0	1.7	473.0	1.13	9.8	1.92	6.7	7.26

1996年，延续家庭农场承包，农场给家庭农场垫支生产资料每亩按标准收取场摊粮、折价（当年粮食的现价），产品由农场统一经营，垫支费用从产品款中扣回。当年9月，农场出台职工挂账减免政策，印发《场属各单位职工按时还清欠挂账给予减免的通知》（场字〔1996〕88号）。当年7月农场为推广学习邯郸钢铁总厂管理经验，将酒厂作为试点。采取成本倒算法：①确定目标成本；②对标同行业生产成本；③确定各项指标任务，当年酒厂利润超百万元。1999年，国家出台"延长耕地承包期"的政策，甘肃省农垦总公司按照"大稳定、小调整"的原则，要求各农场把土地作为国有资产来经营，实现保值第一次变过去对土地的无偿、无期限、无流动使用为有偿、有期限、有流动使用，提出"租赁"承包的完整概念。各农场与职工家庭农场签订延长期"两费自理"土地承包合同，并统一颁发了《土地承包经营权证书》。年底，在农场推广实施。1998年，甘肃省农垦总公司实行以农业"两费自理"（生产资料费、职工生活费）为突破口的改革逐步推开。双层经营体制推行后，因承包指标难以准确界定，部分职工存在短期行为，造成"亏损挂账"，决定在农场实行职工家庭农场生产资料费、生活费"两费自理"和承包到户、盈亏到户、核算到户、风险到户的"四到户"。农场率先在全场推广"两费自理"率达40%，有98个家庭农场进行了租赁性"两费自理"，租赁土地169.2公顷。当年8月，霍荣林被张掖市税务局火车站分局聘为行风行议代表。当年，甘肃省农垦总公司在勤锋农场召开"两费自理"座谈会。座谈会坚持公开、公正、公平的原则，明确职工家庭农场实行"先交钱，后种地，先交费，后服务"。实行租金按合同上缴，计划内自主种植，完租后产品放开的办法。

2000年1月，成立财务结算中心、营销中心，财务结算中心与农场计财科为两块牌子、一组人员。2000年12月，营销中心财务部、审计科的业务并入农场财务结算中心。2001年8月，农场出台还款政策，同意用职工个人的储备金抵还欠款，挂账2004年11月，撤销计财科，成立财务科。聘任王春培为财务科科长。2006年，国家政策取消农业税，极大地调动职工积极性，又一次解放了家庭农场生产力，带动职工和农场进行某些环节的调整，推动农场经济的快速发展和农场社会的和谐进步。农业税的取消，标志着农场改革进入一个新的阶段。

2012年，制定差旅费开支的规定《关于调整差旅费标准的通知》。2017年修订《张掖分公司差旅费管理办法》《张掖分公司业务接待管理办法》《费用开支管理办法》。当年4月农场财务纳入集团公司财务集中管理体系，进行财务培训后，初步建立账务集中核算体系，NC软件系统上线。2014年12月，对兰州公司、培训中心、农机公司、肥料厂、滴管带厂、电管所等 6 个已关停企业的账务进行了合并，账务合并到生产科核算。2015 年，各生产经营单位的费用支出在"自养自"的大框架下进行，超过当年收入能力的费用支出不予批准，即全部收支须达到收支平衡、略有节余，家庭农场承包土地管理费必须保住自己的企业养老金。2002 年起开始每年向集团公司上交服务费，2014 起，每年按下达的经济指标任务向亚盛股份公司上交管理费。2015 年 8 月，农场加强资产管理和方便会计核算，将 4 个关停企业的账务进行合并，机械公司账务合并至农场本部，砖厂、加工厂、金龙宾馆合并至生产科核算。当年，根据《甘肃农垦所属企业 2015 年度经济指标衔接会议纪要》，将农场所属民乐分场和农场所属未入组亚盛的 792.23 公顷耕地全部租赁给亚盛张掖分公司经营，农场生产经营成果与农业脱离。2016 年 7 月，将注销单位养殖场账务合并至生产科核算。2016 年 4 月，同意农场民乐分场土地及资产无偿调拨到集团公司，划归亚盛张掖分公司管理，完成张掖农场民乐分场资产置换工作。2017 年 7 月，农场将建筑公司账务合并至农场本部核算（甘垦集团财〔2017〕60 号）。2019 年预算在新系统中进行编制。

2019 年 1 月，甘州区税务局批准甘肃农垦张掖金龙实业有限责任公司税务注销事项（税企清〔2019〕1073 号）。当年 4 月，资金集中管理正式上线，对各企业账户资金实施归集至资金管理中心。当年 7 月，将未纳入农场核算的亚麻项目账务并入农场账务。当年 9 月，将生产科账务合并至农场本部核算。2020 年 9 月，聘请北京（兰州）律师事务所，对公司所辖业务进行纳税筹划，防范税务风险。当年 9 月，现场对张掖农场所属已注销企业张掖农场惠民砖厂、张掖市老寺庙肥料厂、张掖市老寺庙养殖开发公司进行补充清产核资审计，并于 2021 年 1 月出具甘中会审字〔2021〕07、10、12 号清产核资报告。经场长办公会同意，于 2021 年 3 月完成以上 3 户单位账务分离退回。完成对甘肃农垦张掖金龙实业有限责任公司、张掖市老寺庙养殖开发有限责任公司、瓜州县金泉番茄制品有限责任公司 3 家"僵尸"企业评估、设备出售、清算、注销工作，完成并上报资产清算方案。当年 8 月，甘肃亚盛实业（集团）股份有限公司资金集中管理试运行，各分、子公司账户资金归集至集团总部。

第五节　货币资金管理

现金管理是企业财务管理的一项重要内容，资金的安全和使用效率，主要包含库存现金和银行存款。

一、库存现金管理

甘肃亚盛实业集团股份有限公司张掖分公司，依据 1988 年 9 月国务院发布的《中华人民共和国现金管理暂行条例》规定，制定公司现金管理办法。

1. **现金收取范围**　个人购买公司的产品或接受劳务、个人还款、赔偿款、罚款及退款及无法办理转账的销售收入等不足转账起点的小额收入都可使用现金收取。

2. **现金支付范围**　员工工资、津贴、奖金、产品款、员工各种劳保、福利费用、个人劳务报酬等其他结算起点在 1000 元以下的零星支出等可使用现金支付。

3. **库存现金管理**　公司根据现况，规定库存现金限额为 20000 元，生产单位现金库存限额为 5000 元。当库存现金超限时，超额部分需由出纳人员及时送存银行，无特殊原因不得超限额存放现金。对超限额现金 3 万元以上送存银行或提取 3 万元以上现金时，由公司派专车运送，以保证资金安全；为加强公司现金管理，要求出纳人员严格执行现金盘点制度，做到日清月结，保证账实相符，严禁出纳人员用白条抵库，严禁私借公款，严禁挪用公款，严禁公款私存，严禁谎报用途套取现金，避免资金流失。

随着网络平台技术的发展、资金收支安全水平的提高，公司从企业资金安全性出发，财务收支用银行转账逐渐代替现金收支。

二、银行存款管理

张掖分公司为规范银行存款业务，防范银行存款业务风险，确保公司资金的安全与有效使用，制定了银行存款管理办法。

1. **银行账户管理**　如公司银行账户的开立、撤销及管理工作统一由财务部负责；公司根据业务需要在银行申请开户、销户由财务部提出申请，经财务总监和经理批准同意方可开户，财务部应定期检查银行账户开设及使用情况，对不需要再使用的账户及时清理销户。

2. **银行存款业务办理**　如公司各部门的业务或日常费用付款需要用网银或支票支付时，申请人应按要求填写付款通知或费用报销单，经单位（部门）领导签批，财务会计审核签字，内控审计部长及财务部长复核签字，分管领导签批，财务总监和经理签批后，交由出纳办理付款；同时要求会计人员对收款凭证、付款凭证、银行凭证及原始凭证进行稽核，并严格审查，以防套用、挪用资金，杜绝贪污等违法犯罪行为；出纳人员严格执行结算凭证的填制、传递及保管等环节的管理，严格遵守银行结算纪律，禁止签发空头支票、远期支票及其他不符合规定的支票。

3. 网上银行付款管理　在网上银行系统进行转账交易时，公司要求实行复核制，即双人办理，出纳制单，财务部长复核，确保支付信息、账号和户名相符一致；公司"银行客户证书"与密码由使用人员本人保管，除工作调动和出差等需要进行工作交接外，使用人员不得将证书与密码交给其他非指定的任何人使用。使用人员应经常更换密码，防止泄密。

三、资金集中管理制度

为加强国有资产安全性，提高企业的现金使用效率，2021 年 8 月，根据甘肃亚盛实业（集团）股份有限公司资金集中管理工作安排，甘肃亚盛实业（集团）股份有限公司张掖分公司开始实行资金集中管理制度，即将企业全部资金归集至本企业指定的收入户后，资金上交甘肃亚盛实业（集团）股份有限公司账户，由甘肃亚盛实业（集团）股份有限公司统一管理，若当天有资金使用计划，需编制《亚盛股份日资金使用申报表》上报甘肃亚盛实业（集团）股份有限公司，由甘肃亚盛实业（集团）股份有限公司划拨当日使用资金。

集中化的资金管理系统建立后，公司在提高资金使用效率的同时，还更好地防范规避管理企业的财务风险，并实现收支之间的同步平衡。

第六节　财务监督与检查

1960 年，农场财务股根据各基层单位"三包一奖"执行情况，经核算后公布，接受职工群众监督和检查。1969 年，生产连队成立经济监督小组，监督本单位财务管理，杜绝一切形式贪污和浪费。

一、监管组织

1973 年，连队建立领导、群众、财会人员三结合的经济监督组织，定期进行本单位经济活动分析，公布各项经济指标完成情况，发动群众找差距，查问题，提措施。1978 年 1 月，场部决定在成本核算中贯彻群众核算。各单位建立以工人为主体与领导干部、专业人员三结合的5～7人经济监督领导小组，在党支部的领导下，发动群众，依靠群众搞好财务管理和经济核算。经济监督小组有权审查本单位的生产财务收支计划，监督计划执行，制止不合理的开支，公布计划执行情况。

二、财务大检查

1982年，贯彻落实中央1号文件和农垦部关于《开展财务检查的意见》精神，农场首次开展财务大检查。检查内容主要有：①会计工作制度是否健全；②执行财务会计制度和财经纪律情况；③彻底清查贪污盗窃、投机倒把、行贿受贿、敲诈勒索、侵吞国家资财以及造成国家严重经济损失等违法违纪问题。采取自查互查，主管部门组织力量进行重点检查等形式，组织发动群众揭露问题，讨论改进措施。对查出来的贪污盗窃、虚报冒领、短款短粮、乱发劳保用品等违犯财经纪律等问题进行严肃查处。

三、财经纪律检查

1984年9月13日至10月28日，农场结合企业整顿、对全场28个基层核算单位1981—1984年期间的财经纪律和财务制度执行情况进行全面检查，通过财务清查和库存物资盘点，查出违反财经纪律问题17件，有截留利润、乱摊成本、提高开支标准、扩大开支范围、滥发补助和实物、铺张浪费、违购控购商品、职工长期欠款、小钱柜、多报探亲路费、工资和煤运补贴等，也有不按规定开支职工福利基金、丢钱短款、虚报冒领、未经批准随便处理付货款、流动资产损失浪费、自列名目挂账、多发长期病假工资等，暴露出财务管理上存在很多问题。农场对所查出的问题都作严肃处理，并对财经工作制定7条规定。其中包括建立健全各项管理制度，加强财经纪律教育，每年在决算后进行1次财务检查和财产物资盘点，发现问题及时处理，严禁弄虚作假、截留收入、乱摊成本、扩大开支标准和范围等，对短少、丢失、被盗现金、商品、产品责令全赔，然后再做处理，强调今后要严格财务审批手续等主要内容。

四、税收物价大检查

1985年以后，每年都在当地税务部门的监督下开展税收、物价、财务大检查。结合清仓理库，对查出的漏税和各种违犯财经纪律现象都做了补交或严肃查处。

五、经营审计

1990 年 6 月，甘肃省农垦总公司对农场 1988—1990 年的经营和财经工作进行全面审计。审计结果表明在场长经营任期内企业管理建立健全了较完整的规章制度；生产经营方面增加农业投入 118.54 万元、净增专用资金 107 万元，3 年共积累资金 337 万元。生产发展战略明确，建立酒花、苹果梨生产基地；对家庭农场管理得力，职工收入增加，并能认真履行责任合同，被评为"三自"型农场，审计得分 151.4 分。1989 年，场长办公室内增设专职审计人员，开展审计监督工作，加强经常性的财务监督。1991 年，成立审计科，建立全场审计监督制度，主要有场属核算单位年底财务决算和财务收支审计、领导干部离任审计、各种专项审计等工作。

1. **老寺庙酒厂、民乐园艺场场长离任审计** 1993—1995 年，先后对原老寺庙酒厂厂长王文源、原民乐园艺场场长王大源、原第一生产队队长姜金基进行承包经营离任审计，做出审计报告，对审计的有关企业管理和财务管理上的问题，提出处理和改进意见，报场办批转执行。1995 年，坚持季度考核的同时，加强内部审计工作清理"小金库"，开展税收财务物价大检查，认真搞好财务决算。根据检查考核结果，更换 2 个单位不称职的财会人员，加强财会队伍建设。1997 年，甘肃省农垦总公司批转《张掖农场第二轮承包经营期满审计的报告》（甘垦审〔1997〕14 号）。进一步加强内部管理，制定《张掖分公司经营班子风险抵押金管理办法》，细化遵守国家财经法纪和集团公司内部有关规章制度，改善经营管理，提高经济效益。

2. **崔定一场长离任审计** 2000 年，甘肃农业审计事务所对场长崔定一进行了离任审计。2001 年甘肃省农垦总公司批转《关于崔定一同志离任审计报告》的通知，对审计报告做出审计评议，场长崔定一自 1984 年任张掖农场场长的 16 年以来，能贯彻执行党和国家的方针政策，认真履行场长职责、建立健全各种规章制度，改革企业经营机制，大力改善生产条件，优先发展高产优质、高效农业，加快产业结构调整，实施产业化经营、重视发展文教事业，企业面貌大为改观。任期内的前 12 年累计盈利 309.67 万元，后期由于自然灾害和市场等种种原因亏损 939.20 万元。麦芽厂投产 3 年亏损 539.42 万元，从目前发展前景看，亏损有望弥补。2002—2021 年，甘肃省农垦集团公司委托会计师事务所对农场每年度例行进行年报审计。对财务决算存在的问题整改完毕并上报集团公司。

3. **分公司年报、内控审计** 2014—2021 年，亚盛股份公司委托会计师事务所对分公司各年度例行年报审计、内控审计。对审计检查出的问题提出整改要求，分公司根据整改要求进行整改，并将整改报告上报亚盛股份公司。

4. 王希天场长任期经济责任审计　2010年2月，甘肃省农垦集团下发《关于批转张掖农场原任场长王希天同志任期经济责任审计报告的通知》，经审计委员会审议，原则同意甘肃谨丰会计师事务所《关于王希天同志任甘肃省国营张掖农场场长期间的经济责任审计报告》，审计报告在主要肯定项目成绩的同时，也指出了企业管理中存在的问题。2015年，根据甘肃亚盛实业（集团）股份有限公司《关于证监会甘肃证监局现场检查情况整改计划》亚盛张掖分公司按照整改计划进行整改，并将整改报告上报亚盛股份公司（甘亚张发〔2015〕12号）。

5. 梁金祖场长经济责任审计　甘肃省农垦集团审计小组对农场原场长梁金祖同志自2013年4月至2016年3月在任期间的经济责任情况进行审计，并对审计结果做出了审计评价和建议。经审计，作出了梁金祖任期内未发现违法违纪行为和违反廉政规定的事项的结论。农场对审计中发现的问题进行整改并上报甘肃省农垦集团。

6. 毛学科场长经济责任审计　2017年4月，甘肃省农垦集团审计处对场长毛学科自2016年3月至2017年2月任期内经济责任情况进行审计。并对审计结果做出审计评价和建议。经审计，作出毛学科任期内，未发现违法违纪行为和违反廉政规定的事项。2018年，根据甘肃省农垦集团《关于批转毛学科任职张掖农场场长期间经济责任履行情况审计决定的通知》（甘垦集团财〔2017〕256号）及《关于经济责任审计发现问题企业整改情况的通报》（甘垦集团〔2018〕200号）文件的要求，农场对审计中发现的问题进行整改并上报集团公司。2018年11月，根据《甘肃亚盛张掖分公司参加城镇职工医疗保险实施方案》第七款第三条，从当年起对企业统筹个人医疗账户内余额按每年20%比例进行发放，同时根据分公司《关于加强职工应收款和借款管理的通知》，为做好个人医疗账户内余额发放和应收款回收工作，经党委会决定，发放企业内部统筹个人医疗账户余额，按五年分期发放，每期发放金额的20%。

7. 财务大检查　2016年，第二检查组对农场2014年1月至2016年10月期间的会计基础、预算管理、资金集中管理、财政专项惠农资金、年度审计存在问题的整改情况、"两金"清理等方面进行财务检查并提出后续管理建议。2017年，甘肃省农垦集团检查组对农场2013—2016年纳入合并报表范围之内下属企业4年的账、证、表进行检查，重点检查财经法规制度的执行情况、内部控制制度的建立和执行情况、银行账户及现金管理使用情况、资产和产权管理情况、企业负责人年薪发放情况、企业负责人履职待遇、业务支出情况、其他必要检查内容，进行财务检查。针对检查出的问题，提出了建议。

2020 年 10 月，按照 2020 年度甘肃省农垦集团财务检查工作实施方案的安排，检查组对农场 2017 年 1 月至 2020 年 6 月期间财务情况，依据相关会计资料进行现场检查。针对检查出的问题，提出管理建议，农场对检查中发现的问题进行整改并上报甘肃省农垦集团。根据《关于甘肃省农垦集团有限责任公司关于 2020 年度审计计划的通知》，亚盛股份公司内控审计部对贾勇杰 2017 年 3 月至 2019 年 6 月在农场任场长期间的经济责任进行审计。农场对审计中发现的问题进行整改并上报股份公司。亚盛股份公司内控审计部对甘肃亚盛实业（集团）股份有限公司张掖分公司 2019 年全年经营情况进行审计。分公司对审计中发现的问题进行整改并上报甘肃亚盛实业（集团）股份有限公司。

第七节　内部审计

一、组织机构

1996 年，农场成立审计部，配置专职人员 2 人，负责下属单位经营审计和日常业务审计工作。2000 年 12 月，贯彻落实"理顺关系，调整政策，振奋精神，共渡难关"十六字工作方针，经农场党政联席会议研究决定，对场内有关机构进行合并、调整、撤销。审计科业务并入张掖农场财务结算中心。2003 年，国家出台内审规定、内审基本准则以及审计准则，审计工作进入正轨，逐渐形成"以集团公司审计为主体，内部审计和社会审计为两翼的审计框架"。2009 年，根据甘肃省农垦集团党委《关于印发〈甘肃省农垦机关内部组织机构调整及设置方案〉的通知》精神，对机关内部组织机构设置作了调整：设立审计办公室（财务审计），负责企业内部审计工作，配合甘肃省农垦集团、亚盛集团控股公司等有关部门，搞好财务审计经济效益审计和其他专项审计。2014 年，甘肃亚盛实业（集团）股份有限公司张掖分公司共设立审计部等 8 个部门。

二、职工医院财务审计

2003 年 12 月，农场党委会议研究决定，成立以纪委书记为组长的医院改革领导小组，对职工医院进行资产清理及 1999—2003 年五年的财务审计。按照农场党政联席会议安排意见"保留医院，个人承包，竞争医诊，场不再补贴"，对改革后账面遗留问题提出建议。2004 年，深化职工医院改革、转换经营机制，彻底改变吃大锅饭的经营模式。

三、目标责任审计

1997 年，甘肃省农垦省集团印发《张掖农场第二轮经营承包期满的审计报告》，对 5 年经济效益进行了综合评价，审计报告指出：5 年期间，超额完成承包任务，承包合同规定的各项考核指标，资金使用合理、维护了财产资金的安全与完整，实现的利润真实。2014 年，对麦芽厂、惠民砖厂、民乐分场、养殖场 4 个单位进行了经济目标责任内部审计，全面审计工作成效显著，内部审计制度得到进一步完善。

四、任期内经营效益审计

2005 年，根据农场下发《关于梁金祖等职务聘任、解聘的通知》，对金龙宾馆领导班子进行了调整，并对金龙宾馆 1994—2004 年崔建忠任职期间的经营情况进行财务审计。对审计存在的问题经相关会议决定予以调整。

2017—2021 年，审计部对近几年工作没有变动的 7 个单位负责人陈月林、杨社清、肖新华、苗涌、乔金、杨永勤、秦新安进行任期内经营效益审计，对 8 个职务变动及退休的负责人李建家、赵开会、罗通平、程才、王永明、杜树生、王艳文、乔金进行离任审计，经审计，未发现违规违纪事项。

五、民乐分场专项审计

2012 年 11 月，农场成立专项审计小组，对民乐分场库存农用材料进行专项审计，根据审计意见对相关责任人给予处罚。

第八节　统　　计

统计工作自建场以来就是一项重要工作，先后经历多次制度改革，沿用《甘肃农垦集团有限责任公司内控制度与风险管理手册》（2020 版）第十八章第四节相关规定。2018 年以前，统计工作一直由财务科管理，2019 年 11 月，场办下发《关于成立统计科人员组成的通知》，设科长 1 名，统计员 1 名，负责农场、分公司各项经营指标统计工作。2020 年，统计工作划归到科技产业部。1996—2021 年，先后有 9 名统计人员负责统计工作，统计工作移交 4 个部门，根据不同时期统计工作的需要，变更管理部门（表 5-14）。

表 5-14　张掖农场 1994—2021 年统计人员一览表

姓　名	职　务	起止日期	所属部门
戴　坚	统计员	？—1994.01	不详
吴志刚	统计员	1994.01—1996.01	企管科
王进保	统计员	1996.01—2010.10	项目办
张向军	科长	2010.11—2013.02	生产科
孙　凯	科长	2013.03—2014.02	财务部
王军蓉	科长	2014.03—2014.05	审计部
霍荣林	科长	2014.0—2017.05	审计部
刘照莲	统计员	2017.06—2018.09	审计部
刘　智	副科长	2018.10—2019.12	统计科
王　健	统计员	2020.01—2020.09	科技产业部
魏胜利	统计员	2020.10—2021.12	科技产业部

一、经济普查

1995—2021 年期间，先后进行 6 次农业、工业、经济大普查。1995 年，响应国家工业普查号召进行了 3 次工业普查，1997 年，响应国家农业普查号召，开展第一次农业普查，2006 年开展第二次农业普查，2016 年开展了第三次农业普查，2013 年响应国家经济普查号召开展了第一次经济普查，2018 年开展了第二次经济普查。

二、统计报表

1996—2014 年，统计填报全为纸质表报送，涉及报表主要有企业财会月报表、工业生产和销售总量及主要产品产量月报表、春季农业生产情况调查表、农业物资情况、造林情况、畜牧业情况、工企业主要经济月报、季报、企业原材料和能源消费与库存情况、农作物播种面积季报等报表，还有甘肃农垦综合统计一套表（综合年报）、甘肃农垦综合统计一套表（农业年报）、甘肃农垦综合统计一套表（水利年报）。2015—2021 年，月报表 12 套，涉及土地、农业种植生产、园艺种植生产、苗木情况、畜牧业、农资采购使用、增加值、人员情况及其他报表。年均完成季度报表 8 套，财务季度报表 4 套，生产季度报表 4 套；完成报送季度分析报表 4 份。财务季度报表涉及财务分析、利润、收入成本、期间费用、存货统计、两金压降等报表；生产季度报表涉及存货采购统计表（汇总）、存货（化肥）采购统计表、存货（产品）采购统计表、存货销售统计表（汇总）、存货（化肥）销售统计表、存货（产品）销售统计表。年均完成农机统计报表 14 套，涉及农业机械总动力、农机拥有量、农机作业情况等（表 5-15 至表 5-18）。

表 5-15　甘肃亚盛股份公司生产（次）统计报表目录

表　　号	报表名称	填报频次	报送说明
亚统定 3 表	农作物播种面积统计表	3	4 月 10 日前上报全年计划数，6 月 10 日前上报全年实际数，11 月 25 日前上报下年计划数
亚统定 4 表	作物种植成本效益测算汇总表	2	11 月 10 日前上报全年实际数，11 月 25 日前上报下年计划数
亚统定 4-A 表	项目化种植成本效益测算表	1	11 月 10 日前上报全年实际数
亚统定 4-B 表	统一农产品种植成本效益测算表	1	11 月 10 日前上报全年实际数
亚统定 4-C 表	家庭农场种植成本效益测算表	1	11 月 10 日前上报全年实际数
亚统定 5 表	加工吨成本测算表	2	4 月 10 日前上报全年计划数，11 月 10 日前上报全年实际数
亚统定 6 表	年度生产资料采购汇总表	1	10 月 10 日前上报上年 10 月—当年 9 月实际数
亚统定 6-A 表	年度生产资料（化肥）采购统计表	1	10 月 10 日前上报上年 10 月—当年 9 月实际数
亚统定 7 表	年度生产资料销售或领用汇总表	1	10 月 10 日前上报上年 10 月—当年 9 月实际数
亚统定 7-A 表	年度生产资料（化肥）销售或领用统计表	1	10 月 10 日前上报上年 10 月—当年 9 月实际数
亚统定 8 表	年度生产资料计划采购汇总表	1	10 月 10 日前上报当年 10 月—下年 9 月计划数
亚统定 8-A 表	年度生产资料（化肥）计划采购统计表	1	10 月 10 日前上报当年 10 月—下年 9 月计划数
亚统定 9 表	土地资产统计表	1	11 月 10 日前上报
亚统定 10 表	租入资产统计表	2	4 月 10 日前、11 月 10 日前上报
亚统定 10-A 表	出租资产统计表	2	4 月 10 日前、11 月 10 日前上报
亚统定 11 表	三大一化情况统计表	1	12 月 25 日前上报
亚统定 12 表	项目及财政补贴资金统计表	2	6 月 25 日前、12 月 25 日前上报

表 5-16　甘肃亚盛股份公司财务（次）统计报表目录

表　　号	报表名称	填报频次	报送说明
亚统财 1-A 表	利润表	4	4 月 10 日、7 月 10 日、10 月 10 日、1 月 10 日
亚统财 2-A 表	收入成本分项目统计表	4	4 月 10 日、7 月 10 日、10 月 10 日、1 月 10 日
亚统财 5-A 表	存货统计表	2	7 月 10 日前上报上半年数、1 月 10 日前上报上年全年数
亚统财 6-A 表	两金压降统计表	2	7 月 10 日前上报上半年数、1 月 10 日前上报上年全年数
亚统财 7 表	长期资产汇总表	1	4 月 10 日前上报全年数
亚统财 7-A 表	固定资产明细表	1	4 月 10 日前上报全年数

（续）

表　号	报表名称	填报频次	报送说明
亚统财 7-B 表	长期待摊费用明细表	1	4 月 10 日前上报全年数
亚统财 7-C 表	生产性生物资产明细表	1	4 月 10 日前上报全年数
亚统财 7-D 表	无形资产明细表	1	4 月 10 日前上报全年数

表 5-17　甘肃农垦集团定期统计报表

表　号	报表名称	填报	报送时间	上级审核单位
农定期 1 表	秋冬播面积	填报	11 月 6 日前	甘肃调查总队、省统计局
农定期 2 表	春播面积及冬油菜籽产量预计	填报	4 月 23 日前	甘肃调查总队、省统计局
农定期 3 表	上半年农作物播种面积及夏收作物产量预计	填报	5 月 15 日前	甘肃调查总队、省统计局
农定期 5 表	农垦自然灾害情况（季报）	填报	3 月 10 日前报一季度、6 月 10 日前报二季度、9 月 10 日前报三季度、四季度免报	甘肃省统计局
农定期 6 表	全年农作物播种面积、棉花产量预计和夏粮实际产量	填报	7 月 31 日前	甘肃调查总队、省统计局
农定期 7 表	秋收及全年粮食实际产量	填报	9 月 20 日前	甘肃调查总队、省统计局
农定期 8 表	蔬菜、瓜果生产情况（季报）	填报	3 月 5 日前报一季度、6 月 5 日前报二季度、9 月 5 日前报三季度、12 月 1 日前报四季度	甘肃省统计局
农定期 11 表	全年农作物产量预计	填报	2020 年 9 月 1 日前	甘肃调查总队、省统计局
农定期 12 表	农林牧渔业生产电讯（季报）	填报	3 月 10 日前报一季度、6 月 10 日前报二季度、9 月 10 日前报三季度及全年预计	甘肃调查总队、省统计局

表 5-18　张掖农场产品销售情况统计样表

序号	产品类型	名　称	年底预计销售量（吨）	实际销量（吨）	库存量（吨）	年底预计销售额（万元）	实际销售额（万元）	单位成本（元）	是否受疫情影响	应对措施
合计										
	农产品	玉米								
	工业品	PVC 管								
	农副加工	胡麻油								
	其他									

三、平台网络建设

2018—2021 年，农垦国有农场综合管理信息平台上报垦区监测季报、垦区监测年报、综合统计半年报、综合统计年报。填报数据涉及生产、财务、项目等多方面季度数据、年度数据、数据同比比较分析。2021年，开始统计联网直报平台网络填报，填报农垦年基报表9套，涉及种植业生产、园地、林地、特色节水情况、受灾、畜牧业、农村电气化学水利等情况。年均完成生产次报表9套，财务次报表5套，定期报表16套，销售报表18套。至2021年，统计工作已基本由以前的纸质手工填报转变为电子网络填报，网络平台填报对填报数据进行实时记录，方便往年数据的查询与分析。统计制度已逐步完善，统计工作逐步正规。

第六章　物资和产品管理

第一节　管理机构

在国家计划经济时期，农场需用的主要生产资料一般都由农场上级管理系统计划供应，不属于计划分配供应的物资，实行农场内部计划采购、计划供应。在年初，农场所属各单位根据生产任务和物资消耗定额向农场编报物资计划，场部供应部门根据资金及库存情况提出采购供应意见，报请党委或主管场长审批。属于国家统配物资报上级列入采购计划或价拨供应，不属于国家统配物资安排专人采购供应，严防盲目采购造成积压。

农用生产资料化肥、农药、种子和建设用三材（钢材、木材、水泥）由农场供应科管理，农场自产的粮、油等农产品的储藏、调运、管理由供应科负责，供应科下设物资仓库保管各类物资。1980年撤销供应科，物资仓库改为场属单位供应站，主要负责农用生产资料的采购、储藏、分配和农场自产粮油等农产品的储运、销售等。农业机械零配件、油料等计划编制和分配供应，则由场部机务管理部门（农机科）负责，设有机务库房，负责机械零配件、器材和各类机械用油料的采购、保管。20世纪80年代，国家实行以计划为主、市场调节为辅的物资多渠道供应体系，农场对物资管理体系作了调整，由农场统一调拨分配改为计划供应物资，由农场管理分配，非计划供应物资由各基层生产单位或职工自行在市场采购。1996—1999年，农场物资管理机构都在统与分、分与统的过程中不断调整运行。2000年，撤销商业公司，其人员、业务全部并入农场生产科，由农场生产科管理物资和农产品销售。2010年3月企业改制，农业生产经营入组甘肃亚盛实业（集团）股份有限公司。2012年4月，生产科更名为生产营销部，2020年5月，成立科技产业部（与市场营销部合署办公），是物资和农产品的管理机构。

第二节　物资管理

1955年农场建场后，先后建立物资的采购、验收、领发、保管、使用、销售等责任制。做到物资采购有计划、储备消耗有定额，进出有手续、保管有专责。定期进行清库盘点，严防霉烂变质，减少损失浪费并及时处理积压。工作服、工具等低值易耗品，建立制度，实行以旧换新和修旧利废。1996—1999 年，农场实行物资管理责任制，制定《十四项管理规章制度》，要求下属各单位制物资使用管理办法，主要结合各自工作实际建章立制，做到制度公示上墙，责任落实到人。2000—2014 年，在推行目标管理期间，农场将物资管理纳入目标管理责任书范围，下属各单位也把物资管理与岗位、个人的经济收入直接挂钩。物资管理原则上与农场分管领导、下属单位主管、相关责任人的经济收入相结合，年终统一考核，兑现奖罚。2015 年，出台《内部控制制度汇编》实施，其中对物资管理涉及不同单位、部门、物资属性都有详细的规定要求和流程审批。

一、入库管理

1. **自产入库**　生产收货后，由生产经营单位组织员工将产品运至指定收购地点，由生产营销部安排保管办理验收入库，开具入库单，转入财务部由会计结算进行账务处理。

2. **外购入库**　部门提出用料计划，由分管领导和委派会计审核，交财务部门纳入收支计划，并通过单位内部支付款项，再由供应部门负责实施采购。

3. **入库手续**　由物资质检部门按质按量组织验收，按实际质量认真填写"入库单"，对"入库单"的外购地、入库时间、物资名称、规格型号、数量、单价、金额、交货人、承包人和验收入库等应逐一填写，不得漏项，对无随货同行发票的货物金额应由交货人提供采购价，财务据此入账核算，待发票到后再按实际价格调整。

4. **费用结算**　运输发票后附有一次复写的"入库单"的"运费结算联"，如无运费，应将该联连同"入库单"的"财务联"一起附于购货发票后交财务入账。

5. **成品入库**　必须有质检部门验收的"合格证"，由保管员按规格、品种填写成品"入库单"，质检员、保管员和当班生产负责人均应签字。

6. **外购物资**　数量短缺、品种质量不符合，由采购人负责更换，更换费用或因此造成的损失由采购人个人承担，产品因质量问题而返修、退回所发生的损失由生产部门承担。

二、出库管理

1. **生产用物资**　由使用单位根据生产所需于材料会计处办理"出库单"手续，对非生产用物资领用人应持领用审批手续，办理"出库单"及相关手续，仓库保管员凭"出库单"据实发货。

2. **大宗农产品**　出库时按生产营销部签订的销售合同,由仓库保管按实际出库磅单数量汇总填制当天"出库单",记录产品台账,于当天工作结束后转财务部会计汇总结算。

3. **月末处理**　领用但尚未耗用的物资(包括残余料),及时退回仓库,便于财务如实核算成本。材料会计在月底时,对当月的存货出入库按部门分项目汇总,与仓库保管、生产部门核对一致后,报给成本会计。

三、库存管理及盘点

1. **账物相符**　保管员应设置各种存货保管明细账,并根据出入库单进行登记,经常与财务核对账目,实地盘点实物,保证账账相符、账实相符。物资要堆放整齐、标签清楚、存放安全,保管员对存货的安全和完整负责。

2. **盘点制度**　对用量或金额较大,领用次数频繁的物资应每月盘点1次,对于所有存货至少1年要彻底清查1次。

3. **盘点计划**　公司财务部会计编制存货盘点计划报财务部财务总监进行审核。保管制作存货盘点表,相关人员参加进行盘点,现场记录盘点结果,参与盘点的人员全部在盘点表上签字。

4. **账务核对**　生产经营单位根据各单位存货盘点表结果与账面进行核对,账实核对相符的报财务部会计审核后盘点结束,账实核对不符的进行复盘,确认盘点结果后由保管编制存货盘盈盘亏处理报告。

5. **账务处理**　会计审核存货盘盈盘亏处理报告,报生产经营单位、财务总监审核,经理审批。财务部经审批后的存货盘盈盘亏处理报告进行账务处理,保管根据审批结果登记台账。

四、存货报废与处置

1. **日常处理**　保管员进行存货日常管理,保管员对发现报废、毁损及时进行处理并编制报废处理申请,分析报废、毁损原因并报会计和相关部门审核。

2. **报废处理**　经生产经营单位会计和相关部门审核后的报废处理申请报财务部、财务总监和经理审批并上报公司总部亚盛集团审批。

3. **账务登记**　保管员根据审批后的报废处理申请开具出库单处理存货并登记台账,

会计进行相关账务处理。

4. 归档　各种出入库单据和存货资料于月度结束后装订成册，出入库记录和保管账在年度结束后，注明记录名称、归档存放。

第三节　农产品管理

农场建场初期，自产的农、畜、林果产品除国家统一调拨以外，在满足本场职工的生活需要的基础上，结余部分按规定由农场销售。先完成国家调拨任务，属于统购物资的向国家规定的收购部门销售，不属于统购物资的则根据国家政策向有关商业部门销售。党的十一届三中全会以后，国家对计划经济体制进行深化改革，积极培育、发展社会主义市场经济、农场需用的各类生产、基建资料等物资也由国家统一计划调配为主、逐渐转向市场采购。为发展商品经济、农场以市场为导向，根据市场需求生产适销对路的产品。1986年以后，农场对种植业产品实行统一经营管理，并由农场商业供销公司、供应站分工销售，职工家庭农场农产品，可由家庭农场自主经营；啤酒花、水果、瓜类、畜产品和小宗农产品等由基层生产单位（或职工）自产自销。20世纪90年代，随着国家粮食政策的改革，农场逐步对农产品管理销售模式进行调整探索。农场不再进行农产品管理销售，对家庭农场实行按土地面积收取租金的办法。2000年，基于农业订单种植的发展需要，农场对果品、玉米、特药实行统一销售管理。2015年，推行果库联定的果品销售办法，采摘后直接入库，面对经销商销售；玉米直接协同玉米深加工企业进行订单种植。2020年，根据农垦集团公司对市场营销工作要求，修订完善《营销管理制度》。

第四节　粮油倒挂补贴

1955年建场以后，农场用自产粮油对职工口粮、食油实行定量供应。凡户口在农场的职工及其家属子女，均由农场参照国家按不同职业分等级定量供应。1980年初期，食用油为每人每月0.25千克，春节时每人增加供应5千克，按国家规定价格执行。后期国家曾两次提高粮食统购价格，实行超购加价政策；定量供应给职工的口粮、食油价格不变，低于国家销售价的差价全部由农场财务承担。1985年以后，随着市场经济的发展，粮油倒挂差价越来越大。1989年，补贴的粮油差价达16.1万元，成为农场沉重的社会性负担。1991年，国家取消粮油定量供应，实行按市场价敞开供应，农场在执行国家政策的同时，每月给每位职工补贴粮油补助款6元。1993年4月，再按国家规定，增加粮油补助款 3 元，粮油补助款列入职工工资总额。1996—1999 年，随着国家取消粮油定量供应政策，粮油按市场价全面放开，农场按职工手中的粮本进行价差兑付，收回粮本作正常销账处理。

第五节　工业原料和产品管理

一、原材料管理

场办工业基本为农产品深加工企业，主要原材料来源于农场，大多为季节性生产。金龙麦芽厂、番茄制品公司、老寺庙酒厂、综合加工厂、养殖场 5 家企业原材料采取基地＋农户形式采购，基地就是各企业，根据市场需求制定年度生产计划，根据计划确定原材料需求量，由农场向种植基地下达种植任务，按市场价调拨各加工企业，办理验收、称重、入库手续，依据入库单同基地进行结算。各加工企业面向周边农村，培育社会种植户，主要起到调节价格、补充产量丰歉的作用。库房管理制定了严格的规定。砖厂、采矿业均办理采矿许可证，依法依规进行开采利用。磷肥厂，磷矿石、矿粉等主要原料均实行外购，按照生产计划适时组织采购，一般不囤积。

二、产品管理与销售

各企业从原材料采购严格把关，认真执行国家、省市产品质量标准，扎实落实工艺要求，加强质量检测检验，杜绝不达标产品出厂，以质量争取市场、赢得客户。老寺庙白酒多次受到部、省级奖励，啤酒麦芽远销省内外，曾一度供不应求，番茄酱达到出口创汇标准，白酒、麦芽、番茄酱被国家、甘肃省认定为绿色食品，农场被农业部确定为"绿色生产基地"。颗粒磷肥、红砖、面粉畅销张掖各地，深受欢迎。

第七章　综合管理

第一节　计划管理

长期以来，农场执行国家统一计划、分级管理的计划管理体制。1979 年以前，国家对农场实行指令性计划管理，农场以生产为中心，按国家下达的计划任务（指标）进行生产。按照国家政策，农场实行统收统支财务管理，利润全额上交，亏损由国家补贴。农场对基层生产单位依靠行政手段实行指令性计划管理，计划工作与企业利益和职工个人利益关系密切。党的十一届三中全会以后，改革企业经营管理体制，扩大企业生产经营自主权，相应改革计划管理体制，实行指令性计划、指导性计划和市场调节相结合的策略。甘肃省农垦总公司一般只下达主要产品产量、上交量、经营利润（或亏损）等基本指标。农场在国家计划指导下，以提高经济效益为中心，根据市场导向结合农场内部具体条件编制生产建设计划，全面组织全场生产建设和经营活动。

一、计划体系

企业的计划体系反映企业生产经营活动的内在联系，由长期计划、年度计划和短期作业计划（半年计划、季度计划、月计划、阶段作业计划）构成。长期计划由农场制订，主要是为实现战略目标而制订的纲领性计划，有 5 年发展规划、8 年或 10 年规划、长期发展战略规划等。年度计划根据长期规划要求，结合当前实际情况或场长任期目标责任指标制订的执行计划，与长期规划紧密结合。短期作业计划，所属生产经营单位，根据年度计划，在"三定一奖"或承包责任指标基础上制定的各个季度、月份计划，或阶段技术措施及作业任务顺序和进度等，以保证年度计划和责任目标的实现。

二、计划编制

1979 年，甘肃省农垦局《关于计划、财务、物资管理试行办法的通知》中规定："编制计划必须充分发动群众，自下而上地进行，要尊重基层核算单位的自主权。种植计划，作物布局和增产措施由企业自己决定。要做好基层计划和业务部门平衡工作。"

农场计划编制的程序采取两上两下的办法，即每年 6、7 月间收集资料，分析预判当年计划完成情况，提出下年度的计划建议指标并上报，再根据上级下达的计划任务制订实施的具体计划再上报省局，由省局审批下达即可作为企业"三定一奖"的根据。编报计划草案时，除按统一表式填报数字外，还要有文字报告和说明。内容有当年计划完成或预计完成情况，下年度计划的主要任务及安排各项指标的依据、存在的问题和完成计划的措施等。

20 世纪 80 年代，对计划管理体制进行改革，甘肃省农垦总公司下达的生产计划有指令性计划和指导性计划两部分。农场根据本年度计划完成情况，结合农场的长期规划、基层对下年度计划安排设想，对任期责任目标指标、市场需求、经营效果等进行综合分析、平衡，作为制订下年度计划和各基层执行计划的依据。基层计划包括指令性计划和指导性计划两部分。计划经职代会审议通过后下发单位执行。

三、计划实施与检查

生产计划经职代会审议通过后下发贯彻执行。各生产单位发动职工开展讨论，以"提建议、增措施"为主题开展增产节约合理化建议活动，结合建立各种生产经营责任制，把计划指标通过承包合同层层分解，落实到职工家庭农场、班组或个人。在计划实施期间开展评优选模或社会主义劳动竞赛，推动计划的实现。农场建立健全规章制度，推动各项计划的落实。

为加强对计划执行检查，主要采用的方式有：利用统计报表进行监督；定期不定期举行计划实施情况汇报会议；深入基层调查了解；在年中召开全场生产、财务分析大会，全面检查分析各项计划执行完成情况；每季度通过对基层承包单位的考核，检查计划执行情况；年终通过对承包合同的检查考评，全面检查各单位计划完成情况。

第二节　土地管理

一、管理机构

伴随企业发展，经历了甘肃省农林厅国营农场管理局、兵团管理、张掖市、张掖农垦分局、甘肃省农垦公司国土局、甘肃省国土厅、甘肃省自然资源厅等多个管理时期。1998年10月，甘肃省农垦国土局批复张掖农场土地管理所成立，负责农场土地管理日常工作，与省市归口对接。2006年根据甘肃省国土资源厅农垦国土资源局《关于设置农垦系统基础国土资源（中心）所的通知》文件精神，成立国营张掖农场国土资源所，所长王玉芳，成员：蒋勇、张宗玉、王进保、岁定道。2020年5月，根据甘肃省农垦集团、亚盛股份公司精神，为确保企业业务对接通畅、职责明确，农场全面调整机关部室设置，将原项目基建部、国土资源所合并调整为规划发展部，设置土地管理员岗位，负责土地管理工作。

二、工作职责

大力宣传国土资源管理的各项法律法规政策，全面提高依法用地管理水平。以加强全场干部职工法治意识和资源保护的基本国策意识，强化依法用地，提高国土资源管理能力和水平为目标，认真开展"4·22世界地球日""6·25全国土地日"等主题宣传活动，培养广大干部职工依法用地的意识，营造全场依法用地氛围，推进国土资源节约集约利用。基本农田保护工作常抓不懈，创新开展土地经营机制；规范建设用地审批程序，维护依法用地的严肃性；理顺与地方政府主管部门关系，确保重点业务工作的顺利开展；坚持土地动态巡查制度落实，积极解决土地边界纠纷；认真争取组织落实土地项目实施，千方百计争取地方政府政策支持。

三、土地权属管理

建场以来，由于多方面原因，土地权属问题、农民越界开垦一直是农场与周边村社的主要矛盾。农场土地管理所除正常工作外，大部分精力都投入土地权属的管理。

1. **土地产权登记** 1986年，张掖地区开展土地详查工作，农场1989年开始，初次办理土地登记申请，形成甘州区老寺庙、民乐县头墩、山丹县山羊堡3个片区。

2. **张掖农场与碱滩乡土地纠纷处理** 1989年4月，张掖市人民政府作出了《关于解决国营张掖农场与碱滩乡土地纠纷问题协议的批复》（市政府〔1989〕年39号），张掖市人民政府同意国营张掖农场与甘州碱难乡一次性解决土地纠纷问题的协议，并提出双方要认真恪守协议诸项条款，今后不得以任何理由提出异议、制造事端，违者由领导和当事人负责。

3. **农场干渠南荒地调处** 1990年4月，张掖地区土地管理局、市民政局、张掖农场、碱滩乡野水地村就农场干渠南荒地进行充分协商，碱滩乡野水地村与张掖农场签署《荒地调处定界协议书》，由张掖地区土地管理局、张掖市土地管理局、张掖市民政局鉴证，达成协议。

4. 民乐分场与赵岗、柴庄村土地纠纷　1990年5月，民乐县土地管理局关于国营张掖农场民乐分场（原头墩农场）与北部滩乡赵岗村、柴庄村土地纠纷问题调处座谈会形成会议纪要。2007年3月，民乐县委常委、副县长马多静在张掖农场民乐分场主持召开六坝镇柴庄村与张掖农场民乐分场土地纠纷问题协调会议，就双方土地纠纷问题进行了协调处理。

会议要求：张掖农场民乐分场和六坝镇柴庄等村双方要相互支持、相互尊重，多沟通、多协商、共同遵守协议，共同发展，共同繁荣。六坝镇要继续做好群众的思想稳定工作，确保不发生新的矛盾纠纷。

5. 张掖农场与东乐乡西屯村土地争议问题的处理　1991年4月，山丹县人民政府批转《关于解决国营张掖农场与山丹县东乐乡西屯村社土地争议问题的协议的通知》（山政发〔1991〕44号），从双方形成的有关历史资料和调查核实的权属看，国营张掖农场和东乐乡西屯村社之间的场社界线总的划分是清楚的。鉴于双方对《6.5协议》的个别地段认识不一致和1989年4月《土地权属界线协议书》的法律手续不尽完备的实际情况，会议根据《中华人民共和国土地管理法》第十三条规定，对农场和村社接壤的具体分界线重申场社界线以此件为准，今后任何一方不得擅自改变已定的场、村、社界线。

2020年，根据甘肃省农垦集团改革发展需求，做好垦区土地清查工作，摸清农场土地资产底数，规范土地权属，实现土地资源信息化管理，开展土地换发不动产权证工作，到2021年，该项工作启动尚未全部完成。

四、土地管理与创新

土地管理工作坚持以"维护国有土地资源为中心，服务企业经济发展为终点"认真履行本职工作，确保企业土地管理工作规范化运行。

1. 土地管理机制　通过进一步调整优化部室设置，与所属基础单位签订土地管理目标责任书，理顺企业土地资源管理机构职能，基本实现了土地资源规范化管理目标。

2. 信息化管理　通过开展土地测绘、换发不动产权证工作，解决土地管理混乱及边界纠纷问题，同时建立信息库，实现信息化管理。

3. 国土空间规划编制　积极配合甘州区自然资源局做好第三次全国土地调查工作，做好国土空间规划，与甘州区自然资源局沟通协调，已将农场纳入甘州区整体规划。

4. 违法用地处置力度　通过与基层单位签订《国土资源管理目标责任书》，建立微信群、开展土地边界动态巡查月报制度等措施，严查私搭乱建行为，预防各类土地违法违规行为发生，真正做到"早教育、早发现、早制止、早报告、早处置"。巡查检查结果纳入年底工作考核中。

1996 年，甘肃省农垦总公司为切实保护和充分利用国有土地资源，对管理土地做出一定成绩的予以表彰，张宗玉获得先进个人称号，1997—1998 年，农场连续两年受张掖地区土地管理局张掖农垦分局表彰，颁发奖牌 1 块。

第三节　社会治安管理

一、机构设置

建场初期，农场无专门治安管理机构。1964 年，农建十一师政治部设公、检、法机构，成立河西垦区人民法院、河西垦区检察院、河西垦区公安处，行使地区级公、检、法职权。团场政治处相应设立政法股，行使场内公、检、法职责。1970 年，农建二师撤销师公、检、法机构，师政治部成立保卫科，行使专政职权。团场政治处也相应撤销政法股，设立保卫股，业务上受师政治部保卫科领导。恢复农垦体制后，场部设保卫科，在农场党委和张掖市（县）公安局领导下进行治安保卫工作。保卫科的基本职责有：大力加强场内安全防范，坚决打击各种违法犯罪活动；依靠或协助地方公安机关侦破各类刑事案件，包括勘查现场、询问证人及被告、追缴赃物赃款、警告裁决等；监督考察在本单位的监外执行、假释、缓刑和判处管制的罪犯；调解处理民事纠纷；实施安全监督；承办农场户口户籍管理等工作。

二、工作体系

场内治安工作坚持"预防为主，管理从严，打击犯罪，保障安全"的方针。在加强职工遵纪守法教育的基础上，完善各项治安保卫规章制度和责任制，建立治安保卫体系，实行治安综合治理。20 世纪 70 年代末，全面进行《职工守则》等纪律教育，惩处一批违法乱纪职工。20 世纪 80—90 年代，开展经常性普法教育、法制与道德教育，提高职工法治观念和遵纪守法的自觉性。1982 年，根据公安部门《关于机关企事业单位内部安全防范措施》的规定，制定农场《安全防范措施和岗位责任制》，整顿场内治安秩序，加强各基层单位保卫工作。1987 年，制定《国营张掖农场内部治安管理条例》，建立单位治安承包责任制度，把治安保卫工作列入基层单位目标管理和年终考核项目。各基层单位也都把内部治安工作纳入生产经营和行政管理体系，确定本部门重点防范部位，制定防范措施，加强巡逻值班制度。1988年，修改完善《治安管理条例》，治安工作列入承包责任合同管理，层层落实到人。建立了保卫科抓面、单位负责人抓片、治安承包员抓段的三级责任制，领导与群众相结合，专职与兼职相结合，完善群防群治内部治安保卫体系。1990年，为加强岗位保卫工作，建立《门卫值班制度》《现金、票证管理制度》《物资仓库、油库、酒库等仓库管理制度》《档案管理制度》等，使内部治安保卫工作职责分明、有章可循。保卫科对违反治安者，实行警告、罚款、拘留、行政处分等处罚；对触犯刑律的，依法追究刑事责任。1991年3月，农场四届三次职工代表大会选举成立"人民调解委员会"，各基层单位设立"调解小组"，各班组建立"兼职调解员"。按农场制定的《调解工作细则》，做好治安防范和职工民事纠纷调解工作，减少案件发生，维护正常秩序，增强内部团结。同期，加强对青少年和在校学生的法制教育。对有轻微犯法行为和失足的职工、学生，逐人建立"三结合"帮助小组，由本人、家长、单位领导共同签订《挽救违法青少年》协议书，共同制定帮教措施，耐心细致地做好思想转化工作。凡职工、青年、学生进行违法犯罪活动，除对本人依法查处外，并要追究单位领导、家长责任。

1992—1993年，贯彻中央《关于加强治安综合治理的决定》，按照谁主管谁负责的原则，农场保卫科与基层37个单位、38个治安协调小组和210名个人签订《治安目标责任书》；成立2个义务消防队；召开全场治安综合治理经验交流会，进一步健全组织、完善制度，实现"打击、防范、管理、建设"分头齐进，常抓不懈。1994—1995年，根据种植特种药材的需要，重点加强了特种药材的种植、收割、运输、保管和贮运等环节的安全保卫工作，坚持昼夜值班，严格检查出入人员，保证特种药材安全生产。实行治安综合治理一票否决制。对重点部位做到定岗、定人、定责。及时调查处理各种矛盾和纠纷，减少各类案件和事故的发生。1996—2000年，保卫科主要以"打击、防范、管理、建设"分头并进，做好全场的安全工作。2001年，成立特药科，特药科主要负责特药种植、采收、仓储、调运等管理工作，雷根元任科长。特药生产期间的巡查保卫工作和保卫科联动。2005年，保卫科将户籍档案全部移交甘州区公安局。2006年，甘州区公安局对农场所有户籍人员发放户口本。2012年，保卫科和特药科职能分离，保卫科主要负责全场的治安巡逻，特药种植、运输期间协助特药科工作，第一次安装视频监控。

2012年6月，报甘州区公安局备案，保卫科变更为保卫处。2014年，对场部周边居民楼全部安装视频监控。2015—2016年，保卫科以做好调解员、巡逻员为主要工作内容。2017年，治安工作移交张掖市甘州区碱滩派出所。

20 世纪以前，各类治安事件频发，随着社会治安的加强，张掖农场刑事案件、治安事件和民事调解均有很明显的下降趋势，2019—2021 年各类治安事件已趋近于零，场区治安较好，社会稳定（表 5-19）。

表 5-19　张掖农场 1982—2021 年刑事治安案件统计表

年份项目	刑事案件（件）		破获积案（件）	追回赃款赃物（元）	罚款（元）	挽回直接经济损失（元）	治安案件（件）					民事调解（件）
	发生	破案					行政拘留	打架闹事	赌博团伙	火灾事故	偷窃	
1982	6	5	5	—	—	—	2	2	—	—	—	—
1985	3	2	1	—	—	—	1	4	—	—	—	—
1986	7	5	3	—	—	—	2	4	—	2	—	—
1987	9	8	2	3307	1407	4756			—	1	—	—
1988	5	2	—	2000				2	—	1	—	—
1989	4	4		1128				1	1	—	—	—
1990	6	5		4550	1200			2	—	1	—	28
1991	5	4	—	22690				1	—	—	—	多起
1992	1	1		1050.4	5450	5820	1	5	—	—	—	9
1993	—	—	4	3000		1500		3	—	—	—	12
1994	1	1	—	—	—	40000		4	—	—	—	多起
1995	1	1				8500		1	—	—	2	39
1996									—	—	—	1
1997	3	1			200			2	—	—	4	11
1998								—	—	—	—	2
1999												—
2000												—
2001												—
2002	5	3							—	—	—	8
2003	7	1							—	—	—	4
2004	1	3							—	—	—	3
2005	4	2							—	—	—	3
2006									—	—	—	2
2007												—
2008												—
2009												—
2010												—
2011												—
2012	2	3	—						—	3	—	3
2013	5								—	1	—	8
2014	4	1							—	1	—	—
2015	1	2							—	2	—	2
2016	5	1							—	2	—	1
2017	5	2							—	1	—	1
2018	—	2							—	—	—	2
2019	1	—							—	—	—	1
2020	—	—							—	—	—	—
2021	—	—							—	—	—	—

第八章　安全生产和特药管理

第一节　安全生产

一、管理机构

1978 年，农场成立安全领导小组，各机车组配兼职安全员，各单位建立各项安全生产措施。1986 年，贯彻《甘肃省农垦安全生产工作规定》，加强安全生产组织建设，农场成立安全生产委员会，由一名副场长分工管理安全生产工作，各基层单位设安全生产领导小组，由主要领导负责。车间、机车车组设兼职安全员。农场制定《安全生产条例》和安全生产防范措施。按照"管生产必须管安全"的原则，实行单位领导安全责任制，加强安全生产工作。1988 年，安全生产工作列入各单位主要领导承包合同，作为年终考核评分内容之一。1991 年，在年终考核评分中实行安全生产一票否决制，以突出安全生产的重要性。1993 年，贯彻落实甘肃省农垦总公司《1993 年安全生产工作要点》，调整、补充农场安全生产委员会和基层单位安全组织成员。副场长张耀源兼任农场安全生产委员会主任，委员 7 人分别由劳资、计财、保卫、生产、农机、工商、行政管理等科的科长兼任，安全生产委员会办公室设在劳资科。场属科级单位设安全生产领导小组，队级单位设安全生产小组，组长都由各单位行政领导兼任，设安全员，制定适合本单位特点的安全管理制度。1997 年，为进一步贯彻落实省农垦总公司《转发农业部农垦局〈关于印发全国农垦安全生产工作会议纪要的通知〉的通知》精神，切实搞好农场的安全生产工作，经农场党委会研究决定，对农场安全生产委员会委员和基层安全小组组长进行调整补充。2001 年 5月，经农场办公会议研究，决定对场安委会委员和基层安全小组组长进行调整补充。2007年 3 月，张掖市禁毒委、甘肃省农垦集团特药处为加强农场特药安全生产管理，根据省、市禁毒工作会议精神，经农场与甘州区禁毒办研究决定，成立张掖农场特药安全生产联合管理委员会。2009 年，按照《二〇〇九年张掖市维护稳定责任书》的要求，经农场党委会研究，成立张掖农场维护稳定工作领导小组。党委书记场长王希天任组长，纪委书记周文集任副组长。6 月，为搞好农场内部安全生产工作，健全安全生产管理组织，经场长办公会议研究决定，对农场安全生产委员会和基层安全生产领导小组成员作出调整，毛录让任农场安全生产委员会主任，主持全场安全生产工作。2011年，对农场安全生产委员会和基层安全生产领导小组成员作出调整，由场长王经富任农场安全生产委员会主任，周文集任安全生产委员会副主任。2013年，根据省、市禁毒工作会议精神和甘肃省农垦集团关于《甘肃农垦特药安全生产工作领导责任追究办法》《甘肃农垦特药安全生产管理考核内容（试行）》文件精神，农场与甘州区禁毒办研究决定，成立张掖农场特药安全生产联合管理委员会，对领导成员进行调整。

2017年，根据甘肃省农垦集团《关于进一步做好党的十九大网络安全服务保障工作的紧急通知》和《关于成立甘肃省农垦集团公司网络安全领导小组的通知》（甘垦集团〔2017〕174号）文件精神，农场党委研究决定，为全面落实企业网络安全工作主体责任，做好网络安全服务保障，农场成立党的十九大网络安全工作领导小组，毛学科任组长。当年10月，农场党委会议研究决定，为做好农场特药安全生产管理工作，结合农场实际，调整张掖农场特药安全生产领导小组，农场党委副书记、场长贾勇杰任组长。2018年，党委书记、经理王经富任安全生产委员会主任，贾勇杰任副主任。2019年党委书记、经理王经富任安全生产委员会和基层安全生产领导小组主任，党委副书记、场长连永清任副主任。2021年，党委书记、经理王经富任安全生产委员会，党委副书记、场长李宗国任副主任。

二、安全检查

开展全面安全检查，以消除隐患。安全检查范围包括机械、农药、危房、库房、油库、各种生产设备、各类牲畜的管理、家庭农场及各户定点堆放的饲草、柴草等处。1981年5月，根据中央九部委联合下发的《关于开展安全活动的通知》精神，在全场范围内开展安全竞赛月活动，并在全体机务人员中开展安全"六查"活动，制定安全月活动检查评比标准，其中有安全员设置、安全措施规定和落实检查、是否严格执行机务规章制度和遵守交通规则、机具的保养程度、机具的技术状况、外容整洁度和发生责任事故等。评比采用分项记分，评比结果通报全场作为年终奖罚依据。冬季安全大检查紧紧围绕冬季"七防"（防冻、防寒、防火、防滑、防爆、防毒、防交通事故）的内容，查隐患、堵漏洞。1995年，农场配合第二次全国性安全生产活动，在组织场属各单位进行安全生产自查的基础上，组织专门机构，对全场进行安全生产检查，对检查出来的事故隐患和安全生产管理工作中的不足，采取堵漏洞并加强安全生产管理等措施。1997年，农场成立7～9人组成的安全生产委员会，委员会实行分工负责，各单位一律成立安全领导小组，各车间、班组、车组要有 1 名安全员。不论专职或是兼职安全员都要经常向职工进行安全生产教育、安全规章制度教育、经济效益与安全生产的关系教育。

2010 年，开展安全生产大检查，坚持每季度对全场基层单位安全生产情况和安全规章执行情况检查一次的制度，做到防患于未然。建筑公司、机械公司、麦芽厂、番茄酱厂、砖厂等事故易发单位被列为重点，随时检查，发现苗头，及时整改，有效杜绝了生产事故的发生。在全场职工中开展"尽职业责任、讲职业道德、守职业纪律，学职业技能"活动，要求各级管理人员必须自觉履行安全职责，从业人员必须熟练掌握操作规程和技术要领，起到了从源头上堵塞漏洞、消除隐患的效果。重点对农业生产单位防火、汛期防汛和安全等进行全面的监督检查。特别是"安全生产月"期间，正逢汛期到来，农场办下发《关于抓好近期防汛抗旱工作的通知》，对防汛工作进行了全面的安排部署，并对各单位防汛工作准备情况进行检查。各基层生产单位对防汛工作进行自查，制定汛期安全生产应急预案，对存在的安全隐患问题进行排查治理。如对排洪渠进行疏通、清理和整修。每年7—10 月特险期实行 24 小时值班制度，使农场在汛期不发生问题。

2013 年 3 月，召开党政联席会议，强调加强安全生产监督检查，制定管理人员的年终奖罚考核办法。

2015 年 9—10 月，甘肃亚盛实业（集团）股份有限公司秋季安全检查紧急会议（张掖片区）召开。会后，及时召开会议安排部署，查隐患、堵漏洞，制定措施、落实责任到人。当年，按照甘肃省农垦集团党委《关于开展网络与信息安全检查的通知》要求，农场党委严格按照上级部门要求，积极完善各项安全制度、充分加强网络与信息安全工作人员教育培训、全面落实安全防范措施，应急处置能力得到切实提高，确保网络与信息安全无事故，保证了网络持续安全稳定运行。2018 年，根据甘肃省农垦集团关于转发《农业农村部办公厅关于进一步加强当前农业安全生产工作的紧急通知》《甘肃省安全委员会关于全省冬春火灾防控工作实施方案的通知》《省国资委关于省属企业做好冬季安全生产大检查工作的通知》等文件精神及甘肃亚盛实业（集团）股份有限公司有关文件精神，结合安全生产方面的问题，经安全生产委员会研究，对冬季安全生产进行检查部署。此后，每年都组织安委会成员对全场进行各项专项安全生产工作检查。

三、突发公共事件处置

2007 年，按照甘肃省农垦集团《关于加强突发公共事件信息报告工作的精神》，农场召开专题会议研究，成立张掖农场社会性突发事件应急领导小组，场长王希天任组长，副场长王培文任副组长。2016年，按照甘肃亚盛实业（集团）股份有限公司和中共张掖市委办公室、张掖市人民政府办公室《关于进一步加强应急管理工作的通知》，经农场党委会议研究决定，调整突发公共事件应急领导小组，组长由经理王经富担任。2017年，为确保做好党的十九大期间全场维稳安保工作，经农场党委研究，决定成立张掖农场在党的十九大期间的维稳安保指挥部，主要负责党的十九大期间农场维稳安保工作的安排部署和协调落实工作，经农场办公会研究决定，调整突发公共事件应急领导小组，组长由场长贾勇杰担任。当年，为贯彻落实《甘肃省突发公共事件总体应急预案》《关于调突发公共事件应急领导小组的通知》要求，进一步加强甘肃亚盛张掖分公司各级部门对应急管理工作的组织领导，及时有效地处理好突发事件，经分公司会议研究决定，调整甘肃亚盛实业（集团）股份有限公司张掖分公司突发公共事件应急领导小组，组长由王经富经理担任。

四、防汛救灾

2013年，《张掖农场山洪灾害防御预案》报甘州区抗旱防汛指挥部审核同意。2018年，根据亚盛股份公司关于进一步做好防汛救灾、汛期安全生产工作的紧急通知要求，结合张掖分公司实际，扎实做好防汛救灾工作，成立亚盛张掖分公司防汛救灾工作领导小组。组长党委书记、经理王经富担任，副组长由党委副书记、农场场长贾勇杰担任。

五、灾害防御预警演练

2018年4月，农场在三分场进行山洪地质灾害防御预警演练，参加演练的人员有甘州区水务局和防汛办公室相关人员，大满灌区主任及相关工作人员，亚盛张掖分公司党委副书记、张掖农场场长贾勇杰、副经理张向军，职工医院救护人员2人，三分场干部职工50人，二分场干部职工15人，一、四、五、六、七分场干部8人。当年，根据张掖市人民政府办公室《关于贯彻省政府关于临泽地震形势对策意见的紧急通知》和张掖市防震减灾工作领导小组办公室《关于做好地震应急工作的紧急通知》文件精神，为认真做好防震减灾准备工作。经农场办公会研究决定，成立防震减灾领导小组。加强安全生产应急管理工作，提高预警防范和处置事故灾难的能力，突出预防为主，着力做好事故超前防范的各项工作，在完善安全生产应急预案，加强各类事故以及可能危及安全生产的自然灾害的预测、预报、预警、预防工作的同时，进一步强化应急救援队伍的管理，建立应急值班制度，提高突发事故处置能力，成立了重大事件应急办公室，针对防汛、火灾、交通事故等方面制定了《重大事故急救预案》。在安全生产月期间，农场组织农业一线职工和领导干部 50 余人，举办 1 天的防汛和火灾急救专项培训和演练，使广大领导干部和职工增强了防震减灾知识，提高了防范意识，收到很好的效果。2020 年 9 月，由张掖市甘州区举办的甘州区 2020 年抗震救灾、暨防汛抗洪应急处理突发事件综合演练在农场三、九分场防洪堤坝举行。2021 年，成立应急管理部，武志强任部长。当年 1 月，邀请新鼎安消防安全知识宣传中心警官，举办消防安全培训班，参训人员达到 70 余人次。通过讲解、分析实际案例，参加培训的人员深刻认识到火灾带来的危害，提升了大家对预防火灾隐患的安全意识。当日，新鼎安消防安全知识宣传中心现场指挥消防安全应急演练，分公司和老寺庙社区组织 110 余人参加演练。此次演练，主要以安全使用干粉灭火器灭火为主要内容，演练人员之间广泛交流与沟通，学习了消防设施使用技巧，有效提高了分公司干部群众的安全意识。

六、新冠肺炎疫情防控演练

2021 年 11 月，为坚决打赢新冠疫情防控阻击战，进一步落实细化疫情防控应急预案，规范处置流程，增强实战操作能力，为平稳有序安全复工复产做好充分准备，围绕复工复产防控的各个环节以及突发应急情况，开展"全情境，全流程"的模拟仿真疫情防控应急演练，分公司、社区和卫生院 3 个单位联合开展新冠感染疫情防控应急演练，共有 80 余人分 8 个演练组参加演练。

第二节　特药管理

一、管理机构

1998 年 2 月，为加强特种药材生产的安全管理，根据农场各部门调整后的人员变化，将农场特药安全生产领导小组进行调整，由张掖农场副场长张希林主管工作。2001 年，甘肃省农垦总公司特药处将农场特药安全生产领导小组构成进行调整，由农场场长王希天主持全场特药工作。2002 年，根据农场领导分工和基层干部的调整，将农场特药安全生产领导小组进行调整，由农场场长、党委副书记王希天任组长。2007 年按照甘肃省农垦集团《关于甘肃农垦关于加强突发公共事件信息报告工作的通知》的精神，农场召开专题会议研究，成立了张掖农场社会性事件应急领导小组，农场场长王希天任组长，张掖农场副场长王培文任副组长。当年，为加强张掖农场民乐分场特药安全管理，根据省、市禁毒工作会议精神，经农场与民乐禁毒委研究决定，成立民乐县特药安全生产联合管理委员会。由农场场长王希天担任安全生产联合管理委员会主任。2012 年 2 月，民乐县禁毒办、甘肃省农垦集团特药处为加强特药安全生产管理，共同维护民乐县"无毒县"成果，根据省、市禁毒工作会议精神和民乐县禁毒委及张掖农场干部调整情况，经张掖农场与民乐县禁毒委研究决定，成立民乐县特药安全生产联合管理委员会。由张掖农场场长王经福任主任，民乐县公安局副局长姚英善任副主任。当年，根据省、市禁毒工作会议精神和省集团公司关于《甘肃农垦特药安全生产工作领导责任追究办法》《甘肃农垦特药安全生产管理考核内容（试行）》，农场成立特药安全生产领导小组，由农场场长王金福任组长、副场长王健伟任副组长。2016 年，按照甘肃亚盛实业（集团）股份有限公司和中共张掖市委办公室、张掖市人民政府办公室《关于进一步加强应急管理工作的通知》，经场农党委会议研究决定，调整突发公共事件应急领导小组。由经理王经富担任组长。

二、报警联网

2017 年，根据《麻醉药品和精神药品管理条例》第四十六条的规定和国家食药监总局、农业部、公安部联合督导检查组关于甘肃农垦所属特药种植农场的特药中转库房必须与当地公安机关报警系统联网，以确保特药中转库的安全的要求。为确保特药中转库房的安全，在中转库房遇到险情时能够及时处理，在甘州区禁毒委的协调支持下，特药中转库房与甘州区公安报警系统进行联网，正常运行。

第九章　档案管理

1990年7月，农场办公会议通过《张掖农场档案管理暂行办法》，规定对农场档案实行集中统一管理，做到档案完整、齐全、保密、安全、利用方便。2012年，亚盛张掖分公司制定《亚盛张掖分公司档案管理办法》，成立专门档案管理部门，建立档案室，配备兼职档案管理员，对公司所有档案采用集中管理，农场、分公司档案室统一分类存放，以维护档案的完整与安全，从此，农场档案工作向管理规范化迈进。

第一节　人事档案

农场设人事档案室1个，有档案管理人员2人，且都是人事业务人员，集中统一保管全场人事档案等资料。农场将劳资科档案管理作为重点工作来抓，公司与职工及时签订劳动合同并建立人事档案，员工的劳动合同在张掖市劳动监察部门进行统一备案，建立完善的劳动合同台账；在档案的整理过程中，做到分类准确、排列有序、层次清楚；认真做好档案管理的审核工作，使档案管理更加完整规范；人事档案为密件，存放合理，无关人员不得查阅，确需查阅时参照公司档案管理办法程序办理。2012年，全面加强公司各项基础管理工作，不断提高企业治理水平，建立、健全和完善各项管理制度，农场劳资科坚持从制度建设入手，发挥协调和指导职能，有效地促进农场各项管理的良好发展。根据《分公司内控管理制度》，结合工作实际进一步健全完善了亚盛张掖分公司人事档案管理办法等相关制度。2019年，根据《中共中央办公厅、国务院办公厅印发〈关于国有企业退休人员社会化管理的指导意见〉的通知》精神，为积极配合退休人员属地化移交，农场劳资科对退休人员档案进行重新整理，购置新档案袋，替换旧档案袋，农场人事档案管理升级，推动退休人员属地化移交进程。2020年，经农场与当地政府充分协商，按国家和甘肃省有关政策规定，共同推进省属国有企业退休人员社会化管理服务，农场移交退休人员989人档案，其中党员188名。2021年，按照甘肃省农垦集团公司相关要求，购置新档案袋，按人事档案管理要求，进行了十大类的划分整理，使农场人事档案管理更加规范化。当年10月底，有人事档案668卷（不含场级领导档案），其中管理人员档案97卷（在党委办公室存放保管），职工档案 571 卷。

第二节　文书档案

一、档案室硬件建设

通过几年对档案工作持续关注与投入，至 2021 年，农场已初步整合出 5 个综合档案室，加强人员业务培训，使档案管理工作得到进一步规范。当年，有档案管理人员 7 人，其中 1 人为助理馆员职称，场属各分场都设兼职档案员，管理本单位档案及资料。在档案室硬件建设上，农场投入大量的资金，定期不定期为档案室购置档案柜、档案架等基本硬件设施，从档案保存安全出发，在防火、防盗、防潮、防光、防尘、防虫等方面采取积极的防范措施。

二、档案分类梳理

通过分类梳理，由档案室集中、统一保管政、工、团、妇、兵等组织的文书和科技、财务、资料等档案，具体情况如下。

1954—1995 年文书档案 572 卷，内有永久保存 246 卷，长期保存 148 卷，短期保存 178 卷，另有科技档案 40 卷，会计档案 2818 卷。音像档案 15 册（盒）。其中 1966 年以前的文书档案（永久卷、长期卷）已移交给张掖地区档案馆管理。1996—2012 年，有永久卷文书档案 118 卷，长期卷 126 卷，短期卷 255 卷。2013—2021 年，文书档案共计 202 卷。

三、档案管理与维护

农场的档案工作由场领导分工负责，各类档案有专人负责管理。依据国家档案行业标准《企业档案工作规范》结合农场各类档案价值、重要性等，农场档案室将各类档案保管期限划分为永久、长期（16～50 年以下）、短期（15 年以下）3 种。每年对档案定期进行价值鉴定工作 1 次，对确实没有保存价值的档案，进行登记造册，经有关领导审核批准并经公司经理同意，剔除、销毁、清册，在指定地点由专人负责进行销毁。

四、档案存放、查阅

农场档案室在维护存放和使用档案中始终遵循科学、规范和有序原则，不受或少受人为自然损坏，并尽量延长其"自然寿命"。并对农场职工的各类档案进行分类标号，建立手写和计算机检索目录，方便农场各部门查阅、利用。对涉及农场商业秘密的档案实行保密管理。保密档案分"绝密""机密""秘密"三级。农场职工或者相关人员要查阅档案，必须遵守相关规定，秘密级档案由办公室负责人批准，机密级档案由主管领导批准，绝密级档案由公司经理批准，查阅借阅重要档案，须经分管领导批准。

五、档案使用

农场职工或相关人员要查阅、借阅档案时，除相关责任人批准签字外必须填写《档案借阅登记簿》或《档案借阅登记表单》。使用完毕后，由使用者在档案使用效果登记簿上如实填写利用情况。

第三节　项目档案

项目档案记录着项目建设的全过程，是项目建设的历史见证，也是项目建设后生产、管理、维修、维护、改建、扩建的重要参考文件。加强项目档案管理，确保项目档案的齐全、完整、准确具有非常重要的意义。

一、档案类型

项目档案主要包括项目申报文件、投资计划下达文件、可研报告、申报文件、批复文件、初步设计（实施方案），项目地质勘查报告、施工图设计及报审文件和城建规划、开工等批复文件以及招投标申报批复文件、评标过程记录、中标通知书、施工合同等。工程建设技术交底资料、工程预决算资料（耗材）、发布招标公告、评标标准和评标办法、中标单位、中标通知书、签订的合同等。委托监理合同、监理规划、监理细则、监理日记、监理月报、监理指令文件（监理工程师通知书、监理工程师通知回复单、备忘录、工程停工令、工程开工/复工报审表）、与被监理单位及设计单位来往的函件、会议纪要、工程计量单、工程款支付证书、竣工结算审核意见书、施工组织设计施工方案审核签证资料、监理总结报告、工程质量评估报告、工程质量安全事故调查处理文件、工程验收资料、分包单位资格报审资料、索赔文件资料、原材料报验资料、工程变更单、监理工程的监理台账等。单项工程验收资料、竣工图、工程质量检验报告等。项目建设中为解决实际问题而召开的各种会议记录、纪要，各级行政及管理部门为促进项目建设而发的文件，项目建设过程的各种总结检查、变更文件等。成立项目建设领导小组及其职责的文件、项目财务管理办法、项目建设管理办法及技术要点、操作规范、工程管护办法，针对项目检查、验收下发的文件资料，项目建设中存在问题的整改方案等。项目竣工验收申请报告、项目建设总结报告、批准的项目建议书或可研报告、投资计划文件、批准的项目初步设计、施工图、竣工决算、竣工审计报告、工程质量检验报告、环保、消防等验收合格证照等。

2006年以前，项目档案主要由项目组织实施部门分别管理。2006年亚盛入组以来，张掖分公司项目档案由项目部管理，2020年分公司机构改革，项目档案由规划发展部管理。

二、档案管理与维护

为全面做好项目档案管理，配备专人负责做好档案的收集和管理工作，确保项目技术文档资料完整、准确、规范、标准、系统。技术文档资料的收集责任落实到人，档案管理与建设项目同步进行。工程竣工后，技术档案管理员列出应该归交资料清单，向相关资料负责人或单位催收。

1. **档案范围** 上级主管部门的立项批复、可行性研究批复、初步设计批复、建设用地许可证、规划许可证、施工许可证、地勘报告、初步设计、施工图、变更、工程联系单、施工单位提供的竣工资料等。可行性研究报告、方案设计委托书及任务书、方案设计图、施工图设计要求、初步设计审查意见、施工图审查通过通知书、地形图、工程声像资料、合同、工程预算表、竣工决算、审计结论等。

2. **档案管理** 档案管理人员将收集到的资料分类、编目、装订成册后按照农场档案馆要求办好移交手续。

档案一般只供查阅，如需外借须经处主管领导审批，并约定归还日期，档案资料原件一律不外借。查阅、借用档案者，应保证档案资料完整无损，严禁撕损、涂改、抽页、污损。档案管理人员做好档案资料的"防火、防盗、防潮、防虫、防尘"工作，以延长档案的使用寿命。档案发生丢失、被盗以及其他严重情况时，管理人员及时向主管领导汇报，以便采取补救措施（表5-20）。

表5-20　张掖农场2011—2021年农村公路建设台账

项目名称	项目规模		总投（决算后额）（万元）	交通运输部车购税补助金（万元）	自筹资金（万元）	设计批复单位	资金来源	招标方式	招标地点	中标企业	法人	备注
	里程（千米）	等级										
合计	74.519		915.941	2588.661	327.28							
2011年	10.2		343.34	222	121.34							
张掖农场1号路	1.2	四级		42		市交通运输局	交通运输部车购税补助+地方自筹	公开	张掖农场	民乐恒泰公路工程有限责任公司	朵天平	车购税18万用于统筹项目混凝土公路
			132.17		50.17							
张掖农场4号路	2	四级		40		市交通运输局	交通运输部车购税补助+地方自筹	公开	张掖农场			车购税10万用于统筹项目混凝土公路
张掖农场2号路	2	四级		40		市交通运输局	交通运输部车购税补助+地方自筹	公开	张掖农场	武威金羊建筑工程公司	张万瑞	车购税10万用于统筹项目沥青公路
			211.17		71.17							
大满干渠——张掖农场养殖场	5	四级		100		市交通运输局	交通运输部车购税补助+地方自筹	公开	张掖农场			车购税25万用于统筹项目沥青公路
2012年	15.5		485	465	20							
张掖农场2号路	15.5	四级	485	465	20	市交通运输局	省补+张掖农场自筹	公开	区交通运输局	甘肃滕泰公路建筑有限公司	滕文成	混凝土公路
2013年	3.2		118.09	96	22.03							
张掖农场4号路	1.2	四级		66		市交通运输局	交通运输部车购税补助+地方自筹	公开	区交通运输局	甘肃省张掖市公路工程局	苏建华	混凝土公路
			118.09		22.03							
张掖农场3号路	2	四级		30		市交通运输局	财政补贴+自筹	公开	区交通运输局	甘肃省张掖市公路工程局	苏建华	混凝土公路
2014年	11.9		594.21	476.00	118.21							
张掖农场1号路	11.19	四级	594.21	476.00	118.21	市交通运输局	交通运输部车购税补助+地方自筹	公开	张掖市公共资源交易中心	青海省隆达路桥有限公司	马胡才	混凝土公路
2016年	29.990		1210.24	1199.6	10.64							

（续）

项目名称	项目规模		总投(决算后额)(万元)	交通运输部车购税补助金(万元)	自筹资金(万元)	设计批复单位	资金来源	招标方式	招标地点	中标企业	法人	备注
	里程(千米)	等级										
G312线—闸新建1社	15.710	四级										
G312线—碱滩永定村	2.390	四级	1210.24	1199.6	10.64	市交通运输局	交通运输部车购税补助＋地方自筹	公开	张掖市公共资源交易中心	甘肃神工路桥建设有限责任公司	张成杰	混凝土公路
G312—CC21K5.4	10.440	四级										
CC22—野水地1社	1.45	四级										
2021年	3.729		165.061	130.061	35.00							
2021年甘州区老寺庙社区张掖农场通自然村(组)道路工程	3.729	四级	165.061	130.61	35.00	市交通运输局	财政补贴＋自筹	公开	甘州区	甘肃盛邦建设工程有限公司	周伟	混凝土道路

第四节　会计档案

2001 年前，张掖农场各二级单位分别设有财务室，因各单位距离较远，会计档案无法进行统一管理，由各单位根据实际情况自行保管。2006 年入组亚盛股份公司后，张掖分公司各单位财务人员搬至机关办公楼集中办公，设有 3 间财务档案室，将各单位所有会计档案进行统一管理。

一、硬件设施建设

2012 年以来，加强会计档案管理，有效保护和利用会计档案，张掖分公司进一步建立健全各类规章制度，制定《张掖分公司会计档案管理办法》，从会计档案的建立、整理、归档、保管、监销等，逐项细化会计档案管理工作，明确责任，确保会计档案的完整性。2015 年之后，逐年加强档案硬件设施建设，购进 10 余组档案柜，增加档案存放容量，档案管理工作逐渐升级。根据《张掖分公司会计档案管理办法》的规定，从会计基础工作入手，对原有会计凭证、账簿、财务报表等会计档案进行整理、造册、登记，由专人进行管理。2020 年，张掖分公司财务部从组织管理、基础设施、档案信息化建设等方面，责任到人、层层分解，严格按照档案接收、整理、保管等程序规定进行管理，根据会计档案的真实性、完整性、时限性、保密程度进行分类，增强档案的保存价值和使用价值；档案入库后，切实加强对会计档案的保管，规范档案借阅等审批流程，定期对档案室进行清洁打扫，做好防火、防盗、防虫等预防工作。

二、会计档案分类

张掖分公司现有会计档案范围和种类如下。

1. **会计凭证**　原始凭证、记账凭证，其他会计凭证。

2. **会计账簿**　总账、明细账、日记账、固定资产卡片账、辅助明细，其他会计账簿。

3. **财务报告**　月度、季度、年度财务报告，包括会计报表、附表、附注及文字说明，其他财务报告。

4. **其他银行**　存款余额调节表、银行对账单、应当保存的会计核算专业资料，会计档案移交清册，会计档案保管清册，会计档案销毁清册。

三、归档管理和移交

1. **统一管理**　各单位每年形成的会计档案，都应由财务部按照归档的要求，负责整理立卷，装订成册，编制会计档案保管清册。

2. **基层管理**　当年形成的会计档案，在会计年度终了，可暂由本单位会计人员保管 1 年。期满之后，原则上由财务部编造清册，移交财务档案室，指定专人保管。

3. **档案利用**　会计档案应当积极供本单位利用。会计档案原件不得借出，如有特殊需要，应严格按照《张掖分公司会计档案管理办法》的规定，经相关负责人审批后，可以提供查阅或复制，并办理登记手续。

4. **档案交接**　交接双方应当办理会计档案交接手续。移交会计档案的单位或个人，应当编制会计档案移交清册，列明应当移交的会计档案名称、卷号、册数、起止年度和档案编号、应保管期限、已保管期限等内容。交接会计档案时，交接双方应当按照会计档案移交清册所列内容逐项交接，并由交接双方单位或部门负责人负责监交。交接完毕后，交接双方经办人员和监交人员应当在会计档案移交清册上签名或盖章。

四、保管期限

会计档案的保管期限分为永久和定期两类。定期保管期限一般为 10 年和 30 年。保管期限从会计年度终了后的第 1 天算起。

五、档案的销毁

1. **销毁档案审核**　应由会计档案管理员提交销毁申请报告，并填入"会计档案销毁清册"，经会计档案主管部门和审计部门审核后，按法定程序销毁。

2. **撤销、合并单位档案**　会计档案应随同单位的全部档案移交指定的单位，并按规定办理交接手续。

3. **会计档案销毁**　会计档案主管部门和审计部门应派专人到现场监督整个销毁过程。

第五节　科技档案

1990—2021 年，由生产科负责管理科技档案管理工作，包括科技项目申报文件、立项批复、试验总结、技术推广资料等科技核算的专业材料。2006 年，入组亚盛股份公司，张掖分公司科技工作由生产营销部管理，对接收的科技档案，进行分类、编目、登记、统计和归档。2020 年，科技档案由科技产业部管理。

一、档案管理与维护

档案部门对接收来的科技档案，负责分类、编目、登记、统计和必要的加工整理。拟定了农场科技档案分类大纲。依据国家档案行业标准《企业档案工作规范》，结合农场各类档案价值、重要性档案农场档案室将各类档案的保管期限划分为科技档案的保管期限，分为永久、长期、定期 3 种。定期进行价值鉴定工作。对确实没有保存价值的档案，进行登记造册，经有关领导审核批准同意，报送上级主管部门备案。剔除、销毁、清册，在指定地点由专人负责进行销毁，防止失密。

二、科技档案分类

张掖农场现有科技档案的范围和种类如下。

1. **科技项目类**　申报资料、立项批复、试验数据、试验总结。

2. **新品种、新技术推广类**　技术指导建议、通知、年度总结。

3. **科技报表类**　月度、季度、年度科技报表，包括科研经费报表、试验进度附表、附注及文字说明。

4. **其他类**　年度科技工作季度、半年、年终总结，科技专题报告等。

三、归档和移交

1. **统一管理**　各单位每年形成的科技档案，都应由科技产业部按照归档的要求，负责整理立卷、装订成册、编制科技档案保管清册。

2. **整理集交**　科技项目档案，在项目结项后，由项目资料收集负责人统一整理后编造清册，移交科技产业部保管。

3. **档案利用**　科技档案应当积极供本单位利用。科技档案原件不得借出，如有特殊需要，应严格按照《张掖分公司科技档案管理办法》的规定，经相关负责人审批后，可以提供查阅或复制，并办理登记手续。

4. **档案移交**　科技档案的交接，交接双方应当办理档案交接手续。移交档案的单位或个人应当编制科技档案移交清册，列明应当移交的档案名称、卷号、册数、起止年度和档案编号、应保管期限、已保管期限等内容。交接科技档案时，交接双方应当按照档案移交清册所列内容逐项交接，并由交接双方单位或部门负责人负责监交。交接完毕后，交接双方经办人员和监交人员应当在科技档案移交清册上签名或盖章。

四、存 放、查 阅、使 用

农场科技档案库房内空气、湿度恒定，并有防盗、防火、防晒、防虫、防尘等安全措施，定期检查科技档案的保管状况。对破损或变质的档案，要及时修补和复制，延长其"自然寿命"。并对农场科技档案进行分类标号，建立手写和计算机检索目录，方便农场各部门查阅利用。

对涉及农场商业秘密的档案实行保密管理。保密档案分三级："绝密""机密""秘密"。农场职工或者相关人员要查阅档案必须遵守相关规定。秘密级档案由办公室负责人批准，机密级档案由主管领导批准，绝密级档案由公司经理批准，查阅借阅重要档案，须经分管领导批准。

农场职工或者相关人员需查阅、借阅档案，除相关责任人批准签字外必须填写《档案借阅登记簿》或《档案借阅登记表单》。使用完毕后，由使用者在《档案使用效果登记簿》上如实填写利用情况。

第十章　制度建设

第一节　管理制度

　　1955 年建场以来，农场根据企业管理要求，联系生产实际，先后制定《行政管理》《财务管理》《劳动工资管理》《牲畜饲养管理》《机务管理》等规章制度，以加强全场责任制和企业管理。1989 年全场建立《经济体制改革方案》和《场规》等 15 项规章制度。1995 年，根据历次职工代表大会修改意见，经农场六届一次职工代表大会讨论通过了《张掖农场十四项规章制度》，制度包括《经济体制改革方案》《国营张掖农场场规》《爱国卫生管理条例》《关于进一步完善职工家庭农场的规定》《关于干部管理的有关规定》《劳动管理制度》《关于加强财务管理的若干规定》《关于承包经营考核与奖罚办法》《水利灌溉管理制度》等，有 8 个附件：《妇女工作条例》《关于农业生产队实行承包经营责任制的规定》《全员劳动合同》《劳动力管理》《养老保险制度实施办法》《住房制度改革》《关于建立储备金制度实施细则》《张掖农场人民调解委员会工作细则》。张掖农场各项业务和管理均沿用遵照执行《十四项规章管理制度》。

　　1997 年 7 月，农场调整差旅费标准。2000 年 5 月，农场规范场属单位统一装卸费、煤价，出台了内部装卸费、煤价的规定。2017 年 11 月，亚盛张掖分公司修订《差旅费管理办法》。

第二节　内控制度

　　在亚盛股份公司管理初期，对所有制度进行收集、整理，按照国家相关政策结合甘肃农垦、亚盛股份（上市公司）实际和规程修改和完善，形成内控制度贯彻落实。亚盛股份公司内控审计部，每年针对制度落实情况都进行 1～2 次专项审计。2012 年，成立内控制度领导小组，小组下设办公室，组织相关人员对内部运行制度进行了修订，废止一些不适用的制度，同时又新增一些新制度，经过反复讨论修改，提交农场职代会，讨论通过后形成《内控制度汇编》共十七章三十节，字数 16.7 万字，基本覆盖全场生产经营管理的各个方面（表 5-21）。

表 5-21　亚盛张掖分公司 2012 年装订成册的第一版《制度汇编》目录

章　节	制度名称
第一章 组织架构	亚盛张掖分公司党委办公室管理制度
	亚盛张掖分公司组织架构设置及管理办法
	亚盛张掖分公司经理办公会议事规则
	亚盛张掖分公司"三重一大"实施细则
	亚盛张掖分公司制度建设管理办法
第二章 人力资源	亚盛张掖分公司劳动用工管理办法
	亚盛张掖分公司员工招聘与录用办法
	亚盛张掖分公司员工岗位聘用办法
	亚盛张掖分公司员工劳动合同管理办法
	亚盛张掖分公司员工辞职管理办法
	亚盛张掖分公司员工退休管理办法
	亚盛张掖分公司员工奖励与惩罚制度
	亚盛张掖分公司经营管理目标年度考核办法
	亚盛张掖分公司员工培训管理制度
	亚盛张掖分公司员工社会保险管理办法
	亚盛张掖分公司机关员工劳动工作纪律管理规定
	亚盛张掖分公司员工工资方案
	亚盛张掖分公司员工轮岗管理实施办法
	亚盛张掖分公司人事档案管理办法
第三章 社会责任	亚盛张掖分公司安全生产管理办法
	亚盛张掖分公司农产品质量安全管理制度
	亚盛张掖分公司环境保护管理制度
	亚盛张掖分公司资源节约管理制度
	亚盛张掖分公司顾客投诉管理制度
	亚盛张掖分公司促进就业与员工权益保护制度
	亚盛张掖分公司对外捐赠管理制度
第四章 资金活动	亚盛张掖分公司财务管理制度
	亚盛张掖分公司现金管理办法
	亚盛张掖分公司银行存款管理办法
第五章 采购业务	亚盛张掖分公司采购管理制度
	亚盛张掖分公司仓库管理制度
	亚盛张掖分公司客户管理制度
第六章 资产管理	亚盛张掖分公司固定资产管理办法
	亚盛张掖分公司无形资产管理制度
	亚盛张掖分公司土地管理办法
	亚盛张掖分公司存货管理制度
	张掖分公司资产减值准备管理制度

（续）

章　节	制度名称
第七章 研究与开发	亚盛张掖分公司费用开支管理办法
第八章 销售业务	亚盛张掖分公司营销管理制度
	亚盛张掖分公司赊销管理制度
第九章 研究与开发	亚盛张掖分公司科技项目管理制度
第十章 工程项目	亚盛张掖分公司工程项目管理办法
	亚盛张掖分公司内部基建工程管理办法
第十一章 财务报告	财务报告管理制度
第十二章 全面预算	全面预算管理制度
第十三章 合同管理	合同管理制度
第十四章 内部信息	亚盛张掖分公司员工手册
	亚盛张掖分公司内部信息沟通管理制度
	亚盛张掖分公司内部信息报告制度
	亚盛张掖分公司保密制度
	亚盛张掖分公司内部信息传递管理制度
第十五章 信息系统	亚盛张掖分公司信息管理办法
	亚盛张掖分公司计算机管理办法
第十六章 内部监督	亚盛张掖分公司内部审计制度
第十七章 行政管理	亚盛张掖分公司公文处理办法
	亚盛张掖分公司档案管理办法
	亚盛张掖分公司办公用品管理制度
	亚盛张掖分公司印章管理暂行办法
	亚盛张掖分公司证照管理办法
	亚盛张掖分公司接待管理暂行办法
	亚盛张掖分公司车辆管理办法

2013 年，与甘肃亚盛实业（集团）股份有限公司制度完成对接和修改，形成《内控制度体系》，编制成册，进入施行阶段。以后各年度根据管理需要逐步进行修订完善。2016 年，制订《关于加强职工应收款管理的通知》，2019 年 7 月进行了修订。2017 年 1 月制订《张掖农场社会综合管理规定》，并对房屋出租和出售进行统一管理。2018 年 4 月制

订《员工工作纪律》的管理规定，严肃了工作纪律，维护了工作秩序。2018 年，制订《物业管理办法和收费标准》，规范居民供水、排水、供暖、环境卫生和物业的管理，逐步实现文明小区和谐小区的建设目标。制订《管理人员工资等级标准》。在维持现行工资标准的情况下，修订完善《薪酬分配方案》，实行"两档十级"管理，形成中层管理五个级别，初级管理五个级别的工资标准体系，初、中级管理人员工资根据制定的二档十级的标准工资执行。2019 年，制订《内部基建工程申报、实施、验收支付办法》，规范工作流程，明确职责，起到监督审核的作用。2020 年 4 月，制订《加班工作制度》，完善员工请假制度，明确各类假期的时间。

第三节　制度修订

2020 年，将审计部改为内控审计部，全面负责企业内控建设及运行管理，各部门在执行过程中，对制度中存在的不合理性提出了修订意见，并反馈给内控部门进行制度修订，不断适应新形势管理的需要，保持制度与上级规定的一致性，充分体现制度的时效性。2015 年将已经修订、已经执行的新制度纳入内部控制制度范围，重新进行汇总编制，形成了《内控制度汇编》。

根据领导分工调整，内控领导小组对内控制度汇编和内控手册进行修订，主要内容涉及组织架构、人力资源、资金运动、社会责任、资产管理、采购业务、工程项目、内部监督等，根据《中国共产党章程》《关于在深化国有企业改革中坚持党的领导加强党的建设若干意见》的有关政策法规，重点将党的组织和领导纳入制度体系之内，充分体现党组织在企业管理中的"两个核心"地位，切实加强反腐倡廉建设，促进企业领导人廉洁从业，规范决策行为，提高决策水平，防范决策风险，保证科学发展。凡属企业重大决策、重要人事任免、重大项目安排和大额度资金运作（简称"三重一大"）事项必须由党委会、经理办公会集体出决定。

2021 年，按照甘肃省农垦集团"持续改善管理"的目标，开展"制度执行年"活动，各单位各部门对各项管理制度进行了全面修订，完善符合经营管理实际需要的内控制度体系，并严格按照内控流程进行业务办理。沿用的规范性文件（含各类管理办法、实施细则、工作流程）共计 66 份，其中：组织架构社会责任管控 14 份，人力资源管控 16 份，财务管理管控 6 份，资产、工程管控 7 份，物资采购、销售、后勤管控 12 份，其他管控 11 份。修订后涉及 17 个类型 68 项制度（表 5-22）。

表 5-22　亚盛张掖分公司 2021 年《制度汇编》目录

章　节	制度名称
第一章 组织架构	亚盛张掖分公司组织架构设置及管理办法
	亚盛张掖分公司党委会议事规则
	亚盛张掖分公司党委会"三重一大"实施细则
	亚盛张掖分公司经理办公会议事规则
	亚盛张掖分公司各部门职责概述
	亚盛张掖分公司制度建设管理办法
第二章 人力资源	亚盛张掖分公司劳动用工管理办法
	亚盛张掖分公司员工招聘与录用办法
	亚盛张掖分公司员工岗位聘用办法
	亚盛张掖分公司员工劳动合同管理办法
	亚盛张掖分公司员工辞职管理办法
	亚盛张掖分公司员工退休管理办法
	亚盛张掖分公司员工奖励与惩罚制度
	亚盛张掖分公司经营管理目标年度考核办法
	亚盛张掖分公司员工培训管理制度
	亚盛张掖分公司员工社会保险管理办法
	亚盛张掖分公司机关员工劳动工作纪律管理规定
	亚盛张掖分公司加班工作制度
	亚盛张掖分公司员工工资方案
	亚盛张掖分公司大中专毕业生定级工资补充方案
	亚盛张掖分公司员工轮岗管理实施办法
	亚盛张掖分公司人事档案管理办法
第三章 社会责任	亚盛张掖分公司安全生产管理办法
	亚盛张掖分公司农产品质量安全管理制度
	亚盛张掖分公司环境保护管理制度
	亚盛张掖分公司资源节约管理制度
	亚盛张掖分公司顾客投诉管理制度
	亚盛张掖分公司促进就业与员工权益保护制度
	亚盛张掖分公司对外捐赠管理制度
第四章 资金活动	亚盛张掖分公司财务管理制度
	亚盛张掖分公司现金管理办法
	亚盛张掖分公司银行存款管理办法
第五章 采购业务	亚盛张掖分公司采购管理制度
	亚盛张掖分公司客户管理制度

（续）

章　节	制度名称
第六章 资产管理	亚盛张掖分公司存货管理制度
	亚盛张掖分公司固定资产管理制度
	亚盛张掖分公司无形资产管理制度
	亚盛张掖分公司土地管理办法
	张掖分公司公用住房统一管理规定（试行）
	张掖分公司资产减值准备管理制度
第七章 成本费用	亚盛张掖分公司费用开支管理办法
第八章 销售业务	亚盛张掖分公司营销管理制度
	亚盛张掖分公司赊销管理制度
第九章 研究与开发	亚盛张掖分公司科技项目管理制度
第十章 工程项目	亚盛张掖分公司工程项目管理办法
	亚盛张掖分公司内部基建工程管理办法
第十一章 财务报告	亚盛张掖分公司财务报告管理制度
第十二章 全面预算	亚盛张掖分公司全面预算管理制度
第十三章 合同管理	亚盛张掖分公司合同管理制度
第十四章 内部信息	亚盛张掖分公司员工手册
	亚盛张掖分公司内部信息沟通管理制度
	亚盛张掖分公司内部信息报告制度
	亚盛张掖分公司保密制度
	亚盛张掖分公司内部信息传递管理制度
第十五章 信息系统	亚盛张掖分公司信息管理办法
	亚盛张掖分公司计算机管理办法
第十六章 内部监督	亚盛张掖分公司内部审计制度
第十七章 行政管理	亚盛张掖分公司公文处理办法
	亚盛张掖分公司档案管理办法
	亚盛张掖分公司办公用品管理制度
	亚盛张掖分公司印章管理暂行办法
	亚盛张掖分公司证照管理办法
	亚盛张掖分公司接待管理暂行办法
	亚盛张掖分公司车辆管理办法

第十一章　驻场机构

第一节　老寺庙社区

2014 年 10 月，成立老寺庙社区，由甘州区碱滩镇管理，社区名称为碱滩镇老寺庙社区居民委员会。王征任社区书记，负责社区管理工作，有工作服务人员 7 人，办公场所 356.05 平方米。2020 年完成辖区内全国经济普查。2021 年，完成了辖区内 2020 年第七次全国人口普查的工作和第四次全国经济普查的工作。

一、居民社会保障

2018—2021 年，解决困难就业人员 4 名，录入大就业网络系统 47 人，为 33 人办理了社保补贴，享受社保补贴资金 8.58 万元；开展退休人员领取基本养老金资格年度认证工作，辖区内 856 名退休职工全部落实认证工作；积极开展劳动技能就业培训活动，共开展职业技能培训四期，参加人数 120 人，为 850 人办理居民医疗保险，收缴保费 20.33 万元，宣传全民参保政策，为 78 名灵活就业人员办理了社会养老保险，收缴保费 11.3 万元。完成参保任务的 90.4％；接受居民社保的"五七工""家属工"退休人员 28 人，按月足额发放退休金。对现有的 27 户（55 人）低保家庭进行入户走访，了解家庭经济收入情况，采取召开评议会议、对低保对象进行重新认定，发放最低生活保障金 37.37 万元；对符合政策的 17 名残疾人和 6 名重度残疾人申报生活补贴和护理补贴，发放资金 1.41 万元；为辖区 80 岁以上和 90 岁以上的高龄老人申报生活补助金 4.56 万元；为患重特大疾病的家庭，争取大病救助资金 11 人，救助金额 5.97 万元；为困难家庭争取临时救助 9 户 27 人，发放救助资金 3.87 万元。

二、居民业余文化生活

2018 年，争取资金 4 万元，为幸福老人互助院、老年日间照料中心配备活动桌椅

12套，智能电视机1台及部分活动器械，丰富老年人的业余文化生活，并协调解决了活动室冬季供暖问题。强化乡村大舞台建设，积极与上级文化部门协调，争取价值5万元的文化活动器械16件，成立了社区业余自乐班子，发现和挖掘乡土文化人才，充分展示地方特色文化品牌，积极组织人员参加农场和碱滩镇镇党委"庆七一"系列文化活动。

开展环境卫生综合整治，辖区环境面貌不断优化。按照甘州区、碱滩镇关于开展全域无垃圾创建活动整治工作要求，坚持以优化发展环境、全面提升环境质量为目标，以"清洁化、秩序化、优美化"为标准，扎实开展专项整治活动，对辖区312沿线的环境进行定期整治，营造了和谐的发展环境和人居环境。投资1.5万元，聘用环境卫生保洁员3名，建立了卫生整治长效机制，开展全域无垃圾创建工作，定期对沿线的卫生进行整治，并对乱堆乱放、占道经营等不良现象进行管理规范，组织低保户对辖区内的卫生进行清理，有效治理了辖区脏、乱、差现象，取得了较好的社会效益。

第二节　农业银行老寺庙分理处

一、机构设置

1959年，建立老寺庙分理处，隶属关系经多次变更，现为农业银行系统基层机构，直属中国农业银行张掖市支行领导。主要业务是服务于农场经济业务。1985年前，老寺庙分理处按照国家规定（地点农场机关），对农场现金、工资基金、农业拨款进行监督。1989年，增设农场农副产品收购资金存贷项目，对农场农副产品收购资金实行专项管理。1998年，农行在原址上对分理处进行改造，1999年10月，银行办公楼正式营业，2004年农业银行老寺庙分理处撤销，农业银行业务网点大楼作价给农场，农场业务到张掖市甘州区农业银行办理对公、个人业务。2014年10月，农业银行甘州区支行在农场设置ATM自助取款机1台并投入使用，方便了广大职工群众。

二、业务范围

主要经营业务对农场开展公营单位存款、贷款、结算，个人储蓄、贷款等业务。

1. **结算业务**　结算业务种类。场内支票，托收承付，异地托收承付，收款汇兑结算，票汇结算等。

2. **储蓄业务** 包括：整存整取定期储蓄，零存整取定期储蓄，存本取息定期储蓄、活期储蓄，定活两便储蓄，3 年、5 年保值储蓄，工资转存，大额可转让定期存单利率上浮储蓄等。

3. **存贷结合储蓄** 1988 年 11 月开办，也称小额抵押性存贷款，旨在解决农场承包户、专业户、经营户的生产资金困难，扶持其发展生产。实行先存后贷、存贷结合，存期不限，贷款额最高不超过存款额 80%。

4. **贷款业务** 老寺庙分理处经农行张掖市支行批准，用多种贷款方式支持农场生产建设。原来对农场只发放短期流动资金贷款，1979 年扩大到中、短期设备贷款。1985 年兴办职工家庭农场，为促进农场农工商多种经营发展，老寺庙分理处改进贷款形式，由全场统一贷款改为基层生产单位贷款，并增加贷款项目，有农办工业贷款、农办商业贷款、职工家庭农场贷款、种养业投资性贷款和农副产品收购贷款等，以支持职工家庭农场、场办工业、商业、和农场种养业投资性项目的兴办。

三、代理业务

20 世纪 80 年代以前，主要的其他业务有代理国库券或国家债券的发行、代理清欠业务、代保管业务和业务咨询等。

第三节　老寺庙邮电所

1959 年，张掖地区邮电局老寺庙农场设立老寺庙邮电所。1995 年，有职工 3 人，分别负责邮政营业、电信营业和邮件投递工作。1997 年老寺庙邮政所为中国邮政集团有限公司张掖市甘州区分公司所辖的营业网点，位于甘州区城东 23 千米处，主要为张掖农场提供邮政普遍及增值服务，服务小区 5 个，服务单位涉及场队建制村 18 个，服务人口超过 8000 人。2018 年邮政网点升级改造。

一、邮政营业

经营项目有信件、文件、印刷品、平寄、挂号寄、快递、包裹、寄投、投送电报、汇款、收发和报纸、期刊收订、投发、期刊零售等。1994 年收发信件 3 万件、包裹 180 件、汇兑 550 件、收订报刊 150 种共 400 份。1998 年，改制后为中国邮政集团有限公司张掖市老寺庙邮政所，承担业务有国内及国际函件和包裹等邮件的寄递；邮政储蓄、汇兑、代理保险等金融业务；邮票发行及集邮品制作、销售；国内报刊、图书等出版物的发行；国内及国际特快专递、物流配送等；票务代理、代办电信、代收代缴等各类电子商务业务。改制后业务范围扩大，对加快信息传递、方便职工出行和生活起积极作用，推动了农场高质量发展。

1998 年邮电分营以来，先后 3 次投入大量资金进行网点的改扩建，资产规模达到 91.54 万元，2021 年较 1998 年增长近 5 倍，营业及辅助用房屋面积达 742 平方米，较 1998 年增长近 6 倍。年业务收入实现 2.48 万元，邮件投递量达 2.39 万件。

二、电信营业

1993 年开发 200 门程控电话线路，安装 160 多台电话机。承办电话安装和管理。已开通市话（农场范围内通话）、农话（农场与张掖市通话）和长途（农场与国内外各地直接通话）3 种业务。1994 年每月通话 6000 多次，年营业收入 8.5 万元。1995 年 9 月开通电报业务，扩大电讯经营范围。1993 年，随着安装与光缆电讯网接通的 200 门程控电话交换机的普及，先后推出无线寻呼机、传真机。1998 年出现大哥大手持移动电话，电信通信和邮政改制后分离，电信业务扩大，程控电话逐渐退出。1999 年 12 月，根据张掖市城市发展规划要求，解决老寺庙广大区域移动电话打电话难的问题，张掖农场同意甘肃移动通信公司张掖分公司租用张掖农场一块 64 平方米的土地，用来建设移动电话基站。中国移动公司在老寺庙架设中国移动传输塔 1 座。单位和职工家庭陆续出现手持移动电话。2000 年后光缆通信和光纤光缆通信设施迅猛发展，老寺庙辖区埋设 1 道光缆，手持移动电话、小灵通逐渐普及。2010 年，中国电信在 7 号楼架设传输塔 1 座。2019 年前后，中国移动在四分场路口架设信号传输塔 1 座，方便全场职工对移动信号传输的需求。2016 年 8 月，邮政银行在农场邮政所安装 ATM 自动存取款 1 台，方便职工存取款。

三、投递邮路

张掖地区邮电局——老寺庙邮电所是摩托车邮路，长 20（单程）千米，每日送投 1 次。老寺庙邮电所投递邮路有老寺庙至西屯至甲子墩，老寺庙至草湖至野水地一至红沙窝 2 条，共长 65（单程）千米，有投递点 45 个，每隔日轮流送投 1 次。老寺庙邮电所贯彻

"快速、正确、安全"的业务经营方针。国内邮件投递速度：平信一般 3～5 天，快件 3～4 天，加急电报 4 小时，普通电报 6 小时。

老寺庙邮电所的设立，对方便用户、加快信息传递，促进农场工农业生产发展，丰富职工文化生活起到积极作用。

第六编

教科　卫健

中国农垦农场志丛

第一章　教育事业

第一节　中小学教育

一、办学沿革

1962年，农场拨款990元，利用空屋2间，在老寺庙场部创办第一所职工子女小学，农场党委任命罗蕴华为校长兼教员。学校设有预备班至3年级混合班级1个，共有学生25名。1963年，林荫农场建有职工子女小学1所，设有1—5年级混合班级1个，有学生36名，由专职教师王秀文进行复式教学。1964年，实行军垦体制后，老寺庙小学和林荫小学同归农场政治处管理。

1965年，老寺庙小学迁入停建的张掖地区农机学校（即现校址），学校扩大，任命孙桂英为校长，有教师5名。随着学龄儿童增多，1968年，四连、六连、九连、十三连和在老寺庙、头墩等地的一些离团部较远的基层生产单位，腾出旧房，聘请支边知识青年为教师，相继成立小学教学点，形成以团部小学为中心，辐射偏远连队的教学网络。对各基层单位小学教学点实行"专业管理、垂直领导"的管理体制。1969年在团军管组和"文革委员会"领导下，进行教育体制改革，团部小学由团政治处领导，连队小学由本单位教育领导小组进行管理，教育领导小组由本单位连干部、优秀战士、师生代表组成。全场各小学共有教师22名，学生365名。

1971年，团职工子女学校增设初中班。1973年，又增设高中班，建立由小学到高中一贯制教学体系。

1974年9月，团党委组建"工人毛泽东思想宣传队"（简称工宣队），进驻团部职工子女学校，工宣队归团政治处党支部领导，队长姚德贵兼任学校革委会主任。1978年撤销工宣队，学校恢复党支部领导下的校长负责制，受团政治处领导。

1985年，农场职工子女学校中学部和小学部分离，成立农场中学和农场小学，同在一个校园内，但行政和教学机构各自独立，后勤、财务、总务统一由中学管理。当时由于农场生源减少，各教学点教育资源有很多闲置，存在浪费现象。为提高教学质量，改变点多线长和人力、财力、物力分散浪费等现象，农场改分散办学为集中办学，将山羊堡小学并入农场小学。1986 年，将民乐分场中学并入农场中学。1987 年，将修造厂小学并入农场小学。1988 年，将其余 5 个队小学全部并入农场小学。实行集中办学后，偏远连队学生实行住校就读。休假日由农场派车接送上学。学校配备 5 名专职生活老师，日夜照料小学低年级学生的生活。调整后，有完全中学 1 所，完全小学 1 所；民乐分场设初小 1 所。由农场党委宣传科管理。

1987 年，农场成立文教卫生科，管理全场文教和医疗卫生工作。1989 年撤销文教卫生科，党委宣传科负责文教卫生管理工作，并由 1 名副场长分管。分场小学由分场党委领导。场办学校业务受张掖市教育委员会和甘肃省农垦总公司科教卫生处领导。按照甘肃省农垦总公司教育工作会议精神，1992 年起，农场中学不再开设普通高中班，在已办职业高中班的基础上，办好职业高中班。1995 年 7 月，职业高中商贸专业班结业后没有续办，中学和小学合并，部分中学教师调离。1995 年底，农场学校有校工 6 名，中学教师 11 名，小学教师 20 名，有初中学生 94 名，小学学生 366 名（含学前班学生 94 名）。民乐园艺场小学有教师 4 名，学生 28 名，含学前班学生 10 名（表 6-1、表6-2）。

表 6-1　张掖农场 1977 年场办学校情况

校　名		校址	建校时间	建筑		班级数			教职员人数（人）	教师（人）		在校学生（人）		
现　名	原　名			间数	面积（平方米）	高中	初中	小学		中学	小学	高中	初中	小学
场职工子女学校	团职工子女学校	场部	1962.2	4	1400	4	4	5	42	8	11	157	150	205
十站职工子女学校	头墩小学	民乐头墩	1967.4	8	178		2	5	9	3	5		33	5
一站小学	九连小学	红沙窝	1969.1	2	80			4	2		2			6
二站小学	一营小学	红沙窝二站	1967.10	5	114			5	5		5			63
四站小学	六连小学	四站	1969.1	4	80			4	5		5			58
七站小学	老寺庙小学	老寺庙	1967.9	5	180			5	6		6			50
八站小学	山羊堡小学	山羊堡	1969.1	9	270			5	5		5			75
九站小学	八连小学	稻侯堡	1970.2	4	80			4	3		3			28
修造厂小学	七连小学	农机修造厂	1969.3	5	150			5	6		6			81
合　计				46	2532	4	6	42	83	11	48	157	183	571

注：1978 年内农业管理站改成农业生产队，站小学改成队小学，但序号不变。

表 6-2 张掖农场 1985 年各学校师生情况

单位：人

校 名	教职员人数	教师人数		在校学生人数		新招学生人数	当年毕业人数
		中学	小学	中学	小学		
张掖农场中学	37	25		383		96	83
张掖农场小学	9		9		175	17	
民乐分场中小学	16	10	6	62	38	34	20
一队小学	2		2		10	3	
二队小学	3		3		16	7	
四队小学	5		5		44	12	
修造厂小学	3		3		30	10	
七队小学	6		6		57	15	
秸侯堡小学	6		6		22	6	
合 计	87	35	40	445	392	200	103

二、社会化移交

2004 年，国务院办公厅印发《关于中央企业分离办社会职能试点工作有关问题的通知》，根据甘肃省劳动和社会保障厅、甘肃省教育厅、甘肃省卫生厅、甘肃省国土资源厅、甘肃省编办、甘肃省农垦事业办等部门和张掖市、区政府有关文件精神，学校全面移交当地政府管理。2006 年 10 月，成立了企业分离社会职能工作领导小组，全面启动移交工作。

1. **财产移交** 2006 年 9 月，学校移交通过省、区、市财政、教育部门的确认，将九年一贯制学校向甘州区整体移交。移交资产 169.12 万元，房屋 3835.42 平方米，土地使用权 2.76 万平方米，按照"移交资产无偿划转"的原则，经逐项清理核实后，一次性划转给甘州区政府，账面价值总计 169.12 万元，移交前已发生的债务不移交，仍由农场承担（学校的在建工程在移交框架内）。

2. **人员移交** 按照移交协议，移交人员以 2004 年 12 月 31 日的在职人数为依据，符合有关职（执）业资格条件的，在规定编制内经甘州区政府核定后，纳入移交范围；离退休教师和 2005 年符合上述条件的新增人员，一并纳入移交范围。

经农场与甘州区政府双方审核确认，农场在职教职工 37 名，离退休教师 24 名，全部移交甘州区政府。自移交之日起，全体移交人员执行甘肃省机关事业单位职工工资政策和津贴补贴标准。人员工资和离退休教师离退休费低于当地同类人员标准的，按当地政府规定的标准逐年增加，第一年增加 40％，第二年增加 30％，第三年增加 30％，3 年后到位，所需资金一并纳入补助基数；高于地方政府同类人员标准的，仍由农场承担。2006 年 12

月 31 日，张掖农场学校全部资产、人员移交张掖市甘州区教育局，更名甘州区张掖农场学校，移交在职教职工 37 人，退休人员 24 人。

3. 补助经费 根据相关文件精神，农场学校移交甘州区管理以后，实行 3 年过渡期，农场每年向甘州区财政拨付一定的补助经费。经农场和甘州区政府核对确认，以 2004 年农场企业财务决算反映的九年一贯制学校实际补助经费 66.8 万元为依据，并经甘肃省财政厅审核确定为转移支付基数。2006—2008 年过渡期间，农场承担 10% 的部分 6.68 万元，由农场于每年 12 月 20 日前拨付给甘州区财政部门，甘肃省财政承担 90% 的部分 60.12 万元，通过甘肃省财政转移支付给甘州区财政部门。

2007 年 5 月，移交工作全面完成。企业办学始于 1962—2007 年止，历经近半个多世纪。学校为农场和社会培养了大批合格的劳动者、建设者。移交工作完成后，学校由甘肃省国营张掖农场中学改为甘州区张掖农场学校，实行九年一贯制，继续承担农场职工子女的教育教学任务（表 6-3、表 6-4、表 6-5）。

表 6-3 张掖农场中学历届校领导人任职表

行政领导			党支部书记	
姓 名	职 务	任职时间	姓 名	任职时间
姚德贵	革委会主任	1974.07—1976.12	姚德贵	1976.01—1981.01
			王秀文	1981.01—1985.01
宋 斌	校 长	1977.01—1980.06	王道伟	1985.02—1987.07
陈定远	校 长	1981.07—1985.01	陈 义	1987.08—1988.07
韩维修	校 长	1985.02—1986.07	李有斌	1988.08—1990.01
范万奇	校 长	1986.08—1988.07	尹明钦	1990.02—1991.01
贾志杰	校 长	1980.08—1993.01	何红年	1991.01—1993.01
王荣军	副校长	1992.02—1993.01	李树堂	1993.02—1994.01
	校 长	1993.02—1998.07	张树成	1994.02—1996.02
张学东	副校长	1998.08—2000.12	尹明钦	1996.03—2000.05
		2000.12—2016.12	王昌盛	2000.12—2003.03
王昌盛	校 长	2000.12—2012.04	张贵根	2003.04—2004.02
			薛永禄	2004.03—2016.03

表 6-4 张掖农场学校 2006 年移交甘州区教育局在职人员统计表

姓 名	性 别	学 历	资 格
薛永禄	男	大专	助理会计师
王昌盛	男	大专	政工师
王爱云	女	高中	护士（后勤）
徐宗禹	男	大专	中教 1 级
张学东	男	大专	中教 1 级
马春年	男	本科	中教 1 级
王正祥	男	大专	中教 1 级

（续）

姓　名	性　别	学　历	资　格
单永泰	男	本科	中教1级
张　力	男	大专	中教1级
卞吉虎	男	大专	小教1级
刘　艾	女	大专	小教1级
羊正伯	男	本科	中教1级
韩　豪	男	大专	小教1级
徐桂兰	女	大专	小教1级
韩传芬	女	大专	小教1级
李桂兰	女	大专	小教1级
赵树桂	女	中专	小教1级
席中星	男	大专	小教1级
李　云	男	大专	小教1级
邓思义	男	初中	中级工（后勤）
王金花	女	初中	中级工（后勤）
潘　娜	女	大专	小教1级
宋芬菊	女	高中	小教1级
苏晓琪	女	大专	—
夏兴萍	女	大专	—
王建虎	男	大专	—
王树国	男	大专	小教高级
何学斌	男	大专	中教1级
刘定云	男	大专	中教1级
周国庆	男	大专	小教1级
胡云伟	女	大专	会计员（会计）
薛　欢	女	大专	小教3级
赵玉华	女	大专	政工师
郭慧贤	女	大专	小教1级

表 6-5　张掖农场学校退休教职员工 2006 年移交甘州区教育局统计表

姓　名	性　别	参加工作时间	退休时间
李友斌	男	1949.9.1	1990.9.1
贾志杰	女	1956.2.1	1993.8.1
陈玉秋	女	1961.7.1	1990.12.1
刘云清	女	1967.1.1	1958.12.1

（续）

姓　名	性　别	参加工作时间	退休时间
刘金花	女	1975.7.1	1988.12.1
孙家芬	女	1959.7.1	1991.12.1
赵学芳	女	1959.10.1	1991.12.1
陈培兰	女	1966.3.1	1991.12.1
秦淑荣	女	1975.12.1	1992.12.1
贾玉英	女	1962.7.7	1994.12.1
崔金香	女	1966.3.1	1996.9.1
胡凤英	女	1975.3.1	1998.1.1
孙　敏	女	1959.4.1	1985.12.1
柳月英	女	1969.1.1	1999.1.1
胡振业	男	1960.1.1	1999.1.1
金秀英	女	1963.9.1	1999.1.1
陈立业	女	1966.4.1	1999.1.1
徐秀兰	女	1966.10.1	1999.1.1
孙金兰	女	1966.8.1	2000.1.1
尹明钦	男	1959.12.1	2000.2.1
胡安怀	男	1959.12.1	2001.11.1
陆恒宣	男	1964.3.1	2001.12.1
陈聚强	男	1969.8.1	2002.6.1
王拉雀	女	1972.3.1	2003.6.1

第二节　幼儿教育

1980 年，农场小学开办学前班"红幼班"，对 6 周岁儿童进行学前教育。设有看图识字、20 以内加减法、小故事、智力常识、汉语拼音、美术、手工、音乐等课程，教学设备有小录放机、风琴，玩具有跳绳、积木等。学前班设班主任，任课老师由小学统一安排，并配有专职生活老师照顾幼儿生活。

学前班入学人数：1986 年 29 人，1987 年 27 人，1988 年 38 人，1989 年 20 人，1990年 24 人，1991 年 57 人，1992 年 51 人，1993 年 42 人，1994 年 50 人，1995 年 9 月扩大学前班招生名额，改称幼儿园，设大、中、小三个班，共有学前儿童 94 名，由 3 位专职老师分任班主任。远地入学儿童，安排食宿，并由专职生活老师照顾。

学前班（幼儿园）经费从农场教育经费中开支，小型教学设备从学杂费收入中开支。

第三节　职业教育

根据中共中央关于改革中等教育结构的指示，为使职工子女在就业前能学到一定专业技术知识，农场中学自 1987 年开办职业高中班。职业高中班招收初中毕业的职工子女，学制 2 年，除学习高中文化课程以外，重点学习各专业技术课程。教师以学校教师为主，聘请场内专业技术人员兼任各专业课程教学工作。1987—1989 年开设财会、医疗卫生两个专业班，各有学生 17 名。1989—1991 年开设农机、园艺专业班，共有学生 15 名，1993—1995 年开设商贸专业班，有学生 22 名。学生毕业后由学校发给结业证书，农场根据需要，择优录用。

第四节　教育教学

1962 年，职工子女小学创办时，共有学生 25 名，其中 1 年级 12 名，2 年级 3 名，3 年级 4 名，预备班幼儿 6 名。采用混合班复式教学方式授课。1976 年，恢复学校教导处。1977 年，恢复"我们的教育方针，应该使受教育者在德育、智育、体育几个方面都得到发展，成为有社会主义觉悟、有文化的劳动者"的办学方针。国家恢复高考制度。学校按教育部颁发的《教学大纲》进行教学，各项规章制度逐步建立、健全，注重教师素质和教学质量。1978 年，恢复初中三年制；1983 年，恢复小学六年制；1984 年恢复高中三年制。1981 年 8 月，根据《中学生守则》和《小学生守则》，学校组织开展讲文明、讲礼貌、讲卫生、讲秩序、讲道德，心灵美、语言美、行为美、环境美，热爱祖国、热爱社会主义、热爱中国共产党的"五讲四美三热爱"教育活动。1982 年，开展"尊师爱生"教育，抓好"校风、教风、班风、学风"建设，教育学生做"有理想、有道德、有文化、有纪律"四有新人。1984 年，明确教研组、班主任、任课教师工作职责，加强教师岗位责任制。学生恢复升留级制度。学校教育工作恢复正规化，重视提高教学质量。1986 年，全场学龄儿童入学率达 100%，初中毕业生升学率 72%，小学升学率 87%，巩固率 98%。应届毕业生 2 名考入大专院校，9 名考入中专、技校。

学校建有党、团、少先队组织。中学和小学各自建立校务管理委员会，设教务处。中学设后勤处。场部中、小学校舍同院，校园占地93亩，校舍使用面积2071平方米，操场面积26400平方米，全校绿化比例30％。

中学建立化学、物理、生物3个实验室和小型图书馆，馆藏图书2476册，实验室配有各种实验用计量仪器、化学试剂、分析天平、磁力搅拌器。各类专用仪器和力热光电等物理测试仪器及各类教具箱，基本能满足学生实验和教师演示教学的需要。

第五节　教学管理

一、学生教育管理

1. **思想品德教育**　1986—1990年，在学生中开展普法教育、道路交通法规教育，基本国情教育；1990年贯彻《中小学德育大纲》《中学学生守则》《日常行为规范》；1993年，开展"国情教育"，组织学生看爱国主义影片，进行革命传统教育，增强学生法治观念和守法意识，树立为建设祖国而勤奋学习的良好风尚。

2. **第二课堂活动**　中学有电工、无线电等兴趣小组，小学有作文、书法、美术、文艺、体育等兴趣小组。为给学生提供语文习作园地，提高学生作文写作水平，1988年9月，小学语文教师创办"沙枣花文学社"，社长兼主编席中星、责任编辑韩寅唐。文学社先后出版学生优秀习作油印刊物《沙枣花》37期。沙枣花文学社组织中、小学学生撰稿参加全国各种报刊和电视台举办的征文评奖活动，多次获奖。1989年5月，参加甘肃、河北、山东、贵州4省14家文艺单位联合举办的"春笋杯"文学大奖赛，王瑞环获四等奖，席兴岩、李红获五等奖，9名学生获得鼓励奖。1991年6月，参加中央电视台青少部、辽宁《小学优秀作文》编辑部联合举办的《我的家乡》作文大奖赛，赵燕萍获三等奖，3名学生获鼓励奖。1993年5月，参加浙江《少年儿童故事报》小学生"续写故事"征文活动，辛金御获优秀奖。组稿辅导教师席中星先后获成人四等奖1次，伯乐奖2次，袁炳兰获组织奖1次；参加甘肃省农垦总公司举办的小学高年级学生"三趣"（趣闻、趣谈、趣事）征文活动，陈聪春获一等奖，徐进、韩丽获二等奖，杨冬梅获鼓励奖。组织中小学生投稿《张掖报》，已发表的作品有胡业发的诗歌《芦笛》、翟建琳的散文《奶奶的手》、辛金御的童话《猫与狗》。甘肃省《故事作文月刊》还发表了赵鹏飞景物描写作文1篇。小学第二课堂活动于1992年6月在《张掖报》报道。2001年《张掖农场报》创刊后，设置文化生活栏目，学校师生踊跃投稿，并多次发表。

二、教师管理

1992年，贯彻《中小学教师职业道德规范》，以教学为中心，全面抓管理，重点抓质量。实行"教学目标管理、奖罚兑现"制度，要求教师严格按照《教育大纲》制定教育计划，坚持"五育"并举，提高学校教学管理正规化水平。

1993年，"教育目标管理"的基础上，建立"教师量化考核奖罚制度"，对教师的教学工作、兼职工作、工作量、政治学习、教研活动、出勤、早操、师德，对落后学生的转化工作等各方面，实行量化考核，奖优罚劣，增强教师的责任感和积极性。

1995年，制定教师考核实施方案和班主任津贴浮动考评细则，工资与工作和考勤挂钩。调动教师的积极性。为提高教学质量，在教师中开展讲课、听课、评课活动，组织教师到张掖观摩有经验的教师讲课，参加教育研讨会。化学老师单永泰参加张掖市教委组织的化学竞赛，荣获三等奖。通过广大师生的共同努力，教学质量逐步提高。

三、教学质量

1977年国家恢复高考招生制度，有3名学生考入高等院校，以后升入各类专业学校的学生逐年增加。

1992年，初、高中毕业生参加张掖市会考，初中语文、物理、化学和高中地理及格率高于会考平均水平；小学6年级学生参加张掖市统考，语文、数学及格率分别达到100%、92%，经张掖市教委检查考核，综合得分中学为76.2分，小学为75.5分，均属三类二等，中学在原基础上晋升一级。

1993年，36名学生参加张掖市初中毕业会考，政治、语文、数学、物理、化学平均得分高于全市平均成绩，其中化学、物理两科考试成绩名列全市第一名。

1994年，中专招生考试有4名学生被录取，其中1名学生考试成绩优良，荣获张掖市教委颁发的三等奖。

1995年，小学6年级学生参加张掖市统考，语文、算术双科及格率100%，优良率为100%。

2002年，小学生毕业升学率达100%，优良率等综合指标名列甘州区第七名，初中升学率为50%。

2003年，小学、初中毕业会考成绩分列市属厂（场）矿企业第三、第二名，教学质量稳步提高。

2004 年，农场学校坚持以智力教育为主，德、智、体、美、能综合素质全面发展的教育观念，教学质量得到稳步提高。既稳定了职工队伍，又扩大了招生数量。经甘州区教委教学评估督导，农场学校被评定为二级学校。

2006 年，农场学校在常规教育方面，注重人才资源的整合和领导班子创新，并开展广泛的交流与合作，使教学水平稳步提高；在学风教风方面，注重学校教风和教师工作作风的转变，理顺校内工作关系，建立健全各项规章制度；在育人环境方面，学校在甘肃省农垦事业办的大力支持下，整修校园，改造供暖设施，有效地改进了农场学校的育人环境。2005 年，农场小学两基巩固率达到 100％，入学率、升学率分别达 100％，初中升学率达 97％。

第六节　教师队伍

建场初期，小学教师主要从有教师职称的文教干部或文化水平较高的职工中选用。20 世纪 60 年代，主要从支边知识青年中选用。1979 年因"知青"返城，师资队伍严重缺乏，农场决定在全场职工或职工子女中招聘教师，补充壮大了教师队伍。

为办好学校，农场十分注重培训教师、提高师资水平。1979 年，选送 5 名教师到大专院校进修；1982—1984 年，又分批选送 8 名教师到兰州金城联合大学、甘肃师范大学、新疆教育学院、兰州师范专科学校、张掖师范专科学校、张掖师范学校等院校学习。1986 年，利用暑假举办学习班培训小学教师 28 名，张掖农垦分公司也代培中学教师 2 名。农场还鼓励在职教师自学深造。参加函授大学学习的 8 名教师中有 3 名获结业证书，其中 1 名还获研究生班结业证书。有 8 名教师参加成人自学考试，7 名获专科毕业证书，1 名获本科毕业证书。1987 年，先后委托张掖师范培训进修教师 13 名。对国家统一分配来的师范院校应届毕业生妥善安排在校任教。对考入农垦系统师范院校的青年工人实行资助入学，毕业回农场任教。农场采用多渠道加快教师队伍建设。

1988 年，根据国家规定，对教师进行专业技术职称评定。1989 年，实行专业技术职务聘任制度，对具有专业技术职务任职资格的教师进行聘任。1989 年，1 名教师被甘肃省农垦总公司授予"甘肃省农垦系统先进教师"荣誉称号；有 1 名从事教育工作 30 年以上的老教师获农业部、甘肃省委、甘肃省人民政府颁发的荣誉奖状、奖章。

20 世纪 90 年代以来，有一部分老教师先后退休，一部分教师外调，师资力量逐步减弱。1995 年底，全场共有中小学教师 35 名，其中中学教师 11 名（女 1 名），小学教师 24

名（女 19 名）。中学教师有大学本科毕业生 1 名、占 9%，大学专科毕业生 7 名，占 64%；中专毕业生 2 名，占 18%，高中毕业生 1 名，占 9%。全部获得中学教师任职资格，其中：中教 1 级 5 名，占 45%；中教 2 级 6 名，占 55%。小学教师有中专毕业生 10 名，占 42%；高中毕业生 7 名，占 29%，初中毕业生 7 名，占 29%。20 人获得了小学教师任职资格，其中：高级教师 5 名，占 25%；小教 1 级 15 名，占 75%；另有 4 名教师尚未评定职称。

2002 年 8 月，农场学校从河西学院招聘 4 名大学毕业生上岗教学。

第七节　教育经费

建场初期教育经费由农场自筹解决。农建十一师时期办学经费列入农场政策性支出。农建二师时期办学经费列入政策性、社会性经费支出，由甘肃省核发，不足部分由农场补贴。1975—1995 年，国家和农场用于学校的教育经费 327.16 万元，其中农场补贴 73.55 万元，另投资 25.56 万元建筑校舍。1983 年以前，校舍修建列入基本建设项目由国家拨款。1984 年以后，教育经费中有从农场利润包干资金等专用基金中或从自筹资金中支付的，也有甘肃农垦总公司作为专款下拨的。学校勤工俭学收入，用于补贴教育经费或购买仪器设备等。

1991 年 3—4 月，全场职工开展捐资办学活动，为筹建教学大楼，共筹集办学资金 283525.90 元。1995 年，农场投资 112 万元，向甘肃省农垦总公司申请资金 50 万，兴建面积为 2407.47 平方米的三层教学楼 1 座，教学楼于 1996 年 9 月建成交付使用。

1997 年 2 月，张掖农场学校普及 9 年义务教育。

落实甘肃省农垦总公司关于深化改革的精神，搞好企业内部配套改革，1999 年 2 月，农场办公会讨论通过《张掖农场学校经费包干办法（试行）》。甘肃省农垦总公司下拨农场的教育经费全部转拨学校使用，资金总额 15.5 万元，教育费附加返还部分全部转入学校使用。除幼儿园入园幼儿外，凡在校就读享受 9 年义务制义务教育的学生，农场每年补助 400 元/人。经费包干后，管理费、折旧费、福利费免于上交，由农场负担。学校的教职工的养老金、待业金及学校的水电费、办公费、接送学生车费、取暖费农场不再负担。学校每年勤工俭学的指标为 1 万元。后勤人员核发工资 80%，其余 20% 由内部解决。幼儿园属学校管理，收费由学校制定。鼓励支持教职工在干好本职工作外，积极开展第二课堂创收。学校实行财务包干后，仍隶属农场主管部门领导（表 6-6、表 6-7）。

表 6-6　张掖农场 1975—1995 年教育经费统计

单位：万元

年　份	财政拨款	实际支出	超支由场补贴	年　份	财政拨款	实际支出	超支由场补贴
1975	3.55	3.55	—	1986	15.07	16.71	1.64
1976	4.51	4.51	—	1987	14.86	17.98	3.12
1977	10.06	10.06	—	1988	16.01	17.01	1.0
1978	5.94	6.27	0.33	1989	18.0	21.2	3.2
1979	6.0	8.24	2.24	1990	18.8	20.9	2.1
1980	6.8	7.6	—	1991	18.0	19.0	1.0
1981	8.0	7.2	—	1992	18.0	18.0	—
1982	6.8	8.82	2.02	1993	15.0	28.4	13.4
1983	8.0	10.62	2.62	1994	23.7	34.4	10.7
1984	9.92	17.21	7.29	1995	18.38	40.5	22.12
1985	8.21	8.98	0.77	合　计	253.61	327.16	73.55

表 6-7　张掖农场 1996—2007 年学校教育经费拨款明细

年　份	金额（万元）	年　份	金额（万元）	年　份	金额（万元）
1996	43.98	2000	35.8	2004	6.755
1997	18.2	2001	42	2005	50.9
1998	16.3	2002	114.26	2006	47.76
1999	32.5	2003	84.62	2007	27.9

第二章　科学技术

第一节　科研机构

建场初期，实验站、兽医站主要承担农业、畜牧业科学技术推广和试验工作。1965年，农业生产连队成立领导干部、技术人员、职工群众三结合科研小组，开展以样板田为中心的农业科学试验。1971年，成立畜牧兽医站，开展畜禽疫病和牲畜杂交改良科研工作。1972年，建立实验站，实验站有耕地19公顷，科研试验用地1公顷，主要进行良种繁育工作。1974年，各农业生产连队成立种子试验小组。在实验站内建立气象站，为农业生产提供气象资料，进行区域性气候资料的收集和研究工作。1976年9月，成立全场技术革新领导小组，农机修造厂成立农机科研小组，大搞技术革新和新农具试制。1987年，啤酒花公司成立啤酒花生产优质高产领导小组，对啤酒花田间生产、加工烘烤、质量检验等工艺流程，全面开展土壤、栽培、病虫害防治、产品检验等专题科研，实行规范化、制度化管理。1988年，老寺庙酒厂成立老寺曲酒创优领导小组，并成立新产品研发小组，探索曲酒创优和曲酒新产品开发。2020年，成立科技产业部，主要进行农业技术推广、新品种推广、科技项目申报等工作（表6-8）。

表 6-8　张掖农场 1995 年专业技术职称人员统计表

单位：人

项目		总计	女性	项目			总计	女性
合　计	合　计	199	50	四、档案人员	合　计		1	—
	高级	2	—		助理档案图书馆员（初级）		1	—
	中级	25	3	五、卫生技术人员	合　计		14	8
	初级	172	47		主治医师（中级）		1	—
一、工程技师人员	合　计	10	1		医师、护士（初级）		13	8
	助理工程师、技术员（初级）	10	1	六、教学人员	合　计		34	15
二、农业技术人员	合　计	24	3		中　学	一级教师（中级）	7	—
	高级农艺师（高级）	2	—			二级教师（初级）	7	1
	农艺师（中级）	7	—		小　学	高级教师（中级）	5	3
	助理农艺师、技术员（初级）	15	3			一级教师（初级）	15	11
三、经济人员	合　计	49	2					
	助理经济师（初级）	49	2					

（续）

项　目		总　计	女性	项　目		总　计	女性
七、会计人员	合计	41	19	八、政工人员	合　计	26	2
	会计师（中级）	1	—		政工师（中级）	4	—
	助理会计师、会计员（初级）	40	19		助理政工师、政工员（初级）	22	2

第二节　科技队伍

建场以来，农场的专业技术干部，大都是调入的或大中专院校毕业生。为实现"科教兴农"的目标，农场在"科技是第一生产力"的思想指导下，采取了理论与实践相结合，短期培训与长期教育相结合，学校培训与岗位自学相结合，机关培养与基层实践相结合，请进来授课与走出去学习考察相结合，学习理论与业务培训相结合，培养与使用相结合的"七个结合"方式开展新知识、新科技的推广应用。通过多样化的培养方式，技术力量迅速增强。1995年12月，全场有各类专业技术人员173名（不含政、工），占职工总数的11.1％。

在做好职工培训教育的同时，农场每年从大中专毕业生中选拔一批政治上可靠、业务上优秀的专业技术人员充实到技术推广队伍中。1995年，全场有从事农业技术推广的农技人员34名，比1990年增加36％。"八五"期间，先后有12名科技人员入党，15名被提拔到了领导岗位，22名符合条件的被评聘和晋升了高一级的技术职称。

为进一步推动全场的"科教兴农"工作，农场先后组织职工参加1992—1994年由甘肃省农委、甘肃省农垦总公司等单位主办的"科教兴农"知识竞赛和"两高一优"农业知识竞赛等活动。1992年，报名参赛的人数占全省农垦参赛人数的67.7％，其中有8人获奖，占全省农垦授奖人数的40％。1993年，按甘肃省农垦总公司分配名额参赛，其中张掖垦区前5名全部被农场职工获得，农场也被甘肃省农垦总公司授予"科技兴垦先进集体"荣誉称号。当年甘肃省农垦总公司授予4名技术干部"科技兴垦先进个人"称号，有9名技术干部被授予"'八五'科技兴垦先进个人"荣誉称号。

多年来，上级曾陆续从农场调出一些技术水平较高、素质较好的技术干部支援省内外农业、医疗卫生等单位建设。按国家规定成立技术职称评审小组，及时对专业技术人员进行技术职称评审工作。1981年，34名专业技术干部通过任职资格职称评审，其中被评为中级职称的5名，初级职称的29名。1988年，农场实行专业技术职务聘任制，全场139名专业技术干部聘任，聘任中级职称19名，初级职称120名（助理级67名）。1991年，建立专业技术人员定期考核鉴定制度，以提高技术干部岗位责任心和开拓创新意识。1995

年，在岗的专业技术干部199名，高级职称2名，中级职称25名，初级职称172名。2006年入组亚盛后，为保障激励专业技术人才队伍建设，制定出台《亚盛张掖分公司员工奖励与惩罚制度》，采取精神奖励和物质奖励相结合的办法，努力激发农业人才的积极性和创造性。2018年，有在职专业技术职称人员55人，中级职称15人，初级职称40人。

建场以来，一些有突出贡献的技术干部分别受到国务院、农业部、农垦部、甘肃省科学委员会、甘肃省农垦局、甘肃省农垦总公司表彰奖励，有长期从事基层农业、农机技术推广、财会、文教工作的专业技术人员被授予荣誉证书、证章。

第三节 科研成果

一、科研经费

农场成立以来，一直注重科研工作，坚持科研试验与生产实践紧密结合的原则，科研工作取得了丰硕的成果。为推动科研工作稳步发展，每年安排专项经费，为开展科研工作提供了经费保障。1995年以前，上级或有关科研单位安排的专项科技试验所拨的补助款，均在财务科监督下实行专款专用；农场自行列项的科技试验经费由农场拨款或在企业更新改造资金中开支，从事农业推广的科研技术人员工资和工资附加费在企业管理费中开支，大面积技术推广纳入生产费用。2010年以前，每年支出的科研经费在5万元以内，2011—2019年，每年支出科研经费10万元左右，但未列入财务单独核算。2020年，根据甘肃省农垦集团《关于进一步规范研发费用会计核算的通知》，要求三类农业种植企业科技经费占主营业收入比例0.5%以上，科研费用列入财务单独核算，当年科研经费支出达46万元，2021年科研经费支出41万元。

二、科研成果

（一）农业科技

1958—1959年，开展甜菜、向日葵高产栽培试验，成果突出，所选样品曾在张掖农展会上展出。同时，大面积引种紫花苜蓿。1964年，进行"冬小麦越冬死亡研究""春小麦穗行试验""春小麦、胡麻、谷子、玉米等各品种播种密度比较试验""春小麦、玉米播期试验""小麦苗期追施化肥试验"，并进行作物引种、鉴定、繁育工作。1965年，开展以样板田为中心的农业科学试验，推行试验、示范、推广三结合，探索以点带面解决"三低一高"（产量低、劳动生产率低、商品率低和生产成本高）的途径。结合培育样板田，建立大面积良种繁育基地。1966年，开展农作物病虫害基本情况调查、地老虎防治方法及发生规律研究，研究土壤耕作轮作方式、作物配置和茬口关系、并进行间套混作豆科作物的肥田效果、配置方式的研究，获得显著成效。

1970—1973年，农技人员张文斋采用小麦杂交育种方法，先后育成春小麦文1号、文2号、垦春1号和冬小麦垦冬1号4个小麦新品种，在农场大面积推广，产量、经济效益较好。1971年，试验成功用灭草剂2,4D-丁酯，消灭麦地双子叶杂草，灭草效果达93%，有效降低劳动强度，提高了劳动效率。推广"5406"抗生菌肥，用精畜粪、油渣、过磷酸钙配制三合颗粒肥料作种肥施用。1973年，全面推广种植高粱、玉米杂交一代优良种子，并开展三系繁殖和制种工作。1974年，研究绿肥种植方式，以套种、混种为主，同时采用复种和单种形式。大种绿肥实行草田轮作，用地和养地相结合，提高土壤肥力。研究成功并推广草木栖秸秆耕翻技术，大面积推广应用。1975年，全面推广麦类和玉米作物秸秆粉碎后还田，改善土壤结构，提高了土壤肥力。1978年，引种油用向日葵成功，在全场推广种植后职工食油达到自给有余，并向6个农场推广此项研究成果，荣获集团公司科技进步二等奖。1979年，推广过磷酸钙与厩肥混合堆积发酵后施用，提高磷肥的有效利用率。1980年，引种啤酒花成功，在大面积推广种植中研究丰产栽培方式，建成83.33公顷、年产300吨优质啤酒花生产基地，成为农场的支柱产业。研究成果荣获1988年农业部颁发的"农牧渔业部丰收一等奖"。同年，进行的科学试验项目有：绿肥改良板结地，玉米花叶病防治，用769生物农药防治禾谷类黑穗病，新农药绿麦隆、二甲四氯、铵盐等试用，土壤养分普查等。当年，农场气象站开展物候、土壤湿度、农田小气候、作物生长期、农业气象观测分析等农业气象科研工作。1982年，试验用燕麦敌二号农药防治农田野燕麦、杂草，灭草效果70%。1983年，引种籽瓜，在大面积推广种植中，采用优质兰州大板籽瓜作瓜种和地膜栽培等多种高产措施，籽瓜品质优良，是年产量达600吨的农场名特优拳头产品，产品畅销全国各地。此项科研成果，1988年荣获农业部颁发的"丰收三等奖"。1982—1984年，实验站完成张掖地区科委下达的"引种选育当地高产优质向日葵良种"科研试验项目，选育出食用葵花良种"三道眉"并通过专家鉴定；1985—1986年场内年种植面积400公顷以上，年产优质葵花籽100多万千克，成为当时农场主要经济作物和农业收入重要来源，并向场外推广种植6667公顷。

1984年，四队试验玉米地膜栽培，单产增加43%，五队推广小麦宽窄行播种；全场推行麦类作物、籽瓜、果树叶面喷施磷酸二氢钾进行根外追肥。在磷酸二氢钾稀液中加入防病灭虫农药，根外追肥与作物防病灭虫相结合，降低成本，提高效率。

1985 年，农场成立由农学、植保、土壤、气象等专业技术干部组成的啤酒花霜霉病防治小组，全面开展啤酒花霜霉病防治攻关科研。进行啤酒花田间温度、湿度、小气候观测，研究啤酒花田间小气候与啤酒花霜霉病传播的关系，根据啤酒花霜霉病孢子萌发、传播的气象条件，成功进行酒花霜霉病发病预报，及时进行药剂防治，预报准确率达 90% 以上，有效地控制酒花霜霉病发生。当年，在大田作物中推广应用喷洒植物激素三十烷醇，促进作物增产。1986—1988 年，甘肃省农科院和甘肃省农垦总公司开展全省农垦系统"啤酒大麦引种及丰产栽培试验"，总结啤酒大麦高产栽培经验，种植面积逐年扩大，1993 年种植 452.53 公顷，总产啤酒大麦 204 万千克，成为农场重要的经济作物。1987—1989 年，参加甘肃省农垦总公司组织的"河西五万亩盐渍化低产田改良试验"课题，对红沙窝地区 333.33 公顷盐碱弃耕地和低产田进行改良，盐碱地盐分含量和土壤矿化度下降，春小麦增产 198.9%，亩产达到 257.6 千克。1988 年，全面推行目标产量配方施肥，以充分发挥化肥肥效。1982—1988 年，李梦森先后 5 次改进啤酒花烘烤中排潮上花、回潮、制潮等技术装置，提高酒花回潮下花入筐的自动化程序，提高酒花回潮质量，减少热能损失，提高综合效率 30%。此项技术成果增产节约数 10 万元。至 1989 年，完成啤酒花 4 项科研项目：啤酒花割芽部位及留芽大小的比较试验，酒花根瘤病和根腐病调查，酒花营养诊断平衡施肥试验，旱塘、单沟坡新栽苗生长试验。在粮食作物、籽瓜、啤酒花、果树推广应用"EF""丰产灵""Pix"等植物激素和稀土微肥。在"八五"计划期间共推广施用各类激素微肥 4513.33 公顷，累计增产粮食 54.6 万千克，果品 24 万千克，黑瓜子 7.2 万千克，增加收入 82 万元。同年，制定、推广《啤酒花、春小麦栽培技术规范》。对啤酒花、春小麦栽培实行标准化、模式化管理。

1990 年，推广《盐渍化低产田改良成果的应用》。同年与中国科学院兰州冰川冻土研究所联合开展红沙窝一队 6.67 公顷盐渍荒地改良利用试验研究。《盐碱土的改良与开发》等课题的转化推广，使 400 公顷盐渍化低产田小麦增产 139%，增收 14.4 万元；266.67 公顷僵板土等低产大麦产量提高 1 倍，并将使近万亩盐碱荒滩得到有效的开发利用，为土地资源的充分利用起了巨大的推动作用。1991 年，全面推行以农渠为单位的区域轮作制。当年，农场与张掖地区农委联合完成的黑瓜子品种选育实验课题，于 9 月 30 日通过专家鉴定验收。当年，有 102.63 公顷农田及果园引进并安装了暗管输水新技术，提高机井灌水利用率 20%。1992 年，进行《水稻栽培试验》。同年制定《啤酒大麦、籽瓜、玉米等作物的栽培管理技术规范》，实行制度化、模式化栽培管理。推行籽瓜"四统一、一交替"的病虫害防治制度（统一药剂拌种、水肥管理、用药浓度、防治时间，各类农药交替使用）。当年，完成盐碱弃耕地甘草人工栽培试验课题，甘草亩产 159.3 千克。1993—1994

年，推广种子包衣技术。经药物包衣的种子播种后，其抗寒、抗病虫害能力增强，提高出苗率。还对地膜栽培作物，如籽瓜等用新型除草剂地乐胺进行土壤处理，以保证作物的正常生长，提高产量。推广示范"化肥深施"，使化肥平均利用率从30％提高到45％。同年列入的科研项目主要有："啤酒大麦主栽品种匈84-62的提纯复壮并建立良繁基地""啤酒大麦、玉米、籽瓜优质高产栽培技术研究""杂交油葵、杂交高粱品种比较试验""高美施施用效果观察""啤酒花更新、追肥时间、肥料种类试验""啤酒花红蜘蛛发生规律观察和防治""啤酒花秋割芽与春割芽、割芽与不割芽对比和啤酒花灌水时间"等试验研究。1995年，全面推广"高美施"在各类作物上喷施应用。喷施"高美施"后籽瓜增产24.5％，大麦增产11％~12.4％，啤酒花甲酸含量提高0.8％。该年度列入农业科研项目共有15项，其中有11项是上年度科研项目的后续，新的试验项目有"番茄高产优质栽培技术研究""啤酒花防病与施用新农药观测试验""啤酒花新品种观察试验"和"BR-120生长素在啤酒花上的试用"等。

2008—2009年重点进行了啤酒花、番茄两种作物的"3414"试验，并对番茄、啤酒花、金盏菊、玉米、向日葵等5种作物进行肥效校验试验，在特种药材蒌果膨大期进行玉米套种试验，对特种药材进行滴灌免铺膜栽培试验，推广示范"测土配方施肥"，并进行作物引种、示范推广。积极进行良种、新品种的引进和推广、配方施肥、落实深施技术、利用"减氮、增磷、补钾"技术，肥料供应上按氮：磷：钾＝1：0.6：0.3的标准进行配置分发，配方施肥面积2133.33公顷，占农场总播面积的89.4％。苹果蠹蛾综合防治技术推广面积253.33公顷，占果园总面积的99.8％。

2011—2014年，调整种植结构，推广西瓜套种食葵和孜然套种食葵模式。推广优良品种9个，玉米4个品种，分别是先玉335、正德304、正德305、正德306；3个食葵品种，分别是LD-5009H、丰葵杂1号和TY-0409。围绕"双千田"建设推广高效种植模式，西瓜套种葵花、孜然套种玉米或葵花、红豆套种葵花、红豆套种玉米，获得成功，经济效益明显。2015年，开展甜叶菊引进试种试验、新品种特种药材的繁育试验。开展主导作物高产示范创建活动，推广吸式玉米精播技术、特药精播技术、根外追肥技术、病虫害统防统治技术。2016年，申报葵花病虫害的综合防治项目，重点推广使用加硫、加锌、加镁的新型磷酸二铵225吨，经过对照，效果明显。引进试种植糯淀粉玉米，种植金糯1号、金糯2号、白糯5号3个品种2.8公顷，平均亩产870千克，通过与大田玉米产量、价格及效益对比，糯玉米亩产值在2000元左右，每千克价格比大田玉米高出0.5元，亩产值高出400元以上。2017年，推广玉米葵花等高秆作物病虫害无人机飞防技术，飞防面积343.6公顷。引进试种种中药材——紫菀，当年亩产290千克，效益较低。2018年，开展甜叶菊高效节水与水肥一体化栽培技术、食葵套种高产栽培技术、喷灌苜蓿高产栽培试验等项目。2019年，申报科技项目3个，分别为防霜机防灾减灾技术应用效果研究、孜然玉米套种农业高产栽培模式技术总结与推广、荒山坡地高效节水植树造林抚育技术应用。推广孜然玉米套种100公顷，试验大田玉米不铺膜种植6.67公顷，推广种植糯淀粉玉米8000公顷。引进食葵新品种LY363，该品种抗病性强，品质较高，适宜进一步推广。2020年，积极推进"双拳计划"工作措施的落实，申报科技项目2个。分别为南国梨引进试验和糯玉米密植高产技术推广。建立糯玉米、早酥梨示范园2个。示范区西星黄糯958示范播种密度6500株；先达糯001示范播种密度6000株，各品种密度较去年增加10%。经测产西星黄糯63.87公顷产930千克，亩增产81千克，增产9.4%，增加亩效益176元。先达糯001亩产940千克，亩增产74千克，增产8.6%，增加亩效益162元。早酥梨示范园2019年优级果品率84.12%，2020年优级果品率89.55%，比平均水平提高5.43%。2019年亩成本4000元，2020年亩成本3800元，生产成本节约200元/亩。2019年亩效益4861元，2020年亩效益4980元，提高效益119元/亩。2021年，开展玉米无膜露地试验栽培3.2公顷，推广落实无覆膜孜然种植40公顷。糯玉米种植面积535.8公顷，糯玉米合理密植高产技术应用面积达100%。引进先玉糯836、伍糯2号两个糯玉米新品种进行适应性、耐密性试验种植，与亚盛种业条山分公司合作，推广垦玉1608和豫单1851粮饲兼用玉米品种，落实面积380公顷。与亚盛农服公司、亚盛农业研究院开展测土配方试验，种植糯玉米5.85公顷，示范推广增效氮肥、水溶一铵、硫酸钾镁等肥料，着力改进水肥一体化应用技术措施，减少化肥投入，提高肥料利用率。

（二）园林试验

1956年，试验蔬菜温床育苗，移苗种植蔬菜13.33公顷。1959年，建温室2座，研究保护地栽培蔬菜。1966年，首次研究农田防护林的林带结构、配置、树种选择和混交林类型，防护林带营造技术，果树品种选择等。1977年，开展果树嫁接苗生产应用技术，培育苗壮的果园幼树。1978年，引进簸箕柳在荒地荒滩、渠边种植，定植后第3年亩效益可达300元。同年引进优良树种新疆杨。1979年，试验用杜梨作砧木嫁接苹果梨、身不知梨，总结出杜梨作砧木的4个优越性：不易发生日灼和腐烂病；耐寒，不需防护即可越冬；嫁接成活率高，生长整齐，便于果园管理；生长快，3年可结果并可迅速取得高产。1980年，进行7216生物农药在果树上的应用研究。

20世纪80年代，在防护林网建设中，推行"三项改革""三项结合"和抓"两早""五关"措施。即改窄行密植为宽行稀植，改平地栽植为沟植沟灌，改以往单一树种为适地适树；实行乔、灌、草相结合，井灌与河灌相结合；早平整林地，早准备苗木插条；严把规划关、整地关、栽植关、灌水关、管护关。这些措施的落实，提高防护林生长率，使全场农田很快实现林网化，形成良性循环的生态农业区。1981年，进行新疆杨苗圃迹地断根再生育苗试验，两年生再生苗可高达1.8米。1984年，对元帅系幼旺果树进行"环状倒贴皮""铁丝扎箍""树形修剪"等新技术的增产效果试验。果树实行以冬剪夏修为主的四季修剪；采用高接换头、低接换身的方法改造低产劣质果树；实行果树间作绿肥，以园养园，提高土壤肥力。1985年，利用荒山坡开荒13.53公顷，进行《盐渍化荒地苹果梨大苗培育试验研究》，用集约化方法培育24.6万株苹果梨大苗。3年，苹果梨大苗达到株高1.5米以上，干周10厘米以上，分枝4个，形成基部三主枝优质成品大苗。此项研究成果，为农场"多快好省"地建立266.67公顷苹果梨生产基地提供了优质、高效、成活率高的所需苹果梨大苗，并为外地提供部分苗木。苹果梨大苗栽培获经营盈利16万元。同年，研究大青叶蝉发生的规律，并采取有效防治。1987—1989年，参加全省农垦系统《低产果园改造试验与示范》研究课题，与甘肃省农垦科技中心联合完成406公顷低产果园改造，苹果增产173.5%，梨增产147.4%。当年，进行18项果树栽培和植保工作试验研究：越冬抽条苹果树体改造；杏树高位枝接换头的适宜方法；梨黄粉蚜生物学特性观察与防治；草甘膦防治梨园杂草技术；2年生苹果梨大苗移栽试验，用于大面积建园，平均成活率达91.8%；果树低接造杆、高接换头的树体改造试验；苹果矮化密植栽培技术研究；苹果树再生根桩移栽试验；葡萄密植栽培实验；苹果梨不同砧木栽植及综合技术探讨；桃杏定植及其优良品种的引进实验；枸杞栽培技术实验；植物生长激素"EF""增产灵""Pix"和稀土微肥在果树上应用效果试验；当年定植苹果梨园套种作物对树体影响的研究；苹果梨幼园"黑胫病"发生与防治；大面积苹果梨大苗规范化建园研究；苹果梨不同密度建园试验；红富士苹果和短枝新红星苹果引种栽培试验等。1989年，对建园措施进行6项改革：改买苗建园为自育大苗建园；改稀植园为丰产密植园；改幼园间作麦类、甜菜等作物为间作籽瓜；果树管理改以长树为主为长树和结果同步进行；改平地栽植为垄栽，改果园打土围墙为建沙枣绿篱围墙等。改革使新建幼园第一年包成活，成活率达90.8%。第2年见花果，开花株率达32.7%，平均亩收果品15千克。第3年见效益，平均亩产达150千克。到第五年进入盛果期，亩产达2000千克。新建果园较常规建园提前2年投产，较砧木建园提前3年进入盛果期，实现速度与效益同步。

1990年，制定《苹果梨栽培管理规范》，对果园实行模式化管理。

1994年，科技研究项目有：苹果梨提高品质和黑胫病防治；梨木虱、杏球坚蚧的观察与防治；果品贮藏保鲜试验；梨、葡萄、枣、苹果等新品种的引进观察等。1995年，列入果园科研项目12项，除继续上年试验项目外，新科研项目有：植物抗寒剂在果树上的抗寒效果试验；果乐对降低苹果梨畸形效果试验；提高苹果梨果形、含糖量、硬度、风味等品质试验；早酥梨密植园的早果栽培示范；引进角额壁蜂观察其生活史及授粉情况等5项。从中国果树研究所引入角额壁蜂8000头进行果树授粉，可提高坐果率20％。

2013年，研究梨小食心虫的发生规律及防治措施、梨树新品种引进红早酥、玉露香、香梨7号等品种。2015年，推广应用果树省力化栽培模式，实施矮化栽培和提早结果，减少水肥投入，简化修剪方式，节省人力投入，从而达到节省成本、增加果园收入的目的。2017年，推广樱桃栽培，新建樱桃示范试验园27.06公顷，定植秦樱1号、早大果、吉美等11个品种，分别为早、中、晚熟3种品系11个品种。当年平均成活率77％，宇宙、拉宾斯、萨米脱等6个品种成活率在80％以上，长势良好。秦樱1号成活率68.6％，适应性相对较差。2018年，农场申报科技项目有：梨树新品种引进、梨小食心虫防治技术研究、果园无公害综合防治技术、果园省力栽培模式推广应用、推广梨小食心虫迷向丝推广应用，引进新品种南果梨进行适应性研究。2019年，开展防霜机在果园防灾减灾中的效果研究。2021年，引进新品种秋月梨进行适应性研究。

（三）畜牧兽医科研

1956年，从西北畜牧兽医学院引进巴克夏种公猪2头与当地母猪进行经济杂交。1958年，推广计划配种，实行母猪季节产仔，提高仔猪成活率。开展母猪人工授精，受胎率60％～70％。1959年，开展猪的三割（割尾巴、割耳朵、割甲状腺）快速育肥法试验，制定《养猪技术操作规程》。1966年，开展绵羊、黄牛杂交改良工作。1968年，开展马、驴杂交改良工作；进行鸡的土坑孵化技术研究，探索在缺电的条件下，用土坑孵化生产雏鸡的途径。1970年，进行驴骡繁殖试验研究，此项研究采用直肠检查滤泡诊断母驴发情和早期妊娠等技术，采取苏维埃纯公马精液进行人工授精配骡，母驴受胎率达57％。

1971年，兽医站自制50％、25％、10％葡萄糖和0.9％氯化钠等畜用注射液188500毫升，全年节约开支371.30元。1972年，进行母驴各次发情期和不同配种月份的驴骡受胎率研究。1975年，进行猪的纯粮、纯麸皮30天快速育肥试验研究。1976年，试验、推广"跃曲""中曲"、盐水糖化发酵饲料喂猪，并采用生料干喂的办法，促进猪的生长发育，节省生产成本。

1976—1978年，引进内江、巴克夏、苏白等纯种种猪和巴内、内巴土、内巴武（二代）、巴内土（二代）、内巴土×内巴土等各类杂交种猪，全面开展猪的多元经济杂交试验和生长发育观测研究。1977—1978年，进行猪的多餐（日喂6次）快速育肥试验研究并在全场推广。1979年，建设羊药浴池1座，通过羊群剪毛后药浴治疗羊体疥癣，治疗效果达到100％。1982年，进行当年羔羊育肥出栏试验。1982—1984年，试验并推行以玉米秆青贮饲料喂奶牛，节约购草费 4 万元，牛奶产量明显提高，发病率下降。1984 年，引入杜洛克瘦肉型种猪进行风土饲养驯化和繁殖试验研究。1985 年，开展杜洛克瘦肉型公猪与当地母猪进行经济杂交观察研究，杂交猪饲料要求低，日增重 0.25～0.54 千克，提前半个月出栏，瘦肉率 57％。1991 年，进行肉鸡饲养管理研究。1992 年，进行含硒添加剂饲喂母鸡产蛋对比试验。同年，进行小尾寒羊三年引种饲养技术试验研究。小尾寒羊生长速度快，产羔率高，耐粗饲，适应本场自然条件，1995 年开始在全场全面推广饲养。1994—1995 年，推广塑料暖棚养猪。采用这一技术，可缩短猪的喂养期半年以上，降低成本，每头猪可获利 70～100 元。

（四）农机科研

1964 年，机耕作业由耕、耙、播、镇压、脱粒单项作业改为犁、耙、糖、播种、施肥、耙糖、镇压等复式作业，并增加中耕除草、机械开沟扶埂、机械平地等作业，提高农机工效。1965 年，保养间研制一批急需的农具，有中耕机、钉齿耙，并把播种机改装成氨水施肥机。

1970—1974 年，机修连技工王晋元、董新华、王有文、秦修宝、王家杰、张会文、王大让、顾文德、刘申念、刘维成等先后研制、仿制农具和修理工具，研制成功的农机具：平地机械有刮土板、铁耥子；整地工具有环形镇压器；收割配套机械有联合收割机附件集草车、主杆升运器；场上打碾机械有打场碡子、扬场机、玉米脱粒机；制肥机械有行星滚筒式三合颗粒肥料机；铸铁机械有筛砂机；修理工具有锯床、冷磨床、电焊机、直流点焊机、砸铁锤等。1976 年，农机修造厂成立技术革新小组，组长王万禄，研制成功的农机具有中耕除草施肥机、灭草喷雾器、青饲料打浆机、双滚筒粉碎机、搪瓦机、电瓶卡子等。引进汽吸式玉米点播机，使玉米从播种（精量点播）、中耕、收获、脱粒全部实现机械化。1978 年，农机修造厂锻工组利用废旧拖拉机底盘和曲轴改装成弹簧锤，用于锻铁，减轻体力劳动，提高工效 2 倍；专业小组研制成功 5 台玉米中耕施肥机、10 台 YT 型玉米脱粒机。1979 年，研制成功小型手摇钻和打埂机。1980 年，研制成功铸铁冷焊技术。1983 年，采用机油滤清器包二层卫生纸的保养方法，延长机油滤清器保养时间，节约清洗用油。1985 年，在机动车上推行 TMT 减磨节油剂，引进电瓶再生剂和金属水箱补漏剂。推广"农机 1 号胶"粘补、密封、堵漏新技术。1987 年，推广使用金属清洗剂代替清洗油，年节约油料 1 吨。1989 年，购进 W4-60 型挖掘机，每小时挖土能力 60 立方米，用于干支斗农排渠机械清淤。1992 年，农机修造厂成功仿制籽瓜开沟铺膜机 5 台，籽瓜脱粒机 1 台，籽瓜点播机 1 台，实行籽瓜开沟、铺膜、播种、脱粒机械化。当年，农机修造厂厂长敬义庆研制成功种子包衣机。场部农机科和农机修造厂联合研制成功 1 台 L-80

型甘草挖收机，比人工挖收甘草提高工效 1050 倍，收净率 92%。1995 年，成功研制特种药材中耕施肥机。农机技术人员和技术工人的共同努力，经过不断试验研究和改革完善，使土地开发、平地、整地、耕作、铺膜、播种、施肥、中耕、喷药、排渠清淤、筑埂、选种、种子包衣、收割、脱粒、扬场、装运入库、饲料粉碎、秸秆粉碎还田、植树造林、挖收甘草等作业项目实现机械化，还研究制造大量农机检修工具，提高机修的质量和效率。

（五）工业科技

1990 年，老寺庙酒厂改进曲酒酿造工艺，采用强化夹层窖泥，双轮底发酵和 AADY（活性糖化干酵母）等新技术，提高曲酒的乙酸乙酯含量，出酒率、醇香度高，质量达到国家 GB 10781.1 优级标准。

当年，砖厂引进技术，改水擦砖坯为油擦砖坯，并进行全方位技术改造，红砖半成品一级品率提高到 90%，成品合格率提高到 98%。1992—1993 年连续两年被省建材产品质量监督站评为"特等砖"。1992 年，砖厂用功率仅有 4 千瓦的 JN1000-Ⅱ型节能风机置换原有功率为 22 千瓦的风机，全年节约电耗 16 万千瓦时。

1993 年，酒厂新开发品位高，质量特优的 48°老寺贡酒、52°老寺特曲和 52°老寺特酿大曲酒新品种；研制节煤器，降低煤耗 25%。1994 年，酒厂进行三项科研试验：利用丢糟再次出酒；进一步提高老寺系列曲酒质量，开发酱香型曲酒新产品；研究提高出酒率。1995 年，酒厂研究成功多营养黄酒并投入少量生产。在酿酒工艺改造上采用回醅发酵、回酒发酵、双轮底发酵、夹泥发酵、低温入窖、定温蒸酒、量质接酒、分级贮存、纯种乙酸菌的分离并应用、精心勾兑等 12 项新工艺，提高出酒率 2%～3%，并使优质比率达到 75%。利用丢糟中残余淀粉再次发酵，出酒率可提高 2%～3%。其他科研项目有：安全度夏试验，利用窖泥新配方以提高酒的风味研究，低度纯酱香型酒曲的研究开发等。

第四节 科技论文和优秀作品

一、参加学术交流的医学论文

职工医院院长、外科主治医师朱荣在长期医疗实践中总结医疗经验，撰写学术论文，参加卫生学术交流。1991 年 1 月至 1995 年 1 月，职工医院与张掖地区医院共同采用以活血化瘀为主的血府逐瘀汤佐治小儿肾病综合征 52 例，疗效显著。朱荣与张掖地区医院朱贵、冯永萍共同撰写的《血府逐瘀汤化裁佐治小儿肾病综合征临床观察》报告，被收入1995 年出版的《活血化瘀研究》一书，该书是血瘀症综合研究国际会议和第四届全国活血化瘀研究学术会议论文集，由中国中西医结合学会、活血化瘀研究学会主编，中国医药科技出版社出版。朱荣与张掖地区医院朱贵共同撰写的医学论文《应用开胃消食饮佐治小儿秋季腹泻 180 例临床观察》，1995 年 11 月，在农业部农垦局主办的首届全国农垦医疗卫生学术会议上，被选为大会交流论文。

二、农林科技论文

农林科技工作者总结经验，撰写的部分科技论文，被选入《甘肃省农垦科技成果及论文选编》，有的发表在《甘肃科技报》《西北园艺（果树）》《山西果树》《果农之友》《甘肃农业》《农业与技术》等多个期刊发表论文（表 6-9）。

表 6-9　科技人员报刊发表科技论文名录

作者姓名	论文标题	出刊（刊登）日期	报刊名称	刊物主编单位
郑传合	杜梨砧木建园，防冻防病又增产 苗圃迹地断根再生经验	1984 年 8 月	甘肃省农垦科技成果论文选编（第 1 集）	甘肃省农垦总公司
郑传合	新疆杨断根留根连续育苗新法	1985 年 3 月	甘肃科技报	甘肃科技报社
崔定一	草木栖站杆耕翻技术	1986 年 2 月	中国农垦第二期	农垦部
崔定一	张掖农场向日葵生产技术规程	1993 年 1 月	甘肃农垦科技成果及论文选编（第 6 集）	甘肃省农垦总公司
李树堂	苹果梨大苗建园技术改造	1993 年 1 月	甘肃农垦科技成果及论文选编（第 6 集）	甘肃省农垦总公司
崔定一	依靠科技进步、振兴农场经济	1994 年 4 月	甘肃农垦科技成果及论文选编（第 7 集）	甘肃省农垦总公司
刘武业	棉铃虫在啤酒花上的发生与防治	2002 年 1 月	甘肃农业科技	甘肃省农业科学院
魏玉杰　何庆祥 何宗仁　雷根元等	特种药材种子丸化及地膜穴播栽培技术研究与应用	2002 年 12 月	甘肃省农垦农业研究院	
程　才　杨其斌 尚吉荣　朵宝庆 马岩斌　石铭君 杜光荣	苹果蠹蛾综合防治技术要点	2008 年 6 月	西北园艺（果树专刊）	陕西农业杂志社
程　才　杜光荣 朵宝庆　杨其斌 尚吉荣　马岩斌 石铭君	如何预防果树花期自然灾害	2009 年 3 月	山西果树	山西省农业科学院果树研究所
任宝仓　雷根元 吴克勤　冯秀玲	3％世玛油悬剂防除小麦田恶性禾本科杂草	2009 年 7 月	第九届全国杂草科学大会论文摘要集	

（续）

作者姓名	论文标题	出刊（刊登）日期	报刊名称	刊物主编单位
任宝仓 吴克勤 雷根元 冯秀玲 李叔茂	大骠马 6.9%EW 防除春大麦田野燕麦药效试验	2009 年 7 月	第九届全国杂草科学大会论文摘要集	
程 才 杨其斌 朵宝庆 马岩兵	果树缺铁性黄化病的原因及防治措施	2009 年 9 月	果农之友	中国农业科学院郑州果树研究所
冯秀玲 雷根元 任宝仓	河西地区制种玉米主要病虫害及防治	2010 年 11 月	甘肃农业科技	甘肃省农业科学院
程 才 胡玉彬	果园用药六注意	2012 年 10 月	西北园艺（果树）	陕西农业杂志社
程 才 胡玉彬	关于发展梨产业的几点思考	2014 年 2 月	甘肃农业	甘肃农业杂志社
王 文 葛红元 甄伟玲 程 才 翟玉兴	梨园梨小食心虫发生规律及防治技术	2014 年 11 月	农业与技术	中国科技期刊编辑学会；吉林省科学技术信息研究所
程 才	果园追梦二十年	2016 年 4 月	西北园艺（果树）	陕西农业杂志社
程 才 杨其斌 尚吉荣 王 疆 倪红涛 石铭君	甘肃张掖地区梨小食心虫发生与防治	2017 年 2 月	西北园艺（果树）	陕西农业杂志社

三、获奖科技论文和优秀作品

1. 农牧渔业部奖励的优秀作品 建筑专业队职工许根扣的住宅设计，造型新颖实用，格调典雅，1988 年，农场推荐其作品参加农牧渔业部、农牧渔业部农垦局、中国农业工程研究设计院等部门开展的优秀设计作品评选。其设计的小城镇规划和住宅设计——甘肃住 1（平房）获农牧渔业部三等奖，小城镇规划和住宅设计——甘肃住 2（平房）获得农牧渔业部农垦局、中国农业工程研究设计院表扬奖。

2. 甘肃省农垦总公司奖励的科技论文 1986 年，科技工作者崔定一、杨世耀、郑传合在实践工作中总结经验，撰写科技论文 4 篇，受到甘肃省农垦总公司奖励。1994 年，甘肃省农垦总公司主办"甘肃垦区百篇优秀论文评奖活动"中，张掖农场组织科技人员撰写科技论文 8 篇参加评奖，其中 7 篇被评为 1994 年度"科技兴垦"优秀论文。受奖的科技论文占全省农垦系统优秀科技论文总数的 11.7%（表 6-10）。

表 6-10 获奖优秀科技论文统计一览表

论文题目	作者姓名	奖励等级	颁奖单位	颁奖时间
青贮饲料在奶牛上的应用，经济效益显著	杨世耀	科技论文二等奖	甘肃省农垦总公司	1986 年 7 月

（续）

论文题目	作者姓名	奖励等级	颁奖单位	颁奖时间
环状倒贴皮在元帅系苹果幼旺树上增产经验	郑传合	科技论文三等奖	甘肃省农垦总公司	1986 年 7 月
果树高接换头的技术应用	郑传合	科技论文三等奖	甘肃省农垦总公司	1986 年 7 月
扬长避短，发展油用向日葵	崔定一	科技论文进步奖	甘肃省农垦总公司	1986 年 8 月
调整结构，振兴农场经济	崔定一			
苹果梨大苗建园技术的研究	李树堂			
梨黄粉蚜发生规律及防治措施	张希林			
籽瓜枯萎病的发生与防治方法	雷根元	1994 年度"科技兴垦"优秀论文	甘肃省农垦总公司	1995 年 1 月
啤酒花霉霜病的发生与防治技术	刘武业			
苹果梨早结果丰产栽培技术	刘玉杰			
啤酒大麦高产栽培技术	肖新华			

四、科技书籍编著

1992—1995 年，科技工作者张希林于受聘参加董存田主编的《梨生产原理与科技》一书编著工作，该书于 1995 年 6 月由中国农业科技出版社出版发行（书号：ISBN7-80026-909-4）。2014 年，科技工作者程才、张向军、秦义民等参与编写由甘肃省农垦集团有限责任公司组织编写的《甘肃农垦农业标准化生产技术规程汇编》，编写林果类——早酥梨标准化技术规程部分。

第三章 人口与户籍管理

第一节 人 口

张掖农场人口来源主要有甘肃农垦系统或系统外调入的干部，工人及其随迁家属，转业、复员、退伍军人及其家属；社会支边知识青年及上海移民，建场初期收纳的少数盲流人员；从农村招收的工人，其中有本场职工介绍的亲友；统一分配的大、中专院校毕业学生，职工配偶，职工子女。1955年，建场初期仅有人口69人，1959年末有754人。1960年上半年，因河南支边青年和上海移民来场，6月总人口增至2700人。1960—1962年，因回乡、返回原籍、外调、他就、死亡等原因，人口迅速下降。至1962年末，全场人口下降到391人。1964—1969年四场合并，大批复员转业官兵和社会支边知识青年参加农场生产建设，人口迅速增加。1969年末总人口达5057人，是建场以来人口最多的一年。自1970年以后，因社会支边知识青年成批外调、病退回原籍，以及因升学、参军、被外单位招工、长期不归等原因，人口明显下降。1980年末总人口降到3393人，1985年人口曾上升到3889人。以后10年人口流动增大，呈下降趋势，1995年共有3354人。2021年共有2660人，较1995年下降12.56%（表6-11、表6-12）。

表 6-11 张掖农场 1955—1995 年张掖农场人口统计表

年 份	总人口（人）	年 份	总人口（人）	年 份	总人口（人）	年 份	总人口（人）
1955	69	1966	4119	1977	4669	1988	3491
1956	129	1967	4358	1978	4209	1989	3511
1957	250	1968	4791	1979	3394	1990	3466
1958	520	1969	5057	1980	3393	1991	3471
1959	754	1970	4799	1981	3562	1992	3471
1960	1248	1971	4439	1982	3324	1993	3373
1961	624	1972	3881	1983	3409	1994	3114
1962	396	1973	3913	1984	3448	1995	3354
1963	437	1974	3985	1985	3889		
1964	1058	1975	3800	1986	3606		
1965	2502	1976	4500	1987	3674		

表 6-12　张掖农场 1996—2021 年人口及民族统计

年　份	总人口（人）	其中：少数民族（人）	年　份	总人口（人）	其中：少数民族（人）	年　份	总人口（人）	其中：少数民族（人）
1996	3354	18	2005	3510	16	2014	3625	14
1997	3310	18	2006	3508	16	2015	3364	14
1998	3298	8	2007	3510	16	2016	3423	16
1999	3528	14	2008	3549	18	2017	2962	16
2000	3491	17	2009	3811	18	2018	2955	16
2001	3492	14	2010	3843	18	2019	2668	16
2002	3532	14	2011	3796	14	2020	2676	16
2003	3596	14	2012	3665	14	2021	2660	15
2004	3563	11	2013	3620	14			

第二节　人口结构

一、人口普查

1990 年 7 月 1 日第四次全国人口普查统计，农场共有常住人口 3056 人。其中：农场男性人口 1574 人，占总人口的 51.5%；女性人口 1482 人，占总人口的 48.50%。在总人口中，汉族 3033 人，占总人口的 99.20%；回族 11 人、藏族 6 人、裕固族 1 人，少数民族占总人口的 0.8%。

2020 年 11 月 1 日第七次全国人口普查统计，全场共有常住人口 2676 人。农场有男性 1389 人，占总人口的 51.9%；女性人口 1287 人，占总人口的 48.1%。在总人口中，汉族 2662 人，占总人口总数的 99.4%；回族 7 人、藏族 3 人，满族 3 人，裕固族 1 人，少数民族占总人口的 0.6%。男性人口较 1990 年下降了 14.1%，女性人口总数较 1990 年下降了 11.7%（表 6-13、表 6-14、表 6-15、表 6-16、表 6-17）。

表 6-13　张掖农场年龄分组人数统计

年龄分组（岁）	男（人）	女（人）	合计（人）	年龄分组（岁）	男（人）	女（人）	合计（人）
0～5	164	109	273	46～50	101	118	219
6～10	141	118	259	51～55	73	67	140
11～15	89	90	179	56～60	82	23	105
16～20	186	195	381	61～65	24	6	30
21～25	216	235	451	66～70	8	6	14
26～30	131	183	314	71～75	9	4	13
31～35	176	160	336	76～80	3	4	7
36～40	117	77	194	81～85	0	0	0
41～45	87	54	141	86～90	0	0	0

表 6-14　张掖农场年龄分组人数统计

年龄分组（岁）	男（人）	女（人）	合计（人）	年龄分组（岁）	男（人）	女（人）	合计（人）
0～5	36	34	70	51～55	251	226	477
6～10	32	25	57	56～60	138	157	295
11～15	37	25	62	61～65	132	101	233
16～20	40	36	76	66～70	97	64	161
21～25	87	30	117	71～75	25	56	81
26～30	83	44	127	76～80	37	77	114
31～35	90	64	154	81～85	45	55	100
36～40	78	73	151	86～90	21	9	30
41～45	41	50	91	91～95	2	3	5
46～50	117	137	254	96～100	0	0	0

表 6-15　张掖农场人口年龄结构（2020 年 11 月 1 日）

年龄组别	人口（人）	其中 男	女	占总人口（%）
学龄前儿童（0～5 岁）	70	39	34	3
学龄前儿童（6～15 岁）	119	69	50	4
青　年（16～25 岁）	201	127	74	8
中　年（25～60 岁）	1562	798	764	58
老　年（61 岁以上）	724	359	365	27
合　计	2676	1389	1287	

表 6-16　张掖农场 1978—1995 年人口自然增长率表

年　份	总人口（人）	出生（人）	出生率（‰）	死亡（人）	死亡率（‰）	人口自然增长率（‰）
1978	4209	94	22.3	3	0.7	21.6
1979	3394	71	20.9	3	0.9	20.0
1980	3393	65	19.2	3	0.9	18.3
1981	3562	60	16.8	5	1.4	15.4
1982	3324	68	20.5	11	3.3	17.2
1983	3409	55	16.1	4	1.2	14.9
1984	3448	45	13.1	7	2.0	11.1
1985	3889	49	12.6	5	1.3	11.3
1986	3606	30	8.3	3	0.8	7.5
1987	3674	46	12.5	9	2.4	10.1
1988	3491	47	13.5	9	2.6	10.9
1989	3511	49	14.0	12	3.4	10.6
1990	3466	46	13.3	4	1.2	12.1
1991	3471	44	12.7	8	2.3	10.4
1992	3471	43	12.4	8	2.3	10.1

（续）

年　份	总人口（人）	出生（人）	出生率（‰）	死亡（人）	死亡率（‰）	人口自然增长率（‰）
1993	3373	23	6.8	9	2.7	4.1
1994	3114	24	7.7	11	3.5	4.2
1995	3354	31	9.2	8	2.4	6.8

表 6-17　张掖农场 1996—2021 年人口自然增长率表

年　份	总人口（人）	出生（人）	出生率（‰）	死亡（人）	死亡率（‰）	人口自然增长率（‰）
1996	3354	21	0.63	7	0.21	0.42
1997	3310	23	0.69	3	0.09	0.60
1998	3298	12	0.36	7	0.21	0.15
1999	3528	23	0.65	9	0.26	0.39
2000	3532	26	0.74	12	0.34	0.40
2001	3596	14	0.39	16	0.44	−0.05
2002	3563	16	0.45	19	0.53	−0.08
2003	3510	16	0.46	19	0.54	−0.08
2004	3549	8	0.23	10	0.28	−0.05
2005	3811	14	0.37	18	0.47	0.10
2006	3843	17	0.44	11	0.29	0.15
2007	3510	17	0.48	18	0.51	−0.03
2008	3549	25	0.70	16	0.45	0.25
2009	3811	23	0.60	19	0.50	0.10
2010	3843	16	0.42	22	0.57	−0.15
2011	3796	11	0.29	25	0.66	−0.37
2012	3665	5	0.14	20	0.55	−0.41
2013	3620	3	0.08	15	0.41	−0.33
2014	3623	27	0.75	22	0.61	0.14
2015	3364	11	0.33	9	0.27	0.06
2016	3423	21	0.61	18	0.53	0.08
2017	2962	28	0.95	22	0.74	0.21
2018	2955	20	0.68	10	0.34	0.34
2019	2668	12	0.45	19	0.71	−0.26
2020	2676	7	0.26	8	0.30	−0.04
2021	2660	6	0.23	22	0.83	−0.6

二、人口增减情况

1995 年，出生人口较 1978 年下降 67％，人口死亡较 1978 年下降 62.5％。2021 年，出生人口较 1996 年下降 20.7％，人口死亡较 1996 上升 68.2％。1996—2021 年，出生人口合计 422 人，死亡人口合计 396 人。

第三节　户籍管理

一、户籍管理

建场初期，职工户籍关系均由张掖县公安局按照国有企业工人管理。职工调出调入均按相关规定办理。1964 年，实行军垦体制后，团政治处政法股设户籍干事，在农建十一师河西垦区公安处领导下管理所有职工的户籍，户籍的迁入、迁出均按城镇户口办理。1970 年，河西垦区公安处撤销，师、团改设保卫科（股），团保卫科（股）是内部机构，不能对外，职工户籍全部移交所在地县（市）公安局代管。因粮食关系仍留所在单位而引起户籍属性改变，由城镇户口改为吃自产粮的农村户口。城镇户口可以转为农业户口，而农业户口却不能转为城镇户口的规定，造成复员转业军人、行政干部、技术干部、知识青年及其随带家属迁转城镇户口的困难，使团场成为"进得来，出不去"的死胡同，严重影响职工情绪。1975 年，恢复农垦体制后，农场设保卫科，内设户籍干事 1 名，管理内部户籍工作。

1980 年 8 月，根据《国务院批转国家农委等单位"关于解决国营农业企事业职工户口粮食关系的几个问题的请示报告"》（国务院〔1980〕212 号）精神，针对农垦企事业单位职工及其家属子女在办理户粮关系时所遇到的困难。重新作出规定："国营农业企事业单位的职工，如因工作需要调往城镇和符合条件退职退休安置在城镇的，凭调出、调入地组织、劳动、人事等部门的调动证明，应准予办理户口和市镇粮食供应关系转移手续。"1986 年 2 月，甘政发〔1986〕16 号文件重申《国务院批转国家农委等单位关于解决国营企事业职工户口粮食关系的几个问题的请示报告》指出："农垦职工子女在招工、招生、参军、复转时，与其他城镇职工享受同等待遇。"

二、户籍迁入

对于由农村迁入国有农牧场人员的粮户关系，兰州军区生产建设兵团的规定是：兵团职工长期分居两地的、配偶和子女、个别确实无人赡养的父母，经职工本人申请，所在单位审批，报师部批准后方可迁入。1978 年甘肃省农垦局规定：职工家属与子女、赡养的父母和由其抚养长大的亲戚或子女、在农垦工作相当时间的临时工、合同工，由本人申请，逐级上报审批后可以迁入。1980 年，农场制定户口管理规定：凡调入的干部、工人、职工子女配偶迁来农场上岗劳动的，职工新生子女，年龄在 25 岁以内。初中文化程度已在偏远农业生产队工作 1 年或在酒花队工作 2 年的临时工，均可凭调动证明或由本人申请，经农场研究同意后办理户口迁入手续。凡向场外调动工作、退职、上学、招工、参军等，可凭有关证件办理户口迁出。

三、"农转非"

1999 年 8 月，甘肃农垦总公司转发《关于转发甘肃省公安厅〈关于解决甘肃农垦系统职工家属户口问题的通知〉的通知》精神，农场上报 1127 户 2912 人，符合甄别认定和"农转非"落户条件，其中符合甄别认定的国家安置复转军人和成建制转业军人 63 户 151 人（一类一条）；国家分配的大中专生 34 人（一类二条）；录用招收的干部工人 658 户 1747 人（一类三条）；批准调入的干部工人 314 户 774 人（一类四条），1976 年以前的支边青年和插队知青 8 户 16 人（一类五条）；工作满 2 年符合"农转非"条件的 70 户 190 人。上报张掖地区行政公署公安处获得批准，由农业户籍转为非农业户籍，从根本上解决了农场职工子女、家属户籍存在的问题。

第四节　计划生育

1972—2021 年，农场计划生育工作，始终坚持以国家的政策方针为指引，坚持以宣传教育为主、避孕节育为主、经常工作为主的方针。实行党、政、工、团齐抓共管，不断加强完善组织领导、制度建设，全面落实计划生育政策。

一、组织领导

1972 年，计划生育工作列入党委议事日程，成立计划生育委员会，办公室设在职工医院，由 1 名场级领导分工负责计划生育工作。1973 年，各营、连建立计划生育领导小组，大力宣传计划生育政策，坚决杜绝计划外怀孕生育扎实落实计划生育措施，加强计划生育工作。1978 年，调整计划生育领导机构。农场成立计划生育领导小组，场党委书记杨掌元兼任组长，下设计划生育办公室，配备专职干部管理计划生育工作。场属各基层单位成立计划生育领导小组，党支部书记任组长。1990 年，成立全场计划生育协会，场属各基层单位也相应成立计划生育协会，制定《国营张掖农场计划生育协会章程》，当年发展会员 427 名。

1991 年 5 月，在农场职工医院成立计划生育服务站，站长由医院院长兼任，指定医务人员 4 人兼办计划生育咨询指导、措施落实、技术服务、药具管理等工作。基层单位设置计划生育宣传员和计划生育管理员，宣传员和管理员分别由单位妇代组长和会计兼任。1992 年 6 月，场部和各场属基层单位分别成立全场和单位计划生育普教领导小组，各小组确定兼职教员 3～5 人，普及计划生育知识，加强宣传教育工作。当年 12 月，按照张掖市计划生育委员会规定，场计划生育办公室改为计划生育工作站，场属各单位建立计划生育工作室，做好人口规划，宣传教育，调查统计和综合节育措施落实等工作。计划生育工作坚持党政主要领导亲自抓，分管领导具体抓，其他领导配合抓，所有干部全力抓的工作机制。建立场科室人员包联系点单位，基层干部包户，党、团员和计生协会会员包人的齐抓共管责任制，在全面落实计划生育各项目标管理责任制时，加强班子建设、宣传教育、目标考核、抓好重点难点和督促协调工作。

二、制度建设

1979 年起，建立计划生育卡片管理制度和计划生育奖罚制度。1980 年，对婚后只生一个子女的发放独生子女证，持独生子女证可享受农场规定的各项优待。1982 年，农场规定：各单位把执行计划生育政策规定作为评选先进、考核干部的条件之一。1987 年，把基层单位计划生育工作列入承包责任书，进行目标管理。

1991 年，建立《加强计划生育领导》《计划生育目标管理》《计划生育民主监督》《计划生育宣传教育》《育龄妇女管理检查》《计划生育档案统计》等 6 项管理制度。建立来农场工作、探亲或外出的育龄妇女的计划生育管理制度。1992 年，场长与各基层单位主要行政领导人签订《计划生育工作齐抓共管责任书》，制定《人口与计划生育工作考核指标》，考核指标内容有人口计划指标、组织机构和组织领导、宣传教育、统计报表、网络建设、争创达标单位等项目，年终进行定量定性评估、并规定考核得分和奖罚办法。通过制度的建立，进一步提高了全场计划生育工作的整体水平。1994 年，建立计划生育专题工作会议制度。农场党委和农场行政领导每年召开专题会议 3 次，农场计划生育领导小组会议每年召开 4 次，基层单位每年召开 6 次。加强卡表管理，做到内容上卡及时，人卡项相符，措施落实具体，卡表数据正确，单位卡表与农场卡表相符。建立每月向农场计划生育工作站送报统计报表制度，统计报表列入年终考核内容之一。

三、宣传教育

计划生育宣传工作，采取多种形式，主要有：举办学习班、座谈会、人口理论讲座、文艺演出、知识竞赛和张贴标语、编写黑板报、墙报、现身说法、典型引路等，进行经常性的宣传教育。1992 年，农场和场属各单位都成立计划生育普教领导小组，加强计划生育宣传教育力度。及时传达学习中央和省、地市政府有关计划生育的文件、政策法规；学习《婚姻法》《继承法》《刑事诉讼法》《甘肃省计划生育条例》《张掖市计划生育奖惩规定》和本场有关计划生育规定等。通过全方位、多形式的宣传教育，提高了全场干部职工对人口控制理论的认识，增强计划生育的自觉性。

四、落实政策

自 1982 年以来，农场的计划生育率保持 100%，多次被评为计划生育先进单位，受到甘肃省政府表彰奖励 2 次（1982 年、1986 年），受到张掖地委、地区行署表彰奖励 1 次（1990 年），受到张掖市（今甘州区）政府表彰奖励 3 次（1982 年、1984 年、1986 年）。

1997 年，以培养"四有、四自"，坚持法律法规和计划生育教育工作，使广大妇女干部、群众坚定理想信念，提高思想道德修养，养成良好的行为规范。1998 年，注重规范管理，落实工作责任制，全面完成人口计划生育工作的各项指标，农场对所属单位进行奖励，其中获一等奖 3 个单位，二等奖的 20 个单位，三等奖的 3 个单位。

2020 年，农场出台《独生子女家庭奖励办法》。2021 年，农场发放独生子女家庭奖励 77 户。全面两孩政策实施后，不再发放《独生子女父母光荣证》，不再享受独生子女及其父母相关奖励优惠政策。

第四章　医疗卫生事业

1956—2021 年，农场医疗卫生事业以医疗卫生服务为主，包括职工健康、诊治疾病而建立的公共医疗体系、组织体系、服务体系和服务。公共卫生和医疗服务涉及社会公共卫生服务、医疗服务、健康促进服务以及与这些服务相关的保障体系、组织管理和监督体系等。医疗卫生的基本框架由"四大体系"构建，公共卫生服务体系、医疗服务体系、医疗保障体系、药品供应保障体系。四大体系相辅相成，配套建设，协调发展。

第一节　医疗卫生事业发展

1956 年，农场设医务室，曹文新任医生。1964 年四场合并后，老寺庙总场设卫生所，山羊堡、头墩、林荫 8 个生产队各设保健站。1965 年 7 月，农场卫生所改为卫生队、任命曹文新为队长。有医师 2 人，分别负责门诊和防疫工作。1966 年，卫生队门诊设中医部和西医部，有医师 6 名（公共卫生、中医各 1 名，西医 4 名）、司药 2 名，化验员 1 名，护理员 10 名，挂号（收费）员 1 名。1967 年 3 月，增设各营医务所 3 处；营医务所配备医生 1～3 名，卫生员 1～2 人。在 3 连、5 连设卫生所，由 1 名卫生员负责。1971 年，医疗工作走"赤脚医生"道路、发展比较快。团卫生队增设住院部、有病床 20 张。培训初级医务人员 22 名，战地卫生员 18 名，全队共有医务人员 52 名，有外科医师 1 名，内科医师 5 名，中医师 2 名，中药司药 2 名，医士 9 名，助产士 1 名，护士 3 名，药剂士 1 名、化验员 2 名，初级护理员 25 名，另有行政后勤人员 4 名。主要设备有 30 毫安 X 光机 1 台。在一营、二营、三营、十六连（林荫）各设卫生所；各连队都建立卫生室、卫生室各配备 1 名卫生员，全场形成比较健全的医疗保健网络。1972 年，卫生队开展计划生育指导工作，把"救死扶伤，全心全意为人民服务"作为崇高职责。医疗工作实行中西医结合，对疑难病症实行中西医会诊制度，中医开展新医针疗法、用耳针疗法治疗职工急性腹膜炎等疾病，疗效显著。中药房派人到附近山中、原野采集中草药，丸制中药 216 千克。外科开展阑尾切除术、疝气修补手术等。1976 年，农场划地 1.8 公顷投资 10 万元兴建职工医院，于 1977 年竣工投入使用。医院门诊部面积 480 平方米，住院部面积 737 平方米，药库、伙房等其他后勤用房面积 621.58 平方米。曹文新任院长，滕好玺任书记。医院门诊部设有内科、外科、妇产科、中医科和辅助科室 X 光室、A 超室、消毒室、化验室、注射室，并设有中、西药房。住院部设有病床 30 张，主要设备有手术床 1 台 X 光线透视机 4 台（30 毫安 3 台、50 毫安 1 台）。全院有医务人员 53 名，其中有医生 8 名，医士 4 名。基层医疗机构经过调整，在偏远生产队红沙窝一队、民乐头墩十队 2 处建立卫生所，各配备医师、卫生员各 1 名。各农业生产队和砖厂、园林队、实验站、修造厂等 12 个单位建立医务室，各配备卫生员 1 名，在全场建立初级卫生保健网。1979 年，殷全廉任书记，韩宗勋任院长，杨梦华任副院长，完善各项医疗工作制度，医院管理工作逐渐走向正规化。为提高医疗水平，选送医务人员到上级地方医院进修培训。增设医疗设备，主要有电冰箱、心电图机、麻醉机、洗胃机和手术床、无影灯等。业务范围扩大，外科开展普外科、骨科、妇产科及计划生育手术。胃溃疡修补术及大部切除术、甲状腺手术、骨科截肢术等均有较高的成功率，内儿科疑难重症病人的诊断、治疗、抢救等都有较高的水平。当时，附近农民也纷纷前来就医，为地方医疗事业做出了一定的贡献。

1985 年，胡建民任院长，王珍铭任书记。医务人员因退休、外调等原因，减少 23%。基层医疗单位经过撤并调整，保留民乐分场、农业 2 队、4 队、8 队和砖厂、修造厂 6 处医务室。1988 年，朱荣任院长、薛维亮任书记，医院实行院长负责制，以加强医疗管理。门诊增设口腔科，继续进行基层医疗单位调整工作，在农业 3 队、民乐分场各设 1 个医务所，其余撤销。1990 年，职工医疗进一步完善各项岗位责任制及内部管理制度，加强医风医德教育，医疗水平和医务质量进一步提高。同年 8 月，国道 312 线 2742 千米处发生 1 起重大交通事故，医院闻讯立即组织医护人员赶赴现场抢救受伤危重人员，受到甘肃省交通厅表扬并授予医院锦旗 1 面。1995 年，职工医院有职工 28 名，其中主治医师 1 名、医师 2 名、医士 3 名、中医师 1 名、助理员 2 名、护士 7 名、未获得职称的初级卫生人员 7 名、后勤人员 3 名。医院门诊部设有内科、外科、妇产科、儿科、口腔科、中医诊断室、防疫室，辅助科室有中、西药房、X 光室、化验室、注射室。住院部设有产房及手术室，有病床 30 张。基层医疗单位 7 个，民乐园艺场和红沙窝两地均设卫生所，一、四、五、七、八生产队各设卫生室。职工医院重点防治内、外、妇、儿各科常见病、多发病。外科手术主要开展普外科及骨科小手术，开展计划生育指导站工作和防疫、儿童计划免疫等工作，定期为职工、学生进行体格检查，为行走不便的老龄职工上门送医送药，定期、不定期下连队作巡回医疗。

1999 年 12 月，付德光等 9 名医护人员通过评审，取得卫生初级职称任职资格。

2002 年，职工医院在本场医疗资源有限、个体诊所竞争激烈的情况下，场部增设了康复门诊，方便职工和外来人员就医。同时，为提高职工医院的工作效率，医院还承包了张掖农垦公司卫生所，拓展医疗范围，增加了职工收入。当年全院收入 15 万元，比上年增加了 8000 元。2003 年，医疗卫生事业把职工保健服务作为头等大事来抓，尽管经营效益不佳，在为全场职工服务方面还是做了突出的贡献，尤其是在抗击"非典"的战斗中发挥了重要的监督和保障作用。同年，为使医院效益有所提高，实行医院保留分散经营策略，实践证明，既方便了职工又能解决收入分配的问题。2004 年，农场职工医院负责农场职工的医疗保健工作，为改进医院的服务质量，提高医疗水平，理顺分配关系，农场医院有针对性地进行了内部改革，实行现有的资源优化配置，人员自愿组合，先后成立 4 家门诊部，极大地方便了患者就医，同时又增加了职工的收入。医院实行改革后，医院个人自主经营，医疗网点有朱荣、张万书、崔利、原医院门诊 4 家。2005 年 12 月，农场加大医院投入力度，逐步恢复医院正常工作，对原职工医院进行修缮，投入资金 5.05 万元。2006 年 2 月，张掖农场职工医院在重新整合后正式营业，院长张树成，职工医院恢复就诊，面向全场职工，方便了广大职工群众就医。2006 年，职工医院内部管理不善，发生一起医患纠纷，个别医务人员打架闹事，造成了很坏的影响。

2007 年 2 月，张掖农场任命张贵根兼任职工医院党支部书记。当年 9 月，甘肃农垦张掖农场职工医院被张掖市甘州区医保局确定为医保定点医院。张掖农场聘任张万书为职工医院副院长（主管行政工作）；崔利为职工医院副院长（主管业务工作）。2008 年 5 月，张掖市甘州区医保局举办培训班，对 2008 年度参加全区城镇居民医疗保险，参保核定工作的相关人员进行培训，对参保工作做出安排部署。

2014 年，根据甘肃省农垦集团《关于转发〈甘肃省发展和改革委员会关于下达 2013 年第十一批建设项目投资计划的通知〉的通知》精神，为进一步提高农场医疗急救水平，增强卫生应急处置能力，农场根据实际情况编制项目实施方案，报省农垦集团公司批准后成立急救中心。农场自筹资金 47 万元，集团公司拨款 40 万元，对职工医院进行提升改造。改建后的急诊室面积达 208.22 平方米。配置急救呼吸机、手气动提多参数监护仪、电动吸痰器气囊、面罩式呼吸器、肺功能检测仪、糖化血红蛋分析仪、外伤箱、手持或脚踏吸引器、便携式心电图、小型急救器械、自动除颤仪、压缩雾化器、输液泵、急救箱、急救推车、紫外线消毒灯、红蓝光治疗仪、治疗仪、洗胃机等设备。2015 年 2 月，农垦集团统一配备救护车 1 辆和随车急救设备。2018 年底，全部资产移交给甘州区卫健委，移交医护人员 7 人。2019 年，甘州区碱滩镇卫生院老寺庙分院挂牌。

第二节 医疗制度

一、职工基本医疗制度改革

为适应社会主义市场经济体制，加速企业内部改革，改变农场公费劳保医疗制度的现状，逐步向社会医疗保险制度过渡，建立、健全完善农场医疗保障体系，根据国务院《城镇职工基本医疗保险制度改革政策》。1999 年 2 月，农场结合实际情况提出职工基本医疗保险制度改革方案。

1. **医疗保险** 全场所有用人单位与农场签订劳动合同的职工、签订承包合同 2 年以上的临时工都要参加基本医疗保险。基本医疗保险费由各用人单位和职工、承包土地的临时工个人双方共同缴纳；基本医疗保险基金实行企业统筹账户和个人账户相结合；基本医疗保险参加社会化管理和服务，与属地管理并轨。

2. **医疗保险费的缴纳** 职工基本医疗保险费由各用人单位和场签订劳动合同并在岗的职工（包括签订劳动合同两年以上的临时工）共同缴纳，用人单位缴费率为单位职工工资总额的 5%（从 14% 的福利费中支出）。职工工资不足 309 元的按 309 元缴纳（按养老保险金的涨幅调整）；职工缴费率为本人工资收入的 2%。随着今后经济的发展，用人单位和个人缴费率再做相应调整。

3. **医疗保险统筹基金和个人账户的建立** 基本医疗保险统筹开始实施，全场职工和离退休人员看病采取先交费后看病年底再报销的办法。职工个人缴纳的基本医疗保险费全部记入个人账户。用人单位缴纳的基本医疗保险金分为两个部分：一部分用于建立统筹基金，另一部分划入个人账户。用人单位缴费的 30% 按职工本人工资的 1.5% 划入个人账户。退休人员个人不缴纳 2% 的基本医疗保险金，由农场统一从基本医疗统筹基金中按工资总额的 1.5% 划入退休人员个人账户。

4. **统筹基金支付范围** 按照以收定支、收支平衡的原则，统筹基金的起付标准是职工（包括离退休人员）本人工资收入的 10%，工资收入不足 309 元的（按劳动养老金浮动）按 309 元计算，最高支付限额的标准是：在职职工 6000 元、退休人员 8000元；超过最高大限额的医疗费用，不再由统筹基金中支付，全部由个人支付；起付标准以下的医疗费用，由个人账户支付，不足部分由个人支付；起付标准以上最高支付限额以下的医疗费用，从统筹基金中按下列比例支付：30 岁以下的职工报医药费的 50%；30～40 岁的职工报医药费的 60%；40 岁至退休前的职工报医药费的 70%；退休职工报医药费的 80％；离休人员凭职工医院病历、处方、发票按国家规定据实报销。

5. 医疗保险金管理　　基本医疗保险金是职工的"救命钱"，为保证其安全、合理、有效的使用，农场建立健全基本医疗保险基金的管理和监督机制。①医疗保险金纳入场保险部门的专户管理，做到专款专用，任何单位和个人都不得挤占挪用，只能用于保障职工的基本医疗。②经费机构的费用由农场解决，不得从基本医疗保险金中提取。③统筹基金以收定支、收支平衡。④制定严格的财务制度和内部审计制度，审计部门定期对医疗保险金的收支情况和管理情况进行审计。⑤保证医疗统筹基金准确到位，各单位工资发放前，须经劳资、保险部门审定，农场领导批示并收缴医疗保险金后，才能发放。用人单位医疗统筹的 5％，从 14％ 的福利费中划出，工商业单位逐月上交，农业单位年底一次性缴纳。

6. 医疗保险个人账户的使用　　职工持有的医疗证重新审核登记，由医院发放新的医疗证。原医疗证上的结余金额转入个人新账户。对农场所有不参加医疗保险的职工及其他人员，农场不再负担医疗保险，看病就医一律自理。职工可持新的医疗证就诊，医院认真登记本人病历及所用金额，做到一病一结，认真填写并签字盖章。同时医院以新证填写金额为依据，超出部分由医疗证持有人自付，超过本人工资收入的 10％ 从基本医疗保险基金中按比例支付。新的医疗证内容包括职工个人的工龄、年龄、年工资收入总额、个人缴费金额及单位划拨的缴费金额等。参加医疗保险的职工可在职工医院看病、取药、就诊。职工患危重疑难病，因职工医院条件所限，需转上级定点医院治疗的，必须经由职工医院开具转院证明，报销时应有上级医院诊断证明方可报销。外地居住患者住院治疗，必须在县级以上人民医院就诊。在场外医院就医回农场报销的比例比本场医院住院治疗报销的低 10％。个人账户和统筹基金划入个人账户的报销，由农场主管部门牵头，保险科、财务科、医院参加，每年 12 月 15—25 日凭医疗证、发票报销。因抢救国家财产或见义勇为伤残者，医疗费用全部由农场承担，因工负伤者医药费所在单位承担。计划生育孕情检查和卫生防疫、计划免疫由医院义务承担。

实行职工医疗保险制度后，职工医院明确基本医疗保险的服务范围和标准，基本医疗保险药品目录、诊疗项目和医疗设施标准及相应的管理办法、开办各类业务，以及增设新的服务项目，彻底从公费医疗的行政事业管理向经营性管理转变。职工医院作为定点医疗机构和定点药店，在此基础上，职工医院引入竞争机制打破现有工资分配制度，真正体现多劳多得，让水平高、服务质量好的医护人员享有较好的相应的工资福利待遇。

二、城镇居民医疗保险

根据《甘州区职工社会医疗保险事业管理局关于 2007 年度全区城镇居民基本医疗保险参保核定工作的通知》，2007 年 7 月农场下发《关于参加甘州区城镇居民基本医疗保险的通知》，全场非农业人口参加甘州区城镇居民基本医疗保险。

1. **参保范围**　凡是农场管理的具有甘州区非农业户口的人员中未纳入职工医疗保险和城市低保人员医疗保险覆盖范围的居民（含学龄前儿童和婴幼儿）、中、小学生，均可自愿参加城镇居民基本医疗保险

2. **缴费标准**　城镇居民（含学龄前儿童和婴幼儿）每人每年缴纳 60 元，政府补贴 60 元；中、小学生每人每年缴纳 40 元，政府补贴 40 元.

3. **缴费方法**　城镇居民参保缴费以户为单位，实行每人一证一卡制度，其个人缴纳部分和医疗保险证、卡工本费（医疗保险证 5 元、IC 卡 10 元）由居民在参保登记时一次性缴纳。个人缴纳的医疗保险费和证、卡工本费，由农场代收后统一向甘州区医保基金管理中心缴纳。认真做好此项工作，各单位领导高度重视，大力宣传参加城镇居民基本医疗保险的优越性，召开会议同时逐家逐户做宣传动员工作，做到应保尽保。2008 年 2 月，农场修改出台张掖农场职工基本医疗保险条例，基本医疗保险金由用人单位和在职职工共同缴纳，基本医疗保险金缴纳比例：缴费比例为年工资总额的 8%，在职职工个人缴纳年工资总额的 2%，退休工人不缴纳，单位缴纳年工资的 6%，农场离休干部享受国家政策，不参加职工基本医疗保险。个人账户金额由农场医保办机构于年初职工一次性核定，按职工本人上年度月平均工资确定缴费基数，个人账户的金额归职工个人所有，可以结转累计下年使用，但不得提取现金（表 6-18）。

表 6-18　张掖农场个人账户核定比率表

年龄段	划入比率（%）	个人缴费比率（%）	单位缴费比率（%）
35 岁以下	3	2	1
36～45 岁	3.3	2	1.3
46 岁	3.8	2	1.8
退休人员	3.8		3.8

2009—2017 年，职工医疗金，每年职工凭药费发票到职工医院审核后按账户比例报销，结余转入下一年度个人账户（表 6-19）。

表 6-19 张掖农场历年药费报销统计表

年 份	合 计 (万元)	职工报销药费 (万元)	退休职工报销药费 (万元)	年 份	合 计 (万元)	职工报销药费 (万元)	退休职工报销药费 (万元)
2009	97.35	31.44	65.91	2016	134.93	71.26	63.67
2010	49.46	28.30	21.16	2017	142.86	68.45	74.41
2011	53.67	28.20	25.47	2018	128.58	79.77	48.81
2012	63.24	30.72	32.52	2019	128.58	79.77	48.81
2013	74.88	33.93	40.95	2020	128.58	79.77	48.81
2014	104.28	48.05	56.23	2021	128.58	79.77	48.81
2015	133.16	66.58	66.58	合计	1368.15	726.01	642.14

三、城镇职工医疗保险

2017 年，根据《社会保险法》《社会保险费征缴暂行条例》和《张掖市城镇基本医疗统筹实施方案》（张政发〔2009〕188 号）的规定，为解决好职工医疗保险问题，经 2017 年 10 月职工代表大会讨论通过，按照 2017 年 12 月在职职工人数 848 人，退休人员 889 人，合计 1737 人参加医疗保险。在职职工由用人单位按上年度单位职工工资总额的 8％缴纳，其中企业承担 6％，职工个人承担 2％。退休人员按上年度退休人员养老金的 6％缴纳（养老金低于上年度全省在岗职工平均工资 60％的，按 60％作为缴费基数）。按政策规定退休人员的这部分医疗保险费要由企业承担，退休人员个人不缴费。因农场退休人员已超过在职职工人数，缴费数额较大，如果全部由企业承担，企业无力承担全部费用，参加城镇职工医疗保险的计划只能搁置。为将好事办好，共渡难关，提高职工的医疗保障水平，尽快让在职职工及退休人员享受到城镇职工医保的实惠，农场提出由退休人员个人先按 2％（2018 年平均每人约 720 元左右）、企业 4％的比例缴纳 2 年，再按退休人员个人 1％、企业 5％的比例缴纳 3 年，通过 5 年过渡后，退休人员的医疗保险费全部由企业缴纳。在参保方式上，在职职工全员参保，退休人员自愿参保。自愿按照以上条款参加城镇职工医保的退休职工，个人写出书面自愿参保申请书，并缴纳医保费，同时确定一名在职职工作为今后年份缴费的担保人，以保证缴费的及时性。不愿按照以上条款参加城镇职工医保的退休人员，可继续按城镇居民参保，到老寺庙社区缴纳城镇居民医保费。享受居民医保相关待遇，农场不再报销医疗费用。2018 年 11 月，根据《甘肃亚盛张掖分公司参加城镇职工医疗保险实施方案》第七款第 3 条，对原企业统筹个人医疗账户内余额按 20％比例分 5 年进行清退。

第三节　妇幼保健

一、妇孕保健

辖区内常住的孕产妇（从怀孕开始至产后 42 天的妇女）享受此项服务。包括户籍在本辖区，平时也居住在本辖区；户籍不在本辖区，但在本辖区居住半年及以上。户籍在本辖区，但离开本地半年以上的人员不享受此项服务。服务内容包括：孕早期健康 13 周一次；孕中期健康 16～20 周、21～28 周各一次，一般体检包含体重、测量血压、心肺听诊，妇科检查内容包含外阴、阴道宫颈、子宫及附件检查。实验室检查：血常规、尿常规、血型、肝功能、肾功能、空腹血糖、HbsAg、梅毒螺旋体、HIV 筛查。

2006 年 12 月，张掖农场职工医院与张掖市人民医院社区服务中心合作，为全场 25个单位的 1124 名职工进行了体检，还为其中的 425 名妇女做了妇科及孕情检查。2015 年12 月，农场委托职工医院邀请张掖博爱医院来农场免费为妇女职工进行妇科病检查。

二、0～6 岁儿童健康管理服务

农产注重辖区内常住 0～6 岁儿童的健康管理和服务。对户籍在本辖区且平时也居住在本辖区，户籍不在本辖区但在本辖区居住半年及以上的儿童开展了接种乙肝疫苗，接种五联疫苗，脊灰、百白破、流脑、麻风疫苗，水痘疫苗，流感疫苗。户籍在本辖区，但离开本地半年以上的儿童不享受此项服务。

第四节　医疗急救

2014 年，根据甘肃省农垦集团《关于转发〈甘肃省发展和改革委员会关于转下达和下达 2013 年第十一批建设投资计划的通知〉的通知》精神，农场编制了实施方案，报省农垦集团公司批准建设医疗急救中心。该建设资金 87 万元，中央预算内投资 40 万元；农场自筹资金 47 万元。该土建工程委托甘肃坤隆工程建设监理有限公司承担本工程的招投标代理工作，中标单位为甘肃省农垦建筑工程公司，中标价为 44.883 万元。工程于 2014年 6 月开工建设，9 月上旬完工。主要完成了急诊室改建（面积 208.22 平方米）；后墙维修；架设彩钢屋面、墙面（800.2 平方米）；走道维修（铺地板砖、地坪，面积 99.19 平方米）；病房及值班室维修（151.56 平方米）；新建面积 25.56 平方米的卫生间 1 间，改造 X 光室 1 间（改造面积 39.33 平方米）；修建车库 1 间（面积 26.1 平方米）；加装采暖设备（采暖面积 523.88 平方米）；墙面标志吸塑字等工程。急救设备采用询价采购方式，主要采购了急救呼吸机、手气动提多参数监护仪、电动吸痰器气囊、面罩式呼吸器、肺功能检测仪、糖化血红蛋分析仪、外伤箱、手持或脚踏吸引器、便携式心电监护仪、小型急救器械、自动除颤仪、洗胃机、压缩雾化器、输液泵、急救箱、急救推车、紫外线消毒灯、红蓝光治疗仪、彩超、综合治疗台等。甘肃省康德医疗有限公司中标，中标价 14.786 万元（18 台/件），2015 年 1 月签订供货合同，当月设备全部到齐；2 月由省农垦集团公司统一配备的救护车和随车急救设备全部到位。

第五节　防　　疫

一、传染性疾病

20 世纪 60 年代，主要传染病有麻疹、百日咳等。1963 年，贯彻中央"以预防为主，治疗为辅"的方针，农场卫生队对当时出现的麻疹、百日咳等传染病进行隔离治疗。为防止疾病蔓延，对全场儿童全部进行伤寒、百日咳、白喉预防注射。

1971 年流脑、传染性肝炎、百日咳等疾病曾一度大流行，农场加强爱国卫生运动，认真做好粪管、水改和灭蝇等工作，实行计划免疫接种，发病率大大降低。

20 世纪 80 年代，主要传染病是细菌性痢疾，每年发生 40 多例，其次是结核病。1982 年，张掖地区防疫站对全场职工进行结核病普查，查出患结核病职工 14 人。职工医院增设防疫室，配备 1 名专职防疫员，对 0～7 岁儿童全面普种疫苗。建立行之有效的卫生监管制度，及时报告疫情。

1983 年，按照国家卫生部的要求，每年实行儿童计划免疫，对全场儿童普遍进行麻疹疫苗、小儿麻痹糖丸、百日咳、白喉、破伤风三联疫苗和卡介苗的免疫注射或服用。职工医院防疫室在张掖市防疫站具体指导下，开展常规有效的防疫工作。

进入 20 世纪 90 年代，只有少量的麻疹、猩红热、流脑、小儿百日咳等病例散发，主要的传染病为乙型肝炎，甲肝有散发的少量病例。

1991 年，计划免疫增加小儿流脑疫苗免疫注射。

1992—1993 年，曾两次进行大规模甲肝、乙肝疫苗注射，大大减少了乙肝、甲肝的发病率。开展乙肝、甲肝免疫工作。1993 年乙肝免疫 700 多人，其中儿童 400 人，甲肝免疫 300 多人次。1994 年乙肝免疫 260 人，都是儿童。

1984—1995 年，儿童计划免疫四苗接种率均达 80％以上，建卡率达 100％。1994 年、1995 年积极响应卫生防疫部门的安排部署，为 0～4 岁小儿喂服小儿麻痹糖丸，无一儿童漏服（表 6-20）。

表 6-20　张掖农场计划免疫统计表

年份	麻疹				百日咳、白喉、破伤风				卡介苗				脊髓灰质炎				流脑	
	基础免疫		加强免疫		基础免疫		加强免疫		基础免疫		加强免疫		基础免疫		加强免疫		基础免疫	
	实种人数(人)	接种率(%)	实种人数(人)	接种率(%)	实种人数(人)	接种率(%)	实种人数(人)	接种率(%)	实种人数(人)	接种率(%)	实种人数(人)	接种率(%)	实种人数(人)	接种率(%)	实种人数(人)	接种率(%)	实种人数(人)	接种率(%)
1984	51	93	—	—	50	91	—	—	53	95	—	—	51	93	—	—	—	—
1985	40	91	—	—	38	87	—	—	43	98	—	—	41	93	—	—	—	—
1986	25	93	—	—	23	85	—	—	25	93	—	—	25	93	—	—	—	—
1987	33	89	—	—	33	89	—	—	34	92	—	—	33	89	—	—	—	—
1988	46	96	—	—	45	94	—	—	47	98	—	—	46	96	—	—	—	—
1989	40	98	—	—	39	96	—	—	41	100	—	—	41	100	—	—	—	—
1990	16	89	—	—	35	98	—	—	43	100	—	—	38	88	—	—	—	—
1991	44	100	40	91	44	100	—	—	44	100	40	—	44	100	73	100	42	98
1992	48	96	45	100	49	96	—	—	49	100	45	—	49	100	43	100	31	93
1993	35	99	26	100	35	99	—	—	36	100	26	100	36	100	39	100	39	100
1994	25	100	—	—	92	99	33	99	27	—	—	—	28	98	52	100	—	—
1995	17	98	—	—	68	100	40	98	35	100	—	—	104	100	104	100	—	—

二、非传染性疾病

1. **肿瘤**　恶性肿瘤主要有胃癌、食管癌、肺癌、肝癌、鼻咽癌、乳腺癌子宫癌、白血病等，发病人数不多但死亡率极高。

2. **循环系统疾病**　主要有高血压、脑血管意外、高血压心脏病、冠心病肺心病、先天性心脏病等。从近几年发病率统计分析，心血管病有逐年增长的趋势。

3. **呼吸系统疾病**　主要有上呼吸道感染、支气管哮喘、慢性支气管炎肺气肿。小儿支气管肺炎占小儿发病率的首位。呼吸系统疾病主要由流感引起。老年人发病率较高。

4. **消化系统疾病**　主要有胃肠炎、消化性溃疡、胆囊炎及胆结石症、阑尾炎等。

5. **泌尿生殖系统疾病**　主要有泌尿系统感染，老年前列腺炎等疾病。

6. **内分泌及代谢性疾病**　主要有糖尿病 II 型、甲状腺疾病。

7. **其他疾病**　主要有青光眼、白内障、副鼻窦炎、有机磷农药中毒、骨折等，淋巴腺炎也有发生。

对上述疾病采用以西医治疗为主，辅以中医或中西医结合、针灸等多种治疗手段进行对症治疗。对于病情复杂而危重的病人，及时送张掖地区医院或其他大型医院进行检查或住院治疗，临床诊断准确率及治愈率较高（表6-21）。

表 6-21　张掖农场医院住院病人疾病分类一览表

疾病名称（例）		年　份											合计
		1985	1986	1987	1988	1989	1990	1991	1992	1993	1994	1995	
一、传染性疾病	合计	16	20	14	9	21	4	4	14	10	10	9	
	结核病	2	2	—	1	1	1	2	4	4	3	7	
	乙肝	—	1	—	2	3	2		6	4	—	2	131
	甲肝	2	1	3	1		1	2	2		2	—	
	菌痢	12	16	11	5	17	—		2	2	5	—	
二、肿瘤	合计	2	2	2	4	1	3	3	4	5	2	1	
	胃癌、食管癌	1	1	1	4	1	1	2	3	3	1	—	
	肺癌	—					1			1	1	1	29
	肝癌	1	1	1			1	1	1	1	—	—	
三、循环系统疾病	合计	3	4	8	6	7	9	14	14	9	8	7	
	冠心病	2	2	3	2	2	5	6	8	6	5	5	
	脑血管意外	—	1	2	3	3	2	6	6	1	2	1	89
	高血压	1	1	3	1	2	2	2	—	2	1	1	
四、呼吸系统疾病	合计	128	117	122	110	203	96	150	99	86	88	54	
	慢性支气管炎	29	28	31	18	36	22	29	23	19	17	13	
	肺气肿	10	10	10	12	32	22	30	12	17	15	11	1253
	肺炎	19	9	12	14	50	16	19	15	9	18	7	
	上感	70	70	69	66	85	36	72	49	41	38	23	
五、消化系统疾病	合计	41	78	51	65	84	46	23	18	21	24	20	
	肠道疾病	21	32	25	43	43	25	16	13	11	16	13	471
	胃溃疡	17	36	16	14	31	14	4	3	7	5	4	
	肝胆疾病	3	10	10	8	10	7	3	2	3	3	3	
六、泌尿生殖系统	合计	3	8	3	5	9	7	5	4	3	6	4	
	泌尿系统感染	2	6		3	4	4	3	3	2	3	2	57
	肾炎	1		1		1	1				1		
	前列腺炎		1	1		3	2	1	1	1	2	2	
七、内分泌代谢	合计	2	3	4	4	5	5		1	2	3	3	
	糖尿病	2	2	3	3	3	3	—	1	3	3	3	32
	甲状腺疾病	—	1	1	1	2	2			1			
八、其他疾病	外伤、有机磷农药中毒	86	14	22	60	21	4	10	8	6	19	11	261

第六节　爱国卫生运动

一、开展除"四害"活动

1969 年，全场开展以除"四害"（老鼠、臭虫、苍蝇、跳蚤）为中心的爱国卫生运动。

1971 年春季，流脑、传染性肝炎、百日咳等传染病大流行。全场患病急诊 7111 人次，有 6 人死亡（2 名成人，4 名儿童）。为防止疾病蔓延，全场掀起爱国卫生运动。卫生队组织职工学习卫生知识，大力宣传卫生常识，树立"以卫生为光荣，不卫生可耻"的社会风尚。全面开展灭蝇工作，加强营区、食堂卫生管理，制发预防传染性肝炎中草药给职工服用，普遍注射三联疫苗，小儿喂服小儿麻痹糖丸、注射麻疹疫苗，畜牧工预防注射布氏杆菌素针。采取以上措施后，有效地防止传染病蔓延。

1972 年，贯彻毛泽东主席"要持久地开展爱国卫生运动"的指示，团部成立爱国卫生运动委员会，副团长傅新中兼任主任，下设办公室。各营成立爱卫会分会，各连成立爱卫会小组。爱卫会组织职工搞好环境卫生，消灭"四害"，建立有效的卫生监督制度。加强食品和食堂的检查，及时报告疫情。团卫生队加强爱国卫生运动组织领导工作，坚持"预防为主，防治结合"的方针，抽出 1 名医生负责防疫工作。全团有 1100 多人进行免疫接种和防疫注射。

1977 年，开展以除害灭病为中心的爱国卫生运动，大力改造环境卫生，控制各种人畜疫病的流行和传染。

1981 年 8 月，全场开展以灭蝇、防痢为中心的夏秋季爱国卫生运动，巩固每周六营区环境大扫除制度。长期以来，营区周末爱国卫生环境大扫除已形成制度。1993 年，加强场部环境卫生工作，固定各单位大扫除地段，建立单位清洁小区，实行定点倒垃圾，安排专人加强垃圾清理、管理；清除住房四周鸡圈、柴草，不定期进行爱国卫生检查；加强营区绿化、把创造清洁、优美的工作、生活环境纳入精神文明建设。

1995 年，农场发出《深入开展爱国卫生工作的通知》，把爱国卫生工作列入本单位工作的重要议事日程。各单位职工交错居住的居民区建立居民委员会，专抓精神文明建设，重点抓好居民区的卫生工作。每个居民每月交卫生费 1 元作为居委会卫生费，加强对卫生工作监督检查。规定街头巷尾、公共场所、住宅区域每周打扫 1 次，各单位每周检查一次，居民区一月检查 1 次，全场每季度考核 1 次，考核时由场考核小组打分记载并分别张贴"卫生良好""卫生一般""卫生差"的标记。

随着爱国卫生运动的深入开展，改变了营区长期"脏、乱、差"的现象，绿化地段增多，营区环境更加美化。

二、改善人居环境

2006—2008 年，在农场中心区、312 国道两旁，由职工个人投资，农场统一规划、统一设计、统一修建，新建职工二层住宅楼 9 幢和 3 号住宅楼，总投资 132.8 万元。投资 117.1 万元对中心广场进行改扩建，铺设人工草坪 2961 平方米，购置健身器材 16 套，架设路灯 114 个，小城镇建设初具规模。基层单位职工个人投资，在原址修建砖木结构平房，个人投资修建住宅建筑面积达 4042.8 平方米，完成危旧房改造 814 户，全场基本上没有土坯房。

危房改造 2011—2017 年，新建 6 层住宅楼 10 栋，总建筑面积 33316.68 平方米；新建二层小楼 56 栋，新建平房 5 栋，工程总投资 3518.12 万元。其中，中央财政补助资金 301.5 万元，省级财政配套资金 201 万元，农场和职工自筹 3015.62 万元。建成了农场第一个住宅小区"康乐家园"。2015 年，危房改造基础设施配套项目，新修场区水泥道路 2 千米

2017 年，对 2012 年以来难度较大的基层居民点进行危旧房改造。通过进一步宣传动员，按照"全员享受，整体推进"的原则，根据现状确定可改造的户数 355 户，实际完成 332 户，完成投资 271.2 万元。5 月完成笼式足球场建设项目，项目总投资 40 万元，争取省级彩票公益金支持社会公益项目补助资金配置设备和器材安装 30 万元。

2006—2017 年，共计争取危房改造资金 5834.55 万元（支出 4378.59 万元），拉动职工个人出资 5617.04 万元，新建职工住宅楼 13 栋、小二层楼 60 栋（共 98 户）、平房 5 栋，安置职工 467 户；基层单位生产区危旧房改造 740 户。

三、厕所革命

2020 年，厕改项目落地农场。该项目由碱滩镇老寺庙社区牵头落实，1、2、5 队等单位 126 户职工建造户厕，基层单位建造公厕 13 座、整体卫生公厕 1 座，共计争取政府补贴资金 11.5 万元，其中区政府补助 2500 元/户的基础上，农场对每户给予补助 500 元，已全部通过验收并投入使用。

四、饮水安全工程

工程于2012年4月开工，9月初完工。实施地点农场场部及三队5个居民点，主要内容：打深机井2口，有效容积50立方米钢筋混凝土倒锥壳保温型水塔1座，有效容积20立方米砖混结构直筒钢筋混凝土水塔1座，砖混结构配电维修管理房2处52.54平方米，修建检查井10座，安装变压器2台，低压控制设备2套，安装供水加压水泵1台（套）、变频控制设备1套，铺设PE管、PVC-U管道20.19公里，入户设施252套。实际完成投资155.06万元，中央资金118.4万元，省级配套资金15万元，自筹资金21.66万元，解决了张掖农场场部、三队5个居民点、2700人的饮水安全问题。

张掖农场2014年饮水安全工程6主要建设配套机井水泵2台，购置二氧化氯发生器3台，埋设供水管网8930米，新建闸阀井15座，安装入户设施284套。主要解决农场七队、八队、九队3个居民区284户1000人的饮用水安全问题。实际完成投资61.99万元，其中：计划申请国家投资52万元，省级配套7万元，自筹资金2.99万元。

五、环境治理

1. 环境整体亮化 2015年，铺垫砂石田间道路10千米，新植防护林网6.7千米，植树造林51610株。采取滴灌节水技术荒山坡地造林44610株，苗木成活率达85%以上，由张掖市、甘州区林草局面向全区推广。完成道路路肩整理18.6千米、地头平整21.6千米，清理渠道53.6千米。贯彻落实全域无垃圾工作方案，清理住宅区垃圾5697立方米。投资22.1万元，铺设红砖晒场6878平方米，修补晒场10.72万平方米。2017年，完成投资64.85万元，安装太阳能路灯180盏。投资辅助设施建设41项，共计179.41万元，完成场部健身器材安装；广场护栏改造200米等。基层单位营区道路、渠系、场地平整、人居环境整治、危旧房拆除、晒场维修、宣传牌匾制作更换等。

2. 绿化美化 2018年，职工住宅区栽植各类树木5.96万株，完成防风林修剪抚育96.73公顷，涂白24.8千米。清理G30高速、兰新铁路、国道312线、场区主干道等重点区域枯立木7091株，安装晒场高杆照明灯1盏，清理居民区生活垃圾和周边环境卫生，新建基层单位办公室1处。

3. 生活环境治理 2019年，完成清理陈年垃圾6987.22吨，设置垃圾点25个，养殖点归集1处，拉运柴草1068.16吨，栽植绿化树木933株，推广电炕改造76户，林果站新建道路 316 米，拆除各类危旧房屋 21 间，拆除旧围墙 1466.2 米，棚圈 6266.7 平方米，捡拾地膜 58.25 吨，新建基层单位办公室 3 处，投入治理资金 181.25 万元。2020 年，为解决多年来污水排放问题，争取甘州区环保局污水处理站建设项目，新建 400 立方米/天污水处理站 1 座，配套改扩建场部周边污水处理管道约 5 千米，总投资 300 万元。于 2020 年 4 月开工建设，2021 年正式投入运行。

4. 道路治理　2021 年，场区道路、场地硬化绿化率 98%。农场对存在安全隐患的交叉路口采取加宽、设道口桩、警示桩 116 个，移除标志牌 2 处，补画主干道、朝阳路路面标线 17.2 千米。

第七节　疫情防控

一、非典型性肺炎防治

2003 年，非典型性肺炎疫情发生后，农场疫情防控领导小组进入一线做好疫情防控工作，及时做好消杀防疫，对来往人员进行登记。农场非典型肺炎疫情处置领导小组成员和有关科室负责人到农场学校安排检查预防非典型肺炎的情况。坚持值班职责，直到疫情解除，农场未发生感染病例。

二、新冠感染防控

2020 年，新冠感染疫情发生后，积极与社区配合，成立了疫情防控工作领导小组，落实疫情防控常态化制度，建立安全检查卡口 18 个，落实检查登记测温制度，全力组织 619 名职工接种疫苗（不含退休人员，退休人员社区统计），对所有住户进行了摸排，做核酸检测 5 次，检测人数达 8973 人/次。新冠疫情防控工作仍在持续进行。

防疫物资储备投入资金 3 万元，采购一次性医用口罩 1 万只、KN95 口罩 300 只、洗手液 750 瓶、84 消毒液 500 瓶、75% 消毒酒精 100 瓶、护目镜 100 个、测温仪 30 个、一次性橡胶手套 30 双、防护服 30 件。企业储备自产小麦 10 万千克，防疫物资储备充足，措施落实到位。同时，按照保证防疫物资的要求，定期更换防疫物资。

第五章　精神文明建设

第一节　文化设施

农场企业文化包含价值观、最高目标、行为准则、管理制度、道德文化等内容，以全体职工为工作对象，通过宣传、教育、培训和文化娱乐，统一职工意向，宣传农场，规范职工的行为，凝聚职工力量，为企业目标服务。

一、广播电视

1966年，在团部和邻近生产连（队）架设有线广播。

1967年，团部建立广播站、有广播员1名，设广播扩音室1间，有150瓦、500瓦扩音器各1台，扩音喇叭20个，25瓦8个、12.5瓦6个、10瓦6个。利用电话线路建成了全场有线广播网，定时向各基层单位广播。

1978年因电话线路老化破旧，有些电线杆和电线被盗窃，电话不通，有线广播停办。

1989年，场部广播站恢复播音。为扩大广播网络、提高广播覆盖率，在民乐分场、部分农业生产队、砖厂、园林队等12个基层生产单位建立广播站。基层广播站配备扩音器和高音喇叭等设备，由所在单位党支部管理。

场部广播站隶属党委办公室。1992年，党委办公室改制后由党委宣传科管理。场部广播站广播器材主要有100瓦扩音机2台、750瓦扩音机1台、160高音喇叭16只、录机台和组合音响1套。有广播员1名，每天早、中、晚各广播1小时。除转播中央人民广播电台、甘肃人民广播电台节目外，主要广播报刊重要文章、传达农场重要文件，报道农场生产建设动态和成就、表扬好人好事、播放音乐等，设有《法制园地》《文化生活》《文艺长廊》《计划生育专栏》《青少年之友》等自办专栏节目。广播站在宣传党的路线、方针、政策配合农场生产、学习等中心任务，在对广大职工进行宣传教育、促进双文明建设发展、丰富职工文化生活等方面起着重要的作用。

1996年，加强职工思想教育，丰富职工群众文化生活，促进农场精神文明建设再上台阶，建立张掖农场有线广播电视站，覆盖附近单位的有线广播电视网、有线广播电视网。农场、覆盖单位和职工个人共同出资解决资金问题。职工住户，由所在单位补助 100 元，职工分别在不同 2 个单位上班的由单位分别补助 50 元，退休职工由农场给补助 50 元。当年冬，场部及附近机关、医院、学校、工厂、商店、培训中心、建筑、运输、农林等 18 个单位职工家庭安装闭路电视，闭路电视能收看中央及地方 14 个电视台的电视节目。电视节目丰富多彩，丰富了职工家庭的文化生活。1981 年，职工家庭电视机开始普及，农场为偏远农业生产队购置 24 寸大型彩色电视机供职工收看。随着职工工资收入增加，电视机逐渐在职工家庭普及，职工家庭电视机普及率已达到 100%，其中彩色电视机占 70%，电影观众却越来越少，2012 年 9 月，在政府"村村通"工程支持下，为农场偏远单位 152 户家庭配发无线卫星接收系统，至此，农场电视实现数字全覆盖。2014 年 9 月，开始安装调频广播系统，投资 3.5 万元，安装无线调频广播 10 台（套），对宣传公司重大事件、丰富居民业余文化生活方面起到积极作用。投资 20 万元，架设 12 台（套）高清、具有夜视功能、手机可联网查看的监控系统，对 24 户以上楼房居民区实施安全监控，打造职工安居新环境。2015 年，农垦农业远程教育培训卫星基站安装。当年 9 月，农业部远程教育培训系统开通、使用。

二、电影

1965 年，成立自办电影队在全场放映。购置长江-54 型 16 毫米放映机和配套发电机、幻灯机各 1 台，配备电影放映员 2 名。1966 年 7 月，团政治处宣教股成立电教组，薛勤学担任组长，电影放映员 4 人，管理全团电影放映和音响广播事宜，新增甘光牌放映机和改装光源的解放 103 型放映机各 1 台（包括配套的发电机），在全场各单位进行巡回放映。1981 年，场部大礼堂改建成有 1200 座位的电影院，实行购票入场，每票 2 角，经常在晚上放映 1~2 场，全年放映 120 场（次）。电影院 1985 年停映。1990 年 6 月，农场恢复电影放映队，由宣传科管理、放映员由宣传科干部兼任。电影放映队配有 16 毫米便携式电影放映机和配套的解放 10-A 型发电机各 1 台、扬声器 2 只。放映队经常配合政治、农业技术学习、节日庆祝活动，丰富职工文娱生活。不定期地免费为职工放映，每年放映 60 场左右，其中 65% 是深入到偏远基层生产单位放映。1993 年，为配合学校爱国主义教育，为学校师生专场放映优秀爱国主义教育电影 16 场。当年被张掖市电影公司评为优秀电影放映队。后来随着电影放映队撤销，由碱滩镇每月到农场放映 1 次，农场出具放映证明。

2011—2012 年，投资 5 万余元在办公楼、大舞台分别安装彩色电子显示屏，定期播放一些影片，丰富职工业余文化生活，美化场区，成为继创建农场报后形成的又一块重要的宣传阵地。

三、图书室

1997 年，全场有场办学校图书室 1 所，面积 18 平方米，有藏书 2476 册；各种报纸、杂志 33 份，工具书、教学参考书 41 册。学校图书室藏书和图书借阅事宜，由教师兼管。2006 年，农场恢复图书阅读室，开始向全场职工征集图书，同时购买图书 2000 册，设管理员 1 人，周国强负责借阅事宜。2012 年以后，借阅人员逐步减少，图书阅览室停办。

四、文化广场

2002 年起，营造良好的工作和生活环境，发挥环境育人的积极作用，农场投入大量资金，加强基础设施建设，打造供职工健身及开展各类活动的文化广场。当年，拆除原农场大门，新建喷泉 1 座，包括喷泉水池、花岗岩雕塑基座 1 座、雕塑 1 座、声光喷泉设备 1 套，总投资 16.89 万元。2003 年，投资 0.27 万元，围绕喷泉建设花池。2004 年，全场干部义务建设广场混凝土地坪 1073.13 平方米，人行道铺设水泥彩砖 596.48 平方米，总投资 4.64 万元。2005 年，建设大舞台 1 座，木质六角亭 1 座，砖柱走廊 36 米，石碑 2 座（新世纪义务劳动纪念碑、张掖农场建场五十周年赞助捐款纪念碑），扩建广场混凝土地坪 596.48 平方米，改造老库房 162.8 平方米为健身房，铺设水泥花砖地坪 870.75 平方米，总投资 10.78 万元（不含全体干部义务工）。2006 年，投资 1.08 万元，对广场 162.8 平方米健身房进行维修；投资 1.48 万元，建设门球场 2 处、篮球场 1 处；投资 0.25 万元，对广场图书馆进行维修；投资 0.09 万元对广场南侧医院墙面进行美化，投资 3.53 万元对广场活动中心进行维修。2007 年，投资 0.59 万元建设广场活动中心铝合金封闭。2009 年，投资 18.31 万元，扩建大舞台；投资 75.22 万元，完成广场整体提升建设，包括大舞台升级改造，混凝土地坪 870.75 平方米，安装 16 件（套）体育健身器材，铺设人工草坪 2961 平方米，安装铁艺围栏 283.45 米，安装双头路灯 11 套。同时酒厂赞助 12 生肖石雕 1 组，体育健身器材 12 件套。2013 年投资 0.8 万元，对大舞台龙柱、大舞台背景墙进行装修彩绘。

2014年，投资5.64万元，对公寓楼门前1291平方米草地进行改造，地面铺设面包砖，建成供退休职工休闲娱乐的小型广场。2015—2016年，投资2.98万元，2次对广场活动中心（职工之家）进行维修改造。

2019年，投资3.45万元，改造广场护栏90米，新建旗台1座，安装党务宣传牌6套。投资2.96万元，对大舞台进行维修，油漆龙柱8根、大舞台顶406平方米、长廊284.39平方米、架设农垦徽标及名称1套，将力量雕塑更换为党建标志牌。

2020年，投资4.24万元，安装广场健身器材25套，铺设面包砖地坪313.06平方米，安装灯带59.1米，维修广场草坪9.37平方米，拆除广场库房雨棚2.21立方米，拆除广场库房墙6.36平方米，粉刷广场库房外墙163.85平方米。投资4.2万元，完成护栏改造193.45米，粉刷防护墙81.12平方米。投资0.5万元，完成草坪遮阴网围墙35.5米，刻字喷头12个。

2021年，投资0.39万元，安装太阳能路灯2盏。

五、环境改造

农场地处张掖市以东18千米处，是张掖市的东大门。美化"金张掖"东大门，是农场应尽的责任。2014年，农场决定，沿G312连霍线两侧修建3米宽的混凝土辅道1320米，铺设面包砖人行道1480平方米，砌路缘石3960米，铺砌花砖人行道9207平方米，修建厕所2座，修建垃圾点11处，安装路灯114组，项目总投资156.5万元，使国道两侧和场区面貌进一步改善。2015年，农场除在312国道边进行小城镇建设外，注重绿化美化工作，建设绿化带3692.5平方米，种植绿化树1916株。农场被张掖市评为国道312线文明样板路先进单位。深入开展整洁家园、绿化美化活动。先后投资186.4万元对主要居民区进行绿化、清理、美化工作，各生产经营单位积极响应，开展集中整治，领导小组进行4次督导检查，不合格单位落实整改措施2次，效果良好。2016年，农场各单位及各居民区，开展集中整治环境卫生脏、乱、差、臭和生活垃圾随处倾倒、废弃物随处乱丢、柴草乱摆乱放等老大难问题。对整治难度较大的卫生死角，动用大型机械进行彻底清理，使一些存在10多年的卫生死角得到治理。此次整治行动，共动用人工3410人次，出动大、小型机械96台，拆除私搭乱建建筑物84座，清运各类垃圾2530多立方米，规范柴草堆放100多处。

2019年，农场、分公司共建成无害化卫生户厕127户。

第二节　文化艺术

一、文艺活动

建场以来，农场经常利用农闲节组织职工开展群众性业余文化活动。军垦时期，城市知识青年大量增加，增添了文艺活动新力量，为活跃职工文化生活提供了条件（图6-1）。

图 6-1　歌咏比赛

1966 年，团政治处从各连队中选调文艺爱好者，组建半专业性质的文艺宣传队。队员在农忙时回队务农，农闲时集中排练演出，文艺宣传队根据不同时期的形势和团场生产任务，自编自导文艺节目，内容有革命歌曲、舞蹈、诗朗诵、说唱、快板戏和群众喜闻乐见的反映职工工作生活的文艺小节目。在"文化大革命"后期排演现代京剧样板戏《沙家浜》《红灯记》和歌舞剧《白毛女》等片段。文艺宣传队经常下基层单位或连队巡回演出，演出结束后参加劳动。文艺宣传队曾与当地驻军 3683 部队、张掖一些文艺团体等单位联欢演出多场文艺节目。1971 年，抽调 4 名队员参加新组建的农建二师文艺队。20 世纪 70 年代，由支边知识青年组成的文艺队自编文艺节目 100 多个，在本场演出 300 多场（次），对外演出 50 场（次）以上。

1981—1984 年，农场共青团委连续举办四届春节联欢活动，内容以游戏为主，有谜语、游园等。1988 年以后，春节文化活动更加活跃，内容丰富多彩。农场举办的文艺汇演，各单位组织职工认真排练，积极参赛，节目形式主要有合唱、独唱、单人舞、双人舞、集体舞、快板、说唱、相声、话剧、武术、魔术等。场属单位举办的文艺活动主要有传统的高跷、龙舞、狮子舞等社火和大型秧歌表演等。每年元宵节，农场举办烟火晚会、元宵灯展，展挂职工精心制作的彩灯，有传统的生肖灯、旋转灯、荷花灯等，也有展示农场产品的啤酒花灯、老寺大曲灯和苹果梨灯等，最多时有 400 多盏，悬挂在场区街道，长达 700 多米。职工和附近乡村农民举家前来观看，最多时达 5000～6000 人。结合节日活动、农场还举办交谊舞会、"卡拉 OK"演唱会、电影晚会和内容丰富的各项游戏性竞赛，使职工在节日中尽情欢乐。

1992 年 5 月，纪念毛泽东《在延安文艺座谈会上的讲话》发表 50 周年，农场举办专场文艺汇演。为纪念中国农垦 50 周年，农业部、甘肃省农垦总公司分别举办"南泥湾精神永放光芒"文艺调演活动，农场成立文艺调演活动领导小组，组织有文艺特长的职工自编节目参赛，邀请张掖地区群艺馆专业文艺工作者进行辅导，选送 5 个节目参加甘肃省农垦总公司文艺节目调演。其中独幕话剧《沙枣花》、舞蹈《白毛女》选段两个节目获优秀节目奖。冬季与张掖地区群艺馆联合举办声乐舞蹈学习班 2 期，以提高业余演员技艺。1993 年，农业部农垦司宣传处与湖北省人民广播电台驻黄石市记者站、国务院发展研究中心、《现代企业导刊》社、《农民日报》经济部、《音乐周报》社等 6 单位联合举办"全国农场场（厂）歌征集大赛"活动。农场选送的场歌《农垦人、农垦情》被评为金奖。1996 年 1 月 18 日，农场在庆祝建场 40 周年时期，开展场情、场史教育。1997 年春节表彰职工文娱活动先进单位和个人。

2000 年 12 月，农场举办庆祝新千年元旦职工文艺汇演活动。一分场、二分场、民乐分场、酒花站、林果站、酒厂、麦芽厂、加工厂、建材厂、营销中心、水管所、机关、学校、医院、金龙宾馆等单位参加会演。

2001 年，农场举办春节期间职工文化娱乐活动，酒花站、党办室、学校、营销中心、电管所、劳资科、专业队、水管所、麦芽厂等单位参加演出，2005 年，举办老寺庙庙会，至 2021 年，已成功举办 8 届，为加强对老寺庙的保护、开发和利用，助力历史文化名城"金张掖"的旅游发展，作出了积极贡献。

2006 年 9 月 22—29 日，农场举办以"适应新形势，建立新机制，倡导新作风，树立新形象"为主题的张掖市产业富民新农村建设文化宣传周活动，开展文艺表演、体育比赛、农耕文化、书画展览、知识竞赛、产品展销 6 大活动，受到干部职工和广大居民的欢迎。2007 年 2 月，举办元宵节花灯展以及老寺庙庙会。2008 年 7 月，举办"庆七一"演讲比赛，由各基层单位选拔推荐的 25 名同志参加比赛。2009 年 2 月，老寺庙举办元宵节文化庙会，农场职工群众和周边居民近 3000 余人共度元宵佳节。当年 9 月 29 日，农场庆祝中华人民共和国成立 60 周年文艺演出在中心文化广场举行，参加文艺演出的有农场干部职工、离退休老同志、学校师生和甘州区东湖社区演出队。

2011 年，农场春节文化活动，举行以安塞腰鼓、舞龙、舞狮、拔河为内容的集体活动和以中国象棋、趣味体育活动为内容的个人文娱活动。2013 年 2 月，亚盛张掖分公司、张掖农场联合举办的"2013 年新春联欢会"在中心广场举行，张掖市摄影协会、张掖市老年大学摄影班一行来农场进行采风活动。2014 年 1 月，大年初一组织广场团拜，开展了文艺演出活动。2016 年，农历正月十五传统元宵佳节，在老寺庙前组织开展极具本地特色的舞狮、秧歌、高跷等社火队表演。2018 年 3 月，张掖农场、老寺庙社区举办纪念"三八"国际妇女节 108 周年文艺演出活动。2021 年 6 月，亚盛张掖分公司组织"两优一先"表彰大会和庆祝建党 100 周年"七一"文艺演出活动。

二、艺术创作

1989 年国庆节，农场举办"新中国成立 40 周年、建场 34 周年生产建设成就大幅图表展览会"，在场部和各基层单位作巡回展览，制作展板 12 块，充分展示农场职工艰苦创业并取得辉煌成就的过程。通过图表展，进一步激发了职工爱场护场的情感和开拓创业的信心。

1990 年春节，举办首届职工艺术作品展览会，以后每年都要举办 1 次。全场职工积极参与，参展作品丰富多彩，有书法、绘画（铅画、水彩画、墨画、蜡笔画）、剪纸、篆刻、雕刻、泥塑、刺绣、布贴、摄影等。农场对优秀作品表彰奖励。

农场中学教师席中星，自 1988—1994 年先后为《飘香的沙枣花》《歌唱金张掖》《红沙窝之歌》《老师我给你唱支歌》等歌曲作词，作品分别发表在《祁连歌声》和《张掖报》。他创作的《南泥湾精神永放光芒》（歌词）于 1992 年 10 月参加甘肃省农垦会演获优秀奖。他还以少先队员和景物为题材创作诗 3 首、散文 2 篇，都发表在《张掖日报》上。创作的短剧《卖梨》获农场优秀奖；故事《神鸟》入选黑龙江少儿出版社 1994 年 12 月出版的《中国儿童文学名著阅读文库·故事卷》，有 5 篇故事发表在《故事作文》上，其中《路边柳丝》获 1987 年 6 月省级二等奖。小说《山杏儿》刊登在 1989 年 12 月 14 日《甘肃日报》，并在 1990 年 7 月获省三等奖。

农场干部尹明钦，摄影作品《大面积植树造林》（三幅）发表在 1982 年《中国农垦》。《苹果梨丰收及基地建设》（多幅）于 1985 年曾先后在省农垦总公司和张掖农垦分公司展出。获奖作品《秋实》（彩照）入选 1986 年 8 月由金昌、武威、张掖、酒泉、嘉峪关 5 地市文教（文化）局（处）联合主办的第五届河西走廊美术摄影作品展，在河西 5 地市巡回展出。

农场干部张树成，摄影作品入选 1987 年张掖地区群艺馆主办的"张掖美"摄影作品展，获鼓励奖；摄影作品《月季》1989 年 8 月入选由甘肃省农垦总公司、海南省农垦总局、吉林省农业厅农垦局、黑龙江红兴隆国营农场管理局、中国农垦摄影协会联合主办的"甘肃、海南、吉林、黑龙江农垦摄影艺术联展",被评为二等奖。

1989 年 2 月—1995 年 1 月,教师王秀文,先后在《张掖报》发表诗作 6 篇、对联 3 篇。在《张掖日报》发表小说《山老爹醉酒》、通讯《军民协助除强暴》等作品;在《教育报》和《中国语文报》上分别发表专文《论我国的学制》和《常用词典修正》。业余之时,王秀文还常年坚持练习书法,有很高的书法造诣,其书法作品曾多次发表在《张掖报》和兰州《聚文书法报》上。1988 年 10 月—1994 年 8 月,其书法作品先后 8 次参加美国、加拿大等地书画艺术团体或国内书画报刊社主办的书法、书画大奖赛,获优秀奖 4 次,经典奖、佳作奖、精品奖、1 等奖各 1 次。1994 年 8 月,参加"中国巨龙杯书法大奖赛"的作品,列为国家一级文化珍品,由兰州聚文书法研究会收藏(图 6-2)。

图 6-2 书法作品

1999 年,农场举行《张掖农场志》(1955—1995)首发仪式。2006 年 4 月 12 日张掖农场退休干部万孝创作的《我的回忆》一书在张掖市举行再出版发行仪式。2020 年 3 月 15 日霍荣林主编的《财务操作规范流程手册》出版发行。

第三节 新闻宣传

农场成立以来,非常注重新闻宣传工作。1958 年以来,经常结合中心工作,不定期编印内部刊物以交流生产管理情况、推动工作。建场以来出版的内部油印刊物有:《炼钢简报》《春播简讯》《夏收简报》《三秋简讯》《农垦战士报》《简报》《农业气象月报》《虫情测报》《情况反映》《农场纵横》等。

1958 年,为配合"大跃进"和大炼钢铁的宣传需要,创办《炼钢简报》由办公室主编印发。

《春播简讯》《夏收简报》《三秋简讯》由农业生产管理部门主编,是不定期季节性刊物,曾在一些年份编印发放,主要报道生产备耕、春播、秋收进度,落实各项农业措施情况等。

1966—1968 年,由团政治处宣传股主办的《农垦战士报》,为 4 开半版面的油印周刊(后改为不定期刊物),每期印 200 份,发至班。设有专栏,报道本团工农业生产进展、生产技术经验、介绍农垦战士典型事迹和先进人物，反映职工生活等。

1989年，由场长办公室主编《简报》，1—12月共印发20期，主要报道企业深化改革和生产经营动态。

《农业气象月报》，1981年—1984年由场部生产科编印，共出44期。

《虫情测报》由生产科1984年编印，共出3期。

《情况反映》最早于1965年为配合开展全场社会主义教育运动，由社教工作队主办，共发行20期。该刊物为不定期刊物、阶段性印发。1976年1—12月，为配合路线教育和整党整风工作，由甘肃省路线教育工作队办公室编印，共编印24期。1991年3—12月由农场党委办公室编印，内容以加强思想政治工作，表彰好人好事。促进双文明建设为主、共出10期。

1992年1月，创刊《农场纵横》，由场党委办公室编印（1993年后由党委宣传科编印），至1995年12月共出42期。《农场纵横》紧密围绕农场的中心工作。宣传党的路线、方针、政策，推进企业改革，促进农场经济发展为办刊宗旨。报道宣传在改革、生产经营、双文明建设中出现的新人、新貌、新经验、配合思想政治工作，对职工进行教育辅导等。有热门话题、工作指导、科技生产、生产动态、职工教育、小经验、服务与保健等栏目，把思想性、实用性、趣味性融为一体，内容生动活泼，深受职工欢迎。2000年停办。

《张掖农场》在原有《农场纵横》的基础上，2001年1月农场决定创办的《张掖农场报》，第一版为政策宣传，第二版为基层动态，第三版为生产、科技，第四版为文化、生活，中缝是生活小常识。每月1期，每期500份。主任分别由农场场长、分公司经理担任，编辑由马鸿、张树成等担任。该刊物在农场改革、发展的进程中，起到了宣传党的路线、方针、政策，传达农场各项决议，倡导文明，树立新风，普及科学知识，沟通上下思想的积极作用。同时，也为农场文学爱好者开辟交流作品的窗口。2019年10月停办。

对外宣传报道工作主要由党委办公室或宣传科组稿投寄《甘肃日报》《张掖报》《中国农垦》、甘肃人民广播电台、张掖电视台等单位。报道内容主要反映农场改革、工农业生产发展新貌、新经验，科技兴农、好人好事的典型事迹。稿件有通讯、特写、新闻报道、诗歌、散文和图片、摄影等体裁。1978—1995年被录用刊载的各类稿件共有150多篇。

甘肃省农垦总公司主办的内部刊物《农垦信息》，农场有职工被聘为该刊联络员、投稿报道农场改革、生产经营等信息。

第四节　体育活动

20 世纪 60 年代初，复员转业军人和支边社会知识青年大量增加，在场部和一些生产连队建立简易篮球场，经常开展职工业余体育活动。1971 年，组成农场篮球代表队，参加张掖地区运动会。1973 年，元旦、春节，团政治处举办全场篮球、排球和拔河友谊比赛。1974 年，农建二师举办全师中小学生运动会，农场组成代表队参加田径、篮球、排球、乒乓球比赛，获乒乓球女子团体第二名、男子团体第三名。

20 世纪 80 年代以来，体育运动由自发转向有组织开展。1982 年，农场电影院前广场建成水泥地面的灯光球场 1 个，场部灯光球场成为历次全场篮球比赛的主要场地。1981—1984 年春节，农场共青团委举办篮球、拔河、乒乓球等友谊比赛。1989 年元旦，农场举办首届职工运动会，比赛项目有篮球、乒乓球、田径、象棋。通过比赛，从中选拔优秀运动员组成张掖农场代表队，参加张掖地区首届职工运动会。农业 7 队职工张启元，在张掖地区首届职工运动会上荣获象棋比赛个人第三名。

20 世纪 90 年代以后，每逢元旦、春节、"五一"国际劳动节、"五四"青年节、"十一"国庆节等重大节日，农场都举办运动会。1992 年、1996 年，举办"老寺杯"职工篮球赛（由酒厂赞助、农场主办）。1994 年 6 月，农场砖厂举办"红砖杯"篮球比赛，砖厂、农场机关、学校、职工医院各组成代表队参加比赛。1997 年 4 月 27 日—5 月 4 日，迎接香港回归祖国和党的十五大召开，农场举办"奉献杯"职工篮球比赛和以"岗位做贡献，迈向新世纪"为主题的"敬业杯"职工演讲比赛活动。2000 年 5 月 1—4 日，张掖农场举办第十三届"老寺杯"篮球比赛和第二届职工乒乓球比赛活动。2001 年为庆祝新世纪第一个"五一"劳动节和"五四"青年节，举办了"金龙杯"职工篮球、乒乓球比赛。2009 年 10 月，农场各单位代表队，参加张掖市举办的万人穿越张掖湿地全民健身活动。

第五节　文明行为规范

一、职工群众文明公约

热爱祖国，热爱农场，团结和睦，维护安定。
热爱劳动，爱岗敬业，诚实守信，勤俭节约。

遵守法纪，维护秩序，见义勇为，弘扬正气。

美化场容，讲究卫生，绿化农场，保护环境。

关心集体，爱护公物，热心公益，积极参与。

崇尚科学，重教尊师，自强不息，提高素质。

敬老爱幼，厚养薄葬，尊重妇女，助残济困。

移风易俗，健康生活，计划生育，增强体魄。

举止文明，礼待宾客，胸襟大度，助人为乐。

团结自强，实干奉献，严于律己，从我做起。

二、企业文明行为规范

安全理念：未雨绸缪，保零事故。

质量方针：系统管理，规范操作，安全有效，达标创优。

管理理念：规范经济运行方式，提高综合发展质量。

产业基础：发展壮大产业新业态。

管理模式：内控管理制度。

企业精神：团结、自强、实干、奉献。

核心价值：诚实守信、办事公道、服务群众、奉献社会。

经营理念：建设大基地、形成大产业、培育大企业。

管理文化：规范制度，严抓落实，精细操作，科学考核。

三、职工群众文明行为规范

爱国守法，文明诚信，团结友爱，敬业奉献。

男女平等，夫妻和睦，勤俭持家，邻居团结。

文明礼貌，助人为乐，爱护公物，遵纪守法。

遵守法纪，维护秩序，见义勇为，弘扬正气。

美化场容，讲究卫生，绿化农场，保护环境。

关心集体，爱护公物，热心公益，积极参与。

崇尚科学，重教尊师，自强不息，提高素质。

敬老爱幼，厚养薄葬，尊重妇女，助残济困。

移风易俗，健康生活，计划生育，增强体魄。

团结自强，实干奉献，严于律己，从我做起。

第六节　支边青年

1965—1968 年，广大有志青年从济南、济宁、天津、兰州等地，怀揣着建设祖国、报效祖国的理想，告别家庭、离开城市，响应党的号召，踏上西去的列车，来到了河西走廊，安家在戈壁大漠，从此，汇入具有光荣传统和战斗精神的屯垦大军。忘不了红旗猎猎的峥嵘岁月，忘不了挥锹挖渠的艰苦时刻，忘不了挥汗如雨的麦收会战，忘不了云淡天高的秋收时节，忘不了窝头咸菜的清苦生活，忘不了地头田间的细语情歌。他们在开创农垦事业的伟大壮举中奉献了美丽的青春，作出了不可磨灭的贡献。

一、支边青年返城

1970 年以后，知识青年们被推荐上学、参军，或被外单位招录，大部分支边知识青年开始成批外调返回原籍，一些人留下，默默无闻地在农场工作，奉献青春的力量，人生依然出彩。

二、支边青年回访

在离开农场后，仍有许多支边青年心念农场（图 6-3）。1995 年 7 月—2021 年，回访农场的支边青年有张文水、卜振武、朱念华、高鸿丽、林翠娥、刘维成，青年葛伦红陪同法国的杰妮来农场参观，刘维成、牛锡芳、李太和、徐秀琳、荆树华、祁莲雪、何振坤、贾文琦、李春仁、刘玉萍、郭树林、郝宝纪、张晓曦、李碧兰、王维志、邵春燕、顾学云、刘亚玲、靳元正、邱仲芳、李生明、张常恒、张忠志、王永福、于东年、翟德忠、任美荣、李秀玲、韩俊娥、冠春玲、赵英杰、褚玉英，严华贵，王梅英。在张掖居住的曹金茹、李玉华一同来到故乡张掖农场回访。鞠敏玉、邵春燕、王学政、刘亚玲、田小阁、张新光、李景和携妻女、赵连珍、邵春燕、田晓阁、鞠敏玉、王聚清及爱人、李家友及爱人、张新光及爱人、王福生、狄俊华、刘文华、陈绪华、林荣昌、褚桂春、张万新、王履端、庞忠信、张君秋、郑玉清、高克勤，赵荫泉、李平及爱人邢春起、裴克平及爱人陈贯奇（八一农场）、卢连凤、安玉岭、尹宝英、金玉英、杨吉利、吴露、李志纯、王晓芹到农场进行了回访。

图 6-3　支边青年回访

2005 年 9 月，16 人受农场邀请参加支边青年建场 50 周年场庆活动。

三、老职工座谈

2015 年 8 月 8 日，天津青年王龙飞、爱人卢翠鸣、儿子王熙（现天津工业大学教务处主任）携幼孙，一行 4 人来到曾经工作的一营十连，农场退休老职工兰英、邵正英、吴彩虹陪同座谈。回忆那时工作、生活的场景。不同的年份里，青年纷纷来农场回访（图 6-4）。

图 6-4　老职工座谈

2016 年 8 月，天津青年黄维和任红月夫妇来到农场，受到场部领导热情接待，张树成等带领他们参观了原一营营地、老寺庙、养牛场、水库、喷灌装置等，还有当年他们工作过的办公室和农场子弟学校。在场部有人认出了黄维和，激动说道："当初是您给我开的结婚证明！"已离休的原营长王春伟和两位当年的知青握手，久久不愿松开；几位中年人也认出来了当年的老师，诉说着对老师的想念。

1995—2021 年，来自兰州、青岛、济宁、天津等地的支边青年纷纷来农场，看望曾经一起战斗生活过的战友，寻找青春的记忆，参观农场的发展变化。

四、农场的面貌

农场已发生了巨大的变化，低矮的地窝子变成了高楼大厦，泥泞的道路已被宽阔的水泥路取代，平整肥沃的土地、清泉般的滴灌，巨龙似的喷灌彰显着现代农业的气势，到处绿树成荫，一片勃勃生机。战友们，你们可以自豪地说：青春无悔，岁月如歌！

第七节　文化遗迹

在农场范围内及农场附近著名的名胜古迹有老寺庙秅侯堡和东山寺。

一、老寺庙

老寺庙是张掖农场发展史上一个具有代表性的文化地标，原为农场初建时场部所在地（图 6-5）。老寺庙位于甘州区古城村 1 千米（老寺庙农场砖厂），距张掖城东 15 千米。老寺庙初建于清康熙十三年（1674），是荒滩上闻名的佛、道合一寺庙。位于山丹河畔，所处地势高，历史上发生大洪水，河水曾淹没了附近村庄，唯此处安然无恙，故得名老寺台。庙内泥塑称老寺爷。庙旁曾有泉水，古树环抱，如人间仙境，其所在滩地也以老寺庙

图 6-5　老寺庙大殿

命名。1986年6月，张掖市政府将老寺庙戏台、正殿、过殿、厢房等古建筑物拆至张掖（现甘州区）木塔寺。2002年4月，在当地信教群众自发组织下，"老寺庙"在原址开始重建。2004年甘州区、张掖市民族宗教局批准老寺庙为道教活动场所（区民宗发〔2004〕13号、张市民宗〔2004〕16号）、甘肃省宗教局（甘宗发〔2004〕39号），2005年，甘州区民政局批准老寺庙民主管理委员会及组成人员（区民宗发〔2005〕38号）。先后重建了山门、三清殿、玉皇殿、配殿等建筑，泥塑有太上老君、元始天尊、道德真君、玉皇大帝、太白金星等，佛教建筑有地藏殿和大雄宝殿，泥塑有多个佛教人物，集道教、佛教于一体。2012年，甘州区民族宗教局《关于同意设立甘州区老寺庙为宗教场所的通知》（区民宗发〔2012〕55号），以后的每年农历六月初六为老寺庙庙会，正月十五元宵节也举行宗教活动。为历史文化名城"金张掖"增添了新的旅游景点。

二、秅侯堡

秅侯堡遗址位于甘州区碱滩镇普家庄村南40米处，距张掖城15千米，又名驼皇堡，原为农场第十生产队所在地。相传汉代匈奴休屠王太子金日磾归汉后，曾任侍中驸马都尉光禄大夫。经常跟随汉武帝出巡四方、侍奉左右，深得汉武帝信任、宠爱。汉武帝死后、金日磾与霍光同受遗诏辅佐少主，因有功封为秅侯，建堡于此。城堡平面呈长方形，南北长172米，东西宽152米，面积26144平方米。墙垣残高2～6.80米，顶宽5.50米，黄土版筑，墙基厚6.80米，四角各筑半径为5米的圆形角墩，角墩底径8.50米，顶径7米。城东、西两面各辟1门，各建瓮城1座，瓮城长24米，宽22米，夯层厚12～14厘米，城堡内地表散落有砖块、瓦片等建筑残件，城堡保存基本完整，面貌清晰。对研究汉代历史、政治、军事等，具有一定的考古价值。1990年5月，被张掖市人民政府公布为市（县）级文物保护单位。

甘州区碱滩镇普家庄紧紧围绕乡村振兴战略大力发展乡村旅游，通过挖掘秅侯堡遗址的历史文化，修建金日磾文化展馆1处，该展馆建筑总面积566.86平方米，布展面积约460平方米。分4个单元，8个展示组，呈现西汉两朝重臣金日磾，从战俘马奴到托孤大臣波澜壮阔的人生历程。

三、东山寺

东山寺，在农场红沙窝羊桥庙东8千米合黎山山坳中，原为农场第一生产队所在地。

相传是晋代著名学者郭荷的隐居处。郭荷出生在书香世家，他的六世祖郭整在东汉时就很有名气，汉安帝到汉顺帝都屡次请他出来做官，并许以"公府八辟，公车五征"的优厚待遇。但郭整每次都执意拒绝，始终不就。从郭整到郭荷，六世均以经学致位。郭荷也像他的祖上一样淡泊仕途，不应州县之命，甘做山野布衣，便离开略阳故居，来到张掖，隐居在东山寺结庐讲学。郭瑀是郭荷最好的学生，因慕郭荷学问渊博，道德高尚，专程来到张掖从师郭荷。从此张掖文风远播，地方教育事业大兴，为张掖的历史文化积淀增添了浓浓的一笔。

东山寺分南寺、北寺，周围共有大小寺庙一二十座，大多是明清时代道教宫观，最著名的有真武阁、老君殿等。真武阁位于北寺最高处，殿堂建筑玲珑剔透、画栋雕梁、飞檐耸背、傍山面筑、层层递升，雄伟壮观。这里塑有道教教主李老君的巨型造像，慈眉善眼、神态安详。南寺楼阁层叠，多在山坳间，朝日初上，烟霞掩映，宛如蓬莱仙境，其间一殿塑有一尊高约四米、四面长满手和眼的千手千眼观音菩萨，全身贴金，灿若明霞，东山寺从山脚到山顶，移步有花，仰首见树，具有绚丽多彩的自然景观。后来，一些庙宇等景观遭到破坏。

2017年，经张掖市区民政部门批准，在当地信教群众自发组织下，在东山峡谷入口处新修山门，命名为东山寺（图6-6）。

图6-6　东山寺现状

中国农垦农场志

第七编

党建和精神
文明建设

中国农垦农场志丛

第一章　党的建设

第一节　组织建设

1955年，农场设置"中国共产党甘肃省张掖机械农场支部委员会"。1958年3月，农场管理体制下放，党的组织关系归属中共张掖县委。当年，农场设立"中共张掖市老寺庙农场总支委员会"，机关和4个农业生产队建立党支部，共有党员56名。1960年4月，成立中共老寺庙农场委员会，中共张掖市委任命贾忍为党委书记。1963年，农场党委会下设机关、3个农业生产队和畜牧队基层党支部，全场有党员40人。1964年，改为军垦体制后，场党委会隶属于中共农建十一师党委领导。1965年建团，改称农四团党委会。农场机关和林墩分场各设党总支1个，机关及基层生产队共设党支部8个。1966年上半年，团党委下设营党委会3个。"文化大革命"开始后，各级党组织受到冲击。1967年1月，党的组织停止活动。1969年1月，成立整党建党领导小组，开展整党建党和党员登记工作。11月召开全团党员代表大会，恢复团党委会工作。1970年，兰州军区生产建设兵团党委发出通知：农建十一师分为农建一、二两个师，农四团归兰州军区生产建设兵团农业建设第二师建制，改番号为兰州军区生产建设兵团农业建设第二师第十一团。2月，恢复3个营党委会工作，成立机关党总支，下设党支部4个。1971年，恢复各基层单位党支部工作。团党委会下设党总支4个、党支部31个，有党员335名，当年发展新党员26人。1974年团党委会下设党总支1个，党支部21个，共有党员349名，其中新党员5名。

1974年，兰州军区生产建设兵团农建第二师撤销。恢复农垦体制。1975年农十一团归张掖地区，中共张掖地委批准成立"中共张掖农场委员会"。1976年3月，成立农场基层单位党支部14个。

1984年，农场由张掖地区管理改归甘肃省农垦总公司领导、张掖农垦分公司两级管理。成立中国共产党张掖农场委员会。1995年，全场有党委会1个，党总支5个，支部委员会36个，共有党员360名，其中女性党员52名，占党员总数的14%。2004年，农场党委加强基层组织建设，增设3个党总支。

2012年4月，撤销中共张掖农场委员会，成立中共甘肃亚盛实业（集团）股份有限公司张掖分公司委员会。下设分场党委1个，党总支7个，党支部委员会39个。2016年4月，成立"中共甘肃农垦张掖农场委员会"，撤销"甘肃亚盛实业（集团）股份有限公司张掖分公司党委"，下设分场党委1个，党总支5个，党支部33个。有党员420名。2017年8月，撤销机关、十分场两个党总支，机关党办支部、财务支部、生产支部、国土支部整合为机关一支部、机关二支部，原十分场3个支部随之撤销，撤销机械公司党支部并入建筑公司党支部，成立十分场党支部。张掖分公司党委下设党总支3个，党支部28个，有党员410名。2018年3月，成立"中共甘肃亚盛实业（集团）股份有限公司张掖分公司委员会"，撤销"中共甘肃农垦张掖农场委员会"。中共甘肃亚盛实业（集团）股份有限公司张掖分公司委员会归属张掖市委组织部管理，王经富任党委书记，贾勇杰任副书记，张掖分公司党委下设党总支3个，党支部28个。共有党员407名。至2020年，张掖分公司党委下设14个党支部，共有党员280名。180名退休职工党员组织关系移交到甘州区碱滩镇党委。2021年，将原有的14个党支部合并为13个党支部，撤销3个党总支，有19名党员（表7-1）。

表 7-1　张掖农场 1983—2021 年党组织及党员发展情况统计

年　份	党总支（个）	支部（个）	接收新党员（人）			年末党员总数（人）		
			合　计	男	女	合　计	男	女
1983	2	23	2	2	—	252	233	19
1984	3	27	6	6	—	258	238	20
1985	3	32	7	6	1	284	261	23
1986	3	29	5	5	—	270	249	21
1987	3	33	21	15	6	269	243	26
1988	3	34	13	9	4	268	239	29
1989	3	34	14	12	2	274	244	30
1990	3	34	11	11	—	279	249	30
1991	4	33	12	5	7	290	255	35
1992	5	35	20	15	5	308	272	36
1993	5	34	19	11	8	312	273	39
1994	5	36	26	24	2	329	282	47
1995	5	36	26	20	6	360	308	52
1996	3	36	13	13	0	375	321	54
1997	3	36	24	18	6	399	341	58
1998	3	36	13	13	0	375	321	54
1999	4	21	13	9	4	407	349	58
2000	4	32	12	8	4	430	359	71
2001	4	32	10	7	3	438	365	73

（续）

年　份	党总支（个）	支部（个）	接收新党员（人）			年末党员总数（人）		
			合　计	男	女	合　计	男	女
2002	4	32	15	11	4	448	372	76
2003	4	35	13	7	6	447	371	76
2004	7	38	12	10	2	453	388	65
2005	7	39	10	4	6	447	358	89
2006	7	39	10	4	6	444	356	88
2007	7	38	7	6	1	445	359	86
2008	7	40	12	10	2	431	345	86
2009	7	38	10	6	4	427	336	91
2010	7	39	11	9	2	435	341	94
2011	7	39	5	4	1	433	341	92
2012	7	39	—		—	428	337	91
2013	6	39	2	2	—	433	341	92
2014	5	33	1	1		419	326	93
2015	5	33	2	1	1	409	317	92
2016	5	33	3	2	1	412	319	93
2017	3	28	4	4	—	409	316	93
2018	3	28	3	3		407	314	93
2019	3	25	3	3	—	392	303	89
2020	—	14	4	3	1	280	233	47
2021	—	13	3		3	196	171	25

第二节　党员代表大会

一、中国共产党张掖农场第一次代表大会

1964 年 3 月，在场部召开第一次党员代表大会，出席代表 30 人，主要内容包括实行军垦体制后老寺庙、山羊堡、头墩、林荫 4 个国营农场合并和干部安排等。会议由农场党委书记梁仲奎主持。

二、中国共产党张掖农场第二次代表大会

1969 年 11 月 29 日，在场部召开第二次党员代表大会，会期 4 天，出席的有正式代表116 名，列席代表 31 名，由农四团整党建党小组主持召开。党员代表大会后，恢复了团

党委会活动。

三、中国共产党张掖农场第三次代表大会

1988年2月11日，在场部召开第三次代表大会，会期2天，有正式代表48名，特邀代表2名。会议听取和审议党委书记王永治代表党委作的《坚持四项基本原则，深化企业改革，在改革中加强党的建设》的工作报告，并听取和审议纪律检查委员会工作报告，大会讨论通过《国营张掖农场政治体制改革方案》，选举产生新的场党委会和纪律检查委员会。王永治、崔定一、张财、张耀源、万孝、李梦森、崔建勇被选举为农场党委会委员，农场党委会选举王永治为党委书记。

1989年7月1日，在场部召开党员代表大会，会期1天，出席会议的有正式代表46名，列席代表13名。王永治代表场党委会作了题为《坚持一个中心两个基本点，在改革中加强党的建设》的工作报告，从5个方面概括总结第三次代表大会以来1年零5个月所做的工作，肯定了成绩，找出了差距，制定了措施。就当前如何深入学习贯彻邓小平同志重要讲话和中共十三届四中全会各项决议，加强思想政治工作，加强党的建设等工作安排作了部署，大会审议通过了《中共国营张掖农场党委议事规则》《党员管理细则》《民主评议党员制度》《党员联系群众制度》《外出党员管理规定》《党费收缴管理使用规定》《转移党员组织关系规定》《发展新党员工作的具体规定》《党委成员抓党风责任制制度》《关于党内民主监督制度》等10项党建制度。

1990年6月30日，在场部召开党员代表大会，会期1天，出席会议的有正式代表45名，列席代表18名。王永治代表党委作《切实加强党的建设，坚持两个文明一起抓》的工作报告。会议讨论完善党建10项制度中的部分修正条款，讨论通过新增的《各级党政干部学习制度》《开展"争优创先"活动制度》《关于党员领导干部民主生活会的制度》等三项党的工作制度。大会号召全体党员、干部、职工认真贯彻中共十三届五中、六中全会决议，团结一致，共同努力，紧密团结在党中央周围，在场党委领导下立足农场，为推动农场两个文明建设做出新的贡献。大会还对先进党支部及优秀党员进行表彰。

四、中国共产党张掖农场第四次代表大会

1991年7月18日，第四次党员代表大会召开，会期1天，出席会议的有正式代表61

名。会议听取并通过崔定一代表场党委所作的《勇于进取，开拓前进，为完成"八五"计划而努力奋斗》的工作报告和万孝作的《关于党的纪律检查工作报告》，大会号召全体党员、干部、群众认真学习贯彻党的十三届七中全会和江泽民"七一"重要讲话精神，立足本职，勤奋工作，勇于奉献，为全面完成"八五"奋斗目标而努力工作。大会选举产生新的场党委会和纪律检查委员会。会议选举崔定一、张财、张耀源、万孝、李树堂、李梦森、崔建勇为场党委会委员。农场党委会选举崔定一为场党委会书记。

1992 年 7 月 1 日，农场机关召开党员代表大会，会期 1 天，有正式代表 53 人。列席代表 35 人，会议主要议程是听取农场党委和纪委 1 年的工作报告，表彰先进党支部及优秀共产党员。

五、中共甘肃农垦张掖农场第一次代表大会

2006 年，甘肃省农垦集团决定将部分农场资产入组甘肃亚盛实业（集团）股份有限公司，甘肃农垦张掖农场也将部分资产入组甘肃亚盛实业（集团）股份有限公司，注册成立甘肃亚盛实业（集团）股份有限公司张掖分公司，具体工作仍由农场统一安排管理。

2007 年 11 月 30 日会期 1 天，出席党员代表大会的有正式代表 88 人，因事请假 4 人，实到 84 人，列席会议人员 23 人。会议听取并通过崔建勇代表场党委所作的《回顾历史、总结经验、继往开来，认真贯彻落实党的十七大精神全力开创农场各项事业快速发展的新局面》的工作报告和周文集所作的《加强教育　强化管理　促进企业党风廉政建设》工作报告。会议选举崔建勇、王希天、史宗理、周文集、王培文、何维忠、王玉芳、梁金祖为场党委会委员。经 2007 年 12 月 1 日，第一次全体委员会议选举崔建勇同志为党委书记，王希天同志为党委副书记。

六、中共亚盛张掖分公司第一次代表大会

2012 年 4 月，按照农垦集团公司整体改革部署，撤销中共张掖农场委员会，成立中共甘肃亚盛实业（集团）股份有限公司张掖分公司委员会。当年 11 月 8 日，召开中共亚盛张掖分公司第一次代表大会。会期 1 天，出席党员代表大会的有正式代表 82 人。会议听取了农场党委书记王希天所作的《坚持科学发展、强化经营管理，为建设现代化农业企业而努力奋斗》工作报告和周文集所作的《加强党风廉政建设，促进经济跨越发展》的工

作报告，全体党员代表收看中国共产党第十八次全国代表大会电视直播节目。会议选举王希天、王经富、王培文、王建伟、杨永钧、周文集为场党委会委员。

七、中共甘肃农垦张掖农场第一次代表大会

2016年4月5日，成立中共甘肃农垦张掖农场委员会，撤销甘肃亚盛实业（集团）股份有限公司张掖分公司党委。10月26日，召开中共甘肃农垦张掖农场第一次代表大会，会期半天，参加会议的有党员代表103人，实际到会代表99人，请假4人。会议听取了农场党委书记王经富所作的《坚持科学发展、强化经营管理，为建设文明和谐美丽新农场而努力奋斗》工作报告和纪委书记杨永钧所作的《加强执纪监督能力，促进经济稳定增长》工作报告。王经富、毛学科、杨永钧、程才、雷根元当选场党委会委员。王经富当选为党委书记，毛学科当选为党委副书记。

八、中共亚盛张掖分公司第一次代表大会

2018年，甘肃农垦集团调整理顺亚盛股份分（子）公司与原农牧场党组织设置及班子成员管理体制，成立中共甘肃亚盛实业（集团）股份有限公司张掖分公司委员会，撤销中共甘肃农垦张掖农场委员会。中共甘肃亚盛实业（集团）股份有限公司张掖分公司委员会归属张掖市委组织部管理。2021年7月，中共甘肃亚盛实业（集团）股份有限公司张掖分公司委员会隶属关系从张掖市委组织部转至中共甘肃亚盛实业（集团）股份有限公司委员会对口管理。当年12月1日，召开中共亚盛张掖分公司第一次代表大会。会期半天，参加会议的有党员代表50人，实际到会代表49人，请假1人。会议听取了分公司党委书记王经富所作的《勇担新使命　再创新辉煌　为开创分公司高质量发展新局面而努力奋斗》工作报告和纪委书记刘建所作的《强化监督执纪问责、持续正风肃纪反腐，为推进分公司高质量发展提供坚强纪律保障》工作报告。王经富、李宗国、刘建、雷根元、张向军、蒋勇、黄玉红当选为分公司党委会委员。王经富当选为党委书记，李宗国当选为党委副书记（表7-2）。

表7-2　张掖农场参加张掖市党代会代表名录

姓　名	性　别	民　族	学　历	工作单位	代　表
崔建勇	男	汉	研究生	张掖农场	中国张掖市第二届党代会代表
王玉芳	女	汉	大专	张掖农场	中国张掖市第二届党代会代表

（续）

姓　名	性　别	民　族	学　历	工作单位	代　表
王希天	男	汉	研究生	张掖农场	中国张掖市第三届党代会代表
黄玉红	女	汉	大专	张掖农场	中国张掖市第三届党代会代表
王经富	男	汉	大专	张掖分公司	中国张掖市第四届党代会代表 中国张掖市第五届党代会代表

第三节　党员教育

一、党的路线教育

1976 年 10 月，张掖农场委员会召开路线教育动员大会，参加会议的职工有 1000 多人，大会提出开展场党委和基层党支部整风等工作。当年 11 月开始，场党委和基层党支部整风运动全面开展，此次整风运动以加强"三会一课"（即按时开好党员大会、党小组会、党员民主生活会、坚持上好党课）制度为主要内容，首次开展民主评议党员工作，对党支部进行整顿、调整、充实、提高。

二、一批二打三整顿活动

1978 年 1 月，全场开展"一批二打三整顿"工作。农业实行土地、劳力、工具、资金"四固定"，加强定额管理和经济核算；开展"比学赶帮超"社会主义劳动竞赛，落实党的干部政策和知识分子政策。

十一届三中全会以后，党内存在一些严重的不良倾向等问题。1983 年 10 月，十二届二中全会做出《中共中央关于整党的决定》。1985 年 11 月，召开全场整风大会，开展民主评议党员工作。

三、党员民主评议活动

1988 年 4 月 1 日，召开全场党员大会，场党委书记王永治作题为《加强党的组织建设，妥善处理不合格党员，提高党组织的战斗力》的报告，决定 4 月 1 日—6 月 20 日分 6个阶段，对全场 267 名党员进行民主评议、组织观察、检查评价工作，以推动清除腐败分子和处理不合格党员工作。

1989年1月，农场党委印发《关于各级党政干部保持廉洁的规定》，要求场属各单位党政干部围绕"为政清廉，约法数章，公布于众，提高办事透明度，使权力的运用置于制度约束和职工群众的监督之下，真正成为清正廉洁的带头人"开展自查自纠。4月，为妥善处理不合格党员，对全场267名党员的党性、党风、党纪情况进行民主评议和组织考察，并建立每年开展民主评议党员工作制度。

为使农场党建工作实现规范化、制度化、标准化，在全场第三次党员代表大会讨论通过13项党建工作制度，并贯彻执行。

四、我为党建做贡献活动

1990年4月，农场党委建立"党支部工作目标管理百分考核责任制"。此项制度规定党支部目标管理责任内容，包括思想建设、组织建设、作风建设、民主评议党员工作、新党员发展工作、思想政治工作和精神文明建设、执行制度情况，对职代小组、团支部、妇代小组、民兵工作的领导和经济工作、培养后备干部等10个方面。农场党委与34个党支部签订"党支部目标管理责任合同书"，并将目标完成情况作为年终考核的依据以加强党支部工作。同年7月，根据甘肃省委组织部文件，首次组织全场党员开展"我为党建做贡献"活动，这项活动与民主评议党员工作，与党员"争优创先"工作，与学雷锋、学铁人、学焦裕禄、学秦大河活动，与当前生产建设工作相结合，充分发挥党员的先锋模范作用，增强了党组织的战斗力、凝聚力、吸引力。

五、党风党纪教育活动

1991年开展以反腐败为中心的党风党纪教育，把廉洁从政作为调整班子和使用干部的重要依据。

六、社会主义思想教育

1992年开展党史、党建理论学习，开展社会主义思想教育，在"双基"（基本国情、基本路线）教育的基础上，消除党员中存在的"怕、满、软、混"和等待观望等思想。此次教育活动坚持以邓小平建设有中国特色的社会主义理论和发展社会主义市场经济理论为指导，树立"围绕经济抓党建，抓好党建促经济"的工作理念，切实加强思想政治工作领导。坚持把解决企业改革和生产经营中的难点作为党组织工作的重点，增强党的凝聚力，切实发挥党组织的政治核心和监督保障作用。在开展党性实践活动中，开展"我为党旗添光彩，我为党建做贡献"主题活动和党员联系户、责任区等活动，在继续落实党支部目标管理责任制的同时，建立党支部与党员签订目标管理责任书和考核评比制度，结合"争先创优"工作，努力提高党员的思想建设。对 40 名政工干部评定专业职称并聘用到各个政工岗位。

七、市场经济理论教育

1993 年，贯彻党的十四大精神，在把企业推向市场、转换经营机制的过程中，为保证和促进经济建设，把党建工作从服从和服务于经济建设这个中心转到参与企业经济建设上来。根据不同行业，不同岗位的特点，因地制宜，联系实际开展"三会一课"活动，组织农场业余党校举办"市场经济理论培训班"，提高党员、干部市场竞争意识和真抓实干、鼓干劲、出实效意识。根据市场经济开放性、求利性、竞争性的特点，加强共产主义思想教育和党的自身建设，坚决反对"拜金主义""享乐主义"和"极端个人主义"。为改善党员队伍结构，规定今后发展党员除严格坚持政治标准，也要注重发展对象的文化、科学技术和业务素质，优先发展生产一线的先进分子和妇女中的优秀分子。当年，开展了向因公殉职的农场党委委员、副书记、副场长张财同志学习活动。

1994 年，建立党支部目标管理责任合同履行情况每季度检查、考核评比制度，年终进行考核。

八、"五好"教育活动

1995 年，按照全国农村基层组织建设工作会议提出的"好领导班子、好书记、好队伍、好的经营体制、好的管理制度"的"五好"总体目标，加强党建工作，突出抓好四个环节：一抓后进班子转化工作；二抓各级干部培训和党员教育提高；三抓制度建设；四抓加强思想政治工作。在实际工作中围绕"四讲四抓"搞好党建工作，即讲理论抓学习，讲团结抓班子，讲奉献抓廉政，讲实干抓落实，形成"勤奋、高效、务实"的工作作风，对整体推进农场改革、加快经济建设起到了保证和促进作用。

九、开展"双学"活动

1996年，开展学党章学党纪政纪的"双学"百题知识竞赛。180名党员和干部参加了张掖地区举办的党纪政纪条规知识问答竞赛，并组织了3个代表队参加张掖地区农垦系统举办的现场竞赛，其中2个代表队进入决赛，均获三等奖。

十、"三讲"教育活动

1997年，开展了学理论、讲政治、讲党性、讲正气、比政绩、比贡献的活动。采取组织培训和个人自学相结合的方法全方位培训干部。举办党员干部培训班，邀请张掖地委党校和讲师团的讲师辅导学习"两论"，学习建立现代企业制度的知识。召开政工研讨会，交流搞好政治思想工作经验。举办了新党员培训班。有1名场级干部、8名科级干部和16名队级干部参加上级组织的学习班，有47名干部参加大中专自学考试，有41名干部参加了外语和计算机培训考试。通过学习培训，提高广大干部的政治和业务素质。在开展创先争优和建党75周年系列活动中，吸收24名优秀分子加入党组织，表彰了6个先进党支部和32名优秀党员，为全场职工树立了学习的榜样。1998年，加强对年轻职工、近年新招收人员的引导和教育。通过教育培训工作，激发了年轻职工的积极性、创造性，引导他们统一思想，把心思用到企业改革和发展上来。职工充分发挥主人翁作用，克服"等、靠、要"依赖思想，让职工主动关心企业，献计献策，努力搞好本职工作，加强组织纪律，加强团结，增强凝聚力，为企业分忧解愁，共渡难关。1999年，经济发展进入艰难阶段，农场党委号召全场党员干部要站在企业改革和发展的高度认识和处理各种矛盾，并根据实际情况做好职工的思想工作。农场各级党组织按照农场党委的工作部署，坚持"围绕中心，服务大局，正面宣传，出成果，典型示范，整体推进"的原则，通过树立典型，弘扬企业精神，进一步增强了全场职工的凝聚力，使全体职工树立建设农场、发展农场的坚定信心。当年，继续办好《农场纵横》，开展精神文明创建活动和创先争优活动，2000年，根据中共中央发出《关于在县级以上党政领导班子、领导干部中深入开展以"讲学习、讲政治、讲正气"为主要内容的党性党风教育的意见》和上级党委的安排部署，全场各级党组织深入开展"三讲"教育，加强宣传思想工作。党员和领导干部认真对照"三讲"（讲学习、讲政治、讲正气）的要求，解剖自己的思想，纠正自己的过失行为，树立为人民服务的宗旨，从自身找差距，从自身做起，从身边的事身边的人抓起。其间，进一步加强民主管理和民主监督，实行政场务公开、财务公开，落实好党风廉政建设责任制，坚持走群众路线，发动广大职工群众为场为单位的建设献计献策，切实解决好职工群众所关心的热点和难点问题。通过"三讲"教育，化解了矛盾，消除了疑虑、隔阂，党群关系、干群关系进一步密切，党员起到模范带头示范作用，党支部真正成为坚强的领导集体和核心，农场党委、基层各支部的威信进一步提升。

十一、学习"三个代表"重要思想

2002年，认真学习"三个代表"重要思想，把学习和贯彻"三个代表"重要思想的重点放到推动农场发展的实际工作中。

（1）把学习"三个代表"重要思想和农场的工作重点紧密结合，加大了农场经济建设工作的重点政策的宣传力度。当年9月，为全面了解职工的真实想法和广大职工关心的问题，农场大范围地进行了一次民意调查——"冰点调查"，广泛征求广大职工的想法、意见、建议，并对职工不了解、不明白、不理解、不认同的一系列问题进行了现场解答，对反馈问卷进行了现场宣讲、解释，获得了广大职工的认同，有力地促进了农场工作的顺利进行。

（2）结合"三个代表"的学习，调整了部分基层单位领导班子，使各基层单位班子形成了更强的凝聚力和战斗力。

（3）进一步贯彻落实场党委"十六字工作方针"，有力推动农场各项工作的发展。

十二、贯彻十六届四中全会精神

2004年，为深入学习贯彻党的十六届四中全会精神，引导全体党员干部全面掌握对全会精神的理解，场党委决定进一步加强对全场干部的理论培训和业务培训，使之能更好地适应现代企业发展的需要，全面开展"双培双带"和"三级联创"活动。

十三、共产党员先进性教育

2005年，根据十六大和十六届四中全会精神，为进一步加强党的执政能力建设，中央决定从2005年1月开始在全党开展以实践"三个代表"重要思想为主要内容的保持共产党员先进性教育活动。当年2月3日，农场召开保持党员先进性教育活动会议，对"保持共产党员党性进行教育活动"进行全面部署和安排。当年 10 月 18 日,在张掖市第二批先进性教育活动整改提高阶段工作部署会议上,农场介绍分析评议阶段的工作经验。10 月 22 日,农场召开保持共产党员先进性教育活动整改提高阶段动员大会,全面开展整改工作。这次教育活动以学习实践"三个代表"重要思想为主线,坚持正面教育、自我教育,坚持理论联系实际,坚持教育活动与生产工作"两不误、两促进"的原则,对全场党员进行一次集中教育,基本实现提高党员素质、加强基层组织、服务人民群众、促进各项工作的目标。

十四、学习贯彻党章教育活动

2006 年,在全场干部和党员中开展了学习贯彻党章的教育活动。教育党员干部认真贯彻党的路线方针政策,牢固树立科学发展观,自觉践行"三个代表"重要思想,用党章严格要求自己。围绕学习党章、遵守党章、贯彻党章、维护党章和"八荣八耻"要求,在全场开展了"坚定理想信念、加强道德修养、树立正确的荣辱观"为主题的知识竞赛、演讲比赛和征文活动。全场有 350 多名党员和干部参加了"学党章、用党章"知识竞答活动,有 39 名干部职工参加"八荣八耻"演讲比赛,有 120 名干部撰写学习体会文章。

十五、学习实践科学发展观活动

根据党的十七大部署,中央决定,从 2008 年 9 月开始,用一年半左右时间,在全党分批开展深入学习实践科学发展观活动。2009 年,全场开展深入学习和实践科学发展观主题活动。在做好规定动作的基础上,结合农场实际,开展以"大调整、大交流、大提高、促进农场大繁荣,大基地、大企业、大产业推动经济大发展"为主题的系列活动,全场上下以科学发展观为指导,坚持以经济建设为中心,以强化基地、产业的带动示范作用为重点,以增强农场经济实力、扩大农场社会影响力为突破口,进一步加大结构调整的力度,积极组织抗灾、生产,取得显著的成效。这次学习实践活动始终注重坚持解放思想,突出实践特色,贯彻群众路线,正面教育为主的原则,紧密联系实际,边学边改,着力解决影响和制约科学发展的突出问题以及党员干部党性党风党纪方面群众反映强烈的突出问题,以县级以上领导班子和党员领导干部为重点,全体党员参加,按学习调研、分析检查、整改落实 3 个阶段分 3 批进行。通过学习实践,全场党组织得到锤炼锻造,全体党员经受精神洗礼。

十六、"四强四优"和争先创优活动

2010年，按照甘肃省农垦集团党委和张掖市委的统一部署和要求，农场根据自身的具体情况，全面深入地开展"四强四优"和创先争优活动。农场各级党组织落实责任、强化宣传、创新载体、力求实效，全体党员以高度的政治责任感和饱满的政治热情积极参加，发挥党组织的战斗堡垒作用和党员的先锋模范作用，为促进全场经济社会平稳较快发展提供了坚强保证，努力规范经济运行方式，提高综合发展质量。

十七、保持党的先进性教育活动

2013年，中共中央政治局召开会议，决定围绕保持党的先进性和纯洁性，在全党深入开展以为民、务实、清廉为主要内容的党的群众路线教育实践活动，着力解决人民群众反映的突出问题，提高做好新形势下群众工作的能力。当年6月，按照甘肃省农垦集团党的群众路线教育实践活动领导小组要求，全场上下突出作风建设，以坚决反对形式主义、官僚主义、享乐主义和奢靡之风为目标，以贯彻落实中央八项规定为切入点，按照"照镜子、正衣冠、洗洗澡、治治病"的总要求，全面开展教育实践活动。

（1）加强制度建设，严格执行党的民主集中制原则，要求全体党员和领导干部自觉遵守企业内部控制手册"三重一大"事项管理办法，重大事项一律经有关会议集体决策。分公司党委建立了学习制度，并长年坚持，做到了时间、内容、人员三落实，切实加强党员的政治理论学习，有59人参加甘肃农垦干部在线网络教育学习，经考试全部结业。

（2）加强作风建设，认真贯彻中央八项规定，甘肃省委"双十条"和甘肃省农垦集团十项规定，切实改进工作作风。

（3）根据分公司实际情况制定《张掖分公司进一步改进工作作风密切联系群众的有关规定》和《张掖分公司关于进一步加强工作纪律的七条要求》，使改进工作具体化。活动开展以来，农场在公务接待、勤俭节约、改文风，正会风、压缩差旅费方面严格执行规定，各项费用下降。认真开展会员卡清退工作，32名副科级以上干部作了个人会员卡零持有报告。

2014年，农场党委把精神文明建设作为加强党员干部教育的有力抓手，在全场开展精神文明创建工作。设立了文明单位奖、文明家庭奖、文明职工奖、见义勇为奖、好人好事奖、尊老爱幼奖，坚持每年评比1次。农场被甘肃省农垦集团评为"2013—2014年先进单位"。农场加强党组织建设，树立林果站党总支、四分场党支部为样板党支部，使基层党组织学有榜样、干有目标。

十八、"三严三实"专题教育

2015年，按照中央的部署和甘肃省农垦集团党委的安排，在全场领导干部中开展"三严三实"专题教育。

2016年3月，按照中央《关于在全体党员中开展"学党章党规、学系列讲话，做合格党员"学习教育方案》文件精神和甘肃省农垦集团党委的安排部署，农场党委召开"两学一做"学习教育动员大会。此次学习教育以党支部为基本单位，以"三会一课"等党的组织生活为基本形式，以落实党员教育管理制度为基本依托，针对领导机关、领导班子和党员干部、党员的不同情况作出安排。通过学习教育进一步增强了全体党员的宗旨观念、党员意识和党性觉悟，增强了政治意识、大局意识、核心意识、看齐意识，进一步强化全体党员严守政治纪律、政治规矩的政治自觉，以及在生产、工作、学习和社会生活中起先锋模范作用的行动自觉。

十九、"两学一做"学习教育

2017年，在"两学一做"学习教育常态化制度化的推动下，全体党员尤其是广大党员干部政治意识和规矩意识进一步增强，守法意识进一步提高，服从企业管理成为全体党员干部的日常工作行为。

二十、"不忘初心、牢记使命"主题教育

2019年，农场（分公司）扎实开展"不忘初心、牢记使命"主题教育，教育引导全体党员，增强"四个意识"，坚定"四个自信"，坚决做到"两个维护"。亚盛张掖分公司党委制定印发党建工作、宣传思想工作、精神文明建设、纪检监察工作要点，明确工作任务。按照省委组织部和上级党委的工作要求，扎实开展党支部建设标准化工作，印发《推进"三会一课"和党内组织生活正常开展的指导意见》，使党支部各项活动开展有章可循。制定会议记录基本规范，会议记录不规范问题得以纠正。坚持党委理论学习中心组学习制度，全年中心组共召开12次学习，其中现场会1次，研讨会2次。

2016—2020 年，党委制定党员发展规划，目标要求：制定 5 年发展党员指导性规划，重点发展年轻化、知识化、专业化的青年党员，解决党员年龄偏大的状况，管理层中发展有较高学历的青年人，在生产一线青年职工中有计划发展优秀人才，党员队伍结构进一步优化数量趋于合理，文化素质明显提高，先锋模范作用更加彰显。

二十一、党史学习教育

2021 年 3 月，按照中央精神和甘肃省农垦集团党委的部署安排，亚盛张掖分公司扎实开展党史学习教育。当年 4 月 16 日，举办农垦张掖片区党史知识竞赛活动。整个党史学习教育求实、务实、扎实，广大党员、干部受到一次全面深刻的政治教育、思想淬炼、精神洗礼（图 7-1）。

图 7-1　党员固定党日活动

第四节　纪律检查

一、案件查处

农场纪律检查委员会切实履行党章规定的监督职能，协助党委制定《关于党内民主监督制度》和《各级干部廉洁自律的 12 项规定》。党委成立党风党纪领导小组，建立党支部党风党纪目标管理责任制和定期考核制度，聘请党风党纪监督员和纪检检查信访员 59 人。设立举报箱，建立群众举报制度，重视人民来信来访。组织党员观看党风党纪教育纪录片，形成全场党员干部层层带头、层层抓党风党纪的风气。认真贯彻落实中央纪律检查委员会和省委关于干部廉洁自律的各项规定，加强廉政建设，积极开展反腐败斗争。

1985 年以来,农场纪委贯彻全面从严治党的方针,按照"一要坚决,二要持久"的指导思想,查处了一些违纪案件,维护党的纪律。至 1995 年,共有 32 名党员受到不同程度的处分。其中被开除党籍 4 名,留党察看 10 名(其中 1 名被撤销党支部书记职务),受党内警告处分 6 名,严重警告处分 3 名,被通报批评 1 名。在开展评议党员时,因基本不合格限期 1 年改正的 7 名,被评为不合格党员劝其退党 1 名。

2007 年,落实"三谈两述"制度。农场领导和纪委负责人对部分基层单位负责人谈话 17 人次,对降职使用的 7 名干部进行了诫勉谈话,对 8 名提拔干部进行了任前廉政谈话,有力地维护了企业经营发展环境。

2000—2007 年 10 月,农场纪委共受理职工群众来信来访举报 89 件(次),对涉及人员 213 人(次)都进行了核实并作了相应的处理。同时,农场纪委监察室结合部分干部调整任用情况,由纪委书记和监察室负责人对 28 名干部进行了任前谈话,对 21 名干部进行了诫勉谈话。2020 年,对工作不到位的干部提醒谈话 6 人,干部调整任前廉政谈话 11 人,没有发生党员违纪现象。对反馈问题进行认真整改。对亚盛股份公司党委第二巡察组对张掖分公司巡察反馈指出的 15 个问题,分公司党委深刻剖析问题,研究制定整改方案,建立整改台账,根据问题性质和整改要求,分类施策、精准发力,重点督办,按期全部整改到位。对甘肃省监委派驻甘肃省农垦集团监察专员办公室下发的监察建议书中指出的分公司内部管理制度中设立了具体罚款规定与相关法律规定不相符合的问题,分公司进行了认真梳理,对内控管理制度中的 3 项 6 条设立具体罚款规定内容,进行了及时修改,并向甘肃省农垦集团纪委上报了整改报告。

二、信访排查调处纠纷

1955—2021 年,认真贯彻落实《中共中央、国务院关于进一步加强新时期信访工作的意见》的精神,坚持把信访工作作为纪检监察工作的基础来抓。由党委书记亲自负责,纪委书记和一名副场长为直接责任人,相关部门有关人员负责全面抓好稳控工作。长期以来,农场纪委认真贯彻落实《信访条例》及法律法规,做好信访举报工作,进一步规范工作程序,引导信访人员依法信访,保证信访举报"件件有回音,事事有结果"。加强对重点工作开展监督检查,对于工作中严重违反规定的行为和不作为、乱作为的,严肃执行责任追究,充分运用组织措施和行政手段,加大对失职失责干部的问责力度,该通报的通报,该处理的处理,确保了政令畅通,风清气正。

第二章　职工代表大会

20世纪60年代初期，建立了职工代表大会制度。军垦及"文化大革命"期间，职工代表大会制度停止执行。党的十一届三中全会以后，1982年，召开第一届职工代表大会。职工代表大会一般每2～3年换届一次，每年召开一次，1982—1995年先后换届6次，共召开职工代表大会12次。

1987年，三届一次职代会通过成立11人组成的职代会常设主席团，职工代表大会下设职代委员会、职代委员会办公室、提案审查小组、评议监督小组、规章制度小组、生产经营小组、职工生活福利小组、职代小组、人民调解委员会、基层人民调解小组。职代会办公室承办职工代表大会闭会期间日常事务。同年10月，常设主席团第四次会议决定，撤销职代会常设主席团，成立由原常设主席团成员组成的职工代表委员会（简称职代委员会）。下设生产经营、规章制度、生活福利、评议监督干部，提案审查等5个专门小组。基层单位正式代表3人以上成立职工代表小组，设小组长。职代小组接受所在单位党支部思想政治领导。

第一节　建场初期职工代表大会

一、第一次职工代表大会

1962年2月27日，召开首次职工代表大会。出席代表35名，列席代表1名。大会听取、审议并通过了场党委副书记张成武作的《1961年生产总结与1962年生产计划报告》、生产股长张继荣作的《大包干与工资制度报告》。大会学习贯彻农垦部颁发的《国营农场试行工作条例（草案）》。"全党大办农业大办粮食"的方针指导下，根据国民经济恢复时期"调整、巩固、充实、提高"八字方针，制定了《粮食生产大包干责任制》，修改了工资制度。大会成立农场管理委员会，选举张成武、杨启三、张继荣、张希儒、张进祥、杨天配、曹俊杰、姚志义、张永国、诸兴科、赵艮为场管理委员会委员。

二、第一届第二次职工代表大会

1963 年 2 月 26 日，召开参加代表 36 名，列席代表 18 名，大会审议并通过了场长杨掌元作的《1962 年工作总结和 1963 年生产计划报告》，制定并通过了《经济管理》《财务管理》《畜牧管理》《机务管理》和《工资制度修改意见》等规章制度，大会研究加强经济核算、降低成本、增加收入、扭亏为盈、扩大积累等措施。与会代表一致认为，这是一次扭转落后向好的局面的关键性会议。

第二节　中共十一届三中全会后职工代表大会

一、第一届职工代表大会

改革开放时期的首届职工代表大会是 1982 年 6 月 16 日召开的。出席代表 175 名，列席代表 15 名，特邀代表 3 名。会议听取场长郑守格所作的《着眼长远，狠抓当前，下决心扭亏为盈》的工作报告，听取、审议通过副场长翟宝金作的《关于 1981 年国民经济计划执行情况和 1982 年国民经济计划安排报告》。会上学习贯彻《企业职工奖惩条例》和《全国职工守则》两个文件。对无组织纪律，擅自离开工作岗位长期旷工、超假不归、小偷小摸以及违犯计划生育的职工进行了处理。

二、第二届第一次职工代表大会

1984 年 11 月 16 日召开。出席代表 124 名，列席代表 30 名。会议听取、审议、通过场长崔定一作的题为《锐意改革、开拓前进、努力把农场经济建设推向新高潮》的工作报告和《1985 年全场经济计划建议草案》，讨论、通过《干部人事管理制度》《财务管理制度》《物资管理暂行办法》《进一步搞好计划生育工作的规定》《奖罚条例》《行政工作人员、机关科室、生产队长职责》等 6 项规章制度。

三、第二届第二次职工代表大会

1986 年 1 月 29 日召开。出席代表 122 名，列席代表 22 名。大会首先认真学习了中央〔86〕1号文件和甘肃省政府《关于发展农垦经济若干问题的意见》。听取、审议并一致通过了场长崔定一作的题为《坚持改革增强活力，努力实现农场工农业生产稳步增长》的工作报告和《1986年经济建设计划及"七五"规划》，对上次代表大会制定的6项规章制度进一步作了修改、补充、完善。大会提出《关于水利管理办法改革意见》《职工子女招工安排改革意见》《职工医院医疗制度改革意见》《关于进一步搞好计划生育意见》等提案，经与会代表审议后建议场长根据代表的意见加以修改后正式下发执行。

四、第三届第一次职工代表大会

1987年1月20日召开。出席代表123名，列席代表22名，特邀代表3名。大会听取场党委书记王永治作的《坚持四项基本原则，深入搞好改革》的开幕词，听取、审议并一致通过了场长崔定一作的题为《振奋精神、深化改革、明确目标、奋发图强，为振兴农场经济而努力奋斗》的工作报告，计财科长李梦森作的《1986年生产财务决算情况和1987年预算及经济计划报告》。审议通过场企业管理办公室向大会提出的《1987年经济改革方案》和《职工家庭农场若干问题的规定》。与会代表还认真讨论了发展商品生产、提高经济效益，增强企业活力，加强企业管理等问题。大会坚持党的四项基本原则，坚持在改革开放中发展安定团结的政治局面，旗帜鲜明地反对资产阶级自由化。

五、第三届第二次职工代表大会

1988年2月9日召开。出席代表134名，列席代表10名，特邀代表4名。大会听取、审议、通过场长崔定一作的题为《深化企业改革，加强目标管理，为实现农场经济持续增长而努力奋斗》的工作报告。副场长李树堂作了关于《经济体制改革方案》《进一步完善职工家庭农场》的报告，宣布了人事、劳动、财务、水电管理、医疗卫生、计划生育、奖惩办法等规章制度的修改意见。计财科长李梦森作了《关于1987年财务决算及1988年财务预算、生产计划及1988—1990年长远规划报告和说明》。根据承包经营责任制的有关规定，会上，场长宣布招聘的基层单位第一承包人任职决定，颁发聘书，并分别与基层单位承包经营人签订为期三年的承包经营合同责任书。场长与职代会签订监督协议书。

六、第四届第一次职工代表大会

1988 年 12 月 23 日召开。出席代表 113 名，列席代表 4 名，特邀代表 4 名。大会听取、审议通过场长崔定一作的题为《贯彻治理整顿改革的方针，实现农场经济持续增长》的工作报告、计财科科长李梦森作的《1988 年财务预算执行情况及 1989 年财务预算》的报告、副场长李树堂作的《关于经济体制改革方案等 14 项规章制度修改意见》的报告、职代主任万孝作的《职代工作报告》。大会选举了四届职代委员会委员、场管理委员会职工代表、职代专门小组组长。这次大会认真贯彻党的"治理经济环境，整顿经济秩序，全面深化改革的战略方针"，并在实现企业管理制度化、条理化、系统化方面迈出了新的步伐。

七、第四届第二次职工代表大会

1990 年 2 月 16 日召开。出席代表 125 名，列席代表 5 名，特邀代表 4 名。会议听取、审议通过场长崔定一作的题为《统一思想，稳定政策，共渡难关，继续前进》的工作报告，报告分析多种自然灾害、资金短缺、市场疲软、农产品价格下跌等各种因素对农场经营造成的严重影响，提出 1990 年奋斗目标和增产措施。会议还听取、审议通过计财科长张景远作的《关于 1989 年财务决算和 1990 年财务预算报告》，副场长李树堂作的《关于经济体制改革方案与 15 项规章制度修正意见报告》，职代委员会主任万孝作的《职工代表大会工作报告》。党委书记王永治作《加强党的治理整顿和深化改革的领导，是夺取 1990 年各项工作取得胜利的重要保证》讲话。大会认为这一讲话对指导农场治理整顿和深化改革具有重要的现实意义，决定结合这次大会精神的传达，认真贯彻落实。

八、第四届第三次职工代表大会

1991 年 3 月 4 日召开。出席代表 124 名，列席代表 25 名，特邀代表 4 名，会议听取、审议、通过场长崔定一作的题为《继往开来，振兴农场》的工作报告，计财科科长李梦森作的《1990 年财务决算及"八五"规划说明报告》，职代委员会主任万孝作的《职代委员会工作报告》。大会讨论通过了《国营张掖农场职工代表大会条例》（试行稿）。副场长李树堂作了《关于认真贯彻 15 项规章制度》的发言。在大会召开期间，场长分别与各基层单位第一承包人签订第二轮经营承包合同责任书。经过大会民主选举产生了由万孝等 7 人组成的国营张掖农场人民调解委员会，万孝任主任。

九、第五届第一次职工代表大会

1992 年 3 月 2 日召开。出席代表 108 名，列席代表 28 名，特邀代表 5 名。大会听取、审议、通过场长崔定一作的题为《转变观念，转换机制，强化管理，提高效益》的工作报告。报告总结了 1991 年深化改革，实施"八五"规划和第二轮承包计划，全面开展"质量、品种、效益年"活动，取得的一定成绩，指出在生产经营中面临的困难和存在的问题，提出了 1992 年工作重点及完成任务的主要措施。会议还听取、审议、通过了《场职代委员会工作报告》《1991 年财务决算和 1992 年财务预算报告》《15 项规章制度修改意见说明报告》和《提案审查处理意见报告》。会议号召要坚持以经济效益为中心，深化改革，转变观念，转换机制，强化管理，全面落实场长报告中提出的各项任务，为使农场经济持续、稳定、协调发展而努力奋斗。大会还对换届选举职代委员会委员作出决议，大会改选参加场管理委员会 5 名职工代表和职代专门小组组长。

十、第五届第二次职工代表大会

1993 年 2 月 22 日召开。出席代表 106 人，列席代表 52 人，特邀代表 3 人。会议听取、审议、通过场长崔定一作的题为《转换机制，真抓实干，力争经济跨上新台阶》的工作报告。报告总结 1992 年工作，分析认真贯彻邓小平南方谈话和国务院关于《全民所有制工业企业转换经营机制条例》和大力发展农场 4 个拳头产品等所取得的成绩，提出了 1993 年经济工作指导思想、奋斗目标和完成任务的主要措施。会议听取、审议、通过场职代委员会主任万孝作的《落实民主管理，增强企业活力》的报告、计财科长李梦森作的《1992 年财务决算和 1993 年财务预算》的报告、副场长李树堂作的《农场有关规章制度的修正方案说明》，按照建立社会主义市场经济体制的要求，重点进行内部机制和劳动人事管理、工资分配制度、职工养老保险和农机管理等制度的深化改革。大会审议、通过了《关于实行全员劳动合同化管理实施办法》《职工养老保险制度的实施办法》《农场内部分配实施方案》《农机管理》4 个文件。大会闭幕前，农场党委书记、场长崔定一作《加快改革步伐，开创农场各项工作新局面》的讲话。

十一、第五届第三次职工代表大会

1994年1月18日召开。参加代表90人，列席代表28人，特邀代表5人。会议听取、审议、通过了场长崔定一作的关于《转换机制、乘胜前进》的工作报告、农场职代会委员会主任万孝作的《积极参与、推进改革》的职代会工作报告、计财科副科长王有亮作的《关于1993年财务计划执行情况及1994年财务计划安排报告》、总经济师李梦森作的《关于场有关规章制度修改方案的说明》。这次大会全面系统地总结了1993年工作中所取得的成绩，明确了1994年全场的工作任务，号召全场上下要坚持以经济建设为中心，为适应市场经济体制需要，要转换经营机制，建立现代企业制度，并以市场为导向，优化种植结构和产业结构，积极开拓市场，增强企业综合实力。

十二、第六届第一次职工代表大会

1995年1月23日至24日召开。出席正式代表117名，列席代表22名，特邀代表6名。这次会议主要议程是听取和审议场长工作报告、职代委员会工作报告、财务预决算报告、规章制度修改意见报告等。会上，场长崔定一作了题为《优化结构、强化管理、努力提高经济增长的质量和效益》的报告，全面总结农场1994年深化改革、转换经营机制、强化管理、全面落实目标管理责任制等方面所取得的成绩，指出生产经营中存在的问题，提出了1995年经济工作奋斗目标及完成任务的主要措施。职代委员会主任万孝作了题为《参与民主管理，促进经济发展》的报告，报告全面总结职代会三年来在履行"维护、建设、参与、教育"四项职能、推进民主管理、促进工农业生产发展等方面的经验，并提出要加强职代会组织的自身建设，加强职工思想教育，搞好民主管理和监督以切实发挥职代会组织的作用。计财科副科长王有亮作了题为《关于1994年财务计划执行情况及1995年财务计划安排》的报告，全面分析了1994年农场经营成果及基层承包单位完成上交任务情况，提出1995年的财务计划，提出只要全场职工团结协作、扎实工作，财务计划是能够全面实现的。副场长李树堂对规章制度修改意见作了说明，指出这次规章制度的修订是按照深化改革，强化管理，建立现代企业制度的基本要求，对过去制定的二十项规章制度进行系统整理、修改、补充，并将内容相近的制度进行归纳合并，修订后的规章制度有十四项（包括8个附件，简称《十四项规章制度》），以促进农场企业管理规范化、制度化。大会一致通过以上3个报告和1个说明。大会号召全场职工认真贯彻党的十四届三中、四中全会精神和中央经济工作会议精神，继续贯彻"抓住机遇、深化改革、扩大开放、促进发展、保持稳定"的方针，以市场为导向，优化产业结构，依靠科技进步，增加农业投入，发展高产优质高效农业，大力发展二、三产业，努力贯彻大会各项决议，为促进全场经济持续、快速、健康发展而努力奋斗。

这次大会共收到场属各单位和职工个人提交的有关工业、农业、林业、商业、财务、住房、水电、职工福利、文教卫生等各项提案 26 件，有的列入新修改的规章制度中贯彻执行，有的交由主管单位办理。

大会还对职工代表委员会委员，参加农场管理委员会的职工代表人选，职代会人民调解委员会委员和职代会生产经营、规章制度、生活福利、评议监督干部、提案审查等 5 个专门小组组长人选进行换届选举。大会审议通过了《国营张掖农场职工代表大会条例》（修改稿）《国营张掖农场人民调解委员会组织条例》（讨论稿）和《张掖农场居民管理规定》3 个文件。结束前，党委书记崔定一作了讲话，就继续抓好建设有中国特色的社会主义理论学习以提高政治理论素质、领导水平和决策能力，加强和改进党的组织建设以适应社会主义市场经济发展，大力弘扬企业精神，切实抓好精神文明建设等问题进行全面阐述。

自 1982 年开始，在历届历次职工代表大会召开之时，以前的张掖地区农垦局、张掖农垦分公司和现在的张掖农垦公司领导同志于大会致热情洋溢的贺词并作重要讲话。

十三、第六届第三次职工代表大会

1997 年 1 月 16 日召开，出席正式代表 126 名，列席代表 3 名。会议主要审议、通过了农场职代委员会工作报告、财务预决算报告、农场规章制度修改意见、农场招待费使用情况的报告。

十四、第六届第四次职工代表大会

1998 年 4 月 3 日召开，出席正式代表 133 名，列席代表 10 名。会议主要审议、通过了场职代委员会工作报告和有关改革方案。

十五、第六届第五次职工代表大会

1999 年 3 月 15 日召开，出席正式代表 133 名，列席代表 9 名。会议主要审议、通过了场职代委员会工作报告。

十六、第六届第六次职工代表大会

2000 年 1 月 3 日召开，出席正式代表 129 名，列席代表 6 名，特邀代表 1 名。

第三节　21 世纪召开的职工代表大会

一、第七届第一次职工代表大会

2000 年 12 月 30 日召开，出席正式代表 93 名，列席代表 20 名。会议主要审议通过第七届职代委员会的报告。选举产生第七届职代委员会及专门小组、调解委员会，第七届职代委员会委员：周文集、李树堂、张树成、孔淑英、薛永禄、巨效曾、刘武业、刘玉杰、梁金祖、杨永钧、王树国、李桂兄、霍林科、孙邦仁、马岩斌、游宪法、刘世新。调解委员会委员：周文集、王培文、张树成、张贵根、李振东、薛永禄、孔淑英、巨效曾、敬永芳。

二、第七届第二次职工代表大会

2002 年 2 月 5 日至 6 日召开，出席正式代表 93 名，列席代表 23 名。会议主要审议、通过了职代委员会工作报告。

三、第七届第三次职工代表大会

2003 年 1 月 26 日至 27 日召开，出席正式代表 85 名，列席代表 22 名。

四、第八届第一次职工代表大会

2004 年 1 月 12 日召开。出现正式代表 66 名，列席代表 34 名，大会听取、审议、通过 2003 年财务计划执行情况、2004 年财务预算报告，选举产生第八届职工代表委员会，审议、通过其他议案，签订目标责任书。

五、第八届第二次职工代表大会

2005 年 2 月 2 日至 3 日召开。大会听取、审议、通过场长王希天所作的《发扬成绩、戒骄戒躁，在全面建成小康社会的道路上再立新功》的工作报告、农场职代委员会主任纪委书记周文集所作的《2004 年职代委员会工作报告》、副场长史宗理作的关于《2004 年业务招待费使用情况的报告》、场长助理孔淑英所作的《2004 年度财务计划执行情况的报告》。场党委书记崔建勇在会上作题为《以加强党的执政能力为中心，坚持科学的发展观，在建设小康的道路上再立新功》的总结讲话。

六、第八届第三次职工代表大会

2006 年 1 月 20 日召开。会议主要审议、通过张掖农场职工基本医疗保险条例，副场长兼酒厂厂长郑士进对酒厂有关问题作说明。

七、第八届第四次职工代表大会

2006 年 3 月 25 日召开，出席正式代表 67 名，列席代表 57 名。会议主要审议、通过了张掖农场关于成立改革领导小组和分离办社会职能领导小组的决定，通报张掖农场改革方案，张掖农场分离企业办社会职能实施方案。

八、第九届第一次职工代表大会

2007 年 2 月 11 日召开，出席正式代表 62 名，列席代表 55 名。会议主要审议通过了第九届职代委员会的报告。选举产生第九届职工代表大会委员会。委员：何维忠、史宗理、王培文、梁金祖、杨永钧、王经富、张新军、刘照静、程才、肖新华、纳金荣、苗涌、何满元、苗忠、尹雪玲、邓章琼、张长银。何维忠任职代委员会主任，张贵根任职代办公室主任。

九、第九届第二次职工代表大会

2008 年 1 月 20 日召开，出席正式代表 61 名，列席代表 49 名。

十、第九届第三次职工代表大会

2009 年 1 月 3 日召开，出席正式代表 62 名，列席代表 55 名。

十一、第十届第一次职工代表大会

2010 年 2 月 8 日召开，出席正式代表 73 名，列席代表 52 名。选举产生第十届职工代表大会委员会。委员：何维忠、周文集、王培文、王经富、杨永钧、王春培、雷根元、程才、魏金文、张贵根、顾永洪、何满元、尹雪玲，刘燕。何维忠同志任职代委员会主任，张贵根同志任职代会办公室主任。

十二、第十届第二次职工代表大会

2011 年 2 月 21 日召开，出席正式代表 74 名，列席代表 52 名。会议主要审议通过了 2010 年度单位考核兑现决定；通过职代会的有关决议。

十三、第十届第三次职工代表大会

2012 年 2 月 23 日召开，出席正式代表 69 名，列席代表 50 名。会议主要审议、通过了副场长、副经理王培文传达甘肃省农垦集团党委的表彰决定、副经理王健伟传达亚盛集团的表彰决定。党委副书记、纪委书记周文集宣布 2011 年度考核兑现决定、表彰决定。

张掖分公司暨张掖农场 2013 年度职工代表大会于 2014 年 3 月 21 日召开，出席正式代表 93 名，分公司机关部、室人员列席会议。

以后的年度里职代会都和工会代表大会合并召开。

第三章　群团工作

第一节　工会工作

一、历届工会会员代表大会

（1）2015 年 3 月 20 日，张掖农场工会成立暨第一次会员代表大会召开，出席正式代表 93 名，列席代表 19 名。

（2）2016 年 5 月 9 日，张掖农场第一届二次工会会员代表大会召开，出席正式代表 86 名，列席代表 18 名。

（3）2017 年 3 月 13 日，张掖农场第一届第三次工会会员代表大会召开，出席正式代表 72 名，列席代表 17 名。会议审议张掖农场第一届三次工会会员代表大会关于工会委员会工作报告的决议。

（4）2018 年 4 月 2 日，甘肃省国营张掖农场第一届第四次工会会员代表大会召开，出席正式代表 67 名，列席代表 20 名。

（5）2019 年 3 月 16 日，甘肃农垦张掖农场工会更名为亚盛张掖分公司工会，亚盛张掖分公司第一届一次工会会员代表大会，出席正式代表 72 名，列席代表 28 名。2020 年 6 月 29 日，张掖分公司第一届二次工会会员代表大会召开，出席正式代表 71 人，列席代表 26 人。

（6）2021 年 3 月 17 日，张掖分公司第一届三次工会会员代表大会召开，出席正式代表 68 名，列席代表 4 名。会议审议了工会主席刘建同志作的《工会委员会工作报告》。

二、亚盛张掖分公司工会职责

（1）统筹年度工作任务安排。结合分公司发展计划，围绕生产经营和队伍建设，在职工队伍教育、劳动竞赛活动、维权职能、职工之家建设、职业技能培训、扶贫帮困、为职工办实事、企业文化建设、工会财务管理等方面对工会工作进行安排部署。

（2）加强职工队伍教育。坚持把形势任务教育贯穿全年和生产经营全过程，激励干部、员工始终保持良好的精神状态。利用多种形式和渠道，将分公司的发展前景和面临的困难宣讲到位，激发分公司职工工作热情，紧迫感、责任感、使命感普遍增强，有力地促进分公司生产经营，取得新的成就。

（3）维护职工民主权利、保障职工福利。加强民主管理，全心全意维护职工权益。积极发挥职代会作用，凡涉及内部分配、职工动态管理及事关职工切身利益的重大事项，都要充分征求职工意见，提交职代会讨论审议。职代会征集的提案和职工普遍关心的热点、焦点问题，组织职工代表监督检查，拓宽民主监督渠道，提高职工代表参事议事的积极性，充分体现民主和监督意识。

（4）严格场务公开制，促进群工关系协调发展。积极落实职工代表大会制度，完善民主管理网络，从职工最关心的问题入手，重点加强分公司和基层队伍的场务公开工作，规范场务公开的程序和内容。

（5）坚持经常性思想政治工作。围绕职工关心的收入等热点、难点问题，按照政策及文件精神，做好答疑解惑。深入职工，及时掌握员工思想动态、家庭困难，及时解决存在的问题，耐心细致地做好思想疏导工作，理顺情绪，化解矛盾。

（6）积极开展技术创新工作，努力推进技术进步。农场工会根据企业的实际情况，挑选专业知识全面、技术能力强的人员，在全体职工中推行生产技术培训，鼓励职工开展技术练兵、技术升级、技术进步等，努力提高农产品结构调整，优质农业品种推广，单产产量提高等工作，推动农场科技创新工作。

（7）改善职工劳动条件，不断提高职工收入。经常深入职工家庭，了解其生产生活情况，注重生产条件的改善，经常与生产管理部门对接、协商，为职工提供尽可能优越的劳动条件。在提高职工收入方面，多出主意，多提供信息，多组织市场对接活动，多引进客商，加大农产品销售力度，帮助职工家庭提高收入。

三、工会工作

关爱职工，切实帮助职工解决实际困难，把工会办成真正的职工之家。凡农场职工遇病、丧、产，工会都组织人员前去慰问，把工会的关心送到每位职工的心坎上。2012年7月，组织90多名离退休老同志在全场观摩，开展了"回顾十八大以来变化，喜迎十九大胜利召开"讨论会。春节期间，慰问老职工党员39名，送去农场工会对老职工的关爱，对独生子女死亡的职工家庭送去了慰问金和慰问品，给全场工会会员发放节日福利，使全场职工过上一个祥和的春节。下半年在农场场部居民小区门口安放了旧衣物回收箱,解决了职工不用的物品乱堆乱放的现象,又支持了缺少衣物的贫困地区。2018年,农场及分公司全体职工和退休人员参加城镇职工医保而专题召开了一次职工代表大会,审议通过了《张掖农场(亚盛张掖分公司)关于参加城镇职工医疗保险的实施方案》并形成了决议,全体职工和退休人员1800多人参保于甘州区城镇职工医疗保险体系,解决重大的民生问题。工会代表大会闭幕期间,负责就职工代表大会决议执行情况和代表提案的办理情况进行检查和质询。通过场务公开和职代会工作,不断完善民主监督制度,让职工参与企业民主管理,增强职工的凝聚力,调动了职工的积极性。

帮助职工解决实际困难,把工会办成真正的职工之家。1996年起,春节期间,向全场职工发放了节日福利,慰问失独职工家庭和职工患大病的家庭。"三八"妇女节期间,组织分公司妇女进行了"永远跟党走,巾帼展英姿"庆祝三八妇女节文艺演出活动,丰富了妇女同志的文化生活。保证经费投入,对"职工之家"的设施进行维护修缮,职工及退休人员的文体活动能够正常开展。密切企业与职工的关系。开展义务劳动和劳动技能竞赛活动,激发职工的劳动热情。开展形式多样的义务劳动和劳动竞赛。2014年以后每年春季,各工会小组组织干部职工开展植树造林绿化环境活动,每年分公司植树在6万株以上,提高绿化面积;机关带头每周五进行一天义务劳动以整治环境,各工会小组利用农闲时间,组织职工义务劳动对各单位的生活、生产环境进行整治,使整体的生产生活环境得到了很大的改进;提高早酥梨品质,促进果品生产向高品质生产方式转变,2020年8月6日、12月13日分别举办了赛果会和冬季果树修剪竞赛,评选出一、二、三等奖20名进行了表彰奖励,竞赛活动有180名职工参与,通过竞赛给职工提供了加强果园管理、提升果品品质相互交流学习的平台,对提高早酥梨品质起到积极推动作用。赛果会在《经济日报》《张掖日报》、甘州电视台等媒体进行报道,提高了企业及产品的知名度。

2019年,落实加强和改进新时代产业工人队伍思想政治工作意见。在国庆节期间组织职工观看《中国机长》《我的祖国》等影片,3月,与老寺庙社区开展了妇女节健康知识讲座活动,开展征文活动,完成了职工书屋建设任务。营造浓郁的学习氛围,增强工会干部和职工群众的政治坚定性。维护职工的合法权益。分公司职工全部与企业签订了劳动合同,实现全覆盖;工会代表职工与分公司签订集体合同,开展工资集体协商"要约季"活动,老寺庙社区医院为全体职工进行了健康体检并建立职工健康档案。组织干部职工通过各种会议、培训班、宣传栏、报纸和手机微信平台等多种形式,宣传党的路线方针政策,通过召开中心组学习会等多种形式,坚持以经济效益为中心的同时,更加注重职工综合素质的提升,把企业的发展定位于高素质的人才培养。聘请专家举办各种讲座为公司员工授课，有力促进了公司干部和职工综合素质的提高。2021 年，根据亚盛股份公司工会文件要求，开展"一封家书"征文活动，共收到 15 份"一封家书"，为年轻干部职工们提供了一个平台。让平凡的家书把自己与亲人之间的亲情拉得更近，以家书中间透露出来的伟大与感人，升华亲人之间的感情。使他们更加自信，在以后的工作和生活中坚强而快乐地生活。分公司工会内部组织年轻的干部职工参加"学党史、知党恩"演讲比赛，激发他们的积极性和责任感。7 月份组织开展"庆祝建党 100 周年"文艺演出活动，丰富职工群众的文化生活；组织开展"夏送清凉、金秋助学"、中秋节为职工发放月饼等活动，表达分公司对职工浓浓的关爱之情。

第二节　共青团工作

农场建场以来，党组织高度重视青年工作，注重培养青年的思想觉悟、业务技能，吸纳他们参加活动，号召并培养他们走向未来，更加坚定地跟着中国共产党，帮助他们逐步树立共产主义世界观，抵制和克服不良思想影响，成为有理想、有道德、有文化、有纪律的共产主义事业接班人。

一、共青团

1958 年，全场成立团总支 1 个，下设团支部 3 个，共有团员 91 名。1966 年，大批支边知识青年和部队复员转业军人参加农场建设，团员增加到 701 人。1967—1968 年，共青团组织停止活动。1969 年，经过整团建团，恢复了团组织活动。1972 年 8 月，团总支 1 个，团支部 25 个，团员 488 人，其中女团员 290 人，团员占青年职工的 52.5%。1972 年 12 月 21 日，召开共青团首届代表大会，成立团工委。1976 年，开展基层党、团支部整风整顿工作，对违纪团员进行严肃查处。其中 8 人受到警告处分，1 人留团察看，2 人退团。1978 年以后，农场团组织建立健全了组织生活制度。

1981 年，对团员进行合格团员和前途、理想教育，开展先进团支部和五好团员评比，加强团员"三会一课"制度（按期开好团员大会、支部委员会和团小组会，坚持上好团课）。1982 年 8 月 9 日，团地区农垦首次工作会议在张掖农场召开，会后根据青海、新疆等地团工作经验，建立团支部"6 本 2 册"制度（团支部会议登记本、团员活动登记本、团的经费登记本、争先创优登记本、青年积极分子考察登记本、上级来文登记本，团员花名册、青年花名册）。1988 年，建立团委委员民主生活会制度。实行团员证制度，为团员颁发团员证。1989年，团委工作的指导思想是以建设有中国特色的社会主义现代化农垦经济为中心，以培养"四有"（有理想、有道德、有文化、有纪律）新人为目标，为改革、农场发展、青年成长服务。1990年，团六届代表大会通过《共青团国营张掖农场委员会工作条例》。建立团委、团支部工作目标管理百分考核责任制制度，开展评议团员，争做合格团员工作。当年新建7个团支部，发展新团员86人。1991年，制定团支部三年建设规划，各团支部建立团员活动室。1993年，共青团张掖地委授予共青团张掖农场团委"合格达标团委"称号。1994年，紧紧围绕党委中心工作，全力实施"跨世纪青年文明工程"和"跨世纪青年人才工程"2项重点工作，制定《1994年全场共青团工作要点》。根据团员流动和分布状况，重新登记造册。对3个新成立的单位组建团支部。1995年，本着"坚持标准，保证质量，认真培养，积极发展"的原则，一年内发展新团员46名。按《团支部工作目标责任》的内容，加强对团支部的各项制度建设和量化考核。农场共青团委坚持以中国特色社会主义理论体系武装团员和青年，在农场党委领导下，按照团省委、团地委的安排部署，紧紧围绕党的中心工作，把培养和造就跨世纪"四有"新人作为全部工作的出发点，并以全场深化改革和生产经营活动为中心发挥团的生力军和突击队作用，为农场两个文明建设作出了积极贡献。1994年、1995年连续两年，农场团委被共青团张掖地委授予"先进团委"荣誉称号。

二、共青团历次代表大会

1. **第一次代表大会**　1972年12月21日召开。出席代表84名，各支部选出1～2名优秀团员列席，特邀青年代表5名，大会成立团工委。1973年1月6日，农建二师政治部批复，同意王明义任书记、姚德贵任副书记。3月15日团委改组，张台云任书记，马秉智、徐宏贞任副书记。

2. **第二次代表大会**　1975年4月19日召开，大会选举委员徐宏贞、马秉智、李仁武、张凤梅、周桂芝、张芳秀、陈克俭、任俊荣、胡敏、薛殿捷、张善民组成第二届共青团张掖农场委员会，书记徐宏贞，副书记马秉智。

3. **第三次代表大会**　1980年12月26日召开。出席代表55人。大会选举委员彭宗贵、崔建勇、侯正香、李桂莲、刘定云、赵强、温泉、刘增淑、王春培组成第三届团委会，书记彭宗贵，副书记崔建勇、侯正香。大会通过1981年团委工作计划。

4. **第四次代表大会**　1982年5月14日召开，出席代表54人，张掖市团委（原张掖地区团委）机关团委书记李建新参加大会并讲话。大会学习团中央书记王建功"为当好党的亲密助手而奋斗"和共青团甘肃省委书记凌国莫"争当建设精神文明先锋"2篇讲话，听取北京师大教授李燕洁《关于精神文明心灵美》的报告录音。大会选举委员崔建勇、温泉、刘定云、滕新萍、马加勋、郑士进、周文集、梁金祖、李仁武、杨小平、李洁组成第四届团委会，书记崔建勇，副书记温泉。大会提出开展"三爱教育""遵纪守法教育""尊师爱生教育"。对未婚青年开展"晚婚晚育、婚事新办、移风易俗"教育，开展"五讲四美"和"新长征突击手活动"。

5. **第五次代表大会** 1988年5月4日召开。大会选举委员张树成、顾计华、王培文、滕新萍、刘玉杰、王经富、薛军、孙凯、顾计元组成第五届团委会，书记张树成，副书记顾计华、王培文。

6. **第六次代表大会** 1990年3月20日召开。出席代表35名，列席代表10人，特邀代表4人，大会讨论通过《国营张掖农场共青团工作条例》《团员证管理使用细则》《团费收缴规定》《兼职团支书记岗位津贴发放办法》《上好"三会一课"规定》等。大会选举委员张树成、王培文、顾计华、薛军、王荣军、胡军波、杨社清、江春强、胡雪梅组成第六届团委会，书记张树成，副书记顾计华、王培文。大会发出给全场团员、青年、少先队员向雷锋学习的倡议书。

7. **第七次代表大会** 1993年5月4日召开。出席代表44名，大会选举委员王经富、雷根元、周向东、王昌盛、江春强、胡云伟、杨社清、赵虎、赵开会组成第七届团委会，副书记王经富（专职）、雷根元（兼职）。大会通过倡议书并对被选出来的优秀团干部6人、优秀团员21人并进行表彰奖励。

8. **第八次代表大会** 1996年5月4日召开。大会选举委员王昌盛、蒋勇、单永泰、黄英、肖新华、朵宝庆、孙玉萍、陈天华、李运海组成第八届团委会，副书记王昌盛。

三、团员教育活动

1958年，在开展青年建设社会主义活动中，团员崔定一出席张掖县举行的表彰大会，被授予"青年建设社会主义积极分子"称号，颁发了奖状。1959年，共青团张掖地委开展共青团员争做"红旗手"活动，团干部崔定一被评为"红旗手"出席团地委举行的表彰会，荣获奖状和纪念章。当年春节，农场团委举办秧歌、小型戏曲节目等多种文艺活动，参加张掖县演出，获得好评和奖励。1960年在经济困难时期，农场团总支被评为"抗灾自救，抢救人命"的先进团组织。1963年3月，全体团员响应毛主席发出的"向雷锋学习"的号召，积极开展了各项奉献活动。1965—1968年，农场团组织在迎接安置城市支边知识青年工作中，作了大量工作。1969年，组织团员去大寨参观学习后，农场团组织带领全场团员青年，在实施屯垦戍边中发挥了青年突击队的作用。1977年，开展"学雷锋、树新风、促生产"活动，各团支部都成立学雷锋小组，有计划地开展修旧利废、增产节约、补栽林带、助人为乐等活动。3月，共青团员顶着10级以上大风，寻找迷失在田野的孩子，并把他们送回家。1980年，围绕党在新时期中心工作，团省委开展争当"新长征突击手"活动，团员李仁武出席共青团甘肃省委召开的表彰大会，并被授予"新长征突击手"称号。1981—1982年，开展文明礼貌月活动，把学雷锋、树新风、五讲四美活动作为长期开展的任务。5月，在开展"六一儿童节为儿童办好事"的活动中，全场团员捐款205.5元给学校儿童购买图书、铅笔、作业本。1983年，开展向张海迪学习活动。学习中共中央总书记胡耀邦视察甘肃的重要讲话精神，积极响应团省委"组织起来，行动起来，做种草种树改造山河、治穷致富突击手"的号召，全场团员采集各类草种、树种500千克，营造青年林，开展加强护林活动。1981—1984年，团委组织春节灯会、谜语、游园、歌舞、舞会、球赛等喜闻乐见的文体活动。1985年，组织团员到高台烈士陵园参观，缅怀革命烈士，开展形势和政策教育。1987年，开展反对资产阶级自由化活动，春节前后开展慰问前线战士亲属的活动。1990年，深入开展学雷锋活动，组织团员、青年"奉献日"活动，发动团员、青年打扫营区环境卫生、修路植树等义务劳动，为亚运会和地震灾区捐款捐物。为鼓励团员自学成才，团委组织"丰收杯"科技知识大奖赛。1991年，为纪念五四运动70周年，在团员中开展"小发明、小革新、小设计、小改造、小建议"为主要内容的"五小"活动，开展"生产技术能手""优质服务明星"和"在我的工作岗位上"等活动。1992年"五四"青年节，开展"团的知识和场十四项规章制度"智力竞赛。

1993—1995年，在全面实施"跨世纪青年文明工程"和"跨世纪青年人才工程"两项工作中，坚持开展经常性的学雷锋、学先进、学模范人物的活动；先后有400多名团员参加志愿义务劳动，开展了道路整修、六队环境卫生治理、植树造林、抗旱救灾等活动。职工医院团员开展义务医疗咨询和体检活动；酒花队、林果队团员组织开展"一帮一、一对红"和义务修剪果树、传送技术活动。农场团委广泛开展了以"评优秀青年、推荐他们入团，评优秀团员、推荐他们入党，评优秀团干部、推荐他们作各级党政后备干部和技术带头人"为内容的"三评三推"活动。3年来共发展团员121名，有22名团员加入中国共产党，106名优秀团员青年被列入培养选拔对象，96名优秀青年被提拔任用，担任干部和技术工作，60%的团支部书记兼任基层党政领导职务。

20世纪90年代，农场团委积极组织青年参加"学理论、学科技、学文化、学业务"

活动，广泛开展"争创青年文明号，争当青年岗位能手"活动。全场各级团组织配合有关部门参加岗位业务技术培训学习110多场，共2000多人次，受训率达90％以上，使80％的团员青年掌握了1～2门实用技术，有25名青年被授予"青年岗位能手"称号。在全场广大团员青年中深入开展"五爱"（爱党、爱国、爱物、爱岗、爱学习）教育，加强社会公德、职业道德、计划生育、场规场纪教育，强化法治观念，提倡文明新风，并用寓教于乐的方式陶冶青少年的情操，注重实践育人。

进入21世纪，在农场党委和亚盛分公司党委的领导之下，共青团工作始终以全场生产经营活动为中心，教育团员青年用自己模范行动带领其他职工在劳动创造中奉献。农场共青团工作在改革与建设中发挥了重要的积极作用。

第三节　妇幼工作

1957年以前，农场只有调入的少数女干部、女工人。1958年，全场有女职工96人，占职工人数的18.3％。1962年女工占36.9％，其中部分女职工组成妇女生产队（又称家属队）从事农业生产劳动。1965—1969年，安置女知识青年1475人，占安置知识青年总数的47.8％，主要组成妇女连、排、班，从事农业生产和基建工作。全场教师、医护、财会等行业中女青年占80％以上，恢复农垦体制以后，妇女职工分布在场内各单位从事生产工作。1977年，农场各单位成立妇女小组。1978年，选举妇女小组代表参加农场首届妇女代表大会。大会成立农场妇女联合委员会。1986年，妇女代表、妇联委员、主任、副主任实行常任制，每三年换届改选一次，可连选连任。1987年至1995年，召开妇女代表大会11次。全场设有妇女联合委员会1个，妇女小组28个。

一、妇女代表大会

妇女代表大会每年召开1次。大会主要议程：传达有关会议精神，学习重要文件；审议、通过妇委会主任关于上年度妇女工作总结和下一年度妇女工作计划报告；听取场党政领导重要讲话；表彰先进妇女；换届改选妇委会主任、副主任；通过向全体女职工《号召书》；其他事项。

1. **首届妇女代表大会**　1978年3月8日召开。大会成立全场妇女联合委员会，选举委员9人，选举徐宏贞为主任，郭永富为副主任。

2. **二届妇女代表大会**　1986年3月8日召开。选举第二届妇女联合委员会委员7人，并选举徐润兰为主任。

3. **二届一次妇女代表大会**　1987年3月8日召开。大会对站在改革前列、遵守场纪场规、工作勤恳、勤俭持家、尊老爱幼的24名先进妇女进行表彰。二届二次妇女代表大会1988年3月8日召开。大会学习党的十三大文件，总结1987年妇女工作，提出1988年妇女工作意见。对10名先进妇女进行表彰。二届三次妇女代表大会1989年3月8日召开，大会通过《1989年妇女工作安排意见》，提出妇女工作指导思想，以党的基本路线为指导，全面贯彻全国妇联精神，提高妇女素质，动员广大妇女群众积极投身改革，为农场经济建设作出新的贡献。

4. **三届一次妇女代表大会**　1990年3月8日召开。大会审议通过《国营张掖农场妇女联合会工作条例》，大会号召妇女发扬"自尊、自信、自立、自强"精神，开展双学双比（学文化，学技术，比成绩，比贡献）竞赛和争先创优巾帼建功活动，宣传贯彻计划生育政策，开展"五好家庭"和向雷锋学习活动，积极参加全场双文明建设，争做"四有"女性，为振兴农场作贡献。大会换届选举第三届妇联委员9人，选举赵秀英任主任。经场妇女联合会批准，民乐分场设妇联分会，委员5人，刘永莲任分会主任。

5. **三届二次妇女代表大会**　1991年3月8日召开。参加代表63名，大会通过给全场妇女的倡议书。

6. **三届三次妇女代表大会**　1992年3月8日召开。参加代表61名，场长崔定一在讲话中充分肯定"妇女半边天"的能动作用，要求大家认真贯彻党中央"团结、稳定、鼓劲"的方针，提高商品经济意识，发扬艰苦奋斗、勇于开拓的农垦精神，为振兴农场经济作出新的贡献。大会对6个计划生育工作先进单位和31名先进妇女进行表彰。

7. **四届一次妇女代表大会**　1993年3月8日召开。参加代表63名，大会以党的十四大精神为指导，动员全场妇女进一步解放思想、更新观念、转换经营机制、树立社会主义市场经济思想、争做深化改革带头人；开展科学种田，夺取农业"二高一优"；开展"五好家庭"活动，贯彻计划生育工作，夺取1993年各项工作更大胜利。大会换届选举委员9名，选举张秀云为副主任。

8. **四届二次妇女代表大会**　1994年3月7日召开。大会传达张掖地区妇联会议精神，妇委会副主任张秀云在总结工作，并提出1994年妇女工作安排意见。大会交流妇女工作经验，对酒花站女职工克服困难、顽强拼搏为农场创造高效益给予了很高的评价；四队女职工就籽瓜高产经验作了经验交流。

9. **四届三次妇女大会**　1995年3月7日召开。参加代表52名，大会学习《妇女权益保障法》。场妇联副主任张秀云传达张掖地区妇联会议精神后，总结1994年农场妇女工作，并提出 1995 年妇女工作要点。场党委副书记崔建勇在讲话中提出：加强学习，努力提高妇女理论、工作、政策水平。迎接 9 月 4 日在北京召开的世界妇女大会，要抓住有利时机，宣传《妇女法》《妇女权益保障法》，组织妇女为农场多作贡献。

此后，再没有召开妇女代表大会，妇女工作在农场（分公司）领导之下开展工作。妇女工作在农场（分公司）党委的领导下，努力完成生产工作任务，为农场改革、发展和稳定作出了积极的贡献。

二、妇女模范作用

1968 年，在开展农业学大寨运动中，女工被誉为半边天、主力军。园林排 24 名天津女知识青年与 5 名男青年在老队长周德厚率领下，以"戈壁风沙锤硬骨、艰苦创业绘新图"的豪情壮志、用"愚公移山"的干劲、"战天斗地"的闯劲，在管好 5.06 公顷果园的同时，把乱石遍野的荒山坡开辟成 13.33 公顷渠系配套的良田，并新建 4.67 公顷苹果园。她们用顽强的毅力使用牛犁地，用摆耧播种，做到当年开荒、当年生产、当年见效益，她们还利用业余时间自打土块，修建住房，谱写巾帼艰苦创业的典范。1970 年兰州军区农建二师党委授予园林排"铁姑娘排"荣誉称号。

1995 年，张掖农场有女职工 831 名，占职工总人数的 41.5%，其中生产一线女职工占 90%。有女干部 61 名，占全场干部总数的 25%，有女党员 52 名、占全场党员总数的 14%。妇女自学成才、实践成才，蔚然成风，先后有 39 名女职工分别考入职工中专和大专院校学习，毕业后得到农场重用。女职工中被提任副科级以上干部 5 名，正副队长 13 名，业务干部和技术干部 43 名。

2021 年，张掖农场有女职工 229 名，占职工总人数的 33.5%，生产一线女职工占 30%，女干部 22 名，占全场干部总数的 20%，女党员 25 名，占全场党员总数的 12.8%，妇女中本科学历的 11 名，大专学历 14 名，高中学历 20 名。女职工中被提任科级以上岗位 3 名，业务干部和技术干部 19 名。

三、幼儿工作

1958 年，农场成立托儿所，收托幼儿 10 多名。后来，在农忙时各农业单位纷纷办起临时性的农忙托儿所，以减轻妇女职工的负担。此后，各基层幼儿多的单位普遍建立了幼儿园和托儿所。为办好托儿所和幼儿园，1969 年农场作了统一规定，托儿所收 3 个月至 2

周岁幼儿，每 3~6 幼儿配保育员 1 名，每增 6 人增配保育员 1 名。幼儿园收管 2~6 周岁幼儿，每 10~15 个幼儿设保育员 1 名，不足 10 人同托儿所合办。保育员的工资和幼儿园、托儿所添置的席子以及毡毯、热水瓶、茶杯、水桶、火炉等集体福利设施，都由农场从职工福利基金中拨付。规定收费标准：托儿所每人每月 1.5 元，幼儿园每人每天 0.3 元。1986 年，全面兴办职工家庭农场，职工劳动时间由家庭农场职工自行支配，生产队停办幼儿园和托儿所，幼儿也都由家庭农场职工自己照顾。1987 年，农场小学增设学前班，接受 6 周岁学龄儿童入学，进行正规学前教育。1993 年增设幼儿班，收 3~5 周岁幼儿。1994 年幼儿班有 2 名专职保育员教师，受托幼儿 46 名，小学学前班有入学儿童 38 名。1995 年，农场小学把学前班扩大为幼儿园，扩大招收学前儿童入学。幼儿园设大、中、小 3 班，共有入学儿童 94 名（男 55 名，女 39 名），由 3 位专职教师教学辅导。此后，幼儿教育管理工作归属到农场学校管理。

第四节　老龄工作

一、工作机构

1987 年 4 月成立离退休老干部党支部，制定《离退休老干部支部工作暂行规定》。1991 年 1 月成立老龄委员会。老龄委员会受场党委领导，主任王荫树，副主任陈义，委员薛熔新、戴永福、崔建勇、尚金顺、张文斋、孙齐忠、徐润兰。基层单位成立离退休职工小组。离退休干部由组织科和老干支部管理，退休工人由职代会和劳资科管理。老龄委员会和老干部党支部全面贯彻党和国家有关老龄工作的各项方针、政策，为实现离退休职工老有所养、老有所医、老有所学、老有所为、老有所乐、安度晚年开展工作。2008 年 12 月 18 日，将老干第一党支部、第二党支部合并为第一党支部，将老干第三党支部、第四党支部合并为第二党支部。撤销林果站退休工人党支部。2020 年 12 月党员工作社区化管理，老干总支撤销移交老寺庙社区党支部。1995 年底，全场离退休职工 389 名，其中有离休干部 24 名，退休干部 38 名。在离休干部中有享受副地级待遇 1 人，副县级待遇 10 人。

二、落实政治生活待遇

根据中央对老干部离退休后基本政治待遇不变，生活待遇还要略微从优的政策原则，农场全面落实老职工离退休后的政治、生活待遇，并按国家规定，于1989年、1992年、1994年先后三次调整提高离退休人员生活待遇。1995年提高离休人员生活待遇。农场关心离退休老干部老有所学。每当召开干部会议、传达贯彻党和国家重要文件、汇报农场重大活动和生产建设工作或举办重要的政治理论学习时均请老干部参加。同时，成立老干部支部，老干支部建立学习制度，不定期组织离退休老干部学习党的报纸、杂志的重要文章，学习党的方针、政策，传达学习职代会、党代会和农场下发的各种重要文件。农场对易地安置的离休干部，按国家规定标准划拨建房经费；对场内安置的离退休老干部、老工人，尽量提供质量较好的住房。每年老人节，农场负责人亲自主持召开庆祝大会或举办离、退休老干部、老工人代表座谈会，并对老同志为农场经济建设发挥余热进行表扬鼓励。

三、"老干之家"活动

1987年设立"老干部活动室"（后改称"老干之家"），设有象棋、扑克、麻将、康乐球等设备，为离退休老干部安度晚年、老有所乐提供条件。1988年、1992年和1994年农场三次组织离退休老干部到肃南马蹄寺等地游览观光名胜古迹，丰富老人的文化生活。1988年在首届老人节庆祝大会上，农场领导对评选出来的10名"老有所为精英奖"和10名"敬老好儿女金榜奖"获得者颁发奖品，并对10名70岁以上老人赠送纪念品。1990年第三届老人节，对10对"尊老敬老五好家庭"进行了表彰和奖励，农场小学学生为老人演出文艺节目。1994年对"老有所为"先进工作（生产）者颁发荣誉证、奖品。场属单位党总支、党支部利用墙报、黑板报、广播、座谈会等多种形式，认真宣传党和国家对老龄工作的一系列方针、政策，教育广大职工、青年支持和维护老年人的合法权益，提倡发扬尊老、敬老、爱老、养老的传统美德和社会风尚。农场组织部门和单位党政领导对离退休老职工的住房、所享受的生活待遇进行认真检查，开展为离退休老人做好事、办实事、送温暖活动。职工医院对全场离退休老干部老工人进行体检，对不能行走的老同志主动送药上门。2004年6月，张掖农场设立农场机关、老寺庙酒厂、金龙麦芽厂、离退休干部4个党总支委员会。

四、关注农场建设

2010年6月25日至27日，张掖农场安排专车接送，邀请全场离退休人员根据自身健康状况前往防洪体系建设等处参观。以后 2 年 1 次邀请老同志前往农业体系建设等处参观，请他们提建议。

2017 年 7 月 6 日，张掖分公司邀请老干部、老党员共 96 位，参加"回顾十八大，喜迎十九大"主题活动。

五、为党龄 50 年以上老党员颁发纪念章

2021 年 6 月，在庆祝中国共产党成立 100 周年来临之际，公司党委、甘州区老寺庙社区联合举办"光荣在党 50 年"纪念章颁发仪式，为辖区 50 年以上党龄的老党员颁发"光荣在党 50 年"纪念章。农场的离退休老干部、老工人生活安定，精神愉快。他们以社会主义现代化建设的大局为重，用自己工作一生积累的经验教育自己的子女和亲属，使他们真正成为农垦事业的第二代、第三代建设者。

中国农垦农场志丛

第八编

先进单位
人物

中国农垦农场志丛

第一章 先进单位

第一节 省（部）级先进单位

省（部）级先进单位见表 8-1。

表 8-1 获省（部）级以上机关表彰的先进单位名录

获奖单位名称	先进称号	授予时间	颁授机关
张掖农场	计划生育工作成绩卓越	1983 年 3 月	甘肃省人民政府
张掖农场	种草种树先进典型	1984 年 12 月	中共甘肃省委 甘肃省人民政府
张掖农场	计划生育先进单位	1986 年 3 月	甘肃省人民政府
张掖农场老寺庙酒厂	甘肃省二级企业称号	1988 年	甘肃省人民政府
张掖农场	甘肃省优质产品奖	1991 年	甘肃省人民政府
张掖农场老寺庙酒厂	一九九〇年"绿色食品"宣传展销活动中突出贡献奖	1991 年 6 月	农业部
张掖农场党委	一九九一年《党的建设》通讯发行工作先进单位	1991 年 10 月	中共甘肃省委《党的建设》编委会
张掖农场	全省造林绿化先进单位	1991 年 10 月	中共甘肃省委 甘肃省人民政府
张掖农场	全国农业局农垦产品展销会优质畅销产品奖	1991 年 12 月	农业部
张掖农场	早酥梨金奖	1995 年 10 月	中国农业博览会
张掖农场	早酥梨金奖	1997 年 10 月	甘肃省首届林果产品展览交易会组织委员会
张掖农场（龙首山牌苹果梨、早酥梨）	中国国际农业博览会名牌产品	1999 年 9 月	中国国际农业博览会
张掖农场	中国质量万里行全国先进单位	2002 年 12 月 20 日	中国质量万里行工作指导委员会
张掖农场老寺庙酒厂	质量信誉跟踪单位	2004 年	《商品与质量》打假保优维权中心
张掖农场老寺庙酒厂	中国企业质量信誉联盟理事单位	2004 年 12 月 8 日	中国信誉论坛组委会
张掖农场	无公害农产品示范基地农场	2005 年 11 月— 2008 年 11 月	农业部
张掖农场	甘肃绿化模范单位	2006 年	甘肃省人民政府
张掖农场	全国无公害产品示范基地农场服务质量无投诉用户满意单位	2006 年 3 月 16 日	《商品与质量》消费市场调查中心
张掖农场	全省精神文明建设工作先进单位	2007 年	中共甘肃省委、甘肃省人民政府
张掖农场	省级文明单位	2010 年 12 月	中共甘肃省委、甘肃省人民政府

（续）

获奖单位名称	先进称号	授予时间	颁授机关
张掖农场	全国农业先进集体	2016 年 12 月	农业部

第二节　市（地、厅、师）级先进单位

市（地、厅、师）级先进单位见表 8-2、表 8-3、表 8-4。

表 8-2　获市（地、厅、师）级以上机关表彰的先进单位名录

获奖单位名称	先进称号	授予时间	颁授机关
农建十一团 4 连 农建十一团园林排	四好连队 铁姑娘排	1970 年	兰州军区生产建设兵团第二师党委
张掖农场三站	增产节约、扭亏增盈先进集体	1979 年	甘肃省农垦局
张掖农场砖瓦厂 张掖农场 5 队、农机修造厂电工组	全省农垦系统模范集体 先进集体	1983 年 1 月	甘肃省农垦局
张掖农场老寺庙酒厂	一九八九年全省白酒行评质量进步奖	1989 年 10 月 30 日	甘肃省轻纺工业厅
张掖农场	甘肃省企业档案管理省一级合格证书	1990 年	甘肃省档案局
张掖农场老寺庙酒厂	"绿色食品"开发先进单位	1994 年	甘肃省绿色食品办公室
张掖农场"金冠"苹果	甘肃省第二届名优特林果产品鉴评会铜奖	1996 年 10 月 29 日	甘肃省林业厅 甘肃省技术监督局
张掖农场"雪花梨"	甘肃省第二届名优特林果产品鉴评会金奖	1996 年 10 月 29 日	甘肃省林业厅 甘肃省技术监督局
张掖农场老寺庙酒厂老寺牌白酒	甘肃省著名商标	2008 年 9 月 1 日	甘肃省工商行政管理局
张掖农场	甘肃省农业产业化重点龙头企业	2009 年 10 月	甘肃省农业产业化工作领导小组
甘肃农垦张掖金龙实业有限责任公司	甘肃省农业产业化重点龙头企业	2009 年 11 月	甘肃省农业产业化工作领导小组办公室
甘肃农垦张掖金龙实业有限责任公司	甘肃省农业产业化重点龙头企业	2011 年 11 月	甘肃省农业产业化工作领导小组办公室
张掖农场番茄制品公司	二○一一年度全省产业损害预警工作先进单位	2012 年 6 月	甘肃省商务厅
张掖农场	全省绿色食品示范企业	2012 年 10 月	甘肃省农牧厅

表 8-3　获甘肃省农垦集团公司表彰的先进集体名录

获奖单位名称	先进称号	授予时间	颁授机关
张掖农场	1983 年度扭亏增盈先进集体	1984 年 1 月	甘肃省农垦总公司
张掖农场	扭亏增盈成绩卓著二等奖	1984 年 12 月	甘肃省农垦总公司
张掖农场实验站	科技工作先进集体	1986 年 8 月	甘肃省农垦总公司
张掖农场酒花 3 队、4 队、5 队	酒花优质高产先进单位	1989 年	甘肃省农垦总公司

（续）

获奖单位名称	先进称号	授予时间	颁授机关
张掖农场	承包生产经营二等奖	1991 年	甘肃省农垦总公司
	承包经营三等奖	1992 年	
张掖农场农业第 5 生产队	"科教兴农"先进集体	1992 年	甘肃省农垦总公司
张掖农场农业第 5 生产队	"科技兴垦"先进集体	1992 年	甘肃省农垦总公司
张掖农场农业第 4 生产队	甘肃省农垦系统先进集体	1992 年 2 月	甘肃省农垦总公司
张掖农场	承包生产经营中成绩突出一等奖	1993 年 1994 年 1995 年	甘肃省农垦总公司
张掖农场	全省农垦系统"科技兴农"知识竞赛团体奖和组织奖	1993 年	甘肃省农垦总公司
张掖农场	1994 年度财务决算三等奖	1994 年	甘肃省农垦总公司
张掖农场	"八五"期间优秀企业称号	1995 年	甘肃省农垦总公司
张掖农场	"八五"期间"科技兴垦"先进集体	1995 年	甘肃省农垦总公司
张掖农场	"八五"期间在果园生产建设，果品创优中成绩突出先进集体	1995 年	甘肃省农垦总公司
张掖农场	1995 年清产核资三等奖	1995 年	甘肃省农垦总公司
张掖农场	1994 年度全省农垦系统优秀公文评比获奖单位	1995 年	甘肃省农垦总公司
张掖农场老寺庙酒厂	1994 年依靠科技兴厂，经济效益显著先进单位	1995 年	甘肃省农垦总公司
张掖农场	全省农垦系统场（厂）报刊评比一等奖	2002 年 3 月	甘肃省农垦总公司党委宣传部
张掖农场	甘肃农垦先进单位（先进集体）奖	2003 年 8 月	甘肃省农垦集团有限责任公司党委、省农垦集团有限责任公司、省农垦事业管理办公室
张掖农场	二〇〇三农业科技年活动先进单位	2003 年 12 月	甘肃省农垦事业管理办公室、省农垦集团有限责任公司
张掖农场	二〇〇三年度农垦工作先进单位	2004 年 2 月	甘肃省农垦集团有限责任公司党委、省农垦集团有限责任公司、省农垦事业管理办公室
张掖农场	二〇〇三年度农垦社会保险工作先进单位	2004 年 2 月	甘肃省农垦集团有限责任公司党委 省农垦事业管理办公室
张掖农场	二〇〇四年度农垦工作先进单位	2005 年 1 月	甘肃省农垦集团有限责任公司党委、省农垦集团有限责任公司、省农垦事业管理办公室
张掖农场	二〇〇四年度农垦社会保险工作先进单位	2005 年 1 月	甘肃省农垦集团有限责任公司党委、省农垦事业管理办公室
张掖农场	二〇〇六年度农垦工作先进单位	2007 年 1 月	甘肃省农垦集团有限责任公司党委、省农垦集团有限责任公司 甘肃省农垦事业管理办公室

（续）

获奖单位名称	先进称号	授予时间	颁授机关
张掖农场	二○○七年度农垦工作先进单位	2008 年 1 月	甘肃省农垦集团有限责任公司党委、省农垦集团有限责任公司、省农垦事业管理办公室
张掖农场	甘肃农垦企业董事监事财务总监资格考试优秀组织奖	2008 年 1 月	甘肃省农垦集团有限责任公司党委、省农垦集团有限责任公司
张掖农场	二○○七年度张掖农垦国土资源工作先进单位	2008 年 1 月	甘肃省农垦事业管理办公室张掖办事处
张掖农场	甘肃农垦系统 2004—2007 年度农机统计先进单位二等奖	2008 年 1 月 18 日	甘肃省农垦集团有限责任公司
张掖农场	纪念改革开放 30 周年和甘肃农垦创建 55 周年先进单位	2008 年 9 月 29 日	甘肃省农垦集团有限责任公司党委、省农垦集团有限责任公司甘肃省农垦事业管理办公室
张掖农场	第二次农业普查全省先进集体	2008 年 12 月 19 日	甘肃省农垦集团有限责任公司
张掖农场	二○○八年度农垦工作先进单位	2009 年 2 月	甘肃省农垦集团有限责任公司党委、省农垦集团有限责任公司甘肃省农垦事业管理办公室
张掖农场	甘肃农垦信访工作先进单位	2010 年 6 月	中共甘肃省农垦集团有限责任公司委员会
张掖农场	"十一五"农垦工作先进单位	2011 年 2 月	甘肃省农垦集团有限公司党委、省农垦集团有限公司
张掖农场林果站	先进基层党组织	2011 年 6 月	甘肃省农垦集团有限责任公司党委
张掖农场	二○一一年度农垦工作先进单位	2012 年 2 月	中共甘肃农垦亚盛集团委员会、省农垦集团有限责任公司
张掖农场	甘肃省农垦系统干部在线网络教育先进单位	2013 年 1 月	中共甘肃省农垦集团有限责任公司委员会
张掖农场	二○一二年度农垦工作先进单位	2013 年 2 月	甘肃省农垦集团有限责任公司党委、省农垦集团有限责任公司甘肃省农垦事业管理办公室
张掖农场	二○一二年度农垦信访维稳工作先进单位	2013 年 5 月	甘肃省农垦集团有限责任公司党委、省农垦集团有限责任公司
张掖农场、张掖农场一分场	甘肃农垦创建 60 周年先进集体	2013 年 8 月	甘肃省农垦集团有限公司委员会、省农垦集团有限公司甘肃省农垦事业办公室
张掖农场	二○一三年度农垦工作先进单位	2014 年 2 月	中共甘肃农垦亚盛集团委员会、省农垦集团有限责任公司
张掖农场	甘肃省农垦系统第二期干部在线网络教育先进单位	2014 年 2 月	中共甘肃省农垦集团有限责任公司委员会
张掖农场、张掖农场民乐分场	先进基层党组织	2016 年 6 月	中共甘肃省农垦集团有限责任公司委员会
张掖农场	二○一八年农垦集团企业财务决算工作先进集体	2018 年	中共甘肃省农垦集团有限责任公司委员会
张掖农场	二○一九年农垦集团全面预算管理工作先进集体	2019 年	中共甘肃省农垦集团有限责任公司委员会

（续）

获奖单位名称	先进称号	授予时间	颁授机关
张掖农场	省农垦集团庆祝新中国成立70周年文艺演出	2019年9月	中共甘肃省农垦集团有限责任公司委员会 甘肃省农垦集团有限责任公司

表8-4 获张掖市（地区）表彰的先进集体名录

获奖单位名称	先进称号	授予时间	颁授机关
民乐农场第1作业队等14个队组	"农业学大寨、工业学大庆"先进集体	1978年	中共张掖地委、张掖地区革委会
张掖农场3站	"农业学大寨、工业学大庆"先进集体	1978年	中共张掖地委、张掖地区革委会
3站2队	"农业学大寨、工业学大庆"先进集体	1978年	中共张掖地委、张掖地区革委会
农机修造厂钳工组	"农业学大寨、工业学大庆"先进集体	1978年	中共张掖地委、张掖地区革委会
试验站	"农业学大寨、工业学大庆"先进集体	1978年	中共张掖地委、张掖地区革委会
2号机车组	"农业学大寨、工业学大庆"先进集体	1978年	中共张掖地委、张掖地区革委会
3站103机车组	"农业学大寨、工业学大庆"先进集体	1978年	中共张掖地委、张掖地区革委会
煤矿采煤3组	"农业学大寨、工业学大庆"先进集体	1978年	中共张掖地委、张掖地区革委会
砖瓦厂4队	"农业学大寨、工业学大庆"先进集体	1978年	中共张掖地委、张掖地区革委会
汽车队1组	"农业学大寨、工业学大庆"先进集体	1978年	中共张掖地委、张掖地区革委会
园林站东28机车组	"农业学大寨、工业学大庆"先进集体	1978年	中共张掖地委、张掖地区革委会
砖瓦厂推土组	"农业学大寨、工业学大庆"先进集体	1978年	中共张掖地委、张掖地区革委会
基建专业队农田组	"农业学大寨、工业学大庆"先进集体	1978年	中共张掖地委、张掖地区革委会
4站2队	"农业学大寨、工业学大庆"先进集体	1978年	中共张掖地委、张掖地区革委会
共青团张掖农场委员会	植树种草先进集体	1984年	共青团张掖地委
张掖农场	综合治理、社会治安先进单位	1985年10月	中共张掖地委、张掖地区行署
张掖农场第4生产队党支部	先进党支部	1986年7月	中共张掖地委
张掖农场	全区计划生育先进单位	1990年	中共张掖地委张掖地区行政公署
张掖农场团委会	全区先进团委	1994年 1995年	共青团张掖地委
张掖农场老寺牌老寺贡酒	金张掖十大名产 张掖青年最喜爱地方名产	1995年12月	张掖地区青年喜爱名产评委会

（续）

获奖单位名称	先进称号	授予时间	颁授机关
张掖农场老寺牌老寺贡酒	地区名优特产品	1997 年 12 月	张掖地区行政公署
张掖农场	先进基层党组织	2006 年 6 月	中共张掖市委
张掖农场	2009 年度党刊发行征订工作先进单位	2009 年 10 月 12 日	—
张掖农场	党刊发行征订工作先进单位	2012 年 11 月 7 日	中共张掖市委组织部

第三节　县（局、处、团）级先进单位

县（局、处、团）级先进单位见表 8-5。

表 8-5　县（局、处、团）级先进单位名录

获奖单位名称	先进称号	授予时间	颁授机关
张掖农场砖瓦厂、农业 5 队	模范单位		
张掖农场农机修造厂电工组、民乐农场二队马车组	模范集体	1983 年 2 月	张掖地区农垦局
张掖农场专业队、农业 5 队 2 组、农业 6 队 3 组、试验站农业组民乐农场综合商店	先进集体		
张掖农场砖瓦厂	全国第二次工业普查先进单位	1986 年 11 月	中共张掖农垦分公司党委、张掖农垦分公司
张掖农场	计划生育先进单位	1982 年 1984 年 1986 年	张掖市（县）人民政府
张掖农场第五生产队民兵连	先进民兵连	1987 年	张掖县人民武装部
张掖农场接待站	张掖市内部治安先进单位	1988 年	张掖市公安局
张掖农场保卫科	内部治安保卫先进单位	1990 年	张掖市公安局
张掖农场	全市税法知识竞赛第一名	1991 年	张掖市税务局、总工会、团委、妇联
张掖农场老寺庙酒厂	卫生管理先进单位 食品卫生先进单位	1993 年 1994 年	张掖地区卫生防疫站
张掖农场老寺庙酒厂、商业供销公司	重合同、守信用企业	1994 年	张掖地区工商局
张掖农场酒花管理站党支部、农业第四生产队党支部、农机修造厂党支部	张掖农垦先进党支部	1994 年	中共张掖农垦分公司党委
中共张掖农场纪委	"廉洁守则"教育问答竞赛活动组织奖		中共张掖地委纪委
张掖农场	在大满干渠中段改造工程中成绩优异单位	1995 年	张掖市人民政府
张掖农场	治安保卫、综合治理先进单位		张掖市公安局
张掖农场	张掖农场建场五十周年大展宏图	2005 年 9 月 28 日	中共张掖市甘州区委 张掖市甘州区人民政府

（续）

获奖单位名称	先进称号	授予时间	颁授机关
张掖农场民乐分场	二〇〇五年度禁毒工作先进单位	2006 年 3 月	中共民乐县委员会 民乐县人民政府
张掖农场	2006 年度农口党风廉政建设先进单位	2006 年 12 月	张掖市农口反腐败领导小组
张掖农场	二〇〇六年度张掖农垦国土资源工作综合考评一等奖	2007 年 1 月	甘肃省国土资源局张掖分局
张掖农场	市级文明单位	2007 年 6 月	中共张掖市委 张掖市人民政府
张掖农场老寺庙酒厂	张掖市甘州区首届地方知名商标奖	2007 年 12 月	甘州区人民政府
张掖农场林果站	苹果蠹虫疫情防控工作先进集体	2008 年 2 月	张掖市人民政府
张掖农场	张掖市廉政文化建设示范点	2009 年 1 月	中共张掖市纪委检查委员会
亚盛张掖分公司民乐分场	先进基层党组织	2011 年 6 月	中共甘肃亚盛实业（集团）股份有限公司委员会
张掖农场	2008 年人口与计划生育目标管理责任书考核先进集体	2009 年 3 月	甘州区人口和计划生育工作领导小组
张掖农场	2009 年度人口和计划生育目标管理责任书考核先进单位	2010 年 4 月	甘州区人口和计划生育工作领导小组
张掖农场	二〇〇九年度农村公路建设养护先进单位	2010 年 4 月	中共甘州区交通局总支委员会、甘州区交通局
张掖农场	二〇一〇年度人口和计划生育工作先进单位	2011 年 3 月	甘州区统筹解决人口问题工作领导小组
张掖农场	2011 年度人口和计划生育目标管理责任书考核三等奖	2012 年 3 月	甘州区统筹解决人口问题工作领导小组
张掖农场番茄制品公司	优秀基层党组织	2013 年 11 月	张掖市甘州区非公有制党工委
张掖农场民乐分场	"中国梦舞动民乐"第二届广场舞大赛优秀奖	2015 年 7 月	中共民乐县委宣传部 民乐县文化广播影视新闻出版局
张掖农场十分场、一分场、七分场	2018 年"三八妇女节"文艺节目组织奖	2018 年 3 月	中共碱滩镇老寺庙社区支部委员会、中共碱滩镇老寺庙社区居民委员会、甘肃农垦张掖农场
张掖农场七分场	2019 年度"庆元宵"文艺节目会演组织奖	2019 年 2 月 19 日	甘州区碱滩镇老寺庙社区居民委员会 甘肃省亚盛集团张掖分公司
张掖农场民乐分场	2018 年度全县禁毒工作先进集体	2019 年 6 月	民乐县禁毒委员会
张掖农场	未成年人思想道德建设示范社区	2020 年	张掖市精神文明建设指导委员会
张掖农场	2020 年度支持地方经济发展	2021 年 1 月	中共甘州区碱滩镇委员会 甘州区碱滩镇人民政府

第四节　张掖农场先进单位

张掖农场表彰的先进单位见表8-6。

表8-6　获张掖农场表彰先进单位名录

时间	荣誉名称	单位
1995	先进党支部	第一生产队党支部、第四生产队党支部、第八生产队党支部、酒厂党支部、修造厂党支部、砖厂党支部
1996	双文明建设先进单位。	酒厂、第一生产队、第四生产队、第七生产队、综合加工厂、专业队、修造厂、林果四队、水管所、酒厂四车间、白酒包装车间、砖厂现场组、农机公司主机组、专业队房建二组、修造厂钳工组、金龙宾馆客房部、培训中心餐厅组、林果一队一组、麦芽厂浸麦班、医院门诊部、场中学理科组、红沙窝机车组
1997	双文明单位	酒厂、修造厂加工厂、水管所、专业队、第七生产队、第八生产队
	先进班组	果园一队一组租赁承包先进组，修造厂农机门市部；砖厂砖窑组；酒厂四车间；包装车间；农机服务站配件组；金龙宾馆客房部；专业队木工组；医院门诊部；酒花站修理组；培训中心餐饮部
1998	先进党支部	水管所党支部、专业队党支部、加工厂党支部、第一生产队党支部、林果站三队党支部、酒花站一队党支部
2000	先进单位	麦芽厂、酒厂、水管所、四队，先进班组为麦芽厂浸麦组、麦芽厂锅炉组、酒厂酿造一车间、酒厂黄酒车间、农机农田建设队王旭斌承包组、金龙宾馆客房部
2003	2000—2002年度双文明建设的先进单位	老寺庙酒厂、第四生产队、第八生产队、加工厂、水管所
	"2000—2002年度双文明建设"的先进班组	酒花二队三农组、果园二队第三小组、酒厂包装一车间、麦芽厂浸麦组、金龙宾馆客房部、加工厂二车间、学校中学理科组、建筑公司一队一组、营销中心果品部。
	2000—2002年度义务工先进单位	老寺庙酒厂、金龙麦芽厂、酒花站、第一生产队、第八生产队、林果站
	先进党支部	老寺庙酒厂党支部、金龙麦芽厂党支部、民乐分场党委、建筑公司党总支、第六生产队党支部
2009	先进单位	民乐分场、金龙麦芽厂，先进集体分别为第四生产队、第八生产队、番茄酱厂综合车间、机械公司长途运输队，
	先进班组	分别为养殖公司养殖三组、麦芽厂制麦组、建筑公司修理组、金龙宾馆客房部
2015	先进集体	林果站、民乐分场、一分场、二分场　四分场、五分场、七分场
	单项工作成绩突出单位	三分场、六分场、八分场、十分场、番茄酱厂、牧草分场、建筑公司　机械公司
2016		分场、三分场、五分场、七分场、十分场、林果站、番茄酱、牧草分场
2019	先进基层党组织	林果站、民乐分场、一分场、三分场、四分场、六分场
2021	先进基层党组织	一分场支部委员会、二分场支部委员会、三分场支部委员会、四分场支部委员会、五分场支部委员会、六分场支部委员会、七分场支部委员会、八分场支部委员会、机关支部委员会

第二章 人 物

第一节 人 物 传

　　杨掌元，男，汉族，陕西富县人。1947年2月参加中共西北局领导下的富甘支队，1947年7月加入中国共产党。历任富甘支队副排长、西北军政大学警卫连副连长、西北解放军军官教导团队长、西北第一步校一二大队政治指导员、张掖预备第九师二十六团后勤处政治协理员等职。1958年5月转业到张掖县民政局工作，1958年8月至1981年2月在老寺庙农场，历任党总支书记、场长、副团长、场党委书记等职。1981年3月离休，享受副地级政治生活待遇。

　　郑林，男，汉族，内蒙古自治区赤峰市人。1947年3月加入中国共产党，1941年5月参加工作。1946年5月参加中国人民解放军，历任冀热辽军区二旅战士、班长；十九兵团排长、连长、营长。1956年国防部授予大尉军衔。1958年5月转业，先后任甘肃省安西县北干沟林场场长、安西县副县长。1961年6月调任老寺庙农场党委书记。1964年4月，农场实行军垦体制后改任副政委。1965年5月调任甘肃省边湾、生地湾、黄花等三团场副政委、政委，1975年任酒泉农垦分局党委副书记，1979年任陇东农垦分局局长，1980年任平凉地区农垦局局长、党委副书记等职。1983年11月离休。

　　王良义，男，汉族，河南尉氏县人，1946年2月加入中国共产党。1945年参加工作，1945年参加中共领导下的八路军三十八军十七师五十团1营，历任战士和班长、排长、连长，1955年兰州军区授予大尉军衔。他曾先后任玉门市兵役局局长，酒泉、民勤、古浪、景泰、武威等县（市）武装部部长等职。1969年8月调来农建十一师四团（本场前称）（1970年改为兰州军区生产建设兵团二师十一团）任团长。1970年11月调兵团机关工作，1973年调任兵团林建二师后勤部部长。

杨建武，男，汉族，河南洛宁县人。大专文化程度。中共党员。1947年7月参加中国人民解放军，历任五十五师连队文化干事、政治指导员、副教导员、团政治处主任等职。1958年至1959年10月在石家庄高级步校学习。1969年10月任兰州军区生产建设兵团农建二师十一团副政委、政委。1974年11月调回张掖军分区。1978年8月转业，任张掖地区燃料公司副经理、经理。1983年任张掖地区食品公司经理、督导员。1993年8月离休，享受副地级待遇。

李玉堂，男，汉族。四川绵阳人。1950年毕业于西北农学院农业化学系，1950年12月参加中国人民解放军，1953年12月加入中国共产党。在军队中历任学员、组织干事、宣传干事、政治指导员、十九军政治部秘书、兰州军区生产建设兵团二师糖厂政治处主任等职，1973年2月至1974年9月任农建二师十一团副政委、团党委委员、团党委常委。后调任民乐县人民武装部副政委。1978年9月转业到地方工作，任四川绵阳农业机械化学校副校长、党支部书记等职，被授予"中等专业学校高级讲师"职称。1988年9月获"绵阳市先进德育工作者"称号。1989年9月，农业部授予"全国中等农业学校优秀教育工作者"称号。在部队期间，曾荣立三等功2次。1991年5月退休。

张世龙，男，汉族，甘肃镇原县人。中学毕业。1948年4月加入中国共产党。1947年参加中共领导下的地方游击队，历任第一野战军第三旅班长、排长，甘肃省军区司令部参谋等职。在部队和八一农场工作期间，曾获解放奖章、八一奖章各1枚，立三等功1次。1958年转业，任甘肃省国营八一农场分场党委书记，后任总场副政委、党委副书记等职。1974年11月任农建二师十一团代政委。1975年恢复农垦体制后，任张掖农场党委书记兼农场革委会主任。1978年3月调任张掖地区农垦局副局长，1979年任甘肃省农科院张掖试验场党委书记。1990年离休。

郑守格，男，汉族，甘肃民乐县人。高中文化程度。1951年参加中国新民主主义青年团，1952年10月加入中国共产党。1951年1月参加工作，历任民乐县共青团区工委、中共民乐县委宣传部干事，纪委秘书，组织部副部长兼县委秘书；中共民乐县委、山丹县委常委；中共张掖地委政策研究室秘书，张掖县人民公社和区工委书记，张掖县革委会生产指挥部、农办、社教办副主任及主任，张掖县水电局局长、规划办公室主任等职。1975年1月至1981年2月调张掖农场场党委副书记、革委会副主任、场长，1981年3月至1984年1月任张掖农场党委书记兼场长。1984年2月调离张掖农场，先后任张掖地区行署林业处党组书记、处长，甘肃祁连山国家级自然保护区管理局党委书记、局长并兼任张掖地区绿化委员会副主任、张掖地区林学会会长、张掖地区野生动物保护协会会长、甘肃省科协委员。1981年，参加农业部北京农垦干部学院场长班培训结业，曾荣获民乐县"模范干部""先进工作者"称号；受省、地农垦局奖励各1次，张掖行署一等奖3次。1993年被中国园林学会授予"劲松奖"。1994年退休。

张财，男，汉族，甘肃张掖市人，中共党员。1993年5月22日因公殉职，终年54岁，生前任国营张掖农场副场长。1958年应征入伍，先后任中国人民解放军驻新疆3779部队步兵6团战士，步兵2团通信连通信员、班长；1964年4月任团部管理排长；1968年2月任步兵17团管理股管理员；1970年10月任后勤处副业队长；1977年3月任团农场场长；1979年3月任步兵6师"五·七"农场办公室主任；1980年8月任师麦盖提农场生产办公室副团级主任。1981年12月从部队转业到国营张掖农场，先后任副场长、场党委副书记兼纪委书记等职。1982年3—6月先后参加新疆石河子农学院短期学习和新疆生产建设兵团场长训练班培训。

张财生活俭朴，吃苦耐劳，实干精神好，公仆意识强。在部队服役期间，多次被评为五好战士，立过三等功，曾出席新疆军区副业生产积极分子代表大会，受团、师嘉奖各1次。在张掖农场任职期间，经常深入基层单位调查研究，参加劳动，与职工群众打成一片。工作中具有雷厉风行、独当一面的优良作风，努力完成所承担的任务。

1993年，张掖农场遭受特大旱灾。为抗旱灌溉，5月22日白天连续在现场工作至深夜12时，他亲自率领农场酒花站职工安装机井的抽水设施时，不幸遇难殉职。场党委作出决定，在全场开展向张财学习活动，掀起"学英雄，赶先进，树新风，比贡献"的热潮。

王永治，男，汉族，甘肃省民乐县人。1953年4月加入中国共产党。1952年8月参加工作，曾在民乐县六坝乡、马蹄区、顺化乡、中共民乐县委、民乐县红旗公社、山丹县位奇公社等单位任宣传干事、宣传委员、乡党委副书记、书记等职。1968年至1975年3月，先后任民乐县洪水公社副主任、民乐县农业局副局长、永固公社党委副书记、农业办公室主任等职务。1976年4月调张掖农场工作，历任办公室主任、副场长、场党委副书记、书记等职。1956年、1962年先后在中共甘肃省委中级党校、中共张掖地委党校学习。1988年参加农业部北京农垦管理干部学院党委书记培训班结业。1993年退休。

崔建勇，男，汉族，宁夏回族自治区中卫市人。研究生学历，1983年2月加入中国共产党，成为政工师。1974年参加张掖农场工作，历任队长、团委书记、组织科长、劳动人事科长等职务。农场三至六届场党委委员，1993年3月任张掖农场党委副书记。1999年10月至2009年4月任张掖农场党委书记。分工负责全场党务、组织、宣传、共青团、妇女、文教卫生、计划生育和老干部等工作。于1983年甘肃省团校团县委书记班、1986年甘肃省农垦培训中心全国场长统考班、1993年北京农垦管理干部学院12期党委书记班等结业。1984年获"张掖地区优秀团干部"称号，1985年获"植树造林先进个人"荣誉称号。被共青团张掖地委、共青团甘肃省委和甘肃省绿化委员会嘉奖。著有论文《如何加强领导班子建设》，在1995年甘肃省农垦总公司举办的"思想政治工作暨企业文化建设研讨会"上获三等奖。2009年5月调黄羊河农场工作。

万孝，男，汉族，甘肃民乐县人。1952年4月参加共青团，1956年11月加入中国共产党，成为政工师。1954年7月参加工作，历任共青团民乐县杨坊乡团总支书记、卫星公社党委副书记、山丹县花寨大队党总支书记，民乐县民政局干事、民乐县六坝公社副社长，东风公社、南丰公社党委书记等职；是1971年、1976年民乐县党代会代表；曾在甘肃省团校、甘肃省公社书记班、甘肃省委党校学习结业。1980年8月任甘肃省国营临泽农场场长，1982年参加甘肃省农垦学习班学习场长业务。1984年2月任民乐农场党委书记。1985年民乐农场并入张掖农场，同年10月任张掖农场纪委书记。1985年至1998年任甘肃省国营张掖农场纪委书记、职代会主任。1987年、1988年被选为全场职代委员会副主任、主任，并分工管理人民调解、信访、保密、档案管理、爱国卫生、民兵等工作，1991年被甘肃省农垦总公司党委授予"甘肃省农垦系统优秀纪检干部"称号；中共张掖地委、张掖地区行署授予"档案工作先进工作者"称号。著有论文《落实民主管理，增强企业活力》，在1995年甘肃省农垦总公司举办的思想政治工作暨企业文化建设研讨会上获三等奖，他曾多次获得上级机关和农场党委"优秀共产党员""先进工作者"等荣誉称号。1998年6月退休。

第二节 人物简介

崔定一，男，汉族，1937年6月生，河南南阳市人。1954年12月加入中国新民主主义青年团，1960年11月加入中国共产党，高级农艺师。1958年兰州农校毕业分配张掖农场，历任农业技术员、作业站站长、正副科长、副场长，1991年1月至1999年10月任农场党委书记兼场长。曾被当选为张掖市第三、十三、十四届人大代表。曾于1983年农业部北京农垦干部学院场长班培训结业，1985年甘肃省农垦培训中心全国国营农场场长统考班结业。1993年、1994年先后参加农业部、甘肃省农垦总公司组织的农垦考察团赴美国、以色列考察现代农业。

崔定一在张掖农场连续工作42年。1958年获"张掖县青年建设社会主义积极分子"称号，1959年获张掖地区"红旗手"称号，1960年获"五好干部"称号，分别受到张掖县人民委员会、团张掖地委嘉奖。1983年被农牧渔业部授予"长期坚持农牧渔业技术推广工作荣誉证书、证章"，国务院特发给政府特殊津贴及证书。1986年、1988年分别获甘肃省农垦总公司科技进步二等奖，国家农牧渔业部丰收一等奖。在领导实现1990年农业丰收、玉米千斤粮田工作中，受到甘肃省农垦总公司嘉奖。1995年被甘肃省农垦总公司授予"'八五'期间果园建设和果品创优先进工作者"称号。著有论文5篇，其中《扬长避短，发展油用向日葵》获甘肃省农垦总公司1986年度科技论文进步奖，《调整结构，振兴农场经济》获甘肃省农垦总公司1994年度"科技兴垦"优秀论文奖。《草木栖站秆耕翻技术》发表在《中国农垦》杂志1986年第二期。《张掖农场向日葵生产技术规程》《依靠科技进步，振兴农场经济》分别发表在1993年1月、1994年4月出版的《甘肃省农垦科技成果及论文选编》第6、7期。1999年11月退休。

王希天，男，汉族，1957年1月生，甘肃金昌市人。1987年7月加入中国共产党，研究生学历，高级政工师。1975年1月至1982年5月在甘肃农垦八一农场玉皇地分场工作；1982年6月至1993年1月在甘肃农垦八一农场东寨分场任副队长、分场干事、队长、分场副场长。于1984年9月—1986年7月在金城联合大学学习，取得大专学历。1993年2月—1995年7月在甘肃农垦八一农场玉皇地分场任场长、书记。1995年7月—1996年10月在甘肃农垦八一农场机关工作。1996年10月—1999年9月任甘肃农垦八一农场副场长、金昌农垦分公司副经理、党委委员。1999

年 10 月—2009 年 4 月任甘肃农垦张掖农场场长、党委副书记、书记，期间。于 2001 年 9 月—2004 年 6 月在省委党校在职区域经济研究生班学习并毕业。2009 年 4 月—2010 年 11 月任甘肃农垦小宛农业科技公司董事长。2006 年 4 月—2010 年 4 月，任甘肃亚盛实业（集团）股份有限公司党委书记、副董事长。2009 年 4 月—2013 年 3 月任甘肃农垦张掖农场党委书记。2011 年 11 月调甘肃兰州新西部维尼纶有限公司任职。2008 年获得省政府国资委系统优秀党员。2013 年—2018 年任甘肃亚盛实业（集团）股份公司党委书记，2018 年退休。

王经富，男，汉族，1964 年 4 月生，甘肃张掖市人。1986 年 1 月加入中国共产党，大专学历，政工师。1981 年 2 月—1984 年 6 月在张掖农场五队劳动。1984 年 6 月—1987 年 9 月在张掖农场五队任副队长、队长。1987 年 9 月—1996 年 4 月任张掖农场纪委、劳动人事科干事、张掖农场团委任专职副书记。1996 年 4 月—2002 年 2 月任张掖农场组织科副科长（其中 1996 年 9 月至 1998 年 7 月在甘肃省党校经济管理专业学习）。2002 年 2 月—2004 年 8 月任张掖农场保卫科科长、组织科副科长。2004 年 8 月—2009 年 11 月任张掖农场金龙麦芽厂厂长。2009 年 4 月—2011 年 1 月任张掖农场副场长、常务副场长、张掖金龙实业有限责任公司董事、副总经理。2011 年 1 月—2012 年 4 月任张掖农场场长、张掖金龙实业有限责任公司董事长。2012 年 4 月—2021 年 12 月任亚盛张掖分公司经理。2014 年 5 月—2021 年 12 月任甘肃亚盛康益牧业现代有限责任公司执行董事兼总经理；2016 年 3 月—2017 年 2 月任张掖农场党委书记。2017 年 3 月至今任亚盛张掖分公司党委书记。曾当选为张掖市第四届、第五届党代会代表，张掖市第三、第四、第五届人大代表，甘州区第十九届人大代表。2011 年 6 月被张掖市委表彰为全市优秀共产党员称号。2013 年 8 月被甘肃农垦集团有限责任公司党委授予农垦创建先进荣誉称号。

贾勇杰，男，汉族，1962 年 1 月生，甘肃平凉市泾川县人。1995 年 5 月加入中国共产党，大学本科文化程度，助理经济师。1978 年 9 月—1988 年 12 月在国营红卫（张老寺）农场任教师、农场办公室主任。1989 年 1 月—2008 年 12 月在平凉无线电厂任办公室主任，峡中水泥厂任车间主任。2009 年 1 月—2013 年 2 月国营万宝川农场木业公司经理，农场职代会主任、副场长。2013 年 2 月—2016 年 2 月亚盛张掖分公司总经理助理、党委委员、副经理。2016 年 3 月—2017 年 3 月张掖农垦公司党委书记。2017 年 3 月—2019 年 6 月张掖农场场长、亚盛张掖分公司党委副书记。2011 年 7 月被平凉市委授予优秀共产党员荣誉称号。2019 年 7 月任亚盛张掖分公司调研员（离岗退养）。

毛学科，男，汉族，1963年2月生，甘肃民乐县人。1991年10月加入中国共产党，本科学历，农艺师。在民乐县上小学、初中、高中。1983年9月—1986年7月在张掖农校植保专业学习并毕业。1986年7月到山丹农场生产科做技术员工作，1988年任山丹农场五队副队长，1990年在山丹农场生产科做技术员，1995年任山丹农场生产科副科长，1997年任山丹农场生产科科长，1998年任山丹农场副场长、党委委员，2007年任甘肃省农垦山丹农工商有限责任公司董事，2010任甘肃亚盛勤峰分公司经理、勤锋农场场长、党委委员，2010年在甘肃农垦宝瓶河牧场工作任副场长，2011年任甘肃农垦黑土洼农场任党委书记，2016年3月至2017年3月任在甘肃省国营张掖农场党委副书记、场长，2017年3月至2018年4月任张掖农场党委书记。2018年4月调山丹农场任职。

毛录让，男，汉族，1957年4月生。陕西宝鸡市人。1988年6月加入中国共产党，毕业于甘肃农业大学农学系农业专业，大专学历，农艺师。1979年5月参加工作，1979年7月—1984年5月在黄花农场工作，任农业技术员，1984年6月—1986年12月在黄花农场任教师，1986年12月—1989年1月在黄花农场办公室任科员，1989年1月—1996年1月在黄花农场农业科任科长。1996年1月—1998年5月任黄花农场党委委员、副场长。1998年5月—1999年10月在甘肃省农垦建筑工程公司任党委委员、经理。1999年10月—2007年4月在甘肃省农垦建筑工程公司任党委书记、经理（期间：1999年9月—2001年12月在甘肃农业大学函授专科班学习农学专业。2002年9月—2004年10月在北京工商管理大学在职研究生学习工商行政管理专业）。2007年4月—2009年2月在甘肃省农垦建筑工程公司任经理、盛远农业有限公司董事长、总经理。2009年2月—2009年4月在饮马集团任董事长、副总经理。2009年4月—2010年1月在张掖农场任党委委员、场长、金龙实业公司董事长。2010年1月调饮马集团公司任职。

梁金祖，男，汉族，1961年4月生，甘肃张掖市甘州区人。1991年7月入党，大专学历，政工师。1978年9月参加工作，1978年9月—1987年4月在张掖农场一队、专业队工作。1987年5月—1997年12月在张掖农场八队先后任会计，副队长，队长，支部书记。1998年1月—1999年12月张掖农场五队任队长。2000年1月—2004年11月在民乐分场任代理场长、场长。2004年12月—2007年8月张掖农场场长助理兼任民乐分场党委书记。2007年9月—2009年3月任张掖农场党委委员、副场长。2009年4月—2013年3月小宛农场党委委员、场长。2013年4月—2015年5月任张掖农场场长、党委书记。2021 年 4 月退休。

连永清，男，汉族，1964 年 2 月生，甘肃张掖市人，1995 年 12 月加入中国共产党，大专学历。1981 年在临泽农场一队做农工，1986 年在临泽农场农工商公司做业务员，1988 年任临泽农场榨油厂厂长，1992 年在临泽农场经销公司做业务员，1993 年临泽农场保卫科干事，1996 年任临泽农场水电站站长，1999 年在甘肃天马啤酒花有限责任公

司任销售科科长。2007 年任酒泉拖拉机配件厂科员、生产经营科副科长、科长、第一支部书记。2011 年在亚盛鱼儿红分公司任企管科副科长，2013 年在亚盛鱼儿红分公司任副调研员，2013 年在嘉峪关雄关天石水泥有限责任公司任副总经理、党委委员。2014 年任亚盛股份公司鱼儿红分公司党委委员、书记及鱼儿红牧场场长。2014 年任甘肃省国营鱼儿红牧场场长、甘肃亚盛股份公司鱼儿红分公司党委委员、书记。2016 年 3 月—2019 年 6 月任甘肃省国营鱼儿红牧场场长、牧场党委委员、副书记。2019 年 7 月—2021 年 3 月任甘肃农垦张掖农场场长，2019 年 7 月—2021 年 6 月任张掖分公司党委委员、副书记。2021 年 7 月任张掖分公司调研员（离岗退养）。

李宗国，男，汉族，1969 年 12 月生，甘肃古浪县人，中共党员，兰州大学 EMBA，农业经济师。1991 年毕业于甘肃农业大学，分配到甘肃农垦条山农场工作，1991 年 7 月—2000 年 6 月，先后在条山集团机关办公室、企管部、项目部、计划管理中心、董事会办公室等部门工作，任主办科员、综合管理部副部长、项目管理部部长

（财务副总监）、兰州办事处副主任、计划中心主任、董事会办公室主任等职。2000 年 6 月—2011 年 10 月，被任命为条山集团董事长助理、董事会秘书、项目总监、人力资源总监、综合经济协调处理领导小组组长等职。2011 年 10 月—2014 年 12 月，任条山集团项目总监，兼任条山集团农业公司董事长、总支书记。2014 年 12 月—2016 年 4 月，任甘肃条山农工商（集团）有限责任公司（甘肃省国营条山农场）总经理助理（场长助理），兼任条山集团（条山农场）综合管理办公室主任。2016 年 4 月任亚盛股份条山开发分公司副经理。2016 年 9 月任命为亚盛股份条山开发分公司党委委员。2016 年任亚盛股份条山开发分公司党委委员、副经理。2020 年 4 月调甘肃亚盛亚美特节水有限公司，担任党委书记、董事长职务。2021 年 3 月—2021 年 12 月张掖农场场长。6 月任亚盛股份公司张掖分公司党委委员、党委副书记。

张耀源，男，汉族，1941 年 7 月生，甘肃通渭县人。1972 年 3

月加入中国共产党，助理农业经济师。1959 年中学毕业后参加工作，历任甘肃省八一农场管理员、党支部书记、党委副书记、副场长等职。1983 年 7 月任农垦屯沟湾石英矿矿长。1985 年 10 月调任张掖农场副场长，主要分管全场工副商业、房建、安全生产等工作。先后于 1982 年、1986 年、1993 年参加农业部北京农垦干部学院场长培训班、甘肃省农垦培训中心全国场长统考培训班、北京农垦管理干部学院场长培训班。在八一农场工作期间立过三等功 1 次，并多次获"先进工作者"称号。2000 年 12 月甘肃农垦集团公司批准正县级调研员退休。

李树堂，男，汉族，1944 年 1 月生，四川简阳市人。1964 年 6 月参加共青团，1987 年 3 月加入中国共产党，高级农艺师。1966 年 7 月成都西南农学院毕业，1967 年 9 月参加工作，1968 年 11 月分配张掖农场，历任农业技术员，农场中学教师、生产科长、场长助理，1988 年 2 月—1995 年 2 月张掖农场副场长，主要分管农林牧业生产和科技、劳资管理等工作。曾于 1989 年参加北京农垦管理干部学院场长培训班结业。他组织、参与全场"科技兴垦"试验活动，其中"张掖农场 5000 亩盐渍化低产田改良""植物激素 EF、Pix 试验示范推广""1990 年农业丰收、玉米千斤粮田""小麦优良品种应用及增产技术""1995 年大麦优良品种及增产技术"等 6 项科研项目获甘肃省农垦总公司嘉奖。1995 年被甘肃省农垦总公司授予"'八五'期间科技兴垦先进工作者"和"甘肃省农垦'八五'期间果园建设和果品创优先进工作者"称号。所著论文《苹果梨大苗建园技术的研究》被甘肃省农垦总公司评为 1994 年"科技兴垦"优秀论文，《苹果梨大苗建园技术改造》发表在 1993 年 1 月甘肃省农垦总公司主编的《甘肃农垦科技成果及论文选编》。2004 年 1 月退休。

张希林，男，汉族，1962 年 1 月生，甘肃省民乐县人。中共党员，高级农艺师。1982 年 7 月毕业于张掖农校，2003 年 12 月中央党校毕业，本科学历。1982 年参加工作，历任民乐农场农业技术员，张掖农场民乐分场农业技术员、副场长、场长、总场农业管理站副站长、生产科副科长、科长等职。1996 年 1 月—1999 年 2 月张掖农场党委委员、副场长。1999 年 3 月调临泽农场任党委委员、副场长。2012 年 3 月被河西学院聘任为客座教授。他积极组织并参加"科技兴场"活动，主要推广或完成并受到甘肃省农垦总公司嘉奖的科技项目有：张掖农场 5000 亩盐渍化低产田改造、植物 EF、Pix 试验示范推广应用、农业丰收、千斤粮田（玉米）、小麦优良新品种应用及增产技术等。1995 年完成啤酒大麦新品种法瓦维特大面积推广项目，获农业部农牧渔业丰收一等奖。甘肃省农垦总公司于 1993 年授予"科技兴垦先进工作者"称号。1995

年又授予"'八五'期间果园建设和果品创优先进工作者"称号。他还先后被农场评为优秀共产党员 3 次，先进工作者 2 次。著有论文《梨黄粉蚜发生规律及防治措施》获甘肃省农垦总公司 1994 年度"科技兴垦"优秀论文奖。1992—1995 年，曾受聘参加《梨生产原理与科技》一书编辑工作（1995 年 6 月由中国农业科技出版社出版发行），与国内知名冻土专家邱国庆研究员等共同编著的《甘肃河西走廊季节冻结盐渍土及其改良利用》于 1996 年 11 月由兰州大学出版社出版发行。

史宗理，男，汉族，1957 年 11 月生，毕业于甘肃临洮农校、甘肃农业大学，大专学历。1976 年 6 月加入中国共产党，农艺师，1984 年至 1985 年 1 月参加农牧渔业部举办的学习班学习。1981 年至 1983 年 1 月在黄花农场 17 队任技术员；1983 年 2 月—1984 年 4 月任黄花农场科研站技术员。1984 年 4 月—1986 年 8 月任黄花农场农业科技术员。1986 年 9 月—1990 年 12 月任黄花农场酒花科科长。1991 年 1 月—1996 年 1 月任黄花农场党委委员、副场长。1996 年 2 月—2000 年 2 月任黄花农场党委委员、场长。2000 年 10 月—2009 年 11 月张掖农场党委委员、副场长。2000—2009 年 11 月期间分别兼任酒厂总支书记、麦芽厂党总支书记、农场机关党总支书记，后调往小宛农场任职。

何立瑞，男，汉族，1959 年 9 月生，甘肃省民勤县人。大专文凭，农艺师。1984 年 3 月加入中国共产党，1976 年 10 月参加工作。1979 年 9 月新疆喀什 36129 部队服役。1985 年 3 月转业后分配到甘肃省国营勤锋农场工作。1988 年 2 月—1995 年 7 月勤锋农场供销公司经理。1995 年 8 月至 1999 年 3 月勤锋农场副场长兼供销公司经理。1999 年 4 月调张掖农场，任副场长兼张掖金龙实业有限公司总经理，2002 年 9 月停薪留职。

周文集，男，汉族，1958 年 7 月生，甘肃张掖市人。大专学历，1977 年 4 月加入中国共产主义青年团，1981 年 8 月参加工作，1989 年 6 月加入中国共产党。1981 年 7 月毕业于甘肃省农业机械化学校农机专业。1987 年 3 月—1991 年 10 月参加甘肃省高等教育自学考试，兰州大学行政管理专业毕业，档案馆员。1981 年 8 月，在甘肃省国营张掖农场第一机耕队任技术员。1984 年 11 月任第一机耕队副队长。1986 年 2 月在张掖农场办公室从事秘书工作。1992 年 3 月任张掖农场秘书科副科长；1994 年 3 月任张掖农场机关第二党支部书记。1995 年 6 月任张掖农场秘书科科长。2000 年 3 月任张掖农场场长助理，同时负责张掖农场机关党总支工作。2000 年 10 月任张掖农场党委委员、纪委书记、职代会主任。2004 年 8 月负责组织科的工

作，兼任老干部党总支书记。2007年4月任甘肃农垦张掖农场、甘肃农垦张掖金龙实业有限责任公司党委委员、纪委书记、监事会主席。2009年4月兼任党委办公室主任。2010年3月分管酒花生产，兼任甘肃亚盛绿鑫啤酒原料集团有限责任公司张掖分公司经理。2011年1月任甘肃农垦张掖农场、甘肃农垦张掖金龙实业有限责任公司党委副书记兼任组织科科长。2012年2月任甘肃亚盛实业（集团）股份有限公司张掖分公司党委副书记、纪委书记、党委委员、工会主席。2015年6月5日任亚盛集团党建工作督导组成员。2016年3月24日任甘肃农垦张掖农场副调研员。2016年5月5日任省农垦集团党委第二巡察组专员。2017年6月1日任甘肃亚盛实业（集团）股份有限公司张掖分公司调研员。2000年3月被甘肃省委办公厅、省政府办公厅评为全省先进档案工作者，曾在2006年12月当选为甘州区第十六届人大代表。2011年8月当选为甘州区第十七届人大代表。2018年9月退休。

　　王武义，男，汉族，1954年3月生，山东德州市人，1989年7月加入中国共产党，大学学历，政工师。1976年在张掖农场红沟梁煤矿任煤矿出纳员，1985年在张掖农场老寺庙酒厂工作，先后任供销员、供销副股长、股长。酒厂副书记、书记。2000年任张掖农场场长助理，后任农场副场长，2002年兼任麦芽厂厂长，2004年兼任麦芽厂书记，2007年调酒泉玉门农垦建筑工程公司任职。

　　王建伟，男，汉族，1965年9月生，甘肃泰安人。毕业于西北师范大学，生物化学专业，大专学历，农艺师。2004年7月加入中国共产党，1990年7月—1993年12月任饮马农场酒花一队技术员。1994年1月—1995年12月，任饮马麦芽厂化验室主任，生产车间副主任。1996年1月—1998年12月，任饮马农场酒花一队队长。1999年1月—12月，任饮马酒花厂厂长。2000年1月—2001年12月，任饮马农场生产科科长。2002年1月—2010年12月饮马农场副场长，（2010年5月—2011年4月在玉门市挂职任副市长。）2011年1月—2013年3月，张掖农场副场长。2013年4月调小宛农场任场长。2008年获得农业部农技推广先进荣誉称号。

　　雷根元，男，汉族，1967年6月生，甘肃华亭县人。1998年6月加入中国共产党，1991年6月毕业于西南农业大学，本科学历，农艺师。1991年7月—1993年3月在张掖农场生产科工作。1993年4月至1997年7月—2001年11月兼任张掖农场团委副书记。1997年8月任张掖农场生产科副科长，2001年12月—2004年1月任张掖农场特药科科长。2004 年 2 月任张掖农场民乐分场党委书记、副场长。2005 年 10 月—2008年 2 月任张掖农场特药科科长、保卫科长。2008 年 3 月任张掖农场场长助理，兼任特药科科长。2009 年 11 月至 2011 年 2 月兼任张掖农场麦芽厂厂长。2011 年 3 月兼任张掖农场特药科科长、保卫科科长。2013 年 3 月—2021 年 12 月亚盛张掖分公司党委委员、副经理。1997 年 12 月获得农垦集团公司表彰农业科技推广先进个人称号，1997 年、1998 年均获得科学进步二等奖，2008 年获得农垦集团公司表彰管理创新二等奖。

王玉芳，女，汉族，1964 年 11 月生，甘肃永昌县人，大专学历，1981 年 12 月参加工作，1985 年 6 月—1988 年 6 月农垦职工中专毕业，1993 年 6 月加入中国共产党，1998 年 7 月中央党校函授班学习，工民建工程师。1993 年—2000 年 1 月先后任基建科副科长、科长；2000 年 2 月—2007 年 8 月任场长助理；2007 年 9 月—2011 年 1月任张掖农场党委委员、副场长。2009 年 4 月—2011 年 1 月任甘肃农垦张掖金龙实业有限公司经理。2010 年 12 月调往甘肃农垦盐化任职，2008 年 9 月被甘肃农垦集团有限责任公司党委授予先进工作者称号。2009 年 9 月荣获甘肃省农业综合开发办公室表彰的甘肃省风沙区生态环境治理先进个人。2010 年 3 月荣获张掖市委全市"十佳女企业家"称号。2019 年 12 月退休。

王培文，男，汉族，1960 年 1 月生，甘肃张掖市甘州区人。1987年 7 月加入中国共产党，大专学历，经济师。1976 年在张掖农场一站参加工作，当农工。1977 年 4 月—1980 年 10 月在张掖农场打井队工作，任工人、队长，1980 年 10 月—1982 年 9 月在张掖农场财务科工作，任会计，1982 年 9 月—1998 年 2 月在张掖农场劳资科工作，历任科员、主办科员、副科长、科长，1998 年 2 月—1999 年 12 月在张掖农场老寺庙酒厂任厂长，1999 年 12 月—2000 年 10 月任张掖农场任生产科长，2000 年 10 月—2003 年 12 月在张掖农场工作，任场长助理，2003 年 12 月—2020 年 1 月先后任张掖农场、甘肃省农垦张掖金龙实业有限责任公司、甘肃亚盛（集团）股份有限公司张掖分公司党委委员、副场长、副总经理、副经理、工会主席、调研员。2020 年 2 月退休。

何维忠，男，汉族，1953 年 8 月生，四川遂宁市蓬溪县人。1972 年 11 月—1977 年 3 月在山西 52939 部队七连当兵，任班长，1976 年 6 月加入中国共产党，1977 年 4 月—1987 年 3 月在国营张掖农场工作，任事务员、后勤主任。1987 年 3 月—2000 年 4 月在国营临泽农场工作，历任办公室主任、党委办公室主任、职代办公室主任。2000 年 4 月—2007 年 4 月在国营宝瓶河牧场党委副书记、纪委书记。2007 年 4 月任甘肃农垦张掖农场工作，任农场党委委员、职代会主任、甘肃农垦金龙实业有限责任公司监事。在此期间，先后兼任老寺庙酒厂党总支书记、厂长，负责老寺庙肥料厂的工作、老寺庙养殖公司党支部书记、民乐分场场长、党委书记等职。2012 年 2 月去世。

郑士进，男，汉族，1961 年 6 月生。河南邓州市人，大专学历，高级营销师，1995 年 5 月加入中国共产党，1982 年部队复员转业在农场林业队工作，1987 年 7 月就读于甘肃农垦职业中专，毕业后，农场分配到老寺庙酒厂工作。1988 年任酒厂厂长助理，1990 年 3 月—1997 年 2 月任老寺庙酒厂厂长。1997 年 3 月—1999 年 11 月任农场工商科科长，1999 年 12 月—2006 年 3 月任老寺庙酒厂厂长（1998 年 7 月—2000 年 8 月中央党校函授学习），2001 年 5 月—2003 年 11 月任张掖农场场长助理。2003 年 12 月—2006 年 12 月任农场副场长。2007 年 4 月—2009 年 9 月任宝瓶河牧场副场长。2009 年 9 月—2011 年 9 月任张掖农场副场长。2011 年 10 月—2013 年 8 月任张掖市有年酒业公司经理。2013 年 9 月—2020 年 5 月租赁经营老寺庙酒厂。2021 年 7 月退休。2003 年 9 月荣获甘肃农垦集团表彰劳动模范荣誉称号。2013 年 7 月—2017 年 7 月被甘肃省酿酒工业协会聘任为省级第八届白酒评委。

杨永钧，男，汉族，1963 年 7 月生，天津武清人。1980 年 12 月参加工作，1990 年 12 月加入中国共产党，中专学历，经济师。1980 年 12 月在张掖农场招工参加工作，先后从事农业生产和推土机驾驶员，1984 年 10 月考入甘肃农垦职工中专经济管理班学习，1987 年 8 月毕业后分配到张掖农场工商科任科员，1991 年 1 月任农场砖瓦厂厂长，1994 年 10 月调任农场工业科任副科长，其间带队去张掖红星番茄酱厂学习番茄酱的加工工艺和生产操作，对新建番茄酱厂项目进行考察论证，并参与麦芽厂项目的筹建和建设工作，带队去饮马农场麦芽厂学习麦芽加工技术，1996 年 6 月任麦芽厂副厂长，2000 年 8 月任麦芽厂党支部书记兼副厂长。2004 年 1 月调任农场生产科任科长，主要负责番茄酱厂的筹建建设，2006 年 8 月任番茄酱厂负责人。2008 年 10 月任番茄酱厂总经理，2009 年 4 月由农垦集团公司党委任命为张掖农场党委委员、副场长，2016 年 6 月由亚盛集团党委任命为张掖分公司党委委员、纪委书记。2017 年在分公司工会代表大会上被选举为分公司工会主席，在此期间兼任番茄酱厂总经理，2021 年 1 月任分公司副调研员离职退养。

程才，男，汉族，1968 年 9 月生，甘肃古浪县人。大学本科，园艺师，毕业于石河子大学园林系果树栽培专业，1995 年加入中国

共产党，自1993年毕业以后，就职于甘肃农垦张掖农场林果管理站果树技术员，历任林果站队长、副站长、站长等职务（其中在2008年8月—2009年1月任张掖农场养殖开发公司负责人）。2013年4月至2019年6月任亚盛张掖分公司党委委员、副经理。2019年7月调往亚盛下河清分公司任职。长期从事于果树的栽培管理、梨树病虫害防治、梨树新品种的引进、果品储存、销售工作。在工作中注重培养优良的员工队伍，推广先进的科学技术，健全完善的组织管理体系，确保了果品的优良品质，生产的果品多次在各种展评会上获奖，实现林果业职工增收、企业增效的良好效果，使亚盛张掖分公司的林果业成为职工致富、企业增效的支柱产业。

张向军，男，汉族，1969年11月生，甘肃静宁县人。2001年6月加入中国共产党，大专学历。1995年3月—1996年12月在甘肃省啤酒大麦原种厂工作，1997年1月—2003年12月在甘肃农垦张掖农场第五生产队任技术员、副队长。2004年1月—2005年12月任张掖农场第六生产队支部书记。2006年1月—2010年2月在张掖农场酒花站任副队长。2010年3月—2013年4月在张掖农场生产科任科员、副科长、科长。2013年4月—2016年3月在亚盛张掖分公司任经理助理。2013年5月—2016年3月任亚盛张掖分公司生产技术经营部部长。2016年3月—2018年2月任亚盛张液分公司副经理。2018年3月—2021年12月亚盛张掖分公司党委委员、副经理。2010年3月被甘肃省农垦集团公司授予甘肃农垦测土配方施肥工作"先进个人"荣誉称号；2012年9月被中共张掖市委授予全市创先争优优秀共产党员称号；2012年10月被甘肃省农牧厅评为全省绿色食品企业优秀内检员。2016年1月被省农垦集团公司评为2015年甘肃农垦高产创建先进工作者。2019年9月被甘肃省农垦集团有限责任公司授予"先进工作者"荣誉称号。

王刚，男，汉族，1971年3月生，河南遂平县人。1998年12月加入中国共产党，本科学历，行政管理专业。1992年1月在国营临泽农场参加工作，历任计财科出纳、会计，1997年9月—1999年7月通过成人高考在甘肃广播电视大学财务与计算机专业学习，大专学历。2002年1月至2007年12月任临泽农场计财科主办会计。2008年1月至2010年12月任临泽农场财务部副部长。2011年1月—2013年5月任临泽农场、亚盛股份临泽分公司财务部部长，2011年3月—2014年3月在中央广播电视大学本科行政管理专业学习。2013年6月—2014年3月任亚盛股份临泽分公司财务总监。2014年4月—2020年2月任亚盛股份张掖分公司财务总监。2020年3月调甘肃农垦祁连牧业任职。

黄玉红，女，汉族，1973 年 1 月生，甘肃山丹县人。1999 年 6 月加入中国共产党，大专学历，会计专业。1991 年 2 月在张掖农场林果站承包果园，1991 年 7 月—1994 年 7 月在中华会计函授学校会计专业毕业。1995 年 10 月—1999 年 12 月张掖农场第三生产队任会计。2000 年 1 月—2003 年 3 月任张掖结算中心农业会计。2003 年 4 月—2006 年 3 月任张掖农场麦芽厂出纳、会计。2006 年 4 月—2009 年 5 月任张掖农场财务科副科长兼番茄酱厂会计和麦芽厂出纳。2009 年 6 月—2013 年 4 月任张掖农场财务科科长兼番茄酱厂会计，2009 年 9 月—2012 年 7 月在中央广播电视大学河西分校会计专业毕业。2013 年 5 月任亚盛张掖分公司财务部部长。2014 年 4 月—2018 年 2 月任甘肃亚盛实业（集团）股份有限公司山丹分公司任财务总监兼审计监察部部长。2018 年 3 月—2020 年 4 月任甘肃亚盛实业（集团）股份有限公司山丹分公司党委委员、财务总监。2020 年 5 月—2021 年 12 月任张掖分公司党委委员、财务总监。

刘建，男，汉族，1968 年 10 月生。甘肃定西市安定区人。大学本科学历，助理农机工程师。1992 年 7 月参加工作，1997 年 6 月加入中国共产党，1992 年 7 月—2003 年 12 月任山丹农场农机公司技术员、副经理，2004 年 1 月—2005 年 1 月任山丹农场项目办副主任。2005 年 2 月—2008 年 1 月任山丹农场亚麻厂副厂长、厂长。2008 年 2 月至 2012 年 1 月任山丹农场组织人事科副科长、科长。2012 年 2 月—2020 年 12 月任亚盛山丹分公司人力资源部部长、组织部部长、纪委办公室主任、纪委副书记。2020 年 12 月至 2021 年 12 月任亚盛张掖分公司党委委员、纪委书记、工会主席。

蒋勇，男，汉族，1968 年 11 月生，安徽宿州市灵璧县人。1998 年 7 月加入中国共产党。大专学历，助理馆员。1988 年 11 月参加工作，1988 年 11 月—1990 年 8 月在张掖农场专业队做工人；1990 年 9 月—1993 年 7 月在农垦职专文秘文档专业学习，两年被评为"三好学生"。1994 年 4 月—2005 年 3 月先后任张掖农场金龙宾馆客房部经理、秘书科秘书、九队副队长、民乐分场办公室主任。2005 年 4 月—2013 年 4 月先后任张掖农场项目办科员、国土资源所书记、副所长，所长。2013 年 5 月至 2016 年 9 月先后任项目部副部长、项目基建部部长、规划发展部（土地管理部）部长。2016 年 10 月—2020 年 11 月任纪委委员；2020 年 12 月—2021 年 12 月任亚盛张掖分公司党委委员、副经理。2016 年被评为企业先进工作者。企业多次被农垦土地管理部门评为"土地管理先进单位"，一次被甘州区交通运输局评为"通村道路建设先进单位"。

王征，男，汉族，1975年7月生，甘肃张掖市甘州区人。大学本科学历，八级职员，中共党员。1993年5月参加工作，在甘州区碱滩镇先后任文化站站长、武装干事、宣传干事、司法所长。1997年9月—1999年9月参加中央党校函授班班经济管理专业学习。2014年6月至2021年12月任甘州区碱滩镇老寺庙社区党支部书记、居委会主任。2020年8月—2021年12月任甘州区碱滩镇社会事务服务中心主任。

王春培，男，汉族，1955年2月生，安徽宿州市灵璧县人。1976年8月招工入职张掖农场，中技学历，职称会计员。1976年8月在农场第六生产队农工，1983年12—1993年6月先后任农场第九生产队等单位会计。1993年7月—1999年12月任农场审计科副科长。2000年1月至2005年9月农场计财科、审计科两科合并任财务科副科长。2001年10月—2005年9月任金龙麦芽厂副厂长兼会计。2005年10月—2009年3月任张掖农场财务科科长。2009年4月—2013年1月任亚盛张掖分公司财务总监。2013年2月退休，退休后农场返聘工作至2014年5月。

孔淑英，女，汉族，1949年5月生，天津市人。初中学历，助理会计师，1988年7月加入中国共产党。1966年7月23日从天津市支边到原农建十师农四团十连参加工作，1966年11月参加原农四团财会学习班培训，分配原七连（现农场五站实习会计）。1967年9月调农四团财务科出纳，1969—1977年在原十五连（现头墩民乐分场）副业队、面粉厂会计；1978年成立民乐农场任出纳、会计。1985年两场合并调张掖农场任会计，1984年经文化课考试录为国家干部，1992年后任财务科副科长、科长、场长助理。2003年12月任张掖农场副调研员，2004年5月退休。

王春伟，男，汉族，1931年9月生，河北省人。1949年8月参加中国人民解放军，1956年加入中国共产党，1978年前任加工厂党支部副书记，革委会副主任。1978年后调场基建办公室工作，1987年调生活服务公司工作，后调农场基建科工作。甘肃省人民政府批准副县级待遇离休。

陈义，男，汉族，1931年6月生，山西平遥县人。1947年—1948年6月在山西省介休县兵站入伍，勤务兵；1948年6月—1948年10月，在家务农。1948年10月—1949年10月，在华北军区电讯工程专科学校学习，1949年10月—1951年11月，在39军116师司令部电台工作，见习服务员。1951年—1954年在16军46师炮团电

台工作，任台长。1954 年—1956 年 4 月在张家口通校二大队工作，任学员。1956 年 4 月—1962 年 9 月在炮 10 师 45 团任通信参谋。1962 年 9 月—1966 年 3 月在炮 10 师 45 团任副连长。1966 年 3 月—1968 年 2 月在农十一师四团九连任连长。1968 年 2 月—1969 年 8 月在农十一师十一团五连任连长。1969 年 8 月—1970 年 3 月在农十一师家属连任连长。1970 年 3 月—1976 年 2 月在农十一师四连任连长。1976 年 2 月—1982 年 1 月张掖农场任支部书记；1982 年 3 月—1987 年 3 月张掖农场机关任纪委副书记。1987 年 3 月—1988 年 8 月张掖农场中学任书记。1989 年 1 月至退休，在老寺庙酒厂工作，任书记。1992 年 3 月甘肃省人民政府批准副县级待遇离休。2020 年 7 月 1 日因病去世。

杨天培，男，汉族，1933 年 1 月生，甘肃民乐县人。1949 年 9 月参加工作。1955 年部队复员转业到张掖农场工作，1956 年加入中国共产党，1977 年 3 月前任第十管理站副书记、革委会副主任，4 月任第七管理站党支部副书记、革委会副主任，以后调民乐分场任场长。甘肃省人民政府批准副县级待遇离休。2004 年 1 月去世。

霍仲连，男，汉族，1932 年 2 月生，甘肃永登县人。高小文化，政工师。1949 年 9 月 17 日参加中国人民解放军，1950 年独一师二团三连战士，1952 年任农一师二团三连副班长，1954 年 10 月加入中国共产党，1955 年部队复员转业到张掖农场工作，在农场七队、老二队、头墩农场，八站先后任指导员、书记。1970 年先后任一营副教导员、教导员，1975 年恢复农垦体制后任中共张掖农场委员会委员，后营部撤销任二站指导员，1979 年—1981 年 10 月借调农场机关劳资科工作，1981 年 11 月—1991 年 10 月先后任农场劳资科副科长、科长。1991—1993 年 11 月任农场行政管理科科长，1993 年 12 月甘肃省人民政府批准副县级待遇离休。2000 年 6 月去世。

敬永芳，男，满族，1931 年 6 月生，辽宁沈阳市人。1949 年 5 月参加工作，中共党员，先后在煤矿、砖厂、商业公司任厂长、经理等职，1992 年 4 月经甘肃省人民政府批准副县级待遇离休。2010 年 10 月去世。

王万禄，男，汉族。1937 年 1 月生，河南商丘市人。1956 年 3 月参加工作，1960 年 3 月加入中国共产党，初中文化程度，农机助理工程师，1956 年随河南开荒队来场参加工作。1957 年任头墩共青社五大队五中队任司务长。1958 年—1959 年 4 月在沙井子机校学习拖拉机驾驶、维修技术。1959年5月—1967年5月在机耕队当队长；四场合并后任机耕队指导员。1967年6月—1975年老寺庙机耕队任副指导员、指导员。1976年至1979年在修造厂任副指导员；1980—1981年任修造厂厂长。1982—1984年3月任机耕队党支部书记；1984年4月—1990年12月任农机公司党支部书记（1990年获得助理工程师资格）；1991年1月—1992年1月任农机管理站站长。1992年3月—1995年2月任农机科科长。1995年3月—1998年1月金龙宾馆党支部书记1998年2月退休（当年2月省集团公司批准为副县级调研员待遇退休）。多次被评为先进工作者、优秀共产党员。1989年2月被中华人民共和国农业部授予长期坚持农牧渔业技术推广先进个人。

崔繁荣，男，汉族，1936年7月生，山东日照人。1954年8月参加工作，文化程度大专，中共党员，先后在酒花站等单位任职。在工作期间多次被评为先进工作者、优秀共产党员。1989年2月被中华人民共和国农业部授予长期坚持农牧渔业技术推广先进个人。1998年2月经甘肃农垦集团批准副县级调研员待遇退休。

李梦森，男，汉族，1935年1月生，山东高唐县人。1952年12月参加中国共产主义青年团，1979年2月加入中国共产党，经济师。1953年8月考入中国人民解放军南京工程兵学校，结业后在部队任参谋，获少尉军衔。1958年转业参加农垦建设，任黑龙江省853农场生产队副队长，1959年被853农场选送到黑龙江八一农垦大学学习2年，结业后任山东省青坨农场生产队副队长。1964年7月调张掖农场，历任助理员、参谋、正副科长、主任等职；1993年任农场总经济师，1995年6月退休。他曾革新啤酒花烤房设计，提高综合效率30%，增产节约数10万元。积极参与农场改革、规划设计和企业管理、财务核算等经济工作，多次被农场评为优秀共产党员、先进工作者。

李友斌，男，汉族，1930年10月生，甘肃民乐县人。1955年10月加入中国共产党。1949年参加中国人民解放军宁夏独二军三营七连当战士，1955年12月转业到张掖农场，历任采购员、厂长、仓库保管员、学校总务主任、革委会副主任，实验站、砖厂、农场中学党支部书记等职，1990年7月离休。1978年中共张掖地委、张掖地区革委会授予"农业学大寨、工业学大庆"双学先进个人称号。1982年出席省劳模代表大会，被甘肃省人民政府授予"甘肃省先进工作者"称号。1983年被张掖地区农垦局授予"张掖地区农垦系统劳动模范"称号。

徐润兰，女，汉族，1936年3月生，宁夏回族自治区中卫市人。
1965年加入中国共产党。1954年10月参加宁夏灵武农场农业劳动，
1956年2月调张掖农场，历任农工、组长、排长、党支部书记、场妇
联主任（兼）等职。多次被评为农场优秀共产党员、先进妇女工作者。
1978年在"农业学大寨，工业学大庆"运动中，获"双学先进个人"
称号，受到中共张掖地委、张掖行署的嘉奖。曾被当选为张掖县第九届人大代表。1986
年，在全国农垦系统思想政治工作经验交流会上，被农牧渔业部农垦局授予"全国农垦
系统优秀政工干部"荣誉称号。享受部级劳动模范的政治和生活待遇。1989年2月
退休。

刘世新，男，汉族。1949年生，甘肃张掖市人。中共党员。
1971年9月参加工作，任甘肃省农科院张掖试验农场园艺工。1979
年3月调张掖农场从事果园生产工作，任林果站园林工。1985年刘
世新夫妇承包低产果园20亩，经过刻苦钻研，对果园进行改造，果
品总产由承包前0.25万千克提高到4.1万千克，增加14.4倍；单产
创农场最高纪录，优级果品率达90％以上，年年超额完成上缴任务。
4年来累计上缴利润16.49万元，年劳均收入1.12万元。为帮助职工共同致富，经常采
用传、帮、带的方式，先后培养14名技术骨干，帮助10多户技术低的工人掌握园艺技
术。1986年以后曾3次被场党委评为优秀党员，4次被农场评为先进工作者。1994年5
月，甘肃省人民政府授予"甘肃省劳动模范"称号。2009年12月退休。

郑传合，男，汉族，1933年8月生，河南邓州市人。1956年
加入共青团，1960年加入中国共产党，园艺师，张掖地区林学会会
员，张掖地区园艺学会理事。1958年9月张掖农校植保专业毕业，
1961年毕业于张掖农专林学专科，分配张掖专署林业局任科员。
1962年参加张掖地区九龙江林场筹建，后调张掖地区林科所担任技
术工作。1977年5月调张掖农场，历任园林队技术员、农管站股
长、林果站副站长等职。创造性地提出苹果梨大苗建园方案，在新果园建设中积极推行
规范化管理。在参与甘肃农垦啤酒花引种及丰产栽培科研项目中获1988年农业部颁发
的农牧渔业丰收一等奖。1989年参与"植物激素EF、Pix试验示范推广应用科研"，受
甘肃省农垦总公司嘉奖。1990年参与"低产果园改造试验与示范"获农垦科技进步三
等奖。甘肃省农垦总公司1986年授予"甘肃农垦系统先进科技工作者"、1995年授予
"甘肃农垦'八五'期间果园建设和果品创优先进工作者"称号。1989年2月被国家农

牧渔业部授予长期从事技术推广工作荣誉称号、颁发证书和证章。著有科技论文 5 篇，其中《环状倒贴皮在元帅系苹果幼旺树上增产经验》《果树高接换头的技术应用》获甘肃省农垦总公司科技论文三等奖；《杜梨砧木建园防冻防病又增产》《苗圃迹地断根再生的经验》录入 1984 年 8 月出版的《甘肃省农垦科技成果论文选编》（第一集），《新疆杨断留根连续育苗新法》发表在 1985 年 3 月 12 日《甘肃科技报》。1994 年退休，退休后曾被农场林果站聘为顾问。2021 年 1 月 12 日去世。

李仁武，男，汉族，1948 年 10 月生，山东青岛市人。1975 年 7 月加入中国共产主义青年团，1975 年 7 月参加中国共产党。1965 年响应国家上山下乡号召，支边来张掖农场当放牧员。他长年累月在海拔 3000 米以上的合黎山顶放牧马群，克服工作上和生活上的一切困难，不怕苦和累，圆满完成放牧任务。在农业学大寨运动中，多次被树为先进典型。1973 年参加甘肃省农业学大寨经验交流会，被授予"农业学大寨先进个人"称号，兰州军区生产建设兵团农建二师政治部和农四团为他记三等功。为表彰他的事迹，《人民日报》记者登山现场采访，撰文《深山牧马八年》发表在《人民日报》上。1975 年 4 月，他参加张掖地区上山下乡知识青年代表大会，被授予"上山下乡知识青年先进个人"称号。1980 年被共青团甘肃省委授予"新长征突击手"荣誉称号。1976 年农场选送他到张掖地区干部学校培训，结业后转为国家干部，历任农业生产队革委会副主任、副队长、党支部书记等职，任农业第一生产队党支部书记。2008 年 11 月退休。

李连壁，男，汉族，1934 年 4 月生，河北玉田县人。1955 年应征入伍，曾晋升班长，受部队嘉奖 2 次。1959 年复员，先后在北京有线电厂、山东青坨农场，甘肃武威拖修厂工作。1964 年 11 月调来张掖农场，历任农业生产连队班长、组长等职。曾多次被农场授予"学习毛主席著作积极分子和先进生产者"称号。1985 年全场兴办职工家庭农场时，他努力完成农业生产承包任务，同时开拓商业流通渠道，获得较好的经营效益。1987 年参加甘肃省勤劳致富大会，被中共甘肃省委、甘肃省人民政府授予"甘肃省勤劳致富先进个人"称号，受到甘肃省委书记和省长的亲切接见。李连壁曾当选为农场三、四、五届职工代表大会代表，第三、第四届场职代委员会委员，于 1994 年 12 月退休。2008 年 5 月去世。

贾至杰，女，汉族。1937 年 10 月生，河南西峡县人。1985 年 7 月

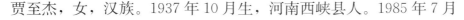

参加中国共产党，中学高级教师。1958年毕业于兰州农校，中专学历。同年参加工作，1960年4月任甘肃省农垦委员会科员。1960年11月调来张掖农场，历任场部统计员、生产队农业技术员等工作。1971年4月被聘为农场学校教师，1988年8月任农场中学校长，1993年3月退休。1985年6月被张掖农垦分公司和分公司党委授予"教育工作先进个人"称号。自1982年以来，先后7次受到张掖农场、农场党委嘉奖。其中，1982年、1991年被授予"先进工作者"称号，1985年被评为"先进教师"，1987年被评为"先进妇女"，1989年、1990年、1992年被评"优秀党员"荣誉称号。

张文斋，男，汉族，1919年9月生，甘肃临洮县人。农艺师，张掖地区科学技术协会会员。1947年7月毕业于兰州国立西北农业专科学校农业专科，中专学历。同年9月任甘肃省农业改进所洮岷分场技佐，1952年10月任张掖马拉机农机技术员。1955年2月调到张掖农场，历任农业技术员、实验站站长、生产科副科长等职，于1986年5月离休。

张文斋在张掖农场创建时调入，长期从事农业技术工作，主要进行农作物杂交育种、农业技术推广工作。70年代曾培育出杂交春小麦"文一号""文二号""垦春一号"和冬小麦"垦冬一号"4个新品种，对促进小麦生产起到一定作用，农场为他记三等功1次。1983年，国家农牧渔业部颁发"长期坚持农牧渔业技术推广工作"作出成绩的荣誉证书和证章。2012年12月去世。

杨世耀，男，汉族，1930年8月生，天津市武清区人。1979年9月加入中国共产党，兽医畜牧师，中国科学技术协会自然科学学会会员。1954年8月毕业于西北畜牧兽医学院畜牧专修科，分配甘肃省农林厅国营张掖机械农场勘测设计队任技术员。1955年2月，随建场勘测设计队调入张掖农场工作，历任畜牧技术员、兽医站站长、生产科副科长、企业管理办公室副主任等职。1983年获国家农牧渔业部颁发的"长期坚持农牧渔业技术推广工作"荣誉证书、证章。著有论文《青贮饲料在奶牛上的应用，经济效益高》《杜洛克猪引种及杂交优势的利用研究》，分别获甘肃省农垦总公司科技论文二等奖和科研课题三等奖。1989年2月退休。2000年4月去世。

薛熔新，男，汉族，1933年7月生，甘肃张掖市甘州区人。1951年8月参加中国共产主义青年团，1956年加入中国共产党，政工师。1954年4月参加中国人民解放军，任高炮66师通讯员，警卫员。1955年10月—1958年1月，在江苏省第九军官预备学校学习文化（初中）。

1958年1月—1960年3月在北京炮校学习炮兵专业，毕业后历任炮兵师40团排长、副政治指导员等职。1964年3月转业，任生产建设兵团农建11师1团16连副政治指导员。1965年4月调任农建11师4团（本场前称），历任基层生产单位副政治指导员、政治指导员等工作。1981年3月，任场纪委副书记，1984年3月以后，历任组织科长，办公室主任，党委办公室主任等职。1995年7月退休。

薛熔新曾于1963年8月由国防部授予中尉军衔。1992年12月甘肃省农垦总公司党委授予"甘肃省农垦系统老干部先进工作者"荣誉称号，1994年张掖农垦公司党委授予"优秀党员"荣誉称号。1986年，1987年，1990年曾被张掖农场、农场党委评为"先进工作者""优秀党员"受到嘉奖。2001年9月11日去世。

郭文志，男，汉族，1932年9月生，陕西西安市人。1956年1月参加工作，1952年2月参加中国新民主主义青年团，1960年11月加入中国共产党，1981年被授予工程师级农机技师职称。1955年7月宁夏回族自治区灵武机校毕业，分配来张掖农场工作，先后任机务工人、机车车长、机耕队队长等职。军垦期间任团农林股技术员、机械股副股长。恢复农垦体制后，历任生产科、农机科副科长；企业管理办公室副主任等职。1961年—1962年8月参加农垦部在武威机校举办的机务干部训练班培训。他长期致力于农场农机工作的建设和规范化管理工作，曾获农牧渔业部颁发的"长期坚持农牧渔业技术推广工作"荣誉证书、证章。1963年被评为五好干部，多次被评为场先进工作者受到嘉奖，于1988年退休。2019年2月去世。

李泽光，男，汉族，1928年1月生，四川仁寿县人。1952年4月参加工作，1984年6月加入中国共产党，1981年被授予工程师级测绘技师职称（国家发给测绘工程师证书）。1953年哈尔滨东北国营农场管理局农业干部学校地形测绘专业结业，先后在黑龙江省土地勘测局，农垦部荒地勘测设计分院、中国人民解放军总后勤部军马部勘测设计队、甘肃省农建11师勘测设计处等单位任测绘技术员、测绘大组长等职。1970年4月调来张掖农场，先后在头墩场部生产科担任测绘、基建技术工作，1989年2月退休。

王有亮，男，汉族，1954年2月生，河南偃师县人。1992年5月参加中国共产主义青年团，1987年7月加入中国共产党，1992年7月晋升为会计师，获《会计师任职资格证书》。1976年8月参加张掖农场专业队工作，1979年3月任场计财科会计员。他刻苦学习财会业务，1990

年 3 月参加农业部农经学院审计专业证书大专班学习，于 1992 年 3 月毕业。同年 4 月任计财科副科长，1996 年晋升科长。1992 年先后完成论文《对职工家庭农场承包经营的看法》和《对企业职工风险抵押金的探讨》。1988 年 9 月获"优秀会计员"三等奖，受到甘肃省农垦总公司嘉奖。2014 年经甘肃农垦集团批准为副调研员退休。2020 年去世。

朱荣，男，汉族，1954 年 5 月生，甘肃张掖市人。1973 年参加中国共产主义青年团，1986 年加入中国共产党，1988 年晋升为外科主治医师。1979 年 9 月毕业于兰州医学院医疗系，10 月分配到张掖市沙井乡中心卫生院工作。1984 年 5 月调到张掖农场职工医院任外科医师，1986 年后任副院长、院长，1990 年任院长兼中共职工医院党支部书记。后调入甘州区医院工作。

朱荣曾与他人合写医学论文二篇，《血府逐瘀汤化裁佐治小儿肾病综合征临床观察报告》，被收入《活血化瘀研究》一书，《应用开胃消食饮佐治小儿秋季腹泻 180 例临床观察》，曾在首届全国农垦医疗卫生学术会议上交流。先后于 1990 年 6 月、1990 年 12 月获"卫生工作先进个人"和"甘肃省农垦卫生系统先进工作者"称号，分别受到张掖农垦分公司和甘肃省农垦总公司嘉奖。

霍荣林，男，汉族，1965 年 1 月生，甘肃永登县人，1981 年 12 月参加工作，1994 年 6 月加入中国共产党。1998 年 10 月—1999 年 12 月任民乐分场副场长，2000 年 1 月—2011 年 11 月任老寺庙酒厂副厂长，2001 年 11 月—2005 年 12 月任农场建筑公司副经理，2006 年 1 月—2007 年 3 月借调农场党办室工作，2007 年 4 月—2014 年 12 月任农场综合加工厂厂长，2015 年 1 月—2020 年 6 月先后任张掖分公司审计部副部长、部长，2019 年 7 月—2020 年 4 月兼任农场统计科科长，2019 年 7 月—2020 年 12 月兼任农场老干总支书记，2020 年 4 月—2021 年任亚盛张掖分公司财务部部长。

霍荣林曾于 2006 年 12 月被张掖地区评为"工业普查先进个人"，1998 年被张掖市国家税务局火车站分局聘为行风行义监督员，2019 年获得"财税达人"称号，2006 年被农场授予"先进工作者"称号，2016 年、2021 年被亚盛张掖分公司授予"先进工作者"称号。出版书籍《财务规范手册》，承担《甘肃张掖农场志》的编纂工作，任副编辑及执行主编。

第三节 人物表录

一、先进人物

（一）省（部、委、办）以上机关表彰的先进个人

获省（部、委、办）以上机关表彰的先进个人见表8-7。

表8-7 获省（部、委、办）以上机关表彰的先进个人名录

姓　名	工作单位	职　务	表彰内容	授予时间	颁授机关
杨天配	张掖农场	书记	先进生产者	1965 年	中共甘肃省委、省人民委员会
秦德志	张掖农场	职工	五好工人	1965 年 12 月	中共甘肃省委、省人民政府
李仁武	张掖农场	职工	"农业大学寨、工业学大庆"双学先进个人	1973 年	甘肃省革委会
李友斌	张掖农场	书记	甘肃先进工作者	1982 年	甘肃省人民政府
崔定一	张掖农场	场长	在农垦基层从事农业技术推广工作 25 年以上并作出成绩	1983 年	国家农牧渔业部
张文斋	张掖农场	技术员			
杨世耀	张掖农场	技术员			
张希儒	张掖农场	会计	坚持农垦财会工作 30 年以上并作出成绩	1986 年	国家农牧渔业部
魏爱莲					
徐润兰	张掖农场	妇女主任	全国农垦系统优秀政工干部	1986 年 7 月	农牧渔业部农垦局
李连壁	张掖农场	职工	"甘肃省勤劳致富"先进生产者	1987 年 2 月	中共甘肃省委、省人民政府
郭文志		科长	坚持农牧渔业技术推广工作 20 年以上，并作出成绩的农机、农技人员	1989 年 2 月	国家农牧渔业部
王万录		副科长			
崔兴德		技术员			
李荣耀	张掖农场	技术员			
王朝昆		书记			
崔繁荣		书记			
郑传合		技术员			
樊万奇		技术员			
陈定远	张掖农场	校长	从事教育工作 30 年以上并作出贡献	1989 年	中共甘肃省委、省人民政府
刘世新	张掖农场	职工	甘肃省劳动模范	1994 年 5 月	甘肃省人民政府
周文集	张掖农场	党委副书记	全省先进档案工作者	2000 年 3 月	甘肃省委办公厅、省政府办公厅
王进保	张掖农场	副科长	第二次全国农业普查先进个人	2008 年 4 月	农业部、国务院第二次全国农业普查领导小组办公室、国家统计局

（二）市（地、厅、师）以上机关表彰的先进个人

获市（地、厅、师）以上机关表彰的先进个人见表8-8。

表8-8　获市（地、厅、师）以上机关表彰的先进个人名录

姓　名	性　别	工作单位	职　务	表彰内容	授予时间	颁授机关
崔定一	男	张掖农场	干事	张掖地区"红旗手"	1959年	张掖专员公署
赵秀英	女	张掖农场	书记	学习毛主席著作积极分子	1969年	生产建设兵团农建11师政治部
孙蒂雪	女	张掖农场	职工	五好标兵	1970年	兰州军区生产建设兵团第二师党委
李仁武	男	张掖农场	职工	在双学运动中荣立三等功	1972年	兰州军区生产建设兵团第二师政治部
				"上山下乡知识青年"先进个人	1975年	张掖地区革委会
				新长征突击手	1980年	共青团甘肃省委
盛明德	男	张掖农场民乐分场	畜牧专干	畜牧兽医工作作出优异成绩	1978年	中共张掖地委、张掖地区行署
张树成	男	张掖农场	团委副书记	前方杀敌立功，后方创业立功双立功证书、奖章	1987年	兰州军区政治部、共青团甘肃省委
徐润兰	女	张掖农场	妇女主任			
李友斌	男	张掖农场	干部			
柯金莲	女	张掖农场	干部			
刘维成	男	张掖农场				
孙蒂雪	女	张掖农场				
王朝坤	男	张掖农场	职工			
石占文	男	张掖农场				
傅　德	男	张掖农场				
王建东	男	张掖农场		农业学大寨、工业学大庆双学先进个人	1978年	中共张掖地委、张掖地区革委会
张永国	男	张掖农场	干部			
姜玉兰	女	张掖农场				
马敬文	男	张掖农场	职工			
周德厚	男	张掖农场				
蒲毅强	男	张掖农场	干部			
景振荣	男	张掖农场				
李自荣	男	张掖农场				
袁国忠	男	张掖农场	职工			
张德成	男	张掖农场				
王养直	男	张掖农场				
杨梦华	男	张掖农场	干部			
曾庆龙	男	张掖农场	干部			
王大明	男	张掖农场	所长	甘肃省农垦系统先进工作者	1982年	甘肃省农垦局
盛明德	男	张掖农场民乐分场	书记	甘肃省农垦系统劳动模范	1983年1月	甘肃省农垦局
李友斌	男	张掖农场	书记	甘肃省农垦系统先进工作者	1983年	甘肃省农垦局

（续）

姓　名	性　别	工作单位	职　务	表彰内容	授予时间	颁授机关
王万禄	男	张掖农场	干部	先进工作者	1983 年	中共张掖地委、地区行署
郑传合	男	张掖农场	技术员	甘肃省农垦系统先进科技工作者	1986 年	中共甘肃省农垦总公司党委，省农垦总公司
戴　坚	男	张掖农场	统计员	甘肃农垦信息工作一等奖	1987 年 12 月	甘肃省农垦总公司
王有亮	男	张掖农场	副科长	优秀会计员三等奖	1988 年 9 月	甘肃省农垦总公司
袁炳兰	女	张掖农场	教师	甘肃省农垦系统先进教师	1989 年	甘肃省农垦总公司
纳延仓	男	张掖农场	畜牧师	甘肃省离休干部发挥作用先进个人	1989 年 9 月	中共甘肃省委老干部工作局
柯金莲	女	张掖农场	主任	商贸流通先进经营者	1989 年	省农垦总公司
贾振凯	男	张掖农场	经理	1989 年酒花生产先进工作者	1989 年 6 月	甘肃省农垦总公司
张凤梅	女	张掖农场	队长			
王计合	男	张掖农场	队长			
朱　荣	男	张掖农场	医院院长	甘肃省农垦卫生系统先进工作者	1990 年 12 月	甘肃省农垦总公司
万　孝	男	张掖农场	纪委书记	甘肃省农垦系统优秀纪检干部	1991 年	中共甘肃省农垦总公司党委
柯金莲	女	张掖农场	商店主任	甘肃省农垦商贸流通工作先进经营者	1991 年 7 月	中共甘肃省农垦总公司党委，甘肃省农垦总公司
党冬霞	女		职工	1990 年啤酒花生产能手	1991 年 8 月	中共甘肃省农垦总公司党委、甘肃省农垦总公司
刘武业	男	张掖农场	副经理	啤酒花生产先进工作者	1991 年	甘肃省农垦总公司
			副经理	甘肃省农垦系统"科技兴农"先进个人	1991 年 12 月	甘肃省农垦总公司
薛熔新	男	张掖农场	党办主任	甘肃省农垦系统老干部工作先进工作者	1992 年 12 月	中共甘肃省农垦总公司党委
柯金莲	女	张掖农场	主任	甘肃省农垦系统先进工作者	1992 年 2 月	中共甘肃省农垦总公司党委，甘肃省农垦总公司
赵凤兰	女	张掖农场	副队长	甘肃省农垦系统先进工作者	1992 年 2 月	中共甘肃省农垦总公司党委，甘肃省农垦总公司
李明华	男	张掖农场		优秀共产党员	1992 年	中共甘肃省农垦总公司党委
党冬霞	女	张掖农场	职工	甘肃省农垦系统先进生产者	1992 年	中共甘肃省农垦总公司党委、甘肃省农垦总公司
李选珍	女	张掖农场				
张希林	男	张掖农场	生产科科长	1993 年"科技兴垦"先进工作者	1994 年 2 月	甘肃省农垦总公司
杨永钧	男	张掖农场	工业科科长			
孙邦仁	男	张掖农场	书记			
刘武业	男	张掖农场	副经理			
崔建勇	男	张掖农场	团委书记	优秀团干部	1985 年	共青团张掖地委
赵凤兰	女	张掖农场	五队队长	先进科技工作者	1989 年	甘肃省农垦总公司

（续）

姓　名	性　别	工作单位	职　务	表彰内容	授予时间	颁授机关
顾计华	男	张掖农场	保卫干事	全国第四次人口普查先进工作者	1990 年	张掖地区行署
崔淑玲	女	张掖农场	辅导员	优秀辅导员	1990 年	共青团甘肃省委、甘肃省少工委、甘肃省教委
万　孝	男	张掖农场	职代会主任	企业档案工作先进工作者	1991 年	中共张掖地委、张掖地区行署
张春惠 周玉琼 肖宝荣	女	张掖农场	酒花站职工	科技兴农先进个人称号	1992 年	函数省农垦集团
赵海留	男	张掖农场		先进生产者	1995 年	中共甘肃省农垦总公司党委、甘肃省农垦总公司
武兆霞	女	张掖农场	酒花站职工	酒花生产能手	1995 年	省农垦总公司
崔繁荣	男	张掖农场	经理	甘肃省农垦系统先进工作者	1995 年	中共甘肃省农垦总公司党委，甘肃省农垦总公司
孙邦仁	男	张掖农场	书记	甘肃省农垦系统先进工作者	1995 年	中共甘肃省农垦总公司党委，甘肃省农垦总公司
傅　德	男	张掖农场	队长	甘肃省农垦系统先进工作者	1995 年	中共甘肃省农垦总公司党委，甘肃省农垦总公司
武兆霞	女	张掖农场	酒花站职工	酒花生产能手	1995 年	省农垦总公司
李树堂	男	张掖农场	农艺师			
刘武业	男	张掖农场	副经理			
敬义庆	男	张掖农场	所长	"八五"期间"科技兴垦"先进工作（生产）者	1995 年 12 月	甘肃省农垦总公司
王富海	男	张掖农场	技术员			
刘世新	男	张掖农场	职工			
邓　芝	男	张掖农场	兽医			
崔定一	男	张掖农场	场长			
李树堂	男	张掖农场	农艺师			
张希林	男	张掖农场	科长			
刘玉杰	男	张掖农场	站长			
郑传合	男	张掖农场	技术员			
孙邦仁	男	张掖农场	副站长	甘肃省农垦"八五"期间果园建设和果品创优先进工作（生产）者	1995 年 12 月	甘肃省农垦总公司
秦义民	男	张掖农场	副站长			
尚吉荣	男	张掖农场	队长			
纳金荣	男	张掖农场	队长			
李明华	男	张掖农场				
刘永兵	男	张掖农场	职工			
刘　林	男	张掖农场				
王经富	男	张掖农场	团委书记	优秀团干部	1993 年、1995 年	共青团张掖地委
雷根元	男	亚盛张掖分公司	副经理	啤酒花大麦亩千斤栽培技术 科技进步三等奖	1997 年 12 月	甘肃省农垦总公司

（续）

姓　名	性别	工作单位	职　务	表彰内容	授予时间	颁授机关
雷根元	男	亚盛张掖分公司	副经理	铺膜施肥点播机的研制 科技进步二等奖	1997 年 12 月	甘肃省农垦总公司
雷根元	男	亚盛张掖分公司	副经理	苹果梨黑胫病防治技术 科技进步二等奖	1997 年 12 月	甘肃省农垦总公司
雷根元	男	亚盛张掖分公司	副经理	西瓜重茬剂在籽瓜栽培上的应用 科技进步二等奖	1997 年 12 月	甘肃省农垦总公司
雷根元	男	亚盛张掖分公司	副经理	农业科技推广先进个人	1997 年 12 月	甘肃省农垦集团有限责任公司
程才	男	亚盛张掖分公司	副经理	农业科技推广先进工作者荣誉称号	1997 年 12 月	甘肃省农垦集团有限责任公司
霍荣林	男	张掖农场	酒厂财务科科长	在一九九五年全国第三次工业普查工作中成绩优异，被评为地区级普查先进个人	1997 年	甘肃省张掖地区第三次工业普查领导小组
马春年	男	张掖农场	工业科科长			
王进宝	男	张掖农场	项目办副主任	1997—2000 年度统计先进工作者	2000 年 12 月	甘肃省农垦总公司
郑士进	男	张掖农场	副场长	劳动模范	2003 年 9 月	中共甘肃省农垦集团有限责任公司委员会、甘肃省农垦总公司
王进宝	男	张掖农场	项目办副主任	2001—2003 年度统计先进工作者	2004 年 1 月	甘肃省农垦总公司
杨永钧	男	亚盛张掖分公司	纪委书记	先进生产者	2008 年	甘肃农垦集团公司
王玉芳	女	张掖分公司	副经理	十佳女企业家	2010 年	中共张掖市委
杨永钧	男	亚盛张掖分公司	纪委书记	劳动模范荣誉称号	2008 年	甘肃省农垦集团总公司
王进宝	男	张掖农场	项目办副主任	2004—2007 年度统计先进工作者	2008 年 1 月	甘肃省农垦集团有限责任公司
雷根元	男	亚盛张掖分公司	副经理	百号基地 CAP 认证实施项目 管理创新二等奖	2008 年 9 月	甘肃省农垦总公司
雷根元	男	亚盛张掖分公司	副经理	啤酒大麦新品种垦啤 2 号的选育项目 科技进步二等奖	2008 年 9 月	甘肃省农垦总公司
王玉芳	女	亚盛张掖分公司	科长	甘肃农垦系统先进工作者称号	2008 年 9 月	甘肃省农垦集团有限责任公司
		张掖农场	场长助理	甘肃省风沙区生态环境综合治理先进个人	2009 年 9 月	甘肃省农业综合开发办公室
张向军	男	亚盛张掖分公司	副经理	荣获甘肃农垦测土配方施肥工作"先进个人"荣誉称号	2010 年 3 月	甘肃农垦集团公司
王玉芳	女	张掖农场	副场长	全市"十佳女企业家"	2010 年 3 月	中共张掖市委
程才	男	亚盛张掖分公司	副经理	甘肃农垦优秀共产党员荣誉称号	2011 年 6 月	中共甘肃省农垦集团有限责任公司委员会
王经富	男	亚盛张掖分公司	党委书记、经理	优秀共产党员	2011 年 6 月	中共张掖市委
张向军	男	亚盛张掖分公司	副经理	全市创先争优优秀共产党员称号	2012 年 9 月	中共张掖市委

（续）

姓　名	性　别	工作单位	职　务	表彰内容	授予时间	颁授机关
张向军	男	亚盛张掖分公司	副经理	荣获全省绿色食品企业优秀内检员	2012年10月	甘肃省农牧厅
程才	男	亚盛张掖分公司	副经理	《凸显企业特色创先争优 结合实践建立长效机制》一文，被评为农垦集团公司创先争优理论研讨论文一等奖	2012年7月	甘肃省农垦集团有限责任公司党委
程才	男	亚盛张掖分公司	副经理	荣获甘肃农垦优秀科技工作者	2012年11月	甘肃省农垦集团有限责任公司
顾永洪	男	亚盛张掖分公司	职工	优秀共产党员	2012年7月	甘肃省农垦集团
				优秀工青妇职工荣誉称号	2012年7月	中国共产党甘肃省农垦集团有限责任公司委员会
肖新华	男	亚盛张掖分公司	十分场场长	优秀共产党员荣誉称号	2012年7月	中国共产党甘肃省农垦集团有限责任公司委员会
肖新华	男	亚盛张掖分公司	十分场场长	优秀学员荣誉称号	2012年12月	中国共产党甘肃省农垦集团有限责任公司委员会
胡定树	男	亚盛张掖分公司	党委办公室主任	优秀联络员荣誉称号	2012年12月	中国共产党甘肃省农垦集团有限责任公司委员会
黄玉红	女	亚盛张掖分公司	财务部长	优秀学员荣誉称号	2012年12月	中国共产党甘肃省农垦集团有限责任公司委员会
晋兰臣	男	亚盛张掖分公司	牧草分场管理人员	优秀学员荣誉称号	2012年12月	中国共产党甘肃省农垦集团有限责任公司委员会
程才	男	亚盛张掖分公司	副经理	在甘肃省农垦系统第一期干部在线网络教育学习中，成绩优异，荣获"优秀学员"称号	2012年12月	中共甘肃省农垦集团有限责任公司委员会
程才	男	亚盛张掖分公司	副经理	摄影作品《丰收的喜悦》获得甘肃农垦创建60周年职工书画摄影展优秀奖	2013年8月	甘肃省农垦集团有限责任公司甘肃农垦书画摄影协会
何永宝	男	亚盛张掖分公司	民乐分场职工	甘肃农垦创建60周年先进个人	2013年8月	中共甘肃省农垦集团有限责任公司委员会
苗涌	男	亚盛张掖分公司	四分场场长	被评为甘肃农垦创建60周年先进个人	2013年8月	中国共产党甘肃省农垦集团有限责任公司委员会
王经富	男	亚盛张掖分公司	党委书记、经理	甘肃农垦创建60周年先进个人	2013年8月	中共甘肃省农垦集团有限责任公司委员会
张学勤	男	张掖农场	机关财务部副科长	优秀青年人才	2014年2月	中共甘肃省农垦集团有限责任公司委员会
张彩虹	女	张掖农场	番茄酱厂职工	优秀青年人才	2014年2月	中共甘肃省农垦集团有限责任公司委员会
戴强	男	亚盛张掖分公司	职工	优秀青年人才荣誉称号	2014年2月	甘肃省农垦集团
王永明	男	亚盛张掖分公司	五分场场长	甘肃农垦优秀青年人才荣誉称号	2014年4月	中共甘肃省农垦集团公司委员会
王进保	男	番茄酱厂	项目部副主任	优秀直报员	2014年7月	甘肃省商务厅
王晓梅	女	亚盛张掖分公司	十分场职工	甘肃农垦"巾帼风采"优秀女职工	2015年3月	甘肃省农垦系统工会委员会

（续）

姓 名	性 别	工作单位	职 务	表彰内容	授予时间	颁授机关
钱凤英	女	亚盛张掖分公司	一分场职工	被评为甘肃农垦"巾帼风采"优秀女职工	2015年3月	甘肃省农垦系统工会委员会
周俊芳	女	亚盛张掖分公司	林果站职工	被评为甘肃农垦"巾帼风采"优秀女职工	2015年3月	甘肃省农垦系统工会委员会
杨作超	男	亚盛张掖分公司	林果站一队职工	被评为甘肃亚盛实业（集团）股份有限公司成立20周年先进个人	2015年9月	中国共产党甘肃亚盛实业（集团）股份有限公司委员会
苗涌	男	亚盛张掖分公司	四分场场长	2015年甘肃农垦高产创建先进工作者	2016年1月	甘肃省农垦集团有限责任公司
张向军	男	亚盛张掖分公司	副经理	2015年甘肃农垦高产创建先进工作者	2016年1月	甘肃省农垦集团有限责任公司
程才	男	亚盛张掖分公司	副经理	2015年甘肃农垦高产创建先进工作者	2016年1月	甘肃省农垦集团有限责任公司
张延寿	男	亚盛张掖分公司	四分场职工	荣获"2015年甘肃农垦高产创建奖"	2016年1月	甘肃省农垦集团有限责任公司
乔金	男	亚盛张掖分公司	八分场场长	先进工作者	2016年1月	甘肃省农垦集团有限责任公司
肖新华	男	亚盛张掖分公司	十分场场长	优秀共产党员	2016年6月	中共甘肃省农垦集团有限责任公司委员会
肖新华	男	亚盛张掖分公司	十分场场长	劳动模范	2017年4月	中共甘肃省农垦集团有限责任公司委员会
王经富	男	亚盛张掖分公司	党委书记、经理	劳动模范	2017年4月	中共甘肃省农垦集团有限责任公司委员会、甘肃省农垦总公司
万益勤	男	亚盛张掖分公司	试验站职工	被评为2019年度优秀共产党员	2019年7月	中国甘肃省农垦集团有限责任公司委员会
杨芸	男	甘肃农垦张掖农场	应急管理部副部长	第三批全市民族团结进步示范家庭	2019年7月	中共张掖市委宣传部
张向军	男	亚盛张掖分公司	副经理	甘肃省农垦集团有限责任公司先进工作者	2019年9月	甘肃省农垦集团有限责任公司
尹纳金	女	张掖农场	会计	先进个人	2019年12月	甘肃省农垦集团有限责任公司
赵开会	男	亚盛张掖分公司	场长助理	先进个人	2020年12月	中共甘肃省农垦集团有限责任公司委员会
杨才生	男	亚盛张掖分公司	民乐分场职工	优秀共产党员荣誉称号	2021年6月	中共亚盛实业（集团）股份有限公司委员会
陈月林	男	亚盛张掖分公司三分场	三分场党支部书记	优秀党务工作者	2021年6月	中共亚盛实业（集团）股份有限公司委员会

（三）县（团、处）以上机关表彰的先进个人

获县（团、处）以上机关表彰的先进个人见表8-9。

表8-9　获县（团、处）以上机关表彰的先进个人名录

姓　名	性别	工作单位	职　务	表彰内容	授予时间	颁授机关
崔定一	男	张掖农场	科长	青年建设社会主义积极分子	1958年	张掖县人民委员会
崔定一	男	张掖农场		张掖地区红旗手	1959年	团张掖地委
孙蒂雪	女	张掖农场	干部	荣立三等功	1973—1974年	生产建设兵团农建2师11团
孔向东	男	张掖农场				
姜根文	男	张掖农场				
马俊英		张掖农场		荣立三等功	1973—1974年	兰州生产建设兵团农建2师11团
李建堂	男	张掖农场				
胡秉让	男	张掖农场				
刘继成	男	张掖农场				
刘定平	男	张掖农场	职工	青年新长征突击手	1979年10月	共青团张掖地委
曾庆龙	男	张掖农场	干部	张掖农垦先进工作者	1983年	中共张掖地区农垦局委员会、张掖地区农垦局
王万禄	男	张掖农场	副科长	张掖农垦先进工作者	1983年	中共张掖地区农垦局委员会、张掖地区农垦局
李友斌	男	张掖农场	干部	张掖农垦系统劳动模范	1983年	中共张掖地区农垦局委员会、张掖地区农垦局
赵秀英	女	张掖农场	书记	张掖农垦先进工作者	1983年	中共张掖地区农垦局委员会、张掖地区农垦局
程建卯	男	张掖农场	队长			
王开金	男	张掖农场		张掖农垦先进工作（生产）者	1983年	中共张掖地区农垦局委员会、张掖地区农垦局
拓炳才	男	张掖农场	职工			
金满寿	男	张掖农场				
盛明德	男	张掖农场	干部	张掖农垦系统先进工作者	1983年	中共张掖地区农垦局委员会、张掖地区农垦局
崔建勇	男	张掖农场	团委书记	优秀团干部	1984年	共青团张掖地委
贾至杰	女	张掖农场	教师	教育工作先进个人	1985年6月	张掖农垦分公司、中共张掖农垦分公司委员会
刘定云	男	张掖农场	教师			
罗通碧	男	张掖农场	会计	全国第三次工业普查先进工作者	1986年	中共张掖地区农垦局委员会、张掖地区农垦局
孔淑英	女	张掖农场	副科长	1987年张掖农垦财务会计先进个人	1988年5月	张掖农垦分公司
			主管会计	张掖农垦先进财会工作者	1990年9月	张掖农垦分公司
朱荣	男	张掖农场	张掖农场职工医院院长	卫生工作先进个人	1989年	张掖农垦分公司
薛永禄	男	张掖农场	会计	张掖农垦先进财会工作者	1990年9月	张掖农垦分公司

（续）

姓 名	性别	工作单位	职 务	表彰内容	授予时间	颁授机关
刘彦娥	女	张掖农场		1987年张掖农垦财会工作先进个人	1988年5月	张掖农垦分公司
	女	张掖农场		张掖农垦先进财会工作者	1990年9月	张掖农垦分公司
张希儒	男	张掖农场	会计			
郝秀英	女	张掖农场		张掖农垦先进财会工作者	1990年9月	张掖农垦分公司
孙 凯	男	张掖农场				
杨晓华	女	张掖农场				
张礼坤	男	张掖农场				
王 忠	男	张掖农场	部长	先进专职人武装部	1986年	张掖市人民武装部
刘世新	男	张掖农场	职工	优秀共产党员	1994年	中共张掖农垦公司委员会
傅 德	男	张掖农场	队长	优秀共产党员	1994年	中共张掖农垦公司委员会
薛熔新	男	张掖农场	场纪委副书记	优秀共产党员	1994年	中共张掖农垦公司委员会
杨永钧	男	亚盛张掖分公司	亚盛张掖分公司纪委书记	优秀共产党员	1994年	中共张掖农垦分公司委员会
敬义庆	男	张掖农场	修造厂厂长	优秀共产党员	1994年	中共张掖农垦分公司委员会
王经富	男	张掖农场	团委书记	优秀团干部	1994年、1995年	共青团张掖地委
王大源	男	张掖农场	砖厂厂长			
屈兴宇	男	张掖农场	队长			
游钦祥	男	张掖农场		优秀共产党员	1994年	中共张掖农垦分公司委员会
胡玉珠	女	张掖农场				
岁正存	男	张掖农场	职工			
王大让	男	张掖农场				
崔 斌	男	亚盛张掖分公司	保卫科科长	先进专职人武装部	1994年	张掖市人民武装部
王进保	男	张掖农场	统计员	1996—1997年度统计先进工作者	1998年3月	张掖地区行政公署统计处
		张掖农场	项目部	统计先进工作者	2008年1月	甘肃亚盛实业（集团）股份有限公司
张贵根	男	亚张掖农场	番茄酱厂书记	优秀党组织书记荣誉称号	2012年7月	张掖市甘州区非公有制党工委
杨永勤	男	亚盛张掖分公司	七分场场长	先进个人	2015年9月	中国共产党甘肃亚盛实业（集团）股份有限公司委员会
曹立志	男	亚盛张掖分公司	民乐分场职工	先进个人	2015年9月	中国共产党甘肃亚盛实业（集团）股份有限公司委员会
钱凤英 周俊芳 王晓梅 齐红燕	女	张掖农场	林果站、民乐分场职工	优秀女职工	2016年	甘肃省农垦总公司
王延博 冯全国 张建国	男	亚盛张掖分公司	二分场场长、四分场职工	甘州区见义勇为先进分子荣誉称号	2020年4月	张掖市甘州区人民政府

（续）

姓　名	性别	工作单位	职务	表彰内容	授予时间	颁授机关
胡业鹏	男	亚盛张掖分公司	四分场职工	见义勇为先进分子荣誉称号	2020 年 4 月	张掖市甘州区人民政府
岁定道	男	亚盛张掖分公司	规划发展部副部长	优秀共产党员	2021 年 7 月	中共甘肃亚盛实业（集团）股份有限公司委员会
邵永贵	男	亚盛张掖分公司	林果站职工	优秀共产党员	2021 年 7 月	中共甘肃亚盛实业（集团）股份有限公司委员会

（四）张掖农场表彰先进个人

张掖农场表彰的先进个人见表 8-10。

表 8-10　张掖农场党委表彰的先进个人名录

时　间	荣誉名称	受表彰人员名单
1995	优秀共产党员	付功、马立奎、郑学文、宋世江、蒲少华、石玉玲、刘生怀、程焕文、谢应军、梅继奎、李安举、张希荣、敬义庆、刘世新、李荣耀、顾红梅、薛文、许来年、李菊英、付德军、李桂兄、周希江、刘振礼、周立成、李洁、王经富、王培文、杨永钧、张成杰、韩洪君、张文学、程玉会
1996	双文明先进个人	马岩斌、陈军、王宗洋、吕元成、宋世江、张延国、荣佩兰、薛崇旺、柴佩仁、刘光仁、王宪章、王朝恒、汤国仁、陈月林、葛锦桐、刘凤英、尹雪玲、刘秋龙、闻丽娟、杜安山、唐忠素、薛文、韩新寿、刘振华、姚文学、黄英、秦义民、刘林、徐志宏、刘维成、陈天明、杨宝银、张平、刘智敬、刘永莲、李崇德、金满寿、滕玉兰、王武义、张宗安、闫军、王昌军、敬义庆、李荣耀、刘振礼、王大源、王润卿、张长银、霍林科、谭素霞、李英、李运霞、陈旭功、张万书、王培文、孔淑英、张树成、王瑞红、汪关良为双文明建设先进个人称号
1996	优秀共产党员	李仁武、汪关良、何成安、张延国、宋世江、徐克仁、吴芝兰、刘生怀、王宪章、梁金祖、陈月林、苗生岐、陈立业、黄玉兰、屈兴振、杨社清、梅继奎、纳金荣、李桂花、罗通平、李明华、李荣帽、敬义庆、张长银、曾庆龙、姚万乐、郑士进、魏宗艾、刘振礼、朱荣、陈聚强、王大源、罗菊花、付功、刘定云、张贵根
1997	双文明先进个人	陈军、雷鸣振、胡振亭、吕元成、王宗洋、柴佩兰、薛崇旺、张清峰、代文山、王朝恒、汤国仁、张松、李楼山、黄玉兰、焦雪萍、唐宗素、陈素娇、尹雪玲、张翠花、刘世新、蒲向东、刘林、尹成贞、张爱花、徐志宏、王淑香、张文学、金满寿、顾永洪、霍林科、周希江、蒋涛、王武义、王莲英、鲁国智、朱世祖、李梦山、刘依胜、周立成、王海峰、宋世丽、张德忠、魏金文、漆太炳、张力、韩豪、王惠文、赵开会、王文源、薛永禄
1998 2000 2001 2003 2010	优秀共产党员	付功、段永军、李仁武、刘燕、刘生怀、葛锡勤、张松、王淑香、张文学、屈兴振、刘积忠、张玉珍、刘维生、刘林、刘定平、胡金兰、张春会、陈天明、方卫东、王润卿、王秀文、王者庆、王军妤、周希江、刘振礼、王瑞荣、王大源、张贵根、王有亮
1999	双文明先进个人	严科东、邵和平、原振莲、高学强、郑桂英、王自善、黄世忠、张建龙、徐克仁、刘振礼、张万书、辛瑞堂、姚文学、刘春香、胡金兰、王武义、王昌军、张宗安、焦雪萍、蒲玲花、刘凤英、赵学珍、周立成、王树国、王玉芳、蒋洪善、周玉琼、姚万乐、岁定道、王丽丽、朱世祖、王海峰、陈兰芝、许云、宋芬菊、王先树、赵志仁
2000	优秀共产党员	魏占喜、武志强、张桂花、何成安、郑桂英、柴佩兰、王爱红、游宪法、杜凤林、汤国仁、王大源、魏银香、张兴俊、刘翠花、刘凤英、李志碧、张成红、郑士进、王昌军、岳喜彩、于东海、刘建江、马光友、张凤梅、刘振礼、顾永洪、王海峰、杨玉秀、胡学伟、张九荣、宋胜新、何立瑞、孔淑英、何学斌、王玉芳
2000	挖渠先进个人	写国旺、田广茂、高登明、李建英、张向军、路恒义、黄世忠、张恒、张松、刘宗定、李克虎、梁银祖、秦义民、岁正存、王旭斌、王振荣、朱荣、张银、王朝昆、韩豪、徐建元、王培武、王先树、李振东、朱兴学、梅继奎、张怀欣、游红忠、陈锡贵、屈兴振、李庆凤、刘永平、焦雪萍

（续）

时　间	荣誉名称	受表彰人员名单
2001	先进工作者	武志强、王疆、梁金祖、刘照莲、崔建忠、孙邦仁、敬义庆、徐桂兰、王军妤、霍林科、魏金文、孔淑英、刘定云
	先进生产者	李霞、张桂花、何成安、李建英、刘燕、张凤进、黄世忠、赵兰凤、张新花、金满寿、秦新代、程涛、蒲向东、刘翠花、刘凤英、敬义军、候景善、岳喜彩、刘照华、周立成、王惠芳、周福平、张桂楼
2003	先进个人	郑士进、王培文、张桂花、何成安、李建英、玉仓、秦明高、张恒、秦新代、梁金祖、蒲向东、李志碧、唐忠素、焦雪萍、马光友、李霞、杨永钧、张全军、李桂兄、孙邦仁、敬义庆、胡学伟、雷根元、顾永洪、蔺洪波、霍林科、孔淑英、王玉芳、王大源、武志强
2010	2000—2002年度义务工先进个人	张烈芹、张志清、段永钧、雷鸣振、高福荣、程俊、罗天琼、邹忠才、曹克正、汤国仁、严建平、范玉琴、付晓红、赵学珍、郑国霞、王秀花、杜安山、王吉强、李庆凤、王怀国、徐淑玲、杨作朝、张翠花、李玉华、沈炳爱、高龙、胡金兰、王兵、李桂花、纳金荣、郭铭、闫增和、汤生、李勇、刘建云、汤道宴、蔺翔平、赵虎、刘永莲、宋世江、胡翠梅、徐宗禹、魏金文、方卫东、孙国林、尚学斌
	2000—2002年度双文明家庭	倪波、杨成新、张克明、杨社清、屈兴振、高海霞、何满元、陈军、王桂英、李长安、方俊庭、孙海玲、王海峰、刘慧敏、韩豪、滕新萍、刘定俊、陈天明
	2000—2002年度老有所为先进个人	蒋兆贺、李大利、敬永芳、李友斌、陈义、徐德年、屈新宇、胡振业、滕好玺、代坚、王世平
	2000—2002年度先进农机、商业经营户	张延寿、拓海明、王金山、程华丽
	2000—2002年度先进养殖户	武润琴、任福成、刘维民、王自善
	优秀共产党员	倪涛、汪关良、柴丕义、申英、张锦、张毅、于东海、赵生、刘维生、屈新振、刘积忠、崔建忠、李明亮、单永泰、蔺秀花、陈天明
	2009年做出贡献的个人	魏占彪、写国旺、雷鸣振、王宗洋、张松、王增文、张清峰、张延寿、柴丕仁、杨成新、徐世俊、孙锦香、汤国仁、方俊庭、张春香、孙山、梅继奎、陈军、杨作朝、邵永贵、万益勤、蒲向东、杜安山、付小红、尹雪玲、刘爱萍、张家恩、范有仓、胡云鹏、方卫东、余宪良、王富成、卞荣普、张富根、刘定华、宋世丽、蔺洪波、漆太柄、刘建平、王龙、杨社会、杨志鹏、张银、李建国、王吉生、王海峰、陈艳华
	先进工作者	苗涌、杨永勤、乔金、纳金荣、杜树生、李桂花、李庆凤、游宪法、宋世江、陈政、霍荣林、张万书、王有亮、张贵根、张树成
	优秀共产党员	雒继洪、段永军、何成安、张延国、蒲少华、秦明高、张建龙、秦新安、朱兴学、何满元、韩娥、屈兴振、王奎得、刘定平、顾永洪、于东海、赵生、闫军、蒋涛、赵海燕、李生福、周希天、孙国林、贾振凯、秦义民、岁定道
	"老有所为"先进个人	满德勇、吴学盛、王振霞、李选珍、张恒、李明华、秦绍忠、张春会、李荣耀、曾占芳、赵秀英、万孝、孔淑英、王文源、李子业、周忠义
	模范家庭	张登寿、张怀欣、智培明、沈国柱、杨建荣、陈学增、胡金、秦新岱、薛崇旺、李运海、陈会芹、吴新军、胡学红、胡秀娟
2015	2015年做出贡献的先进工作者	申英、秦新安、肖新华、赵开会、王艳文、陈月林、苗涌、乔金、杨社清、杨永勤、李建家、霍文俊、李生福、张树成、孙凯、蒋勇、张宗玉、李宗龙、杨其斌、张怀欣
2016	先进生产者	白浩、陆山、刘惠平、段永军、王宗洋、党金菊、杜淑玲、张景刚、万益新、王爱红、杨建荣、孙锦香、任成、赵兰凤、刘方好、保文化、孙国春、朱永善、张毅、张传祥、杨作朝、何满元、刘峰、徐士平、闫军、韩风君、郭冬玲、顾永洪、王振喜、王海峰
	优秀党务工作者	刘武业、赵开会、陈月林、乔金、杨永勤、申英、崔建忠、胡定树
	优秀共产党员	白泽、雷鸣振、张宗安、苗涌、崔连瑞、柴培义、周希天、张建龙、杜树生、李庆凤、鞠东、高海霞、秦新岱、李玲、陈军、孙山、邵永贵、程世荣、万益勤、闫军、蒋涛、郭冬玲、刘海滨、王润卿、韩风山、霍荣林、岁定道、孙凯、纳守杰、秦义民

（续）

时　间	荣誉名称	受表彰人员名单
2019	优秀党务工作者	张树成、杨社清、李宗龙、倪红涛、王艳文、刘武业、李建家、杜树生、霍文俊、李生福
	优秀共产党员	魏占彪、段永军、刘燕、袁明才、苗忠、史岩、牟嫒丽、张建龙、吴正叶、秦义民、崔建忠、陈军、邵永贵、王伟德、张怀欣、王培武、曹立志、李国忠、路伯海
2021	优秀党务工作者	苗涌、王永明、杨永勤、肖新华、秦新安、胡定树
	优秀共产党员	白泽、雷鸣振、王开忠、智鹏飞、唐治祥、邹小明、杨成新、鲁秀芳、刘军峰、鞠东、刘建平、徐克军、曹立志、刘武业、何满元、刘峰、崔建忠、秦义民，冶婧文

二、专业技术职称人员

（一）副高级以上职业技术职称人员

张掖农场副高级以上职业技术职称人员见表8-11。

表8-11　张掖农场获副高级以上专业技术职称人员名录

姓　名	性别	学　历	籍　贯	职称名称	授予时间	审批机关
崔定一	男	中专	河南省南阳市	高级农艺师	1995年12月	甘肃农垦集团
李树堂	男	大专	四川省简阳县	高级农艺师	1995年12月	甘肃农垦集团
贾志杰	女	中专	河南省西峡县	中学高级教师		甘肃农垦集团
王希天	男	研究生	甘肃省金昌市	高级政工师		甘肃农垦集团
郑士进	男	大专	河南省邓县（现邓州市）	高级营销师	2014年12月	轻工业职业技能鉴定指导中心
张希林	男	本科	甘肃省民乐县	高级农艺师	2005年12月	甘肃省职称改革办

（二）中级专业职称技术人员

张掖农场中级专业职称技术人员见表8-12。

表8-12　张掖农场中级以上专业职称技术人员名录

姓　名	性别	籍　贯	职称名称	授予时间	审批机关	备　注
张文斋	男	甘肃省临洮县	农艺师	1983年2月	甘肃省农垦集团	1986年5月退休
巨效曾	男	甘肃省秦安县	农艺师	1995年12月	甘肃省农垦集团	退休去世
刘武业	男	甘肃省张掖市	农艺师	1995年2月	甘肃省农垦集团	
王富海	男	河南省南阳市	农艺师	1995年12月	甘肃省农垦集团	退休去世
刘玉杰	男	山东省营口县	园艺师	1995年12月	甘肃省农垦集团	工作调动
郑传合	男	河南省邓县（现邓州市）	园艺师	1995年12月	甘肃省农垦集团	1994年退休
邓芝	男	甘肃省张掖市	兽医师	1995年12月	甘肃省农垦集团	退　休
毛海峰	男	陕西省兴平县（现兴平市）	兽医师	1995年12月	甘肃省农垦集团	退休后去世
杨世耀	男	天津市武清县（现武清区）	畜牧兽医师		甘肃省农垦集团	退休后去世
李泽光	男	四川省成都市	测绘工程师	1983年2月	甘肃省农垦集团	退休后去世
郭文志	男	甘肃省西峰市（现西峰区）	农机工程师	1983年12月	甘肃省农垦集团	退　休

（续）

姓　名	性别	籍　贯	职称名称	授予时间	审批机关	备　注
朱　荣	男	甘肃省张掖市	外科主治医师	1995 年 12 月	甘肃省农垦集团	工作调动
王有亮	男	河南省偃师县	会计师	1995 年 12 月	甘肃省农垦集团	副调研员退休
李梦森	男	山东省高唐县	经济师	1993 年 1 月	甘肃省农垦集团	1995 年 6 月退休
霍仲连	男	甘肃省永登市	政工师	1990 年 4 月	甘肃省农垦集团	1993 年离休
王道伟	男	湖南省邵阳市	政工师	1990 年 4 月	甘肃省农垦集团	退　休
王秀文	男	甘肃省民乐县	中学一级教师	1995 年 12 月	甘肃省农垦集团	
张学东	男	甘肃省张掖市	中学一级教师	1995 年 12 月	甘肃省农垦集团	
王正祥	男	甘肃省靖远县	中学一级教师	1995 年 12 月	甘肃省农垦集团	
王荣军	男	甘肃省渭源县	中学一级教师	1995 年 12 月	甘肃省农垦集团	
徐宗禹	男	山东省泰安市	中学一级教师	1995 年 12 月	甘肃省农垦集团	
马春年	男	甘肃省静宁县	中学一级教师	1995 年 12 月	甘肃省农垦集团	
陈旭功	男	甘肃省张掖市	中学一级教师	1995 年 12 月	甘肃省农垦集团	
柳悦颖	女	山东省莱西县（现莱西市）	小学高级教师	1995 年 12 月	甘肃省农垦集团	
席仲星	男	河北省定川县	小学高级教师	1995 年 12 月	甘肃省农垦集团	
胡安怀	男	河南省唐河县	小学高级教师	1995 年 12 月	甘肃省农垦集团	
徐桂兰	女	甘肃省永昌县	小学高级教师	1995 年 12 月	甘肃省农垦集团	
孙金兰	女	河南省镇平县	小学高级教师	1995 年 12 月	甘肃省农垦集团	
王昌盛	男	安徽省灵璧县	政工师	1995 年 12 月	甘肃省农垦集团	
韩　豪	男	甘肃省民乐县	小学高级教师	1997 年 7 月	甘肃省农垦集团	2007 年 3 月移交甘州区
陈聚强	男	河南省	小学高级教师	1997 年 7 月	甘肃省农垦集团	
宋芬菊	女	河南省	小学高级教师	1997 年 7 月	甘肃省农垦集团	
韩传芬	女	山东省胶南	小学高级教师	1997 年 7 月	甘肃省农垦集团	
李　云	男	陕西省	小学高级教师	1997 年 7 月	甘肃省农垦集团	
李桂兰	女	甘肃省武威市	小学高级教师	1997 年 7 月	甘肃省农垦集团	
何学斌	男	甘肃省山丹市	中学一级教师	1997 年 7 月	甘肃省农垦集团	
刘　艾	女	甘肃省山丹市	小学高级教师	2006 年 6 月	甘肃省农垦集团	
卞吉虎	男	甘肃省武威市	小学高级教师	2006 年 6 月	甘肃省农垦集团	
赵树桂	女	甘肃省山丹市	小学高级教师	2006 年 6 月	甘肃省农垦集团	
郭惠霞	女	陕西省	外学高级教师	2006 年 6 月	甘肃省农垦集团	
李　红	女	甘肃省张掖市	小学高级教师	2006 年 6 月	甘肃省农垦集团	
王麦秀	女	甘肃省武威市	小学高级教师	2006 年 6 月	甘肃省农垦集团	
潘　娜	女	安徽省灵璧县	小学高级教师	2006 年 6 月	甘肃省农垦集团	
万　孝	男	甘肃省民乐县	政工师	1995 年 12 月	甘肃省农垦集团	1998 年 6 月退休
崔建勇	男	宁夏中卫市	政工师	1995 年 12 月	甘肃省农垦集团	2009 年 3 月调黄羊河
崔繁荣	男	山东省日照市	政工师	1995 年 12 月	甘肃省农垦集团	退休后去世
王昌盛	男	安徽省灵璧县	政工师	1995 年 12 月	甘肃省农垦集团	2007 年 3 月移交
薛熔新	男	甘肃省张掖市	政工师	1995 年 12 月	甘肃省农垦集团	1995 年 7 月退休
王经富	男	甘肃省张掖市	政工师	1997 年 2 月	甘肃省农垦集团	

（续）

姓　名	性　别	籍　贯	职称名称	授予时间	审批机关	备　注
李宗国	男	甘肃古浪市	农业经济师	1999 年 11 月	甘肃省职称改革办	
张树成	男	甘肃临洮市	政工师	2001 年 5 月	甘肃省农垦集团	2020 年 10 月退休
胡定树	男	河南唐河市	政工师	2020 年 3 月	甘肃省农垦集团	
张贵根	男	甘肃张掖市	政工师	1999 年 2 月	甘肃省农垦集团	
雷根元	男	甘肃华亭市	农艺师	1998 年 7 月	甘肃省农垦集团	
杨社清	男	甘肃武威市	农艺师	2000 年 3 月	甘肃省农垦集团	
肖新华	男	贵州习水市	农艺师	2000 年 3 月	甘肃省农垦集团	
王　疆	男	河南延津市	农艺师	2001 年 8 月	甘肃省农垦集团	
杨永钧	男	天津武清市	经济师	1997 年 11 月	国家考试获取	副调研员
王培文	男	甘肃张掖市	经济师	1997 年 11 月	国家考试获取	2021 年 2 月退休
刘武业	男	甘肃张掖市	农艺师	1994 年 6 月	甘肃省农垦集团	
秦义民	男	甘肃张掖市	林业工程师	2001 年 12 月	甘肃省农垦集团	
霍荣林	男	甘肃永登市	管理会计师	2019 年 6 月	会计师协会	
毛学科	男	甘肃民乐市	农艺师	2001 年 12 月	甘肃省农垦集团	
李振东	男	山东武城县市	政工师	2001 年 5 月	甘肃省农垦集团	退　休
王昌盛	男	安徽灵璧市	政工师	2001 年 5 月	甘肃省农垦集团	
王树国	男	甘肃武威市	政工师	2003 年 5 月	甘肃省农垦集团	
赵玉华	女	甘肃永昌市	政工师	2003 年 5 月	甘肃省农垦集团	2007 年 3 月移交甘州区
刘定云	男	甘肃山丹市	政工师	2003 年 5 月	甘肃省农垦集团	
王玉芳	女	甘肃永昌市	工程师	1999 年 12 月	甘肃省农垦集团	2019 年 2 月退休

三、人民代表大会代表

张掖市（区）人民代表大会代表见表 8-13。

表 8-13　张掖市（区）人民代表大会代表名录

姓　名	性　别	民　族	学　历	工作单位	代表届次
崔定一	男	汉	中专	张掖农场	张掖市第一届人民代表大会代表
王希天	男	汉族	研究生	张掖农场	张掖市第二届人民代表大会代表
				张掖农场	张掖市第三届人民代表大会代表
王经富	男	汉	大专	张掖分公司	张掖市第四届人民代表大会代表
				张掖分公司	张掖市第五届人民代表大会代表
崔定一	男	汉	中专	张掖农场	甘州区十三届人民代表大会代表
				张掖农场	甘州区十四届人民代表大会代表
				张掖农场	甘州区十五届人民代表大会代表
周文集	男	汉	大专	张掖农场	甘州区十六届人民代表大会代表
				张掖农场	甘州区十七届人民代表大会代表

（续）

姓　名	性　别	民　族	学　历	工作单位	代表届次
杨永勤	男	汉	中专	张掖农场七分场	甘州区十八届人民代表大会代表
王经富	男	汉	大专	张掖分公司	甘州区十九届人民代表大会代表

四、在场工作 30 年以上老职工

张掖农场的发展，是几代农场人共同奋斗的结果，饱含着那些长期坚守在农场工作岗位的老干部、老工人的默默奉献。其中，有的早在 1960 年 12 月以前就来场参加生产建设，有的扎根农场，献身农垦达 40 年之久，他们经历了创业的艰辛和艰苦创业的磨炼、考验，他们同张掖农场同甘苦、共患难，把自己青春年华、毕生精力，默默奉献给农垦事业，他们都是农场的生产建设骨干力量，对张掖农场的发展曾作出了重要贡献。现在，他们有的仍意气奋发向上，为农场生产建设竭尽全力；有的虽已离退休，从农垦工作岗位上退下来，但仍继续发挥余热。日夜关注农场的发展；也有的正安度晚年，过着幸福的生活。为学习和发扬老同志们艰苦创业和无私奉献的精神，特志名以作纪念。

（一）1955年来农场从事农垦工作的老职工

1. 中华人民共和国成立以前参加工作退休人员（含军龄）

王春伟	张永国	宋月宝	张茂公	陈　义	敬永芳	尚金顺	肖连宽	李司玉
霍仲连	戴永福	杨天配	李吉庆	张赐庆	徐德年	石占文	李有斌	蔺俊业
张进祥	孙齐忠	顾文德	杨海源	王之俊	张兆泰	乔国虎	李长生	何润武
李恒民	纳延仓	张生财	姚智义	马　振	王建福	何生明	曹俊杰	陈发善
张希儒	褚兴科							

2. 抗美援朝时期参加工作退休人员

王道伟　陈　义　周忠义　张希儒　杨吾儿

（二）1960年来本场工作已退休的老职工

1. 老寺庙农场退休老职工

崔定一	贾至杰	王金兰	朱兰芳	李香兰	王秀花	刘桂芳	金秀英	唐菊花
陈兴禄	徐凤香	徐润兰	方正信	刘香芝	王爱兰	柯金莲	李剑英	马凤英
王美英	朱玉秀	张永国	任凤琳	邹月英	张玉兰	王玉莲	刘志义	罗蕴华
张兰香	苗占英	李恒民	包桂兰	赵凤英	周明荣	戴刚利	张会文	张德成
贺桂兰	张菊花	秦德志	王学清	王兰英	周忠义	普相林	李如兰	周凤英

傅功	吴学盛	贾凤兰	刘金花	张菊英	赵学芳	姜玉兰	曹菊香	王兰英
张翠英	杨掌元	徐来年	李长发	李秀英	傅兰香	杨玉兰	杨兰英	
罗锐	任千林	刘君	李发育	梁正业	巴登海	姜根文	蔺秀英	孔建国
朱清英	张富	顾永忠	李华荣	刘泽忠	王爱云	徐德江	袁顺卿	李洪财
顾乃宏	张恩生	周兆才	党存忠	韩兰英	杨世耀	王天寿	王金堂	关凤英
崔兴德	陆忠年	张文斋	彭孝先	陆秀英	范桂英	银桂香	陈林英	赵多义
李秀英	赵秀英	杨秀珍	董桂兰	郭文志	肖明芳	李自荣	黄守明	罗吉兴
唐秀珍	傅德	王大让	闫振怀	刘桂兰	陈友	王德寿	王兆贵	白果本
赵玉喜	李长生	宋文辉	王兴高	孙秀琴	魏宗爱	朱才芳	李吉发	于桃香
王世平	张兆林	王生	刘桂花	王晋垣	脱正兰	马玉莲	王莲英	吴太秋
韩吉芝	赵玉秀	刘月英	王瑞荣	罗玉梅	李大利	戴坚		

2. 山羊堡、头墩、林荫农场老职工

陈秀兰	南新女	黄爱香	杨海帮	杨耀忠	苗生华	汤秀珍	刘爱兰	刘定俊
杨金香	刘香莲	张克发	陈焕文	王万禄	秦好国	贾玉兰	宋颜芝	王爱英
王德印	刘之香	陶玉凤	赵太年	李守梅	李清萍	史德玉	韩明尧	杨德忠
葛菊英	李吉福	王崇道	李存英	阎金花	王翠兰	李德忠	华玉珍	金秀英
吴秀英	张来香	姜月英	汤义仁	刘德祥	杨秀英	刘德成	刘德享	张月芳
张训梅	张天佑	马菊花	李爱英	马友明	唐桂芝			

3. 已去世

张茂林	李建堂	孙蒂雪	王富春	胡秉让	关文芝	王文源	李俊春	杨吾儿
周治岐	侯培山	李现堂	张清选	陈美玉	吕盛林	汤治仁	黄廷俊	汤金秀
刘定新	张凤祥	张吉全	卢秀珍	温修德	李荣耀	谭香兰	滕好玺	李爱云
晋文生	雍金铎	胡升宇	原东信	王志茹	周梅堂	韩玉	赵海留	秦秀德
原树太	任学良	田存生	王秀文	田富伍	陈菊香	王大源	杨发孝	赵秀兰
薛卜云	姚爱香	杨临州	王宝铭	赵文典	魏爱莲	谢建业	张桂花	杨有年
蒲永庆	吕茂荣	吕茂盛	吕茂英	周德厚	南海清	胡海堂	汪金荣	陈清芝
闫光喜	王大明	岳凤英	申文海	张治昌	汤兰英	李吉春	刘清潭	王舜
苗生岐	黄金谭	韩香玲	刘光义	万文芳	保凤英			

（三） 1961年以后参加工作在本场工作30年以上的老知青

1. 退休支边知识青年

天 津：罗丽兰 周秀英 王继红 孔淑英 李永光 徐德荣 孙秀兰

青　岛：王学东　李仁武　田秀珍　孙管兰

济　南：辛凤香

济　宁：李忠林　李爱珍

已去世人员：

张铨印　张启元　赵修德　张秀云　张重工　杨玉珍　何小玲

2. 复员转业军人及其他招工调入人员

张秀兰　刘兰花　张兰花　张秀花　傅贞香　张爱花　高学强　李长安　兰　英

黄玉兰　褚桂英　普秀兰　郝兰英　张桂香　南新喜　薛文俊　姚兰香　刘天恩

原振江　王朝恒　赵子元　李捌拾　陈玉秋　蔡　坤　李梦森　张礼坤　李子业

刘玉兰　吕孝德　路恒宣　薛普瑞　金福华　王兴文　王朝坤　党冬霞　张文学

方菊英　秦金梅　刘玉萍　朱桂芳　李红彩　刘清华　谢洪兰　石桂兰　陈炳元

齐元标　林子和　原振莲　卡菊花　房金友　丁正祥　谢恒兰　文成生　曾庆龙

刘广恩　刘生怀　孙金兰　杨生堤　张成杰　辛兴明　高志岐　陈立业　崔全香

张志安　倪永成　李现成　满德永　胡玉珠　蒋兆贺　刚道海　李明华　王计合

刘振礼　屈兴宇　王化政　马秀柱　徐秀兰　尹明钦　蒋德财　卞朝怀　王翠兰

李兰香　李兴国

已去世人员：

喻兴群　李玉兰　李选真　雷光华　王　琦　葛长生　席俊兰　孙香花　史爱花

李生育　管兴政　王者庆　李有菊　王　忠　薛熔新　汤从信　崔繁荣　孙洪荣

刘胜利　李连壁　刘财富　张希荣　韩洪君　马玉辉　刘光仁　盛明德　赵志帮

王在龙　王有文　赵子贵　武金芳　潘明德　董广兰　岁正存　郑学文　刘振国

李世家　胡安怀　于维贞　吴芝兰　刘洪甫　王国营　程建卯　陈　汉　贾振凯

巨效曾　陈万财　李培友　岳德明　马立奎　刘其树　张素金　程中美　吕荣芳

梁洪秀　杨兴海　赵凤芝　胡振业　王文斋

3. 从其他垦区调入本场人员

张耀源　杜凤振　李长信　张桂英　孙云卿　陈凤英　赵秀英　陈秀明　都基华

牟正山　翟永来　朱兴忠

已去世人员：

樊万奇　李泽光　杜裕昌　张淑珍　邓　芝　李月林　吴芝兰　张荣奎　杨长启

石生福　冯文杰　李景武　马武吉　陈赐财　张学良

（四）　工作30年以上的老职工

1. 退休人员

白　萍	白巧民	包桂兰	卞朝怀	卞菊花	宾元宣	薄尚英	蔡桂岭	蔡金莲
蔡　坤	藏　秀	曹菊香	曹立荣	曹绍兰	曾菊英	曾庆龙	曾献英	柴辉莲
柴爱兰	柴佩兰	柴希风	柴玉秀	陈爱兰	陈炳华	陈炳霞	陈斌元	陈德文
陈风英	陈桂花	陈桂枝	陈菊花	陈兰芝	陈列琴	陈秋兰	陈士平	陈淑恒
陈淑敏	陈淑萍	陈素乔	陈万发	陈锡贵	陈兴德	陈秀明	陈秀云	陈学增
陈雪连	陈玉荣	陈玉珍	陈志英	成守平	程方珍	程富华	程桂兰	程华丽
程焕文	程仁荣	程世荣	程秀兰	程艳玲	褚桂英	崔红霞	崔建忠	崔连瑞
崔秀珍	戴翠英	戴刚利	戴文山	单俊兰	邓兰芬	邓章琼	丁为民	丁悦素
丁正祥	董付华	董广建	董恒侠	都桂臻	都基华	豆春霞	豆科选	豆　伟
杜安山	杜风林	杜风振	杜风智	杜君玲	杜俊琴	杜润兰	段爱莲	樊玉英
范春芳	范玉琴	方菊英	方俊廷	方正信	房金友	冯　英	冯长海	冯长柱
付　功	付　荣	刚道海	高海霞	高秀琴	高学强	高云海	高志岐	葛翠萍
葛锦桐	葛菊英	顾红梅	顾新梅	顾永洪	管爱玲	管会珍	管香兰	郭冬玲
郭海英	郭兰香	郭玉兰	郭玉秀	韩风军	韩金香	韩菊玲	韩　龙	韩明尧
韩秀银	郝兰英	郝庆林	郝秀英	郝英兰	郝志凯	何碧芳	何成安	何风英
何福元	何晴伦	何晓芹	何秀珍	何永宝	何永寿	贺　萍	贺风平	贺风霞
贺桂兰	侯金霞	侯平德	侯文花	侯国华	侯巧英	呼崇珍	呼建成	胡　琛
胡昌贤	胡　成	胡翠梅	胡风云	胡　金	胡金兰	胡开梅	胡文脉	胡秀娟
胡秀兰	胡秀英	胡玉珠	胡振庭	胡子元	华玉珍	黄　英	黄爱军	黄爱萍
黄会芳	黄会英	黄继云	黄瑞英	黄世忠	黄玉花	黄玉兰	霍炳章	霍林科
贾爱芝	贾春香	贾风英	贾福兰	贾连风	简道军	江昌华	姜永基	姜玉兰
蒋德才	蒋桂霞	蒋　莉	蒋兆贺	颉淑巧	解纯华	解　英	金福华	晋兰臣
晋兰军	靳世平	康桂琴	康振宇	柯金莲	孔爱霞	孔淑英	孔秀兰	赖先友
赖秀梅	兰　英	雷新红	雷银红	雷永红	冷素贞	李　伍	李爱香	李爱英
李爱珍	李捌拾	李崇德	李翠珍	李存福	李存英	李德忠	李冬梅	李娥妮
李丰胜	李风英	李　富	李桂花	李桂花	李桂花	李桂兰	李桂琼	李桂兄
李和清	李　红	李红彩	李　华	李怀忠	李辉春	李会兰	李会珍	李惠兰
李惠信	李建梅	李建英	李金花	李金良	李九利	李菊英	李克军	李兰香
李　玲	李梦森	李梦山	李　敏	李明华	李明亮	李朋珍	李巧义	李清萍

李庆凤	李庆华	李庆秀	李琼华	李仁武	李如兰	李生福	李生荣	李世海
李守兰	李守梅	李淑芝	李树堂	李素芳	李素琼	李天元	李廷凤	李维平
李 霞	李显芝	李香兰	李小丽	李新福	李兴国	李秀芳	李秀兰	李秀明
李秀英	李雪琴	李艳芬	李永光	李玉华	李玉侠	李玉珠	李运霞	李长安
李长发	李长信	李 真	李振东	李志碧	李子文	李自业	李宗志	梁金祖
梁菊玲	梁新梅	梁玉梅	林丽花	林之福	林芝香	蔺洪波	蔺翔平	蔺秀红
蔺秀花	蔺秀梅	凌炳生	刘 华	刘爱兰	刘爱民	刘爱香	刘爱云	刘彩琴
刘传英	刘传云	刘春霞	刘春香	刘翠花	刘德基	刘定功	刘定桂	刘定华
刘定俊	刘定平	刘 飞	刘凤萍	刘凤云	刘凤兰	刘凤英	刘光辉	刘光霞
刘广恩	刘海滨	刘海谭	刘海英	刘红伟	刘红云	刘积忠	刘建华	刘建云
刘金华	刘金梅	刘兰花	刘兰英	刘 灵	刘清华	刘秋龙	刘秋云	刘生怀
刘天恩	刘维伯	刘维成	刘维明	刘维生	刘 文	刘文娟	刘宪枝	刘香兰
刘香芝	刘雪英	刘彦娥	刘 燕（大）		刘 燕（小）		刘以胜	刘英林
刘永莲	刘玉萍	刘玉先	刘玉英	刘玉芝	刘照莲	刘振礼	刘忠林	刘子兰
刘宗定	柳玉芬	卢 林	鲁国志	陆玉玲	路恒义	罗 珍	罗惠琴	罗继忠
罗菊花	罗丽兰	罗天平	罗天琼	罗天蓉	罗通平	罗万生	骆 培	雒继红
吕桂华	吕菊花	吕美玲	吕素敏	吕孝德	吕秀芳	吕元成	马德友	马凤英
马鸿燕	马加群	马金花	马金英	马菊花	马俊英	马兰香	马立伍	马莲文
马 玲	马玲玲	马平兰	马秀柱	满安杰	满德勇	毛林霞	毛维业	梅继奎
孟瑞兰	孟旭华	苗 俊	苗生华	苗 新	苗占英	牟福仓	牟连英	牟正山
穆莲花	南新女	南新喜	南玉萍	倪永成	牛彩琴	牛春香	潘树业	潘新芳
彭桂玲	彭庆玉	彭四月	蒲俊忠	蒲少华	普湘林	普秀兰	蒲秀荣	漆太炳
齐红燕	祁桃花	钱成祖	乔桂香	乔菊花	秦德志	秦好国	秦景梅	秦兰芳
秦绍忠	屈兴宇	屈兴振	屈秀珍	冉桂芝	任爱香	任福成	任宏年	任开珍
任秀花	任秀珍	任有年	戎桂芳	尚爱芹	尚桂花	尚俊英	邵正英	申爱兰
沈炳爱	师福学	施桂兰	石秀花	石玉玲	史常爱	史得玉	史惠萍	史纪芳
史兰英	史秀珍	舒兴兰	宋翠兰	宋丽兰	宋秋香	宋胜新	宋世江	宋世丽
宋世琴	宋世湘	宋书芬	宋书重	宋秀花	宋秀丽	宋颜芝	岁美丽	孙国春
孙海荣	孙凤娥	孙菊香	孙兰香	孙灵香	孙淑清	孙秀兰	孙义荣	孙佑芬
孙玉萍	孙云兰	孙云卿	谭龙秋	汤国仁	汤会萍	汤秀珍	唐菊花	唐娟君
唐小花	唐友富	唐忠素	滕兵国	滕翠萍	滕杰国	滕新萍	田翠华	田秀珍

拓海明	万文改	汪翠霞	汪关良	汪忠芬	王爱琴	王爱香	王爱英	王彩兰
王超恒	王超昆	王成琼	王崇道	王春培	王春伟	王翠兰	王翠英	王道伟
王德印	王　芳	王福忠	王富兰	王　刚	王桂英	王海钱	王华官	王化政
王怀国	王会梅	王会文	王会英	王惠芳	王吉生	王计合	王计红	王金花
王金莲	王菊兰	王军好	王兰芳	王兰英	王兰芝	王莲英	王莲英	王　龙
王龙厚	王美兰	王美英	王明秀	王培文	王　萍	王荣明	王瑞红	王润卿
王社英	王淑芳	王淑琼	王淑香	王树英	王素华	王皖晏	王万禄	王文海
王武章	王夕英	王西志	王先树	王宪章	王香兰	王新花	王新香	王新云
王兴文	王秀华	王秀兰	王秀英	王秀芝	王学东	王学清	王雪燕	王　艳
王艳红	王艳霄	王永兰	王永梅	王玉翠	王玉花	王玉兰	王玉莲	王玉龙
王振霞	王自善	魏建萍	魏绍友	魏伻祥	文成生	文成树	吴爱花	吴才玉
吴继风	吴　荣	吴文平	吴秀英	吴学盛	吴玉花	吴玉梅	武彩华	武润勤
肖花兴	肖社珍	谢爱香	谢恒兰	辛风香	辛瑞堂	辛兴明	徐安武	徐德永
徐风英	徐惠兰	徐惠英	徐建花	徐克功	徐来年	徐润兰	徐　英	徐志宏
徐志慧	许会珍	薛崇旺	薛发琴	薛　丽	薛美芹	薛普瑞	薛文俊	薛宗瑞
闫金花	严春华	闫秀英	晏翠华	杨爱花	杨翠兰	杨发章	杨风娥	杨桂玲
杨国华	杨花香	杨会林	杨继祥	杨金香	杨兰英	杨　丽	杨妙木	杨　清
杨生堤	杨守忠	杨晓华	杨秀兰	杨学英	杨耀忠	杨元信	杨月英	杨兆贤
尧华富	姚桂英	姚景贤	姚兰香	姚俏环	姚万乐	姚文学	叶春聚	银泽邦
尹成侦	尹德贵	尹雪玲	游钦祥	游宪法	于素珍	余承英	余春香	余显良
袁德民	袁明才	原振华	原振江	袁振莲	岳耐心	严小玲	杨永志	张怀欣
岳喜云	岳兴华	翟香花	翟永来	翟玉琳	张　禄	张爱华	张爱玲	张彩萍
张成洪	张成杰	张传祥	张春会	张春莲	张翠花	张翠兰	张翠玲	张翠英
张德忠	张风华	张风华	张风进	张风梅	张凤兰	张福花	张富兰	张广平
张桂花	张桂楼	张桂香	张海侠	张红云	张华丽	张会琴	张惠文	张建昌
张金超	张金森	张　锦	张菊花	张菊香	张菊英	张俊文	张克发	张克明
张克平	张兰花	张兰香	张兰英	张礼坤	张丽萍	张恋英	张烈芹	张　敏
张　平	张萍花	张　勤	张清峰	张如喜	张润元	张树成	张万华	张文学
张希儒	张小兰	张小平	张小萍	张晓红	张兴奋	张兴华	张兴俊	张兴良
张幸红	张秀芳	张秀红	张秀花	张秀兰	张秀铭	张秀萍	张秀英	张延国
张延寿	张耀源	张　英	张永国	张永萍	张玉芳	张玉凤	张玉会	张玉梅

张玉珍（大）　张玉珍（小）　张长银　张　照　张志安　张重侠　张宗堂

赵　萍　赵翠玲　赵丰周　赵风兰　赵风香　赵桂香　赵汉英　赵宏芳　赵兰风

赵兰香　赵　丽　赵秋梅　赵瑞多　赵树元　赵天英　赵兰香　赵秀英　赵秀英

赵学珍　赵玉兰　赵长生　赵志仁　赵子元　郑桂英　郑士进　郑世新　郑秀华

智培明　周大学　周风英　周会军　周　连　周明荣　周文集　周希江　周希天

周秀英　周玉芬　周忠义　朱殿良　朱发秀　朱红花　朱惠芬　朱惠珍　朱兰芳

朱守祖　朱兴学　朱兴忠　朱秀芳　朱秀荣　朱永德　朱玉秀　朱占礼　邹月英

王开金

2. 在职人员

卞荣斌　宾文成　曹立兵　曹立志　曾换新　陈　军　陈　军　陈　勇　陈月林

程华东　程　涛　崔　斌　段世杰　段学良　段永军　冯全国　高延利　葛锦权

顾计元　韩风山　何满元　何永军　贺全国　胡学义　胡云飞　胡云鹏　黄　斌

黄克龙　霍连科　霍荣林　霍新林　蒋　涛　蒋　勇　雷根元　雷建红　李　诚

李国忠　李建科　李　军　李　军　李　英　李　瑛　李　勇　李运海　李宗龙

李宗鹿　梁银祖　刘定才　刘建平　刘建设　刘　军　刘军生　刘武业　刘　勇

刘照华　刘照静　刘振生　陆　军　陆　山　路伯承　路伯海　雒会玲　雒继文

吕永明　吕元庆　马岩斌　满　意　苗　冲　苗　涌　苗　忠　牟红军　纳金荣

倪红涛　潘玉峻　潘玉忠　蒲向东　乔　金　秦明高　秦新安　秦新代　秦义民

尚吉荣　尚学兵　申　英　石铭君　石玉红　宋世波　孙　刚　孙国林　孙　凯

孙新明　唐治国　唐治祥　田成新　王爱琴　王　兵　王昌军　王　疆　王金山

王进保　王进国　王经富　王培武　王书平　王伟德　王旭斌　王晏红　王永红

王玉生　王增强　王振京　王振喜　王宗洋　温虎龙　武志强　肖新华　谢应军

邢明杰　徐建元　徐克军　徐克仁　薛　文　闫　军　杨洪德　杨社清　杨永钧

杨永勤　杨　芸　游红忠　岳喜良　张贵根　张红莉　张继生　张建风　张建龙

张建旗　张建霞　张天斌　张万书　张万忠　张新民　张幸喜　张延红　张玉伟

张振江　张宗安　张宗玉　赵开军　赵良云　赵　生　赵喜国　郑玉明　周向东

周续国　朱文礼　朱迎春

（五）天津支边青年

1966 年 7 月 23 日从天津出发，7 月 26 日中午到达张掖西屯火车站，农四团（老寺庙农场，按来农场时连队顺序）。

1. 四连

男（23人）：方振清　冯文彬　高飞云　高连起　胡明楼　焦志远　李太平
李永光　刘清正　邵振声　唐春元　王炳红　魏加扣　徐庆芳　严新年　余正西
袁振营　张秀云　张广新　张国安　张焕记　张志安　赵宝城

女（35人）：蔡秀云　程玉玲　董秀珍　耿淑琴　郭秀玲　黄丽荣　霍同英
记根连　康玉珠　李会兰　李金香　李秀华　李永兰　刘金华　刘秀荣　马敬群
穆怀琴　孙淑娴　王金英　王佩荣　王淑珍　王亚华　王玉兰（大）　王玉兰（小）
夏学琴　闫淑梅　杨春霞　袁桂珍　张　萍　张广珍　张丽荣　张淑兰　赵长福
赵长文　周玉芳

2. 五连

男（107人）：白玉江　毕玉和　程景坤　程少华　储志奎　戴国栋　杜学文
冯德义　冯汝坤　付金印　付景瑞　付新起　郭桐远　郭玉祥　韩　华　韩连俊
韩堂树　郝成业　何文义　胡立冬　黄利成　黄永平　黄振平　纪康平　季家福
贾学真　蒋金田　蒋克文　康志明　李宝信　李常生　李家昇　李建国　李金华
李连洪　李茂财　李士弟　李永田　林　凯　刘长春　刘春杰　刘恩成　刘根深
刘广洲　刘松青　刘运奎　刘运亭　刘正新　卢广新　马平安　孟庆荣　孟宪远
孟照金　宁甫和　强国来　秦志疆　司树仁　宋风和　宋士奇　宋寿义　苏长水
苏金刚　苏新利　孙春生　孙家全　孙祖铭　索志强　汤正连　腾福生　田德龙
田国强　田新华　田正刚　王大虎　王洪友　王树贵　王伟光　王文斌　王增光
王忠信　魏顺德　魏志俊　魏宗英　许志广　薛广金　闫学斌　杨颂义　于国旗
于梦发　战　平　张　洪　张金柱　张永利　张永祥　张振华　张志华　张志敏
张治文　赵国玺　赵家全　郑全亮　郑万起　周长仁　朱炳臣　朱仲石　庄　严
宗庆山

女（90人）：曹桂芝　曹石头　曹云胜　常家云　常秀兰　陈玉敏　储凤英
崔家凤　崔少文　崔秀兰　邓国芬　杜海伦　冯长芳　冯美娟　冯一贤　高新华
管惠芳　郭义霞　郭永富　韩玉岭　洪素珍　洪志杰　胡长兰　胡金林　胡金蓉
胡玉琴　黄庆莲　黄秀琴　贾啟明　蒋德荣　李凤莲　李桂英　李连芬　李文琪
李小悦　李玉香　李志敏　梁秀珍　刘宝荣　刘春丽　刘凤兰　刘桂荣　刘淑英
刘玉珍　卢振敏　陆　英　吕凤兰　吕秀琴　马金焕　马淑兰　马淑珍　马学珠
苗秀琴　倪惠兰　庞凤英　齐淑英　钱淑兰　任秀琴　时士华　时士平　时永惠
孙桂蓉　孙建新　孙淑萍　王　秋　王桂玲　王继红　王金霞　王美美　王敏惠

王淑敏	王秀玲	王玉萍	魏秀珍	魏迎兰	肖玉珍	薛秉玲	杨家平	杨玉珍
于阿弟	袁爱华	张丽娟	张欣荣	张秀珠	赵红英	赵静英	赵士茹	赵喜荣
周秀兰	周秀英							

3. 六连

男（102人）：陈　冀　陈德志　陈慎之　陈秀民　谌吉生　程志刚　楚树行

崔传祥	崔浩然	崔建良	崔荣俊	崔卓然	邓小光	丁治仁	董慕严	董小柱
冯振华	高洪昌	高克勤	高鹏凯	庚　勇	管鹤春	郭春华	郭富起	韩焕来
韩立群	韩树仁	韩希良	何　旭	何　鸽	黑中二	侯永泰	华品年	黄桂林
贾福云	江一多	蒋宗辉	靳元正	李　镇	李步俊	李家友	李金伟	李世彦
李锡敏	李喜荣	李耀山	梁宝廉	梁国强	刘国田	刘洪雁	刘景杰	刘克新
刘培训	刘学斌	刘玉珊	孟春庭	孟繁臣	漆孝诗	钱晓津	邵义芳	王宝成
王长明	王大衡	王聚清	王文成	魏根荣	魏枝荣	吴　露	席　健	夏铭祥
薛殿捷	闫　瑛	闫华贵	严继武	杨宝明	杨国柱	杨介宗	尹方泽	于　英
于光耀	俞茂辉	翟文耀	张秉中	张恩明	张克吉	张少良	张新光	张贻环
张兆先	张志达	张志刚	张重功	赵立春	赵世民	赵庶心	钟维州	周泽洪
周志疆	周忠勤	朱延玖	朱延珂	朱延理				

女（107人）：曹建英　曹金茹　陈　莉　陈　友　陈凤敏　陈佩珍　储玉英

杜新慧	冯影琪	耿意茹	韩桂祥	侯玉莲	黄维懿	黄新民	晖美华	贾玉茹
焦智慧	景松云	雷淑德	李　琳	李春光	李金华	李绍兰	李夏玲	李祥兰
李秀南	李秀珍	廉芷华	林　俊	刘　华	刘桂芝	刘海芳	刘锦燕	刘美玲
刘佩荣	刘淑芬	刘廷疆	刘英俊	吕　功	吕明新	吕玉坤	栾维智	马玉璜
梅彩文	孟素荷	孟维桃	倪耀心	聂　磊	潘晓红	乔国凤	曲青梅	史淑萍
宋春红	宋云香	苏韵秋	孙玉荣	田沛芬	王德凤	王桂花	王金环	王俊华
王梅英	王明明	王淑敏	王锡莹	王芝琴	王志敏	魏合兰	魏秀娟	吴丽珠
邢　文	徐　辉	徐秀玲	徐智玲	许美芳	许勋梅	薛　红	鄂月杰	闫淑兰
杨宝兰	杨秀珍	杨在津	叶尔媛	于建疆	于欣宁	张爱光	张翠萍	张贵玲
张聚玲	张淑娟	张淑俊	张文代	赵彬彬	赵桂媛	赵国琴	赵宏璐	赵连珍
赵灵芝	赵淑荃	赵文淑	赵英杰	郑莉莉	郑鸣玉	周　珉	周嘉玲	周慰侬
庄德荣								

4. 八连

男（95人）：安志美　白洪林　曹令甫　常　义　陈宝富　陈永池　程金玉

崔金发　戴志明　董宝顺　董福全　董世庸　窦金山　范玉生　高殿生　高书才
关汝会　郭宝林　郭金海　郭理明　韩富庭　何开源　侯　强　黄维和　贾绍明
贾铁英　鞠宝泉　孔繁明　孔照锦　李　洪　李　明　李　悦　李　梓　李大传
李德福　李嘉伦　李文信　李学舜　李玉海　刘德才　刘福生　刘国华　刘培林
刘石庸　刘树元　刘志忠　卢宝全　鲁凤生　米富志　奈德力　彭吉文　齐林喜
秦　岭　任凤池　邵全林　时伟忠　宋庆国　宋胜国　宋云祥　宋增福　孙宝来
孙宝义　田金福　王登才　王国森　王金栋　王立森　王永星　王永训　王志胜
王中琦　魏志胜　项福秀　辛月起　胥凤字　徐德永　杨大顺　杨立强　杨栓柱
伊大旺　殷泰柱　张广福　张国荣　张洪民　张会生　张家瑞　张景河　张克华
张荣庭　赵树贵　赵新民　郑道忠　周玉起　周振洪　周振环

女（120人）：常永询　陈　斌　陈禄芳　陈新林　程桂兰　程慧玲　丛伟明
崔桂兰　戴汝凤　戴秀珍　丁桂兰　董福英　杜福秋　高玉英　顾家琴　郭二省
郭凤英　郭思兰　郭希荣　韩金珍　韩俊娥　韩培英　胡学玲　胡永秋　黄桂兰
姬桂芬　贾凤芝　贾秀英　鞠敏玉　寇春玲　李　德　李　媛　李炳梅　李会英
李家兰　李克俭　李立存　李淑华　李素琴　李维维　李文珍　李云霞　梁淑娟
刘传珍　刘桂敏　刘金兰　刘明华　刘淑琴　刘淑英　刘秀纯　刘印兰　刘玉兰
罗丽荣　马贵霞　马淑英　马子莲　茅　红　宁　静　牛崇荣　裴秀云　齐宝兰
乔素珍　邱忠芳　曲永芳　邵春燕　邵迎春　石孝云　时金艳　史金萍　孙　玲
孙丽萍　孙梅玉　孙淑娴　孙玉俊　孙振琴　田晓阁　佟忠英　汪　箴　王宝琴
王金茹　王敬英　王文兰　王永英　王玉萍　吴　莉　吴洪安　吴秀荣　夏凤惠
肖桂英　谢志疆　徐德霞　许　萍　许美英　杨贵荣　杨秋田　杨淑敏　杨淑琴
姚福云　姚兆凤　殷凤英　于洪凤　翟宝兰　张桂英　张家玲　张金芝　张久宣
张美英　张孝慈　张秀英　张志伟　赵　丽　甄崇慧　郑道鞠　郑光玫　周彩敏
周家凤　周建肃（周葳）　周景博　朱庆珍　朱玉芬

5. 十连

男（90人）：白书兰　柴志刚　代光跃　邓富亭　刁建中　董书勋　兑献增
冯文成　付贵堂　高维忠　宫乐生　谷永言　郭士言　郭书和　郭树林　郝新玲
何振坤　胡秋路　华关祥　贾留柱　蒋树堂　降彩章　李　纯　李宝亭　李春仁
李洪元　李惠明　李建材　李其林　李铁英　李永穆　李玉生　李振兴　刘德成
刘建国　刘悦纳　刘善宾　刘士杰　刘小跃　楼世良　吕　光　马宝逑　孟昭朋
聂振华　潘　健　庞金山　祁元庆　苏宪庆　孙亭福　童毅明　王长华　王代吉

王国良　王洪达　王连强　王龙飞　王梦发　王启新　王玉海　王作昆　王作山
魏汝祥　魏世涛　吴新生　许金荣　闫章刚　杨吉利　杨茂朋　杨绪弟　姚　真
姚义千　张晓曦　张永旭　于文发　俞胜林　张志芬　苑广华　赵长亭　张宝琛
赵合璧　张海燕　赵金凯　张家明　钟志强　张乃杰　周　鸿　张树泉　朱恩弟
张宪祥　左长生

女（125人）：安玉玲　曹秀明　曹　作　陈　锭　陈慧珍　陈金环　陈绪华
董慕芸　冯文重　高荣贵　葛伦鸿　宫振平　顾伟芬　顾学云　郭爱莲　郭宜芳
韩颖君　郝宝纪　何立碧　何志红　侯国惠　黄　怡　贾春梅　贾文琦　金玉英
康爱华　康聚梅　孔淑英　雷京香　李　培　李　萍　李　燕　李碧兰　李丹丹
李桂茹　李立彦　李美文　李茹新　李小平　李雅维　刘　颖　刘津然　刘俊英
刘瑞君　刘小平　刘亚华　刘玉萍　刘玉珠　刘云玲　卢翠鸣　卢莲凤　吕云茹
马　丽　马国文　马洪娥　孟桂荣　米守英　尼津香　牛秀敏　庞燕彩　戚彩莲
曲秋华　权贵玲　冉淑琴　施丽生　石书敏　宋四平　宋志新　孙建萍　孙淑琴
孙宜俭　孙玉红　孙远茹　谭敬兰　唐新华　童云霞　王家丽　王景惠　王丽敏
王燕华　王以庄　王志江　王夏梅　文玉梅　吴如意　徐　芮　徐冬秀　许志茹
杨婷婷　尹　萍　尹宝英　于长惠　于更生　于家欣　宋　虹　袁大维　翟　华
张洪茹　张华云　张焕侠　张金焕　张金颖　张丽萍　张玲玲　张培茹　张巧玲
张润芬　张淑媛　张淑珍　张素云　张晓玲　张秀荣　张亚萍　张永年　张庄田
张慧源　赵　英　赵津育　赵玉娟　赵玉芝　郑桂兰　周凤燕　周桂姿　周淑华
朱金兰

6. 十一连

男（94人）：白北新　白玉玄　曹恩华　曹静国　陈　建　陈传利　丛培国　单万义
邓　昆　丁燕平　范津长　高满和　顾时琨　郭金生　韩吉川　何立行　霍兆洁
纪金强　姜述孟　靳光普　康志泰　李建国　李景春　李景和　李庆祥　李云虎
李志纯　梁国潘　梁家宝　林荣昌　刘　汉　刘　政　刘冬瑞　刘连志　刘树元
刘文华　刘英光　刘曾跃　吕维武　罗立仁　马国宝　马学馳　庞树心　庞忠信
秦海波　任秀政　邵学其　石小柱　史恒布　宋建起　苏树桢　孙海江　孙厚鹏
孙维江　孙振德　田乃钊　田炎山　童军义　王　凯　王　勉　王　琪　王福生
王建民　王来生　王师曾　王世平　魏祥兴　温洪建　武连申　谢立军　闫世桐
闫跃祥　杨春华　杨怀信　杨金祥　杨志涵　杨志江　叶　刚　尹明训　詹更寅
张鼎良　张冬祥　张万新　张文生　张文治　张献云　张永利　张忠炎　张竹英

赵贵海　　郑合群　　郑玉清　　周　俭　　周正伟

女（108人）：曹美珍　常佩琴　陈如珠　陈玉坤　狄俊华　丁淑兰　高　静

高俊云　　高志宁　　高仲惠　　戈　明　　龚疆红　　胡小梅　　黄玉英　　贾秀珍　　蒋国华

金丽微　　康桂玲　　康连娣　　李　平　　李　英　　李爱强　　李宝焕　　李春花　　李春敏

李丹丹　　李国萍　　李金娥　　李金伏　　李俊苗　　李美华　　李平春　　李月琴　　梁静华

林雪琴　　刘　丽　　刘凤仙　　刘红娥　　刘培宁　　刘书俊　　刘淑英　　刘万林　　刘新春

刘学华　　刘英玲　　刘照荣　　刘助华　　鲁知琴　　马　琳　　马敬文　　满驱尘　　缪凤云

彭秋萍　　祁美丽　　齐寅香　　钱敏茹　　裴克平　　任红月　　山　英　　时宗惠　　孙国云

孙惠琴　　唐　芬　　唐如敏　　腾淑琴　　王　玮　　王　欣　　王爱莲　　王翠萍　　王富冬

王文凤　　王心一　　王延丽　　吴学敏　　杨　璐　　杨桂珍　　杨惠荣　　杨克珍　　杨淑芬

杨学清　　姚乃玲　　虞燕飞　　岳长兰　　张　丹　　张　岚　　张　欣　　张金萍　　张金秋

张俊茹　　张克琴　　张立红　　张念玫　　张巧华　　张文霞　　张秀芬　　张永惠　　张玉华

章凤清　　赵　霞　　赵继生　　赵家玉　　赵金华　　赵荣真　　赵荫荃　　甄利华　　周金兰

周明珠　　朱耀荣

7. 十二连

男（31人）：陈春来　陈敬仁　褚景友　崔福柱　何永旭　胡志云　黄魁虎　纪义德

刘　军　　刘金生　　刘卫东　　刘武年　　苏家祥　　王　彤　　王长青　　王国友　　王和平

王玉珍　　王振刚　　闫玉明　　杨长春　　尹学忠　　苑松亭　　张春林　　张国柱　　张连安

张志龙　　赵建军　　赵天智　　郑福才　　朱自立

女（40人）：陈贵秋　迟素燕　董秀莲　冯文新　冯秀荣　高凤珍　郭思兰　郭秀兰

韩学兰　　何小玲　　姜秀英　　李宝芬　　刘爱兰　　刘金英　　罗洪敏　　罗洪文　　罗丽兰

马金凤　　孟兆荣　　史　娟　　史金平　　宋国珍　　唐天凤　　田淑珍　　汪绮娴　　王　芳

王　嘉　　王素兰　　王玉珍　　王志疆　　吴秀华　　项　英　　闫宝娟　　杨瑞香　　尹光霞

张金玉　　赵季荣　　赵金影　　朱林敏　　庄连美

五、因公殉职人员名录

因公殉职人员见表8-14。

表 8-14　因公殉职人员名录

姓　名	性　别	出生年月	籍　贯	参加工作时间	是否党团员	殉职时间	殉职地点及原因	殉职时所在单位	职　务
李冀苏	男	1948年	天津	1966年5月	团员	1969年10月21日	为贯彻兰州军区生产建设兵团八二八命令，加强战备，建筑防空工事，在园林队南侧老干渠旁挖防空洞时，因土层突然塌方被压死亡	机修连	工人
侯培山	男	1937年	河南延津县	1956年3月		1971年9月7日	煤矿抽水动力机发生故障，矿井地下水位迅速上升，他不顾个人危险，抢救国家财产，因瓦斯中毒死亡，农场召开追悼大会，号召全场向他学习	煤矿	工人
张焕纪	男	1950年	天津	1968年5月		1988年7月30日	因疏通酒厂排污水道，突发头晕病，倒入污水沉淀池中，经抢救无效死亡	老寺庙酒厂	车间主任
张财	男	1939年	甘肃省张掖	1958年		1993年5月22日	为抗旱救灾，率领酒花站职工，抢修机井，在安装水泵时，因吊井管木杆急速落下，来不及躲避，被井管砸伤，经抢救无效死亡	张掖农场	副场长

附　　录

一、国营张掖机械农场初步设计书

国营张掖机械农场初步设计书

1. 建场地区：甘肃省张掖县。

2. 场地面积及位置：总场在太平堡，在张掖城区偏北距县城约 1.3 公里，南距祁连山北麓约 60 公里，东北边接合黎山南麓，老寺庙作业站在总场东南相距约 4 公里，碱滩堡作业站（总括稔侯堡）在总场正南相距约 10 公里；毛吴家滩作业站在总场西北相距约 17 公里。场地总面积为 130.425 亩，除老寺庙职工群众的部分"土地"外，其综合发生荒漠的主要原因是缺乏灌溉水源和大部分地区地下水位太高。

3. 地势：大部地区基本上平坦，局部有小起伏，太平堡滩由东北倾西南，南部由西南倾向东北，最大坡降为 1/80，最小为 1/200，平均为 1/180。海拔为 1445～1580 米。老寺庙地形较为复杂，有高地和低地，中部有洪水渠穿过，划分高地为两部分：北部由东北倾向西南，南部由西南倾向东北，最大坡降为 1/20，最小为 1/200，平均为 1/115。稔侯堡、碱滩堡滩由西南倾向东北，坡降最大为 1/110，最小为 1/200，一般为 1/100，突出高度为 1485～1525 米，毛吴家滩略呈南北倾斜，坡降最小为 1/700，最大为 1/250，平均为 1/470，耕作的土地都很集中。

4. 土壤情况：全场土壤为祁连山与合黎山冲积堆积的，由于地形地势及地下水等不同自然因素的影响而形成。

5. （略）

6. （略）

7. （略）

8. 村镇分布：太平堡为张掖五区一县政府所在地，碱滩堡为县政府所在地，稔侯堡附近为八、九县政府所在地，距场地均不足一公里。毛吴家滩距张掖城约 4 千米。场地附近均有村庄分布，各县均有供销合作社，可供应一般生活必需品。

9. 农业：当地为春小麦，作物以小麦为主，约占播种面积的 50％～70％，其次为糜、谷、麦田、青稞、大豆、洋芋等。耕作粗放，多用"二牛抬杠"。种小麦地一般在伏天耕犁，结束前耙塘、镇压，清明前后播种，每次施肥约 7500 斤，灌水 3～4 次，除草 2～3 次，七月初收割。麦田，大豆在春分前播种，七月初收割。糜子芒种播种，秋分前收割；谷子立夏播种，寒露收割，一般产量为春小麦约 200 千克左右，糜，谷，田，大豆 150 千克左右，洋芋 1000 千克左右。病虫害有黑穗病、黄疸病、白发病、金针虫、地老鼠和蚜虫等，危害很轻。

10. 畜牧：当地饲养的主要牲畜为：①马日喂麸皮，大豆，青稞 1～1.5 千克，粗草 7.5 千克；②耕牛，日喂麸皮，油渣 1.5～2 千克，粗草 7.5～10 千克；③驴，日喂粗草 5 千克，疫畜喂麸皮，大豆约 0.5 千克；④猪，日喂麸皮，米糠，谷衣，野菜 1～1.25 千克，育肥猪逐渐增加精料，减少粗料；⑤绵羊，终年放牧，春季母羊、病羊补饲少量粗草和精料。大牲畜多得消化系统病，羊多生羊痘，腮色虫病，春季因饲料缺乏，造成牲畜瘦弱，往往形成大量死亡。

11. 树木：①青白杨：种植繁殖，树干粗大，枝叶繁茂。②小叶杨：种植繁殖，干粗直云，侧枝繁茂；③钻天杨：种植繁殖，干笔直，侧枝少；④柴柳：种植繁殖，干粗大，侧枝多，树叶旺；⑤沙枣：分种植和种子繁殖，以种植较多，树矮，冠大，主干不正，生长迅速，能抗碱；⑥榆树：多天然繁殖，生长慢，树冠大，能抗寒抗旱；⑦杏：能抗寒；⑧梨树（香水梨，园梨，长把梨，软梨），嫁接繁殖，生长慢；⑨果树（白果，苹果，花红）嫁接繁殖，生长慢；⑩杨树：压条繁殖，生长慢。

12. 劳动情况：根据 1954 年调查张掖县第二、五两区共有耕地 106.164 亩，男女劳动力 21715 人，平均每个劳动力负担耕地 4.99 亩，如发展互助合作组织，提高劳动效率，每人可耕种 20 亩，则四区全部土地共需劳力 5308 人，能剩余劳动力 16407 人，可供建场需用的劳力。

13. 灾害：当地常年多风，春季西北风最多，大风可达 6 级～8 级（1952 年出现）可卷扬砂土，枝折朽木，夏季吹东风，可使小麦枯萎，籽粒不饱满，形成减产，7—9 月多雨，往往影响收割或收割的小麦不能脱至发芽，造成损失。

14. 风俗习惯：当地居民均为汉族，无特殊风俗习惯。

1955 年 6 月

二、关于机构设置相关文件

甘肃省农林厅关于国营农场制发印章的通知

（1958）农垦初字第 0366 号

敦煌、安西、玉门、酒泉、金塔、张掖、民乐、山丹、永昌、武威、民勤、宕昌、文县、灵台、泾川、庆阳县人民委员会

现将本省各国营农场印章制发办法通知于后，希查照办理：

（一）依照省人民委员会（55）会办秘字第 0265 号通知第五条一款规定：各机关印章应由各级领导部门或受委托代管的行政机关制发。现各国营农场均已下发由县人民委员会领导，所以印章应由各县人民委员会制发。

（二）国营农场之名一律采用：国营××（地名）农场。

（三）印章大小、式样，应遵照人民委员会关于本省国家机关印章制发规定通知的第五条"采用木质"圆形、直径四公分，内刊机关法定名称。宋体字，自左而右横写，....

（四）目前各农场已有印章极不一致，已发印模不符合上述规定者应由各县人民委员会重新制发。

（五）（略）

抄送：各国营农场

甘肃省农林厅

1958 年 6 月 21 日

关于张掖农场十队移交省农垦
科技推广培训中心有关问题的座谈会纪要

为了加强农业科学试验，走科技兴农的道路。省农垦总公司决定把张掖农场十队移交科技推广培训中心。组建为农业实验场。

为了搞好移交工作，一九九二年二月二十五日，由农垦总公司王洪烈副经理主持在张掖农场召开了座谈会。张掖农场场长崔定一同志，省农垦科研中心副主任陈占权同志及周春华、王引权同志参加了会议。会前，已与张掖农垦公司经理赵克俭同志征求了意见，会议就张掖农场十队移交的有关问题进行了协商，现纪要如下：

一、张掖农场十队移交给省农垦科研中心，建立省农垦农业实验场，原张掖农场划给张掖农垦公司的绿化基地也一并移交给省农垦实验场。

二、张掖农场十队现有的职工、土地（包括荒地）、固定资产、农业机械也一并移交。移交后，省农垦农业实验场承担原十队的一切债权债务。

三、鉴于张掖市土地管理部门目前正在进行土地使用证的颁发工作，张掖农场尚未领到土地使用证。所以，该队的土地使用证仍由张掖农场申领，在未正式颁证以前，暂不设立新的企业名称，但应在"科研中心"领导下开展科研工作，独立核算，自主经营。

四、科研中心要负责现有土地的规划，开发和使用，妥善安置人员，搞好承包工作。

甘肃省农垦总公司

1992 年 2 月 25 日

甘肃省农垦总公司关于同意设立
"甘肃省绿色食品实业开发公司"的批复

（甘垦总发〔1993〕98 号）

张掖农场：

你场报来《关于成立"甘肃省张掖绿色食品实业开发公司"的请示》场字（1993）33号收悉。为了适应发展社会主义市场经济的需要，发展农垦经济。经研究，同意你场增挂甘肃省张掖绿色食品实业开发公司的牌子，与张掖农场为一套班子、两块牌子。增挂牌子后，其隶属关系、债权债务不变。聘任崔定一同志为甘肃省张掖绿色食品实业开发公司经理，同意张耀源、李树堂二同志为甘肃省张掖绿色食品实业开发公司副经理，李梦森同志为甘肃省张掖绿色食品实业开发公司总经济师。

以上三同志的职务由经理根据有关规定办理聘任手续。

此　复

甘肃省农垦总公司

一九九三年八月十四日

关于设立张掖分公司的决定

亚盛股份〔2007〕8 号

公司所属各有关单位：

经公司研究决定，设立甘肃亚盛实业（集团）股份有限公司张掖分公司，公司地址：张掖市甘州区老寺庙。经营范围：农产品的种植、加工、销售。并任命史宗理同志任公司经理。

望接此通知后，迅速办理工商登记、税务登记手续。

此决定

甘肃亚盛实业（集团）股份有限公司

二〇〇七年三月九日

甘肃农垦集团有限责任公司
关于甘肃农垦张掖农场改制方案的批复

甘垦集团〔2006〕131 号

张掖农场：

你场《关于上报〈甘肃农垦张掖农场改制方案〉的报告》和 2006 年 10 月 23 日第八届五次职代会决议收悉。经省农垦集团公司企业改制领导小组会议研究审定，批复如下：

一、原则同意你场所报企业改制方案

二、经审计评估后，你场净资产为 18923.71 万元、依据有关规定，经集团公司审定，剥离各种改制费用总计 3883.16 万元，剩余国有净资产 15040.55 万元。

三、改制设立新公司名称为"甘肃农垦张掖金龙实业有限责任公司"。新公司净资产16349.25 万元，其中：注册资本 1000 万元（甘肃省农垦集团公司 624 万元，占 62.41%；甘肃农垦张掖农场 296 万元，占 29.58%；企业员工个人股 80 万元，占 8%）。各投资人除注册资本外的其他投资 15349.28 万元（甘肃省农垦集团公司 9579.47 万元，甘肃农垦张掖农场 4541.18 万元，企业员工个人 1228.6 万元）作为新公司的资本公积入账。

四、请按规定办理公司登记，资产、债权债务转移和职工安置、劳动合同的解聘及社保关系的接续等相关手续。

此 复

甘肃省农垦集团有限责任公司

二〇〇六年十二月二十八日

张掖市甘州区人民政府
关于甘肃农垦张掖农场成立居民委员会的批复

甘政发〔2013〕152 号

区民政局：

你局报来《关于甘肃农垦张掖农场成立居民委员会的请示》收悉，经研究，同意在甘肃农垦张掖农场成立碱滩镇老寺庙社区居民委员会，办公地点设在甘肃农垦张掖农场，办公费用、工作人员工资由甘肃农垦张掖农场解决，其他事项由区属有关部门对口协调管理

此　复

张掖市甘州区人民政府
2013 年 7 月 18 日

三、有关地界的批复、协议

张掖市人民政府关于解决国营张掖农场
与碱滩乡土地纠纷问题协议的批复

（1989）39 号

国营张掖农场、碱滩乡人民政府：

市政府同意国营张掖农场与碱难乡一次性解决土地纠纷问题协议的意见望双方认真恪守和协议诸项条款，今后不得以任何理由提出异议，制造事端，违者，由领导和当事人负责。

附：国营张掖农场与碱滩乡土地纠纷问题协议：

一、碱滩乡刘庄村在农场东防洪渠以西、二支渠以东、甘新公路以北已开垦的荒地，打的机井全部移交给张掖农场……

二、张掖农场将甘新公路以北党家台地区，东起农场一号井至甘新公路的田间路、西至农场二号井至甘新公路的田间路、北至北干渠之间的土地、衬砌渠道、林带、输电线路及其机井配套设备，全部移交给碱滩乡刘庄村。

党家台二号井至甘新公路的田间路共用、以路为界，路东归碱滩乡利用，以西归张掖农场开发利用，并按此范围各自申报土地使用权。田间路的位置是二号井路南、交甘新公路距农场防洪渠桥 610 米处，距农场东防洪渠东第一公路桥 148 米处，此路北端路中心对准 110 高压线在此转角杆以东第二个电线杆处。

三、兰新铁路以北、甘新公路以南，张掖农场防洪渠以东，按现在各自实际控制利用的土地范围维持现状，在土地申报登记中由市土地管理局绘图标界。

鉴证单位：张掖地区行署土地管理局

签证单位

1989 年 4 月 18 日

张掖市人民政府（1989）39 号批复附件
张掖农场与碱滩乡甲子墩村三社土地标界
定线有关问题协议书

根据张掖市政府（1989）39 号"关于解决张掖农场与碱滩乡土地纠纷问是协议"中的第三条。对张掖农场苗圃站与碱滩乡甲子墩三社在苗圃站林带南至原洪水沟北的土地标定界线有关问题，经张掖地、市土地管理局、市民政局、碱滩乡政府、甲子墩村和该村三社的干部，共同在现场勘查、协商，达成协议如下：

一、张掖农场与碱滩乡甲子墩村三社现标定的界线为：东以铁路岔道口始向北沿公用大车道路 270 米止为界，路东属张掖农场，路西属甲子墩三社，北界从东边大车路与新划定的田间道交接点起，向西直向农电线路 13 号杆（即铁路北第五个电杆）继续直线延伸至自然沟边为止，标定界物为双方新划一条 3 米宽的田间道为界，界北属农场，界南属甲子墩三社，界中部有榆树林一块，此林地以西的道路所占土地属张掖农场，榆树林地以东的田间道所占土地属于甲子墩三社，田间道路由甲子墩三社负责修好，两方共同使用，道路两侧双方均不得植树。

二、张掖农场苗圃站西杨树林南边甲子墩三社推地时，推在林内的土堆由三社负责限于四月底清理整平，运走土方，不得破坏树木，恢复土地原貌，所花费用由三社负责解决，农场概不负责。

三、双方应严格遵守本协议划定的权属界线。双方均不能随意越界使用土地。如有违者，依法从重处罚。

1990 年 3 月 19 日

碱滩乡野水地村与张掖农场荒地调处定界协议书

经地、市土地管理局、市民政局、张农场、碱滩乡野水地村于 1990 年 4 月 3 日就农场干渠南五社居民地东北的荒地问题进行充分协商，达成如下协议。（协议由张掖地区土地管理局、张掖市土地管理局、张掖市民政局鉴证）

一、该地段的土地现为荒地，属国有土地，野水地村不得再行争执所有权问题。

二、经双方协商，该地段东边以现农场耕地西头水沟为界、水沟西留一条东西宽为 20 米的道路，路由野水地村负责修通、双方共同使用、路的所有权属张掖农场，野水地五社不得越界开垦。

三、该地段北边以现农场渠南岸为界，五社开垦土地时，应在南岸留有 5 米宽的护渠岸，用以保护农场干渠。

四、上述东、北两条界线以内，即现野水地五社新打机井周围的荒地，由该社进行统一规划后，合理开垦利用，不得由农户随意乱垦，农场今后也不再以任何理由加以阻挡。

五、张掖农场和碱滩乡野水地村今后凡开垦、利用土地，应在自己的界址范围以内进行，不再借故任何理由侵占或抢占对方的土地或地上物。确需使用者，应双方协商逐级申报，取得合法使用证后，再行利用。

六、双方应严格遵守协议内的各项条款，维持划定的各自使用范围，不得越界搞开发性生产。若有违者，按有关法律从重处罚或追究法律责任。

……

签证单位

1990 年 4 月 3 日

民乐县土地管理局关于国营张掖农场民乐分场（原头墩农场）与北部滩乡赵岗村、柴庄村土地纠纷问题调处座谈会纪要

民土发（1990）28 号

一、1968 年 5 月 4 日原头墩农场与赵岗大队《关于土地争执问题的协议书》，1968 年 5 月 8 日原民乐县革命委员会与原头墩农场《关于解决头墩、林荫与邻近社队土地纠纷问题的处理意见》和（64 民办刘字第 073 号）《关于划定场社地界的报告》所述民乐分场与赵岗、柴庄二村的土地所有权界线，经实地勘察，土地权属界线是明确的。……就两村一场的土地权属界线进行了重申：原杨油寨西水沟（杨油寨旧址西约 20 米处），现 1981 年 10 月农场同赵岗村协商开挖的深沟以东的土地属赵岗村所有，深沟以西的土地属民乐分场所有；界牌河以西，头墩新沟（也叫模沟）以南的土地属柴庄村所有，界牌河以东、头墩新沟以北的土地属民乐分场所有。

二、（略）

三、今后赵岗、柴庄不能擅自越入农场界内开荒种植。鉴于目前民乐分场尚有部分土地荒芜，赵岗、柴庄如需开垦使用农场土地，可以双方协商后以合同形式依法使用。双方使用土地不得破坏原有权属界线标志（即深沟、界牌河、头墩新沟）。

四、（略）

1990 年 5 月 15 日

山丹县人民政府批转《关于解决国营张掖农场与山丹县东乐乡西屯村社土地争议问题的协议》的通知

山政发（1991）44 号

国营张掖农场、东乐乡人民政府：

县政府同意《关于解决国营农场与山丹县东乐乡西屯村社土地争议问题的协议》，现批转给你们，请严格遵守。

（协议内容）：……

一、从双方形成的有关历史资料和调查核实的权属看，国营张掖农场和东乐乡西屯村社之间的场社线总的划分是清楚的。鉴于双方对《6.5协议》的个别地段认识不一致和1989年4月《土地权属界线协议书》的法律手续不尽完备的实际情况，会议根据《中华人民共和国土地管理法》第13条规定，对农场和村社接壤的具体分界线重申如下：北以兰新铁路516、535公里处为起点，与南面相对应的祁家店北干渠流向甲子墩的中支渠第一分水闸口为定界起点，以中支渠的中心线为界，顺该渠的自然流向而下，延伸到835米处，渠东为村社用地，渠西为农场用地。该渠以东原农场刘家台子170亩左右土地归西屯村社所有和使用，农场不再保留其土地使用权。再从835米处起，往西北132米，再往西南58米，然后向东南47米到自然冲沟，顺自然冲沟的中心线进入山丹河北岸，作为场社土地权属界线。精确的拐点位置从山丹县1990年详查影像图上量起、作为确界的拐点坐标。从835米的拐点处起，向西北182米处，往西南58米，然后向东南47米到自然冲沟的中心线至山丹河北岸，经协商，这50.55亩土地（其中耕地35.55亩，非耕地15亩），划为西屯一社所有和使用。场社界线以此件为准，今后任何一方不得擅自改变已定的场、村、社界限。

二、（略）

山丹县人民政府

1991年4月30日

张掖农场民乐分场与六坝镇柴庄村
土地纠纷问题协调会议纪要

〔2007〕3号

2007年3月29日，县委常委、副县长马多静主持在张掖农场民乐分场召开了六坝镇柴庄村与张掖农场民乐分场土地纠纷问题协调会议，就双方土地纠纷问题进行了协调处理。现将会议确定的主要事项纪要如下；

会议听取了六坝镇柴庄村村组干部及群众代表和张掖农场民乐分场负责人对产生矛盾的原因阐述和处理意见及民乐县相关部门的意见。

……会议认为，鉴于以上各方面陈述的原因，双方应本着尊重历史、注重现实、和谐发展的原则，各自寻找工作中的不足和问题，诚心实意，共同发展妥善解决好此事。

根据双方共同协商的结果，会议决定：

一、民乐农场去年已耕种的1030亩土地（东大头地），考虑到打井、架滴灌投资过大，同意耕种，收回投资，期限为 5 年，其间不得种植"百号"、种植期满后，是否恢复荒草地或另做他用，按照相关政策规定，双方协商再定。

二、民乐农场开挖的所有壕沟，在耕种东大头地之前，由其负责全部填平，恢复原状。

三、除要求耕种的 1030 亩耕地（东大头地）外，再不能延伸耕种，必须标明界限。其他开垦的 2000 多亩土地由民乐农场负责恢复荒草地，再不留路，并种植苜蓿、谷子，由县国土局、六坝镇和柴庄村监督实施。

四、县国土局、水务局对张掖农场民乐分场违反相关法律法规开荒打井行为依法进行处理。

会议要求，张掖农场民乐分场和六坝镇柴庄等村双方要相互支持、相互尊重，多沟通、多协商、共同遵守已定协议，共同发展，共同繁荣。六坝镇要继续做好群众的思想稳定工作，确保不发生新的矛盾纠纷。

民乐县人民政府办公室

2007 年 4 月 27 日

四、 国有土地使用证

张掖农场土地使用证

甘 国用（2000）字第 0065 号

中华人民共和国
国有土地使用证

中华人民共和国国土资源部制
土地证书管理专用章

根据《中华人民共和国土地管理法》和《中华人民共和国城市房地产管理法》规定，由土地使用者申请，经调查审定，准予登记，发给此证。

甘肃省人民政府（章）

二〇〇〇年 五 月

土地使用者	张掖农场		
座 落	老寺庙		
地 号	00051	图 号	
用 途	农业	土地等级	
使用权类型	划 拨	终止日期	
使用权面积	6478.40亩		
其中共用分摊面积			
填证机关			

土地登记合错章

变更登记说明

根据甘肃农垦张掖农场《关于申请土地使用权证变更登记的报告》（场发【2019】24号），甘肃亚盛实业（集团）股份有限公司持有的张国用 2007 第 070895、张国用 2007 第 070896 号国有土地使用证，核减甘肃亚盛实业（集团）股份有限公司登记面积 26495.7 亩，核减后登记面积计 34682.7 亩。

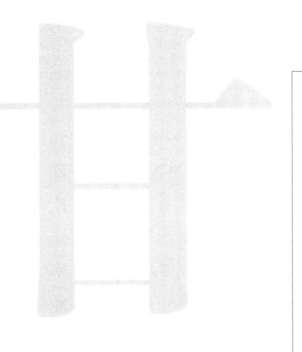

甘肃张掖农场志

GANSU ZHANGYE NONGCHANG ZHI

编后记

　　《甘肃张掖农场志》编纂工作启动于2021年7月，历时1年多，场领导、各科、部室40多人联动，利用业余时间加班撰写，六易其稿，2022年11月编纂成书。《甘肃张掖农场志》是在首部《张掖农场志（1955—1995）》的基础上，修改续写的第二部志书，客观真实地记述了1955—2021年66年间农场政治、经济、文化、社会和生态文明建设等方面取得的成就，突出时代特点和张掖农场特色。志书体例在《张掖农场志（1955—1995）》的基础上，将原志书第一编修改为自然地理，第三编修改为基础设施建设。修改续写，由原来的四编增加到现在的八编。全志书共设八编、41章、193节，采用图片256幅，共121.5万字。

　　2021年7月，根据农业农村部农垦局《关于公布第二批中国农垦农场志编纂农场名单的通知》，农场、分公司党委决定编修《甘肃张掖农场志》，并成立了张掖农场志志书编纂委员会和工作领导小组，相继制定《甘肃张掖农场志》编纂方案，下发《制定印发甘肃张掖农场志编目大纲暨任务分解表的通知》，成立编纂委员会及编辑部，聘请张掖市史志办主任、老师指导编辑工作，全面开展工作。所有参编人员认真阅读《甘肃张掖农场志》，做好前志修订与续志的衔接工作，查找农场志遗漏或缺失的内容，做到前后衔接、应收尽收。

2021年9月，农场派2人参加中国农垦局举办的成都场志培训班。同时，农场重点进行宣传发动和人员培训。一是开展宣传动员，落实各部门具体撰稿人和责任领导，成立编辑部。二是将编印修志资料手册，通过微信群、QQ群下发各部门、单位，规范编写工作。从政策理论、编纂方法、编写要求等方面为修志工作提供业务指导。三是抓好修志培训工作。2021年，农场先后6次举办了《甘肃张掖农场志》编纂工作专题培训会议，就史料收集、编纂方法、志稿质量等内容进行专题辅导，培训基础撰稿人200多人次。其间，采取以会代训的形式，为编辑人员解疑释惑，帮助各承编部门解决具体问题。四是明确工作职责。制定《甘肃张掖农场志》编纂工作制度，分工负责、协调配合，明确各编辑承编的编章及指导的部门和负责人。具体分工是：王经富、李宗国、雷根元、刘建、张向军、蒋勇、黄玉红负责审核大事记、整体编、章、节内容、图片资料等。蒋勇主审第一编自然地理，雷根元主审第二编建制沿革，蒋勇主审第三编基础设施建设，黄玉红、张向军主审第四编生产经营，张向军主审第五编企业管理，刘建主审第六编教科、卫健，刘建主审第七编党建和精神文明建设，雷根元主审第八编先进单位、人物，在具体工作中，既责任到人，又集思广益，召开会议，互相交流，掌握工作进度，解决编写过程中的具体问题。始终坚持把抓责任、抓进度、抓质量、抓落实贯彻到工作的每一个环节，切实把好志稿资料关，夯实基础资料。

2021年7月—2021年12月，全面收集资料。按照《甘肃张掖农场志》编纂方案篇目安排及编写要求，广泛整理收集资料。各编辑集中力量，采取先内后外、先近后远、先急后缓及重视抢救"活资料"的方法，广征博采、查档采访，边搜集边整理，先后搜集的档案资料有张掖农场历年文件档案、历年统计报表、财务决算报表、张掖市年鉴、历年场长工作报告、职代会报告、张掖农场报、人事档案、项目档案、各类工程决算、科技资料、甘肃农垦志、公安人口普查数据、气象资料、水文资料、历年机井、电力设施等，同时，搜集历年图片1800多幅，为《甘肃张掖农场志》的编辑工作奠定了坚实基础。在此基础上，认真审读资料、编写资料长编，为撰写初稿做好准备。此外，还十分重视对人物的收录入志，多次召开编辑会议，确定入志人物的标准和范围，要求各部门、各单位及时上报人物资料，并在张掖农场机关微信群、干部管理群刊发公告，广泛征集和收录入志人物老照片资料，2022年3月28日下发了场志意见征求稿。

2022年3月30日，张掖市史办主任张鸿青、副主任胡元肇和老同志傅积厚、汤兴贵对志书大纲进行辅导指点，4月6日来农场对全体参编人员进行业务辅导。在此基础上，参编人员对场志再一次进行修订补充，提高了志书的质量。5月27日，分公司党委、农场召开《甘肃张掖农场志》内部评审会议。评审会由李宗国主持，霍荣林汇报了农场志的总体情况。根据农垦系统宣传部、张掖市史志办及相关专家对评审稿提出的意见建议，进一步进行补充、修改和完善，修改后的稿件再次经主编通稿后，呈送市志编办及相关成员单位。稿件初步符合各项要求后，又向农场、分公司党委请示汇报。

《甘肃张掖农场志》的编纂，得到了农垦集团、亚盛张掖分公司党委、农场和张掖市史志办的重视、关心和大力支持，编辑部在此表示衷心感谢！